缩略表

全　称	简　称
《中华人民共和国民法典》	民法典
《中华人民共和国公司法》（2018修正）	公司法（2018）
《中华人民共和国公司法》（2023修订）	公司法（2023）
《中华人民共和国民事诉讼法》	民诉法
《中华人民共和国刑法》	刑法
《中华人民共和国电子商务法》	电子商务法
《中华人民共和国消费者权益保护法》	消费者保护法
《中华人民共和国食品安全法》	食品安全法
《中华人民共和国社会保险法》	社会保险法
《中华人民共和国劳动法》	劳动法
《中华人民共和国劳动合同法（草案）》	劳动合同法（草案）
《中华人民共和国劳动合同法》	劳动合同法
《中华人民共和国合伙企业法》	合伙企业法
《中华人民共和国个人独资企业法》	个人独资企业法
《中华人民共和国企业破产法》	企业破产法
《中华人民共和国担保法》（已失效）	担保法
《中华人民共和国物权法》（已失效）	物权法
《中华人民共和国婚姻法》（已失效）	婚姻法
《中华人民共和国保险法》	保险法
《中华人民共和国立法法》（2023修正）	立法法
《国务院关于实施〈中华人民共和国公司法〉注册资本登记管理制度的规定》	注册资本登记制度
《最高人民法院关于适用〈中华人民共和国民法典〉总则编若干问题的解释》	民法典总则编解释

续表

全 称	简 称
《最高人民法院关于适用〈中华人民共和国民法典〉时间效力的若干规定》	时间效力规定
《最高人民法院关于适用〈中华人民共和国民法典〉有关担保制度的解释》	民法典担保制度解释
《最高人民法院关于适用〈中华人民共和国民法典〉合同编通则若干问题的解释》	民法典合同编通则解释
《最高人民法院关于适用〈中华人民共和国民法典〉婚姻家庭编的解释（一）》	民法典婚姻编解释（一）
《最高人民法院关于审理买卖合同纠纷案件适用法律问题的解释》	买卖合同解释
《最高人民法院关于审理商品房买卖合同纠纷案件适用法律若干问题的解释》	商品房买卖合同解释
《最高人民法院关于适用〈中华人民共和国民事诉讼法〉的解释》	民诉法解释
《最高人民法院关于适用〈中华人民共和国担保法〉若干问题的解释》（已失效）	担保法解释
《最高人民法院关于审理独立保函纠纷案件若干问题的规定》	独立保函案件规定
《最高人民法院关于审理道路交通事故损害赔偿案件适用法律若干问题的解释》	交通事故赔偿解释
《最高人民法院关于审理人身损害赔偿案件适用法律若干问题的解释》	人身损害赔偿解释
《最高人民法院关于确定民事侵权精神损害赔偿责任若干问题的解释》	精神损害赔偿解释
《最高人民法院关于审理民间借贷案件适用法律若干问题的规定》（已被修改）	民间借贷规定（2015年9月）
《最高人民法院关于审理民间借贷案件适用法律若干问题的规定》（2020修正）	民间借贷规定（2020年8月）
《最高人民法院关于审理民间借贷案件适用法律若干问题的规定》（2020第二次修正）	民间借贷规定（2020年12月）
《最高人民法院关于审理城镇房屋租赁合同纠纷案件具体应用法律若干问题的解释》	城镇房屋租赁若干问题解释
《最高人民法院关于审理涉彩礼纠纷案件适用法律若干问题的规定》	彩礼纠纷规定

应 Application

一张图解锁民商事裁判的智慧

民商事裁判规则思维导图 160例

160 MIND MAPS FOR JUDGMENT RULES OF CIVIL AND COMMERCIAL MATTERS

董向阳 著

法律出版社 LAW PRESS
北京

图书在版编目（CIP）数据

民商事裁判规则思维导图160例 / 董向阳著.
北京：法律出版社，2024. -- ISBN 978 - 7 - 5197 - 9273 - 2
Ⅰ. D925.118.2 -64
中国国家版本馆 CIP 数据核字第 2024ZN5729 号

民商事裁判规则思维导图160例 MINSHANGSHI CAIPAN GUIZE SIWEI DAOTU 160 LI	董向阳 著	策划编辑 冯雨春　邢艳萍 责任编辑 邢艳萍　石蒙蒙 装帧设计 鲍龙卉

出版发行　法律出版社	开本　880毫米×1230毫米　1/16
编辑统筹　法律应用出版分社	印张　21.5　　字数　220千
责任校对　朱海波	版本　2024年10月第1版
责任印制　刘晓伟	印次　2024年10月第1次印刷
经　　销　新华书店	印刷　三河市龙大印装有限公司

地址：北京市丰台区莲花池西里7号（100073）
网址：www.lawpress.com.cn　　　　　　　　　销售电话：010 - 83938349
投稿邮箱：info@lawpress.com.cn　　　　　　　客服电话：010 - 83938350
举报盗版邮箱：jbwq@lawpress.com.cn　　　　　咨询电话：010 - 63939796
版权所有·侵权必究

书号：ISBN 978 - 7 - 5197 - 9273 - 2　　　　　　定价：109.00元

凡购买本社图书，如有印装错误，我社负责退换。电话：010 - 83938349

前 言

法律人应该最能体会什么叫学海无涯苦作舟。法律条文浩如烟海，法律文章长篇累牍，案例判决纷繁复杂。进入法律圈，注定要不断地学习各种法条、阅读各类法律文章，研究各式案例和各类法律问题。每当有新法颁布、旧法修订或有新的司法解释出台，不可避免地又要重新学习。可以说，法律人的学习是无止境的。

法律条文是文字、法律文章是文字、案例是文字、法律文书也是文字，我们法律人每年所看的文字数以百万计。如果要成为一名优秀的法律人，你所付出的努力、所要阅读的文字数量就会更多。

但问题是，这些文字既不是新闻，也不是小说，更不是美文，而是一堆晦涩难懂的烧脑文字。看新闻、读小说、赏美文，都只是简单的信息接收，不需要进行太多额外的思考，但如果是看法律文字，就不那么轻松了。有些法律条文，每一个字你都认识，但并不是看一遍就能读懂，你可能还要看上两三遍才能明白其中的含义，甚至可能还耗费时间翻查大量文字材料，才能真正理解条文背后的逻辑关系和含义。对于法律人来说，阅读这些法律文字，可谓劳形苦心。

有没有办法让法律人摆脱这种阅读文字之苦？恐怕没有，但让大家稍微轻松一点的方法是有的，那就是借助思维导图。

大约是在2016年，我第一次听说思维导图，是通过线条和图形来表现事物的分类与其逻辑结构的一种工具。当时我下载过一款思维导图软件试用，算是对思维导图有一个大概的认识，但并没有深入地研究和使用。之后对法律的学习，也只是读法规、看条文，但这种常规的学习方法总觉得不够清晰和全面，因为要解决某个法律问题所涉及的法律依据，并不是只出现在某一部法律或某一个条文当中，而是以一种网状关联的方式，出现在不同的法律、不同的条文当中，检索这些法律法规相当耗时。

从2019年开始，我尝试用思维导图来整理这些条文，并按自己对法律条文的理解，制作了一些思维导图，目的是想让自己在碰到同样的法律问题或案件时，不用再去重复翻查相关的法律条文，直接看导图即可，节省时间，提高效率。

2020年8月19日，《最高人民法院关于修改〈关于审理民间借贷案件适用法律若干问题的规定〉的决定》发布，我在研读该决定之后，制作了一张民间借贷问题的思维导图，发布在自己的微信朋友圈及律所微信群内，之后被广为转发，得到的评价是简单、清晰、实用、好用！我才知道，我的思维导图很受人喜欢。

2021年4月，我在无讼公众号上正式发表第一批12张思维导图，迅速获得读者的喜欢和认可，纷纷收藏和转发，有不少律师同行添加我的微信，发来了由衷的赞美，大家评价使用最多的一个词就是"受益匪浅"。

此后，我继续制作思维导图，从38张、51张、62张、73张、86张到100张，历时三年多，流水号不断增加，看过这些思维导图的法律人，十有八九会喜欢上它们。因此，我的思维导图在法律圈里流传，从上海到新疆，从海南到黑龙江，东西南北，都有律师加我的微信。

我制作思维导图有三个最基本的原则：

一是简单。一个法律主题一张思维导图，能够用一张图呈现的内容，我就不必写几千字、用几页纸去说，将所有的废话去掉，简单但不简化，一图胜千言！

二是方便。如果你要研读某一张思维导图主题项下的法律问题，你不用左右翻查条文，一张A4纸搞定，你甚至都不用动手去翻书翻页。

三是实用。思维导图以其特有的图形、结构方式，将法律关系和相关知识点一目了然地呈现出来，可以让大家快速、简便地找到问题答案。

我们每个人的时间都是宝贵的，一张思维导图，一两分钟看完，花最少的时间，可以得到最有用的知识，这也许就是大家喜欢思维导图的一个重要原因。

作为一名律师，我知道法律人都喜欢寻根溯源。"你导图上的这段文字，依据是什么？出自哪里？"因此，本书坚持以方便为原则，把关联法条印在偶数页，思维导图印在奇数页，当大家打开本书时，导图及其所涉规定一目了然，不需要额外查找和翻书。

有部分思维导图涉及的规定条文比较多，如果要把所涉的条文全部都印在一页纸内是不可能的，因为导图本身就是规定条文的提炼和浓缩，如果导图本身都占满一页纸，那条文的内容肯定会超出一页纸，所以，碰到涉及规定条文较多的导图，只能选择性地放一部分条文到左侧页。思维导图才是本书的核心，导图本身已有很强的实用性，关联法条只是辅助性的，所以，对辅助内容，不求齐全，只作锦上添花。

本书共汇编了160张思维导图，有部分是首次发表，内容涵盖了《民法典》《公司法》《劳动法》等，主题为法律实务问题，是一本非常实用的法律工具书。

曾经有一位律师在微信里对我说："董律师，您的这些思维导图，给我学习法律打开了一扇新奇的窗口"。

借用上面这句话，我希望这扇"新奇的窗口"能大大减轻阅读大量文字的压力，成为广大法律人学习和办案的利器。

续表

全　称	简　称
《最高人民法院关于修改〈民事案件案由规定〉的决定》	民事案件案由规定
《最高人民法院关于民事执行中变更、追加当事人若干问题的规定》	民事执行中变更、追加当事人规定
《最高人民法院、最高人民检察院关于办理妨害信用卡管理刑事案件具体应用法律若干问题的解释》	办理妨害信用卡管理案件解释
《最高人民法院关于互联网法院审理案件若干问题的规定》	互联网法院审理规定
《最高人民法院关于审理工伤保险行政案件若干问题的规定》	工伤行政案件若干规定
《最高人民法院关于审理拒不支付劳动报酬刑事案件适用法律若干问题的解释》	拒不支付劳动报酬解释
《最高人民法院关于"关于交通事故车辆贬值损失赔偿问题的建议"的答复》	交通事故车辆贬值损失答复
《最高人民法院　最高人民检察院　公安部　司法部关于办理非法放贷刑事案件若干问题的意见》	非法放贷刑事案件意见
《最高人民法院关于审理网络消费纠纷案件适用法律若干问题的规定（一）》	网络消费纠纷解释
《最高人民法院关于审理劳动争议案件适用法律问题的解释（一）》	劳动争议解释（一）
《最高人民法院关于审理劳动争议案件适用法律若干问题的解释（四）（征求意见稿）》	劳动争议若干问题解释（四）（征求意见稿）
《最高人民法院关于审理劳动争议案件适用法律若干问题的解释（四）》（已失效）	劳动争议若干问题解释（四）
《第八次全国法院民事商事审判工作会议（民事部分）纪要》	八民纪要
《最高人民法院关于适用〈中华人民共和国合同法〉若干问题的解释（二）》（已失效）	合同法解释（二）
《最高人民法院关于适用〈中华人民共和国公司法〉若干问题的规定（四）》	公司法司法解释四
《最高人民法院关于适用〈中华人民共和国公司法〉若干问题的规定（五）》	公司法司法解释五
《最高人民法院关于规范和加强办理诉前保全案件工作的意见》	诉前保全意见

续表

全　称	简　称
《最高人民法院关于人民法院办理财产保全案件若干问题的规定》（2020修正）	财产保全规定
《最高人民法院关于适用〈中华人民共和国公司法〉时间效力的若干规定》	公司法时间效力规定
《最高人民法院关于人民法院审理借贷案件的若干意见》（已失效）	审理借贷案件意见
《最高人民法院关于统一法律适用加强类案检索的指导意见（试行）》	统一法律适用类案检索指导意见
《防范和处置非法集资条例》	处置非法集资条例
《中华人民共和国劳动合同法实施条例》	劳动合同法实施条例
《中华人民共和国市场主体登记管理条例》	市场主体登记条例
《工伤保险条例》	工伤条例
《机动车交通事故责任强制保险条例》	交强险条例
《机动车交通事故责任强制保险条款》	交强险条款
《职工带薪年休假条例》	带薪休假条例
《信用卡业务管理暂行办法》（已失效）	信用卡暂行办法
《信用卡业务管理办法》（已失效）	信用卡管理办法
《银行卡业务管理办法》	银行卡管理办法
《网络直播营销管理办法（试行）》	网络直播办法
《网络餐饮服务食品安全监督管理办法》	网络餐饮管理办法
《网络购买商品七日无理由退货暂行办法》	无理由退货暂行办法
《机动车交通事故责任强制保险责任限额》（已被修改）	机动车交强险责任限额（2006）
《企业职工带薪年休假实施办法》	企业年休假办法
《女职工劳动保护特别规定》	女职工保护特别规定
《国务院关于职工探亲待遇的规定》	探亲待遇规定
《中国人民银行关于信用卡业务有关事项的通知》	信用卡事项通知
《中国人民银行关于推进信用卡透支利率市场化改革的通知》	信用卡透支利率改革通知
《原中国保监会关于调整交强险责任限额的公告》	交强险责任限额公告（2008）
《原中国银保监会关于调整交强险责任限额和费率浮动系数的公告》	交强险责任限额和费率浮动系数公告（2020）

续表

全　称	简　称
《全国银行间同业拆借中心受权公布贷款市场报价利率（LPR）公告》	贷款市场报价利率（LPR）公告
《原中国银保监会办公厅、司法部办公厅关于简化查询已故存款人存款相关事项的通知》	简化查询已故存款人存款通知
《原中国银保监会办公厅、中国人民银行办公厅关于简化提取已故存款人小额存款相关事宜的通知》	简化提取已故存款人存款通知
《国家金融监督管理总局、中国人民银行关于优化已故存款人小额存款提取有关要求的通知》	优化已故存款人小额存款提取通知
《财政部、国家税务总局关于工伤职工取得的工伤保险待遇有关个人所得税政策的通知》	工伤职工个人所得税政策
《自然资源部关于做好不动产抵押权登记工作的通知》	不动产抵押权登记通知
《劳动部（已撤销）关于贯彻执行〈中华人民共和国劳动法〉若干问题的意见》	劳动法若干问题意见
《劳动部（已撤销）关于企业经济性裁减人员规定的通知》	经济性裁员规定
《劳动部（已撤销）关于工资支付暂行规定的通知》	工资支付规定
《劳动部（已撤销）办公厅关于〈劳动法〉若干条文的说明》	劳动法若干条文说明
《劳动部（已撤销）关于职工全年月平均工作时间和工资折算问题的通知》	工作时间和工资折算通知
《劳动部（已撤销）关于贯彻执行〈中华人民共和国劳动法〉若干问题的意见》	贯彻劳动法若干问题意见
《劳动部（已撤销）关于发布〈企业职工患病或非因工负伤医疗期规定〉的通知》	医疗期规定
《劳动部（已撤销）关于贯彻企业职工患病或非因工负伤医疗期规定的通知》	贯彻医疗期规定的通知
《劳动部（已撤销）社会保险事业管理中心关于规范社会保险缴费基数有关问题的通知》	社保缴费基数通知
《国家统计局关于工资总额组成的规定》	工资组成规定
《国家统计局〈关于工资总额组成的规定〉若干具体范围的解释》	工资组成规定若干范围解释
《人力资源和社会保障部、最高人民法院关于劳动人事争议仲裁与诉讼衔接有关问题的意见（一）》	劳动争议衔接意见（一）

续表

全　称	简　称
《人力资源和社会保障部关于执行〈工伤保险条例〉若干问题的意见》	工伤条例若干意见
《人力资源和社会保障部关于执行〈工伤保险条例〉若干问题的意见（二）》	工伤条例若干意见（二）
《人力资源和社会保障部办公厅关于〈企业职工带薪年休假实施办法〉有关问题的复函》	企业带薪年休假办法有关问题的复函
《原国家劳动总局关于制定〈国务院关于职工探亲待遇的规定〉实施细则的若干问题的意见》	探亲待遇规定实施细则若干意见
《广东省人口与计划生育条例》	广东人口计生条例
《广东省工伤保险条例》	广东工伤条例
《广东省职工生育保险规定》	广东生育保险规定
《广东省高级人民法院关于人身损害赔偿计算标准适用问题的通知》	广东高院人身损害赔偿计算标准通知
《广东省高级人民法院、广东省公安厅、广东省司法厅、原中国保险监督管理委员会广东监管局、原中国保险监督管理委员会深圳监管局关于广东省道路交通事故损害赔偿标准的纪要的通知》	广东省交通事故损害赔偿标准纪要
《广东省高级人民法院关于确定拒不支付劳动报酬刑事案件数额标准的通知》	广东省拒不支付劳动报酬数额标准
《广东省工伤保险基金省级统筹实施方案》	广东工伤保险基金实施方案
《广东省人力资源和社会保障厅、广东省卫生健康委员会关于进一步做好〈广东省人口与计划生育条例〉相关假期贯彻落实工作的通知》	广东人口计生条例相关假期贯彻工作通知
《佛山市社会保险基金管理局关于印发佛山市工伤保险待遇申办规定的通知》（已失效）	佛山工伤保险申办规定

CONTENTS

目 录

▶民事篇

01 综 合

自然人的民事行为能力	3
法人与非法人组织的定义及分类	5
民法典总则编解释的一般规定	7
滥用民事权利的认定及后果	9
限制民事行为能力人的民事行为效力	11
重大误解的民事法律行为	13
无权代理（含表见代理）认定及其处理规则	15
正当防卫的认定	17
无民事行为能力人及限制民事行为能力人的诉讼时效起算规则	19
最高人民法院适用民法典时间效力的一般规定	21

02 物 权

物权类型（所有权、用益物权、担保物权）	23
孳 息	25

03 担保物权

保证合同保证期间相关规定演变	27
连带责任保证、连带共同保证、按份共同保证	29
物的担保与人的保证担保并存时的处理规则	31
事先约定将担保物的所有权转移至债权人名下是否有效	33
借新还旧贷款业务中新旧担保人的担保责任	35
担保人承担了担保责任后的追偿	37
担保合同的效力能否独立于主合同	39
公司对外提供担保的效力认定规则	41
担保合同无效情形下担保人赔偿责任的承担	43

04 抵押权

民法典施行后不动产抵押权登记的内容及规则　　45

动产抵押权的效力规则　　47

抵押期间抵押人是否可以转让抵押财产　　49

05 质押权

应收账款质押及其处理规则　　51

06 合　同

预约合同的认定及其处理规则　　53

格式条款的认定及其处理规则　　55

应当办理而未办理批准手续的合同效力及其处理规则　　57

当事人之间同一交易多份合同的效力认定　　59

法定代表人或负责人越权签订合同的效力认定　　61

违反法律、行政法规的强制性规定对合同效力的影响　　63

职务代理行为与合同效力的认定及其处理规则　　65

印章（包括假公章、无公章）对合同效力的影响　　67

合同不成立、无效、被撤销或者确定不发生效力的法律后果　　69

无权处分的合同效力及其处理规则　　71

涉他合同——利益第三人合同的处理规则　　73

同时履行抗辩权与先履行抗辩权　　75

情势变更的适用规则　　77

什么是合同的保全　　79

代位权诉讼的相关处理规则　　81

撤销权诉讼的相关处理规则　　83

债权转让、债务转移与合同权利义务的一并转让　　85

债权转让的相关规则　　87

法定违约赔偿损失（含可得利益损失）的确定规则　　89

约定违约金的调整规则　　91

定金适用规则　　93

房屋租赁合同无效、解除或合同期满后装饰装修物的
　处理规则　　95

多项债务的清偿顺序　　97

合同的成立与生效　　99

合同解除权的行使规则及解除合同应履行的程序　　101

买卖合同中标的物的交付　　　　　　　　　　　　　103
买卖合同中标的物所有权的转移　　　　　　　　　　105
买卖合同中标的物风险的转移　　　　　　　　　　　107
买卖合同中标的物的检验　　　　　　　　　　　　　109
多重买卖合同的处理规则　　　　　　　　　　　　　111
买卖合同中买受人逾期付款违约金的计算规则　　　　113
民法典施行前成立的合同的法律适用规则　　　　　　115

07 婚姻家庭

离婚的程序　　　　　　　　　　　　　　　　　　　117
离婚诉讼的法院管辖　　　　　　　　　　　　　　　119
婚姻关系存续期间的财产归属　　　　　　　　　　　121
婚姻关系中房产归属的认定　　　　　　　　　　　　123
离婚时公司、企业股份的分割　　　　　　　　　　　125
离婚时可获多分财产或补偿、赔偿的情形　　　　　　127
婚姻关系中个人债务与共同债务的认定与承担　　　　129
夫妻一方擅自处分夫妻共同财产的处理　　　　　　　131
彩礼纠纷案件处理规则　　　　　　　　　　　　　　133

08 继　承

遗产继承中的遗嘱执行人与遗产管理人　　　　　　　135

09 侵权责任

高空落物致害责任的法律适用　　　　　　　　　　　137

10 交通事故

交通事故中特殊情况（酒驾、逃逸等）的保险赔偿问题　　139
交通事故责任方应赔偿的项目　　　　　　　　　　　141
交强险赔付限额演变史　　　　　　　　　　　　　　143
交通事故交强险赔偿项目及赔偿原则　　　　　　　　145
广东省2018—2022年人身损害赔偿计算标准　　　　147
机动车发生交通事故导致第三者死亡的赔偿　　　　　149

11 消费者权益保护法

- 网络消费纠纷案件相关术语　　151
- 消费纠纷中的有理由退货与无理由退货　　153
- 消费纠纷中无理由退货时"商品完好"的认定标准　　155
- 消费纠纷案件的法院管辖　　157
- 网络交易平台提供者的法律责任　　159
- 网络直播营销平台的法律责任　　161

12 劳动合同的签订与履行

- 劳动合同试用期法律问题　　163
- 用人单位可以解除和不得解除劳动合同的各种情形　　165
- 劳动者可以解除劳动合同的各种情形　　167
- 劳动合同终止涉及的法律问题　　169
- 劳动合同到期后续签与不续签所涉及的法律问题　　171
- 用人单位应向劳动者支付经济补偿的各种情形　　173
- 用人单位经济补偿的计算与支付　　175
- 如何计算用人单位经济补偿的工作年限　　177
- 劳动合同无效所涉及的法律问题　　179
- 无固定期限劳动合同订立所涉及的法律问题　　181
- 用人单位可以在劳动合同中约定由劳动者承担违约金吗　　183
- 公司裁员要履行的法定程序　　185
- 拒不支付劳动报酬罪　　187

13 竞业限制

- 竞业限制相关法律问题　　189
- 竞业限制条款中的经济补偿问题　　191
- 未约定经济补偿的竞业限制纠纷的处理　　193
- 劳动合同解除（含违法解除）与竞业限制协议效力的关系　　195
- 竞业限制相关规定的历史沿革　　197

14 工资

从入职到离职各种情形下的工资支付问题	199
未签订书面劳动合同的二倍工资问题	201
二倍工资的计算基数	203
女职工产假期间工资待遇（以广东省为例）	205
工资的组成包括哪些项目	207
不列入工资范围的项目	209
员工出勤未满月时当月工资如何计算	211

15 工伤

发生工伤事故怎么办	213
工伤事故伤残保险待遇速查导图	215
工伤事故死亡保险待遇速查导图	217
如何查找计算工伤保险待遇的官方统计数据	219
工伤保险待遇与人身损害伤残、死亡赔偿对比	221
发生工伤事故后还能补缴工伤保险吗	223

16 假期

职工患病或非因工负伤的医疗期问题	225
企业职工带薪年休假相关法律问题	227
探亲假	229
产假、奖励假、陪产假与育儿假	231
婚假天数的相关法律规定	233

17 民间借贷

民间借贷利率的适用	237
民间借贷借款期内利息支付及逾期利率的确定规则	239
人民银行利率调整对民间借贷利息计算的影响	241
民间借贷可能涉及的非法放贷问题	243
民间借贷利率上限速查导图	245
民间借贷合同无效认定规则演变史	247
借款合同中谁是接受货币的一方？	249

▶ 商事篇

18 信用卡

信用卡透支利率的演变史 251

无法归还银行信用卡透支款会构成犯罪吗 253

19 存　款

如何提取已故亲人的存款 255

20 公司法

公司的组织架构 257

有限责任公司与股份有限公司的区别 259

有限责任公司章程应当载明及可另行自由规定的事项 261

新公司法情形下如何更换法定代表人 263

股东未参加股东会对股东会决议的影响 265

有限责任公司的各种股东会会议 267

股份有限公司的各种股东会会议 269

股东会、董事会决议效力认定标准速查导图 271

公司会议的议事方式与表决程序 273

公司法中各种会议的法定表决比例 275

股东会、董事会决议的不成立、无效和可撤销 277

公司如何更换董事（包括董事长） 279

公司董事会召开的相关法律问题 281

有限责任公司的股权转让（变更）规则 283

有限责任公司监事会的设置及相关规则 285

有限责任公司股东未依约出资或出资不足的法律责任 287

公司中的审计委员会 289

公司董事会和监事会中的职工代表 291

公司向股东分配利润的法定程序 293

有限责任公司不开股东会不分配利润怎么办 295

公司法中的各种公积金 297

公司如何进行减资 299

新公司法情形下注册资本登记管理制度 301

公司法时间效力规定中的溯及规则总揽 303

适用公司法时间效力规定中的有利溯及规则 305

适用公司法时间效力规定中的空白溯及规则 307

适用公司法时间效力规定中的细化规定溯及规则 309

公司法施行前与公司有关的民事法律行为及合同的有利
　　溯及规则　　　　　　　　　　　　　　　　　　311
公司的解散和清算程序　　　　　　　　　　　　　　313

21 执　行

申请执行人的变更和追加　　　　　　　　　　　　　317
在执行阶段哪些当事人可以追加为被执行人　　　　　319
民事执行中变更、追加当事人的流程及其异议救济程序　　321
民事诉讼保全措施的担保金额　　　　　　　　　　　323

22 类案检索

"类案检索"与"类案同判"　　　　　　　　　　　325

▶ 程序篇

民事篇

综 合

关联法条

《中华人民共和国民法典》

第十七条 十八周岁以上的自然人为成年人。不满十八周岁的自然人为未成年人。

第十八条 成年人为完全民事行为能力人，可以独立实施民事法律行为。

十六周岁以上的未成年人，以自己的劳动收入为主要生活来源的，视为完全民事行为能力人。

第十九条 八周岁以上的未成年人为限制民事行为能力人，实施民事法律行为由其法定代理人代理或者经其法定代理人同意、追认；但是，可以独立实施纯获利益的民事法律行为或者与其年龄、智力相适应的民事法律行为。

第二十条 不满八周岁的未成年人为无民事行为能力人，由其法定代理人代理实施民事法律行为。

第二十一条 不能辨认自己行为的成年人为无民事行为能力人，由其法定代理人代理实施民事法律行为。

八周岁以上的未成年人不能辨认自己行为的，适用前款规定。

第二十二条 不能完全辨认自己行为的成年人为限制民事行为能力人，实施民事法律行为由其法定代理人代理或者经其法定代理人同意、追认；但是，可以独立实施纯获利益的民事法律行为或者与其智力、精神健康状况相适应的民事法律行为。

第二十三条 无民事行为能力人、限制民事行为能力人的监护人是其法定代理人。

第二十七条 父母是未成年子女的监护人。

未成年人的父母已经死亡或者没有监护能力的，由下列有监护能力的人按顺序担任监护人：

（一）祖父母、外祖父母；

（二）兄、姐；

（三）其他愿意担任监护人的个人或者组织，但是须经未成年人住所地的居民委员会、村民委员会或者民政部门同意。

第二十八条 无民事行为能力或者限制民事行为能力的成年人，由下列有监护能力的人按顺序担任监护人：

（一）配偶；

（二）父母、子女；

（三）其他近亲属；

（四）其他愿意担任监护人的个人或者组织，但是须经被监护人住所地的居民委员会、村民委员会或者民政部门同意。

自然人的民事行为能力

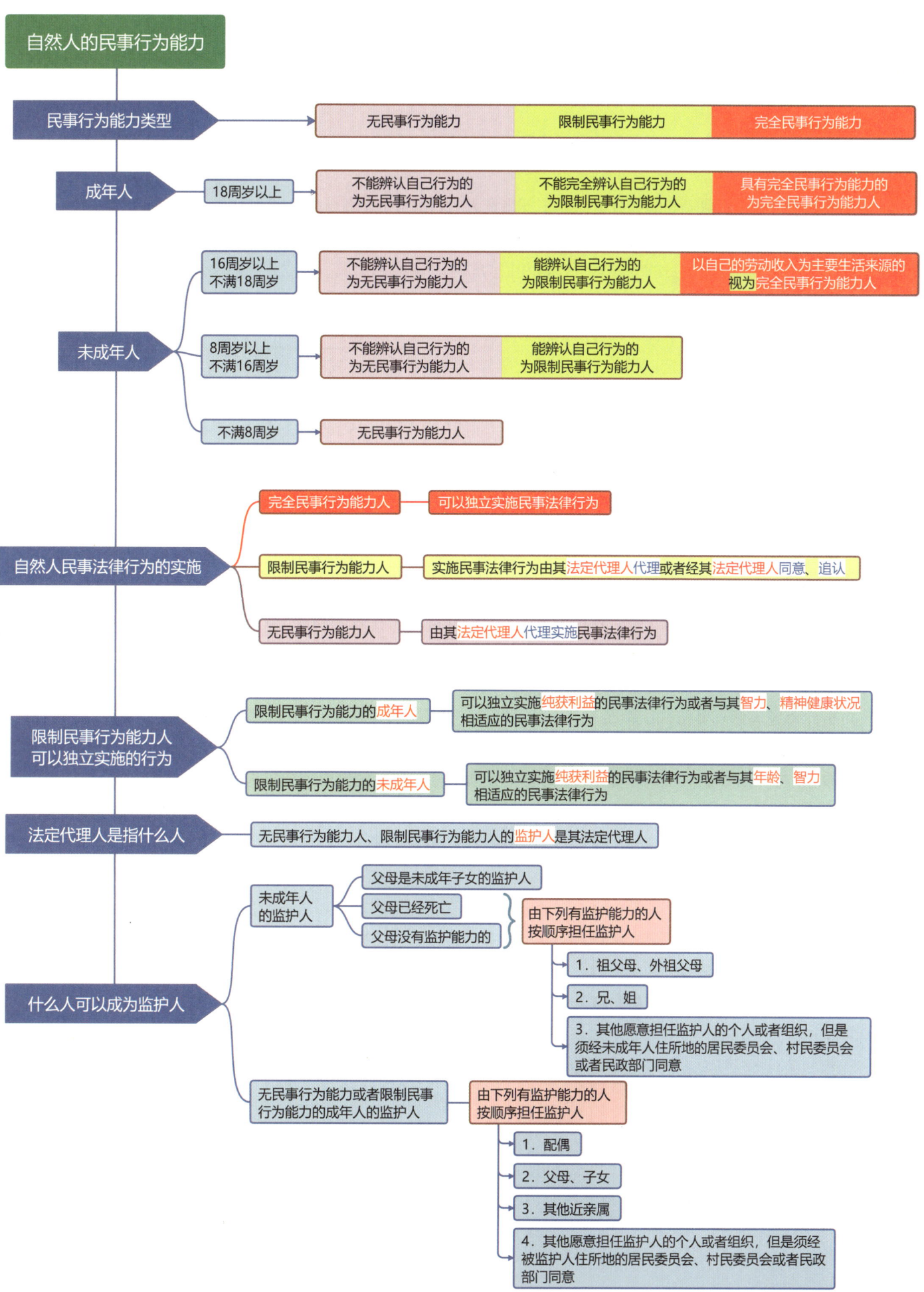

制作依据：民法典第17-19条、第20-23条、第27-28条

关联法条

《中华人民共和国民法典》

第五十七条 法人是具有民事权利能力和民事行为能力，依法独立享有民事权利和承担民事义务的组织。

第七十六条 以取得利润并分配给股东等出资人为目的成立的法人，为营利法人。

营利法人包括有限责任公司、股份有限公司和其他企业法人等。

第八十七条 为公益目的或者其他非营利目的成立，不向出资人、设立人或者会员分配所取得利润的法人，为非营利法人。

非营利法人包括事业单位、社会团体、基金会、社会服务机构等。

第九十六条 本节规定的机关法人、农村集体经济组织法人、城镇农村的合作经济组织法人、基层群众性自治组织法人，为特别法人。

第九十七条 有独立经费的机关和承担行政职能的法定机构从成立之日起，具有机关法人资格，可以从事为履行职能所需要的民事活动。

第九十九条 农村集体经济组织依法取得法人资格。

法律、行政法规对农村集体经济组织有规定的，依照其规定。

第一百条 城镇农村的合作经济组织依法取得法人资格。

法律、行政法规对城镇农村的合作经济组织有规定的，依照其规定。

第一百零一条 居民委员会、村民委员会具有基层群众性自治组织法人资格，可以从事为履行职能所需要的民事活动。

未设立村集体经济组织的，村民委员会可以依法代行村集体经济组织的职能。

第一百零二条 非法人组织是不具有法人资格，但是能够依法以自己的名义从事民事活动的组织。

非法人组织包括个人独资企业、合伙企业、不具有法人资格的专业服务机构等。

《中华人民共和国个人独资企业法》

第二条 本法所称个人独资企业，是指依照本法在中国境内设立，由一个自然人投资，财产为投资人个人所有，投资人以其个人财产对企业债务承担无限责任的经营实体。

《中华人民共和国合伙企业法》（2006修订）

第二条 本法所称合伙企业，是指自然人、法人和其他组织依照本法在中国境内设立的普通合伙企业和有限合伙企业。

普通合伙企业由普通合伙人组成，合伙人对合伙企业债务承担无限连带责任。本法对普通合伙人承担责任的形式有特别规定的，从其规定。

有限合伙企业由普通合伙人和有限合伙人组成，普通合伙人对合伙企业债务承担无限连带责任，有限合伙人以其认缴的出资额为限对合伙企业债务承担责任。

法人与非法人组织的定义及分类

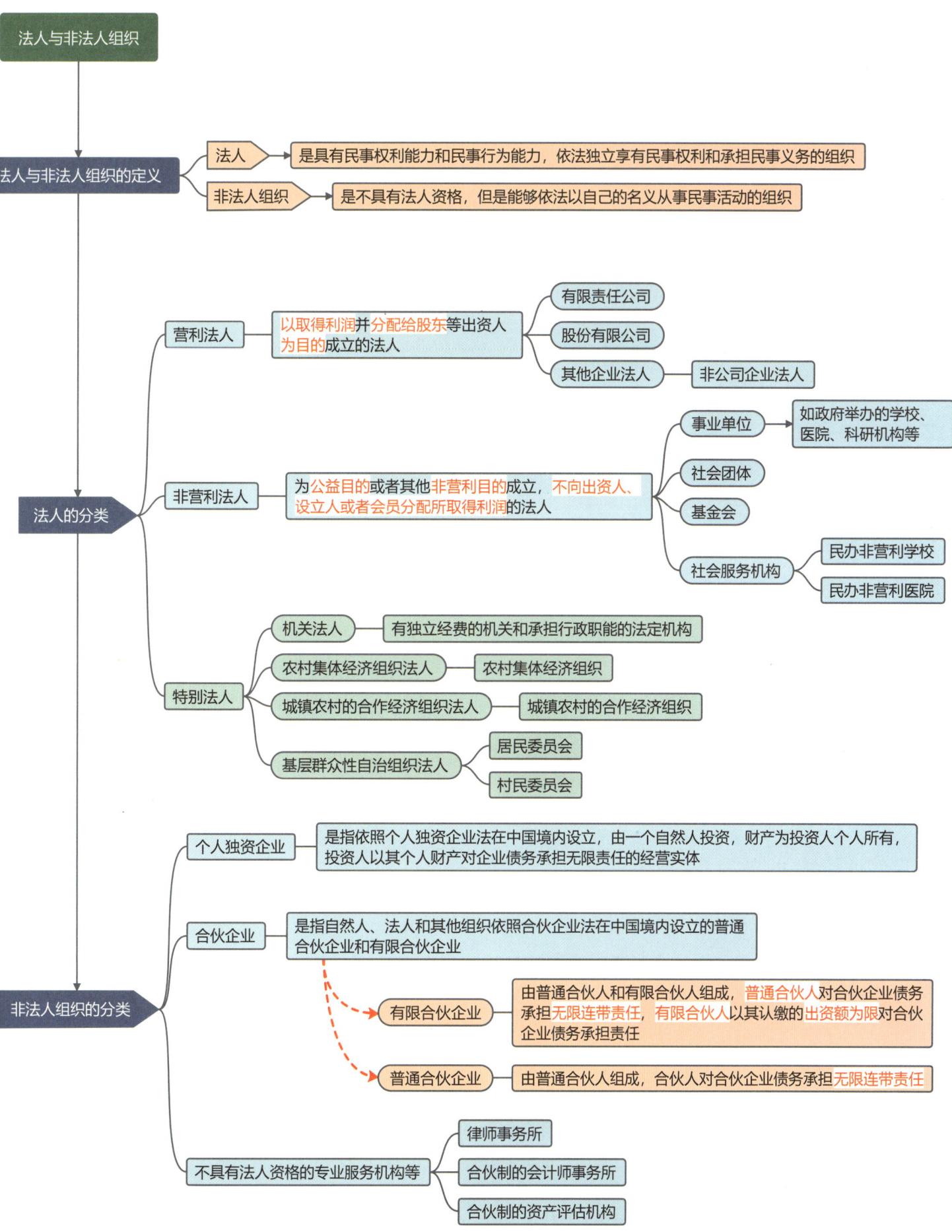

关联法条

最高人民法院《关于适用〈中华人民共和国民法典〉总则编若干问题的解释》

第一条 民法典第二编至第七编对民事关系有规定的,人民法院直接适用该规定;民法典第二编至第七编没有规定的,适用民法典第一编的规定,但是根据其性质不能适用的除外。

就同一民事关系,其他民事法律的规定属于对民法典相应规定的细化的,应当适用该民事法律的规定。民法典规定适用其他法律的,适用该法律的规定。

民法典及其他法律对民事关系没有具体规定的,可以遵循民法典关于基本原则的规定。

民法典总则编解释的一般规定

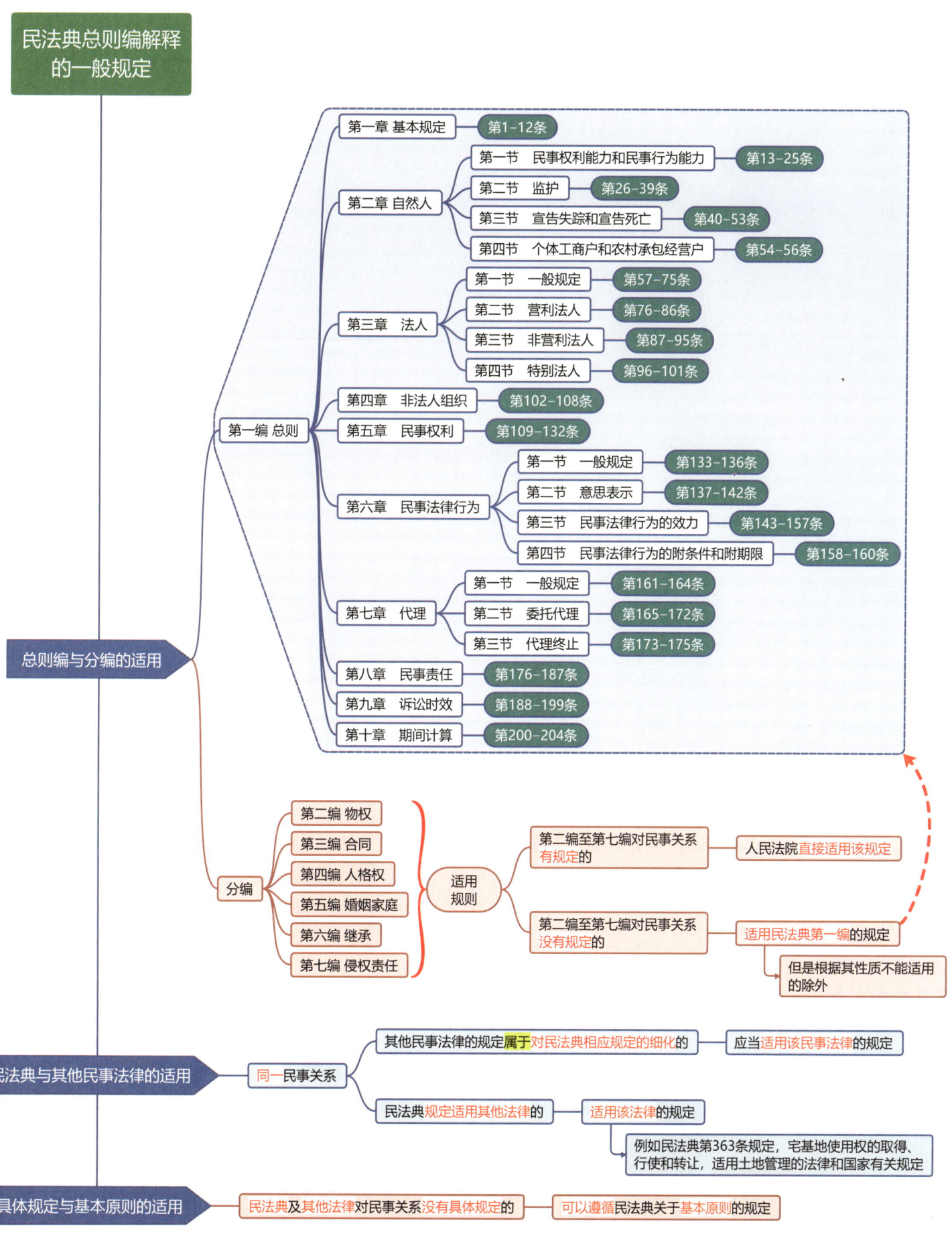

制作依据：民法典、民法典总则编解释

关联法条

《中华人民共和国民法典》

第一百三十二条 民事主体不得滥用民事权利损害国家利益、社会公共利益或者他人合法权益。

第一百五十七条 民事法律行为无效、被撤销或者确定不发生效力后,行为人因该行为取得的财产,应当予以返还;不能返还或者没有必要返还的,应当折价补偿。有过错的一方应当赔偿对方由此所受到的损失;各方都有过错的,应当各自承担相应的责任。法律另有规定的,依照其规定。

《最高人民法院关于适用〈中华人民共和国民法典〉总则编若干问题的解释》

第三条 对于民法典第一百三十二条所称的滥用民事权利,人民法院可以根据权利行使的对象、目的、时间、方式、造成当事人之间利益失衡的程度等因素作出认定。

行为人以损害国家利益、社会公共利益、他人合法权益为主要目的行使民事权利的,人民法院应当认定构成滥用民事权利。

构成滥用民事权利的,人民法院应当认定该滥用行为不发生相应的法律效力。滥用民事权利造成损害的,依照民法典第七编等有关规定处理。

滥用民事权利的认定及后果

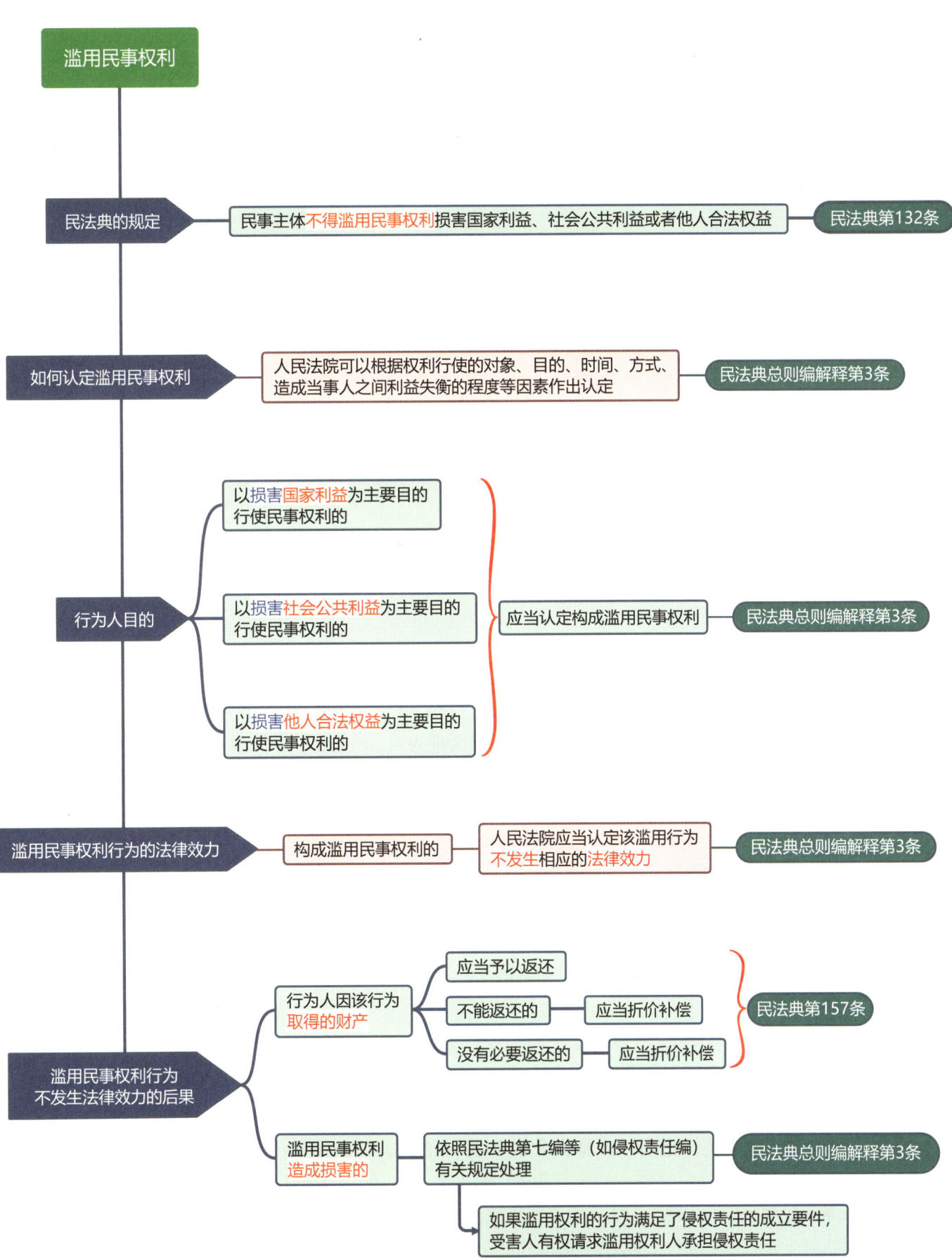

关联法条

《中华人民共和国民法典》

第十九条 八周岁以上的未成年人为限制民事行为能力人,实施民事法律行为由其法定代理人代理或者经其法定代理人同意、追认;但是,可以独立实施纯获利益的民事法律行为或者与其年龄、智力相适应的民事法律行为。

第二十二条 不能完全辨认自己行为的成年人为限制民事行为能力人,实施民事法律行为由其法定代理人代理或者经其法定代理人同意、追认;但是,可以独立实施纯获利益的民事法律行为或者与其智力、精神健康状况相适应的民事法律行为。

第一百四十五条 限制民事行为能力人实施的纯获利益的民事法律行为或者与其年龄、智力、精神健康状况相适应的民事法律行为有效;实施的其他民事法律行为经法定代理人同意或者追认后有效。

相对人可以催告法定代理人自收到通知之日起三十日内予以追认。法定代理人未作表示的,视为拒绝追认。民事法律行为被追认前,善意相对人有撤销的权利。撤销应当以通知的方式作出。

《最高人民法院关于适用〈中华人民共和国民法典〉总则编若干问题的解释》

第五条 限制民事行为能力人实施的民事法律行为是否与其年龄、智力、精神健康状况相适应,人民法院可以从行为与本人生活相关联的程度,本人的智力、精神健康状况能否理解其行为并预见相应的后果,以及标的、数量、价款或者报酬等方面认定。

限制民事行为能力人的民事行为效力

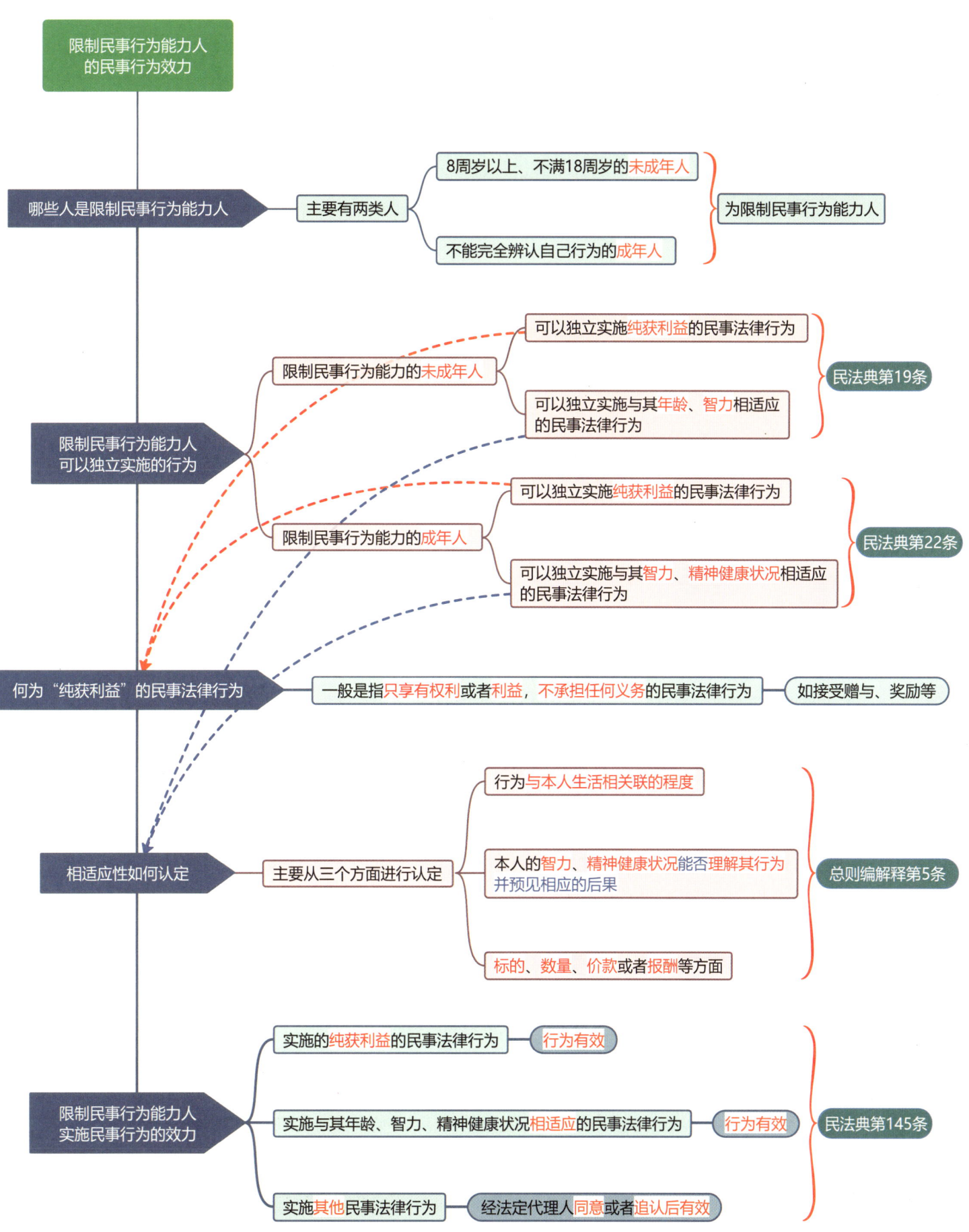

制作依据：民法典、民法典总则编解释

关联法条

《中华人民共和国民法典》

第一百四十七条 基于重大误解实施的民事法律行为，行为人有权请求人民法院或者仲裁机构予以撤销。

第一百五十二条 有下列情形之一的，撤销权消灭：

（一）当事人自知道或者应当知道撤销事由之日起一年内、重大误解的当事人自知道或者应当知道撤销事由之日起九十日内没有行使撤销权；

（二）当事人受胁迫，自胁迫行为终止之日起一年内没有行使撤销权；

（三）当事人知道撤销事由后明确表示或者以自己的行为表明放弃撤销权。

当事人自民事法律行为发生之日起五年内没有行使撤销权的，撤销权消灭。

第一百五十五条 无效的或者被撤销的民事法律行为自始没有法律约束力。

第一百五十七条 民事法律行为无效、被撤销或者确定不发生效力后，行为人因该行为取得的财产，应当予以返还；不能返还或者没有必要返还的，应当折价补偿。有过错的一方应当赔偿对方由此所受到的损失；各方都有过错的，应当各自承担相应的责任。法律另有规定的，依照其规定。

《最高人民法院关于适用〈中华人民共和国民法典〉总则编若干问题的解释》

第十九条 行为人对行为的性质、对方当事人或者标的物的品种、质量、规格、价格、数量等产生错误认识，按照通常理解如果不发生该错误认识行为人就不会作出相应意思表示的，人民法院可以认定为民法典第一百四十七条规定的重大误解。

行为人能够证明自己实施民事法律行为时存在重大误解，并请求撤销该民事法律行为的，人民法院依法予以支持；但是，根据交易习惯等认定行为人无权请求撤销的除外。

第二十条 行为人以其意思表示存在第三人转达错误为由请求撤销民事法律行为的，适用本解释第十九条的规定。

重大误解的民事法律行为

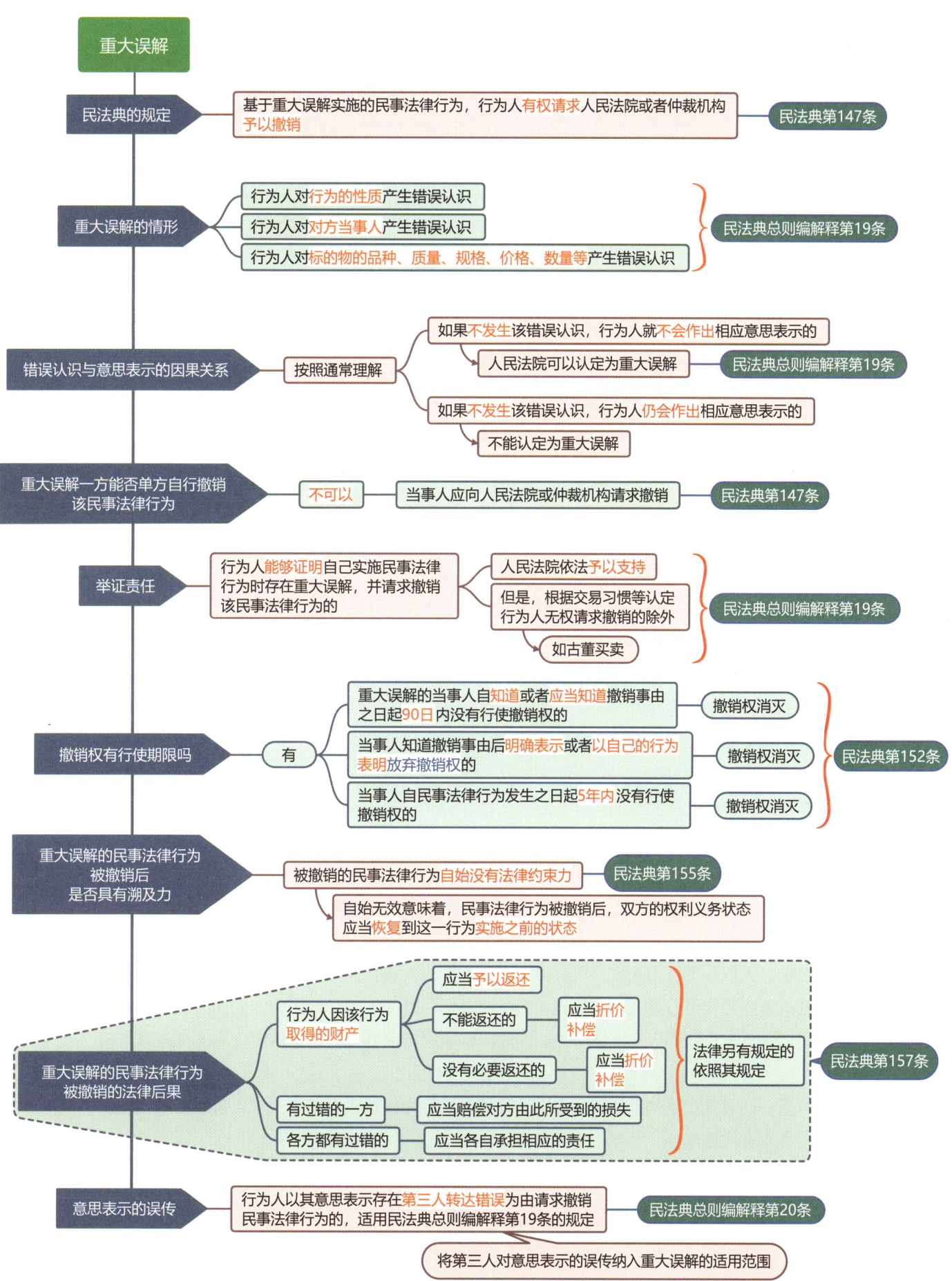

关联法条

《中华人民共和国民法典》

第一百三十七条 以对话方式作出的意思表示，相对人知道其内容时生效。

以非对话方式作出的意思表示，到达相对人时生效。以非对话方式作出的采用数据电文形式的意思表示，相对人指定特定系统接收数据电文的，该数据电文进入该特定系统时生效；未指定特定系统的，相对人知道或者应当知道该数据电文进入其系统时生效。当事人对采用数据电文形式的意思表示的生效时间另有约定的，按照其约定。

第一百七十一条 行为人没有代理权、超越代理权或者代理权终止后，仍然实施代理行为，未经被代理人追认的，对被代理人不发生效力。

相对人可以催告被代理人自收到通知之日起三十日内予以追认。被代理人未作表示的，视为拒绝追认。行为人实施的行为被追认前，善意相对人有撤销的权利。撤销应当以通知的方式作出。

行为人实施的行为未被追认的，善意相对人有权请求行为人履行债务或者就其受到的损害请求行为人赔偿。但是，赔偿的范围不得超过被代理人追认时相对人所能获得的利益。

相对人知道或者应当知道行为人无权代理的，相对人和行为人按照各自的过错承担责任。

第一百七十二条 行为人没有代理权、超越代理权或者代理权终止后，仍然实施代理行为，相对人有理由相信行为人有代理权的，代理行为有效。

第五百零三条 无权代理人以被代理人的名义订立合同，被代理人已经开始履行合同义务或者接受相对人履行的，视为对合同的追认。

《最高人民法院关于适用〈中华人民共和国民法典〉总则编若干问题的解释》

第二十七条 无权代理行为未被追认，相对人请求行为人履行债务或者赔偿损失的，由行为人就相对人知道或者应当知道行为人无权代理承担举证责任。行为人不能证明的，人民法院依法支持相对人的相应诉讼请求；行为人能够证明的，人民法院应当按照各自的过错认定行为人与相对人的责任。

第二十八条 同时符合下列条件的，人民法院可以认定为民法典第一百七十二条规定的相对人有理由相信行为人有代理权：

（一）存在代理权的外观；

（二）相对人不知道行为人行为时没有代理权，且无过失。

因是否构成表见代理发生争议的，相对人应当就无权代理符合前款第一项规定的条件承担举证责任；被代理人应当就相对人不符合前款第二项规定的条件承担举证责任。

无权代理（含表见代理）认定及其处理规则

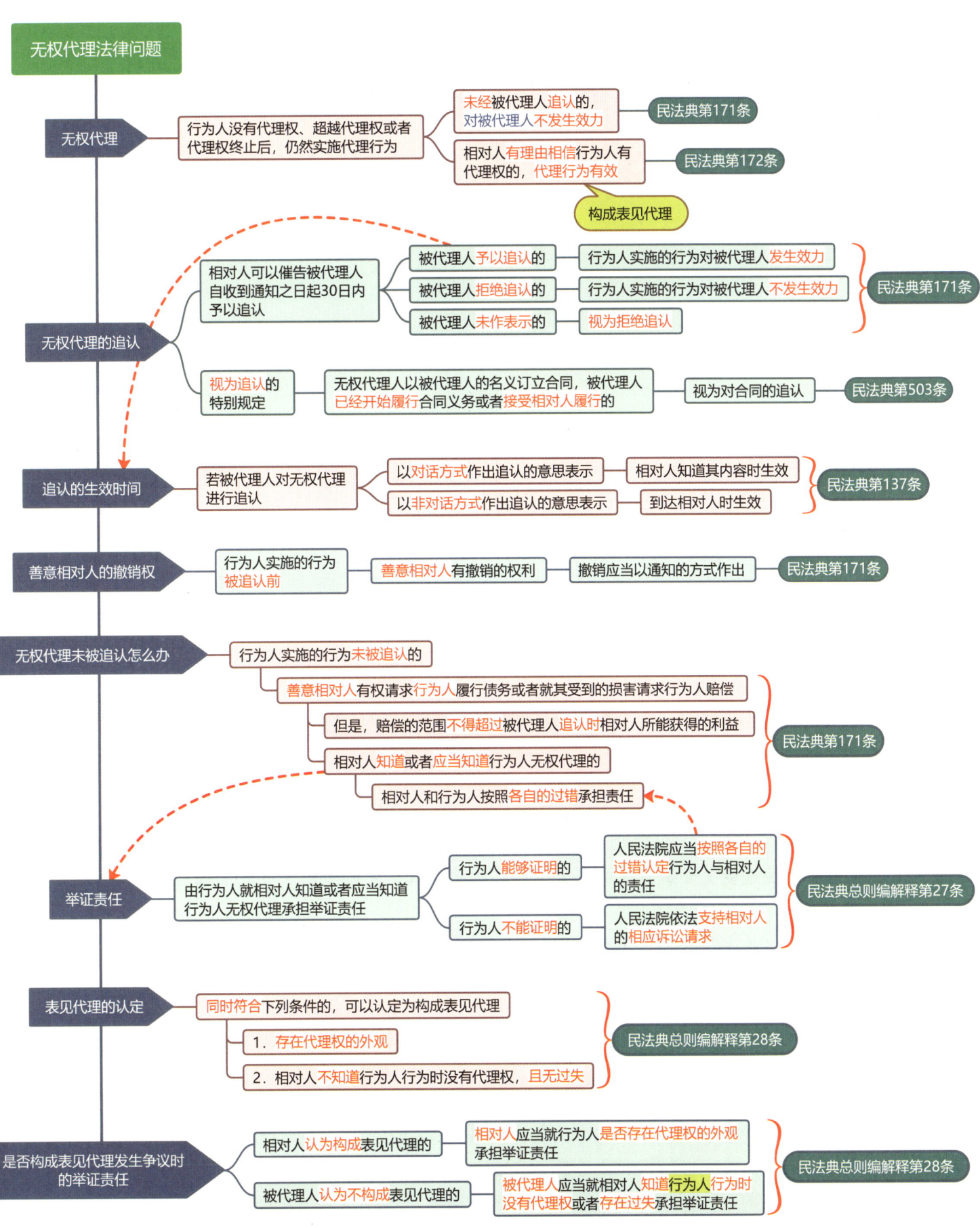

制作依据：民法典、民法典总则编解释

关联法条

《中华人民共和国民法典》

第一百八十一条 因正当防卫造成损害的，不承担民事责任。

正当防卫超过必要的限度，造成不应有的损害的，正当防卫人应当承担适当的民事责任。

《最高人民法院关于适用〈中华人民共和国民法典〉总则编若干问题的解释》

第三十条 为了使国家利益、社会公共利益、本人或者他人的人身权利、财产权利以及其他合法权益免受正在进行的不法侵害，而针对实施侵害行为的人采取的制止不法侵害的行为，应当认定为民法典第一百八十一条规定的正当防卫。

第三十一条 对于正当防卫是否超过必要的限度，人民法院应当综合不法侵害的性质、手段、强度、危害程度和防卫的时机、手段、强度、损害后果等因素判断。

经审理，正当防卫没有超过必要限度的，人民法院应当认定正当防卫人不承担责任。正当防卫超过必要限度的，人民法院应当认定正当防卫人在造成不应有的损害范围内承担部分责任；实施侵害行为的人请求正当防卫人承担全部责任的，人民法院不予支持。

实施侵害行为的人不能证明防卫行为造成不应有的损害，仅以正当防卫人采取的反击方式和强度与不法侵害不相当为由主张防卫过当的，人民法院不予支持。

正当防卫的认定

正当防卫

法律规定：因正当防卫造成损害的，不承担民事责任。正当防卫超过必要的限度，造成不应有的损害的，正当防卫人应当承担适当的民事责任。——民法典第181条

正当防卫的认定（民法典总则编解释第30条）：针对实施侵害行为的人采取的制止不法侵害的行为，应当认定为正当防卫：
- 为了使国家利益免受正在进行的不法侵害
- 为了社会公共利益免受正在进行的不法侵害
- 为了本人或者他人的人身权利、财产权利以及其他合法权益免受正在进行的不法侵害

正当防卫必要限度的认定（民法典总则编解释第31条）：对于正当防卫是否超过必要的限度，人民法院应当综合考虑的因素：
1. 不法侵害的性质、手段、强度、危害程度
2. 防卫的时机、手段、强度、损害后果等

正当防卫责任的认定（民法典总则编解释第31条）：
- 正当防卫没有超过必要限度的：人民法院应当认定正当防卫人不承担责任
- 正当防卫超过必要限度的：
  - 人民法院应当认定正当防卫人在造成不应有的损害范围内承担部分责任
  - 实施侵害行为的人请求正当防卫人承担全部责任的：人民法院不予支持

举证责任的分配（民法典总则编解释第31条）：
- 由实施侵害行为的人进行举证
- 实施侵害行为的人不能证明防卫行为造成不应有的损害，仅以正当防卫人采取的反击方式和强度与不法侵害不相当为由主张防卫过当的，人民法院不予支持

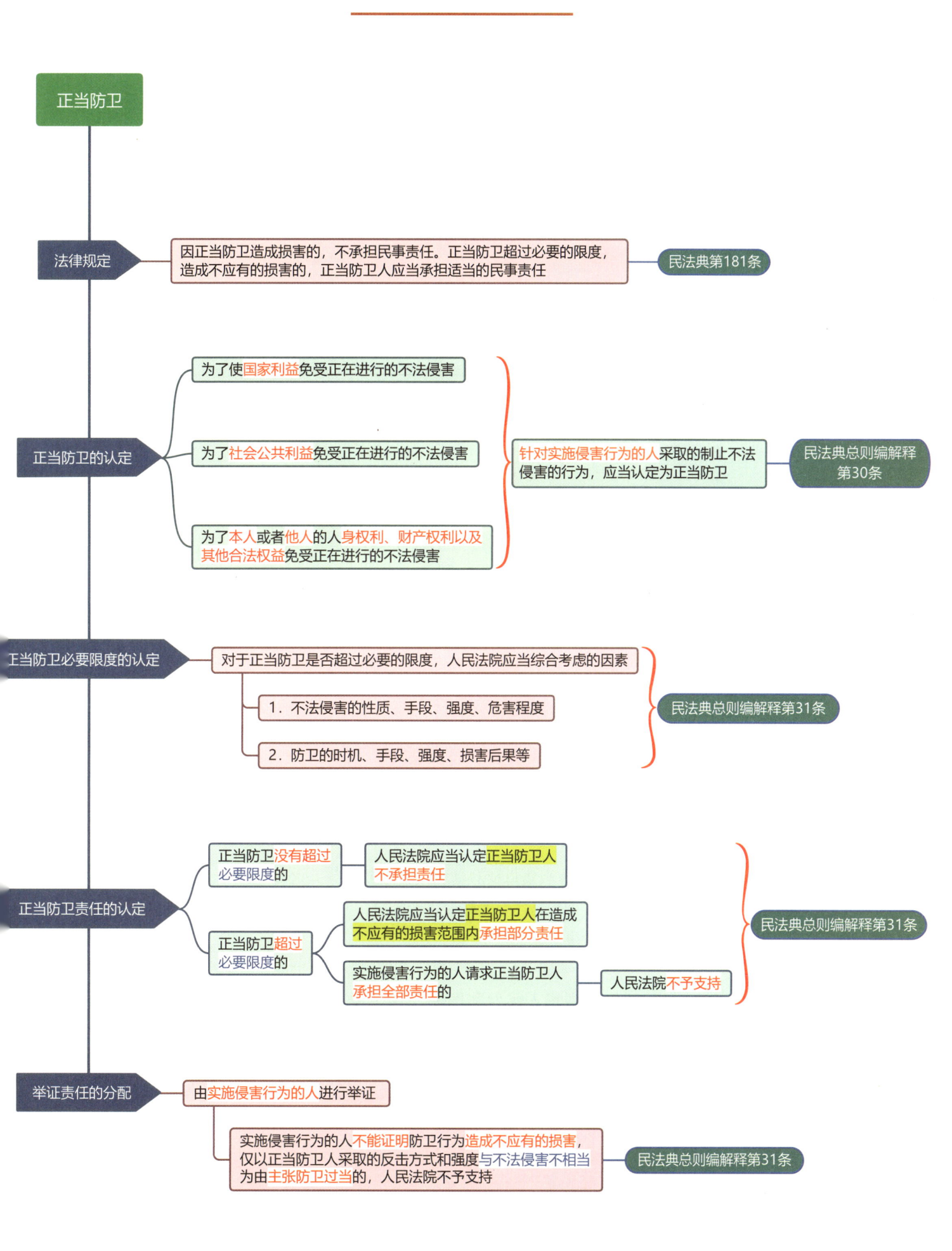

制作依据：民法典、民法典总则编解释

关联法条

《中华人民共和国民法典》

第一百八十八条 向人民法院请求保护民事权利的诉讼时效期间为三年。法律另有规定的，依照其规定。

诉讼时效期间自权利人知道或者应当知道权利受到损害以及义务人之日起计算。法律另有规定的，依照其规定。但是，自权利受到损害之日起超过二十年的，人民法院不予保护，有特殊情况的，人民法院可以根据权利人的申请决定延长。

《最高人民法院关于适用〈中华人民共和国民法典〉总则编若干问题的解释》

第三十六条 无民事行为能力人或者限制民事行为能力人的权利受到损害的，诉讼时效期间自其法定代理人知道或者应当知道权利受到损害以及义务人之日起计算，但是法律另有规定的除外。

第三十七条 无民事行为能力人、限制民事行为能力人的权利受到原法定代理人损害，且在取得、恢复完全民事行为能力或者在原法定代理终止并确定新的法定代理人后，相应民事主体才知道或者应当知道权利受到损害的，有关请求权诉讼时效期间的计算适用民法典第一百八十八条第二款、本解释第三十六条的规定。

无民事行为能力人及限制民事行为能力人的诉讼时效起算规则

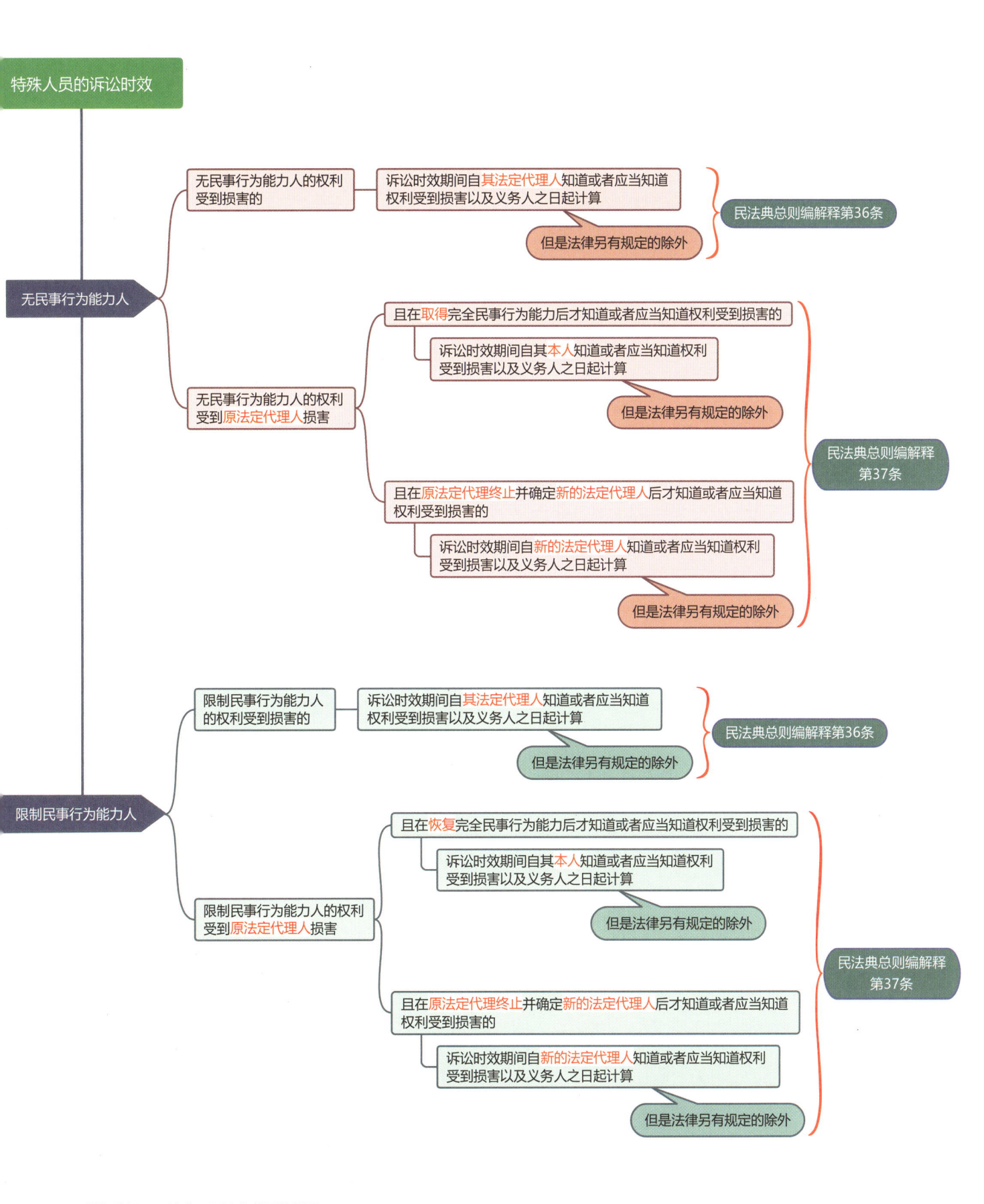

特殊人员的诉讼时效

无民事行为能力人

- **无民事行为能力人的权利受到损害的**
  - 诉讼时效期间自**其法定代理人**知道或者应当知道权利受到损害以及义务人之日起计算
  - 但是法律另有规定的除外
  - （民法典总则编解释第36条）

- **无民事行为能力人的权利受到原法定代理人损害**
  - 且在**取得**完全民事行为能力后才知道或者应当知道权利受到损害的
    - 诉讼时效期间自其**本人**知道或者应当知道权利受到损害以及义务人之日起计算
    - 但是法律另有规定的除外
  - 且在**原法定代理终止**并确定**新的法定代理人**后才知道或者应当知道权利受到损害的
    - 诉讼时效期间自**新的法定代理人**知道或者应当知道权利受到损害以及义务人之日起计算
    - 但是法律另有规定的除外
  - （民法典总则编解释第37条）

限制民事行为能力人

- **限制民事行为能力人的权利受到损害的**
  - 诉讼时效期间自**其法定代理人**知道或者应当知道权利受到损害以及义务人之日起计算
  - 但是法律另有规定的除外
  - （民法典总则编解释第36条）

- **限制民事行为能力人的权利受到原法定代理人损害**
  - 且在**恢复**完全民事行为能力后才知道或者应当知道权利受到损害的
    - 诉讼时效期间自其**本人**知道或者应当知道权利受到损害以及义务人之日起计算
    - 但是法律另有规定的除外
  - 且在**原法定代理终止**并确定**新的法定代理人**后才知道或者应当知道权利受到损害的
    - 诉讼时效期间自**新的法定代理人**知道或者应当知道权利受到损害以及义务人之日起计算
    - 但是法律另有规定的除外
  - （民法典总则编解释第37条）

制作依据：民法典、民法典总则编解释

关联法条

《最高人民法院关于适用〈中华人民共和国民法典〉时间效力的若干规定》

第一条 民法典施行后的法律事实引起的民事纠纷案件,适用民法典的规定。

民法典施行前的法律事实引起的民事纠纷案件,适用当时的法律、司法解释的规定,但是法律、司法解释另有规定的除外。

民法典施行前的法律事实持续至民法典施行后,该法律事实引起的民事纠纷案件,适用民法典的规定,但是法律、司法解释另有规定的除外。

第二条 民法典施行前的法律事实引起的民事纠纷案件,当时的法律、司法解释有规定,适用当时的法律、司法解释的规定,但是适用民法典的规定更有利于保护民事主体合法权益,更有利于维护社会和经济秩序,更有利于弘扬社会主义核心价值观的除外。

第三条 民法典施行前的法律事实引起的民事纠纷案件,当时的法律、司法解释没有规定而民法典有规定的,可以适用民法典的规定,但是明显减损当事人合法权益、增加当事人法定义务或者背离当事人合理预期的除外。

第四条 民法典施行前的法律事实引起的民事纠纷案件,当时的法律、司法解释仅有原则性规定而民法典有具体规定的,适用当时的法律、司法解释的规定,但是可以依据民法典具体规定进行裁判说理。

第五条 民法典施行前已经终审的案件,当事人申请再审或者按照审判监督程序决定再审的,不适用民法典的规定。

最高人民法院适用民法典时间效力的一般规定

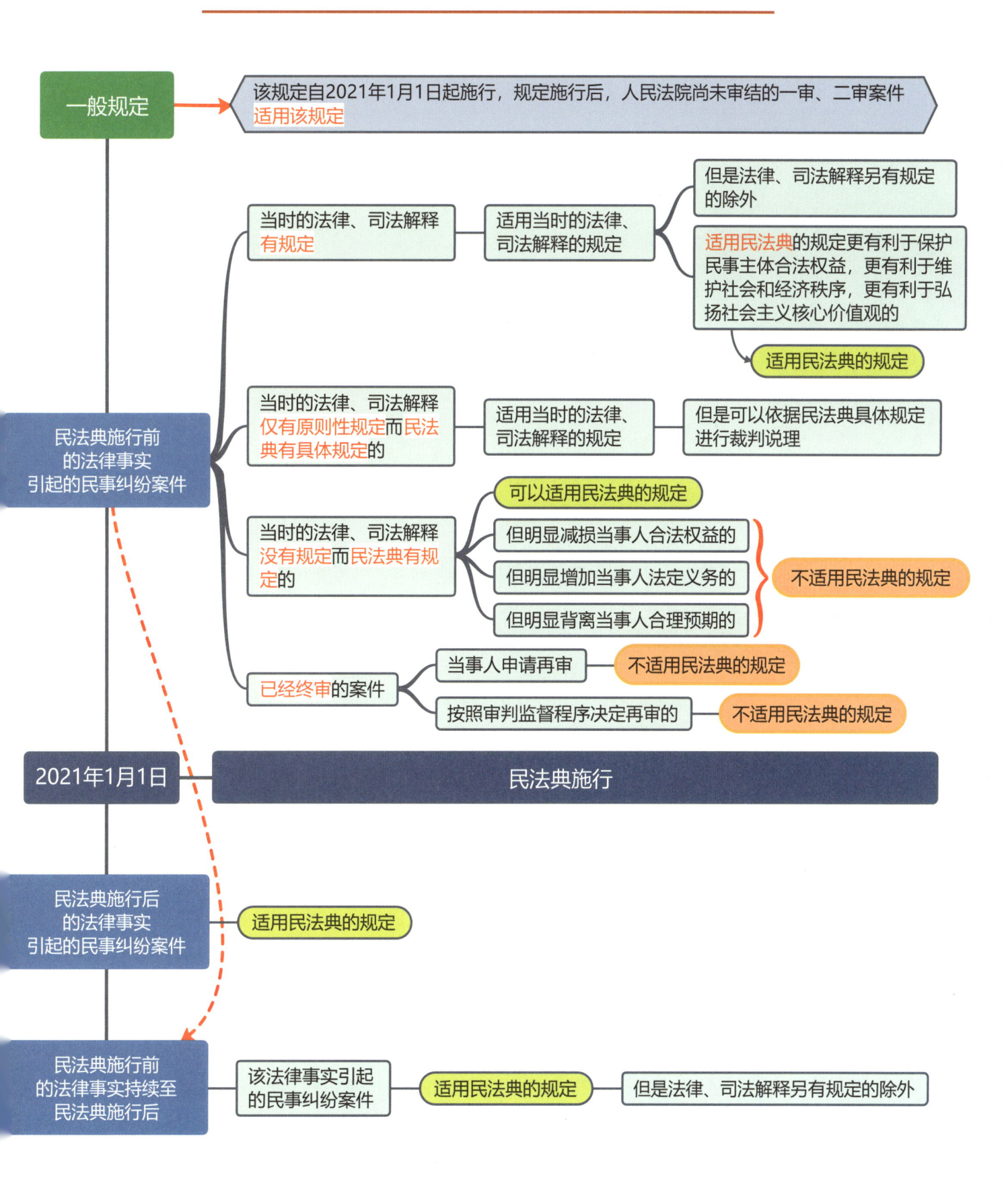

一般规定 → 该规定自2021年1月1日起施行，规定施行后，人民法院尚未审结的一审、二审案件**适用该规定**

民法典施行前的法律事实引起的民事纠纷案件

- 当时的法律、司法解释**有规定** → 适用当时的法律、司法解释的规定
  - 但是法律、司法解释另有规定的除外
  - **适用民法典**的规定更有利于保护民事主体合法权益，更有利于维护社会和经济秩序，更有利于弘扬社会主义核心价值观的 → 适用民法典的规定

- 当时的法律、司法解释**仅有原则性规定**而**民法典有具体规定**的 → 适用当时的法律、司法解释的规定 → 但是可以依据民法典具体规定进行裁判说理

- 当时的法律、司法解释**没有规定**而**民法典有规定**的
  - 可以适用民法典的规定
  - 但明显减损当事人合法权益的 ⎫
  - 但明显增加当事人法定义务的 ⎬ 不适用民法典的规定
  - 但明显背离当事人合理预期的 ⎭

- **已经终审**的案件
  - 当事人申请再审 → 不适用民法典的规定
  - 按照审判监督程序决定再审的 → 不适用民法典的规定

2021年1月1日 —— 民法典施行

民法典施行后的法律事实引起的民事纠纷案件 → 适用民法典的规定

民法典施行前的法律事实持续至民法典施行后 → 该法律事实引起的民事纠纷案件 → 适用民法典的规定 → 但是法律、司法解释另有规定的除外

制作依据：时间效力规定第1-5条、第28条

物 权

关联法条

《中华人民共和国民法典》

第一百一十四条 民事主体依法享有物权。

物权是权利人依法对特定的物享有直接支配和排他的权利,包括所有权、用益物权和担保物权。

第二百四十条 所有权人对自己的不动产或者动产,依法享有占有、使用、收益和处分的权利。

第二百四十一条 所有权人有权在自己的不动产或者动产上设立用益物权和担保物权。用益物权人、担保物权人行使权利,不得损害所有权人的权益。

第三百二十三条 用益物权人对他人所有的不动产或者动产,依法享有占有、使用和收益的权利。

第三百二十六条 用益物权人行使权利,应当遵守法律有关保护和合理开发利用资源、保护生态环境的规定。所有权人不得干涉用益物权人行使权利。

第三百三十一条 土地承包经营权人依法对其承包经营的耕地、林地、草地等享有占有、使用和收益的权利,有权从事种植业、林业、畜牧业等农业生产。

第三百四十四条 建设用地使用权人依法对国家所有的土地享有占有、使用和收益的权利,有权利用该土地建造建筑物、构筑物及其附属设施。

第三百六十二条 宅基地使用权人依法对集体所有的土地享有占有和使用的权利,有权依法利用该土地建造住宅及其附属设施。

第三百六十六条 居住权人有权按照合同约定,对他人的住宅享有占有、使用的用益物权,以满足生活居住的需要。

第三百七十二条 地役权人有权按照合同约定,利用他人的不动产,以提高自己的不动产的效益。

前款所称他人的不动产为供役地,自己的不动产为需役地。

第三百八十六条 担保物权人在债务人不履行到期债务或者发生当事人约定的实现担保物权的情形,依法享有就担保财产优先受偿的权利,但是法律另有规定的除外。

物权类型（所有权、用益物权、担保物权）

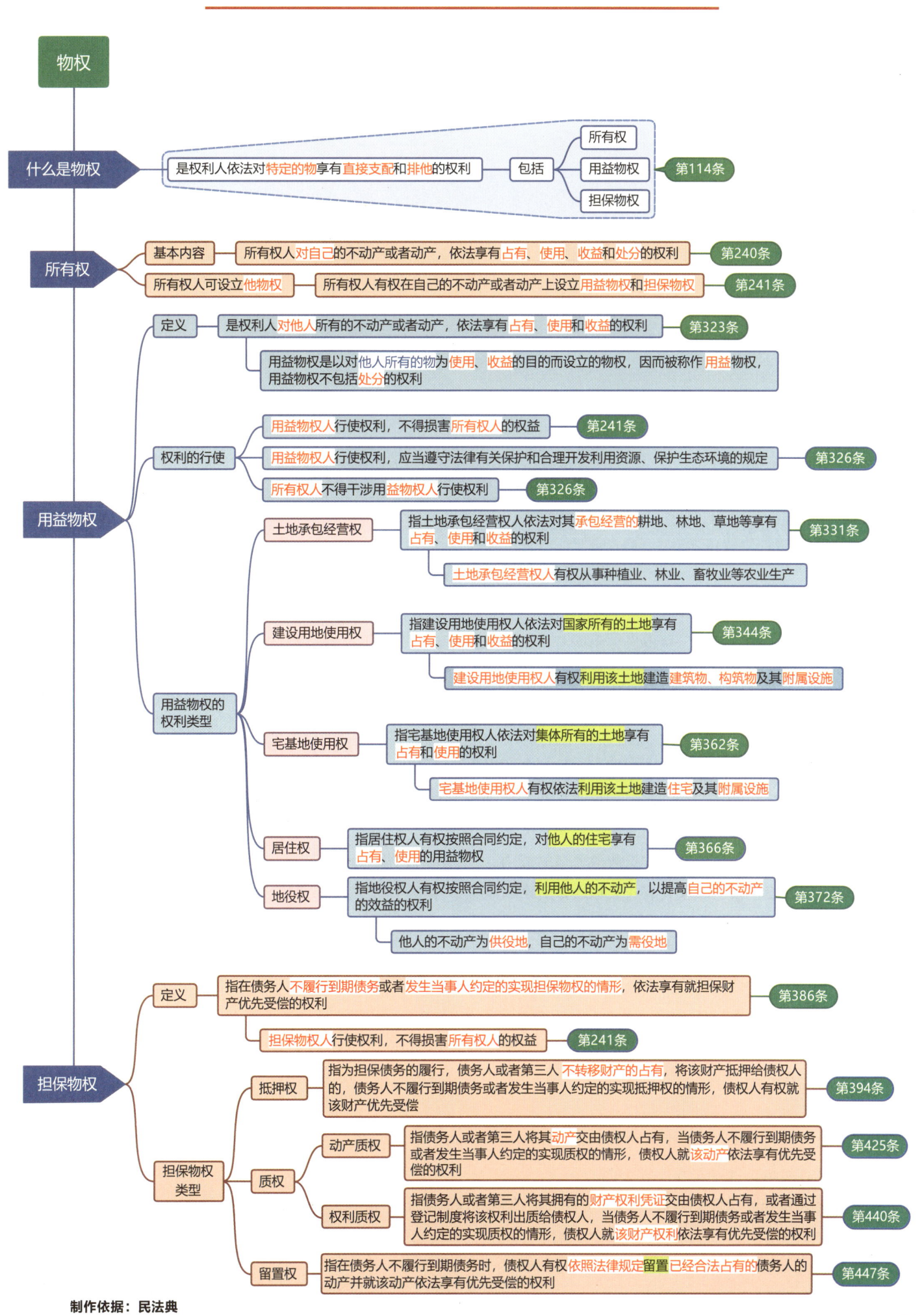

物权

什么是物权
- 是权利人依法对**特定的物**享有**直接支配**和**排他**的权利 —— 包括：所有权、用益物权、担保物权 【第114条】

所有权
- **基本内容**：所有权人对**自己**的不动产或者动产，依法享有**占有、使用、收益**和**处分**的权利 【第240条】
- **所有权人可设立他物权**：所有权人有权在自己的不动产或者动产上设立**用益物权**和**担保物权** 【第241条】

用益物权

定义：是权利人**对他人**所有的不动产或者动产，依法享有**占有、使用**和**收益**的权利 【第323条】

用益物权是以对**他人**所有的物为**使用、收益**的目的而设立的物权，因而被称作**用益**物权，用益物权不包括**处分**的权利

权利的行使：
- **用益物权人**行使权利，不得损害**所有权人**的权益 【第241条】
- **用益物权人**行使权利，应当遵守法律有关保护和合理开发利用资源、保护生态环境的规定 【第326条】
- **所有权人**不得干涉**用益物权人**行使权利 【第326条】

用益物权的权利类型：

- **土地承包经营权**：指土地承包经营权人依法对其**承包经营**的耕地、林地、草地等享有**占有、使用**和**收益**的权利 【第331条】
  - **土地承包经营权人**有权从事种植业、林业、畜牧业等农业生产

- **建设用地使用权**：指建设用地使用权人依法对**国家所有的土地**享有**占有、使用**和**收益**的权利 【第344条】
  - **建设用地使用权人**有权利用该土地建造**建筑物、构筑物**及其**附属设施**

- **宅基地使用权**：指宅基地使用权人依法对**集体所有的土地**享有**占有**和**使用**的权利 【第362条】
  - **宅基地使用权人**有权依法利用该土地建造**住宅**及其**附属设施**

- **居住权**：指居住权人有权按照合同约定，对**他人的住宅**享有**占有、使用**的用益物权 【第366条】

- **地役权**：指地役权人有权按照合同约定，利用他人的不动产，以提高**自己的不动产**的效益的权利 【第372条】
  - 他人的不动产为**供役地**，自己的不动产为**需役地**

担保物权

定义：指在债务人**不履行到期债务**或者**发生当事人约定的实现担保物权的情形**，依法享有就担保财产优先受偿的权利 【第386条】

担保物权人行使权利，不得损害**所有权人**的权益 【第241条】

担保物权类型：

- **抵押权**：指为担保债务的履行，债务人或者第三人**不转移财产的占有**，将该财产抵押给债权人的，债务人不履行到期债务或者发生当事人约定的实现抵押权的情形，债权人有权就该财产优先受偿 【第394条】

- **质权**：
  - **动产质权**：指债务人或者第三人将其**动产**交由债权人占有，当债务人不履行到期债务或者发生当事人约定的实现质权的情形，债权人就**该动产**依法享有优先受偿的权利 【第425条】
  - **权利质权**：指债务人或者第三人将其拥有的**财产权利凭证**交由债权人占有，或者通过登记制度将该权利出质给债权人，当债务人不履行到期债务或者发生当事人约定的实现质权的情形，债权人就**该财产权利**依法享有优先受偿的权利 【第440条】

- **留置权**：指在债务人不履行到期债务时，债权人有权**依照法律规定留置**已经合法占有的债务人的动产并就该动产依法享有优先受偿的权利 【第447条】

制作依据：民法典

关联法条

《中华人民共和国民法典》

第三百二十一条 天然孳息，由所有权人取得；既有所有权人又有用益物权人的，由用益物权人取得。当事人另有约定的，按照其约定。

法定孳息，当事人有约定的，按照约定取得；没有约定或者约定不明确的，按照交易习惯取得。

第四百一十二条 债务人不履行到期债务或者发生当事人约定的实现抵押权的情形，致使抵押财产被人民法院依法扣押的，自扣押之日起，抵押权人有权收取该抵押财产的天然孳息或者法定孳息，但是抵押权人未通知应当清偿法定孳息义务人的除外。

前款规定的孳息应当先充抵收取孳息的费用。

第四百三十条 质权人有权收取质押财产的孳息，但是合同另有约定的除外。

前款规定的孳息应当先充抵收取孳息的费用。

第四百五十二条 留置权人有权收取留置财产的孳息。

前款规定的孳息应当先充抵收取孳息的费用。

第四百六十条 不动产或者动产被占有人占有的，权利人可以请求返还原物及其孳息；但是，应当支付善意占有人因维护该不动产或者动产支出的必要费用。

第五百七十三条 标的物提存后，毁损、灭失的风险由债权人承担。提存期间，标的物的孳息归债权人所有。提存费用由债权人负担。

第六百三十条 标的物在交付之前产生的孳息，归出卖人所有；交付之后产生的孳息，归买受人所有。但是，当事人另有约定的除外。

第九百条 保管期限届满或者寄存人提前领取保管物的，保管人应当将原物及其孳息归还寄存人。

孳 息

什么是孳息
孳息是与原物相对而言的，指由原物而产生的物
包括：
- 天然孳息
- 法定孳息

民法典第321条
- 天然孳息，由所有权人取得；既有所有权人又有用益物权人的，由用益物权人取得。当事人另有约定的，按照其约定
- 法定孳息，当事人有约定的，按照约定取得；没有约定或者约定不明确的，按照交易习惯取得

天然孳息
概念：指依物的自然属性所产生的物

主要来源于种植业和养殖业，举例：
- 耕作土地获得粮食和其他出产物
- 种植果树产生果实，包括竹木的枝根等
- 养殖牲畜获得各种仔畜和奶产品等

天然孳息的归属：
- 由所有权人取得
- 既有所有权人又有用益物权人的，由用益物权人取得
  - 用益物权人包括：
    - 土地承包经营权人
    - 建设用地使用权人
    - 宅基地使用权人
    - 居住权人
    - 地役权人
- 当事人另有约定的，按照其约定

法定孳息
概念：指依一定的法律关系由原物所生的物，是原物的所有权人进行租赁、投资等特定的民事法律活动而应当获得的合法收益

举例：
- 房屋出租所得的租金
- 依股本金所得的股息

法定孳息的归属：
- 当事人有约定的——按照约定取得
- 没有约定的／约定不明确的——按照交易习惯取得

抵押财产孳息的归属
- **抵押权的效力不及于孳息**：抵押权设立后，抵押财产的占有权、使用权、收益权和处分权仍由抵押人行使，因抵押财产的使用而产生的孳息应当归抵押人所有
- 债务人不履行到期债务或者发生当事人约定的实现抵押权的情形，因抵押权人行使抵押权致使**抵押财产被人民法院依法扣押的**：
  - 自扣押之日起，抵押权人有权收取该抵押财产的天然孳息或者法定孳息
  - 但是抵押权人未通知应当清偿法定孳息义务人的除外

（第412条）

质权人的孳息收取权
质权人有权收取质押财产的孳息——但是合同另有约定的除外（第430条）

留置财产的孳息收取
留置权人有权收取留置财产的孳息（第452条）

提存标的物孳息的归属
标的物提存后，毁损、灭失的风险由债务人承担——提存期间，标的物的孳息归债权人所有（第573条）

买卖合同标的物孳息的归属
- 标的物在交付之前产生的孳息——归出卖人所有
- 标的物在交付之后产生的孳息——归买受人所有
- 当事人另有约定的——按约定执行

（第630条）

保管人归还原物及孳息的义务
保管期限届满或者寄存人提前领取保管物的——保管人应当将原物及其孳息归还寄存人（第900条）

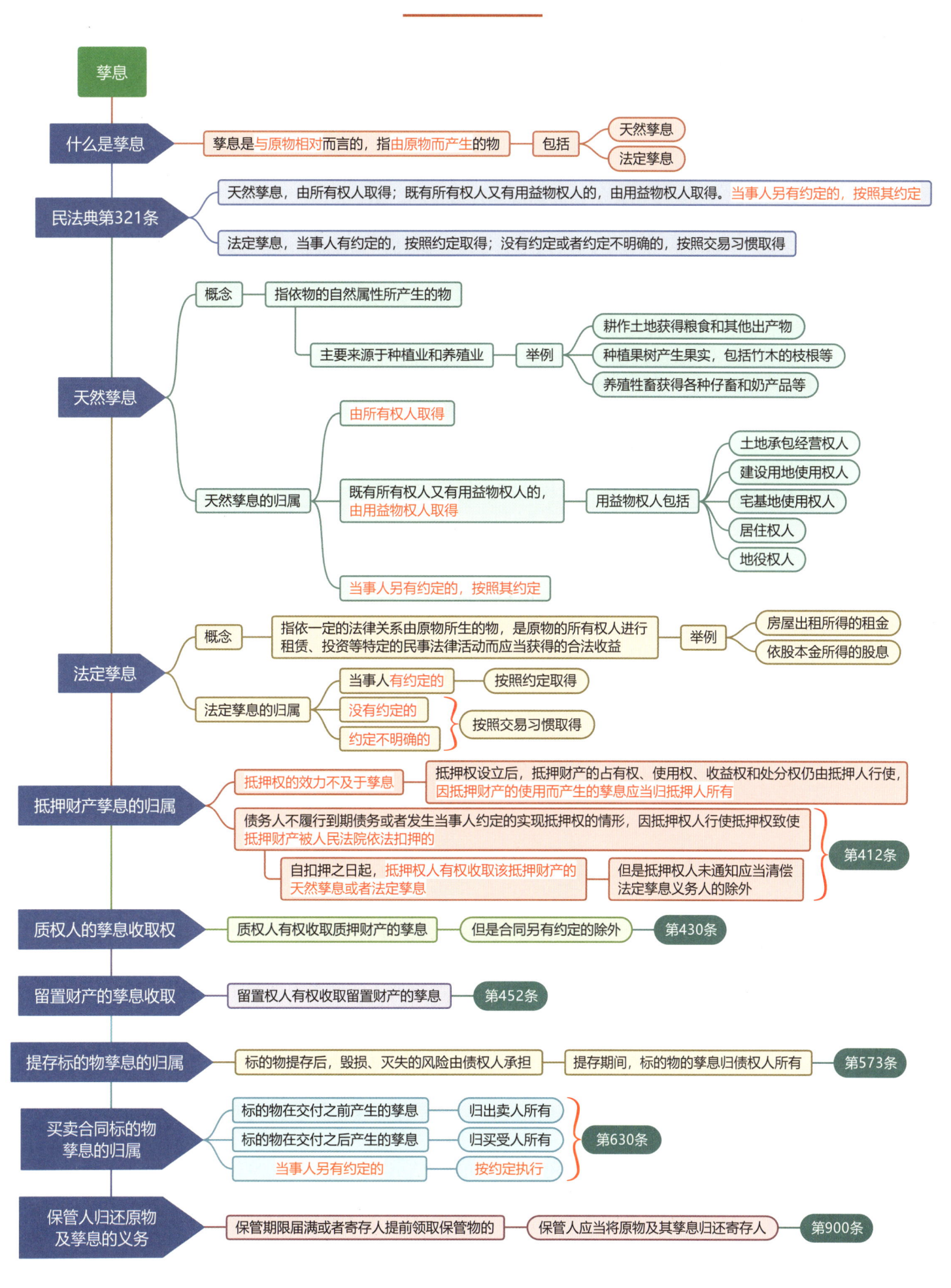

制作依据：民法典

担保物权

关 联 法 条

《中华人民共和国担保法》（已失效）

第二十五条 一般保证的保证人与债权人未约定保证期间的，保证期间为主债务履行期届满之日起六个月。

在合同约定的保证期间和前款规定的保证期间，债权人未对债务人提起诉讼或者申请仲裁的，保证人免除保证责任；债权人已提起诉讼或者申请仲裁的，保证期间适用诉讼时效中断的规定。

第二十六条 连带责任保证的保证人与债权人未约定保证期间的，债权人有权自主债务履行期届满之日起六个月内要求保证人承担保证责任。

在合同约定的保证期间和前款规定的保证期间，债权人未要求保证人承担保证责任的，保证人免除保证责任。

《最高人民法院关于适用〈中华人民共和国担保法〉若干问题的解释》（已失效）

第三十二条 保证合同约定的保证期间早于或者等于主债务履行期限的，视为没有约定，保证期间为主债务履行期届满之日起六个月。

保证合同约定保证人承担保证责任直至主债务本息还清时为止等类似内容的，视为约定不明，保证期间为主债务履行期届满之日起二年。

第三十七条 最高额保证合同对保证期间没有约定或者约定不明的，如最高额保证合同约定有保证人清偿债务期限的，保证期间为清偿期限届满之日起六个月。没有约定债务清偿期限的，保证期间自最高额保证终止之日或自债权人收到保证人终止保证合同的书面通知到达之日起六个月。

《中华人民共和国民法典》

第六百九十二条 保证期间是确定保证人承担保证责任的期间，不发生中止、中断和延长。

债权人与保证人可以约定保证期间，但是约定的保证期间早于主债务履行期限或者与主债务履行期限同时届满的，视为没有约定；没有约定或者约定不明确的，保证期间为主债务履行期限届满之日起六个月。

债权人与债务人对主债务履行期限没有约定或者约定不明确的，保证期间自债权人请求债务人履行债务的宽限期届满之日起计算。

《最高人民法院关于适用〈中华人民共和国民法典〉时间效力的若干规定》

第二十七条 民法典施行前成立的保证合同，当事人对保证期间约定不明确，主债务履行期限届满至民法典施行之日不满二年，当事人主张保证期间为主债务履行期限届满之日起二年的，人民法院依法予以支持；当事人对保证期间没有约定，主债务履行期限届满至民法典施行之日不满六个月，当事人主张保证期间为主债务履行期限届满之日起六个月的，人民法院依法予以支持。

《最高人民法院关于适用〈中华人民共和国民法典〉有关担保制度的解释》

第三十二条 保证合同约定保证人承担保证责任直至主债务本息还清时为止等类似内容的，视为约定不明，保证期间为主债务履行期限届满之日起六个月。

保证合同保证期间相关规定演变

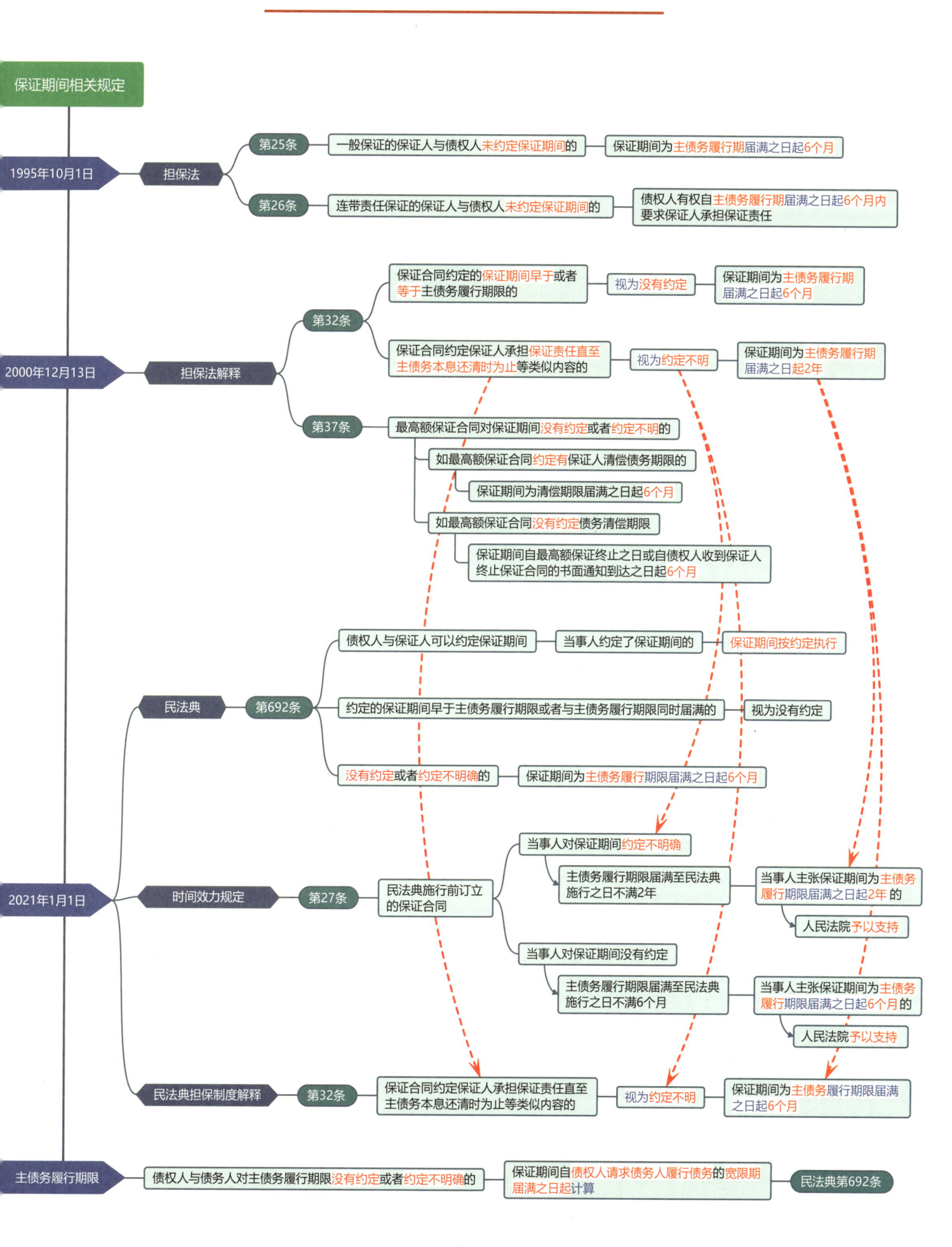

保证期间相关规定

1995年10月1日 担保法

- **第25条**：一般保证的保证人与债权人未约定保证期间的 → 保证期间为主债务履行期届满之日起6个月
- **第26条**：连带责任保证的保证人与债权人未约定保证期间的 → 债权人有权自主债务履行期届满之日起6个月内要求保证人承担保证责任

2000年12月13日 担保法解释

- **第32条**：
  - 保证合同约定的保证期间早于或者等于主债务履行期限的 → 视为没有约定 → 保证期间为主债务履行期届满之日起6个月
  - 保证合同约定保证人承担保证责任直至主债务本息还清时为止等类似内容的 → 视为约定不明 → 保证期间为主债务履行期届满之日起2年
- **第37条**：最高额保证合同对保证期间没有约定或者约定不明的
  - 如最高额保证合同约定有保证人清偿债务期限的 → 保证期间为清偿期限届满之日起6个月
  - 如最高额保证合同没有约定债务清偿期限 → 保证期间自最高额保证终止之日或自债权人收到保证人终止保证合同的书面通知到达之日起6个月

2021年1月1日

民法典

- **第692条**：
  - 债权人与保证人可以约定保证期间 → 当事人约定了保证期间的 → 保证期间按约定执行
  - 约定的保证期间早于主债务履行期限或者与主债务履行期限同时届满的 → 视为没有约定
  - 没有约定或者约定不明确的 → 保证期间为主债务履行期限届满之日起6个月

时间效力规定

- **第27条**：民法典施行前订立的保证合同
  - 当事人对保证期间约定不明确
    - 主债务履行期限届满至民法典施行之日不满2年
    - 当事人主张保证期间为主债务履行期限届满之日起2年的 → 人民法院予以支持
  - 当事人对保证期间没有约定
    - 主债务履行期限届满至民法典施行之日不满6个月
    - 当事人主张保证期间为主债务履行期限届满之日起6个月的 → 人民法院予以支持

民法典担保制度解释

- **第32条**：保证合同约定保证人承担保证责任直至主债务本息还清时为止等类似内容的 → 视为约定不明 → 保证期间为主债务履行期限届满之日起6个月

主债务履行期限

债权人与债务人对主债务履行期限没有约定或者约定不明确的 → 保证期间自债权人请求债务人履行债务的宽限期届满之日起计算（民法典第692条）

制作依据：民法典、时间效力规定、民法典担保制度解释、担保法解释、担保法

关联法条

《中华人民共和国民法典》

第六百八十八条 当事人在保证合同中约定保证人和债务人对债务承担连带责任的，为连带责任保证。

连带责任保证的债务人不履行到期债务或者发生当事人约定的情形时，债权人可以请求债务人履行债务，也可以请求保证人在其保证范围内承担保证责任。

《最高人民法院关于适用〈中华人民共和国担保法〉若干问题的解释》（已失效）

第十九条 两个以上保证人对同一债务同时或者分别提供保证时，各保证人与债权人没有约定保证份额的，应当认定为连带共同保证。

连带共同保证的保证人以其相互之间约定各自承担的份额对抗债权人的，人民法院不予支持。

《最高人民法院关于适用〈中华人民共和国民法典〉有关担保制度的解释》

第十三条 同一债务有两个以上第三人提供担保，担保人之间约定相互追偿及分担份额，承担了担保责任的担保人请求其他担保人按照约定分担份额的，人民法院应予支持；担保人之间约定承担连带共同担保，或者约定相互追偿但是未约定分担份额的，各担保人按照比例分担向债务人不能追偿的部分。

同一债务有两个以上第三人提供担保，担保人之间未对相互追偿作出约定且未约定承担连带共同担保，但是各担保人在同一份合同书上签字、盖章或者按指印，承担了担保责任的担保人请求其他担保人按照比例分担向债务人不能追偿部分的，人民法院应予支持。

除前两款规定的情形外，承担了担保责任的担保人请求其他担保人分担向债务人不能追偿部分的，人民法院不予支持。

连带责任保证、连带共同保证、按份共同保证

连带责任保证 连带共同保证 按份共同保证

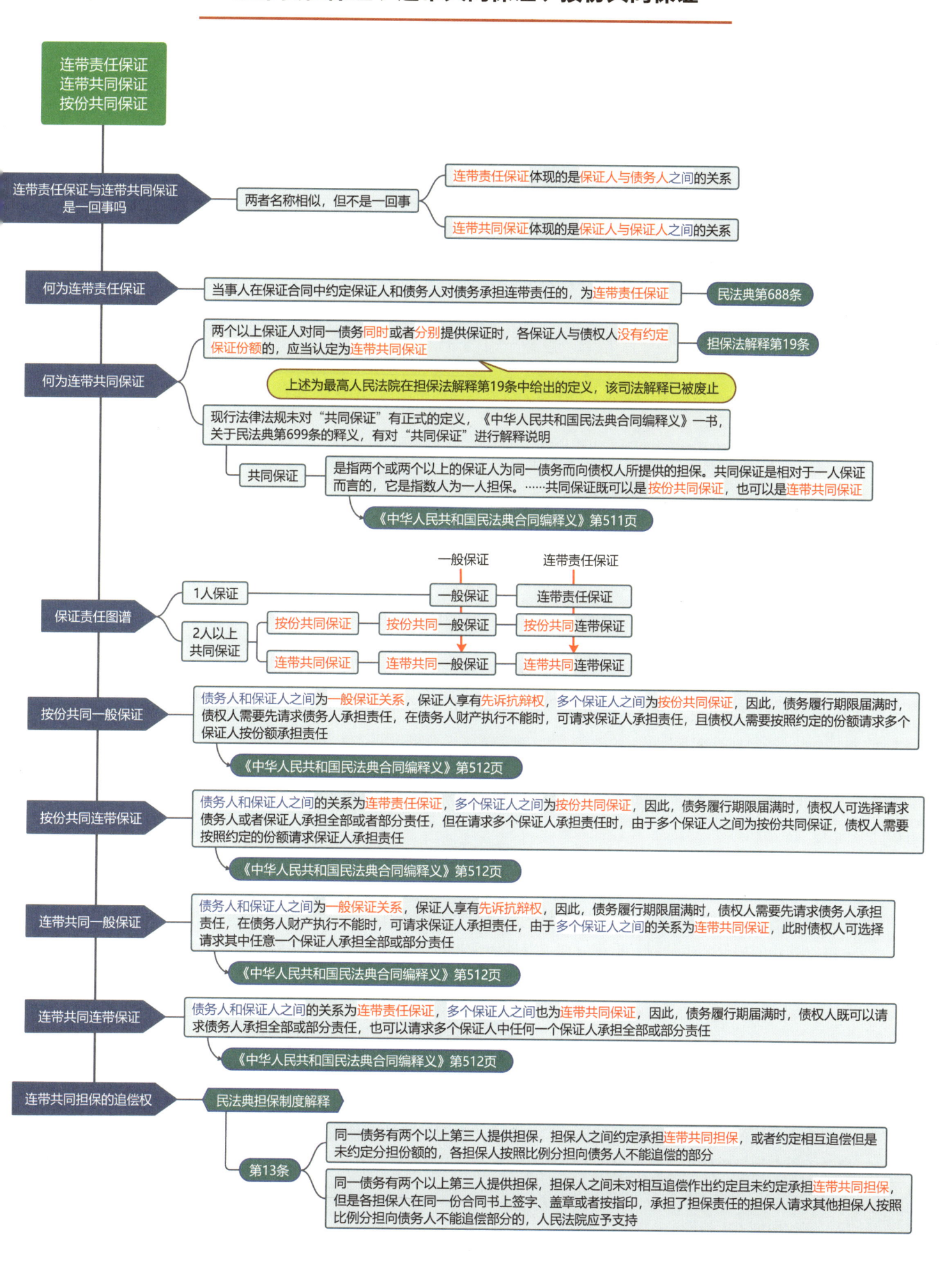

连带责任保证与连带共同保证是一回事吗

两者名称相似，但不是一回事
- 连带责任保证体现的是保证人与债务人之间的关系
- 连带共同保证体现的是保证人与保证人之间的关系

何为连带责任保证

当事人在保证合同中约定保证人和债务人对债务承担连带责任的，为连带责任保证 —— 民法典第688条

何为连带共同保证

两个以上保证人对同一债务同时或者分别提供保证时，各保证人与债权人没有约定保证份额的，应当认定为连带共同保证 —— 担保法解释第19条

> 上述为最高人民法院在担保法解释第19条中给出的定义，该司法解释已被废止

现行法律法规未对"共同保证"有正式的定义，《中华人民共和国民法典合同编释义》一书，关于民法典第699条的释义，有对"共同保证"进行解释说明

- **共同保证**：是指两个或两个以上的保证人为同一债务而向债权人所提供的担保。共同保证是相对于一人保证而言的，它是指数人为一人担保。……共同保证既可以是按份共同保证，也可以是连带共同保证
  —— 《中华人民共和国民法典合同编释义》第511页

保证责任图谱

	一般保证	连带责任保证
1人保证	一般保证	连带责任保证
2人以上共同保证（按份共同保证）	按份共同一般保证	按份共同连带保证
2人以上共同保证（连带共同保证）	连带共同一般保证	连带共同连带保证

按份共同一般保证

债务人和保证人之间为一般保证关系，保证人享有先诉抗辩权，多个保证人之间为按份共同保证，因此，债务履行期限届满时，债权人需要先请求债务人承担责任，在债务人财产执行不能时，可请求保证人承担责任，且债权人需要按照约定的份额请求多个保证人按份额承担责任
—— 《中华人民共和国民法典合同编释义》第512页

按份共同连带保证

债务人和保证人之间的关系为连带责任保证，多个保证人之间为按份共同保证，因此，债务履行期限届满时，债权人可选择请求债务人或者保证人承担全部或者部分责任，但在请求多个保证人承担责任时，由于多个保证人之间为按份共同保证，债权人需要按照约定的份额请求保证人承担责任
—— 《中华人民共和国民法典合同编释义》第512页

连带共同一般保证

债务人和保证人之间为一般保证关系，保证人享有先诉抗辩权，因此，债务履行期限届满时，债权人需要先请求债务人承担责任，在债务人财产执行不能时，可请求保证人承担责任，由于多个保证人之间的关系为连带共同保证，此时债权人可选择请求其中任意一个保证人承担全部或部分责任
—— 《中华人民共和国民法典合同编释义》第512页

连带共同连带保证

债务人和保证人之间的关系为连带责任保证，多个保证人之间也为连带共同保证，因此，债务履行期限届满时，债权人既可以请求债务人承担全部或部分责任，也可以请求多个保证人中任何一个保证人承担全部或部分责任
—— 《中华人民共和国民法典合同编释义》第512页

连带共同担保的追偿权

民法典担保制度解释

第13条
- 同一债务有两个以上第三人提供担保，担保人之间约定承担连带共同担保，或者约定相互追偿但是未约定分担份额的，各担保人按照比例分担向债务人不能追偿的部分
- 同一债务有两个以上第三人提供担保，担保人之间未对相互追偿作出约定且未约定承担连带共同担保，但是各担保人在同一份合同书上签字、盖章或者按指印，承担了担保责任的担保人请求其他担保人按照比例分担向债务人不能追偿部分的，人民法院应予支持

制作依据：民法典、担保法解释、民法典担保制度解释、《中华人民共和国民法典合同编释义》（法律出版社 2020 年版）

关联法条

《中华人民共和国担保法》（已失效）

第二十八条　同一债权既有保证又有物的担保的，保证人对物的担保以外的债权承担保证责任。

债权人放弃物的担保的，保证人在债权人放弃权利的范围内免除保证责任。

《最高人民法院关于适用〈中华人民共和国担保法〉若干问题的解释》（已失效）

第三十八条　同一债权既有保证又有第三人提供物的担保的，债权人可以请求保证人或者物的担保人承担担保责任。当事人对保证担保的范围或者物的担保的范围没有约定或者约定不明的，承担了担保责任的担保人，可以向债务人追偿，也可以要求其他担保人清偿其应当分担的份额。

同一债权既有保证又有物的担保的，物的担保合同被确认无效或者被撤销，或者担保物因不可抗力的原因灭失而没有代位物的，保证人仍应当按合同的约定或者法律的规定承担保证责任。

债权人在主合同履行期届满后怠于行使担保物权，致使担保物的价值减少或者毁损、灭失的，视为债权人放弃部分或者全部物的担保。保证人在债权人放弃权利的范围内减轻或者免除保证责任。

《中华人民共和国物权法》（已失效）

第一百七十六条　被担保的债权既有物的担保又有人的担保的，债务人不履行到期债务或者发生当事人约定的实现担保物权的情形，债权人应当按照约定实现债权；没有约定或者约定不明确，债务人自己提供物的担保的，债权人应当先就该物的担保实现债权；第三人提供物的担保的，债权人可以就物的担保实现债权，也可以要求保证人承担保证责任。提供担保的第三人承担担保责任后，有权向债务人追偿。

《中华人民共和国民法典》

第三百九十二条　被担保的债权既有物的担保又有人的担保的，债务人不履行到期债务或者发生当事人约定的实现担保物权的情形，债权人应当按照约定实现债权；没有约定或者约定不明确，债务人自己提供物的担保的，债权人应当先就该物的担保实现债权；第三人提供物的担保的，债权人可以就物的担保实现债权，也可以请求保证人承担保证责任。提供担保的第三人承担担保责任后，有权向债务人追偿。

物的担保与人的保证担保并存时的处理规则

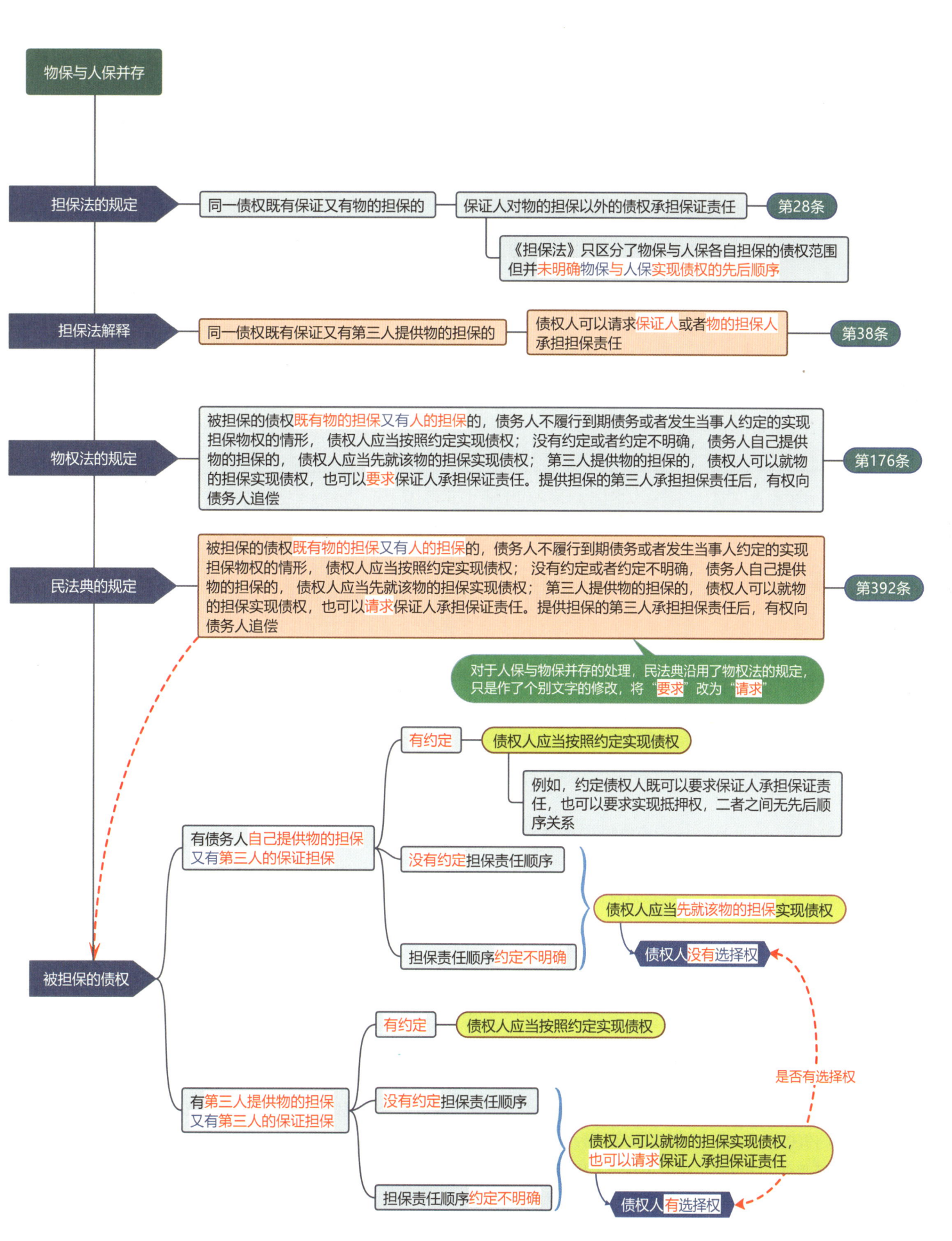

```
物保与人保并存
│
├── 担保法的规定 ──→ 同一债权既有保证又有物的担保的 ──→ 保证人对物的担保以外的债权承担保证责任 【第28条】
│                                                └── 《担保法》只区分了物保与人保各自担保的债权范围，但并未明确物保与人保实现债权的先后顺序
│
├── 担保法解释 ──→ 同一债权既有保证又有第三人提供物的担保的 ──→ 债权人可以请求保证人或者物的担保人承担担保责任 【第38条】
│
├── 物权法的规定 ──→ 被担保的债权既有物的担保又有人的担保的，债务人不履行到期债务或者发生当事人约定的实现担保物权的情形，债权人应当按照约定实现债权；没有约定或者约定不明确，债务人自己提供物的担保的，债权人应当先就该物的担保实现债权；第三人提供物的担保的，债权人可以就物的担保实现债权，也可以要求保证人承担保证责任。提供担保的第三人承担担保责任后，有权向债务人追偿 【第176条】
│
└── 民法典的规定 ──→ 被担保的债权既有物的担保又有人的担保的，债务人不履行到期债务或者发生当事人约定的实现担保物权的情形，债权人应当按照约定实现债权；没有约定或者约定不明确，债务人自己提供物的担保的，债权人应当先就该物的担保实现债权；第三人提供物的担保的，债权人可以就物的担保实现债权，也可以请求保证人承担保证责任。提供担保的第三人承担担保责任后，有权向债务人追偿 【第392条】

                   对于人保与物保并存的处理，民法典沿用了物权法的规定，只是作了个别文字的修改，将"要求"改为"请求"

被担保的债权
│
├── 有债务人自己提供物的担保又有第三人的保证担保
│    ├── 有约定 ── 债权人应当按照约定实现债权
│    │            └── 例如，约定债权人既可以要求保证人承担保证责任，也可以要求实现抵押权，二者之间无先后顺序关系
│    ├── 没有约定担保责任顺序 ┐
│    └── 担保责任顺序约定不明确 ┘── 债权人应当先就该物的担保实现债权 ── 债权人没有选择权
│
└── 有第三人提供物的担保又有第三人的保证担保
     ├── 有约定 ── 债权人应当按照约定实现债权
     ├── 没有约定担保责任顺序 ┐
     └── 担保责任顺序约定不明确 ┘── 债权人可以就物的担保实现债权，也可以请求保证人承担保证责任 ── 债权人有选择权
```

是否有选择权

制作依据：民法典、担保法、担保法解释、物权法

关联法条

《中华人民共和国担保法》（已失效）

第四十条　订立抵押合同时，抵押权人和抵押人在合同中不得约定在债务履行期届满抵押权人未受清偿时，抵押物的所有权转移为债权人所有。

第六十六条　出质人和质权人在合同中不得约定在债务履行期届满质权人未受清偿时，质物的所有权转移为质权人所有。

《中华人民共和国物权法》（已失效）

第一百八十六条　抵押权人在债务履行期届满前，不得与抵押人约定债务人不履行到期债务时抵押财产归债权人所有。

第二百一十一条　质权人在债务履行期届满前，不得与出质人约定债务人不履行到期债务时质押财产归债权人所有。

《中华人民共和国民法典》

第四百零一条　抵押权人在债务履行期限届满前，与抵押人约定债务人不履行到期债务时抵押财产归债权人所有的，只能依法就抵押财产优先受偿。

第四百二十八条　质权人在债务履行期限届满前，与出质人约定债务人不履行到期债务时质押财产归债权人所有的，只能依法就质押财产优先受偿。

事先约定将担保物的所有权转移至债权人名下是否有效

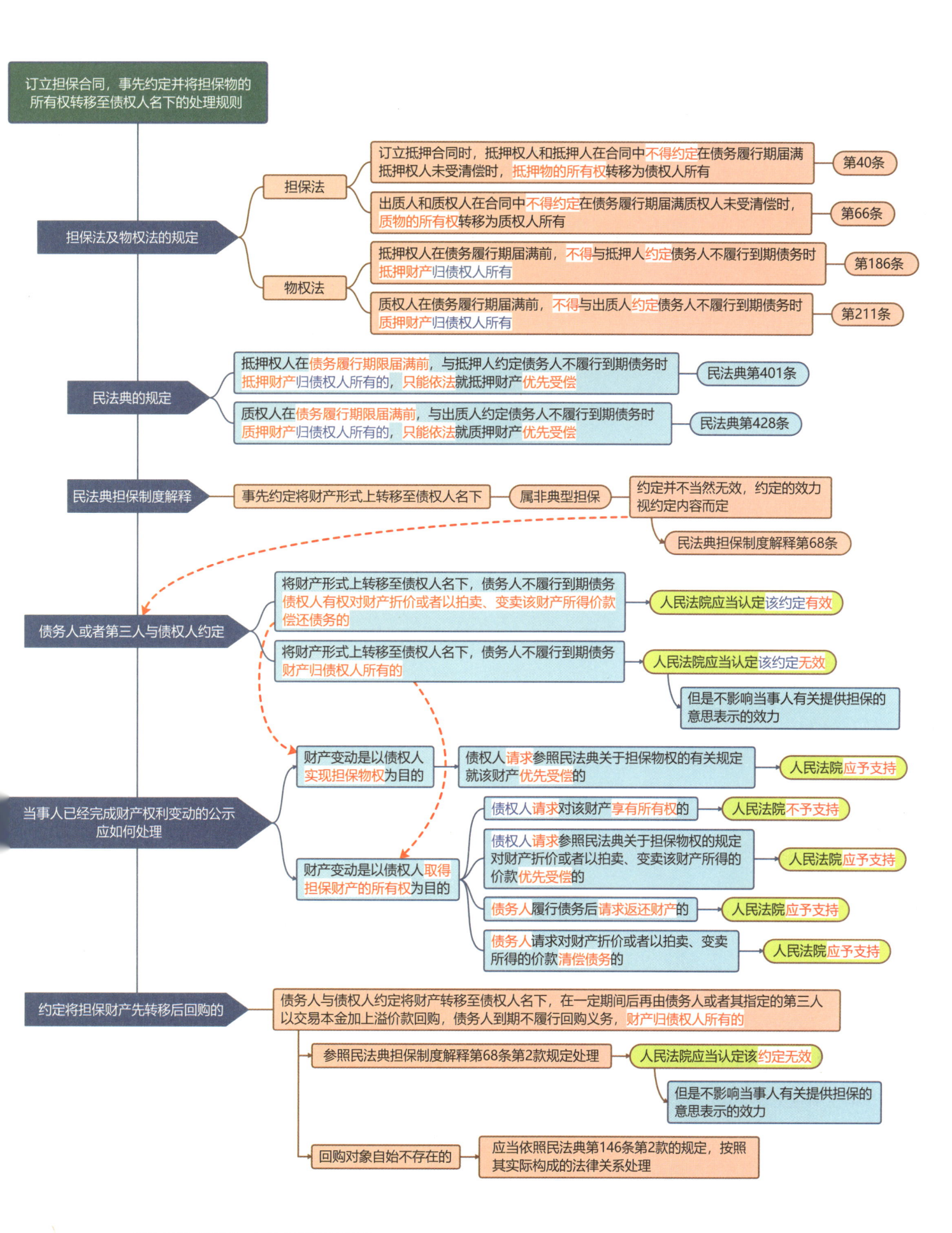

订立担保合同，事先约定并将担保物的所有权转移至债权人名下的处理规则

担保法及物权法的规定

担保法
- 订立抵押合同时，抵押权人和抵押人在合同中**不得约定**在债务履行期届满抵押权人未受清偿时，**抵押物的所有权**转移为债权人所有 —— 第40条
- 出质人和质权人在合同中**不得约定**在债务履行期届满质权人未受清偿时，**质物的所有权**转移为质权人所有 —— 第66条

物权法
- 抵押权人在债务履行期届满前，**不得**与抵押人**约定**债务人不履行到期债务时**抵押财产归债权人所有** —— 第186条
- 质权人在债务履行期届满前，**不得**与出质人**约定**债务人不履行到期债务时**质押财产归债权人所有** —— 第211条

民法典的规定

- 抵押权人在债务履行期限届满前，与抵押人约定债务人不履行到期债务时抵押财产归债权人所有的，只能依法就抵押财产优先受偿 —— 民法典第401条
- 质权人在债务履行期限届满前，与出质人约定债务人不履行到期债务时质押财产归债权人所有的，只能依法就质押财产优先受偿 —— 民法典第428条

民法典担保制度解释

事先约定将财产形式上转移至债权人名下 → 属非典型担保 → 约定并不当然无效，约定的效力视约定内容而定 —— 民法典担保制度解释第68条

债务人或者第三人与债权人约定

- 将财产形式上转移至债权人名下，债务人不履行到期债务债权人有权对财产折价或者以拍卖、变卖该财产所得价款偿还债务的 → **人民法院应当认定该约定有效**
- 将财产形式上转移至债权人名下，债务人不履行到期债务财产归债权人所有的 → **人民法院应当认定该约定无效**
  - 但是不影响当事人有关提供担保的意思表示的效力

当事人已经完成财产权利变动的公示应如何处理

财产变动是以债权人实现担保物权为目的
- 债权人请求参照民法典关于担保物权的有关规定就该财产优先受偿的 → **人民法院应予支持**

财产变动是以债权人取得担保财产的所有权为目的
- 债权人请求对该财产享有所有权的 → **人民法院不予支持**
- 债权人请求参照民法典关于担保物权的规定对财产折价或者以拍卖、变卖该财产所得的价款优先受偿的 → **人民法院应予支持**
- 债务人履行债务后请求返还财产的 → **人民法院应予支持**
- 债务人请求对财产折价或者以拍卖、变卖所得的价款清偿债务的 → **人民法院应予支持**

约定将担保财产先转移后回购的

债务人与债权人约定将财产转移至债权人名下，在一定期间后再由债务人或者其指定的第三人以交易本金加上溢价款回购，债务人到期不履行回购义务，财产归债权人所有的

- 参照民法典担保制度解释第68条第2款规定处理 → **人民法院应当认定该约定无效**
  - 但是不影响当事人有关提供担保的意思表示的效力
- 回购对象自始不存在的 → 应当依照民法典第146条第2款的规定，按照其实际构成的法律关系处理

制作依据：民法典、民法典担保制度解释

关联法条

《最高人民法院关于适用〈中华人民共和国担保法〉若干问题的解释》（已失效）

第三十九条 主合同当事人双方协议以新贷偿还旧贷，除保证人知道或者应当知道的外，保证人不承担民事责任。

新贷与旧贷系同一保证人的，不适用前款的规定。

《最高人民法院关于适用〈中华人民共和国民法典〉有关担保制度的解释》

第十六条 主合同当事人协议以新贷偿还旧贷，债权人请求旧贷的担保人承担担保责任的，人民法院不予支持；债权人请求新贷的担保人承担担保责任的，按照下列情形处理：

（一）新贷与旧贷的担保人相同的，人民法院应予支持；

（二）新贷与旧贷的担保人不同，或者旧贷无担保新贷有担保的，人民法院不予支持，但是债权人有证据证明新贷的担保人提供担保时对以新贷偿还旧贷的事实知道或者应当知道的除外。

主合同当事人协议以新贷偿还旧贷，旧贷的物的担保人在登记尚未注销的情形下同意继续为新贷提供担保，在订立新的贷款合同前又以该担保财产为其他债权人设立担保物权，其他债权人主张其担保物权顺位优先于新贷债权人的，人民法院不予支持。

借新还旧贷款业务中新旧担保人的担保责任

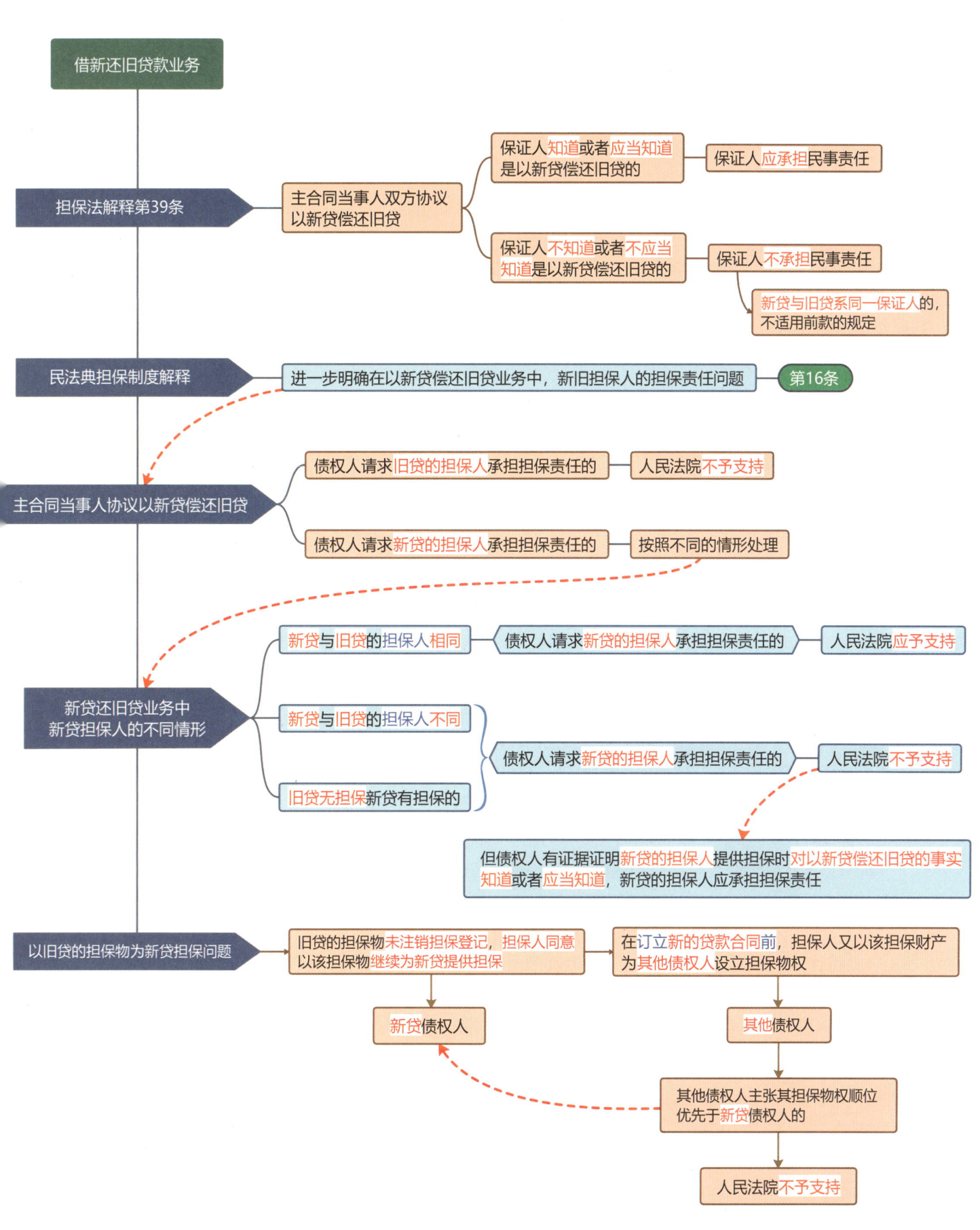

```
借新还旧贷款业务
│
├─ 担保法解释第39条 ─→ 主合同当事人双方协议以新贷偿还旧贷
│                        ├─ 保证人知道或者应当知道是以新贷偿还旧贷的 ─→ 保证人应承担民事责任
│                        └─ 保证人不知道或者不应当知道是以新贷偿还旧贷的 ─→ 保证人不承担民事责任
│                             （新贷与旧贷系同一保证人的，不适用前款的规定）
│
├─ 民法典担保制度解释 ─→ 进一步明确在以新贷偿还旧贷业务中，新旧担保人的担保责任问题　【第16条】
│
├─ 主合同当事人协议以新贷偿还旧贷
│    ├─ 债权人请求旧贷的担保人承担担保责任的 ─→ 人民法院不予支持
│    └─ 债权人请求新贷的担保人承担担保责任的 ─→ 按照不同的情形处理
│
├─ 新贷还旧贷业务中新贷担保人的不同情形
│    ├─ 新贷与旧贷的担保人相同 ─→ 债权人请求新贷的担保人承担担保责任的 ─→ 人民法院应予支持
│    ├─ 新贷与旧贷的担保人不同
│    └─ 旧贷无担保新贷有担保的
│         └─ 债权人请求新贷的担保人承担担保责任的 ─→ 人民法院不予支持
│              但债权人有证据证明新贷的担保人提供担保时对以新贷偿还旧贷的事实知道或者应当知道，新贷的担保人应承担担保责任
│
└─ 以旧贷的担保物为新贷担保问题
     ├─ 旧贷的担保物未注销担保登记，担保人同意以该担保物继续为新贷提供担保 ─→ 新贷债权人
     └─ 在订立新的贷款合同前，担保人又以该担保财产为其他债权人设立担保物权 ─→ 其他债权人
          └─ 其他债权人主张其担保物权顺位优先于新贷债权人的 ─→ 人民法院不予支持
```

制作依据：民法典担保制度解释

关联法条

《中华人民共和国民法典》

第三百九十二条 被担保的债权既有物的担保又有人的担保的，债务人不履行到期债务或者发生当事人约定的实现担保物权的情形，债权人应当按照约定实现债权；没有约定或者约定不明确，债务人自己提供物的担保的，债权人应当先就该物的担保实现债权；第三人提供物的担保的，债权人可以就物的担保实现债权，也可以请求保证人承担保证责任。提供担保的第三人承担担保责任后，有权向债务人追偿。

第七百条 保证人承担保证责任后，除当事人另有约定外，有权在其承担保证责任的范围内向债务人追偿，享有债权人对债务人的权利，但是不得损害债权人的利益。

《最高人民法院关于适用〈中华人民共和国民法典〉有关担保制度的解释》

第十三条 同一债务有两个以上第三人提供担保，担保人之间约定相互追偿及分担份额，承担了担保责任的担保人请求其他担保人按照约定分担份额的，人民法院应予支持；担保人之间约定承担连带共同担保，或者约定相互追偿但是未约定分担份额的，各担保人按照比例分担向债务人不能追偿的部分。

同一债务有两个以上第三人提供担保，担保人之间未对相互追偿作出约定且未约定承担连带共同担保，但是各担保人在同一份合同书上签字、盖章或者按指印，承担了担保责任的担保人请求其他担保人按照比例分担向债务人不能追偿部分的，人民法院应予支持。

除前两款规定的情形外，承担了担保责任的担保人请求其他担保人分担向债务人不能追偿部分的，人民法院不予支持。

第十四条 同一债务有两个以上第三人提供担保，担保人受让债权的，人民法院应当认定该行为系承担担保责任。受让债权的担保人作为债权人请求其他担保人承担担保责任的，人民法院不予支持；该担保人请求其他担保人分担相应份额的，依照本解释第十三条的规定处理。

第十八条 承担了担保责任或者赔偿责任的担保人，在其承担责任的范围内向债务人追偿的，人民法院应予支持。

同一债权既有债务人自己提供的物的担保，又有第三人提供的担保，承担了担保责任或者赔偿责任的第三人，主张行使债权人对债务人享有的担保物权的，人民法院应予支持。

担保人承担了担保责任后的追偿

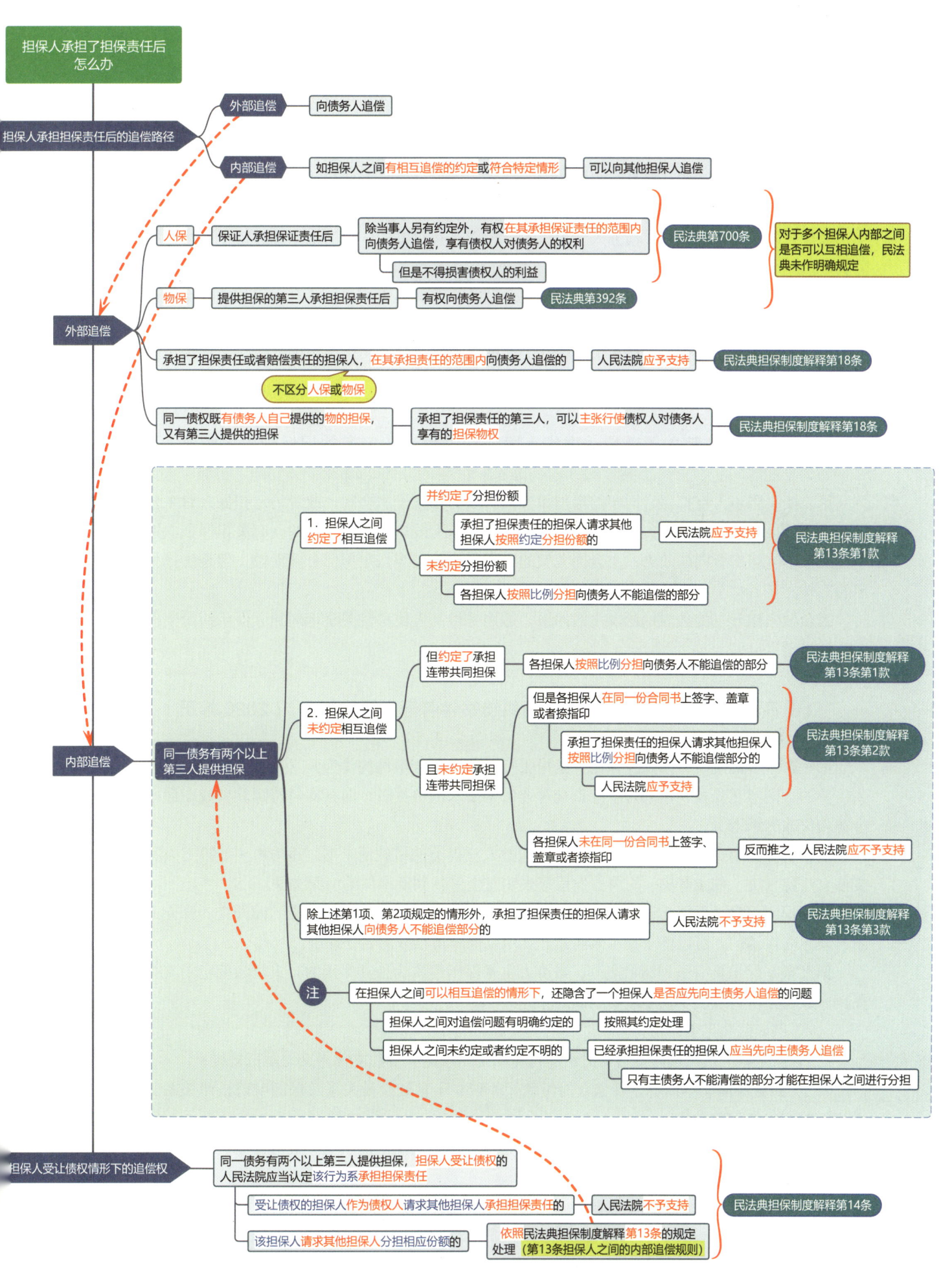

- **担保人承担了担保责任后怎么办**
  - **担保人承担担保责任后的追偿路径**
    - 外部追偿 —— 向债务人追偿
    - 内部追偿 —— 如担保人之间有相互追偿的约定或符合特定情形 —— 可以向其他担保人追偿

  - **外部追偿**
    - 人保：保证人承担保证责任后
      - 除当事人另有约定外，有权在其承担保证责任的范围内向债务人追偿，享有债权人对债务人的权利 —— 民法典第700条
      - 但是不得损害债权人的利益
      - {对于多个担保人内部之间是否可以互相追偿，民法典未作明确规定}
    - 物保：提供担保的第三人承担担保责任后 —— 有权向债务人追偿 —— 民法典第392条
    - 承担了担保责任或者赔偿责任的担保人，在其承担责任的范围内向债务人追偿的 —— 人民法院应予支持 —— 民法典担保制度解释第18条
      - 不区分人保或物保
    - 同一债权既有债务人自己提供的物的担保，又有第三人提供的担保 —— 承担了担保责任的第三人，可以主张行使债权人对债务人享有的担保物权 —— 民法典担保制度解释第18条

  - **内部追偿**
    - 同一债务有两个以上第三人提供担保
      - 1. 担保人之间约定了相互追偿
        - 并约定了分担份额 —— 承担了担保责任的担保人请求其他担保人按照约定分担份额的 —— 人民法院应予支持
        - 未约定分担份额 —— 各担保人按照比例分担向债务人不能追偿的部分
        - 民法典担保制度解释第13条第1款
      - 2. 担保人之间未约定相互追偿
        - 但约定了承担连带共同担保 —— 各担保人按照比例分担向债务人不能追偿的部分 —— 民法典担保制度解释第13条第1款
        - 且未约定承担连带共同担保
          - 但是各担保人在同一份合同书上签字、盖章或者捺指印 —— 承担了担保责任的担保人请求其他担保人按照比例分担向债务人不能追偿部分的 —— 人民法院应予支持 —— 民法典担保制度解释第13条第2款
          - 各担保人未在同一份合同书上签字、盖章或者捺指印 —— 反而推之，人民法院应不予支持
      - 除上述第1项、第2项规定的情形外，承担了担保责任的担保人请求其他担保人向债务人不能追偿部分的 —— 人民法院不予支持 —— 民法典担保制度解释第13条第3款
      - 注：在担保人之间可以相互追偿的情形下，还隐含了一个担保人是否应先向主债务人追偿的问题
        - 担保人之间对追偿问题有明确约定的 —— 按照其约定处理
        - 担保人之间未约定或者约定不明的 —— 已经承担担保责任的担保人应当先向主债务人追偿
        - 只有主债务人不能清偿的部分才能在担保人之间进行分担

  - **担保人受让债权情形下的追偿权**
    - 同一债务有两个以上第三人提供担保，担保人受让债权的 人民法院应当认定该行为系承担担保责任
      - 受让债权的担保人作为债权人请求其他担保人承担担保责任的 —— 人民法院不予支持
      - 该担保人请求其他担保人分担相应份额的 —— 依照民法典担保制度解释第13条的规定处理（第13条担保人之间的内部追偿规则）
      - 民法典担保制度解释第14条

制作依据：民法典、民法典担保制度解释

关联法条

《中华人民共和国民法典》

第三百八十八条 设立担保物权,应当依照本法和其他法律的规定订立担保合同。担保合同包括抵押合同、质押合同和其他具有担保功能的合同。担保合同是主债权债务合同的从合同。主债权债务合同无效的,担保合同无效,但是法律另有规定的除外。

担保合同被确认无效后,债务人、担保人、债权人有过错的,应当根据其过错各自承担相应的民事责任。

第六百八十二条 保证合同是主债权债务合同的从合同。主债权债务合同无效的,保证合同无效,但是法律另有规定的除外。

保证合同被确认无效后,债务人、保证人、债权人有过错的,应当根据其过错各自承担相应的民事责任。

《最高人民法院关于适用〈中华人民共和国民法典〉有关担保制度的解释》

第二条 当事人在担保合同中约定担保合同的效力独立于主合同,或者约定担保人对主合同无效的法律后果承担担保责任,该有关担保独立性的约定无效。主合同有效的,有关担保独立性的约定无效不影响担保合同的效力;主合同无效的,人民法院应当认定担保合同无效,但是法律另有规定的除外。

因金融机构开立的独立保函发生的纠纷,适用《最高人民法院关于审理独立保函纠纷案件若干问题的规定》。

《最高人民法院关于审理独立保函纠纷案件若干问题的规定》(2020修正)

第一条 本规定所称的独立保函,是指银行或非银行金融机构作为开立人,以书面形式向受益人出具的,同意在受益人请求付款并提交符合保函要求的单据时,向其支付特定款项或在保函最高金额内付款的承诺。

前款所称的单据,是指独立保函载明的受益人应提交的付款请求书、违约声明、第三方签发的文件、法院判决、仲裁裁决、汇票、发票等表明发生付款到期事件的书面文件。

独立保函可以依保函申请人的申请而开立,也可以依另一金融机构的指示而开立。开立人依指示开立独立保函的,可以要求指示人向其开立用以保障追偿权的独立保函。

第三条 保函具有下列情形之一,当事人主张保函性质为独立保函的,人民法院应予支持,但保函未载明据以付款的单据和最高金额的除外:

(一)保函载明见索即付;

(二)保函载明适用国际商会《见索即付保函统一规则》等独立保函交易示范规则;

(三)根据保函文本内容,开立人的付款义务独立于基础交易关系及保函申请法律关系,其仅承担相符交单的付款责任。

当事人以独立保函记载了对应的基础交易为由,主张该保函性质为一般保证或连带保证的,人民法院不予支持。

当事人主张独立保函适用民法典关于一般保证或连带保证规定的,人民法院不予支持。

担保合同的效力能否独立于主合同

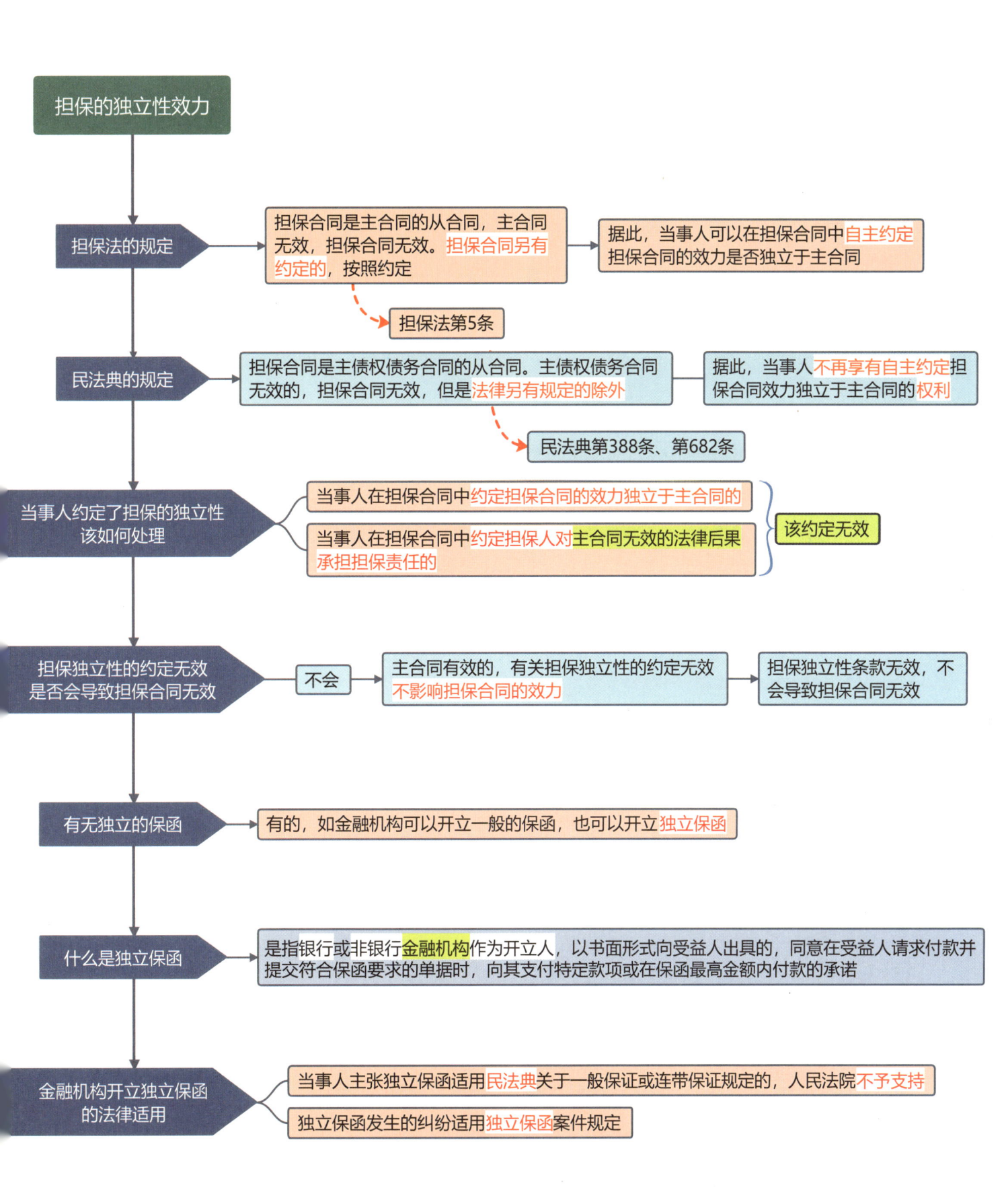

担保的独立性效力

担保法的规定：担保合同是主合同的从合同，主合同无效，担保合同无效。担保合同另有约定的，按照约定 → 据此，当事人可以在担保合同中自主约定担保合同的效力是否独立于主合同
- 担保法第5条

民法典的规定：担保合同是主债权债务合同的从合同。主债权债务合同无效的，担保合同无效，但是法律另有规定的除外 → 据此，当事人不再享有自主约定担保合同效力独立于主合同的权利
- 民法典第388条、第682条

当事人约定了担保的独立性该如何处理：
- 当事人在担保合同中约定担保合同的效力独立于主合同的
- 当事人在担保合同中约定担保人对主合同无效的法律后果承担担保责任的

→ 该约定无效

担保独立性的约定无效是否会导致担保合同无效：不会 → 主合同有效的，有关担保独立性的约定无效不影响担保合同的效力 → 担保独立性条款无效，不会导致担保合同无效

有无独立的保函：有的，如金融机构可以开立一般的保函，也可以开立独立保函

什么是独立保函：是指银行或非银行金融机构作为开立人，以书面形式向受益人出具的，同意在受益人请求付款并提交符合保函要求的单据时，向其支付特定款项或在保函最高金额内付款的承诺

金融机构开立独立保函的法律适用：
- 当事人主张独立保函适用民法典关于一般保证或连带保证规定的，人民法院不予支持
- 独立保函发生的纠纷适用独立保函案件规定

制作依据：民法典担保制度解释、独立保函案件规定

关联法条

《最高人民法院关于适用〈中华人民共和国民法典〉有关担保制度的解释》

第七条 公司的法定代表人违反公司法关于公司对外担保决议程序的规定,超越权限代表公司与相对人订立担保合同,人民法院应当依照民法典第六十一条和第五百零四条等规定处理:

(一)相对人善意的,担保合同对公司发生效力;相对人请求公司承担担保责任的,人民法院应予支持。

(二)相对人非善意的,担保合同对公司不发生效力;相对人请求公司承担赔偿责任的,参照适用本解释第十七条的有关规定。

法定代表人超越权限提供担保造成公司损失,公司请求法定代表人承担赔偿责任的,人民法院应予支持。

第一款所称善意,是指相对人在订立担保合同时不知道且不应当知道法定代表人超越权限。相对人有证据证明已对公司决议进行了合理审查,人民法院应当认定其构成善意,但是公司有证据证明相对人知道或者应当知道决议系伪造、变造的除外。

第八条 有下列情形之一,公司以其未依照公司法关于公司对外担保的规定作出决议为由主张不承担担保责任的,人民法院不予支持:

(一)金融机构开立保函或者担保公司提供担保;

(二)公司为其全资子公司开展经营活动提供担保;

(三)担保合同系由单独或者共同持有公司三分之二以上对担保事项有表决权的股东签字同意。

上市公司对外提供担保,不适用前款第二项、第三项的规定。

第十条 一人有限责任公司为其股东提供担保,公司以违反公司法关于公司对外担保决议程序的规定为由主张不承担担保责任的,人民法院不予支持。公司因承担担保责任导致无法清偿其他债务,提供担保时的股东不能证明公司财产独立于自己的财产,其他债权人请求该股东承担连带责任的,人民法院应予支持。

第十一条 公司的分支机构未经公司股东(大)会或者董事会决议以自己的名义对外提供担保,相对人请求公司或者其分支机构承担担保责任的,人民法院不予支持,但是相对人不知道且不应当知道分支机构对外提供担保未经公司决议程序的除外。

金融机构的分支机构在其营业执照记载的经营范围内开立保函,或者经有权从事担保业务的上级机构授权开立保函,金融机构或者其分支机构以违反公司法关于公司对外担保决议程序的规定为由主张不承担担保责任的,人民法院不予支持。金融机构的分支机构未经金融机构授权提供保函之外的担保,金融机构或者其分支机构主张不承担担保责任的,人民法院应予支持,但是相对人不知道且不应当知道分支机构对外提供担保未经金融机构授权的除外。

担保公司的分支机构未经担保公司授权对外提供担保,担保公司或者其分支机构主张不承担担保责任的,人民法院应予支持,但是相对人不知道且不应当知道分支机构对外提供担保未经担保公司授权的除外。

公司的分支机构对外提供担保,相对人非善意,请求公司承担赔偿责任的,参照本解释第十七条的有关规定处理。

公司对外提供担保的效力认定规则

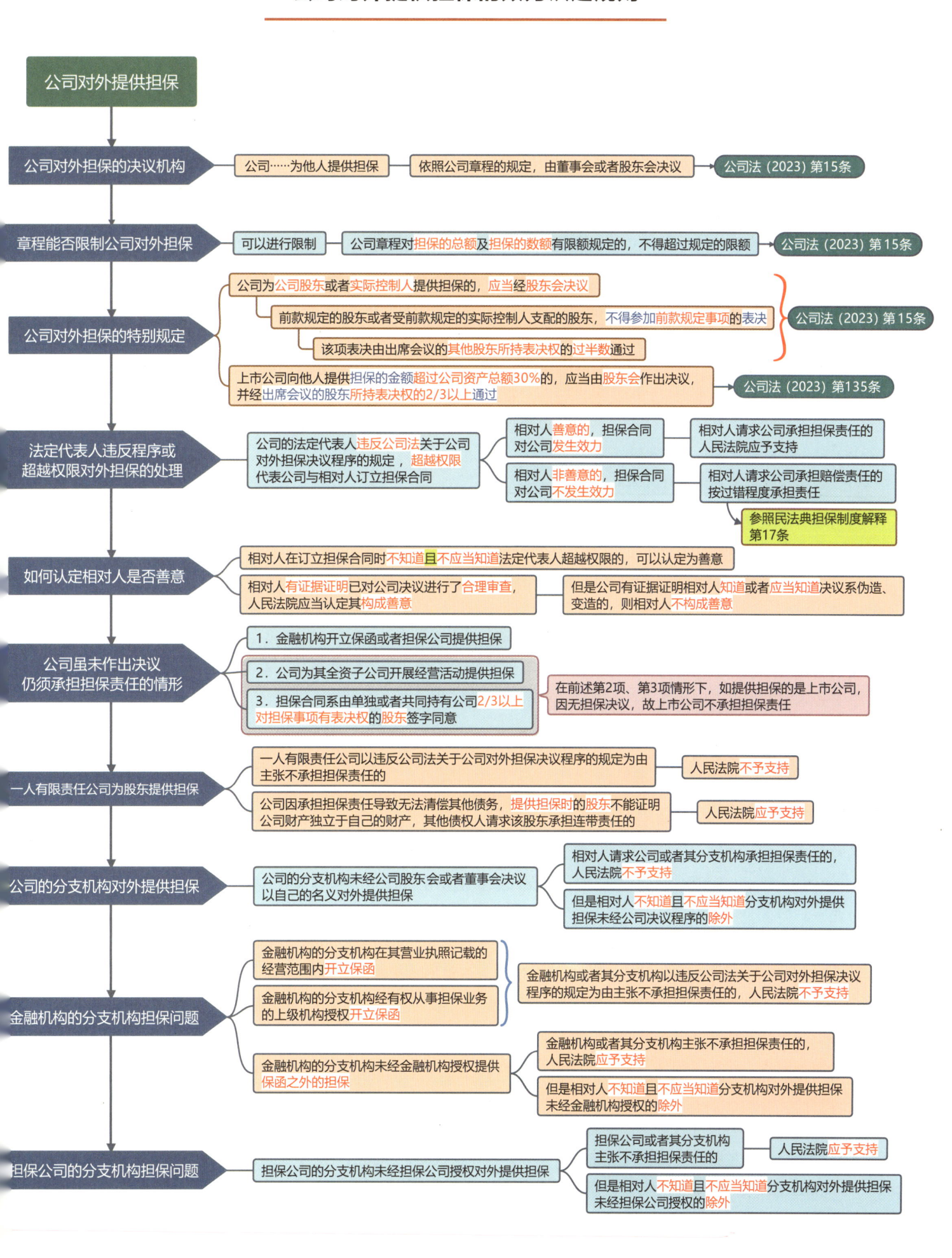

公司对外提供担保

公司对外担保的决议机构
- 公司……为他人提供担保 → 依照公司章程的规定，由董事会或者股东会决议 【公司法（2023）第15条】

章程能否限制公司对外担保
- 可以进行限制 → 公司章程对担保的总额及担保的数额有限额规定的，不得超过规定的限额 【公司法（2023）第15条】

公司对外担保的特别规定
- 公司为公司股东或者实际控制人提供担保的，应当经股东会决议
- 前款规定的股东或者受前款规定的实际控制人支配的股东，不得参加前款规定事项的表决
- 该项表决由出席会议的其他股东所持表决权的过半数通过
- 【公司法（2023）第15条】
- 上市公司向他人提供担保的金额超过公司资产总额30%的，应当由股东会作出决议，并经出席会议的股东所持表决权的2/3以上通过 【公司法（2023）第135条】

法定代表人违反程序或超越权限对外担保的处理
- 公司的法定代表人违反公司法关于公司对外担保决议程序的规定，超越权限代表公司与相对人订立担保合同
  - 相对人善意的，担保合同对公司发生效力 → 相对人请求公司承担担保责任的人民法院应予支持
  - 相对人非善意的，担保合同对公司不发生效力 → 相对人请求公司承担赔偿责任的按过错程度承担责任
  - 参照民法典担保制度解释第17条

如何认定相对人是否善意
- 相对人在订立担保合同时不知道且不应当知道法定代表人超越权限的，可以认定为善意
- 相对人有证据证明已对公司决议进行了合理审查，人民法院应当认定其构成善意 → 但是公司有证据证明相对人知道或者应当知道决议系伪造、变造的，则相对人不构成善意

公司虽未作出决议仍须承担担保责任的情形
1. 金融机构开立保函或者担保公司提供担保
2. 公司为其全资子公司开展经营活动提供担保
3. 担保合同系由单独或者共同持有公司2/3以上对担保事项有表决权的股东签字同意
- 在前述第2项、第3项情形下，如提供担保的是上市公司，因无担保决议，故上市公司不承担担保责任

一人有限责任公司为股东提供担保
- 一人有限责任公司以违反公司法关于公司对外担保决议程序的规定为由主张不承担担保责任的 → 人民法院不予支持
- 公司因承担担保责任导致无法清偿其他债务，提供担保时的股东不能证明公司财产独立于自己的财产，其他债权人请求该股东承担连带责任的 → 人民法院应予支持

公司的分支机构对外提供担保
- 公司的分支机构未经公司股东会或者董事会决议以自己的名义对外提供担保
  - 相对人请求公司或者其分支机构承担担保责任的，人民法院不予支持
  - 但是相对人不知道且不应当知道分支机构对外提供担保未经公司决议程序的除外

金融机构的分支机构担保问题
- 金融机构的分支机构在其营业执照记载的经营范围内开立保函
- 金融机构的分支机构经有权从事担保业务的上级机构授权开立保函
  - 金融机构或者其分支机构以违反公司法关于公司对外担保决议程序的规定为由主张不承担担保责任的，人民法院不予支持
- 金融机构的分支机构未经金融机构授权提供保函之外的担保
  - 金融机构或者其分支机构主张不承担担保责任的，人民法院应予支持
  - 但是相对人不知道且不应当知道分支机构对外提供担保未经金融机构授权的除外

担保公司的分支机构担保问题
- 担保公司的分支机构未经担保公司授权对外提供担保
  - 担保公司或者其分支机构主张不承担担保责任的 → 人民法院应予支持
  - 但是相对人不知道且不应当知道分支机构对外提供担保未经担保公司授权的除外

制作依据：公司法（2023），民法典担保制度解释第8条、第10条、第11条

关联法条

《中华人民共和国民法典》

第一百四十四条 无民事行为能力人实施的民事法律行为无效。

第一百四十六条 行为人与相对人以虚假的意思表示实施的民事法律行为无效。

以虚假的意思表示隐藏的民事法律行为的效力，依照有关法律规定处理。

第一百五十三条 违反法律、行政法规的强制性规定的民事法律行为无效。但是，该强制性规定不导致该民事法律行为无效的除外。

违背公序良俗的民事法律行为无效。

第一百五十四条 行为人与相对人恶意串通，损害他人合法权益的民事法律行为无效。

《最高人民法院关于适用〈中华人民共和国民法典〉有关担保制度的解释》

第二条 当事人在担保合同中约定担保合同的效力独立于主合同，或者约定担保人对主合同无效的法律后果承担担保责任，该有关担保独立性的约定无效。主合同有效的，有关担保独立性的约定无效不影响担保合同的效力；主合同无效的，人民法院应当认定担保合同无效，但是法律另有规定的除外。

因金融机构开立的独立保函发生的纠纷，适用《最高人民法院关于审理独立保函纠纷案件若干问题的规定》。

第十七条 主合同有效而第三人提供的担保合同无效，人民法院应当区分不同情形确定担保人的赔偿责任：

（一）债权人与担保人均有过错的，担保人承担的赔偿责任不应超过债务人不能清偿部分的二分之一；

（二）担保人有过错而债权人无过错的，担保人对债务人不能清偿的部分承担赔偿责任；

（三）债权人有过错而担保人无过错的，担保人不承担赔偿责任。

主合同无效导致第三人提供的担保合同无效，担保人无过错的，不承担赔偿责任；担保人有过错的，其承担的赔偿责任不应超过债务人不能清偿部分的三分之一。

第十八条 承担了担保责任或者赔偿责任的担保人，在其承担责任的范围内向债务人追偿的，人民法院应予支持。

同一债权既有债务人自己提供的物的担保，又有第三人提供的担保，承担了担保责任或者赔偿责任的第三人，主张行使债权人对债务人享有的担保物权的，人民法院应予支持。

第三十三条 保证合同无效，债权人未在约定或者法定的保证期间内依法行使权利，保证人主张不承担赔偿责任的，人民法院应予支持。

担保合同无效情形下担保人赔偿责任的承担

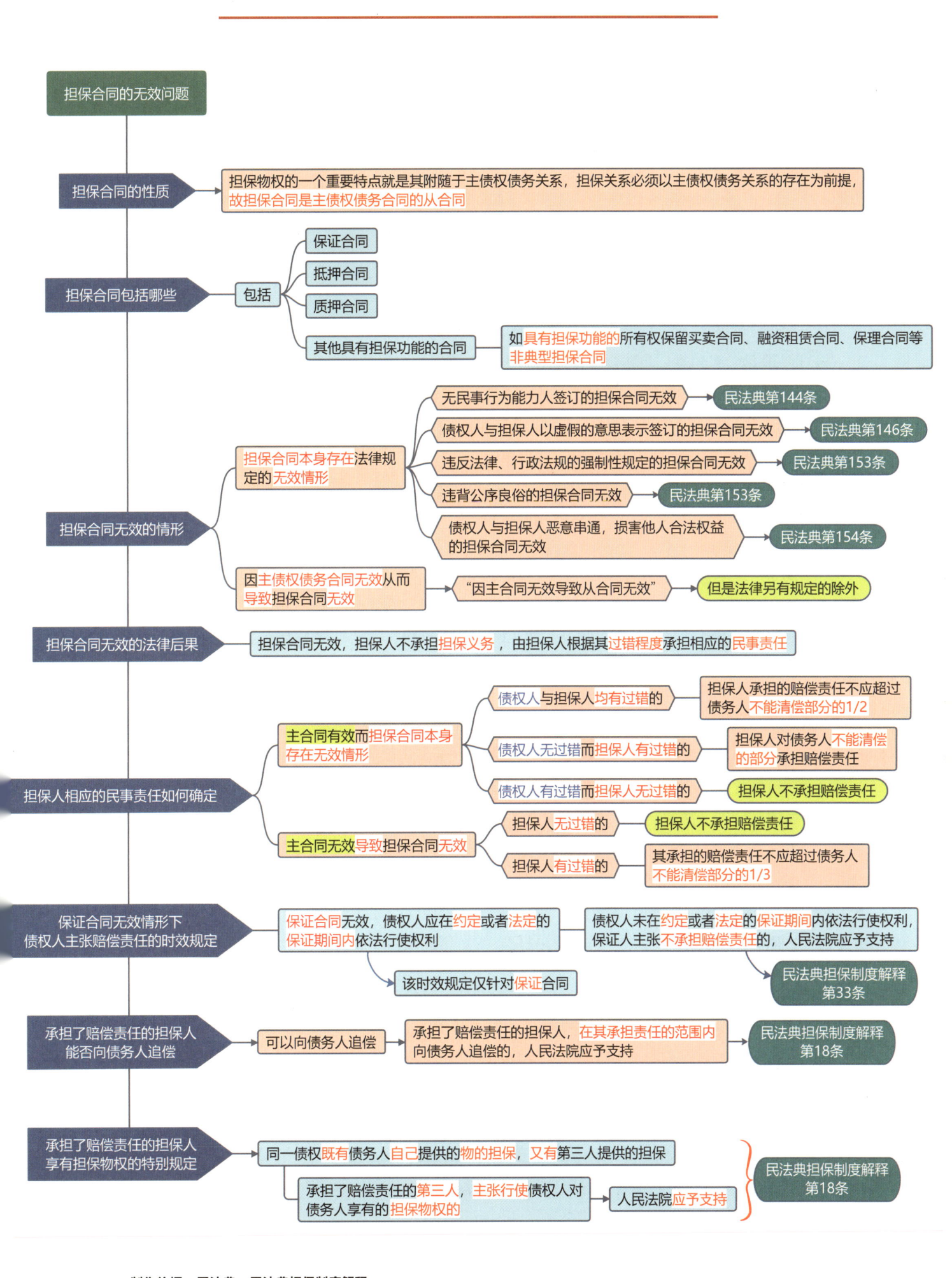

- **担保合同的无效问题**

- **担保合同的性质**：担保物权的一个重要特点就是其附随于主债权债务关系，担保关系必须以主债权债务关系的存在为前提，故担保合同是主债权债务合同的从合同

- **担保合同包括哪些**：包括
  - 保证合同
  - 抵押合同
  - 质押合同
  - 其他具有担保功能的合同：如具有担保功能的所有权保留买卖合同、融资租赁合同、保理合同等非典型担保合同

- **担保合同无效的情形**：
  - 担保合同本身存在法律规定的无效情形
    - 无民事行为能力人签订的担保合同无效 → 民法典第144条
    - 债权人与担保人以虚假的意思表示签订的担保合同无效 → 民法典第146条
    - 违反法律、行政法规的强制性规定的担保合同无效 → 民法典第153条
    - 违背公序良俗的担保合同无效 → 民法典第153条
    - 债权人与担保人恶意串通，损害他人合法权益的担保合同无效 → 民法典第154条
  - 因主债权债务合同无效从而导致担保合同无效 → "因主合同无效导致从合同无效" → 但是法律另有规定的除外

- **担保合同无效的法律后果**：担保合同无效，担保人不承担担保义务，由担保人根据其过错程度承担相应的民事责任

- **担保人相应的民事责任如何确定**：
  - 主合同有效而担保合同本身存在无效情形
    - 债权人与担保人均有过错的：担保人承担的赔偿责任不应超过债务人不能清偿部分的1/2
    - 债权人无过错而担保人有过错的：担保人对债务人不能清偿的部分承担赔偿责任
    - 债权人有过错而担保人无过错的：担保人不承担赔偿责任
  - 主合同无效导致担保合同无效
    - 担保人无过错的：担保人不承担赔偿责任
    - 担保人有过错的：其承担的赔偿责任不应超过债务人不能清偿部分的1/3

- **保证合同无效情形下债权人主张赔偿责任的时效规定**：
  - 保证合同无效，债权人应在约定或者法定的保证期间内依法行使权利
  - 债权人未在约定或者法定的保证期间内依法行使权利，保证人主张不承担赔偿责任的，人民法院应予支持 → 民法典担保制度解释第33条
  - 该时效规定仅针对保证合同

- **承担了赔偿责任的担保人能否向债务人追偿**：可以向债务人追偿 → 承担了赔偿责任的担保人，在其承担责任的范围内向债务人追偿的，人民法院应予支持 → 民法典担保制度解释第18条

- **承担了赔偿责任的担保人享有担保物权的特别规定**：
  - 同一债权既有债务人自己提供的物的担保，又有第三人提供的担保
  - 承担了赔偿责任的第三人，主张行使债权人对债务人享有的担保物权的 → 人民法院应予支持
  - → 民法典担保制度解释第18条

制作依据：民法典、民法典担保制度解释

抵押权

关联法条

《中华人民共和国民法典》

第三百九十九条　下列财产不得抵押：

（一）土地所有权；

（二）宅基地、自留地、自留山等集体所有土地的使用权，但是法律规定可以抵押的除外；

（三）学校、幼儿园、医疗机构等为公益目的成立的非营利法人的教育设施、医疗卫生设施和其他公益设施；

（四）所有权、使用权不明或者有争议的财产；

（五）依法被查封、扣押、监管的财产；

（六）法律、行政法规规定不得抵押的其他财产。

《自然资源部关于做好不动产抵押权登记工作的通知》

一、依法确定不动产抵押范围。学校、幼儿园、医疗机构、养老机构等为公益目的成立的非营利法人的教育设施、医疗卫生设施、养老设施和其他公益设施，以及法律、行政法规规定不得抵押的其他不动产，不得办理不动产抵押登记。

二、明确记载抵押担保范围。当事人对一般抵押或者最高额抵押的主债权及其利息、违约金、损害赔偿金和实现抵押权费用等抵押担保范围有明确约定的，不动产登记机构应当根据申请在不动产登记簿"担保范围"栏记载；没有提出申请的，填写"/"。

三、保障抵押不动产依法转让。当事人申请办理不动产抵押权首次登记或抵押预告登记的，不动产登记机构应当根据申请在不动产登记簿"是否存在禁止或限制转让抵押不动产的约定"栏记载转让抵押不动产的约定情况。有约定的填写"是"，抵押期间依法转让的，应当由受让人、抵押人（转让人）和抵押权人共同申请转移登记；没有约定的填写"否"，抵押期间依法转让的，应当由受让人、抵押人（转让人）共同申请转移登记。约定情况发生变化的，不动产登记机构应当根据申请办理变更登记。

《民法典》施行前已经办理抵押登记的不动产，抵押期间转让的，未经抵押权人同意，不予办理转移登记。

四、完善不动产登记簿。对《国土资源部关于启用不动产登记簿证样式（试行）的通知》（国土资发〔2015〕25号）规定的不动产登记簿样式进行修改：

1. 在"抵押权登记信息"页、"预告登记信息"页均增加"担保范围"、"是否存在禁止或限制转让抵押不动产的约定"栏目。

2. 将"抵押权登记信息"页的"最高债权数额"修改为"最高债权额"并独立为一个栏目，填写最高额抵押担保范围所对应的最高债权数额。

民法典施行后不动产抵押权登记的内容及规则

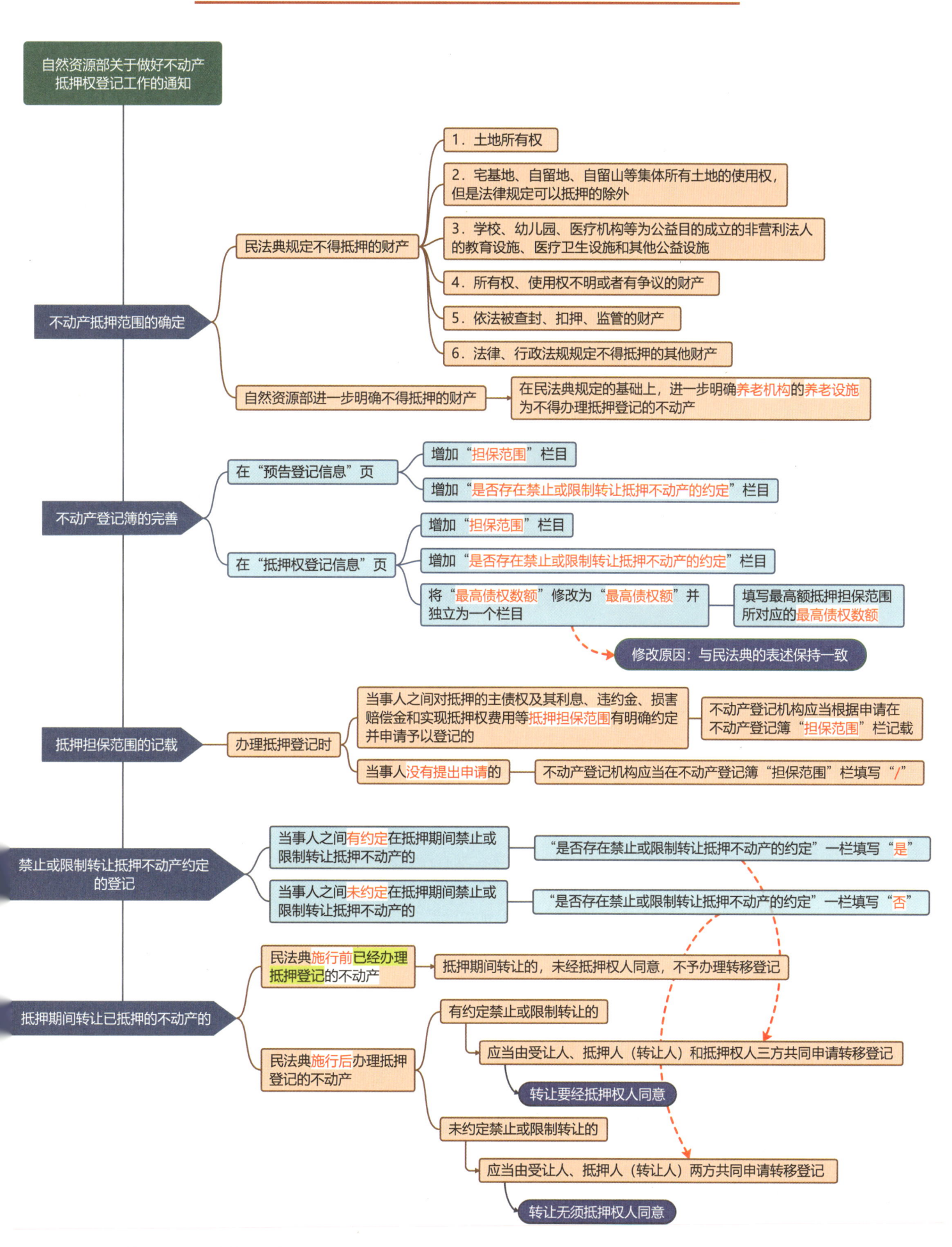

自然资源部关于做好不动产抵押权登记工作的通知

不动产抵押范围的确定

民法典规定不得抵押的财产
1. 土地所有权
2. 宅基地、自留地、自留山等集体所有土地的使用权，但是法律规定可以抵押的除外
3. 学校、幼儿园、医疗机构等为公益目的成立的非营利法人的教育设施、医疗卫生设施和其他公益设施
4. 所有权、使用权不明或者有争议的财产
5. 依法被查封、扣押、监管的财产
6. 法律、行政法规规定不得抵押的其他财产

自然资源部进一步明确不得抵押的财产
在民法典规定的基础上，进一步明确养老机构的养老设施为不得办理抵押登记的不动产

不动产登记簿的完善

在"预告登记信息"页
- 增加"担保范围"栏目
- 增加"是否存在禁止或限制转让抵押不动产的约定"栏目

在"抵押权登记信息"页
- 增加"担保范围"栏目
- 增加"是否存在禁止或限制转让抵押不动产的约定"栏目
- 将"最高债权数额"修改为"最高债权额"并独立为一个栏目 → 填写最高额抵押担保范围所对应的最高债权数额
  - 修改原因：与民法典的表述保持一致

抵押担保范围的记载

办理抵押登记时
- 当事人之间对抵押的主债权及其利息、违约金、损害赔偿金和实现抵押权费用等抵押担保范围有明确约定并申请予以登记的 → 不动产登记机构应当根据申请在不动产登记簿"担保范围"栏记载
- 当事人没有提出申请的 → 不动产登记机构应当在不动产登记簿"担保范围"栏填写"/"

禁止或限制转让抵押不动产约定的登记

- 当事人之间有约定在抵押期间禁止或限制转让抵押不动产的 → "是否存在禁止或限制转让抵押不动产的约定"一栏填写"是"
- 当事人之间未约定在抵押期间禁止或限制转让抵押不动产的 → "是否存在禁止或限制转让抵押不动产的约定"一栏填写"否"

抵押期间转让已抵押的不动产的

民法典施行前已经办理抵押登记的不动产
抵押期间转让的，未经抵押权人同意，不予办理转移登记

民法典施行后办理抵押登记的不动产
- 有约定禁止或限制转让的 → 应当由受让人、抵押人（转让人）和抵押权人三方共同申请转移登记（转让要经抵押权人同意）
- 未约定禁止或限制转让的 → 应当由受让人、抵押人（转让人）两方共同申请转移登记（转让无须抵押权人同意）

制作依据：民法典第399条、不动产抵押权登记通知第1-4条

关联法条

《中华人民共和国民法典》

第四百零三条 以动产抵押的，抵押权自抵押合同生效时设立；未经登记，不得对抗善意第三人。

第四百零四条 以动产抵押的，不得对抗正常经营活动中已经支付合理价款并取得抵押财产的买受人。

第四百零六条 抵押期间，抵押人可以转让抵押财产。当事人另有约定的，按照其约定。抵押财产转让的，抵押权不受影响。

抵押人转让抵押财产的，应当及时通知抵押权人。抵押权人能够证明抵押财产转让可能损害抵押权的，可以请求抵押人将转让所得的价款向抵押权人提前清偿债务或者提存。转让的价款超过债权数额的部分归抵押人所有，不足部分由债务人清偿。

第四百一十四条 同一财产向两个以上债权人抵押的，拍卖、变卖抵押财产所得的价款依照下列规定清偿：

（一）抵押权已经登记的，按照登记的时间先后确定清偿顺序；

（二）抵押权已经登记的先于未登记的受偿；

（三）抵押权未登记的，按照债权比例清偿。

其他可以登记的担保物权，清偿顺序参照适用前款规定。

《最高人民法院关于适用〈中华人民共和国民法典〉有关担保制度的解释》

第五十四条 动产抵押合同订立后未办理抵押登记，动产抵押权的效力按照下列情形分别处理：

（一）抵押人转让抵押财产，受让人占有抵押财产后，抵押权人向受让人请求行使抵押权的，人民法院不予支持，但是抵押权人能够举证证明受让人知道或者应当知道已经订立抵押合同的除外；

（二）抵押人将抵押财产出租给他人并移转占有，抵押权人行使抵押权的，租赁关系不受影响，但是抵押权人能够举证证明承租人知道或者应当知道已经订立抵押合同的除外；

（三）抵押人的其他债权人向人民法院申请保全或者执行抵押财产，人民法院已经作出财产保全裁定或者采取执行措施，抵押权人主张对抵押财产优先受偿的，人民法院不予支持；

（四）抵押人破产，抵押权人主张对抵押财产优先受偿的，人民法院不予支持。

第五十六条 买受人在出卖人正常经营活动中通过支付合理对价取得已被设立担保物权的动产，担保物权人请求就该动产优先受偿的，人民法院不予支持，但是有下列情形之一的除外：

（一）购买商品的数量明显超过一般买受人；

（二）购买出卖人的生产设备；

（三）订立买卖合同的目的在于担保出卖人或者第三人履行债务；

（四）买受人与出卖人存在直接或者间接的控制关系；

（五）买受人应当查询抵押登记而未查询的其他情形。

前款所称出卖人正常经营活动，是指出卖人的经营活动属于其营业执照明确记载的经营范围，且出卖人持续销售同类商品。前款所称担保物权人，是指已经办理登记的抵押权人、所有权保留买卖的出卖人、融资租赁合同的出租人。

动产抵押权的效力规则

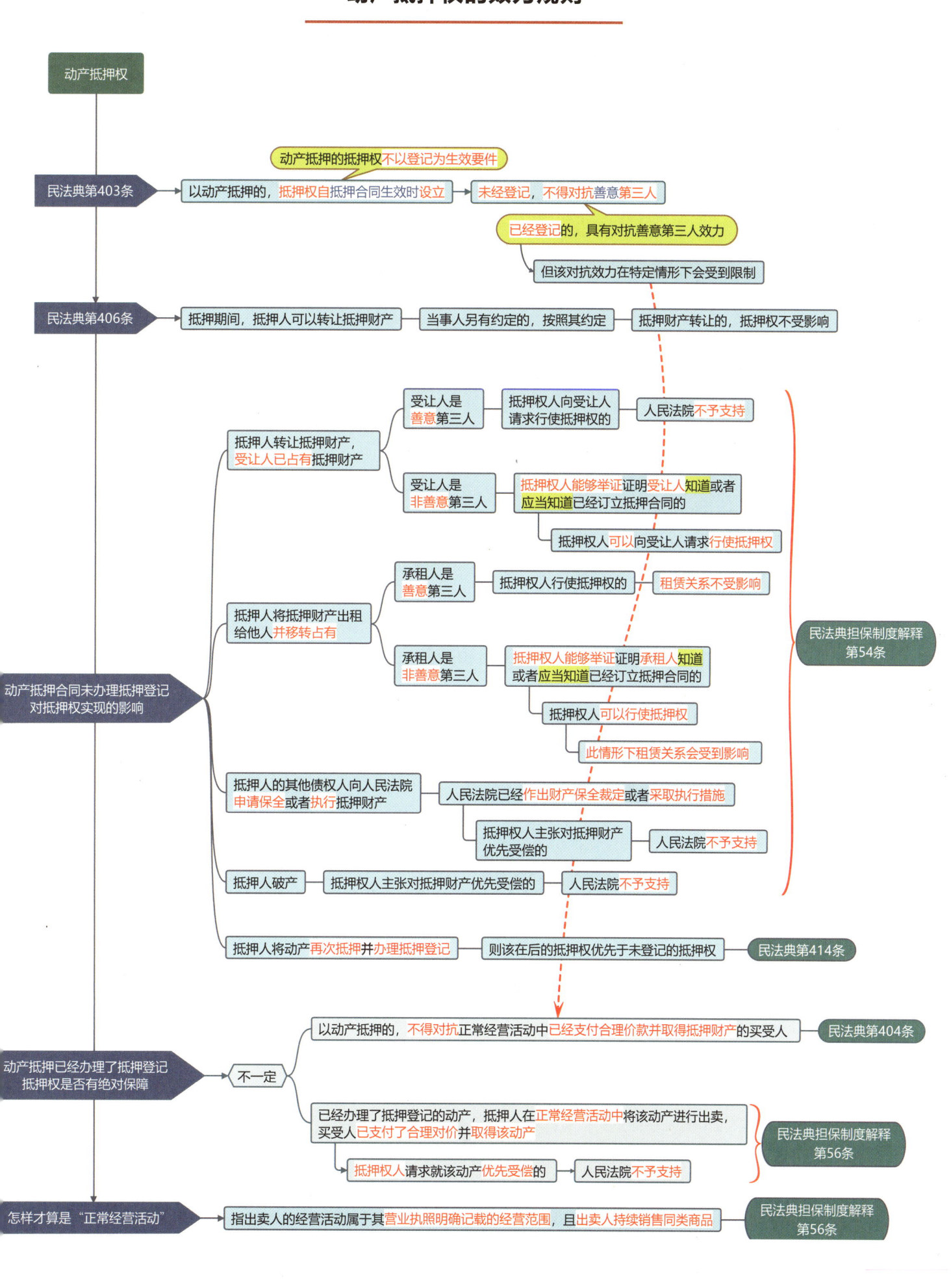

- **动产抵押权**
  - **民法典第403条** —— 以动产抵押的，抵押权自抵押合同生效时设立
    - 动产抵押的抵押权不以登记为生效要件
    - 未经登记，不得对抗善意第三人
    - 已经登记的，具有对抗善意第三人效力
      - 但该对抗效力在特定情形下会受到限制
  - **民法典第406条** —— 抵押期间，抵押人可以转让抵押财产 —— 当事人另有约定的，按照其约定 —— 抵押财产转让的，抵押权不受影响
  - **动产抵押合同未办理抵押登记对抵押权实现的影响**
    - 抵押人转让抵押财产，受让人已占有抵押财产
      - 受让人是善意第三人 —— 抵押权人向受让人请求行使抵押权的 —— 人民法院不予支持
      - 受让人是非善意第三人 —— 抵押权人能够举证证明受让人知道或者应当知道已经订立抵押合同的 —— 抵押权人可以向受让人请求行使抵押权
    - 抵押人将抵押财产出租给他人并移转占有
      - 承租人是善意第三人 —— 抵押权人行使抵押权的 —— 租赁关系不受影响
      - 承租人是非善意第三人 —— 抵押权人能够举证证明承租人知道或者应当知道已经订立抵押合同的 —— 抵押权人可以行使抵押权 —— 此情形下租赁关系会受到影响
    - 抵押人的其他债权人向人民法院申请保全或者执行抵押财产 —— 人民法院已经作出财产保全裁定或者采取执行措施 —— 抵押权人主张对抵押财产优先受偿的 —— 人民法院不予支持
    - 抵押人破产 —— 抵押权人主张对抵押财产优先受偿的 —— 人民法院不予支持

    （民法典担保制度解释第54条）

    - 抵押人将动产再次抵押并办理抵押登记 —— 则该在后的抵押权优先于未登记的抵押权 —— 民法典第414条

  - **动产抵押已经办理了抵押登记抵押权是否有绝对保障** —— 不一定
    - 以动产抵押的，不得对抗正常经营活动中已经支付合理价款并取得抵押财产的买受人 —— 民法典第404条
    - 已经办理了抵押登记的动产，抵押人在正常经营活动中将该动产进行出卖，买受人已支付了合理对价并取得该动产
      - 抵押权人请求就该动产优先受偿的 —— 人民法院不予支持

    （民法典担保制度解释第56条）

  - **怎样才算是"正常经营活动"** —— 指出卖人的经营活动属于其营业执照明确记载的经营范围，且出卖人持续销售同类商品 —— 民法典担保制度解释第56条

制作依据：民法典、民法典担保制度解释

关联法条

《中华人民共和国民法典》

第四百零四条 以动产抵押的，不得对抗正常经营活动中已经支付合理价款并取得抵押财产的买受人。

第四百零六条 抵押期间，抵押人可以转让抵押财产。当事人另有约定的，按照其约定。抵押财产转让的，抵押权不受影响。

抵押人转让抵押财产的，应当及时通知抵押权人。抵押权人能够证明抵押财产转让可能损害抵押权的，可以请求抵押人将转让所得的价款向抵押权人提前清偿债务或者提存。转让的价款超过债权数额的部分归抵押人所有，不足部分由债务人清偿。

《最高人民法院关于适用〈中华人民共和国民法典〉有关担保制度的解释》

第四十三条 当事人约定禁止或者限制转让抵押财产但是未将约定登记，抵押人违反约定转让抵押财产，抵押权人请求确认转让合同无效的，人民法院不予支持；抵押财产已经交付或者登记，抵押权人请求确认转让不发生物权效力的，人民法院不予支持，但是抵押权人有证据证明受让人知道的除外；抵押权人请求抵押人承担违约责任的，人民法院依法予以支持。

当事人约定禁止或者限制转让抵押财产且已经将约定登记，抵押人违反约定转让抵押财产，抵押权人请求确认转让合同无效的，人民法院不予支持；抵押财产已经交付或者登记，抵押权人主张转让不发生物权效力的，人民法院应予支持，但是因受让人代替债务人清偿债务导致抵押权消灭的除外。

第五十六条 买受人在出卖人正常经营活动中通过支付合理对价取得已被设立担保物权的动产，担保物权人请求就该动产优先受偿的，人民法院不予支持，但是有下列情形之一的除外：

（一）购买商品的数量明显超过一般买受人；

（二）购买出卖人的生产设备；

（三）订立买卖合同的目的在于担保出卖人或者第三人履行债务；

（四）买受人与出卖人存在直接或者间接的控制关系；

（五）买受人应当查询抵押登记而未查询的其他情形。

前款所称出卖人正常经营活动，是指出卖人的经营活动属于其营业执照明确记载的经营范围，且出卖人持续销售同类商品。前款所称担保物权人，是指已经办理登记的抵押权人、所有权保留买卖的出卖人、融资租赁合同的出租人。

抵押期间抵押人是否可以转让抵押财产

抵押期间，抵押人是否可以转让抵押财产

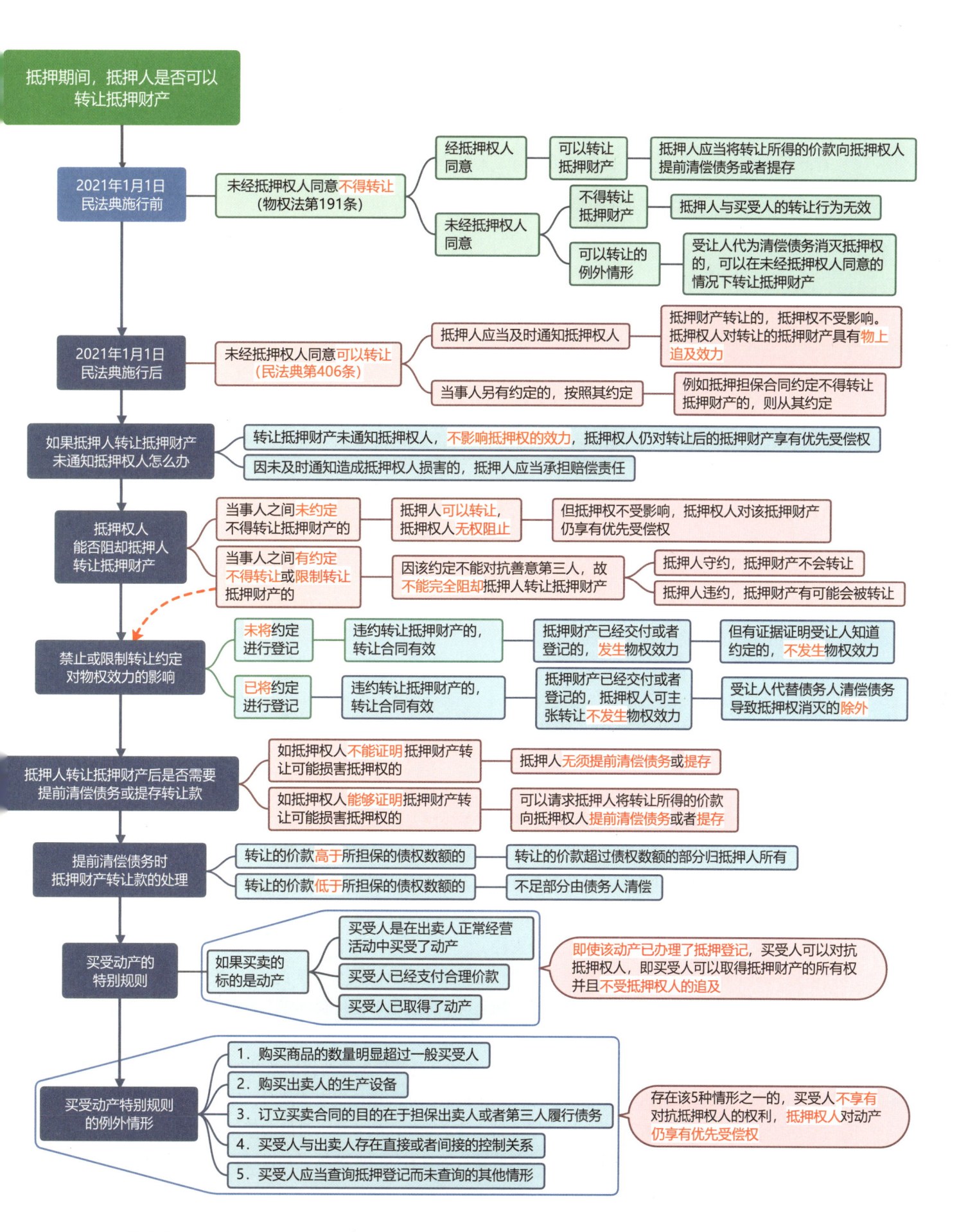

2021年1月1日民法典施行前
- 未经抵押权人同意不得转让（物权法第191条）
  - 经抵押权人同意 → 可以转让抵押财产 → 抵押人应当将转让所得的价款向抵押权人提前清偿债务或者提存
  - 未经抵押权人同意 → 不得转让抵押财产 → 抵押人与买受人的转让行为无效
  - 可以转让的例外情形 → 受让人代为清偿债务消灭抵押权的，可以在未经抵押权人同意的情况下转让抵押财产

2021年1月1日民法典施行后
- 未经抵押权人同意可以转让（民法典第406条）
  - 抵押人应当及时通知抵押权人 → 抵押财产转让的，抵押权不受影响。抵押权人对转让的抵押财产具有**物上追及效力**
  - 当事人另有约定的，按照其约定 → 例如抵押担保合同约定不得转让抵押财产的，则从其约定

如果抵押人转让抵押财产未通知抵押权人怎么办
- 转让抵押财产未通知抵押权人，**不影响抵押权的效力**，抵押权人仍对转让后的抵押财产享有优先受偿权
- 因未及时通知造成抵押权人损害的，抵押人应当承担赔偿责任

抵押权人能否阻却抵押人转让抵押财产
- 当事人之间未约定不得转让抵押财产的 → 抵押人可以转让，抵押权人无权阻止 → 但抵押权不受影响，抵押权人对该抵押财产仍享有优先受偿权
- 当事人之间有约定不得转让或限制转让抵押财产的 → 因该约定不能对抗善意第三人，故不能完全阻却抵押人转让抵押财产
  - 抵押人守约，抵押财产不会转让
  - 抵押人违约，抵押财产有可能会被转让

禁止或限制转让约定对物权效力的影响
- 未将约定进行登记 → 违约转让抵押财产的，转让合同有效 → 抵押财产已经交付或者登记的，**发生物权效力** → 但有证据证明受让人知道约定的，**不发生**物权效力
- 已将约定进行登记 → 违约转让抵押财产的，转让合同有效 → 抵押财产已经交付或者登记的，抵押权人可主张转让**不发生**物权效力 → 受让人代替债务人清偿债务导致抵押权消灭的**除外**

抵押人转让抵押财产后是否需要提前清偿债务或提存转让款
- 如抵押权人**不能证明**抵押财产转让可能损害抵押权的 → 抵押人**无须提前清偿债务**或**提存**
- 如抵押权人**能够证明**抵押财产转让可能损害抵押权的 → 可以请求抵押人将转让所得的价款向抵押权人**提前清偿债务或者提存**

提前清偿债务时抵押财产转让款的处理
- 转让的价款**高于**所担保的债权数额的 → 转让的价款超过债权数额的部分归抵押人所有
- 转让的价款**低于**所担保的债权数额的 → 不足部分由债务人清偿

买受动产的特别规则
- 如果买卖的标的是动产
  - 买受人是在出卖人正常经营活动中买受了动产
  - 买受人已经支付合理价款
  - 买受人已取得了动产
  - → 即使该动产已办理了抵押登记，买受人可以对抗抵押权人，即买受人可以取得抵押财产的所有权并且**不受抵押权人的追及**

买受动产特别规则的例外情形
1. 购买商品的数量明显超过一般买受人
2. 购买出卖人的生产设备
3. 订立买卖合同的目的在于担保出卖人或者第三人履行债务
4. 买受人与出卖人存在直接或者间接的控制关系
5. 买受人应当查询抵押登记而未查询的其他情形

→ 存在该5种情形之一的，买受人**不享有**对抗抵押权人的权利，**抵押权人**对动产仍享有优先受偿权

制作依据：物权法第191条，民法典第404条、第406条，民法典担保制度解释第56条

质押权

关联法条

《中华人民共和国民法典》

第四百四十条　债务人或者第三人有权处分的下列权利可以出质：

（一）汇票、本票、支票；

（二）债券、存款单；

（三）仓单、提单；

（四）可以转让的基金份额、股权；

（五）可以转让的注册商标专用权、专利权、著作权等知识产权中的财产权；

（六）现有的以及将有的应收账款；

（七）法律、行政法规规定可以出质的其他财产权利。

《最高人民法院关于适用〈中华人民共和国民法典〉有关担保制度的解释》

第六十一条　以现有的应收账款出质，应收账款债务人向质权人确认应收账款的真实性后，又以应收账款不存在或者已经消灭为由主张不承担责任的，人民法院不予支持。

以现有的应收账款出质，应收账款债务人未确认应收账款的真实性，质权人以应收账款债务人为被告，请求就应收账款优先受偿，能够举证证明办理出质登记时应收账款真实存在的，人民法院应予支持；质权人不能举证证明办理出质登记时应收账款真实存在，仅以已经办理出质登记为由，请求就应收账款优先受偿的，人民法院不予支持。

以现有的应收账款出质，应收账款债务人已经向应收账款债权人履行了债务，质权人请求应收账款债务人履行债务的，人民法院不予支持，但是应收账款债务人接到质权人要求向其履行的通知后，仍然向应收账款债权人履行的除外。

以基础设施和公用事业项目收益权、提供服务或者劳务产生的债权以及其他将有的应收账款出质，当事人为应收账款设立特定账户，发生法定或者约定的质权实现事由时，质权人请求就该特定账户内的款项优先受偿的，人民法院应予支持；特定账户内的款项不足以清偿债务或者未设立特定账户，质权人请求折价或者拍卖、变卖项目收益权等将有的应收账款，并以所得的价款优先受偿的，人民法院依法予以支持。

应收账款质押及其处理规则

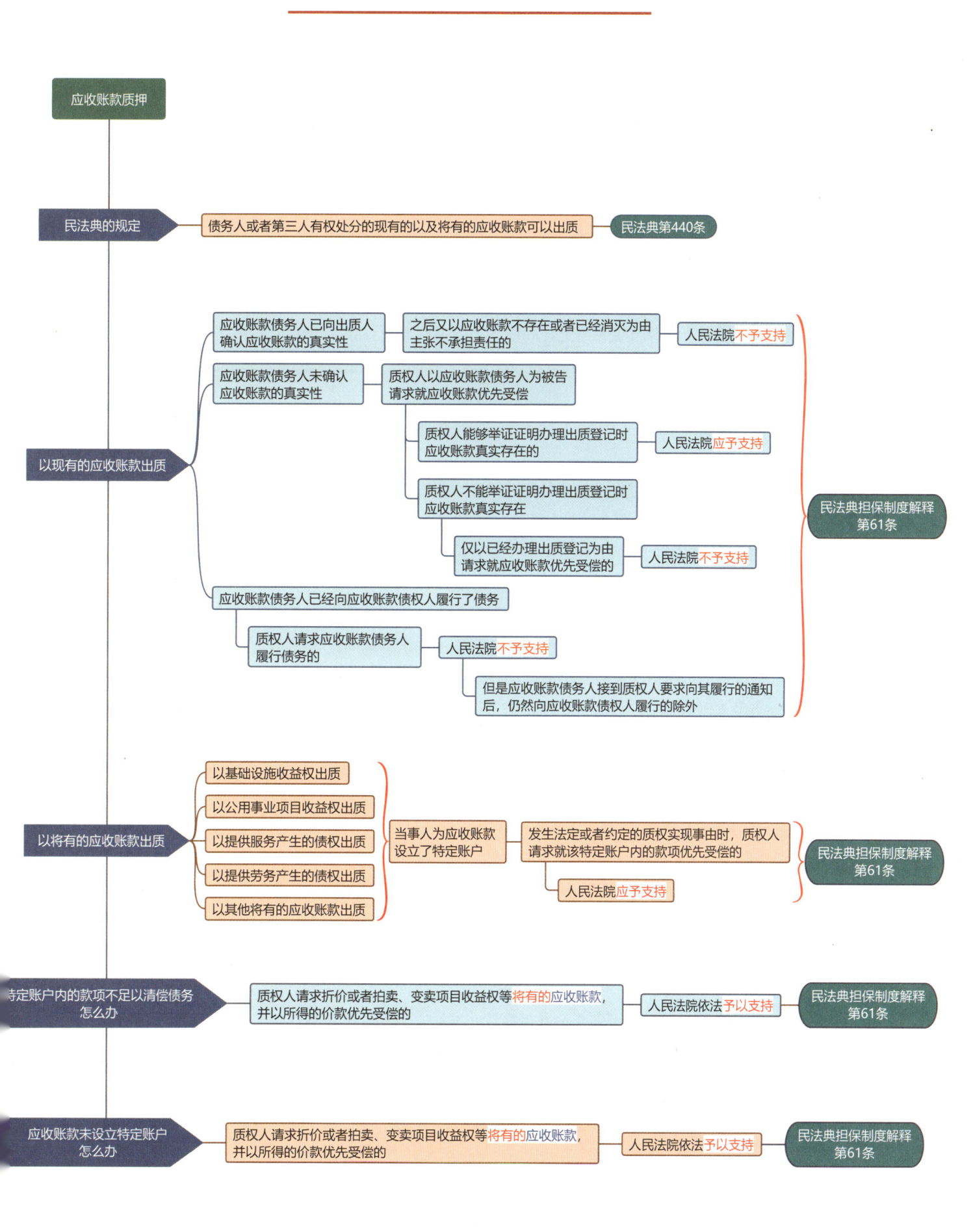

应收账款质押

- **民法典的规定**：债务人或者第三人有权处分的现有的以及将有的应收账款可以出质 —— 民法典第440条

- **以现有的应收账款出质**（民法典担保制度解释第61条）
  - 应收账款债务人已向出质人确认应收账款的真实性
    - 之后又以应收账款不存在或者已经消灭为由主张不承担责任的 → 人民法院不予支持
  - 应收账款债务人未确认应收账款的真实性
    - 质权人以应收账款债务人为被告请求就应收账款优先受偿
      - 质权人能够举证证明办理出质登记时应收账款真实存在的 → 人民法院应予支持
      - 质权人不能举证证明办理出质登记时应收账款真实存在
        - 仅以已经办理出质登记为由请求就应收账款优先受偿的 → 人民法院不予支持
  - 应收账款债务人已经向应收账款债权人履行了债务
    - 质权人请求应收账款债务人履行债务的 → 人民法院不予支持
      - 但是应收账款债务人接到质权人要求向其履行的通知后，仍然向应收账款债权人履行的除外

- **以将有的应收账款出质**（民法典担保制度解释第61条）
  - 以基础设施收益权出质
  - 以公用事业项目收益权出质
  - 以提供服务产生的债权出质
  - 以提供劳务产生的债权出质
  - 以其他将有的应收账款出质
  - 当事人为应收账款设立了特定账户
    - 发生法定或者约定的质权实现事由时，质权人请求就该特定账户内的款项优先受偿的 → 人民法院应予支持

- **特定账户内的款项不足以清偿债务怎么办**：质权人请求折价或者拍卖、变卖项目收益权等将有的应收账款，并以所得的价款优先受偿的 → 人民法院依法予以支持（民法典担保制度解释第61条）

- **应收账款未设立特定账户怎么办**：质权人请求折价或者拍卖、变卖项目收益权等将有的应收账款，并以所得的价款优先受偿的 → 人民法院依法予以支持（民法典担保制度解释第61条）

制作依据：民法典、民法典担保制度解释

合同

关联法条

《中华人民共和国民法典》

第四百九十条 当事人采用合同书形式订立合同的,自当事人均签名、盖章或者按指印时合同成立。在签名、盖章或者按指印之前,当事人一方已经履行主要义务,对方接受时,该合同成立。

法律、行政法规规定或者当事人约定合同应当采用书面形式订立,当事人未采用书面形式但是一方已经履行主要义务,对方接受时,该合同成立。

《最高人民法院关于适用〈中华人民共和国民法典〉合同编通则若干问题的解释》

第三条 当事人对合同是否成立存在争议,人民法院能够确定当事人姓名或者名称、标的和数量的,一般应当认定合同成立。但是,法律另有规定或者当事人另有约定的除外。

根据前款规定能够认定合同已经成立的,对合同欠缺的内容,人民法院应当依据民法典第五百一十条、第五百一十一条等规定予以确定。

当事人主张合同无效或者请求撤销、解除合同等,人民法院认为合同不成立的,应当依据《最高人民法院关于民事诉讼证据的若干规定》第五十三条的规定将合同是否成立作为焦点问题进行审理,并可以根据案件的具体情况重新指定举证期限。

第六条 当事人以认购书、订购书、预订书等形式约定在将来一定期限内订立合同,或者为担保在将来一定期限内订立合同交付了定金,能够确定将来所要订立合同的主体、标的等内容的,人民法院应当认定预约合同成立。

当事人通过签订意向书或者备忘录等方式,仅表达交易的意向,未约定在将来一定期限内订立合同,或者虽然有约定但是难以确定将来所要订立合同的主体、标的等内容,一方主张预约合同成立的,人民法院不予支持。

当事人订立的认购书、订购书、预订书等已就合同标的、数量、价款或者报酬等主要内容达成合意,符合本解释第三条第一款规定的合同成立条件,未明确约定在将来一定期限内另行订立合同,或者虽然有约定但是当事人一方已实施履行行为且对方接受的,人民法院应当认定本约合同成立。

第七条 预约合同生效后,当事人一方拒绝订立本约合同或者在磋商订立本约合同时违背诚信原则导致未能订立本约合同的,人民法院应当认定该当事人不履行预约合同约定的义务。

人民法院认定当事人一方在磋商订立本约合同时是否违背诚信原则,应当综合考虑该当事人在磋商时提出的条件是否明显背离预约合同约定的内容以及是否已尽合理努力进行协商等因素。

第八条 预约合同生效后,当事人一方不履行订立本约合同的义务,对方请求其赔偿因此造成的损失的,人民法院依法予以支持。

前款规定的损失赔偿,当事人有约定的,按照约定;没有约定的,人民法院应当综合考虑预约合同在内容上的完备程度以及订立本约合同的条件的成就程度等因素酌定。

预约合同的认定及其处理规则

预约合同

预约合同成立的认定
- 当事人以认购书、订购书、预订书等形式约定在将来一定期限内订立合同
- 当事人为担保在将来一定期限内订立合同交付了定金，能够确定将来所要订立合同的主体、标的等内容的

→ 人民法院应当认定预约合同成立 （民法典合同编通则解释第6条）

当事人对合同是否成立存在争议的
- 人民法院能够确定当事人姓名或者名称、标的和数量的，一般应当认定合同成立
  - 但是，法律另有规定或者当事人另有约定的除外
    - 如民法典第490条第1款规定
      - 当事人采用合同书形式订立合同的
        - 自当事人均签名、盖章或者按指印时合同成立
        - 在签名、盖章或者按指印之前，当事人一方已经履行主要义务，对方接受时，该合同成立

（民法典合同编通则解释第3条第1款）

预约合同的不成立
- 当事人通过签订意向书或者备忘录等方式，仅表达交易的意向
  - 未约定在将来一定期限内订立合同
  - 虽然有约定，但是难以确定将来所要订立合同的主体、标的等内容

→ 一方主张预约合同成立的，人民法院不予支持 （民法典合同编通则解释第6条）

本约合同的成立
- 当事人订立的认购书、订购书、预订书等已就合同标的、数量、价款或者报酬等主要内容达成合意，符合民法典合同编通则解释第3条第1款规定的合同成立条件
  - 未明确约定在将来一定期限内另行订立合同的
  - 或者虽然有约定在将来一定期限内另行订立合同，但是当事人一方已实施履行行为且对方接受的

→ 人民法院应当认定本约合同成立 （民法典合同编通则解释第6条）

违反预约合同的认定
预约合同生效后
- 当事人一方拒绝订立本约合同
- 当事人一方在磋商订立本约合同时违背诚信原则导致未能订立本约合同的

→ 应当认定该当事人不履行预约合同约定的义务 （民法典合同编通则解释第7条）

是否违背诚信原则的认定
应当综合考虑该当事人在磋商时提出的条件是否明显背离预约合同约定的内容以及是否已尽合理努力进行协商等因素 （民法典合同编通则解释第7条）

违反预约合同的违约责任
预约合同生效后——当事人一方不履行订立本约合同的义务——对方请求其赔偿因此造成的损失的——人民法院依法予以支持 （民法典合同编通则解释第8条）

违反预约合同损失的确定
- 当事人有约定的——按照约定
- 当事人没有约定的——人民法院应当综合考虑预约合同在内容上的完备程度以及订立本约合同的条件的成就程度等因素酌定

（民法典合同编通则解释第8条）

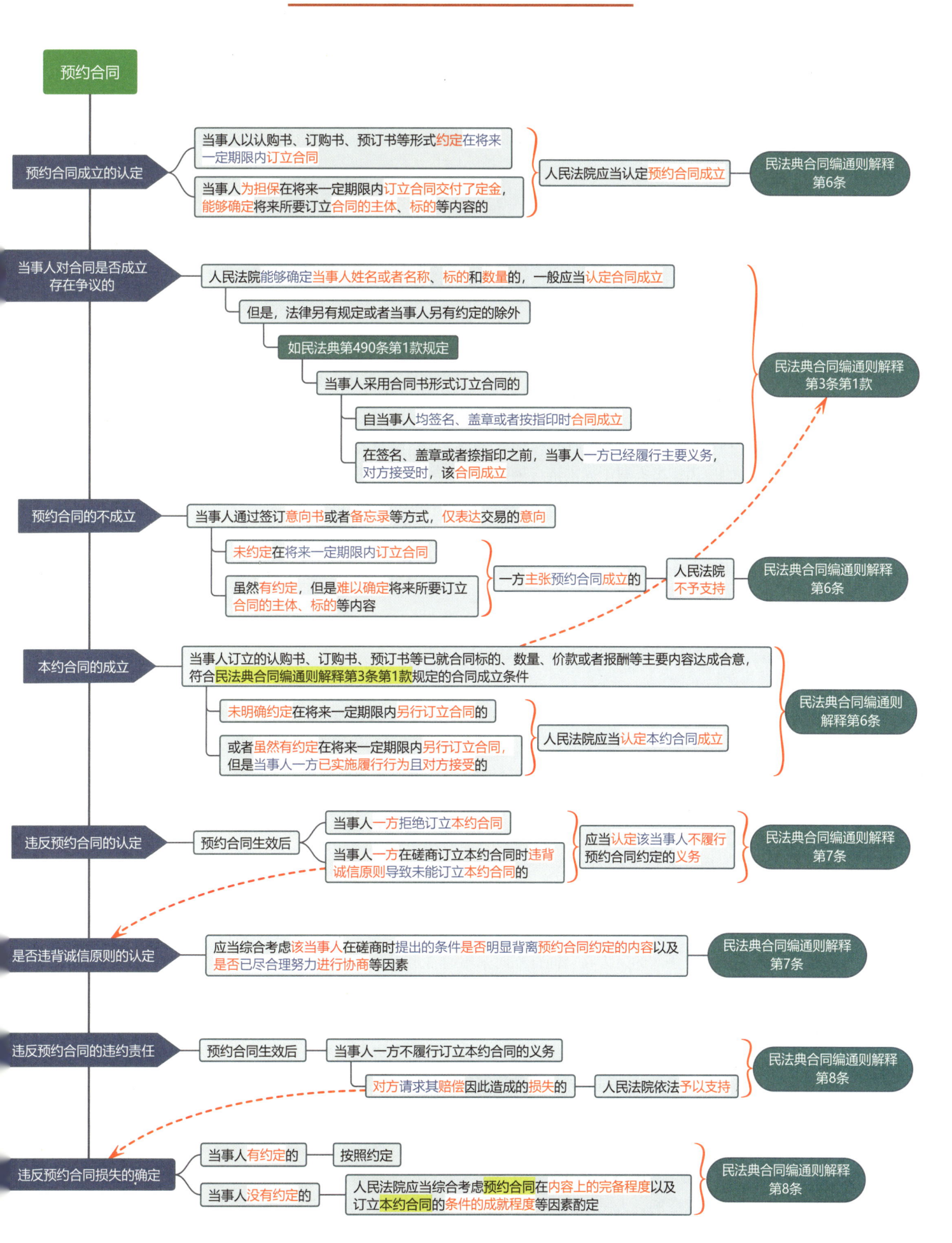

制作依据：民法典、民法典合同编通则解释

关联法条

《中华人民共和国民法典》

第四百九十六条 格式条款是当事人为了重复使用而预先拟定，并在订立合同时未与对方协商的条款。

采用格式条款订立合同的，提供格式条款的一方应当遵循公平原则确定当事人之间的权利和义务，并采取合理的方式提示对方注意免除或者减轻其责任等与对方有重大利害关系的条款，按照对方的要求，对该条款予以说明。提供格式条款的一方未履行提示或者说明义务，致使对方没有注意或者理解与其有重大利害关系的条款的，对方可以主张该条款不成为合同的内容。

第四百九十七条 有下列情形之一的，该格式条款无效：

（一）具有本法第一编第六章第三节和本法第五百零六条规定的无效情形；

（二）提供格式条款一方不合理地免除或者减轻其责任、加重对方责任、限制对方主要权利；

（三）提供格式条款一方排除对方主要权利。

第四百九十八条 对格式条款的理解发生争议的，应当按照通常理解予以解释。对格式条款有两种以上解释的，应当作出不利于提供格式条款一方的解释。格式条款和非格式条款不一致的，应当采用非格式条款。

《最高人民法院关于适用〈中华人民共和国民法典〉时间效力的若干规定》

第九条 民法典施行前订立的合同，提供格式条款一方未履行提示或者说明义务，涉及格式条款效力认定的，适用民法典第四百九十六条的规定。

《最高人民法院关于适用〈中华人民共和国民法典〉合同编通则若干问题的解释》

第九条 合同条款符合民法典第四百九十六条第一款规定的情形，当事人仅以合同系依据合同示范文本制作或者双方已经明确约定合同条款不属于格式条款为由主张该条款不是格式条款的，人民法院不予支持。

从事经营活动的当事人一方仅以未实际重复使用为由主张其预先拟定且未与对方协商的合同条款不是格式条款的，人民法院不予支持。但是，有证据证明该条款不是为了重复使用而预先拟定的除外。

第十条 提供格式条款的一方在合同订立时采用通常足以引起对方注意的文字、符号、字体等明显标识，提示对方注意免除或者减轻其责任、排除或者限制对方权利等与对方有重大利害关系的异常条款的，人民法院可以认定其已经履行民法典第四百九十六条第二款规定的提示义务。

提供格式条款的一方按照对方的要求，就与对方有重大利害关系的异常条款的概念、内容及其法律后果以书面或者口头形式向对方作出通常能够理解的解释说明的，人民法院可以认定其已经履行民法典第四百九十六条第二款规定的说明义务。

提供格式条款的一方对其已经尽到提示义务或者说明义务承担举证责任。对于通过互联网等信息网络订立的电子合同，提供格式条款的一方仅以采取了设置勾选、弹窗等方式为由主张其已经履行提示义务或者说明义务的，人民法院不予支持，但是其举证符合前两款规定的除外。

格式条款的认定及其处理规则

格式条款的认定及其处理规则

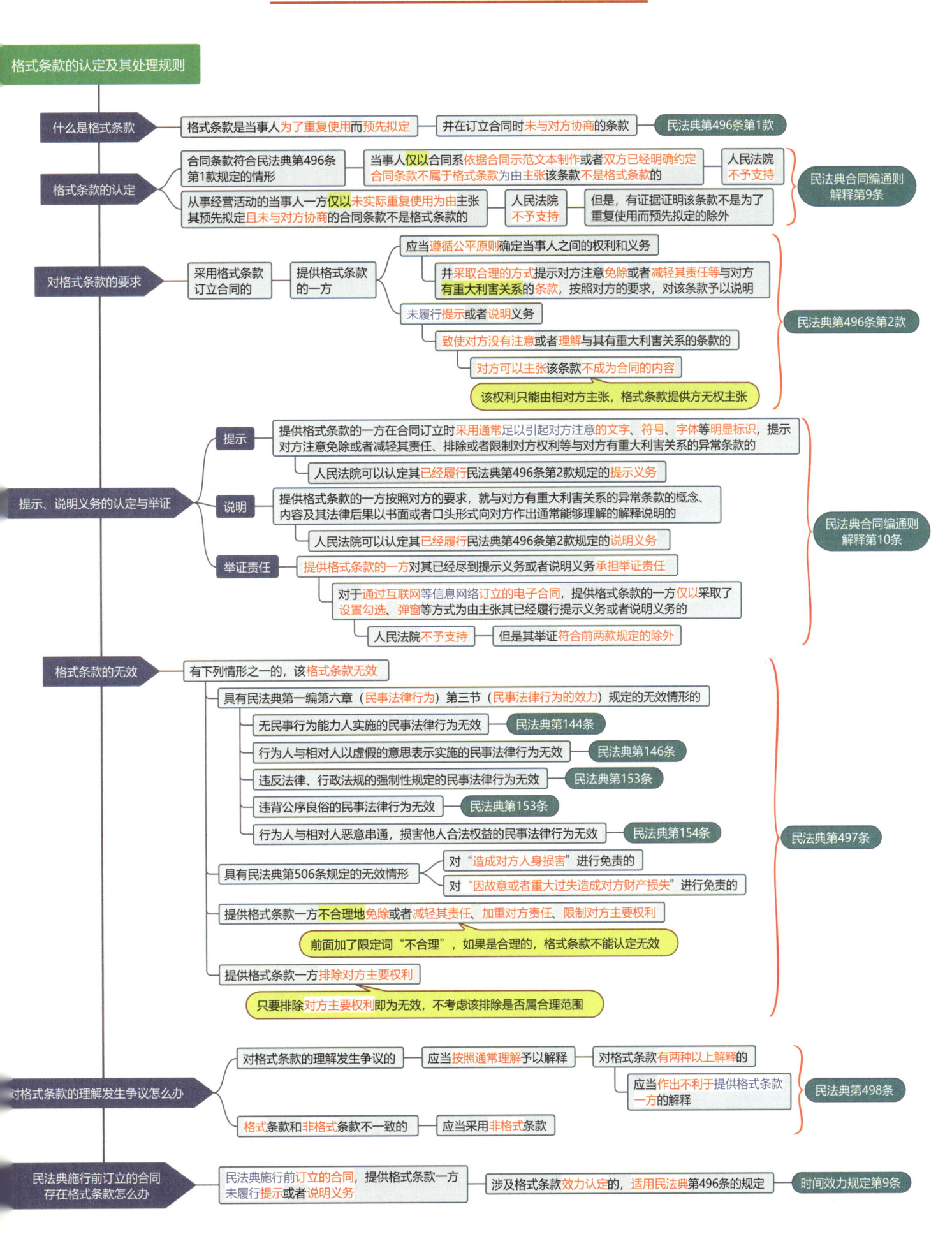

什么是格式条款
- 格式条款是当事人**为了重复使用**而**预先拟定**——并在订立合同时**未与对方协商**的条款 —— 民法典第496条第1款

格式条款的认定
- 合同条款符合民法典第496条第1款规定的情形 —— 当事人**仅以**合同系**依据合同示范文本制作**或者**双方已经明确约定合同条款不属于格式条款为由**主张该条款不是格式条款的 —— 人民法院**不予支持**
- 从事经营活动的当事人一方**仅以未实际重复使用为由**主张其预先拟定**且未与对方协商**的合同条款不是格式条款的 —— 人民法院**不予支持** —— 但是，有证据证明该条款不是为了重复使用而预先拟定的除外

（民法典合同编通则解释第9条）

对格式条款的要求
- 采用格式条款订立合同的 —— 提供格式条款的一方
  - 应当遵循公平原则确定当事人之间的权利和义务
  - 并采取合理的方式提示对方注意**免除**或者**减轻其责任**等与对方**有重大利害关系的条款**，按照对方的要求，对该条款予以说明
  - **未履行提示**或者**说明**义务
    - 致使对方没有注意或者理解与其有重大利害关系的条款的
      - 对方可以主张该条款**不成为合同的内容**
      - 该权利只能由相对方主张，格式条款提供方无权主张

（民法典第496条第2款）

提示、说明义务的认定与举证
- **提示**：提供格式条款的一方在合同订立时采用通常足以引起对方注意的文字、符号、字体等明显标识，提示对方注意免除或者减轻其责任、排除或者限制对方权利等与对方有重大利害关系的异常条款的
  - 人民法院可以认定其**已经履行**民法典第496条第2款规定的**提示义务**
- **说明**：提供格式条款的一方按照对方的要求，就与对方有重大利害关系的异常条款的概念、内容及其法律后果以书面或者口头形式向对方作出通常能够理解的解释说明的
  - 人民法院可以认定其**已经履行**民法典第496条第2款规定的**说明义务**
- **举证责任**：提供格式条款的一方对其已经尽到提示义务或者说明义务**承担举证责任**
  - 对于**通过互联网**等信息网络订立的电子合同，提供格式条款的一方**仅以**采取了**设置勾选、弹窗**等方式为由主张其已经履行提示义务或者说明义务的
    - 人民法院**不予支持** —— 但是其举证符合前两款规定的除外

（民法典合同编通则解释第10条）

格式条款的无效
- 有下列情形之一的，该**格式条款无效**
  - 具有民法典第一编第六章（民事法律行为）第三节（民事法律行为的效力）规定的无效情形的
    - 无民事行为能力人实施的民事法律行为无效 —— 民法典第144条
    - 行为人与相对人以虚假的意思表示实施的民事法律行为无效 —— 民法典第146条
    - 违反法律、行政法规的强制性规定的民事法律行为无效 —— 民法典第153条
    - 违背公序良俗的民事法律行为无效 —— 民法典第153条
    - 行为人与相对人恶意串通，损害他人合法权益的民事法律行为无效 —— 民法典第154条
  - 具有民法典第506条规定的无效情形
    - 对"造成对方人身损害"进行免责的
    - 对"因故意或者重大过失造成对方财产损失"进行免责的
  - 提供格式条款一方**不合理地免除**或者**减轻其责任、加重对方责任、限制对方主要权利**
    - 前面加了限定词"不合理"，如果是合理的，格式条款不能认定无效
  - 提供格式条款一方**排除对方主要权利**
    - 只要排除**对方主要权利**即为无效，不考虑该排除是否属合理范围

（民法典第497条）

对格式条款的理解发生争议怎么办
- 对格式条款的理解发生争议的 —— 应当**按照通常理解**予以解释 —— 对格式条款**有两种以上解释**的 —— 应当**作出不利于提供格式条款一方**的解释
- **格式**条款和**非格式**条款不一致的 —— 应当采用**非格式条款**

（民法典第498条）

民法典施行前订立的合同存在格式条款怎么办
- **民法典施行前订立的合同**，提供格式条款一方**未履行提示**或者**说明义务** —— 涉及格式条款**效力认定的**，适用民法典第496条的规定 —— 时间效力规定第9条

制作依据：民法典、民法典合同编通则解释、时间效力规定

关联法条

《中华人民共和国民法典》

第一百五十七条 民事法律行为无效、被撤销或者确定不发生效力后,行为人因该行为取得的财产,应当予以返还;不能返还或者没有必要返还的,应当折价补偿。有过错的一方应当赔偿对方由此所受到的损失;各方都有过错的,应当各自承担相应的责任。法律另有规定的,依照其规定。

第五百零二条 依法成立的合同,自成立时生效,但是法律另有规定或者当事人另有约定的除外。

依照法律、行政法规的规定,合同应当办理批准等手续的,依照其规定。未办理批准等手续影响合同生效的,不影响合同中履行报批等义务条款以及相关条款的效力。应当办理申请批准等手续的当事人未履行义务的,对方可以请求其承担违反该义务的责任。

依照法律、行政法规的规定,合同的变更、转让、解除等情形应当办理批准等手续的,适用前款规定。

《最高人民法院关于适用〈中华人民共和国民法典〉合同编通则若干问题的解释》

第十二条 合同依法成立后,负有报批义务的当事人不履行报批义务或者履行报批义务不符合合同的约定或者法律、行政法规的规定,对方请求其继续履行报批义务的,人民法院应予支持;对方主张解除合同并请求其承担违反报批义务的赔偿责任的,人民法院应予支持。

人民法院判决当事人一方履行报批义务后,其仍不履行,对方主张解除合同并参照违反合同的违约责任请求其承担赔偿责任的,人民法院应予支持。

合同获得批准前,当事人一方起诉请求对方履行合同约定的主要义务,经释明后拒绝变更诉讼请求的,人民法院应当判决驳回其诉讼请求,但是不影响其另行提起诉讼。

负有报批义务的当事人已经办理申请批准等手续或者已经履行生效判决确定的报批义务,批准机关决定不予批准,对方请求其承担赔偿责任的,人民法院不予支持。但是,因迟延履行报批义务等可归责于当事人的原因导致合同未获批准,对方请求赔偿因此受到的损失的,人民法院应当依据民法典第一百五十七条的规定处理。

应当办理而未办理批准手续的合同效力及其处理规则

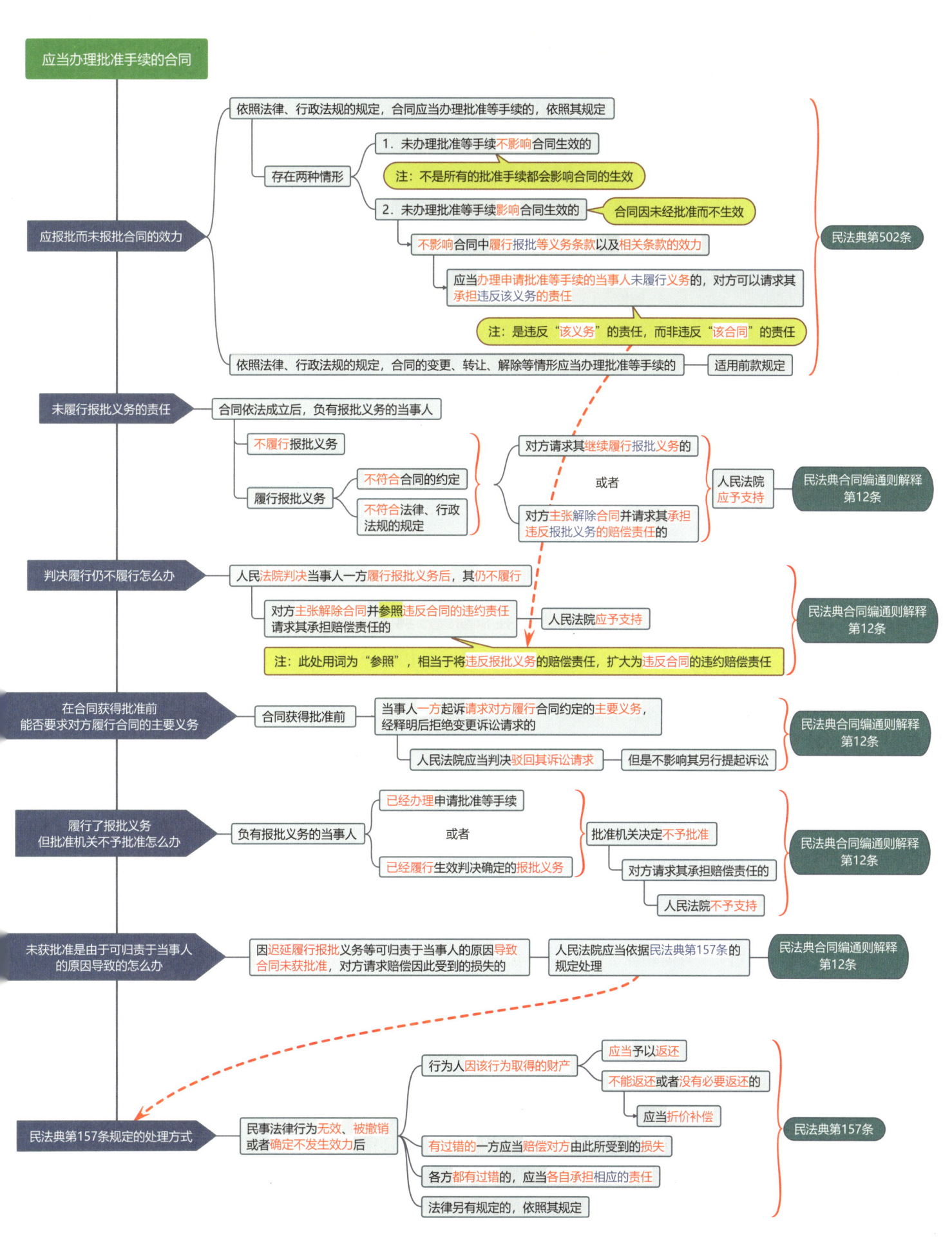

应当办理批准手续的合同

应报批而未报批合同的效力（民法典第502条）

依照法律、行政法规的规定，合同应当办理批准等手续的，依照其规定

存在两种情形：
1. 未办理批准等手续**不影响**合同生效的
   - 注：不是所有的批准手续都会影响合同的生效
2. 未办理批准等手续**影响**合同生效的
   - 合同因未经批准而不生效
   - **不影响**合同中履行报批等义务条款以及相关条款的效力
   - 应当办理申请批准等手续的当事人未履行义务的，对方可以请求其承担违反该义务的责任
     - 注：是违反"该义务"的责任，而非违反"该合同"的责任

依照法律、行政法规的规定，合同的变更、转让、解除等情形应当办理批准等手续的——适用前款规定

未履行报批义务的责任（民法典合同编通则解释第12条）

合同依法成立后，负有报批义务的当事人：
- 不履行报批义务
- 履行报批义务：
  - 不符合合同的约定
  - 不符合法律、行政法规的规定

对方请求其继续履行报批义务的，或者对方主张解除合同并请求其承担违反报批义务的赔偿责任的——人民法院应予支持

判决履行仍不履行怎么办（民法典合同编通则解释第12条）

人民法院判决当事人一方履行报批义务后，其仍不履行

对方主张解除合同并参照违反合同的违约责任请求其承担赔偿责任的——人民法院应予支持

注：此处用词为"参照"，相当于将违反报批义务的赔偿责任，扩大为违反合同的违约赔偿责任

在合同获得批准前能否要求对方履行合同的主要义务（民法典合同编通则解释第12条）

合同获得批准前，当事人一方起诉请求对方履行合同约定的主要义务，经释明后拒绝变更诉讼请求的——人民法院应当判决驳回其诉讼请求——但是不影响其另行提起诉讼

履行了报批义务但批准机关不予批准怎么办（民法典合同编通则解释第12条）

负有报批义务的当事人：
- 已经办理申请批准等手续
- 或者
- 已经履行生效判决确定的报批义务

批准机关决定不予批准，对方请求其承担赔偿责任的——人民法院不予支持

未获批准是由于可归责于当事人的原因导致的怎么办（民法典合同编通则解释第12条）

因迟延履行报批义务等可归责于当事人的原因导致合同未获批准，对方请求赔偿因此受到的损失的——人民法院应当依据民法典第157条的规定处理

民法典第157条规定的处理方式（民法典第157条）

民事法律行为无效、被撤销或者确定不发生效力后：
- 行为人因该行为取得的财产
  - 应当予以返还
  - 不能返还或者没有必要返还的——应当折价补偿
- 有过错的一方应当赔偿对方由此所受到的损失
- 各方都有过错的，应当各自承担相应的责任
- 法律另有规定的，依照其规定

制作依据：民法典、民法典合同编通则解释

关联法条

《中华人民共和国民法典》

第一百五十三条 违反法律、行政法规的强制性规定的民事法律行为无效。但是，该强制性规定不导致该民事法律行为无效的除外。

违背公序良俗的民事法律行为无效。

第一百五十七条 民事法律行为无效、被撤销或者确定不发生效力后，行为人因该行为取得的财产，应当予以返还；不能返还或者没有必要返还的，应当折价补偿。有过错的一方应当赔偿对方由此所受到的损失；各方都有过错的，应当各自承担相应的责任。法律另有规定的，依照其规定。

《最高人民法院关于适用〈中华人民共和国民法典〉合同编通则若干问题的解释》

第十四条 当事人之间就同一交易订立多份合同，人民法院应当认定其中以虚假意思表示订立的合同无效。当事人为规避法律、行政法规的强制性规定，以虚假意思表示隐藏真实意思表示的，人民法院应当依据民法典第一百五十三条第一款的规定认定被隐藏合同的效力；当事人为规避法律、行政法规关于合同应当办理批准等手续的规定，以虚假意思表示隐藏真实意思表示的，人民法院应当依据民法典第五百零二条第二款的规定认定被隐藏合同的效力。

依据前款规定认定被隐藏合同无效或者确定不发生效力的，人民法院应当以被隐藏合同为事实基础，依据民法典第一百五十七条的规定确定当事人的民事责任。但是，法律另有规定的除外。

当事人就同一交易订立的多份合同均系真实意思表示，且不存在其他影响合同效力情形的，人民法院应当在查明各合同成立先后顺序和实际履行情况的基础上，认定合同内容是否发生变更。法律、行政法规禁止变更合同内容的，人民法院应当认定合同的相应变更无效。

当事人之间同一交易多份合同的效力认定

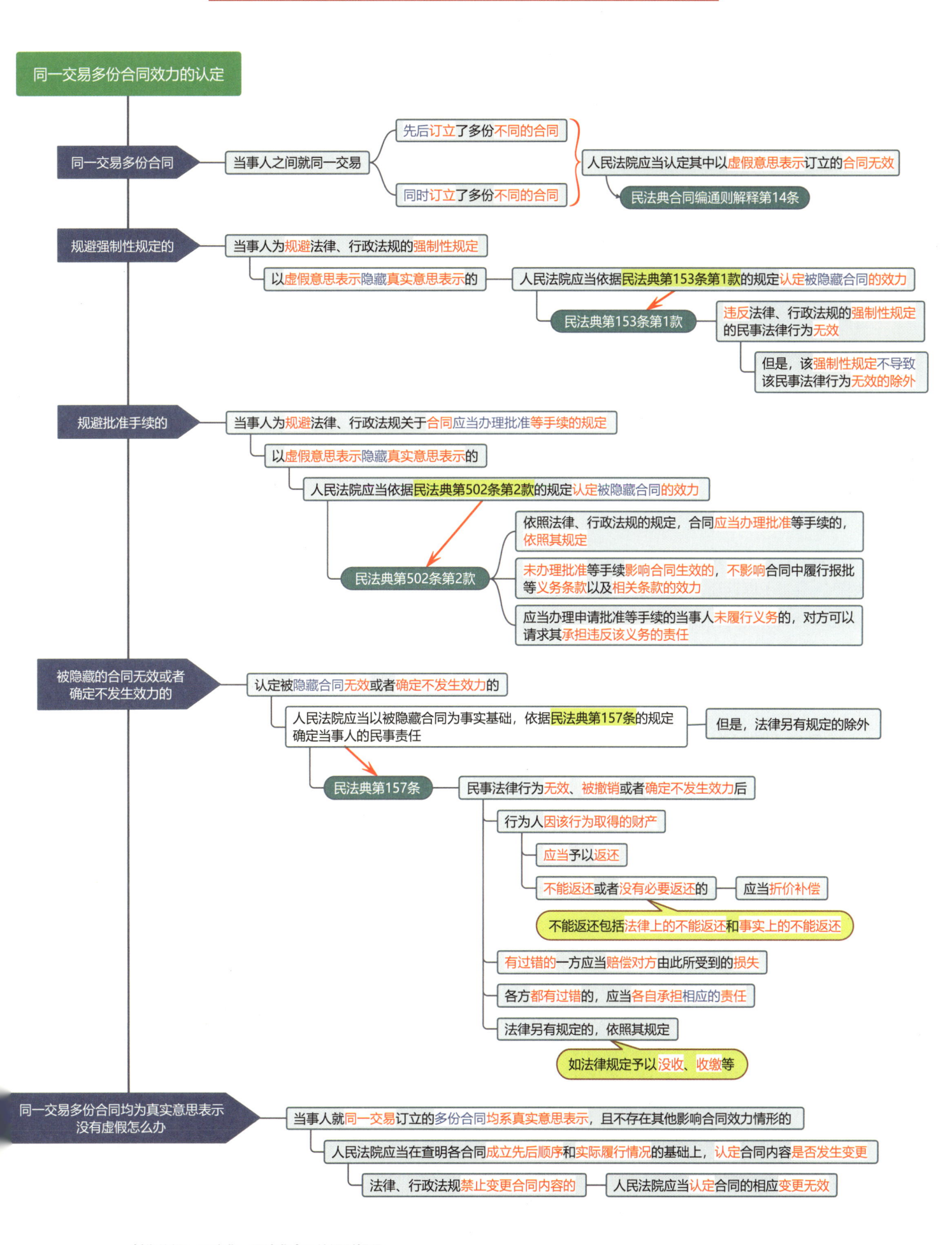

同一交易多份合同效力的认定

同一交易多份合同
- 当事人之间就同一交易
  - 先后订立了多份不同的合同
  - 同时订立了多份不同的合同
- 人民法院应当认定其中以虚假意思表示订立的合同无效
  - 民法典合同编通则解释第14条

规避强制性规定的
- 当事人为规避法律、行政法规的强制性规定
- 以虚假意思表示隐藏真实意思表示的
- 人民法院应当依据民法典第153条第1款的规定认定被隐藏合同的效力
  - 民法典第153条第1款
    - 违反法律、行政法规的强制性规定的民事法律行为无效
    - 但是，该强制性规定不导致该民事法律行为无效的除外

规避批准手续的
- 当事人为规避法律、行政法规关于合同应当办理批准等手续的规定
- 以虚假意思表示隐藏真实意思表示的
- 人民法院应当依据民法典第502条第2款的规定认定被隐藏合同的效力
  - 民法典第502条第2款
    - 依照法律、行政法规的规定，合同应当办理批准等手续的，依照其规定
    - 未办理批准等手续影响合同生效的，不影响合同中履行报批等义务条款以及相关条款的效力
    - 应当办理申请批准等手续的当事人未履行义务的，对方可以请求其承担违反该义务的责任

被隐藏的合同无效或者确定不发生效力的
- 认定被隐藏合同无效或者确定不发生效力的
- 人民法院应当以被隐藏合同为事实基础，依据民法典第157条的规定确定当事人的民事责任
  - 但是，法律另有规定的除外
  - 民法典第157条
    - 民事法律行为无效、被撤销或者确定不发生效力后
      - 行为人因该行为取得的财产
        - 应当予以返还
        - 不能返还或者没有必要返还的 —— 应当折价补偿
          - 不能返还包括法律上的不能返还和事实上的不能返还
      - 有过错的一方应当赔偿对方由此所受到的损失
      - 各方都有过错的，应当各自承担相应的责任
      - 法律另有规定的，依照其规定
        - 如法律规定予以没收、收缴等

同一交易多份合同均为真实意思表示没有虚假怎么办
- 当事人就同一交易订立的多份合同均系真实意思表示，且不存在其他影响合同效力情形的
- 人民法院应当在查明各合同成立先后顺序和实际履行情况的基础上，认定合同内容是否发生变更
  - 法律、行政法规禁止变更合同内容的 —— 人民法院应当认定合同的相应变更无效

制作依据：民法典、民法典合同编通则解释

关联法条

《中华人民共和国民法典》

第一百五十七条 民事法律行为无效、被撤销或者确定不发生效力后,行为人因该行为取得的财产,应当予以返还;不能返还或者没有必要返还的,应当折价补偿。有过错的一方应当赔偿对方由此所受到的损失;各方都有过错的,应当各自承担相应的责任。法律另有规定的,依照其规定。

第五百零四条 法人的法定代表人或者非法人组织的负责人超越权限订立的合同,除相对人知道或者应当知道其超越权限外,该代表行为有效,订立的合同对法人或者非法人组织发生效力。

《最高人民法院关于适用〈中华人民共和国民法典〉合同编通则若干问题的解释》

第二十条 法律、行政法规为限制法人的法定代表人或者非法人组织的负责人的代表权,规定合同所涉事项应当由法人、非法人组织的权力机构或者决策机构决议,或者应当由法人、非法人组织的执行机构决定,法定代表人、负责人未取得授权而以法人、非法人组织的名义订立合同,未尽到合理审查义务的相对人主张该合同对法人、非法人组织发生效力并由其承担违约责任的,人民法院不予支持,但是法人、非法人组织有过错的,可以参照民法典第一百五十七条的规定判决其承担相应的赔偿责任。相对人已尽到合理审查义务,构成表见代表的,人民法院应当依据民法典第五百零四条的规定处理。

合同所涉事项未超越法律、行政法规规定的法定代表人或者负责人的代表权限,但是超越法人、非法人组织的章程或者权力机构等对代表权的限制,相对人主张该合同对法人、非法人组织发生效力并由其承担违约责任的,人民法院依法予以支持。但是,法人、非法人组织举证证明相对人知道或者应当知道该限制的除外。

法人、非法人组织承担民事责任后,向有过错的法定代表人、负责人追偿因越权代表行为造成的损失的,人民法院依法予以支持。法律、司法解释对法定代表人、负责人的民事责任另有规定的,依照其规定。

法定代表人或负责人越权签订合同的效力认定

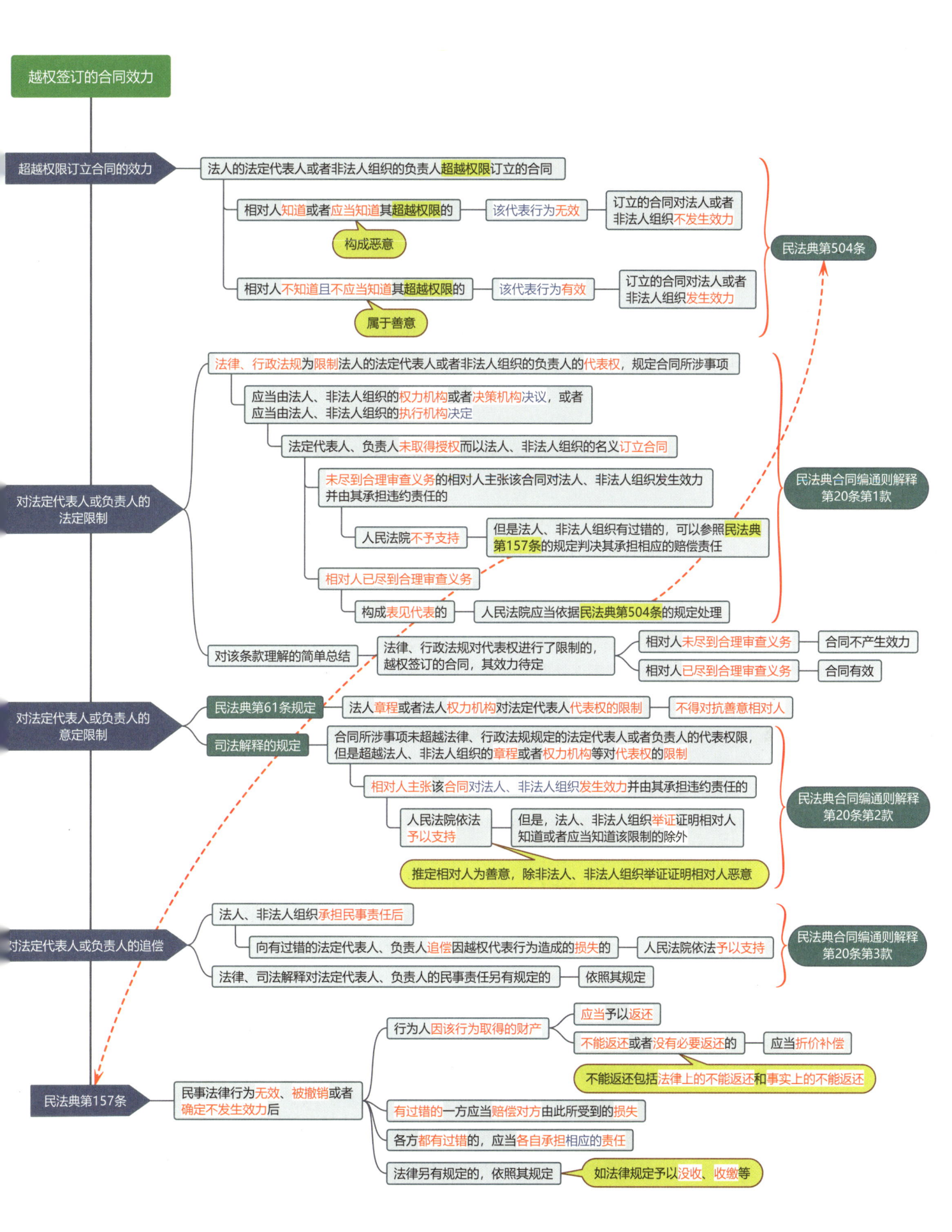

越权签订的合同效力

超越权限订立合同的效力

法人的法定代表人或者非法人组织的负责人超越权限订立的合同：

- 相对人知道或者应当知道其超越权限的（构成恶意）→ 该代表行为无效 → 订立的合同对法人或者非法人组织不发生效力
- 相对人不知道且不应当知道其超越权限的（属于善意）→ 该代表行为有效 → 订立的合同对法人或者非法人组织发生效力

（民法典第504条）

对法定代表人或负责人的法定限制

法律、行政法规为限制法人的法定代表人或者非法人组织的负责人的代表权，规定合同所涉事项：

- 应当由法人、非法人组织的权力机构或者决策机构决议，或者应当由法人、非法人组织的执行机构决定
- 法定代表人、负责人未取得授权而以法人、非法人组织的名义订立合同
  - 未尽到合理审查义务的相对人主张该合同对法人、非法人组织发生效力并由其承担违约责任的 → 人民法院不予支持 → 但是法人、非法人组织有过错的，可以参照民法典第157条的规定判决其承担相应的赔偿责任
  - 相对人已尽到合理审查义务 → 构成表见代表的 → 人民法院应当依据民法典第504条的规定处理

对该条款理解的简单总结：法律、行政法规对代表权进行了限制的，越权签订的合同，其效力待定
- 相对人未尽到合理审查义务 → 合同不产生效力
- 相对人已尽到合理审查义务 → 合同有效

（民法典合同编通则解释第20条第1款）

对法定代表人或负责人的意定限制

- 民法典第61条规定：法人章程或者法人权力机构对法定代表人代表权的限制，不得对抗善意相对人
- 司法解释的规定：合同所涉事项未超越法律、行政法规规定的法定代表人或负责人的代表权限，但是超越法人、非法人组织的章程或者权力机构等对代表权的限制
  - 相对人主张该合同对法人、非法人组织发生效力并由其承担违约责任的 → 人民法院依法予以支持 → 但是，法人、非法人组织举证证明相对人知道或者应当知道该限制的除外
  - 推定相对人为善意，除非法人、非法人组织举证证明相对人恶意

（民法典合同编通则解释第20条第2款）

对法定代表人或负责人的追偿

- 法人、非法人组织承担民事责任后
  - 向有过错的法定代表人、负责人追偿因越权代表行为造成的损失的 → 人民法院依法予以支持
- 法律、司法解释对法定代表人、负责人的民事责任另有规定的 → 依照其规定

（民法典合同编通则解释第20条第3款）

民法典第157条

民事法律行为无效、被撤销或者确定不发生效力后：

- 行为人因该行为取得的财产
  - 应当予以返还
  - 不能返还或者没有必要返还的 → 应当折价补偿
  - 不能返还包括法律上的不能返还和事实上的不能返还
- 有过错的一方应当赔偿对方由此所受到的损失
- 各方都有过错的，应当各自承担相应的责任
- 法律另有规定的，依照其规定（如法律规定予以没收、收缴等）

制作依据：民法典、民法典合同编通则解释

关联法条

《中华人民共和国民法典》

第一百五十三条 违反法律、行政法规的强制性规定的民事法律行为无效。但是，该强制性规定不导致该民事法律行为无效的除外。

违背公序良俗的民事法律行为无效。

《最高人民法院关于适用〈中华人民共和国民法典〉合同编通则若干问题的解释》

第十六条 合同违反法律、行政法规的强制性规定，有下列情形之一，由行为人承担行政责任或者刑事责任能够实现强制性规定的立法目的，人民法院可以依据民法典第一百五十三条第一款关于"该强制性规定不导致该民事法律行为无效的除外"的规定认定该合同不因违反强制性规定无效：

（一）强制性规定虽然旨在维护社会公共秩序，但是合同的实际履行对社会公共秩序造成的影响显著轻微，认定合同无效将导致案件处理结果有失公平公正；

（二）强制性规定旨在维护政府的税收、土地出让金等国家利益或者其他民事主体的合法利益而非合同当事人的民事权益，认定合同有效不会影响该规范目的的实现；

（三）强制性规定旨在要求当事人一方加强风险控制、内部管理等，对方无能力或者无义务审查合同是否违反强制性规定，认定合同无效将使其承担不利后果；

（四）当事人一方虽然在订立合同时违反强制性规定，但是在合同订立后其已经具备补正违反强制性规定的条件却违背诚信原则不予补正；

（五）法律、司法解释规定的其他情形。

法律、行政法规的强制性规定旨在规制合同订立后的履行行为，当事人以合同违反强制性规定为由请求认定合同无效的，人民法院不予支持。但是，合同履行必然导致违反强制性规定或者法律、司法解释另有规定的除外。

依据前两款认定合同有效，但是当事人的违法行为未经处理的，人民法院应当向有关行政管理部门提出司法建议。当事人的行为涉嫌犯罪的，应当将案件线索移送刑事侦查机关；属于刑事自诉案件的，应当告知当事人可以向有管辖权的人民法院另行提起诉讼。

第十八条 法律、行政法规的规定虽然有"应当""必须"或者"不得"等表述，但是该规定旨在限制或者赋予民事权利，行为人违反该规定将构成无权处分、无权代理、越权代表等，或者导致合同相对人、第三人因此获得撤销权、解除权等民事权利的，人民法院应当依据法律、行政法规规定的关于违反该规定的民事法律后果认定合同效力。

违反法律、行政法规的强制性规定对合同效力的影响

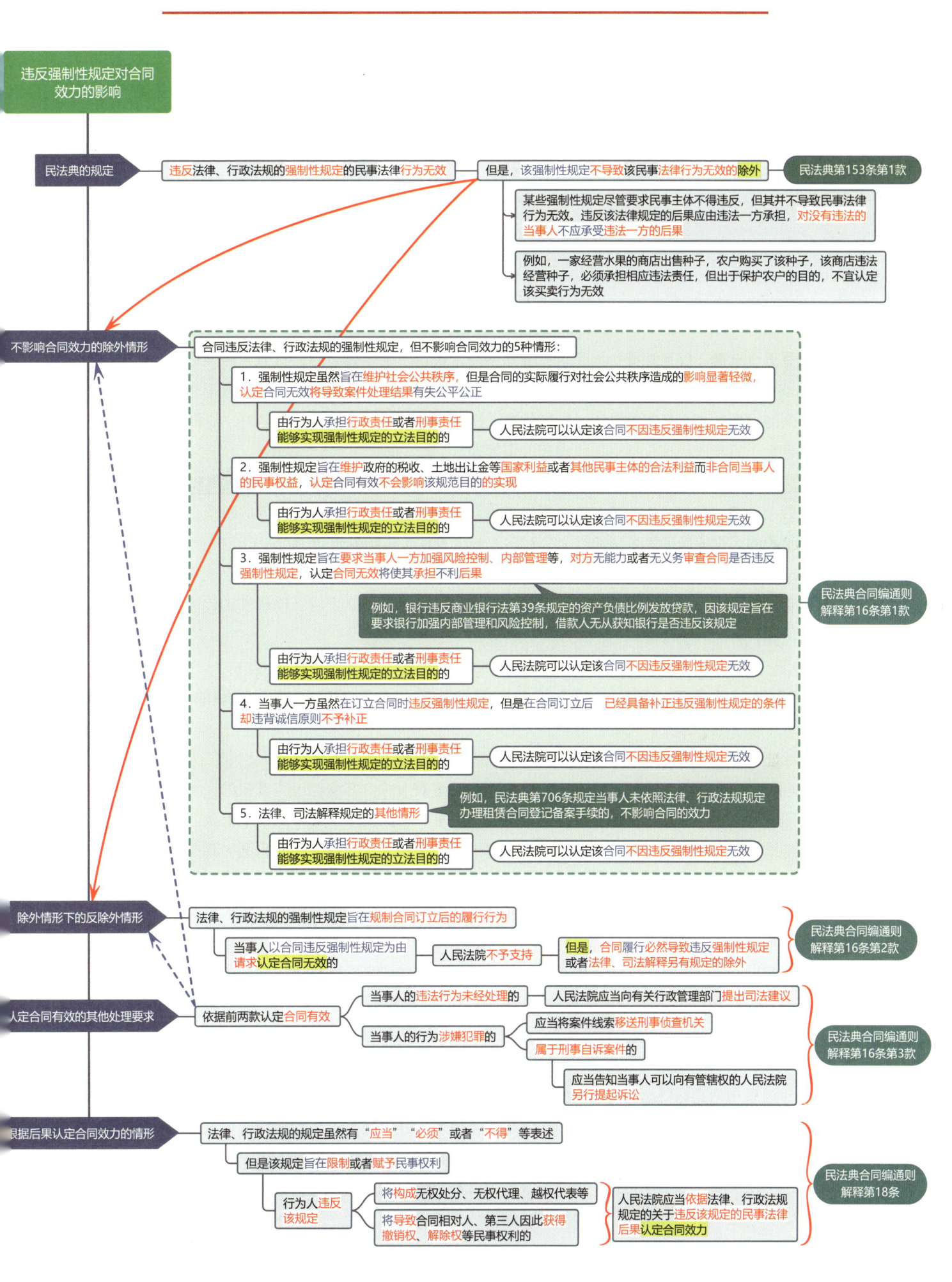

违反强制性规定对合同效力的影响

民法典的规定

违反法律、行政法规的强制性规定的民事法律行为无效。但是，该强制性规定不导致该民事法律行为无效的除外。（民法典第153条第1款）

某些强制性规定尽管要求民事主体不得违反，但其并不导致民事法律行为无效。违反该法律规定的后果应由违法一方承担，对没有违法的当事人不应承受违法一方的后果。

例如，一家经营水果的商店出售种子，农户购买了该种子，该商店违法经营种子，必须承担相应违法责任，但出于保护农户的目的，不宜认定该买卖行为无效。

不影响合同效力的除外情形

合同违反法律、行政法规的强制性规定，但不影响合同效力的5种情形：

1. 强制性规定虽然旨在维护社会公共秩序，但是合同的实际履行对社会公共秩序造成的影响显著轻微，认定合同无效将导致案件处理结果有失公平公正
   - 由行为人承担行政责任或者刑事责任能够实现强制性规定的立法目的的
   - 人民法院可以认定该合同不因违反强制性规定无效

2. 强制性规定旨在维护政府的税收、土地出让金等国家利益或者其他民事主体的合法利益而非合同当事人的民事权益，认定合同有效不会影响该规范目的的实现
   - 由行为人承担行政责任或者刑事责任能够实现强制性规定的立法目的的
   - 人民法院可以认定该合同不因违反强制性规定无效

3. 强制性规定旨在要求当事人一方加强风险控制、内部管理等，对方无能力或者无义务审查合同是否违反强制性规定，认定合同无效将使其承担不利后果
   - 例如，银行违反商业银行法第39条规定的资产负债比例发放贷款，因该规定旨在要求银行加强内部管理和风险控制，借款人无从获知银行是否违反该规定
   - 由行为人承担行政责任或者刑事责任能够实现强制性规定的立法目的的
   - 人民法院可以认定该合同不因违反强制性规定无效

4. 当事人一方虽然在订立合同时违反强制性规定，但是在合同订立后已经具备补正违反强制性规定的条件却违背诚信原则不予补正
   - 由行为人承担行政责任或者刑事责任能够实现强制性规定的立法目的的
   - 人民法院可以认定该合同不因违反强制性规定无效

5. 法律、司法解释规定的其他情形
   - 例如，民法典第706条规定当事人未依照法律、行政法规规定办理租赁合同登记备案手续的，不影响合同的效力
   - 由行为人承担行政责任或者刑事责任能够实现强制性规定的立法目的的
   - 人民法院可以认定该合同不因违反强制性规定无效

（民法典合同编通则解释第16条第1款）

除外情形下的反除外情形

法律、行政法规的强制性规定旨在规制合同订立后的履行行为

当事人以合同违反强制性规定为由请求认定合同无效的——人民法院不予支持。但是，合同履行必然导致违反强制性规定或者法律、司法解释另有规定的除外

（民法典合同编通则解释第16条第2款）

认定合同有效的其他处理要求

依据前两款认定合同有效：
- 当事人的违法行为未经处理的——人民法院应当向有关行政管理部门提出司法建议
- 当事人的行为涉嫌犯罪的
  - 应当将案件线索移送刑事侦查机关
  - 属于刑事自诉案件的——应当告知当事人可以向有管辖权的人民法院另行提起诉讼

（民法典合同编通则解释第16条第3款）

根据后果认定合同效力的情形

法律、行政法规的规定虽然有"应当""必须"或者"不得"等表述

但是该规定旨在限制或者赋予民事权利

行为人违反该规定：
- 将构成无权处分、无权代理、越权代表等
- 将导致合同相对人、第三人因此获得撤销权、解除权等民事权利的

人民法院应当依据法律、行政法规规定的关于违反该规定的民事法律后果认定合同效力

（民法典合同编通则解释第18条）

制作依据：民法典、民法典合同编通则解释

关联法条

《中华人民共和国民法典》

第一百五十七条 民事法律行为无效、被撤销或者确定不发生效力后，行为人因该行为取得的财产，应当予以返还；不能返还或者没有必要返还的，应当折价补偿。有过错的一方应当赔偿对方由此所受到的损失；各方都有过错的，应当各自承担相应的责任。法律另有规定的，依照其规定。

第一百六十三条 代理包括委托代理和法定代理。

委托代理人按照被代理人的委托行使代理权。法定代理人依照法律的规定行使代理权。

第一百七十条 执行法人或者非法人组织工作任务的人员，就其职权范围内的事项，以法人或者非法人组织的名义实施的民事法律行为，对法人或者非法人组织发生效力。

法人或者非法人组织对执行其工作任务的人员职权范围的限制，不得对抗善意相对人。

第一百七十二条 行为人没有代理权、超越代理权或者代理权终止后，仍然实施代理行为，相对人有理由相信行为人有代理权的，代理行为有效。

《最高人民法院关于适用〈中华人民共和国民法典〉合同编通则若干问题的解释》

第二十一条 法人、非法人组织的工作人员就超越其职权范围的事项以法人、非法人组织的名义订立合同，相对人主张该合同对法人、非法人组织发生效力并由其承担违约责任的，人民法院不予支持。但是，法人、非法人组织有过错的，人民法院可以参照民法典第一百五十七条的规定判决其承担相应的赔偿责任。前述情形，构成表见代理的，人民法院应当依据民法典第一百七十二条的规定处理。

合同所涉事项有下列情形之一的，人民法院应当认定法人、非法人组织的工作人员在订立合同时超越其职权范围：

（一）依法应当由法人、非法人组织的权力机构或者决策机构决议的事项；

（二）依法应当由法人、非法人组织的执行机构决定的事项；

（三）依法应当由法定代表人、负责人代表法人、非法人组织实施的事项；

（四）不属于通常情形下依其职权可以处理的事项。

合同所涉事项未超越依据前款确定的职权范围，但是超越法人、非法人组织对工作人员职权范围的限制，相对人主张该合同对法人、非法人组织发生效力并由其承担违约责任的，人民法院应予支持。但是，法人、非法人组织举证证明相对人知道或者应当知道该限制的除外。

法人、非法人组织承担民事责任后，向故意或者有重大过失的工作人员追偿的，人民法院依法予以支持。

职务代理行为与合同效力的认定及其处理规则

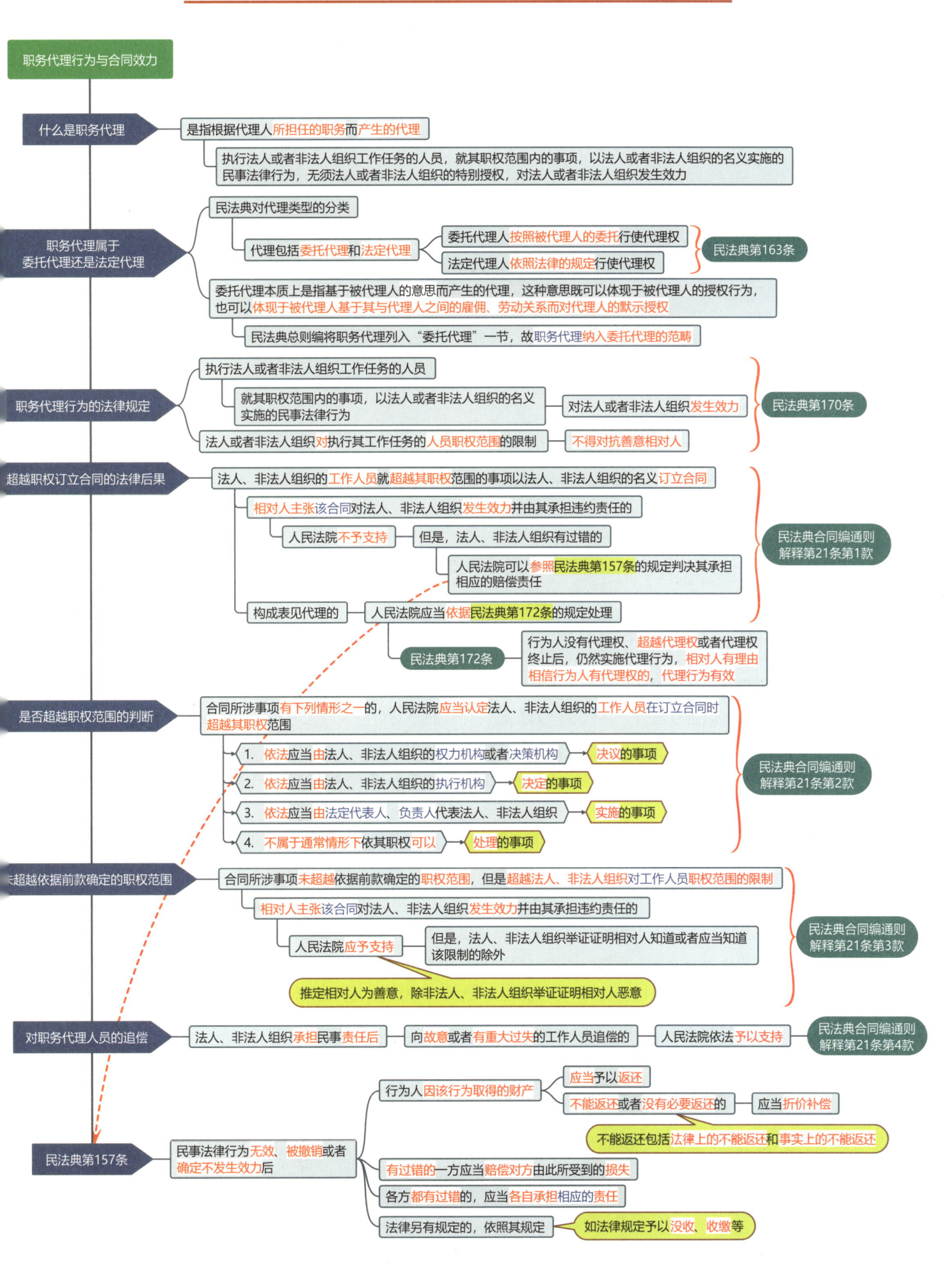

- **职务代理行为与合同效力**
  - **什么是职务代理**
    - 是指根据代理人所担任的职务而产生的代理
    - 执行法人或者非法人组织工作任务的人员，就其职权范围内的事项，以法人或者非法人组织的名义实施的民事法律行为，无须法人或者非法人组织的特别授权，对法人或者非法人组织发生效力
  - **职务代理属于委托代理还是法定代理**
    - 民法典对代理类型的分类
      - 代理包括委托代理和法定代理
        - 委托代理人按照被代理人的委托行使代理权 ｝民法典第163条
        - 法定代理人依照法律的规定行使代理权
    - 委托代理本质上是指基于被代理人的意思而产生的代理，这种意思既可以体现于被代理人的授权行为，也可以体现于被代理人基于其与代理人之间的雇佣、劳动关系对代理人的默示授权
    - 民法典总则编将职务代理列入"委托代理"一节，故职务代理纳入委托代理的范畴
  - **职务代理行为的法律规定**（民法典第170条）
    - 执行法人或者非法人组织工作任务的人员
    - 就其职权范围内的事项，以法人或者非法人组织的名义实施的民事法律行为 → 对法人或者非法人组织发生效力
    - 法人或者非法人组织对执行其工作任务的人员职权范围的限制 → 不得对抗善意相对人
  - **超越职权订立合同的法律后果**（民法典合同编通则解释第21条第1款）
    - 法人、非法人组织的工作人员就超越其职权范围的事项以法人、非法人组织的名义订立合同
      - 相对人主张该合同对法人、非法人组织发生效力并由其承担违约责任的
        - 人民法院不予支持
        - 但是，法人、非法人组织有过错的
          - 人民法院可以参照民法典第157条的规定判决其承担相应的赔偿责任
      - 构成表见代理的 → 人民法院应当依据民法典第172条的规定处理
        - 民法典第172条：行为人没有代理权、超越代理权或者代理权终止后，仍然实施代理行为，相对人有理由相信行为人有代理权的，代理行为有效
  - **是否超越职权范围的判断**（民法典合同编通则解释第21条第2款）
    - 合同所涉事项有下列情形之一的，人民法院应当认定法人、非法人组织的工作人员在订立合同时超越其职权范围
      1. 依法应当由法人、非法人组织的权力机构或者决策机构 → 决议的事项
      2. 依法应当由法人、非法人组织的执行机构 → 决定的事项
      3. 依法应当由法定代表人、负责人代表法人、非法人组织 → 实施的事项
      4. 不属于通常情形下依其职权可以 → 处理的事项
  - **未超越依据前款确定的职权范围**（民法典合同编通则解释第21条第3款）
    - 合同所涉事项未超越依据前款确定的职权范围，但是超越法人、非法人组织对工作人员职权范围的限制
      - 相对人主张该合同对法人、非法人组织发生效力并由其承担违约责任的
        - 人民法院应予支持
        - 但是，法人、非法人组织举证证明相对人知道或者应当知道该限制的除外
      - 推定相对人为善意，除非法人、非法人组织举证证明相对人恶意
  - **对职务代理人员的追偿**（民法典合同编通则解释第21条第4款）
    - 法人、非法人组织承担民事责任后 → 向故意或者有重大过失的工作人员追偿的 → 人民法院依法予以支持
  - **民法典第157条**
    - 民事法律行为无效、被撤销或者确定不发生效力后
      - 行为人因该行为取得的财产
        - 应当予以返还
        - 不能返还或者没有必要返还的 → 应当折价补偿
        - 不能返还包括法律上的不能返还和事实上的不能返还
      - 有过错的一方应当赔偿对方由此所受到的损失
      - 各方都有过错的，应当各自承担相应的责任
      - 法律另有规定的，依照其规定 → 如法律规定予以没收、收缴等

制作依据：民法典、民法典合同编通则解释

关联法条

《中华人民共和国民法典》

第一百七十二条　行为人没有代理权、超越代理权或者代理权终止后，仍然实施代理行为，相对人有理由相信行为人有代理权的，代理行为有效。

第五百零四条　法人的法定代表人或者非法人组织的负责人超越权限订立的合同，除相对人知道或者应当知道其超越权限外，该代表行为有效，订立的合同对法人或者非法人组织发生效力。

《最高人民法院关于适用〈中华人民共和国民法典〉合同编通则若干问题的解释》

第二十二条　法定代表人、负责人或者工作人员以法人、非法人组织的名义订立合同且未超越权限，法人、非法人组织仅以合同加盖的印章不是备案印章或者系伪造的印章为由主张该合同对其不发生效力的，人民法院不予支持。

合同系以法人、非法人组织的名义订立，但是仅有法定代表人、负责人或者工作人员签名或者按指印而未加盖法人、非法人组织的印章，相对人能够证明法定代表人、负责人或者工作人员在订立合同时未超越权限的，人民法院应当认定合同对法人、非法人组织发生效力。但是，当事人约定以加盖印章作为合同成立条件的除外。

合同仅加盖法人、非法人组织的印章而无人员签名或者按指印，相对人能够证明合同系法定代表人、负责人或者工作人员在其权限范围内订立的，人民法院应当认定该合同对法人、非法人组织发生效力。

在前三款规定的情形下，法定代表人、负责人或者工作人员在订立合同时虽然超越代表或者代理权限，但是依据民法典第五百零四条的规定构成表见代表，或者依据民法典第一百七十二条的规定构成表见代理的，人民法院应当认定合同对法人、非法人组织发生效力。

印章（包括假公章、无公章）对合同效力的影响

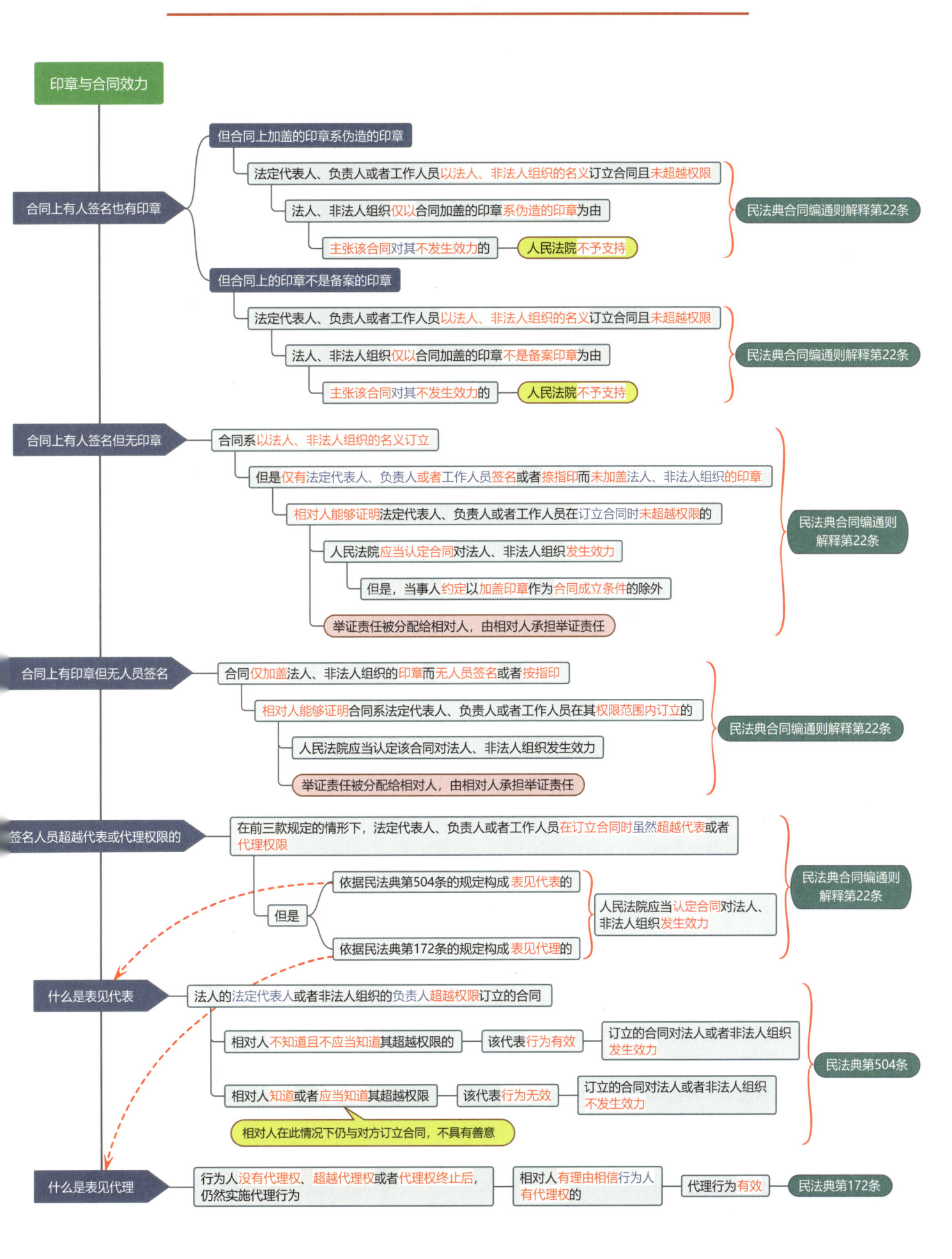

印章与合同效力

合同上有人签名也有印章

但合同上加盖的印章系伪造的印章
- 法定代表人、负责人或者工作人员以法人、非法人组织的名义订立合同且未超越权限
- 法人、非法人组织仅以合同加盖的印章系伪造的印章为由
- 主张该合同对其不发生效力的 → 人民法院不予支持

（民法典合同编通则解释第22条）

但合同上的印章不是备案的印章
- 法定代表人、负责人或者工作人员以法人、非法人组织的名义订立合同且未超越权限
- 法人、非法人组织仅以合同加盖的印章不是备案印章为由
- 主张该合同对其不发生效力的 → 人民法院不予支持

（民法典合同编通则解释第22条）

合同上有人签名但无印章

合同系以法人、非法人组织的名义订立
- 但是仅有法定代表人、负责人或者工作人员签名或者捺指印而未加盖法人、非法人组织的印章
- 相对人能够证明法定代表人、负责人或者工作人员在订立合同时未超越权限的
- 人民法院应当认定合同对法人、非法人组织发生效力
  - 但是，当事人约定以加盖印章作为合同成立条件的除外
- 举证责任被分配给相对人，由相对人承担举证责任

（民法典合同编通则解释第22条）

合同上有印章但无人员签名

合同仅加盖法人、非法人组织的印章而无人员签名或者按指印
- 相对人能够证明合同系法定代表人、负责人或者工作人员在其权限范围内订立的
- 人民法院应当认定该合同对法人、非法人组织发生效力
- 举证责任被分配给相对人，由相对人承担举证责任

（民法典合同编通则解释第22条）

签名人员超越代表或代理权限的

在前三款规定的情形下，法定代表人、负责人或者工作人员在订立合同时虽然超越代表或者代理权限
- 但是
  - 依据民法典第504条的规定构成表见代表的
  - 依据民法典第172条的规定构成表见代理的
- 人民法院应当认定合同对法人、非法人组织发生效力

（民法典合同编通则解释第22条）

什么是表见代表

法人的法定代表人或者非法人组织的负责人超越权限订立的合同
- 相对人不知道且不应当知道其超越权限的 → 该代表行为有效 → 订立的合同对法人或者非法人组织发生效力
- 相对人知道或者应当知道其超越权限 → 该代表行为无效 → 订立的合同对法人或者非法人组织不发生效力
  - 相对人在此情况下仍与对方订立合同，不具有善意

（民法典第504条）

什么是表见代理

行为人没有代理权、超越代理权或者代理权终止后，仍然实施代理行为 → 相对人有理由相信行为人有代理权的 → 代理行为有效

（民法典第172条）

制作依据：民法典、民法典合同编通则解释

关联法条

《中华人民共和国民法典》

第一百五十七条 民事法律行为无效、被撤销或者确定不发生效力后，行为人因该行为取得的财产，应当予以返还；不能返还或者没有必要返还的，应当折价补偿。有过错的一方应当赔偿对方由此所受到的损失；各方都有过错的，应当各自承担相应的责任。法律另有规定的，依照其规定。

《最高人民法院关于适用〈中华人民共和国民法典〉合同编通则若干问题的解释》

第二十四条 合同不成立、无效、被撤销或者确定不发生效力，当事人请求返还财产，经审查财产能够返还的，人民法院应当根据案件具体情况，单独或者合并适用返还占有的标的物、更正登记簿册记载等方式；经审查财产不能返还或者没有必要返还的，人民法院应当以认定合同不成立、无效、被撤销或者确定不发生效力之日该财产的市场价值或者以其他合理方式计算的价值为基准判决折价补偿。

除前款规定的情形外，当事人还请求赔偿损失的，人民法院应当结合财产返还或者折价补偿的情况，综合考虑财产增值收益和贬值损失、交易成本的支出等事实，按照双方当事人的过错程度及原因力大小，根据诚信原则和公平原则，合理确定损失赔偿额。

合同不成立、无效、被撤销或者确定不发生效力，当事人的行为涉嫌违法且未经处理，可能导致一方或者双方通过违法行为获得不当利益的，人民法院应当向有关行政管理部门提出司法建议。当事人的行为涉嫌犯罪的，应当将案件线索移送刑事侦查机关；属于刑事自诉案件的，应当告知当事人可以向有管辖权的人民法院另行提起诉讼。

第二十五条 合同不成立、无效、被撤销或者确定不发生效力，有权请求返还价款或者报酬的当事人一方请求对方支付资金占用费的，人民法院应当在当事人请求的范围内按照中国人民银行授权全国银行间同业拆借中心公布的一年期贷款市场报价利率（LPR）计算。但是，占用资金的当事人对于合同不成立、无效、被撤销或者确定不发生效力没有过错的，应当以中国人民银行公布的同期同类存款基准利率计算。

双方互负返还义务，当事人主张同时履行的，人民法院应予支持；占有标的物的一方对标的物存在使用或者依法可以使用的情形，对方请求将其应支付的资金占用费与应收取的标的物使用费相互抵销的，人民法院应予支持，但是法律另有规定的除外。

合同不成立、无效、被撤销或者确定不发生效力的法律后果

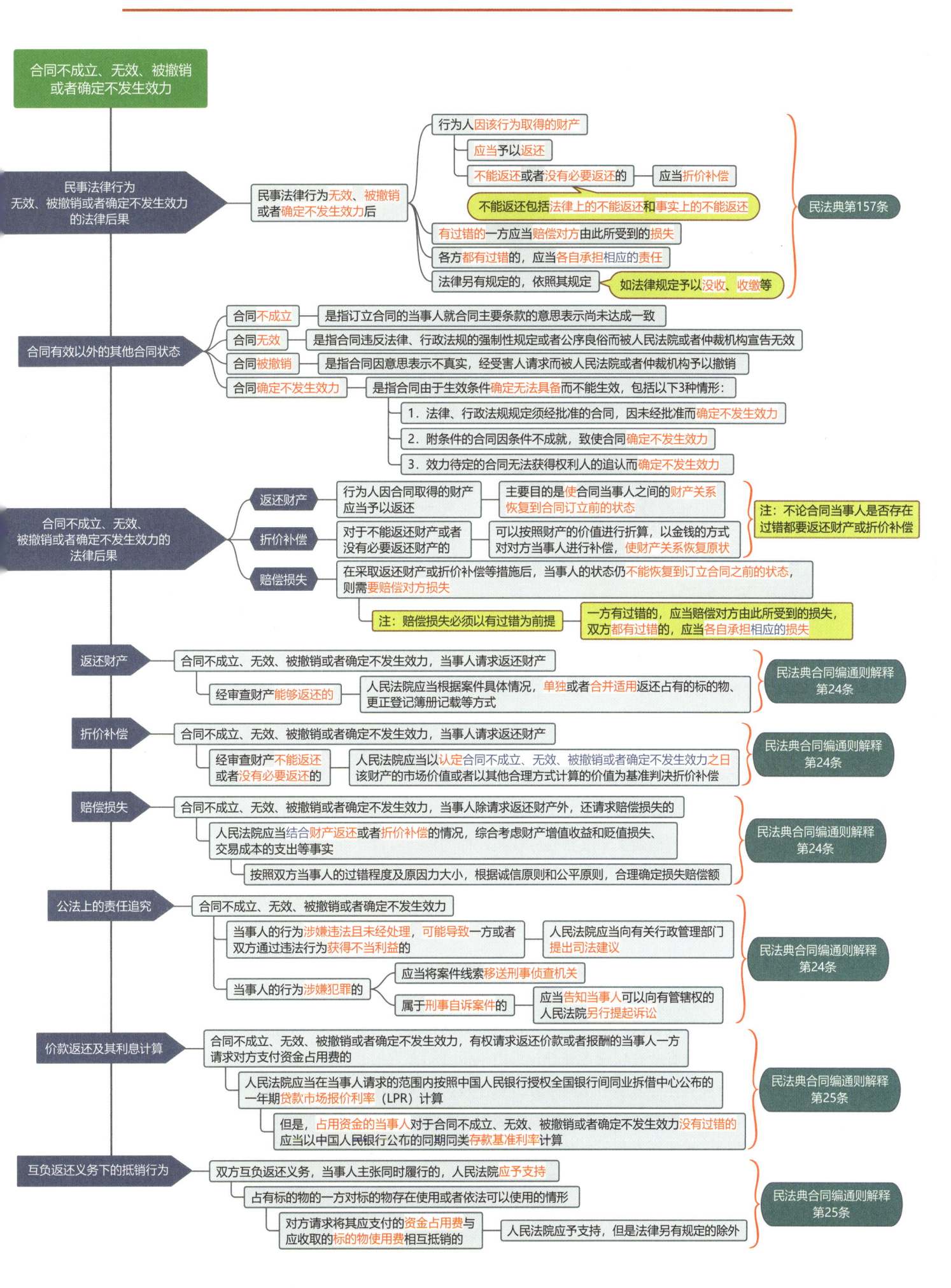

合同不成立、无效、被撤销或者确定不发生效力

民事法律行为无效、被撤销或者确定不发生效力的法律后果

民事法律行为无效、被撤销或者确定不发生效力后：
- 行为人因该行为取得的财产
  - 应当予以返还
  - 不能返还或者没有必要返还的——应当折价补偿
  - 不能返还包括法律上的不能返还和事实上的不能返还
- 有过错的一方应当赔偿对方由此所受到的损失
- 各方都有过错的，应当各自承担相应的责任
- 法律另有规定的，依照其规定（如法律规定予以没收、收缴等）

（民法典第157条）

合同有效以外的其他合同状态

- **合同不成立**：是指订立合同的当事人就合同主要条款的意思表示尚未达成一致
- **合同无效**：是指合同违反法律、行政法规的强制性规定或者公序良俗而被人民法院或者仲裁机构宣告无效
- **合同被撤销**：是指合同因意思表示不真实，经受害人请求而被人民法院或者仲裁机构予以撤销
- **合同确定不发生效力**：是指合同由于生效条件确定无法具备而不能生效，包括以下3种情形：
  1. 法律、行政法规规定须经批准的合同，因未经批准而确定不发生效力
  2. 附条件的合同因条件不成就，致使合同确定不发生效力
  3. 效力待定的合同无法获得权利人的追认而确定不发生效力

合同不成立、无效、被撤销或者确定不发生效力的法律后果

- **返还财产**：行为人因合同取得的财产应当予以返还——主要目的是使合同当事人之间的财产关系恢复到合同订立前的状态
- **折价补偿**：对于不能返还财产或者没有必要返还财产的，可以按照财产的价值进行折算，以金钱的方式对对方当事人进行补偿，使财产关系恢复原状
- 注：不论合同当事人是否存在过错都要返还财产或折价补偿
- **赔偿损失**：在采取返还财产或折价补偿等措施后，当事人的状态仍不能恢复到订立合同之前的状态，则需要赔偿对方损失
  - 注：赔偿损失必须以有过错为前提——一方有过错的，应当赔偿对方由此所受到的损失，双方都有过错的，应当各自承担相应的损失

返还财产

- 合同不成立、无效、被撤销或者确定不发生效力，当事人请求返还财产
- 经审查财产能够返还的，人民法院应当根据案件具体情况，单独或者合并适用返还占有的标的物、更正登记簿册记载等方式

（民法典合同编通则解释第24条）

折价补偿

- 合同不成立、无效、被撤销或者确定不发生效力，当事人请求返还财产
- 经审查财产不能返还或者没有必要返还的，人民法院应当以认定合同不成立、无效、被撤销或者确定不发生效力之日该财产的市场价值或者以其他合理方式计算的价值为基准判决折价补偿

（民法典合同编通则解释第24条）

赔偿损失

- 合同不成立、无效、被撤销或者确定不发生效力，当事人除请求返还财产外，还请求赔偿损失的
- 人民法院应当结合财产返还或者折价补偿的情况，综合考虑财产增值收益和贬值损失、交易成本的支出等事实
- 按照双方当事人的过错程度及原因力大小，根据诚信原则和公平原则，合理确定损失赔偿额

（民法典合同编通则解释第24条）

公法上的责任追究

- 合同不成立、无效、被撤销或者确定不发生效力
- 当事人的行为涉嫌违法且未经处理，可能导致一方或者双方通过违法行为获得不当利益的——人民法院应当向有关行政管理部门提出司法建议
- 当事人的行为涉嫌犯罪的
  - 应当将案件线索移送刑事侦查机关
  - 属于刑事自诉案件的——应当告知当事人可以向有管辖权的人民法院另行提起诉讼

（民法典合同编通则解释第24条）

价款返还及其利息计算

- 合同不成立、无效、被撤销或者确定不发生效力，有权请求返还价款或者报酬的当事人一方请求对方支付资金占用费的
- 人民法院应当在当事人请求的范围内按照中国人民银行授权全国银行间同业拆借中心公布的一年期贷款市场报价利率（LPR）计算
- 但是，占用资金的当事人对于合同不成立、无效、被撤销或者确定不发生效力没有过错的，应当以中国人民银行公布的同期同类存款基准利率计算

（民法典合同编通则解释第25条）

互负返还义务下的抵销行为

- 双方互负返还义务，当事人主张同时履行的，人民法院应予支持
- 占有标的物的一方对标的物存在使用或者依法可以使用的情形
- 对方请求将其应支付的资金占用费与应收取的标的物使用费相互抵销的——人民法院应予支持，但是法律另有规定的除外

（民法典合同编通则解释第25条）

制作依据：民法典、民法典合同编通则解释

关联法条

《中华人民共和国民法典》

第一百一十四条 民事主体依法享有物权。

物权是权利人依法对特定的物享有直接支配和排他的权利，包括所有权、用益物权和担保物权。

第三百一十一条 无处分权人将不动产或者动产转让给受让人的，所有权人有权追回；除法律另有规定外，符合下列情形的，受让人取得该不动产或者动产的所有权：

（一）受让人受让该不动产或者动产时是善意；

（二）以合理的价格转让；

（三）转让的不动产或者动产依照法律规定应当登记的已经登记，不需要登记的已经交付给受让人。

受让人依据前款规定取得不动产或者动产的所有权的，原所有权人有权向无处分权人请求损害赔偿。

当事人善意取得其他物权的，参照适用前两款规定。

第五百九十七条 因出卖人未取得处分权致使标的物所有权不能转移的，买受人可以解除合同并请求出卖人承担违约责任。

法律、行政法规禁止或者限制转让的标的物，依照其规定。

《最高人民法院关于适用〈中华人民共和国民法典〉合同编通则若干问题的解释》

第十九条 以转让或者设定财产权利为目的订立的合同，当事人或者真正权利人仅以让与人在订立合同时对标的物没有所有权或者处分权为由主张合同无效的，人民法院不予支持；因未取得真正权利人事后同意或者让与人事后未取得处分权导致合同不能履行，受让人主张解除合同并请求让与人承担违反合同的赔偿责任的，人民法院依法予以支持。

前款规定的合同被认定有效，且让与人已经将财产交付或者移转登记至受让人，真正权利人请求认定财产权利未发生变动或者请求返还财产的，人民法院应予支持。但是，受让人依据民法典第三百一十一条等规定善意取得财产权利的除外。

无权处分的合同效力及其处理规则

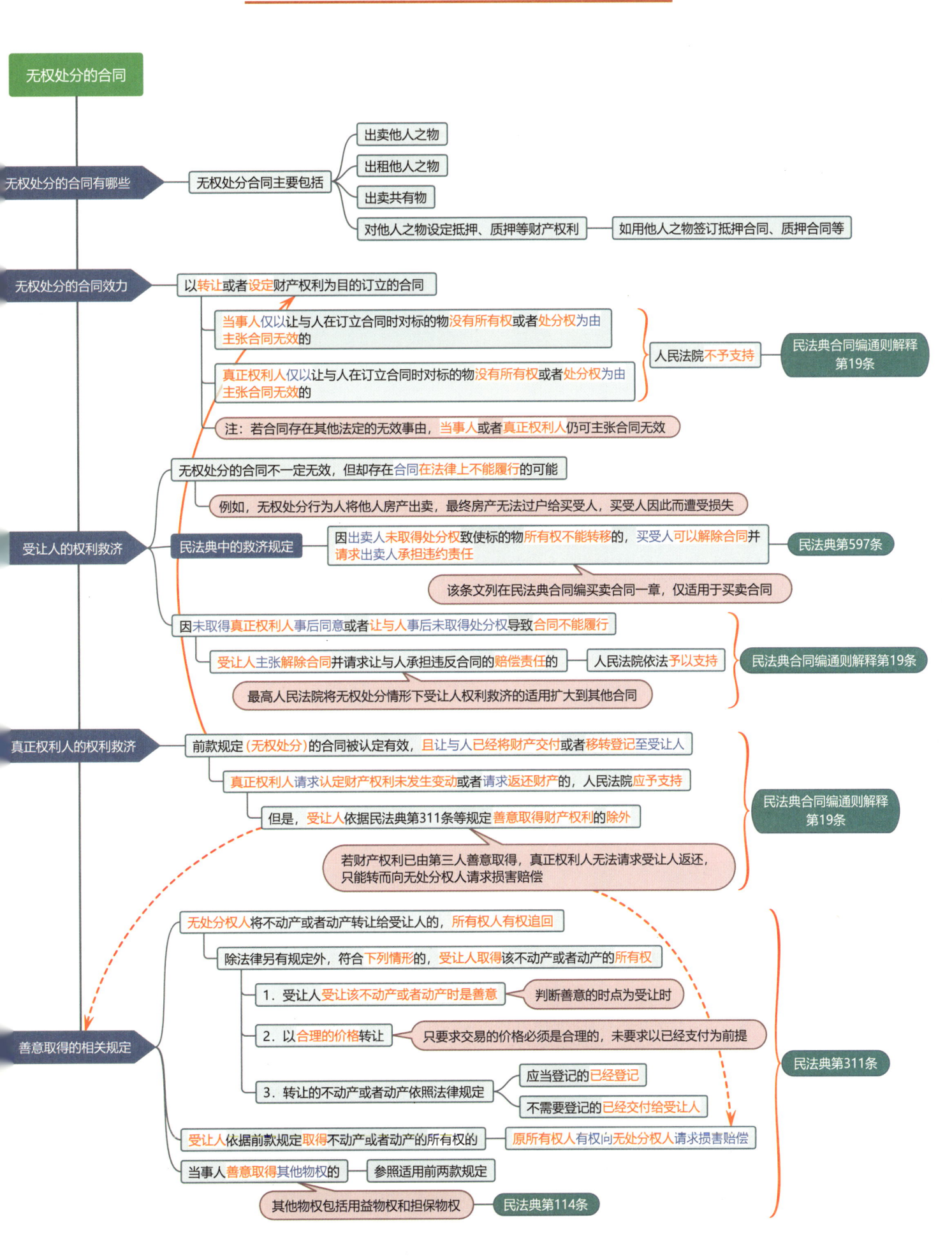

- **无权处分的合同**
  - **无权处分的合同有哪些** — 无权处分合同主要包括：
    - 出卖他人之物
    - 出租他人之物
    - 出卖共有物
    - 对他人之物设定抵押、质押等财产权利 —— 如用他人之物签订抵押合同、质押合同等

  - **无权处分的合同效力** — 以转让或者设定财产权利为目的订立的合同
    - 当事人仅以让与人在订立合同时对标的物没有所有权或者处分权为由主张合同无效的 ┐
    - 真正权利人仅以让与人在订立合同时对标的物没有所有权或者处分权为由主张合同无效的 ┘ 人民法院不予支持 —— 民法典合同编通则解释第19条
    - 注：若合同存在其他法定的无效事由，当事人或者真正权利人仍可主张合同无效

  - **受让人的权利救济**
    - 无权处分的合同不一定无效，但却存在合同在法律上不能履行的可能
      - 例如，无权处分行为人将他人房产出卖，最终房产无法过户给买受人，买受人因此而遭受损失
    - 民法典中的救济规定
      - 因出卖人未取得处分权致使标的物所有权不能转移的，买受人可以解除合同并请求出卖人承担违约责任 —— 民法典第597条
      - 该条文列在民法典合同编买卖合同一章，仅适用于买卖合同
    - 因未取得真正权利人事后同意或者让与人事后未取得处分权导致合同不能履行
      - 受让人主张解除合同并请求让与人承担违反合同的赔偿责任的 —— 人民法院依法予以支持 —— 民法典合同编通则解释第19条
      - 最高人民法院将无权处分情形下受让人权利救济的适用扩大到其他合同

  - **真正权利人的权利救济**
    - 前款规定（无权处分）的合同被认定有效，且让与人已经将财产交付或者移转登记至受让人
      - 真正权利人请求认定财产权利未发生变动或者请求返还财产的，人民法院应予支持
      - 但是，受让人依据民法典第311条等规定善意取得财产权利的除外
      - 若财产权利已由第三人善意取得，真正权利人无法请求受让人返还，只能转而向无处分权人请求损害赔偿
    - 民法典合同编通则解释第19条

  - **善意取得的相关规定**
    - 无处分权人将不动产或者动产转让给受让人的，所有权人有权追回
    - 除法律另有规定外，符合下列情形的，受让人取得该不动产或者动产的所有权
      1. 受让人受让该不动产或者动产时是善意 —— 判断善意的时点为受让时
      2. 以合理的价格转让 —— 只要求交易的价格必须是合理的，未要求以已经支付为前提
      3. 转让的不动产或者动产依照法律规定
         - 应当登记的已经登记
         - 不需要登记的已经交付给受让人
    - 受让人依据前款规定取得不动产或者动产的所有权的 —— 原所有权人有权向无处分权人请求损害赔偿
    - 民法典第311条
    - 当事人善意取得其他物权的 —— 参照适用前两款规定
    - 其他物权包括用益物权和担保物权 —— 民法典第114条

制作依据：民法典、民法典合同编通则解释

关联法条

《中华人民共和国民法典》

第五百二十二条 当事人约定由债务人向第三人履行债务，债务人未向第三人履行债务或者履行债务不符合约定的，应当向债权人承担违约责任。

法律规定或者当事人约定第三人可以直接请求债务人向其履行债务，第三人未在合理期限内明确拒绝，债务人未向第三人履行债务或者履行债务不符合约定的，第三人可以请求债务人承担违约责任；债务人对债权人的抗辩，可以向第三人主张。

《最高人民法院关于适用〈中华人民共和国民法典〉合同编通则若干问题的解释》

第二十九条 民法典第五百二十二条第二款规定的第三人请求债务人向自己履行债务的，人民法院应予支持；请求行使撤销权、解除权等民事权利的，人民法院不予支持，但是法律另有规定的除外。

合同依法被撤销或者被解除，债务人请求债权人返还财产的，人民法院应予支持。

债务人按照约定向第三人履行债务，第三人拒绝受领，债权人请求债务人向自己履行债务的，人民法院应予支持，但是债务人已经采取提存等方式消灭债务的除外。第三人拒绝受领或者受领迟延，债务人请求债权人赔偿因此造成的损失的，人民法院依法予以支持。

涉他合同——利益第三人合同的处理规则

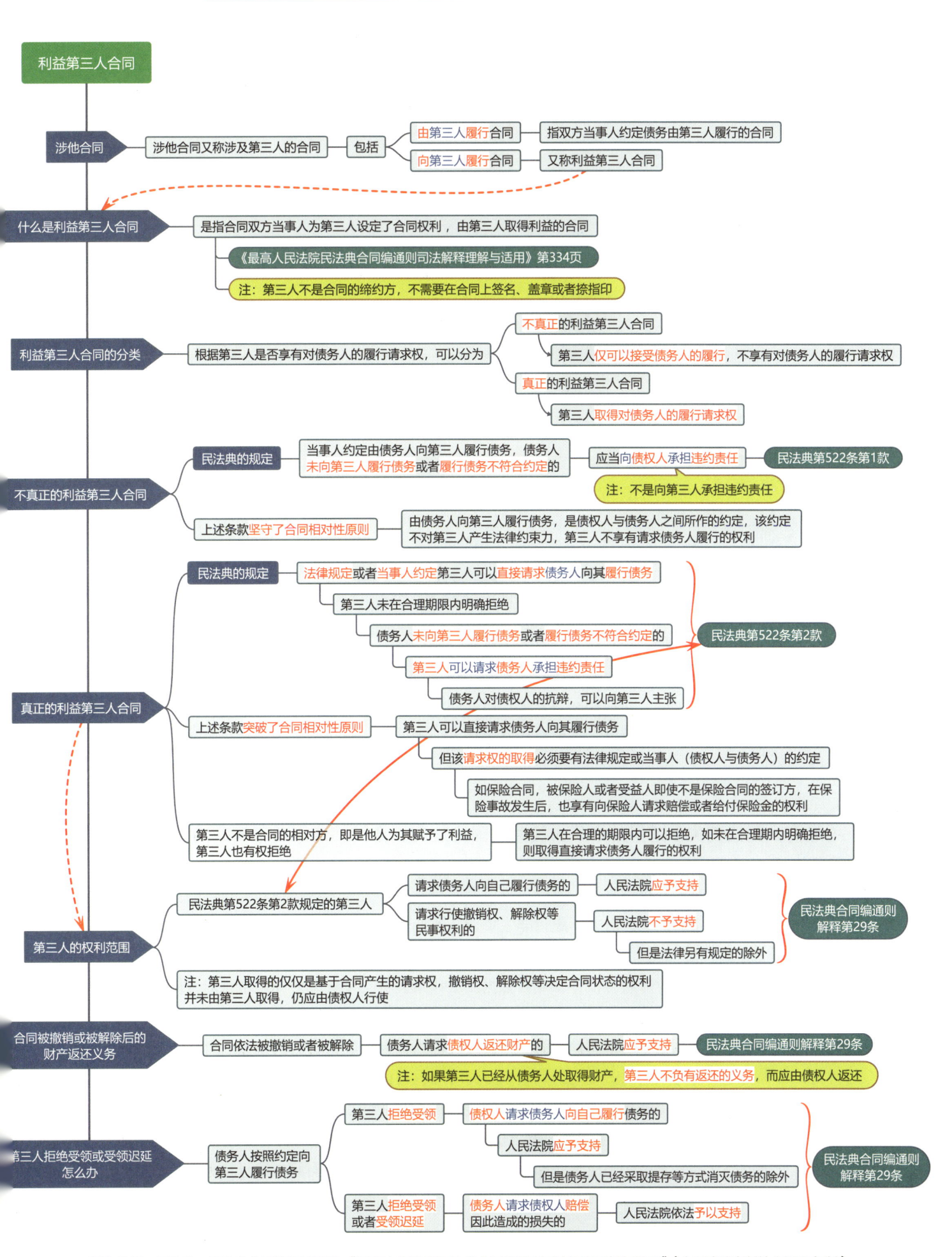

利益第三人合同

涉他合同
涉他合同又称涉及第三人的合同，包括：
- 由第三人履行合同：指双方当事人约定债务由第三人履行的合同
- 向第三人履行合同：又称利益第三人合同

什么是利益第三人合同
是指合同双方当事人为第三人设定了合同权利，由第三人取得利益的合同
《最高人民法院民法典合同编通则司法解释理解与适用》第334页

注：第三人不是合同的缔约方，不需要在合同上签名、盖章或者捺指印

利益第三人合同的分类
根据第三人是否享有对债务人的履行请求权，可以分为：
- **不真正**的利益第三人合同：第三人**仅可以接受债务人的履行**，不享有对债务人的履行请求权
- **真正**的利益第三人合同：第三人**取得对债务人的履行请求权**

不真正的利益第三人合同

民法典的规定：当事人约定由债务人向第三人履行债务，债务人**未向第三人履行债务**或者**履行债务不符合约定**的，应当向**债权人**承担**违约责任**（民法典第522条第1款）

注：不是向第三人承担违约责任

上述条款坚守了合同相对性原则：由债务人向第三人履行债务，是债权人与债务人之间所作的约定，该约定不对第三人产生法律约束力，第三人不享有请求债务人履行的权利

真正的利益第三人合同

民法典的规定：**法律规定**或者**当事人约定**第三人可以**直接请求债务人**向其**履行债务**
- 第三人未在合理期限内明确拒绝
- 债务人**未向第三人履行债务**或者**履行债务不符合约定**的
- 第三人**可以请求债务人承担违约责任**
- 债务人对债权人的抗辩，可以向第三人主张

（民法典第522条第2款）

上述条款突破了合同相对性原则：
- 第三人可以直接请求债务人向其履行债务
- 但该**请求权的取得**必须要有法律规定或当事人（债权人与债务人）的约定
- 如保险合同，被保险人或者受益人即使不是保险合同的签订方，在保险事故发生后，也享有向保险人请求赔偿或者给付保险金的权利

第三人不是合同的相对方，即是他人为其赋予了利益，第三人也有权拒绝：第三人在合理的期限内可以拒绝，如未在合理期内明确拒绝，则取得直接请求债务人履行的权利

第三人的权利范围

民法典第522条第2款规定的第三人：
- 请求债务人向自己履行债务的 —— 人民法院**应予支持**
- 请求行使撤销权、解除权等民事权利的 —— 人民法院**不予支持**
  - 但是法律另有规定的除外

（民法典合同编通则解释第29条）

注：第三人取得的仅仅是基于合同产生的请求权，撤销权、解除权等决定合同状态的权利并未由第三人取得，仍应由债权人行使

合同被撤销或被解除后的财产返还义务

合同依法被撤销或者被解除，债务人请求**债权人返还财产的**，人民法院**应予支持**（民法典合同编通则解释第29条）

注：如果第三人已经从债务人处取得财产，**第三人不负有返还的义务**，而应由债权人返还

第三人拒绝受领或受领迟延怎么办

债务人按照约定向第三人履行债务：
- 第三人**拒绝受领**，债权人请求债务人向自己履行债务的 —— 人民法院**应予支持**
  - 但是债务人已经采取提存等方式消灭债务的除外
- 第三人**拒绝受领**或者**受领迟延**，债务人请求债权人赔偿因此造成的损失的 —— 人民法院依法**予以支持**

（民法典合同编通则解释第29条）

制作依据：民法典、民法典合同编通则解释、《最高人民法院民法典合同编通则司法解释理解与适用》（人民法院出版社2023年版）

关联法条

《中华人民共和国民法典》

第五百二十五条 当事人互负债务，没有先后履行顺序的，应当同时履行。一方在对方履行之前有权拒绝其履行请求。一方在对方履行债务不符合约定时，有权拒绝其相应的履行请求。

第五百二十六条 当事人互负债务，有先后履行顺序，应当先履行债务一方未履行的，后履行一方有权拒绝其履行请求。先履行一方履行债务不符合约定的，后履行一方有权拒绝其相应的履行请求。

《最高人民法院关于适用〈中华人民共和国民法典〉合同编通则若干问题的解释》

第三十一条 当事人互负债务，一方以对方没有履行非主要债务为由拒绝履行自己的主要债务的，人民法院不予支持。但是，对方不履行非主要债务致使不能实现合同目的或者当事人另有约定的除外。

当事人一方起诉请求对方履行债务，被告依据民法典第五百二十五条的规定主张双方同时履行的抗辩且抗辩成立，被告未提起反诉的，人民法院应当判决被告在原告履行债务的同时履行自己的债务，并在判项中明确原告申请强制执行的，人民法院应当在原告履行自己的债务后对被告采取执行行为；被告提起反诉的，人民法院应当判决双方同时履行自己的债务，并在判项中明确任何一方申请强制执行的，人民法院应当在该当事人履行自己的债务后对对方采取执行行为。

当事人一方起诉请求对方履行债务，被告依据民法典第五百二十六条的规定主张原告应先履行的抗辩且抗辩成立的，人民法院应当驳回原告的诉讼请求，但是不影响原告履行债务后另行提起诉讼。

同时履行抗辩权与先履行抗辩权

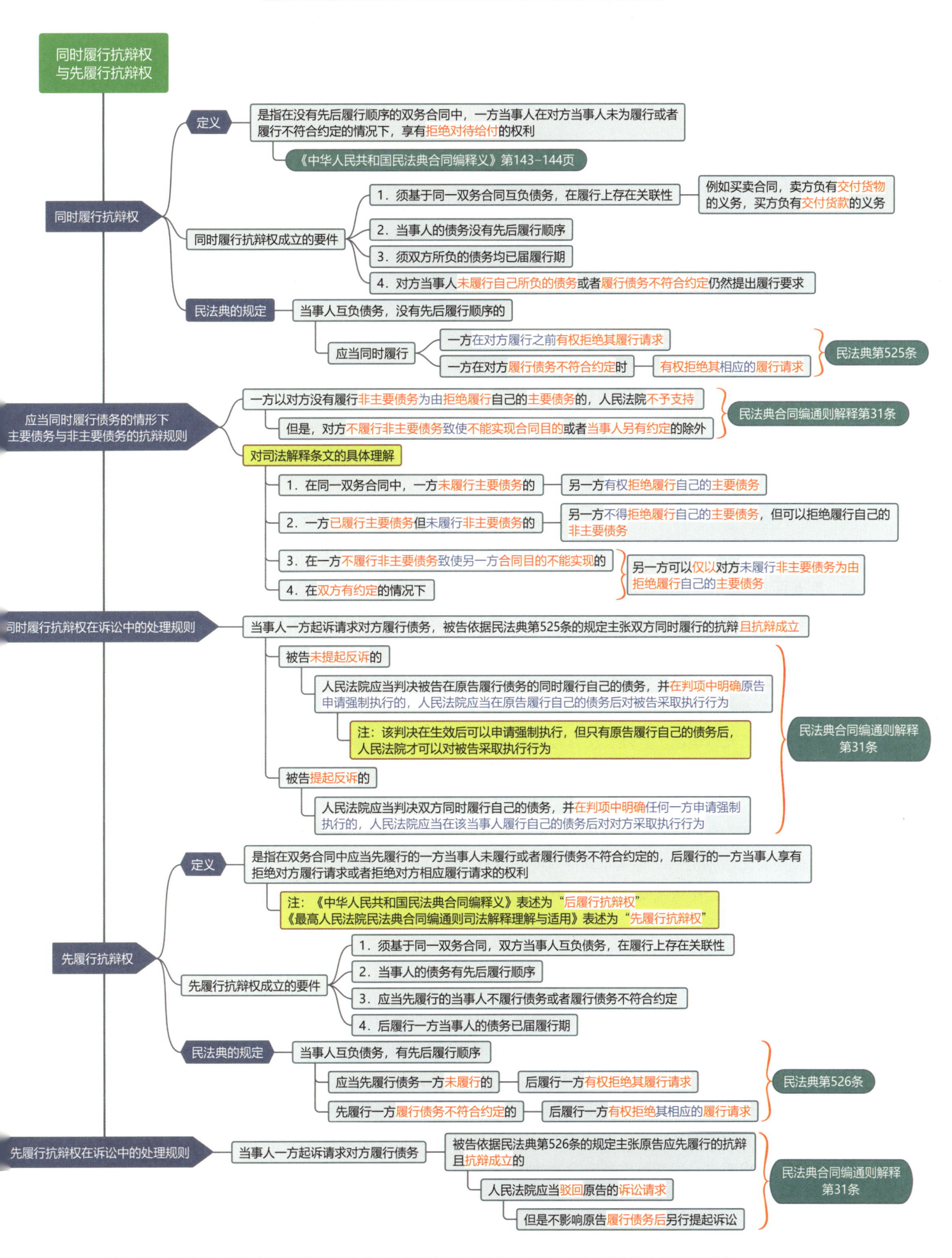

同时履行抗辩权

定义：是指在没有先后履行顺序的双务合同中，一方当事人在对方当事人未为履行或者履行不符合约定的情况下，享有拒绝对待给付的权利
《中华人民共和国民法典合同编释义》第143—144页

同时履行抗辩权成立的要件：
1. 须基于同一双务合同互负债务，在履行上存在关联性（例如买卖合同，卖方负有交付货物的义务，买方负有交付货款的义务）
2. 当事人的债务没有先后履行顺序
3. 须双方所负的债务均已届履行期
4. 对方当事人未履行自己所负的债务或者履行债务不符合约定仍然提出履行要求

民法典的规定：当事人互负债务，没有先后履行顺序的，应当同时履行
- 一方在对方履行之前有权拒绝其履行请求
- 一方在对方履行债务不符合约定时，有权拒绝其相应的履行请求

（民法典第525条）

应当同时履行债务的情形下主要债务与非主要债务的抗辩规则

- 一方以对方没有履行非主要债务为由拒绝履行自己的主要债务的，人民法院不予支持
- 但是，对方不履行非主要债务致使不能实现合同目的或者当事人另有约定的除外

（民法典合同编通则解释第31条）

对司法解释条文的具体理解：
1. 在同一双务合同中，一方未履行主要债务的——另一方有权拒绝履行自己的主要债务
2. 一方已履行主要债务但未履行非主要债务的——另一方不得拒绝履行自己的主要债务，但可以拒绝履行自己的非主要债务
3. 在一方不履行非主要债务致使另一方合同目的不能实现的
4. 在双方有约定的情况下
——另一方可以仅以对方未履行非主要债务为由拒绝履行自己的主要债务

同时履行抗辩权在诉讼中的处理规则

当事人一方起诉请求对方履行债务，被告依据民法典第525条的规定主张双方同时履行的抗辩且抗辩成立：

- **被告未提起反诉的**：人民法院应当判决被告在原告履行债务的同时履行自己的债务，并在判项中明确原告申请强制执行的，人民法院应当在原告履行自己的债务后对被告采取执行行为
  - 注：该判决在生效后可以申请强制执行，但只有原告履行自己的债务后，人民法院才可以对被告采取执行行为
- **被告提起反诉的**：人民法院应当判决双方同时履行自己的债务，并在判项中明确任何一方申请强制执行的，人民法院应当在该当事人履行自己的债务后对对方采取执行行为

（民法典合同编通则解释第31条）

先履行抗辩权

定义：是指在双务合同中应当先履行的一方当事人未履行或者履行债务不符合约定的，后履行的一方当事人享有拒绝对方履行请求或者拒绝对方相应履行请求的权利

注：《中华人民共和国民法典合同编释义》表述为"后履行抗辩权"
《最高人民法院民法典合同编通则司法解释理解与适用》表述为"先履行抗辩权"

先履行抗辩权成立的要件：
1. 须基于同一双务合同，双方当事人互负债务，在履行上存在关联性
2. 当事人的债务有先后履行顺序
3. 应当先履行的当事人不履行债务或者履行债务不符合约定
4. 后履行一方当事人的债务已届履行期

民法典的规定：当事人互负债务，有先后履行顺序
- 应当先履行债务一方未履行的——后履行一方有权拒绝其履行请求
- 先履行一方履行债务不符合约定的——后履行一方有权拒绝其相应的履行请求

（民法典第526条）

先履行抗辩权在诉讼中的处理规则

当事人一方起诉请求对方履行债务，被告依据民法典第526条的规定主张原告应先履行的抗辩且抗辩成立的：
- 人民法院应当驳回原告的诉讼请求
- 但是不影响原告履行债务后另行提起诉讼

（民法典合同编通则解释第31条）

制作依据：民法典、民法典合同编通则解释、《中华人民共和国民法典合同编释义》（法律出版社2020年版）、《最高人民法院民法典合同编通则司法解释理解与适用》（人民法院出版社2023年版）

关联法条

《中华人民共和国民法典》

第五百三十三条 合同成立后，合同的基础条件发生了当事人在订立合同时无法预见的、不属于商业风险的重大变化，继续履行合同对于当事人一方明显不公平的，受不利影响的当事人可以与对方重新协商；在合理期限内协商不成的，当事人可以请求人民法院或者仲裁机构变更或者解除合同。

人民法院或者仲裁机构应当结合案件的实际情况，根据公平原则变更或者解除合同。

《最高人民法院关于适用〈中华人民共和国民法典〉合同编通则若干问题的解释》

第三十二条 合同成立后，因政策调整或者市场供求关系异常变动等原因导致价格发生当事人在订立合同时无法预见的、不属于商业风险的涨跌，继续履行合同对于当事人一方明显不公平的，人民法院应当认定合同的基础条件发生了民法典第五百三十三条第一款规定的"重大变化"。但是，合同涉及市场属性活跃、长期以来价格波动较大的大宗商品以及股票、期货等风险投资型金融产品的除外。

合同的基础条件发生了民法典第五百三十三条第一款规定的重大变化，当事人请求变更合同的，人民法院不得解除合同；当事人一方请求变更合同，对方请求解除合同的，或者当事人一方请求解除合同，对方请求变更合同的，人民法院应当结合案件的实际情况，根据公平原则判决变更或者解除合同。

人民法院依据民法典第五百三十三条的规定判决变更或者解除合同的，应当综合考虑合同基础条件发生重大变化的时间、当事人重新协商的情况以及因合同变更或者解除给当事人造成的损失等因素，在判项中明确合同变更或者解除的时间。

当事人事先约定排除民法典第五百三十三条适用的，人民法院应当认定该约定无效。

情势变更的适用规则

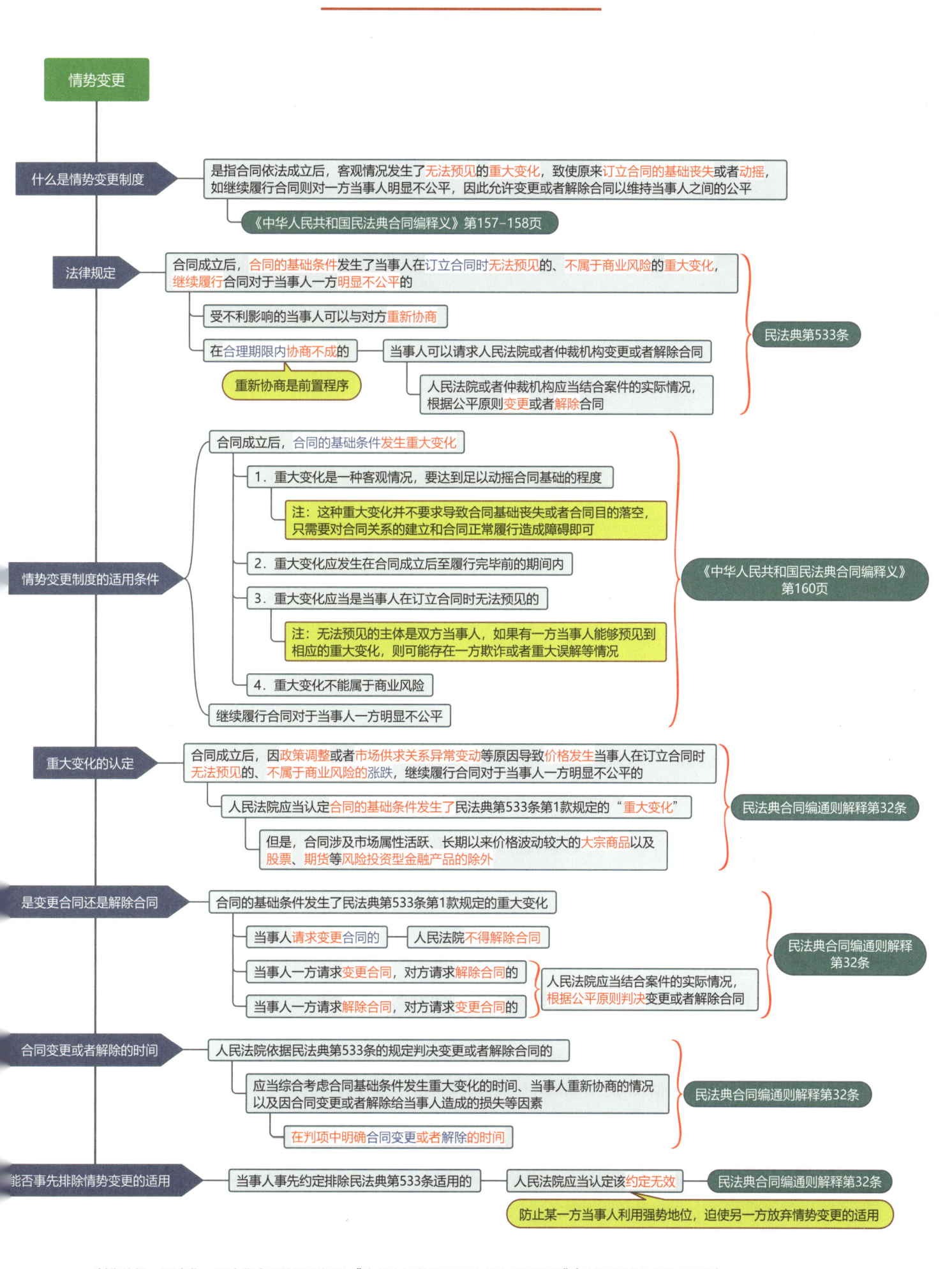

情势变更

- **什么是情势变更制度**：是指合同依法成立后，客观情况发生了无法预见的重大变化，致使原来订立合同的基础丧失或者动摇，如继续履行合同则对一方当事人明显不公平，因此允许变更或者解除合同以维持当事人之间的公平
  - 《中华人民共和国民法典合同编释义》第157-158页

- **法律规定**（民法典第533条）
  - 合同成立后，合同的基础条件发生了当事人在订立合同时无法预见的、不属于商业风险的重大变化，继续履行合同对于当事人一方明显不公平的
    - 受不利影响的当事人可以与对方重新协商
    - 在合理期限内协商不成的（重新协商是前置程序）
      - 当事人可以请求人民法院或者仲裁机构变更或者解除合同
      - 人民法院或者仲裁机构应当结合案件的实际情况，根据公平原则变更或者解除合同

- **情势变更制度的适用条件**（《中华人民共和国民法典合同编释义》第160页）
  - 合同成立后，合同的基础条件发生重大变化
    1. 重大变化是一种客观情况，要达到足以动摇合同基础的程度
       - 注：这种重大变化并不要求导致合同基础丧失或者合同目的落空，只需要对合同关系的建立和合同正常履行造成障碍即可
    2. 重大变化应发生在合同成立后至履行完毕前的期间内
    3. 重大变化应当是当事人在订立合同时无法预见的
       - 注：无法预见的主体是双方当事人，如果有一方当事人能够预见到相应的重大变化，则可能存在一方欺诈或者重大误解等情况
    4. 重大变化不能属于商业风险
  - 继续履行合同对于当事人一方明显不公平

- **重大变化的认定**（民法典合同编通则解释第32条）
  - 合同成立后，因政策调整或者市场供求关系异常变动等原因导致价格发生当事人在订立合同时无法预见的、不属于商业风险的涨跌，继续履行合同对于当事人一方明显不公平的
    - 人民法院应当认定合同的基础条件发生了民法典第533条第1款规定的"重大变化"
    - 但是，合同涉及市场属性活跃、长期以来价格波动较大的大宗商品以及股票、期货等风险投资型金融产品的除外

- **是变更合同还是解除合同**（民法典合同编通则解释第32条）
  - 合同的基础条件发生了民法典第533条第1款规定的重大变化
    - 当事人请求变更合同的——人民法院不得解除合同
    - 当事人一方请求变更合同，对方请求解除合同的
    - 当事人一方请求解除合同，对方请求变更合同的
      - 人民法院应当结合案件的实际情况，根据公平原则判决变更或者解除合同

- **合同变更或者解除的时间**（民法典合同编通则解释第32条）
  - 人民法院依据民法典第533条的规定判决变更或者解除合同的
    - 应当综合考虑合同基础条件发生重大变化的时间、当事人重新协商的情况以及因合同变更或者解除给当事人造成的损失等因素
    - 在判项中明确合同变更或者解除的时间

- **能否事先排除情势变更的适用**（民法典合同编通则解释第32条）
  - 当事人事先约定排除民法典第533条适用的——人民法院应当认定该约定无效
    - 防止某一方当事人利用强势地位，迫使另一方放弃情势变更的适用

制作依据：民法典、民法典合同编通则解释、《中华人民共和国民法典合同编释义》（法律出版社 2020 年版）

关 联 法 条

《中华人民共和国民法典》

第五百三十五条　因债务人怠于行使其债权或者与该债权有关的从权利，影响债权人的到期债权实现的，债权人可以向人民法院请求以自己的名义代位行使债务人对相对人的权利，但是该权利专属于债务人自身的除外。

代位权的行使范围以债权人的到期债权为限。债权人行使代位权的必要费用，由债务人负担。

相对人对债务人的抗辩，可以向债权人主张。

第五百三十八条　债务人以放弃其债权、放弃债权担保、无偿转让财产等方式无偿处分财产权益，或者恶意延长其到期债权的履行期限，影响债权人的债权实现的，债权人可以请求人民法院撤销债务人的行为。

第五百三十九条　债务人以明显不合理的低价转让财产、以明显不合理的高价受让他人财产或者为他人的债务提供担保，影响债权人的债权实现，债务人的相对人知道或者应当知道该情形的，债权人可以请求人民法院撤销债务人的行为。

什么是合同的保全

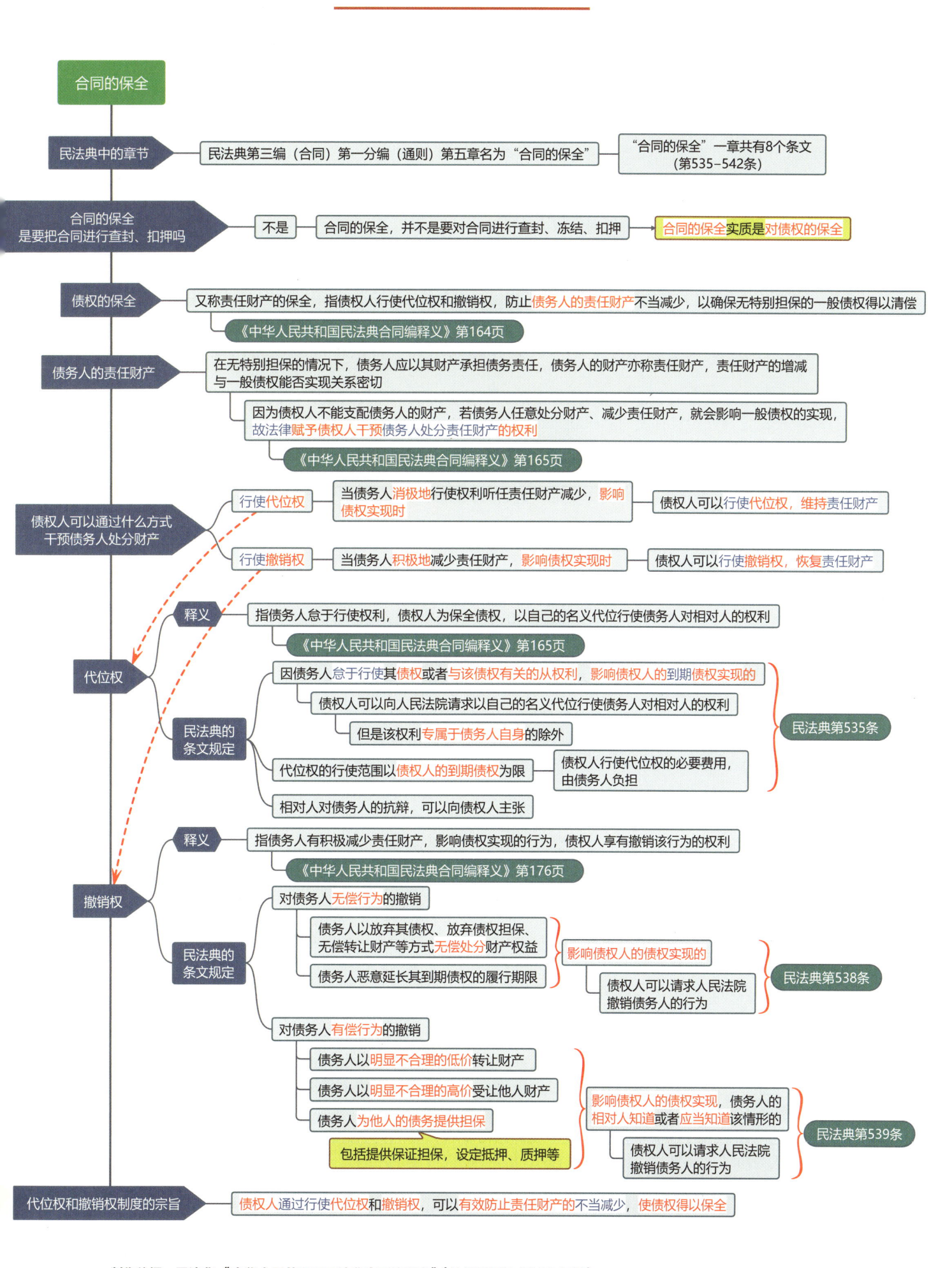

- **合同的保全**
  - **民法典中的章节**
    - 民法典第三编（合同）第一分编（通则）第五章名为"合同的保全"
    - "合同的保全"一章共有8个条文（第535-542条）
  - **合同的保全是要把合同进行查封、扣押吗**
    - 不是
      - 合同的保全，并不是要对合同进行查封、冻结、扣押
    - 合同的保全实质是对债权的保全
  - **债权的保全**
    - 又称责任财产的保全，指债权人行使代位权和撤销权，防止债务人的责任财产不当减少，以确保无特别担保的一般债权得以清偿
    - 《中华人民共和国民法典合同编释义》第164页
  - **债务人的责任财产**
    - 在无特别担保的情况下，债务人应以其财产承担债务责任，债务人的财产亦称责任财产，责任财产的增减与一般债权能否实现关系密切
    - 因为债权人不能支配债务人的财产，若债务人任意处分财产、减少责任财产，就会影响一般债权的实现，故法律赋予债权人干预债务人处分责任财产的权利
    - 《中华人民共和国民法典合同编释义》第165页
  - **债权人可以通过什么方式干预债务人处分财产**
    - 行使代位权
      - 当债务人消极地行使权利听任责任财产减少，影响债权实现时
      - 债权人可以行使代位权，维持责任财产
    - 行使撤销权
      - 当债务人积极地减少责任财产，影响债权实现时
      - 债权人可以行使撤销权，恢复责任财产
  - **代位权**
    - 释义：指债务人怠于行使权利，债权人为保全债权，以自己的名义代位行使债务人对相对人的权利
      - 《中华人民共和国民法典合同编释义》第165页
    - 民法典的条文规定：（民法典第535条）
      - 因债务人怠于行使其债权或者与该债权有关的从权利，影响债权人的到期债权实现的
        - 债权人可以向人民法院请求以自己的名义代位行使债务人对相对人的权利
        - 但是该权利专属于债务人自身的除外
      - 代位权的行使范围以债权人的到期债权为限
        - 债权人行使代位权的必要费用，由债务人负担
      - 相对人对债务人的抗辩，可以向债权人主张
  - **撤销权**
    - 释义：指债务人有积极减少责任财产，影响债权实现的行为，债权人享有撤销该行为的权利
      - 《中华人民共和国民法典合同编释义》第176页
    - 民法典的条文规定：
      - 对债务人无偿行为的撤销（民法典第538条）
        - 债务人以放弃其债权、放弃债权担保、无偿转让财产等方式无偿处分财产权益
        - 债务人恶意延长其到期债权的履行期限
        - 影响债权人的债权实现的
        - 债权人可以请求人民法院撤销债务人的行为
      - 对债务人有偿行为的撤销（民法典第539条）
        - 债务人以明显不合理的低价转让财产
        - 债务人以明显不合理的高价受让他人财产
        - 债务人为他人的债务提供担保
          - 包括提供保证担保，设定抵押、质押等
        - 影响债权人的债权实现，债务人的相对人知道或者应当知道该情形的
        - 债权人可以请求人民法院撤销债务人的行为
  - **代位权和撤销权制度的宗旨**
    - 债权人通过行使代位权和撤销权，可以有效防止责任财产的不当减少，使债权得以保全

制作依据：民法典、《中华人民共和国民法典合同编释义》（法律出版社 2020 年版）

关联法条

《中华人民共和国民法典》

第五百三十五条 因债务人怠于行使其债权或者与该债权有关的从权利，影响债权人的到期债权实现的，债权人可以向人民法院请求以自己的名义代位行使债务人对相对人的权利，但是该权利专属于债务人自身的除外。

代位权的行使范围以债权人的到期债权为限。债权人行使代位权的必要费用，由债务人负担。

相对人对债务人的抗辩，可以向债权人主张。

第五百三十七条 人民法院认定代位权成立的，由债务人的相对人向债权人履行义务，债权人接受履行后，债权人与债务人、债务人与相对人之间相应的权利义务终止。债务人对相对人的债权或者与该债权有关的从权利被采取保全、执行措施，或者债务人破产的，依照相关法律的规定处理。

《最高人民法院关于适用〈中华人民共和国民法典〉合同编通则若干问题的解释》

第三十三条 债务人不履行其对债权人的到期债务，又不以诉讼或者仲裁方式向相对人主张其享有的债权或者与该债权有关的从权利，致使债权人的到期债权未能实现的，人民法院可以认定为民法典第五百三十五条规定的"债务人怠于行使其债权或者与该债权有关的从权利，影响债权人的到期债权实现"。

第三十四条 下列权利，人民法院可以认定为民法典第五百三十五条第一款规定的专属于债务人自身的权利：

（一）抚养费、赡养费或者扶养费请求权；
（二）人身损害赔偿请求权；
（三）劳动报酬请求权，但是超过债务人及其所扶养家属的生活必需费用的部分除外；
（四）请求支付基本养老保险金、失业保险金、最低生活保障金等保障当事人基本生活的权利；
（五）其他专属于债务人自身的权利。

第三十五条 债权人依据民法典第五百三十五条的规定对债务人的相对人提起代位权诉讼的，由被告住所地人民法院管辖，但是依法应当适用专属管辖规定的除外。

债务人或者相对人以双方之间的债权债务关系订有管辖协议为由提出异议的，人民法院不予支持。

第三十六条 债权人提起代位权诉讼后，债务人或者相对人以双方之间的债权债务关系订有仲裁协议为由对法院主管提出异议的，人民法院不予支持。但是，债务人或者相对人在首次开庭前就债务人与相对人之间的债权债务关系申请仲裁的，人民法院可以依法中止代位权诉讼。

第三十七条 债权人以债务人的相对人为被告向人民法院提起代位权诉讼，未将债务人列为第三人的，人民法院应当追加债务人为第三人。

两个以上债权人以债务人的同一相对人为被告提起代位权诉讼的，人民法院可以合并审理。债务人对相对人享有的债权不足以清偿其对两个以上债权人负担的债务的，人民法院应当按照债权人享有的债权比例确定相对人的履行份额，但是法律另有规定的除外。

第三十八条 债权人向人民法院起诉债务人后，又向同一人民法院对债务人的相对人提起代位权诉讼，属于该人民法院管辖的，可以合并审理。不属于该人民法院管辖的，应当告知其向有管辖权的人民法院另行起诉；在起诉债务人的诉讼终结前，代位权诉讼应当中止。

第三十九条 在代位权诉讼中，债务人对超过债权人代位请求数额的债权部分起诉相对人，属于同一人民法院管辖的，可以合并审理。不属于同一人民法院管辖的，应当告知其向有管辖权的人民法院另行起诉；在代位权诉讼终结前，债务人对相对人的诉讼应当中止。

第四十条 代位权诉讼中，人民法院经审理认为债权人的主张不符合代位权行使条件的，应当驳回诉讼请求，但是不影响债权人根据新的事实再次起诉。

债务人的相对人仅以债权人提起代位权诉讼时债权人与债务人之间的债权债务关系未经生效法律文书确认为由，主张债权人提起的诉讼不符合代位权行使条件的，人民法院不予支持。

第四十一条 债权人提起代位权诉讼后，债务人无正当理由减免相对人的债务或者延长相对人的履行期限，相对人以此向债权人抗辩的，人民法院不予支持。

代位权诉讼的相关处理规则

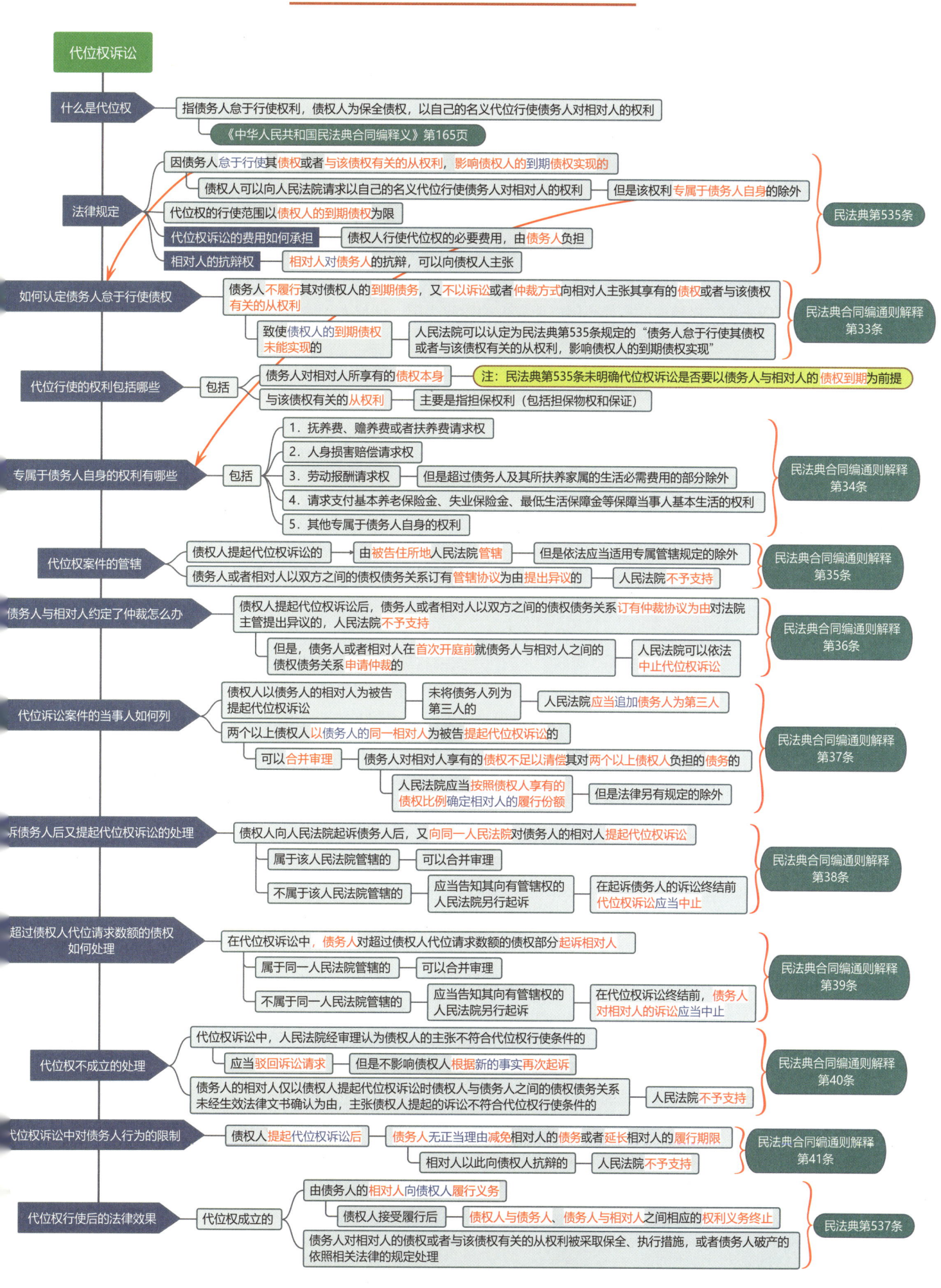

代位权诉讼

- **什么是代位权**
  - 指债务人怠于行使权利，债权人为保全债权，以自己的名义代位行使债务人对相对人的权利
    - 《中华人民共和国民法典合同编释义》第165页

- **法律规定**（民法典第535条）
  - 因债务人怠于行使其债权或者与该债权有关的从权利，影响债权人的到期债权实现的
    - 债权人可以向人民法院请求以自己的名义代位行使债务人对相对人的权利——但是该权利专属于债务人自身的除外
  - 代位权的行使范围以债权人的到期债权为限
  - 代位权诉讼的费用如何承担——债权人行使代位权的必要费用，由债务人负担
  - 相对人的抗辩权——相对人对债务人的抗辩，可以向债权人主张

- **如何认定债务人怠于行使债权**（民法典合同编通则解释第33条）
  - 债务人不履行其对债权人的到期债务，又不以诉讼或者仲裁方式向相对人主张其享有的债权或者与该债权有关的从权利
  - 致使债权人的到期债权未能实现的
  - 人民法院可以认定为民法典第535条规定的"债务人怠于行使其债权或者与该债权有关的从权利，影响债权人的到期债权实现"

- **代位行使的权利包括哪些**
  - 包括：
    - 债务人对相对人所享有的债权本身
      - 注：民法典第535条未明确代位权诉讼是否要以债务人与相对人的债权到期为前提
    - 与该债权有关的从权利——主要是指担保权利（包括担保物权和保证）

- **专属于债务人自身的权利有哪些**（民法典合同编通则解释第34条）
  - 包括：
    1. 抚养费、赡养费或者扶养费请求权
    2. 人身损害赔偿请求权
    3. 劳动报酬请求权——但是超过债务人及其所扶养家属的生活必需费用的部分除外
    4. 请求支付基本养老保险金、失业保险金、最低生活保障金等保障当事人基本生活的权利
    5. 其他专属于债务人自身的权利

- **代位权案件的管辖**（民法典合同编通则解释第35条）
  - 债权人提起代位权诉讼的——由被告住所地人民法院管辖——但是依法应当适用专属管辖规定的除外
  - 债务人或者相对人以双方之间的债权债务关系订有管辖协议为由提出异议的——人民法院不予支持

- **债务人与相对人约定了仲裁怎么办**（民法典合同编通则解释第36条）
  - 债权人提起代位权诉讼后，债务人或者相对人以双方之间的债权债务关系订有仲裁协议为由对法院主管提出异议的，人民法院不予支持
  - 但是，债务人或者相对人在首次开庭前就债务人与相对人之间的债权债务关系申请仲裁的——人民法院可以依法中止代位权诉讼

- **代位诉讼案件的当事人如何列**（民法典合同编通则解释第37条）
  - 债权人以债务人的相对人为被告提起代位权诉讼——未将债务人列为第三人的——人民法院应当追加债务人为第三人
  - 两个以上债权人以债务人的同一相对人为被告提起代位权诉讼的
    - 可以合并审理——债务人对相对人享有的债权不足以清偿其对两个以上债权人负担的债务的
    - 人民法院应当按照债权人享有的债权比例确定相对人的履行份额——但是法律另有规定的除外

- **诉债务人后又提起代位权诉讼的处理**（民法典合同编通则解释第38条）
  - 债权人向人民法院起诉债务人后，又向同一人民法院对债务人的相对人提起代位权诉讼
    - 属于该人民法院管辖的——可以合并审理
    - 不属于该人民法院管辖的——应当告知其向有管辖权的人民法院另行起诉——在起诉债务人的诉讼终结前代位权诉讼应当中止

- **超过债权人代位请求数额的债权如何处理**（民法典合同编通则解释第39条）
  - 在代位权诉讼中，债务人对超过债权人代位请求数额的债权部分起诉相对人
    - 属于同一人民法院管辖的——可以合并审理
    - 不属于同一人民法院管辖的——应当告知其向有管辖权的人民法院另行起诉——在代位权诉讼终结前，债务人对相对人的诉讼应当中止

- **代位权不成立的处理**（民法典合同编通则解释第40条）
  - 代位权诉讼中，人民法院经审理认为债权人的主张不符合代位权行使条件的
    - 应当驳回诉讼请求——但是不影响债权人根据新的事实再次起诉
  - 债务人的相对人仅以债权人提起代位权诉讼时债权人与债务人之间的债权债务关系未经生效法律文书确认为由，主张债权人提起的诉讼不符合代位权行使条件的——人民法院不予支持

- **代位权诉讼中对债务人行为的限制**（民法典合同编通则解释第41条）
  - 债权人提起代位权诉讼后——债务人无正当理由减免相对人的债务或者延长相对人的履行期限
    - 相对人以此向债权人抗辩的——人民法院不予支持

- **代位权行使后的法律效果**（民法典第537条）
  - 代位权成立的
    - 由债务人的相对人向债权人履行义务
    - 债权人接受履行后——债权人与债务人、债务人与相对人之间相应的权利义务终止
    - 债务人对相对人的债权或者与该债权有关的从权利被采取保全、执行措施，或者债务人破产的，依照相关法律的规定处理

制作依据：民法典、民法典合同编通则解释

关联法条

《中华人民共和国民法典》

第五百三十八条 债务人以放弃其债权、放弃债权担保、无偿转让财产等方式无偿处分财产权益，或者恶意延长其到期债权的履行期限，影响债权人的债权实现的，债权人可以请求人民法院撤销债务人的行为。

第五百三十九条 债务人以明显不合理的低价转让财产、以明显不合理的高价受让他人财产或者为他人的债务提供担保，影响债权人的债权实现，债务人的相对人知道或者应当知道该情形的，债权人可以请求人民法院撤销债务人的行为。

第五百四十条 撤销权的行使范围以债权人的债权为限。债权人行使撤销权的必要费用，由债务人负担。

第五百四十一条 撤销权自债权人知道或者应当知道撤销事由之日起一年内行使。自债务人的行为发生之日起五年内没有行使撤销权的，该撤销权消灭。

《最高人民法院关于适用〈中华人民共和国民法典〉合同编通则若干问题的解释》

第四十二条 对于民法典第五百三十九条规定的"明显不合理"的低价或者高价，人民法院应当按照交易当地一般经营者的判断，并参考交易时交易地的市场交易价或者物价部门指导价予以认定。

转让价格未达到交易时交易地的市场交易价或者指导价百分之七十的，一般可以认定为"明显不合理的低价"；受让价格高于交易时交易地的市场交易价或者指导价百分之三十的，一般可以认定为"明显不合理的高价"。

债务人与相对人存在亲属关系、关联关系的，不受前款规定的百分之七十、百分之三十的限制。

第四十三条 债务人以明显不合理的价格，实施互易财产、以物抵债、出租或者承租财产、知识产权许可使用等行为，影响债权人的债权实现，债务人的相对人知道或者应当知道该情形，债权人请求撤销债务人的行为的，人民法院应当依据民法典第五百三十九条的规定予以支持。

第四十四条 债权人依据民法典第五百三十八条、第五百三十九条的规定提起撤销权诉讼的，应当以债务人和债务人的相对人为共同被告，由债务人或者相对人的住所地人民法院管辖，但是依法应当适用专属管辖规定的除外。

两个以上债权人就债务人的同一行为提起撤销权诉讼的，人民法院可以合并审理。

第四十五条 在债权人撤销权诉讼中，被撤销行为的标的可分，当事人主张在受影响的债权范围内撤销债务人的行为的，人民法院应予支持；被撤销行为的标的不可分，债权人主张将债务人的行为全部撤销的，人民法院应予支持。

债权人行使撤销权所支付的合理的律师代理费、差旅费等费用，可以认定为民法典第五百四十条规定的"必要费用"。

第四十六条 债权人在撤销权诉讼中同时请求债务人的相对人向债务人承担返还财产、折价补偿、履行到期债务等法律后果的，人民法院依法予以支持。

债权人请求受理撤销权诉讼的人民法院一并审理其与债务人之间的债权债务关系，属于该人民法院管辖的，可以合并审理。不属于该人民法院管辖的，应当告知其向有管辖权的人民法院另行起诉。

债权人依据其与债务人的诉讼、撤销权诉讼产生的生效法律文书申请强制执行的，人民法院可以就债务人对相对人享有的权利采取强制执行措施以实现债权人的债权。债权人在撤销权诉讼中，申请对相对人的财产采取保全措施的，人民法院依法予以准许。

撤销权诉讼的相关处理规则

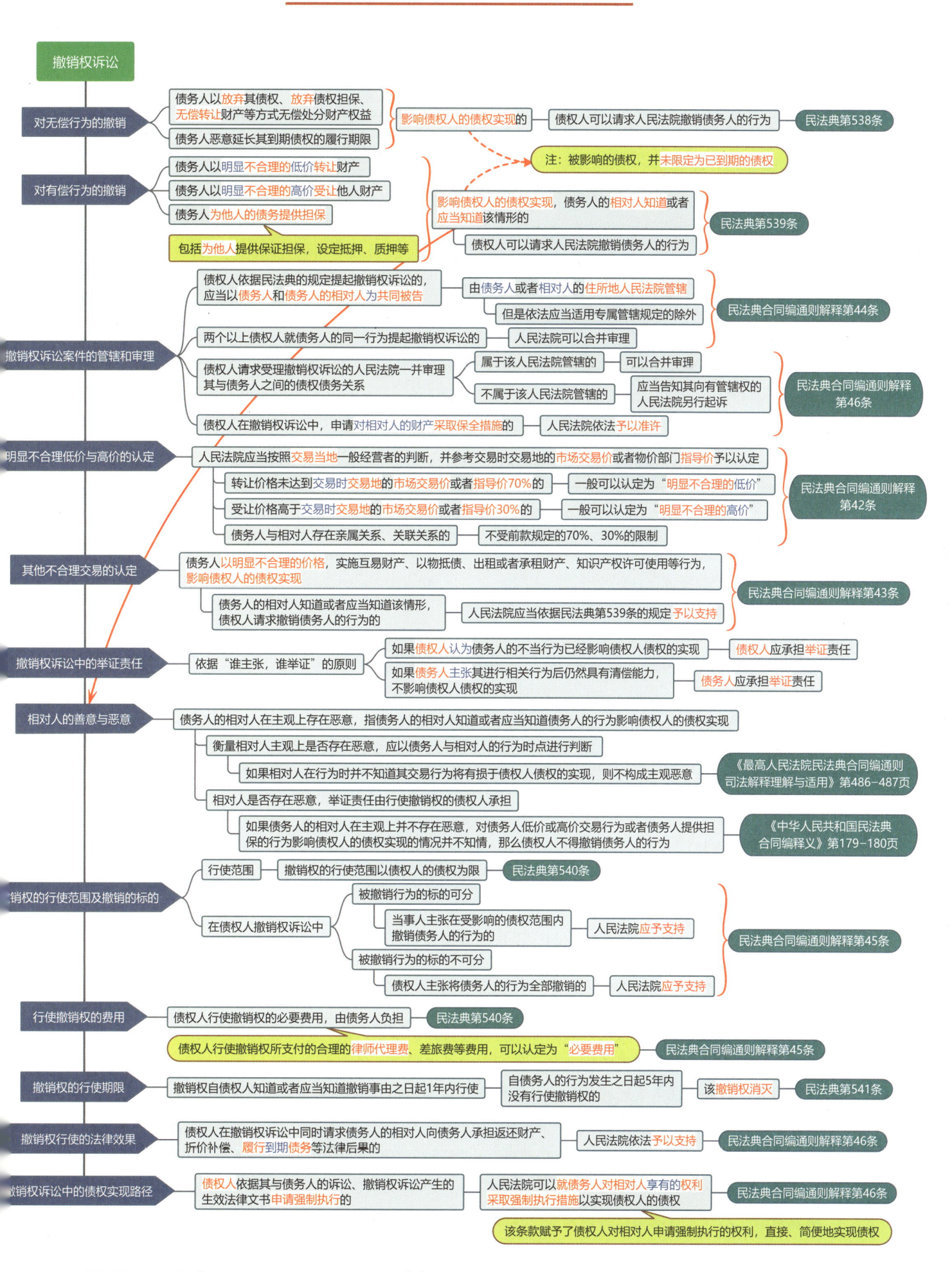

撤销权诉讼

对无偿行为的撤销
- 债务人以**放弃**其债权、放弃债权担保、**无偿转让**财产等方式无偿处分财产权益
- 债务人恶意延长其到期债权的履行期限

→ **影响债权人的债权实现**的 → 债权人可以请求人民法院撤销债务人的行为 —— 民法典第538条

注：被影响的债权，并**未限定为已到期的债权**

对有偿行为的撤销
- 债务人以**明显不合理的低价转让**财产
- 债务人以**明显不合理的高价受让**他人财产
- 债务人**为他人的债务提供担保**
  - 包括**为他人**提供保证担保，设定抵押、质押等

→ 影响债权人的债权实现，债务人的**相对人知道或者应当知道**该情形的 → 债权人可以请求人民法院撤销债务人的行为 —— 民法典第539条

撤销权诉讼案件的管辖和审理
- 债权人依据民法典的规定提起撤销权诉讼的，应当以**债务人和债务人的相对人为共同被告**
  - 由债务人或者**相对人**的**住所地人民法院管辖**
  - 但是依法应当适用专属管辖规定的除外
- 两个以上债权人就债务人的同一行为提起撤销权诉讼的 → 人民法院可以合并审理
- 债权人请求受理撤销权诉讼的人民法院一并审理其与债务人之间的债权债务关系
  - 属于该人民法院管辖的 → 可以合并审理
  - 不属于该人民法院管辖的 → 应当告知其向有管辖权的人民法院另行起诉
- 债权人在撤销权诉讼中，申请**对相对人的财产采取保全措施**的 → 人民法院依法**予以准许**

—— 民法典合同编通则解释第44条、第46条

明显不合理低价与高价的认定
- 人民法院应当按照**交易当地**一般经营者的判断，并参考交易时交易地的**市场交易价**或者物价部门**指导价**予以认定
  - 转让价格未达到**交易时交易地**的**市场交易价**或者**指导价70%**的 → 一般可以认定为"**明显不合理的低价**"
  - 受让价格高于**交易时交易地**的**市场交易价**或者**指导价30%**的 → 一般可以认定为"**明显不合理的高价**"
  - 债务人与相对人存在亲属关系、关联关系的 → 不受前款规定的70%、30%的限制

—— 民法典合同编通则解释第42条

其他不合理交易的认定
- 债务人**以明显不合理的价格**，实施互易财产、以物抵债、出租或者承租财产、知识产权许可使用等行为，**影响债权人的债权实现**
  - 债务人的相对人知道或者应当知道该情形，债权人请求撤销债务人的行为的 → 人民法院应当依据民法典第539条的规定**予以支持**

—— 民法典合同编通则解释第43条

撤销权诉讼中的举证责任
- 依据"谁主张，谁举证"的原则
  - 如果**债权人**认为债务人的不当行为已经影响债权人债权的实现 → **债权人**应承担**举证**责任
  - 如果**债务人**主张其进行相关行为后仍然具有清偿能力，不影响债权人债权的实现 → **债务人**应承担**举证**责任

相对人的善意与恶意
- 债务人的相对人在主观上存在恶意，指债务人的相对人知道或者应当知道债务人的行为影响债权人的债权实现
  - 衡量相对人主观上是否存在恶意，应以债务人与相对人的行为时点进行判断
    - 如果相对人在行为时并不知其交易行为将有损于债权人债权的实现，则不构成主观恶意
  - 相对人是否存在恶意，举证责任由行使撤销权的债权人承担
    - 如果债务人的相对人在主观上并不存在恶意，对债务人低价或高价交易行为或者债务人提供担保的行为影响债权人的债权实现的情况并不知情，那么债权人不得撤销债务人的行为

—— 《最高人民法院民法典合同编通则司法解释理解与适用》第486-487页；《中华人民共和国民法典合同编释义》第179-180页

撤销权的行使范围及撤销的标的
- 行使范围：撤销权的行使范围以债权人的债权为限 —— 民法典第540条
- 在债权人撤销权诉讼中
  - 被撤销行为的标的可分
    - 当事人主张在受影响的债权范围内撤销债务人的行为的 → 人民法院**应予支持**
  - 被撤销行为的标的不可分
    - 债权人主张将债务人的行为全部撤销的 → 人民法院**应予支持**

—— 民法典合同编通则解释第45条

行使撤销权的费用
- 债权人行使撤销权的必要费用，由债务人负担 —— 民法典第540条
- 债权人行使撤销权所支付的合理的**律师代理费**、差旅费等费用，可以认定为"**必要费用**" —— 民法典合同编通则解释第45条

撤销权的行使期限
- 撤销权自债务人知道或者应当知道撤销事由之日起1年内行使
- 自债务人的行为发生之日起5年内没有行使撤销权的 → 该**撤销权消灭**

—— 民法典第541条

撤销权行使的法律效果
- 债权人在撤销权诉讼中同时请求债务人的相对人向债务人承担返还财产、折价补偿、**履行到期债务**等法律后果的 → 人民法院依法**予以支持**

—— 民法典合同编通则解释第46条

撤销权诉讼中的债权实现路径
- **债权人**依据其与债务人的诉讼、撤销权诉讼产生的生效法律文书**申请强制执行**的 → 人民法院可以**就债务人对相对人享有的权利采取强制执行措施**以实现债权人的债权
- 该条款赋予了债权人对相对人申请强制执行的权利，直接、简便地实现债权

—— 民法典合同编通则解释第46条

制作依据：民法典、《中华人民共和国民法典合同编释义》（法律出版社2020年版）第179-180页、民法典合同编通则解释、《最高人民法院民法典合同编通则司法解释理解与适用》（人民法院出版社2023年版）第486-487页

关联法条

《中华人民共和国民法典》

第五百四十五条 债权人可以将债权的全部或者部分转让给第三人，但是有下列情形之一的除外：

（一）根据债权性质不得转让；

（二）按照当事人约定不得转让；

（三）依照法律规定不得转让。

当事人约定非金钱债权不得转让的，不得对抗善意第三人。当事人约定金钱债权不得转让的，不得对抗第三人。

第五百四十七条 债权人转让债权的，受让人取得与债权有关的从权利，但是该从权利专属于债权人自身的除外。

受让人取得从权利不因该从权利未办理转移登记手续或者未转移占有而受到影响。

第五百五十一条 债务人将债务的全部或者部分转移给第三人的，应当经债权人同意。

债务人或者第三人可以催告债权人在合理期限内予以同意，债权人未作表示的，视为不同意。

第五百五十四条 债务人转移债务的，新债务人应当承担与主债务有关的从债务，但是该从债务专属于原债务人自身的除外。

第五百五十五条 当事人一方经对方同意，可以将自己在合同中的权利和义务一并转让给第三人。

第五百五十六条 合同的权利和义务一并转让的，适用债权转让、债务转移的有关规定。

债权转让、债务转移与合同权利义务的一并转让

债权转让、债务转移与合同权利义务的一并转让

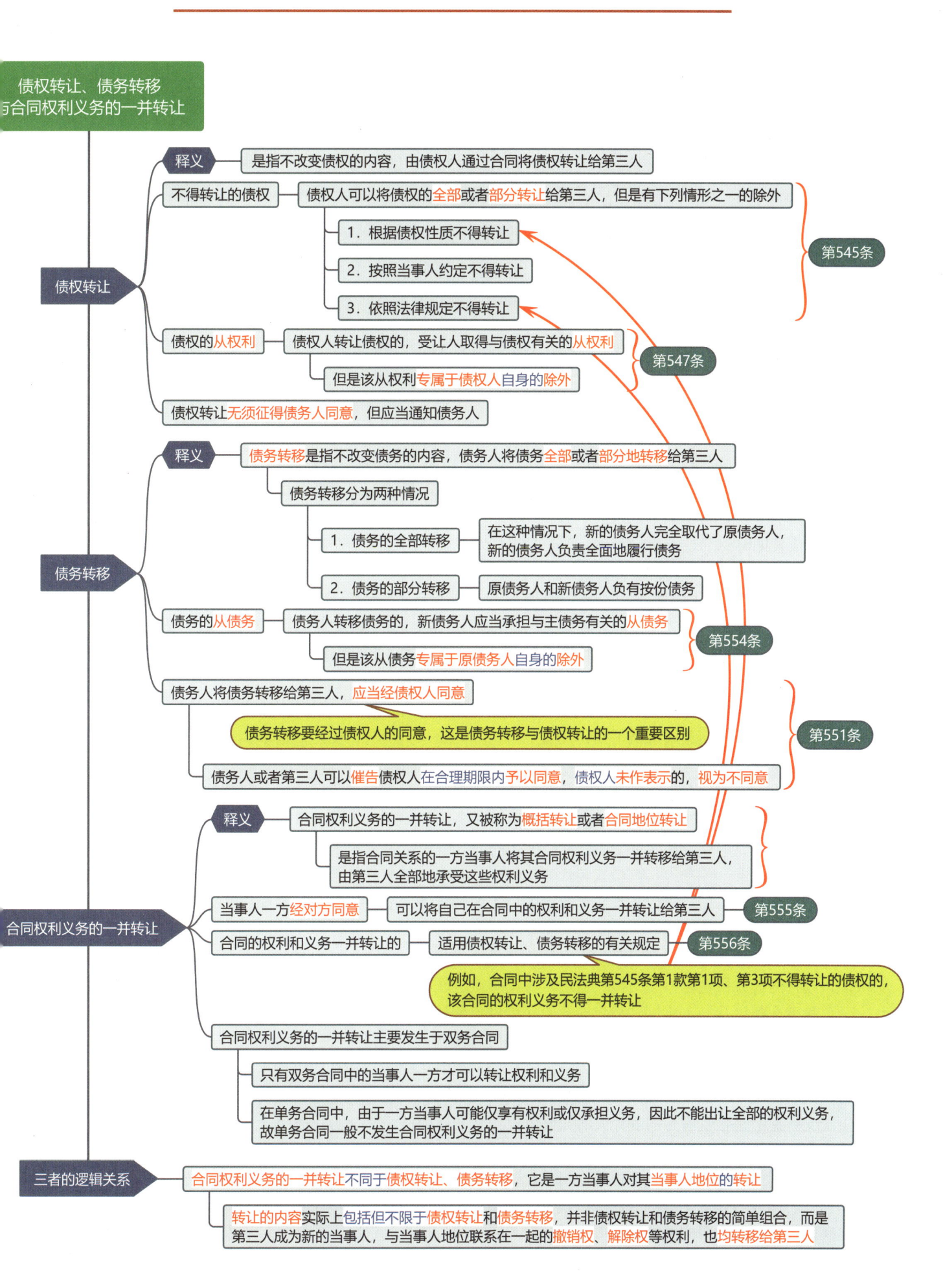

债权转让

- **释义**：是指不改变债权的内容，由债权人通过合同将债权转让给第三人
- **不得转让的债权**：债权人可以将债权的全部或者部分转让给第三人，但是有下列情形之一的除外（第545条）
  1. 根据债权性质不得转让
  2. 按照当事人约定不得转让
  3. 依照法律规定不得转让
- **债权的从权利**：债权人转让债权的，受让人取得与债权有关的从权利；但是该从权利专属于债权人自身的除外（第547条）
- 债权转让无须征得债务人同意，但应当通知债务人

债务转移

- **释义**：债务转移是指不改变债务的内容，债务人将债务全部或者部分地转移给第三人
  - 债务转移分为两种情况
    1. 债务的全部转移：在这种情况下，新的债务人完全取代了原债务人，新的债务人负责全面地履行债务
    2. 债务的部分转移：原债务人和新债务人负有按份债务
- **债务的从债务**：债务人转移债务的，新债务人应当承担与主债务有关的从债务；但是该从债务专属于原债务人自身的除外（第554条）
- 债务人将债务转移给第三人，应当经债权人同意
  - 债务转移要经过债权人的同意，这是债务转移与债权转让的一个重要区别
- 债务人或者第三人可以催告债权人在合理期限内予以同意，债权人未作表示的，视为不同意（第551条）

合同权利义务的一并转让

- **释义**：合同权利义务的一并转让，又被称为概括转让或者合同地位转让
  - 是指合同关系的一方当事人将其合同权利义务一并转移给第三人，由第三人全部地承受这些权利义务
- 当事人一方经对方同意，可以将自己在合同中的权利和义务一并转让给第三人（第555条）
- 合同的权利和义务一并转让的，适用债权转让、债务转移的有关规定（第556条）
  - 例如，合同中涉及民法典第545条第1款第1项、第3项不得转让的债权的，该合同的权利义务不得一并转让
- 合同权利义务的一并转让主要发生于双务合同
  - 只有双务合同中的当事人一方才可以转让权利和义务
  - 在单务合同中，由于一方当事人可能仅享有权利或仅承担义务，因此不能出让全部的权利义务，故单务合同一般不发生合同权利义务的一并转让

三者的逻辑关系

- 合同权利义务的一并转让不同于债权转让、债务转移，它是一方当事人对其当事人地位的转让
- 转让的内容实际上包括但不限于债权转让和债务转移，并非债权转让和债务转移的简单组合，而是第三人成为新的当事人，与当事人地位联系在一起的撤销权、解除权等权利，也均转移给第三人

制作依据：民法典

关联法条

《中华人民共和国民法典》

第五百四十五条 债权人可以将债权的全部或者部分转让给第三人，但是有下列情形之一的除外：

（一）根据债权性质不得转让；

（二）按照当事人约定不得转让；

（三）依照法律规定不得转让。

当事人约定非金钱债权不得转让的，不得对抗善意第三人。当事人约定金钱债权不得转让的，不得对抗第三人。

第五百四十六条 债权人转让债权，未通知债务人的，该转让对债务人不发生效力。

债权转让的通知不得撤销，但是经受让人同意的除外。

第五百四十七条 债权人转让债权的，受让人取得与债权有关的从权利，但是该从权利专属于债权人自身的除外。

受让人取得从权利不因该从权利未办理转移登记手续或者未转移占有而受到影响。

第五百四十九条 有下列情形之一的，债务人可以向受让人主张抵销：

（一）债务人接到债权转让通知时，债务人对让与人享有债权，且债务人的债权先于转让的债权到期或者同时到期；

（二）债务人的债权与转让的债权是基于同一合同产生。

第五百五十条 因债权转让增加的履行费用，由让与人负担。

《最高人民法院关于适用〈中华人民共和国民法典〉合同编通则若干问题的解释》

第四十八条 债务人在接到债权转让通知前已经向让与人履行，受让人请求债务人履行的，人民法院不予支持；债务人接到债权转让通知后仍然向让与人履行，受让人请求债务人履行的，人民法院应予支持。

让与人未通知债务人，受让人直接起诉债务人请求履行债务，人民法院经审理确认债权转让事实的，应当认定债权转让自起诉状副本送达时对债务人发生效力。债务人主张因未通知而给其增加的费用或者造成的损失从认定的债权数额中扣除的，人民法院依法予以支持。

第四十九条 债务人接到债权转让通知后，让与人以债权转让合同不成立、无效、被撤销或者确定不发生效力为由请求债务人向其履行的，人民法院不予支持。但是，该债权转让通知被依法撤销的除外。

受让人基于债务人对债权真实存在的确认受让债权后，债务人又以该债权不存在为由拒绝向受让人履行的，人民法院不予支持。但是，受让人知道或者应当知道该债权不存在的除外。

第五十条 让与人将同一债权转让给两个以上受让人，债务人以已经向最先通知的受让人履行为由主张其不再履行债务的，人民法院应予支持。债务人明知接受履行的受让人不是最先通知的受让人，最先通知的受让人请求债务人继续履行债务或者依据债权转让协议请求让与人承担违约责任的，人民法院应予支持；最先通知的受让人请求接受履行的受让人返还其接受的财产的，人民法院不予支持，但是接受履行的受让人明知该债权在其受让前已经转让给其他受让人的除外。

前款所称最先通知的受让人，是指最先到达债务人的转让通知中载明的受让人。当事人之间对通知到达时间有争议的，人民法院应当结合通知的方式等因素综合判断，而不能仅根据债务人认可的通知时间或者通知记载的时间予以认定。当事人采用邮寄、通讯电子系统等方式发出通知的，人民法院应当以邮戳时间或者通讯电子系统记载的时间等作为认定通知到达时间的依据。

债权转让的相关规则

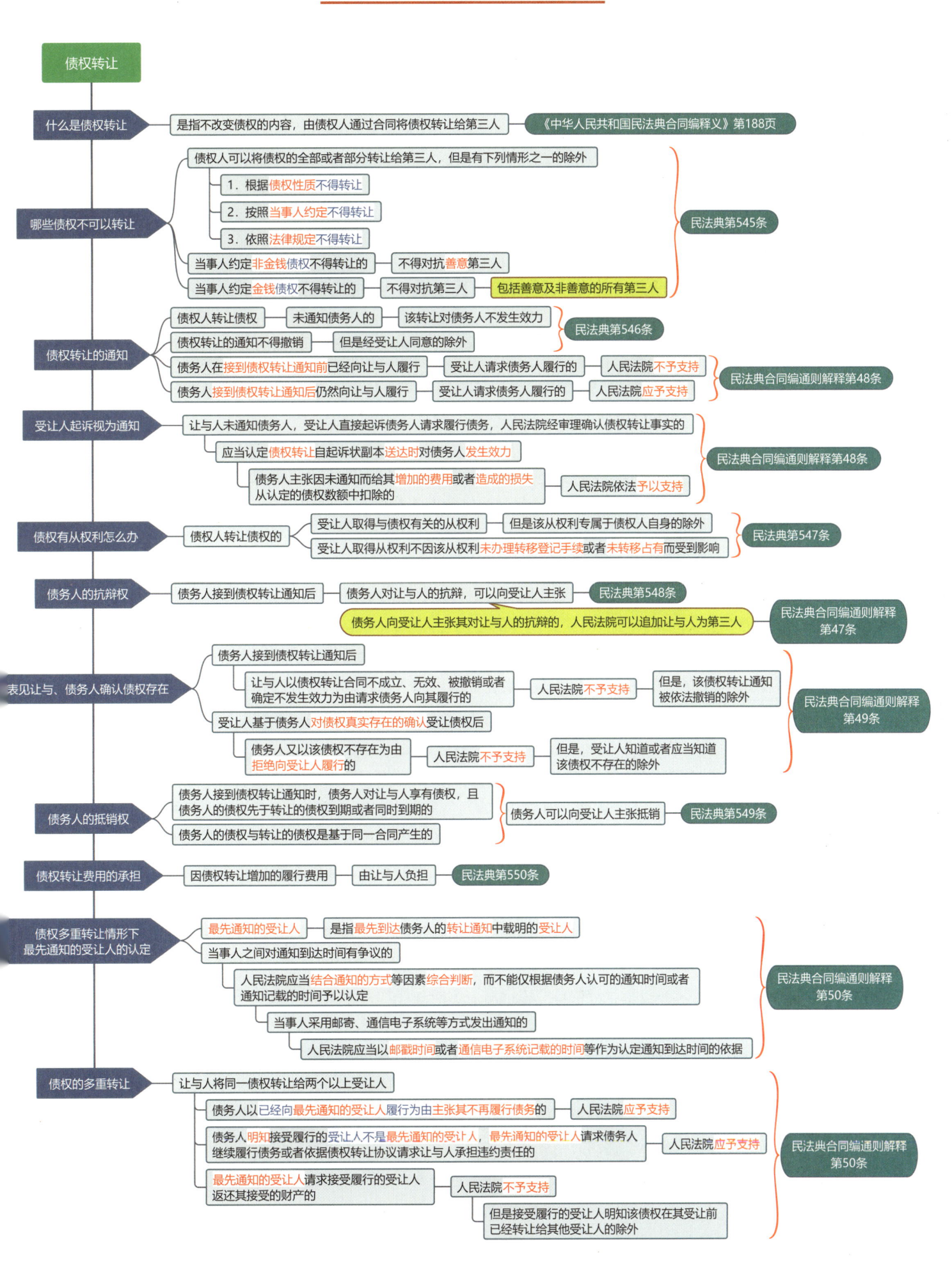

债权转让

什么是债权转让
是指不改变债权的内容，由债权人通过合同将债权转让给第三人 ——《中华人民共和国民法典合同编释义》第188页

哪些债权不可以转让
债权人可以将债权的全部或者部分转让给第三人，但是有下列情形之一的除外：
1. 根据债权性质不得转让
2. 按照当事人约定不得转让
3. 依照法律规定不得转让

当事人约定非金钱债权不得转让的 —— 不得对抗善意第三人

当事人约定金钱债权不得转让的 —— 不得对抗第三人（包括善意及非善意的所有第三人）

（民法典第545条）

债权转让的通知
- 债权人转让债权，未通知债务人的，该转让对债务人不发生效力
- 债权转让的通知不得撤销，但是经受让人同意的除外

（民法典第546条）

- 债务人在接到债权转让通知前已经向让与人履行，受让人请求债务人履行的，人民法院不予支持
- 债务人接到债权转让通知后仍然向让与人履行，受让人请求债务人履行的，人民法院应予支持

（民法典合同编通则解释第48条）

受让人起诉视为通知
让与人未通知债务人，受让人直接起诉债务人请求履行债务，人民法院经审理确认债权转让事实的：
- 应当认定债权转让自起诉状副本送达时对债务人发生效力
- 债务人主张因未通知而给其增加的费用或者造成的损失从认定的债权数额中扣除的，人民法院依法予以支持

（民法典合同编通则解释第48条）

债权有从权利怎么办
债权人转让债权的：
- 受让人取得与债权有关的从权利，但是该从权利专属于债权人自身的除外
- 受让人取得从权利不因该从权利未办理转移登记手续或者未转移占有而受到影响

（民法典第547条）

债务人的抗辩权
债务人接到债权转让通知后，债务人对让与人的抗辩，可以向受让人主张（民法典第548条）

债务人向受让人主张其对让与人的抗辩的，人民法院可以追加让与人为第三人（民法典合同编通则解释第47条）

表见让与、债务人确认债权存在
债务人接到债权转让通知后：
- 让与人以债权转让合同不成立、无效、被撤销或者确定不发生效力为由请求债务人向其履行的，人民法院不予支持，但是，该债权转让通知被依法撤销的除外
- 受让人基于债务人对债权真实存在的确认受让债权后，债务人又以该债权不存在为由拒绝向受让人履行的，人民法院不予支持，但是，受让人知道或者应当知道该债权不存在的除外

（民法典合同编通则解释第49条）

债务人的抵销权
- 债务人接到债权转让通知时，债务人对让与人享有债权，且债务人的债权先于转让的债权到期或者同时到期的
- 债务人的债权与转让的债权是基于同一合同产生的

债务人可以向受让人主张抵销（民法典第549条）

债权转让费用的承担
因债权转让增加的履行费用——由让与人负担（民法典第550条）

债权多重转让情形下最先通知的受让人的认定
最先通知的受让人：是指最先到达债务人的转让通知中载明的受让人

当事人之间对通知到达时间有争议的：
- 人民法院应当结合通知的方式等因素综合判断，而不能仅根据债务人认可的通知时间或者通知记载的时间予以认定
- 当事人采用邮寄、通信电子系统等方式发出通知的，人民法院应当以邮戳时间或者通信电子系统记载的时间等作为认定通知到达时间的依据

（民法典合同编通则解释第50条）

债权的多重转让
让与人将同一债权转让给两个以上受让人：
- 债务人以已经向最先通知的受让人履行为由主张其不再履行债务的，人民法院应予支持
- 债务人明知接受履行的受让人不是最先通知的受让人，最先通知的受让人请求债务人继续履行债务或者依据债权转让协议请求让与人承担违约责任的，人民法院应予支持
- 最先通知的受让人请求接受履行的受让人返还其接受的财产的，人民法院不予支持，但是接受履行的受让人明知该债权在其受让前已经转让给其他受让人的除外

（民法典合同编通则解释第50条）

制作依据：民法典、《中华人民共和国民法典合同编释义》（法律出版社2020年版）、民法典合同编通则解释

关联法条

《中华人民共和国民法典》

第五百八十四条 当事人一方不履行合同义务或者履行合同义务不符合约定，造成对方损失的，损失赔偿额应当相当于因违约所造成的损失，包括合同履行后可以获得的利益；但是，不得超过违约一方订立合同时预见到或者应当预见到的因违约可能造成的损失。

《最高人民法院关于适用〈中华人民共和国民法典〉合同编通则若干问题的解释》

第六十条 人民法院依据民法典第五百八十四条的规定确定合同履行后可以获得的利益时，可以在扣除非违约方为订立、履行合同支出的费用等合理成本后，按照非违约方能够获得的生产利润、经营利润或者转售利润等计算。

非违约方依法行使合同解除权并实施了替代交易，主张按照替代交易价格与合同价格的差额确定合同履行后可以获得的利益的，人民法院依法予以支持；替代交易价格明显偏离替代交易发生时当地的市场价格，违约方主张按照市场价格与合同价格的差额确定合同履行后可以获得的利益的，人民法院应予支持。

非违约方依法行使合同解除权但是未实施替代交易，主张按照违约行为发生后合理期间内合同履行地的市场价格与合同价格的差额确定合同履行后可以获得的利益的，人民法院应予支持。

第六十一条 在以持续履行的债务为内容的定期合同中，一方不履行支付价款、租金等金钱债务，对方请求解除合同，人民法院经审理认为合同应当依法解除的，可以根据当事人的主张，参考合同主体、交易类型、市场价格变化、剩余履行期限等因素确定非违约方寻找替代交易的合理期限，并按照该期限对应的价款、租金等扣除非违约方应当支付的相应履约成本确定合同履行后可以获得的利益。

非违约方主张按照合同解除后剩余履行期限相应的价款、租金等扣除履约成本确定合同履行后可以获得的利益的，人民法院不予支持。但是，剩余履行期限少于寻找替代交易的合理期限的除外。

第六十二条 非违约方在合同履行后可以获得的利益难以根据本解释第六十条、第六十一条的规定予以确定的，人民法院可以综合考虑违约方因违约获得的利益、违约方的过错程度、其他违约情节等因素，遵循公平原则和诚信原则确定。

第六十三条 在认定民法典第五百八十四条规定的"违约一方订立合同时预见到或者应当预见到的因违约可能造成的损失"时，人民法院应当根据当事人订立合同的目的，综合考虑合同主体、合同内容、交易类型、交易习惯、磋商过程等因素，按照与违约方处于相同或者类似情况的民事主体在订立合同时预见到或者应当预见到的损失予以确定。

除合同履行后可以获得的利益外，非违约方主张还有其向第三人承担违约责任应当支出的额外费用等其他因违约所造成的损失，并请求违约方赔偿，经审理认为该损失系违约一方订立合同时预见到或者应当预见到的，人民法院应予支持。

在确定违约损失赔偿额时，违约方主张扣除非违约方未采取适当措施导致的扩大损失、非违约方也有过错造成的相应损失、非违约方因违约获得的额外利益或者减少的必要支出的，人民法院依法予以支持。

法定违约赔偿损失（含可得利益损失）的确定规则

法定违约赔偿损失

什么是违约赔偿损失
是指行为人违反合同约定造成对方损失时，行为人向受害人支付一定数额的金钱以弥补其损失，是运用较为广泛的一种责任方式。（《中华人民共和国民法典合同编释义》第281页）

违约赔偿损失的分类
- 根据违约金产生的依据可分为：
  - **法定**的赔偿损失
  - **约定**的赔偿损失
- 按利益损失是现有的还是预期的来分，包括：
  - **实际损失**：是指因违约而导致现有利益减少，是现实利益的损失，又被称为积极损失
  - **可得利益损失**：即所失利益，受害人在合同履行后本可以获得的，但因违约而无法获得的利益，是未来的、期待的利益的损失，又被称为消极损失

违约赔偿的原则
1. 在因违约造成受害人损失的情况下，应当以受害人的损失作为确定赔偿范围的标准
2. 赔偿不能超过受害人的损失，受害人不能因此而获利
3. 在赔偿时，一般不应根据违约方的过错程度来确定责任的范围

（《中华人民共和国民法典合同编释义》第282页）

法定违约赔偿损失的法律规定
当事人一方不履行合同义务或者履行合同义务不符合约定，造成对方损失的
- **损失赔偿额**应当相当于**因违约所造成的损失**
- 包括**合同履行后可以获得的利益**
- 但是，不得超过违约一方订立合同时预见到或者应当预见到的**因违约可能造成的损失**

（民法典第584条）

可得利益损失的计算

可以扣除成本
- 人民法院依据民法典第584条的规定确定合同履行后可以获得的利益时
- 可以在**扣除**非违约方为订立、履行合同支出的费用等**合理成本**后
- 按照非违约方能够获得的生产利润、经营利润或者转售利润等计算

替代交易法
- 非违约方依法**行使合同解除权并实施了替代交易**
- 主张按照**替代交易价格**与**合同价格**的**差额**确定合同履行后可以获得的利益的 → 人民法院依法**予以支持**
- **替代交易价格**明显偏离**替代交易发生时**当地的**市场价格**
  - 违约方主张按照**市场价格**与**合同价格**的**差额**确定合同履行后可以获得的利益的 → 人民法院**应予支持**

市场价格法
- **非违约方**依法**行使合同解除权但是未实施替代交易**
- 主张按照**违约行为发生后合理期间内合同履行地**的**市场价格**与**合同价格**的差额确定合同履行后可以获得的利益的 → 人民法院**应予支持**

（民法典合同编通则解释第60条）

持续性定期合同中可得利益的赔偿
在以持续履行的债务为内容的定期合同中，一方不履行支付价款、租金等金钱债务，对方请求解除合同
- 人民法院经审理认为合同应当依法解除的
  - 可以**根据当事人的主张，参考合同主体、交易类型、市场价格变化、剩余履行期限等**因素确定非违约寻找替代交易的**合理期限**
  - 并按照该期限对应的价款、租金等扣除非违约方应当支付的相应履约成本**确定**合同履行后**可以获得的利益**
- 非违约方主张按照合同解除后剩余履行期限相应的价款、租金等扣除履约成本确定合同履行后可以获得的利益的
  - 人民法院**不予支持** 但是，剩余履行期限少于寻找替代交易的合理期限的除外

（民法典合同编通则解释第61条）

无法确定可得利益怎么办
- **非违约方**在合同履行后**可以获得的利益**难以根据民法典合同编通则解释第60条、第61条的规定予以**确定的**
- 人民法院可以综合考虑违约方因违约获得的利益、违约方的过错程度、其他违约情节等因素，遵循**公平原则**和**诚信原则**确定

（民法典合同编通则解释第62条）

违约损害赔偿数额的确定
- 在认定民法典第584条规定的"违约一方**订立合同时预见到**或者**应当预见到**的因违约可能造成的损失"时
  - 人民法院应当根据当事人订立合同的目的，综合考虑合同主体、合同内容、交易类型、交易习惯、磋商过程等因素
  - 按照与违约方**处于相同**或者**类似情况**的**民事主体**在订立合同时预见到或者应当预见到的损失予以确定
- 除合同履行后可以获得的利益外
  - 非违约方主张还有其**向第三人承担违约责任**应当支出的额外费用等其他因违约所造成的损失，并请求违约方赔偿
  - 经审理认为**该损失系违约一方订立合同时预见到或者应当预见到**的 → 人民法院**应予支持**
- 在确定违约损失赔偿额时
  - 违约方主张扣除非违约方**未采取适当措施导致的扩大损失**、**非违约方也有过错造成的相应损失**、非违约方**因违约获得的额外利益或者减少的必要支出**的 → 人民法院依法**予以支持**

（民法典合同编通则解释第63条）

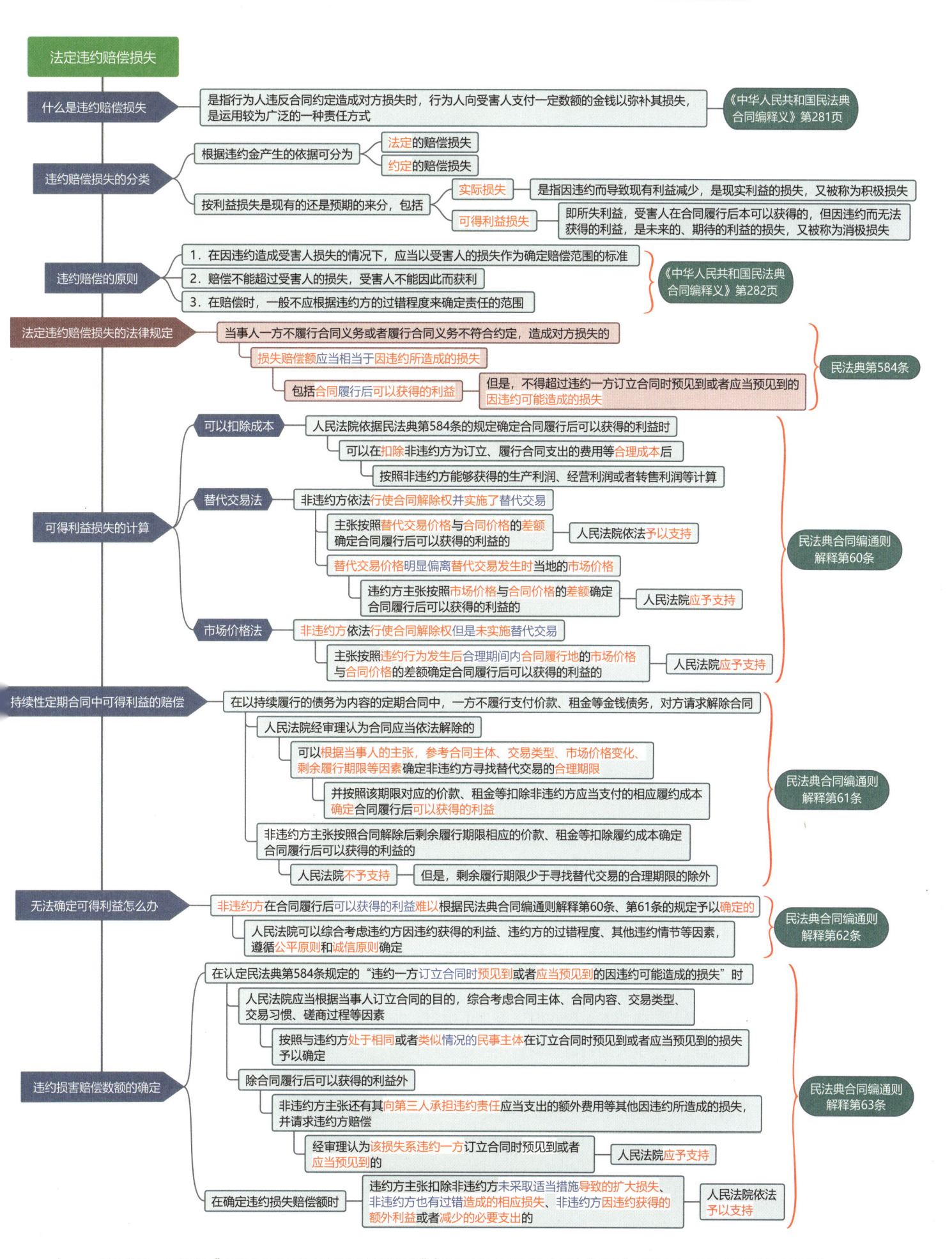

制作依据：民法典、《中华人民共和国民法典合同编释义》（法律出版社 2020 年版）第 281-282 页、民法典合同编通则解释

关联法条

《中华人民共和国民法典》

第五百八十五条 当事人可以约定一方违约时应当根据违约情况向对方支付一定数额的违约金，也可以约定因违约产生的损失赔偿额的计算方法。

约定的违约金低于造成的损失的，人民法院或者仲裁机构可以根据当事人的请求予以增加；约定的违约金过分高于造成的损失的，人民法院或者仲裁机构可以根据当事人的请求予以适当减少。

当事人就迟延履行约定违约金的，违约方支付违约金后，还应当履行债务。

《最高人民法院关于适用〈中华人民共和国民法典〉合同编通则若干问题的解释》

第六十四条 当事人一方通过反诉或者抗辩的方式，请求调整违约金的，人民法院依法予以支持。

违约方主张约定的违约金过分高于违约造成的损失，请求予以适当减少的，应当承担举证责任。非违约方主张约定的违约金合理的，也应当提供相应的证据。

当事人仅以合同约定不得对违约金进行调整为由主张不予调整违约金的，人民法院不予支持。

第六十五条 当事人主张约定的违约金过分高于违约造成的损失，请求予以适当减少的，人民法院应当以民法典第五百八十四条规定的损失为基础，兼顾合同主体、交易类型、合同的履行情况、当事人的过错程度、履约背景等因素，遵循公平原则和诚信原则进行衡量，并作出裁判。

约定的违约金超过造成损失的百分之三十的，人民法院一般可以认定为过分高于造成的损失。

恶意违约的当事人一方请求减少违约金的，人民法院一般不予支持。

第六十六条 当事人一方请求对方支付违约金，对方以合同不成立、无效、被撤销、确定不发生效力、不构成违约或者非违约方不存在损失等为由抗辩，未主张调整过高的违约金的，人民法院应当就若不支持该抗辩，当事人是否请求调整违约金进行释明。第一审人民法院认为抗辩成立且未予释明，第二审人民法院认为应当判决支付违约金的，可以直接释明，并根据当事人的请求，在当事人就是否应当调整违约金充分举证、质证、辩论后，依法判决适当减少违约金。

被告因客观原因在第一审程序中未到庭参加诉讼，但是在第二审程序中到庭参加诉讼并请求减少违约金的，第二审人民法院可以在当事人就是否应当调整违约金充分举证、质证、辩论后，依法判决适当减少违约金。

约定违约金的调整规则

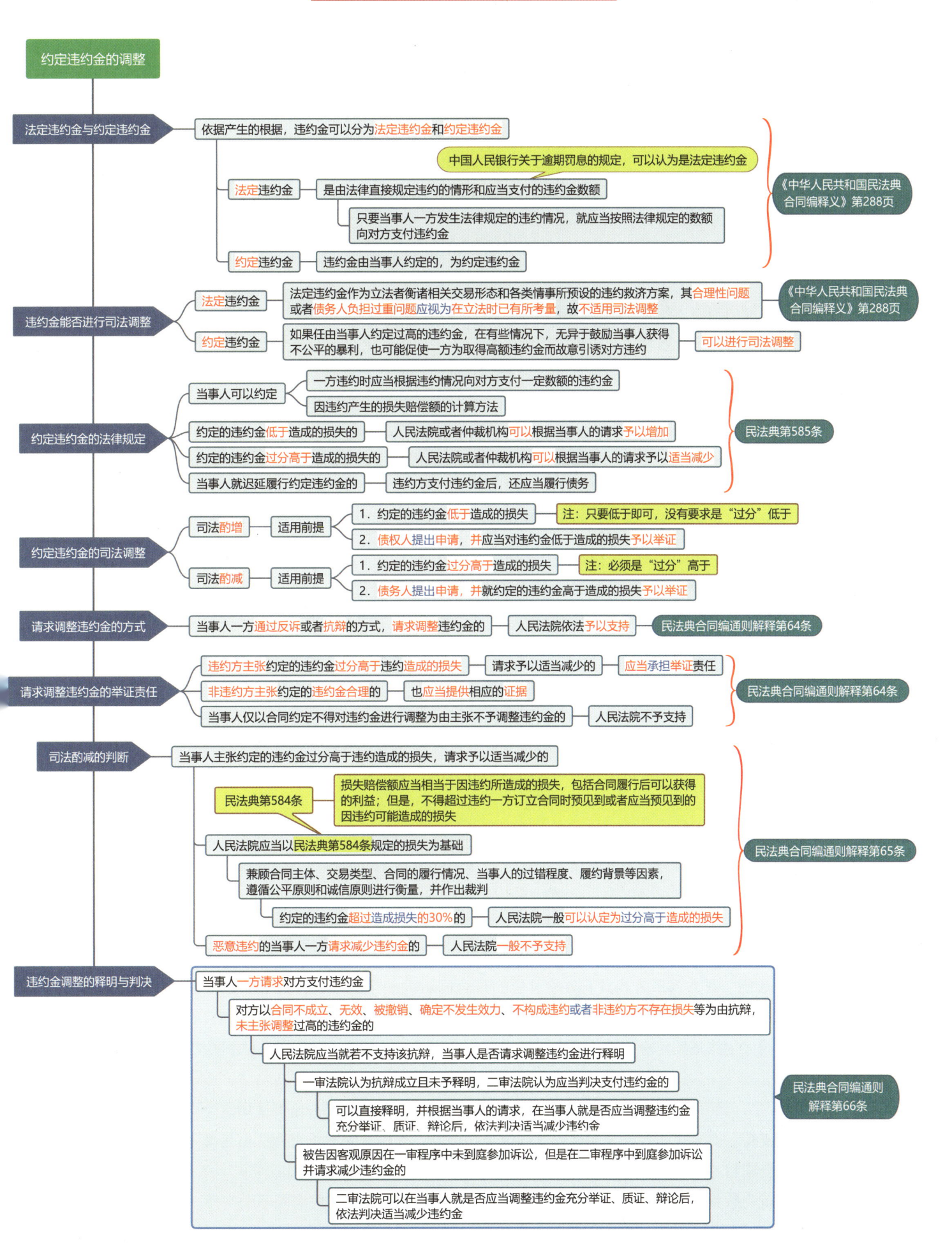

约定违约金的调整

法定违约金与约定违约金
- 依据产生的根据，违约金可以分为**法定违约金**和**约定违约金**
  - **法定违约金**
    - 是由法律直接规定违约的情形和应当支付的违约金数额
      - 中国人民银行关于逾期罚息的规定，可以认为是法定违约金
    - 只要当事人一方发生法律规定的违约情况，就应当按照法律规定的数额向对方支付违约金
  - **约定违约金**
    - 违约金由当事人约定的，为约定违约金

（《中华人民共和国民法典合同编释义》第288页）

违约金能否进行司法调整
- **法定违约金**：法定违约金作为立法者衡诸相关交易形态和各类情事所预设的违约救济方案，其**合理性问题**或者**债务人负担过重问题**应视为**在立法时已有所考量**，故**不适用司法调整**
- **约定违约金**：如果任由当事人约定过高的违约金，在有些情况下，无异于鼓励当事人获得不公平的暴利，也可能促使一方为取得高额违约金而故意引诱对方违约 → **可以进行司法调整**

（《中华人民共和国民法典合同编释义》第288页）

约定违约金的法律规定
- 当事人可以约定
  - 一方违约时应当根据违约情况向对方支付一定数额的违约金
  - 因违约产生的损失赔偿额的计算方法
- 约定的违约金**低于**造成的损失的 → 人民法院或者仲裁机构**可以**根据当事人的请求**予以增加**
- 约定的违约金**过分高于**造成的损失的 → 人民法院或者仲裁机构**可以**根据当事人的请求予以**适当减少**
- 当事人就迟延履行约定违约金的 → 违约方支付违约金后，还应当履行债务

（民法典第585条）

约定违约金的司法调整
- **司法酌增** — 适用前提
  1. 约定的违约金**低于**造成的损失 —— 注：只要低于即可，没有要求是"过分"低于
  2. **债权人提出申请**，并应当对违约金低于造成的损失**予以举证**
- **司法酌减** — 适用前提
  1. 约定的违约金**过分高于**造成的损失 —— 注：必须是"过分"高于
  2. **债务人提出申请**，并就约定的违约金高于造成的损失**予以举证**

请求调整违约金的方式
- 当事人一方**通过反诉**或者**抗辩**的方式，**请求调整**违约金的 → 人民法院依法予以支持

（民法典合同编通则解释第64条）

请求调整违约金的举证责任
- **违约方主张**约定的违约金**过分高于违约造成的损失**，请求予以适当减少的 → **应当承担举证**责任
- **非违约方主张**约定的**违约金合理**的 → 也**应当提供**相应的**证据**
- 当事人仅以合同约定不得对违约金进行调整为由主张不予调整违约金的 → 人民法院不予支持

（民法典合同编通则解释第64条）

司法酌减的判断
- 当事人主张约定的违约金过分高于违约造成的损失，请求予以适当减少的
  - **民法典第584条**：损失赔偿额应当相当于因违约所造成的损失，包括合同履行后可以获得的利益；但是，不得超过违约一方订立合同时预见到或者应当预见到的因违约可能造成的损失
  - 人民法院应当以**民法典第584条**规定的损失为基础
    - 兼顾合同主体、交易类型、合同的履行情况、当事人的过错程度、履约背景等因素，遵循公平原则和诚信原则进行衡量，并作出裁判
    - 约定的违约金**超过造成损失的30%**的 → 人民法院一般**可以认定**为过分高于**造成的损失**
  - **恶意违约的当事人一方请求减少违约金的** → 人民法院**一般不予支持**

（民法典合同编通则解释第65条）

违约金调整的释明与判决
- 当事人**一方请求**对方支付违约金
  - 对方以**合同不成立、无效、被撤销、确定不发生效力、不构成违约或者非违约方不存在损失**等为由抗辩，**未主张调整**过高的违约金的
    - 人民法院应当就若不支持该抗辩，当事人是否请求调整违约金进行释明
      - 一审法院认为抗辩成立且未予释明，二审法院认为应当判决支付违约金的
        - 可以直接释明，并根据当事人的请求，在当事人就是否应当调整违约金充分举证、质证、辩论后，依法判决适当减少违约金
      - 被告因客观原因在一审程序中未到庭参加诉讼，但是在二审程序中到庭参加诉讼并请求减少违约金的
        - 二审法院可以在当事人就是否应当调整违约金充分举证、质证、辩论后，依法判决适当减少违约金

（民法典合同编通则解释第66条）

制作依据：民法典、《中华人民共和国民法典合同编释义》（法律出版社2020年版）第288页、民法典合同编通则解释

关联法条

《中华人民共和国民法典》

第五百八十六条 当事人可以约定一方向对方给付定金作为债权的担保。定金合同自实际交付定金时成立。

定金的数额由当事人约定；但是，不得超过主合同标的额的百分之二十，超过部分不产生定金的效力。实际交付的定金数额多于或者少于约定数额的，视为变更约定的定金数额。

第五百八十七条 债务人履行债务的，定金应当抵作价款或者收回。给付定金的一方不履行债务或者履行债务不符合约定，致使不能实现合同目的的，无权请求返还定金；收受定金的一方不履行债务或者履行债务不符合约定，致使不能实现合同目的的，应当双倍返还定金。

第五百八十八条 当事人既约定违约金，又约定定金的，一方违约时，对方可以选择适用违约金或者定金条款。

定金不足以弥补一方违约造成的损失的，对方可以请求赔偿超过定金数额的损失。

《最高人民法院关于适用〈中华人民共和国民法典〉合同编通则若干问题的解释》

第六十七条 当事人交付留置金、担保金、保证金、订约金、押金或者订金等，但是没有约定定金性质，一方主张适用民法典第五百八十七条规定的定金罚则的，人民法院不予支持。当事人约定了定金性质，但是未约定定金类型或者约定不明，一方主张为违约定金的，人民法院应予支持。

当事人约定以交付定金作为订立合同的担保，一方拒绝订立合同或者在磋商订立合同时违背诚信原则导致未能订立合同，对方主张适用民法典第五百八十七条规定的定金罚则的，人民法院应予支持。

当事人约定以交付定金作为合同成立或者生效条件，应当交付定金的一方未交付定金，但是合同主要义务已经履行完毕并为对方所接受的，人民法院应当认定合同在对方接受履行时已经成立或者生效。

当事人约定定金性质为解约定金，交付定金的一方主张以丧失定金为代价解除合同的，或者收受定金的一方主张以双倍返还定金为代价解除合同的，人民法院应予支持。

第六十八条 双方当事人均具有致使不能实现合同目的的违约行为，其中一方请求适用定金罚则的，人民法院不予支持。当事人一方仅有轻微违约，对方具有致使不能实现合同目的的违约行为，轻微违约方主张适用定金罚则，对方以轻微违约方也构成违约为由抗辩的，人民法院对该抗辩不予支持。

当事人一方已经部分履行合同，对方接受并主张按照未履行部分所占比例适用定金罚则的，人民法院应予支持。对方主张按照合同整体适用定金罚则的，人民法院不予支持，但是部分未履行致使不能实现合同目的的除外。

因不可抗力致使合同不能履行，非违约方主张适用定金罚则的，人民法院不予支持。

定金适用规则

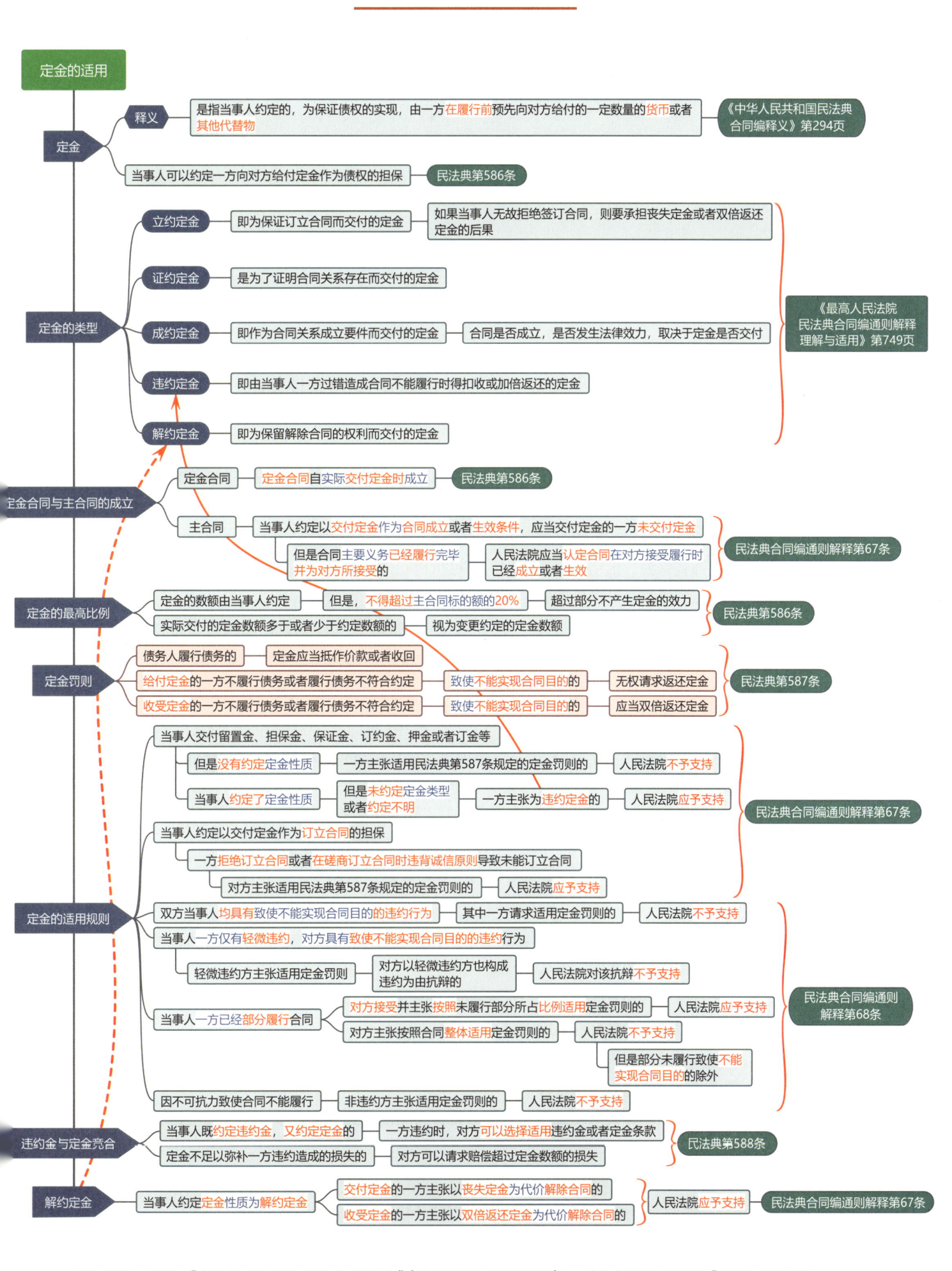

定金
- **释义**：是指当事人约定的，为保证债权的实现，由一方在履行前预先向对方给付的一定数量的货币或者其他代替物 —《中华人民共和国民法典合同编释义》第294页
- 当事人可以约定一方向对方给付定金作为债权的担保 —民法典第586条

定金的类型
- **立约定金**：即为保证订立合同而交付的定金 — 如果当事人无故拒绝签订合同，则要承担丧失定金或者双倍返还定金的后果
- **证约定金**：是为了证明合同关系存在而交付的定金
- **成约定金**：即作为合同关系成立要件而交付的定金 — 合同是否成立，是否发生法律效力，取决于定金是否交付
- **违约定金**：即由当事人一方过错造成合同不能履行时得扣收或加倍返还的定金
- **解约定金**：即为保留解除合同的权利而交付的定金

（《最高人民法院民法典合同编通则解释理解与适用》第749页）

定金合同与主合同的成立
- **定金合同**：定金合同自实际交付定金时成立 —民法典第586条
- **主合同**：当事人约定以交付定金作为合同成立或者生效条件，应当交付定金的一方未交付定金
  - 但是合同主要义务已经履行完毕并为对方所接受的 — 人民法院应当认定合同在对方接受履行时已经成立或者生效 —民法典合同编通则解释第67条

定金的最高比例
- 定金的数额由当事人约定 — 但是，不得超过主合同标的额的20% — 超过部分不产生定金的效力
- 实际交付的定金数额多于或者少于约定数额的 — 视为变更约定的定金数额

—民法典第586条

定金罚则
- 债务人履行债务的 — 定金应当抵作价款或者收回
- 给付定金的一方不履行债务或者履行债务不符合约定 — 致使不能实现合同目的的 — 无权请求返还定金
- 收受定金的一方不履行债务或者履行债务不符合约定 — 致使不能实现合同目的的 — 应当双倍返还定金

—民法典第587条

定金的适用规则
- 当事人交付留置金、担保金、保证金、订约金、押金或者订金等
  - 但是没有约定定金性质 — 一方主张适用民法典第587条规定的定金罚则的 — 人民法院不予支持
  - 当事人约定了定金性质 — 但是未约定定金类型或者约定不明 — 一方主张为违约定金的 — 人民法院应予支持
- 当事人约定以交付定金作为订立合同的担保
  - 一方拒绝订立合同或者在磋商订立合同时违背诚信原则导致未能订立合同 — 对方主张适用民法典第587条规定的定金罚则的 — 人民法院应予支持
- 双方当事人均具有致使不能实现合同目的的违约行为 — 其中一方请求适用定金罚则的 — 人民法院不予支持
- 当事人一方仅有轻微违约，对方具有致使不能实现合同目的的违约行为
  - 轻微违约方主张适用定金罚则 — 对方以轻微违约方也构成违约行为为由抗辩的 — 人民法院对该抗辩不予支持
- 当事人一方已经部分履行合同
  - 对方接受并主张按照未履行部分所占比例适用定金罚则的 — 人民法院应予支持
  - 对方主张按照合同整体适用定金罚则的 — 人民法院不予支持
  - 但是部分未履行致使不能实现合同目的的除外
- 因不可抗力致使合同不能履行 — 非违约方主张适用定金罚则的 — 人民法院不予支持

—民法典合同编通则解释第67条、第68条

违约金与定金竞合
- 当事人既约定违约金，又约定定金的 — 一方违约时，对方可以选择适用违约金或者定金条款
- 定金不足以弥补一方违约造成的损失的 — 对方可以请求赔偿超过定金数额的损失

—民法典第588条

解约定金
- 当事人约定定金性质为解约定金
  - 交付定金的一方主张以丧失定金为代价解除合同的
  - 收受定金的一方主张以双倍返还定金为代价解除合同的
  — 人民法院应予支持 —民法典合同编通则解释第67条

制作依据：民法典、《中华人民共和国民法典合同编释义》（法律出版社2020年版）、民法典合同编通则解释、《最高人民法院民法典合同编通则司法解释理解与适用》（人民法院出版社2023年版）

关联法条

《最高人民法院关于审理城镇房屋租赁合同纠纷案件具体应用法律若干问题的解释》（2020修正）

第七条 承租人经出租人同意装饰装修，租赁合同无效时，未形成附合的装饰装修物，出租人同意利用的，可折价归出租人所有；不同意利用的，可由承租人拆除。因拆除造成房屋毁损的，承租人应当恢复原状。

已形成附合的装饰装修物，出租人同意利用的，可折价归出租人所有；不同意利用的，由双方各自按照导致合同无效的过错分担现值损失。

第八条 承租人经出租人同意装饰装修，租赁期间届满或者合同解除时，除当事人另有约定外，未形成附合的装饰装修物，可由承租人拆除。因拆除造成房屋毁损的，承租人应当恢复原状。

第九条 承租人经出租人同意装饰装修，合同解除时，双方对已形成附合的装饰装修物的处理没有约定的，人民法院按照下列情形分别处理：

（一）因出租人违约导致合同解除，承租人请求出租人赔偿剩余租赁期内装饰装修残值损失的，应予支持。

（二）因承租人违约导致合同解除，承租人请求出租人赔偿剩余租赁期内装饰装修残值损失的，不予支持。但出租人同意利用的，应在利用价值范围内予以适当补偿。

（三）因双方违约导致合同解除，剩余租赁期内的装饰装修残值损失，由双方根据各自的过错承担相应的责任。

（四）因不可归责于双方的事由导致合同解除的，剩余租赁期内的装饰装修残值损失，由双方按照公平原则分担。法律另有规定的，适用其规定。

第十条 承租人经出租人同意装饰装修，租赁期间届满时，承租人请求出租人补偿附合装饰装修费用的，不予支持。但当事人另有约定的除外。

第十一条 承租人未经出租人同意装饰装修或者扩建发生的费用，由承租人负担。出租人请求承租人恢复原状或者赔偿损失的，人民法院应予支持。

第十二条 承租人经出租人同意扩建，但双方对扩建费用的处理没有约定的，人民法院按照下列情形分别处理：

（一）办理合法建设手续的，扩建造价费用由出租人负担；

（二）未办理合法建设手续的，扩建造价费用由双方按照过错分担。

房屋租赁合同无效、解除或合同期满后装饰装修物的处理规则

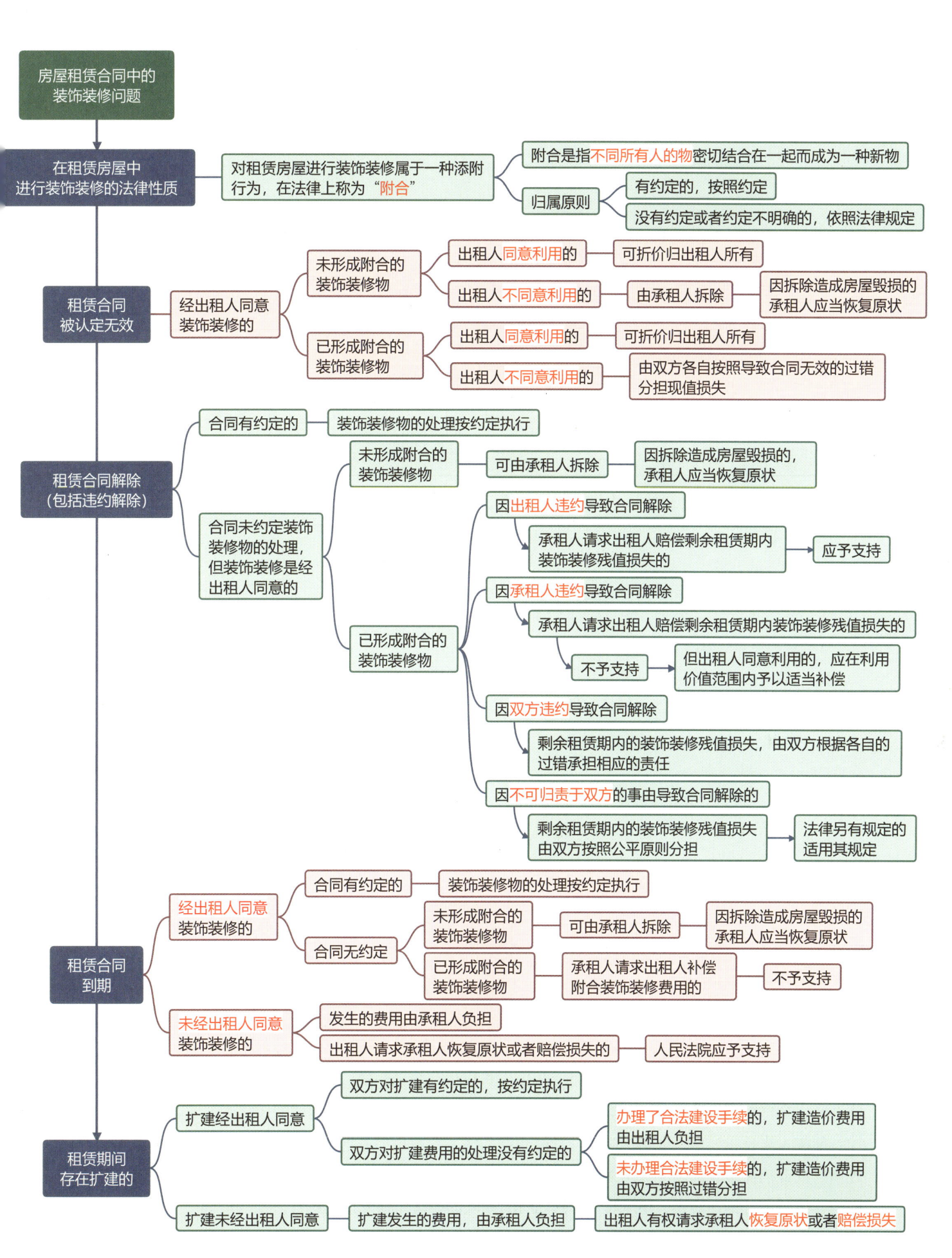

房屋租赁合同中的装饰装修问题

在租赁房屋中进行装饰装修的法律性质

对租赁房屋进行装饰装修属于一种添附行为，在法律上称为"附合"
- 附合是指**不同所有人的物**密切结合在一起而成为一种新物
- 归属原则
  - 有约定的，按照约定
  - 没有约定或者约定不明确的，依照法律规定

租赁合同被认定无效

经出租人同意装饰装修的：
- 未形成附合的装饰装修物
  - 出租人**同意利用**的 → 可折价归出租人所有
  - 出租人**不同意利用**的 → 由承租人拆除 → 因拆除造成房屋毁损的，承租人应当恢复原状
- 已形成附合的装饰装修物
  - 出租人**同意利用**的 → 可折价归出租人所有
  - 出租人**不同意利用**的 → 由双方各自按照导致合同无效的过错分担现值损失

租赁合同解除（包括违约解除）

- 合同有约定的 → 装饰装修物的处理按约定执行
- 合同未约定装饰装修物的处理，但装饰装修是经出租人同意的：
  - 未形成附合的装饰装修物 → 可由承租人拆除 → 因拆除造成房屋毁损的，承租人应当恢复原状
  - 已形成附合的装饰装修物：
    - 因**出租人违约**导致合同解除 → 承租人请求出租人赔偿剩余租赁期内装饰装修残值损失的 → 应予支持
    - 因**承租人违约**导致合同解除 → 承租人请求出租人赔偿剩余租赁期内装饰装修残值损失的 → 不予支持；但出租人同意利用的，应在利用价值范围内予以适当补偿
    - 因**双方违约**导致合同解除 → 剩余租赁期内的装饰装修残值损失，由双方根据各自的过错承担相应的责任
    - 因**不可归责于双方**的事由导致合同解除的 → 剩余租赁期内的装饰装修残值损失由双方按照公平原则分担 → 法律另有规定的适用其规定

租赁合同到期

- **经出租人同意**装饰装修的：
  - 合同有约定的 → 装饰装修物的处理按约定执行
  - 合同无约定：
    - 未形成附合的装饰装修物 → 可由承租人拆除 → 因拆除造成房屋毁损的，承租人应当恢复原状
    - 已形成附合的装饰装修物 → 承租人请求出租人补偿附合装饰装修费用的 → 不予支持
- **未经出租人同意**装饰装修的：
  - 发生的费用由承租人负担
  - 出租人请求承租人恢复原状或者赔偿损失的 → 人民法院应予支持

租赁期间存在扩建的

- 扩建经出租人同意：
  - 双方对扩建有约定的，按约定执行
  - 双方对扩建费用的处理没有约定的：
    - **办理了合法建设手续**的，扩建造价费用由出租人负担
    - **未办理合法建设手续**的，扩建造价费用由双方按照过错分担
- 扩建未经出租人同意 → 扩建发生的费用，由承租人负担 → 出租人有权请求承租人**恢复原状**或者**赔偿损失**

制作依据：城镇房屋租赁若干问题解释第7-12条

关联法条

《中华人民共和国民法典》

第五百六十条 债务人对同一债权人负担的数项债务种类相同,债务人的给付不足以清偿全部债务的,除当事人另有约定外,由债务人在清偿时指定其履行的债务。

债务人未作指定的,应当优先履行已经到期的债务;数项债务均到期的,优先履行对债权人缺乏担保或者担保最少的债务;均无担保或者担保相等的,优先履行债务人负担较重的债务;负担相同的,按照债务到期的先后顺序履行;到期时间相同的,按照债务比例履行。

多项债务的清偿顺序

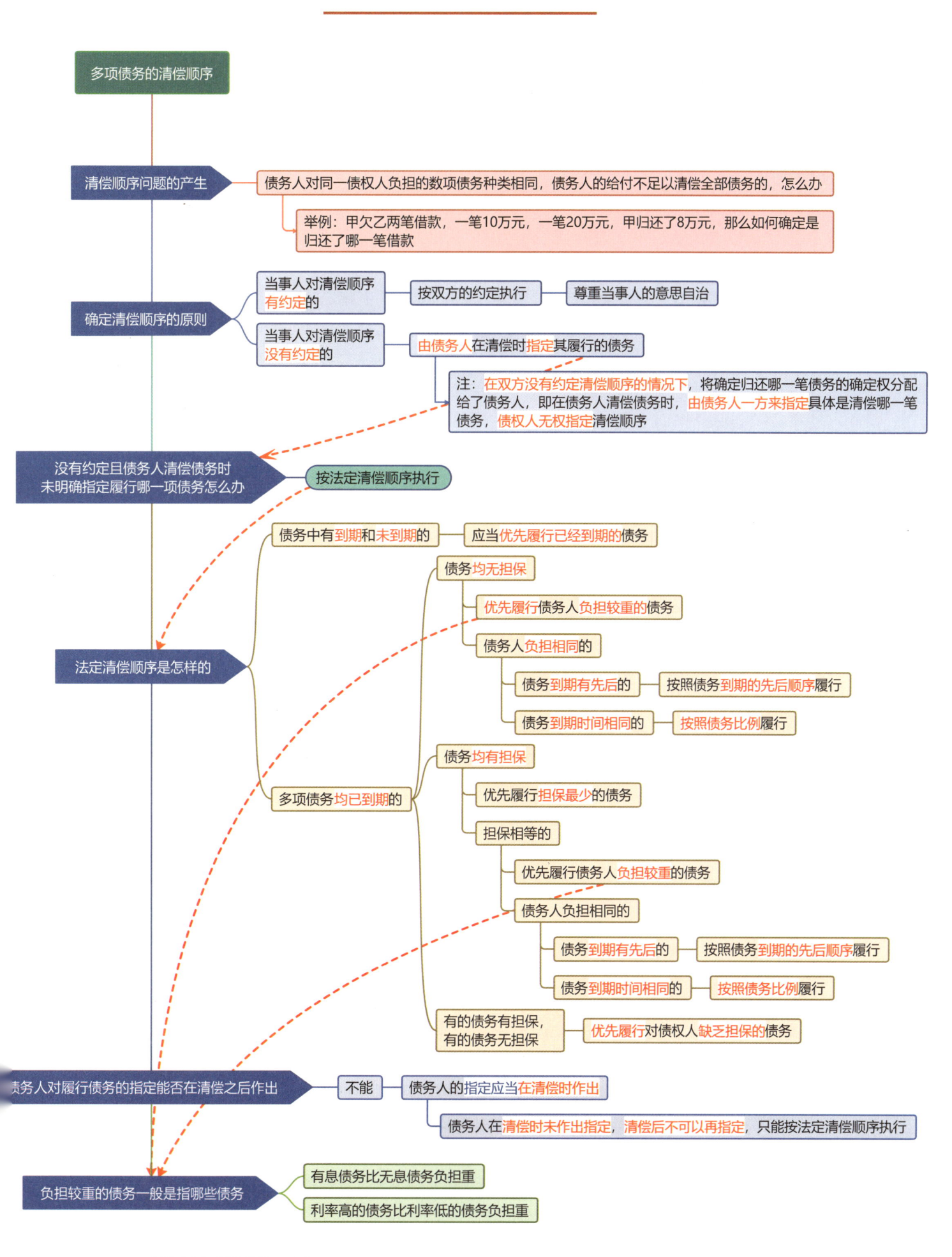

- 多项债务的清偿顺序
  - 清偿顺序问题的产生
    - 债务人对同一债权人负担的数项债务种类相同，债务人的给付不足以清偿全部债务的，怎么办
      - 举例：甲欠乙两笔借款，一笔10万元，一笔20万元，甲归还了8万元，那么如何确定是归还了哪一笔借款
  - 确定清偿顺序的原则
    - 当事人对清偿顺序**有约定**的 —— 按双方的约定执行 —— 尊重当事人的意思自治
    - 当事人对清偿顺序**没有约定**的 —— 由债务人在清偿时指定其履行的债务
      - 注：在双方没有约定清偿顺序的情况下，将确定归还哪一笔债务的确定权分配给了债务人，即在债务人清偿债务时，由债务人一方来指定具体是清偿哪一笔债务，债权人无权指定清偿顺序
  - 没有约定且债务人清偿债务时未明确指定履行哪一项债务怎么办 —— 按法定清偿顺序执行
  - 法定清偿顺序是怎样的
    - 债务中有到期和未到期的 —— 应当优先履行已经到期的债务
    - 多项债务均已到期的
      - 债务均无担保
        - 优先履行债务人负担较重的债务
        - 债务人负担相同的
          - 债务到期有先后的 —— 按照债务到期的先后顺序履行
          - 债务到期时间相同的 —— 按照债务比例履行
      - 债务均有担保
        - 优先履行担保最少的债务
        - 担保相等的
          - 优先履行债务人负担较重的债务
          - 债务人负担相同的
            - 债务到期有先后的 —— 按照债务到期的先后顺序履行
            - 债务到期时间相同的 —— 按照债务比例履行
      - 有的债务有担保，有的债务无担保 —— 优先履行对债权人缺乏担保的债务
  - 债务人对履行债务的指定能否在清偿之后作出 —— 不能
    - 债务人的指定应当在清偿时作出
    - 债务人在清偿时未作出指定，清偿后不可以再指定，只能按法定清偿顺序执行
  - 负担较重的债务一般是指哪些债务
    - 有息债务比无息债务负担重
    - 利率高的债务比利率低的债务负担重

制作依据：民法典第560条

关联法条

《中华人民共和国民法典》

第二百一十五条　当事人之间订立有关设立、变更、转让和消灭不动产物权的合同，除法律另有规定或者当事人另有约定外，自合同成立时生效；未办理物权登记的，不影响合同效力。

第四百六十五条　依法成立的合同，受法律保护。

依法成立的合同，仅对当事人具有法律约束力，但是法律另有规定的除外。

第四百八十三条　承诺生效时合同成立，但是法律另有规定或者当事人另有约定的除外。

第四百九十条　当事人采用合同书形式订立合同的，自当事人均签名、盖章或者按指印时合同成立。在签名、盖章或者按指印之前，当事人一方已经履行主要义务，对方接受时，该合同成立。

法律、行政法规规定或者当事人约定合同应当采用书面形式订立，当事人未采用书面形式但是一方已经履行主要义务，对方接受时，该合同成立。

第四百九十一条　当事人采用信件、数据电文等形式订立合同要求签订确认书的，签订确认书时合同成立。

当事人一方通过互联网等信息网络发布的商品或者服务信息符合要约条件的，对方选择该商品或者服务并提交订单成功时合同成立，但是当事人另有约定的除外。

第五百零二条　依法成立的合同，自成立时生效，但是法律另有规定或者当事人另有约定的除外。

依照法律、行政法规的规定，合同应当办理批准等手续的，依照其规定。未办理批准等手续影响合同生效的，不影响合同中履行报批等义务条款以及相关条款的效力。应当办理申请批准等手续的当事人未履行义务的，对方可以请求其承担违反该义务的责任。

依照法律、行政法规的规定，合同的变更、转让、解除等情形应当办理批准等手续的，适用前款规定。

第五百零七条　合同不生效、无效、被撤销或者终止的，不影响合同中有关解决争议方法的条款的效力。

第五百八十六条　当事人可以约定一方向对方给付定金作为债权的担保。定金合同自实际交付定金时成立。

定金的数额由当事人约定；但是，不得超过主合同标的额的百分之二十，超过部分不产生定金的效力。实际交付的定金数额多于或者少于约定数额的，视为变更约定的定金数额。

第六百七十九条　自然人之间的借款合同，自贷款人提供借款时成立。

第六百八十五条　保证合同可以是单独订立的书面合同，也可以是主债权债务合同中的保证条款。

第三人单方以书面形式向债权人作出保证，债权人接收且未提出异议的，保证合同成立。

第八百一十四条　客运合同自承运人向旅客出具客票时成立，但是当事人另有约定或者另有交易习惯的除外。

第八百九十条　保管合同自保管物交付时成立，但是当事人另有约定的除外。

第九百零五条　仓储合同自保管人和存货人意思表示一致时成立。

合同的成立与生效

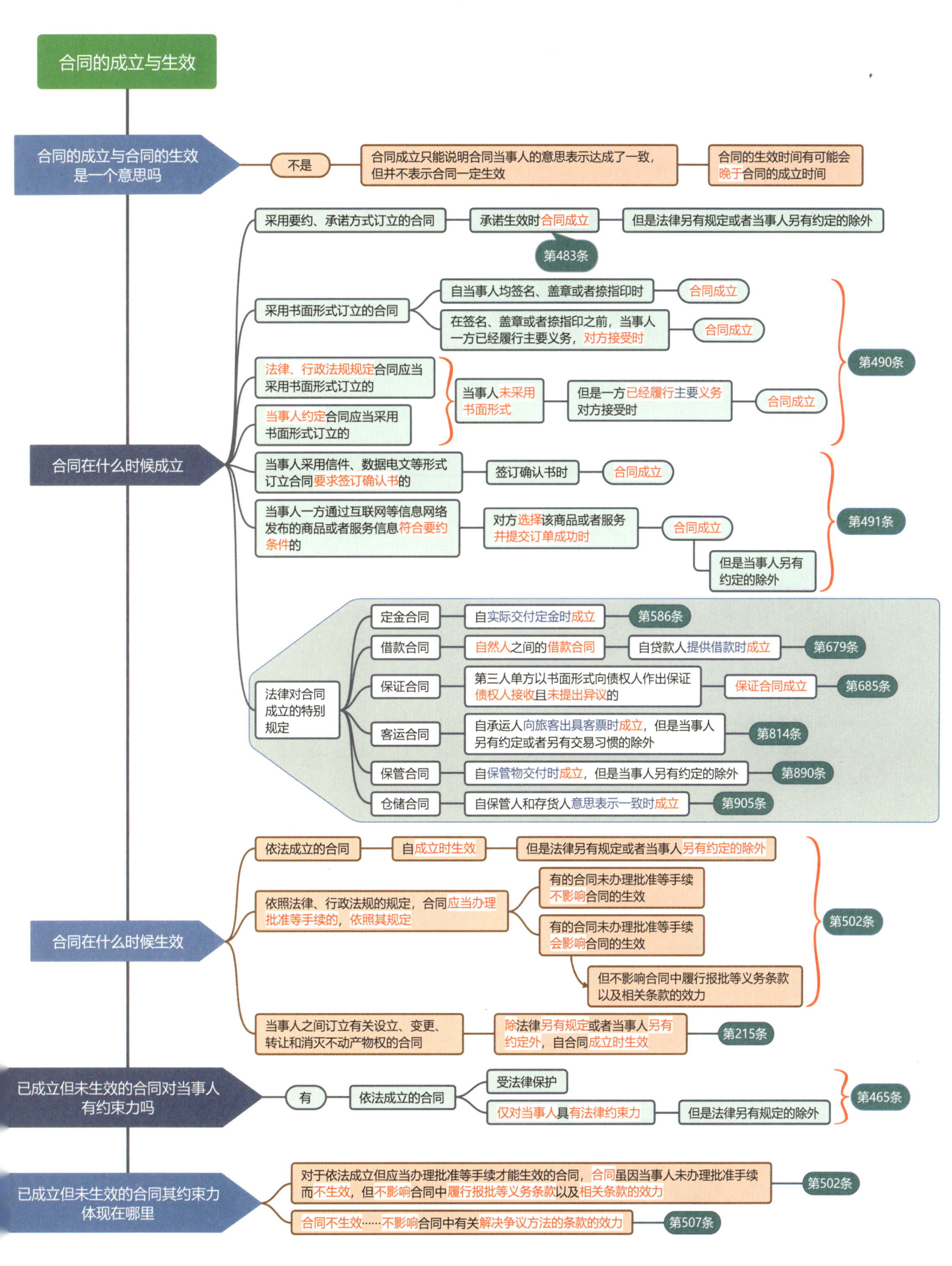

合同的成立与生效

合同的成立与合同的生效是一个意思吗
- 不是
  - 合同成立只能说明合同当事人的意思表示达成了一致，但并不表示合同一定生效
  - 合同的生效时间有可能会晚于合同的成立时间

合同在什么时候成立
- 采用要约、承诺方式订立的合同
  - 承诺生效时合同成立
  - 但是法律另有规定或者当事人另有约定的除外（第483条）
- 采用书面形式订立的合同（第490条）
  - 自当事人均签名、盖章或者捺指印时——合同成立
  - 在签名、盖章或者捺指印之前，当事人一方已经履行主要义务，对方接受时——合同成立
- 法律、行政法规规定合同应当采用书面形式订立的 / 当事人约定合同应当采用书面形式订立的（第490条）
  - 当事人未采用书面形式，但是一方已经履行主要义务对方接受时——合同成立
- 当事人采用信件、数据电文等形式订立合同要求签订确认书的（第491条）
  - 签订确认书时——合同成立
- 当事人一方通过互联网等信息网络发布的商品或者服务信息符合要约条件的（第491条）
  - 对方选择该商品或者服务并提交订单成功时——合同成立
  - 但是当事人另有约定的除外

法律对合同成立的特别规定
- 定金合同：自实际交付定金时成立（第586条）
- 借款合同：自然人之间的借款合同，自贷款人提供借款时成立（第679条）
- 保证合同：第三人单方以书面形式向债权人作出保证，债权人接收且未提出异议的，保证合同成立（第685条）
- 客运合同：自承运人向旅客出具客票时成立，但是当事人另有约定或者另有交易习惯的除外（第814条）
- 保管合同：自保管物交付时成立，但是当事人另有约定的除外（第890条）
- 仓储合同：自保管人和存货人意思表示一致时成立（第905条）

合同在什么时候生效
- 依法成立的合同
  - 自成立时生效
  - 但是法律另有规定或者当事人另有约定的除外
- 依照法律、行政法规的规定，合同应当办理批准等手续的，依照其规定（第502条）
  - 有的合同未办理批准等手续不影响合同的生效
  - 有的合同未办理批准等手续会影响合同的生效
  - 但不影响合同中履行报批等义务条款以及相关条款的效力
- 当事人之间订立有关设立、变更、转让和消灭不动产物权的合同
  - 除法律另有规定或者当事人另有约定外，自合同成立时生效（第215条）

已成立但未生效的合同对当事人有约束力吗
- 有
  - 依法成立的合同
    - 受法律保护
    - 仅对当事人具有法律约束力
    - 但是法律另有规定的除外（第465条）

已成立但未生效的合同其约束力体现在哪里
- 对于依法成立但应当办理批准等手续才能生效的合同，合同虽因当事人未办理批准手续而不生效，但不影响合同中履行报批等义务条款以及相关条款的效力（第502条）
- 合同不生效……不影响合同中有关解决争议方法的条款的效力（第507条）

制作依据：民法典

关联法条

《中华人民共和国民法典》

第五百六十二条 当事人协商一致，可以解除合同。

当事人可以约定一方解除合同的事由。解除合同的事由发生时，解除权人可以解除合同。

第五百六十三条 有下列情形之一的，当事人可以解除合同：

（一）因不可抗力致使不能实现合同目的；

（二）在履行期限届满前，当事人一方明确表示或者以自己的行为表明不履行主要债务；

（三）当事人一方迟延履行主要债务，经催告后在合理期限内仍未履行；

（四）当事人一方迟延履行债务或者有其他违约行为致使不能实现合同目的；

（五）法律规定的其他情形。

以持续履行的债务为内容的不定期合同，当事人可以随时解除合同，但是应当在合理期限之前通知对方。

第五百六十四条 法律规定或者当事人约定解除权行使期限，期限届满当事人不行使的，该权利消灭。

法律没有规定或者当事人没有约定解除权行使期限，自解除权人知道或者应当知道解除事由之日起一年内不行使，或者经对方催告后在合理期限内不行使的，该权利消灭。

第五百六十五条 当事人一方依法主张解除合同的，应当通知对方。合同自通知到达对方时解除；通知载明债务人在一定期限内不履行债务则合同自动解除，债务人在该期限内未履行债务的，合同自通知载明的期限届满时解除。对方对解除合同有异议的，任何一方当事人均可以请求人民法院或者仲裁机构确认解除行为的效力。

当事人一方未通知对方，直接以提起诉讼或者申请仲裁的方式依法主张解除合同，人民法院或者仲裁机构确认该主张的，合同自起诉状副本或者仲裁申请书副本送达对方时解除。

第五百六十六条 合同解除后，尚未履行的，终止履行；已经履行的，根据履行情况和合同性质，当事人可以请求恢复原状或者采取其他补救措施，并有权请求赔偿损失。

合同因违约解除的，解除权人可以请求违约方承担违约责任，但是当事人另有约定的除外。

主合同解除后，担保人对债务人应当承担的民事责任仍应当承担担保责任，但是担保合同另有约定的除外。

《最高人民法院关于适用〈中华人民共和国民法典〉时间效力的若干规定》

第二十五条 民法典施行前成立的合同，当时的法律、司法解释没有规定且当事人没有约定解除权行使期限，对方当事人也未催告的，解除权人在民法典施行前知道或者应当知道解除事由，自民法典施行之日起一年内不行使的，人民法院应当依法认定该解除权消灭；解除权人在民法典施行后知道或者应当知道解除事由的，适用民法典第五百六十四条第二款关于解除权行使期限的规定。

《最高人民法院关于适用〈中华人民共和国民法典〉合同编通则若干问题的解释》

第五十三条 当事人一方以通知方式解除合同，并以对方未在约定的异议期限或者其他合理期限内提出异议为由主张合同已经解除的，人民法院应当对其是否享有法律规定或者合同约定的解除权进行审查。经审查，享有解除权的，合同自通知到达对方时解除；不享有解除权的，不发生合同解除的效力。

第五十四条 当事人一方未通知对方，直接以提起诉讼的方式主张解除合同，撤诉后再次起诉主张解除合同，人民法院经审理支持该主张的，合同自再次起诉的起诉状副本送达对方时解除。但是，当事人一方撤诉后又通知对方解除合同且该通知已经到达对方的除外。

合同解除权的行使规则及解除合同应履行的程序

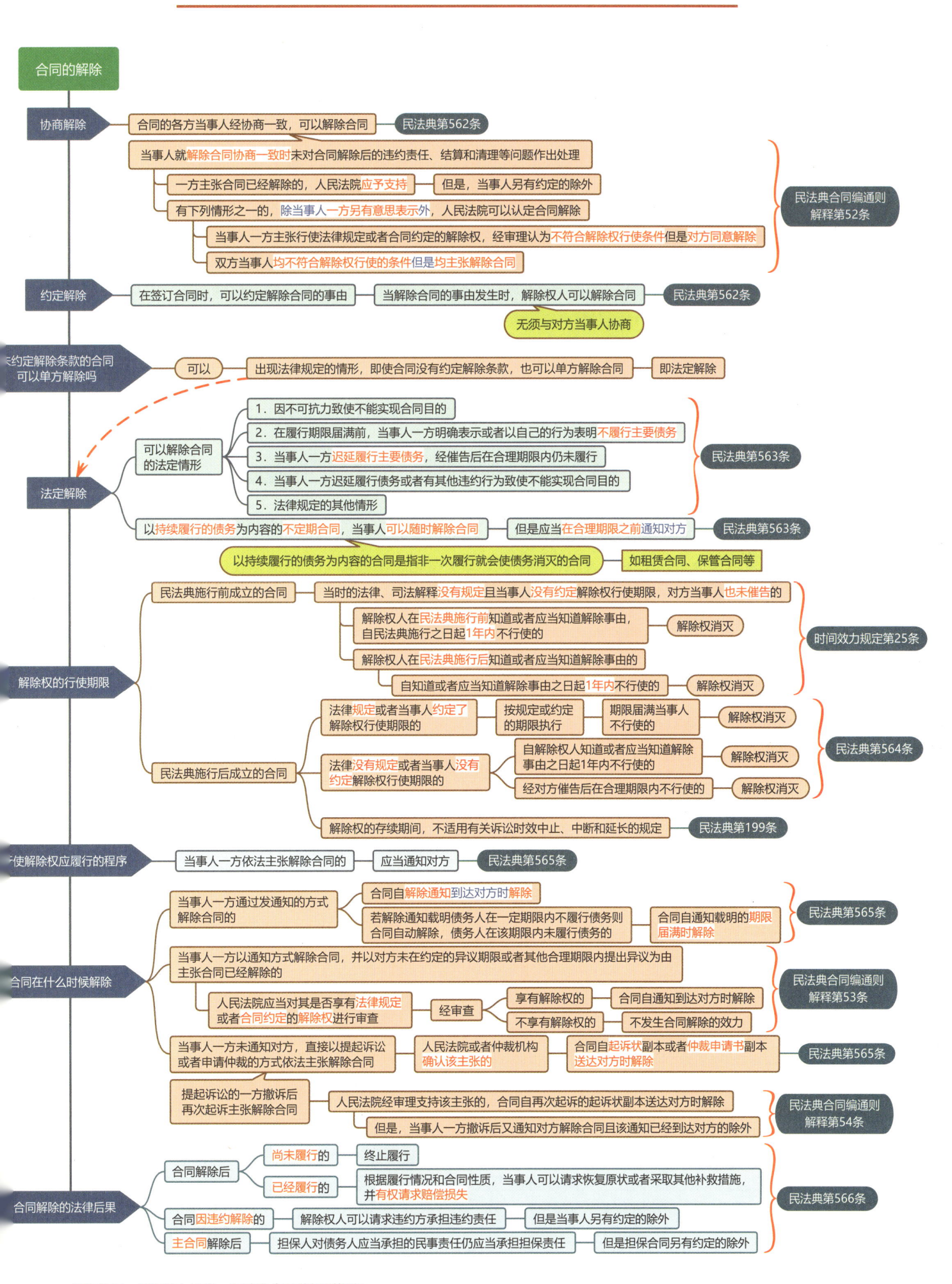

- **合同的解除**
  - **协商解除**
    - 合同的各方当事人经协商一致,可以解除合同 —— 民法典第562条
    - 当事人就解除合同协商一致时未对合同解除后的违约责任、结算和清理等问题作出处理
      - 一方主张合同已经解除的,人民法院应予支持 —— 但是,当事人另有约定的除外
      - 有下列情形之一的,除当事人一方另有意思表示外,人民法院可以认定合同解除
        - 当事人一方主张行使法律规定或者合同约定的解除权,经审理认为不符合解除权行使条件但是对方同意解除
        - 双方当事人均不符合解除权行使的条件但是均主张解除合同
      - （民法典合同编通则解释第52条）
  - **约定解除**
    - 在签订合同时,可以约定解除合同的事由 —— 当解除合同的事由发生时,解除权人可以解除合同 —— 民法典第562条
    - 无须与对方当事人协商
  - **无约定解除条款的合同可以单方解除吗**
    - 可以 —— 出现法律规定的情形,即使合同没有约定解除条款,也可以单方解除合同 —— 即法定解除
  - **法定解除**
    - 可以解除合同的法定情形：
      1. 因不可抗力致使不能实现合同目的
      2. 在履行期限届满前,当事人一方明确表示或者以自己的行为表明不履行主要债务
      3. 当事人一方迟延履行主要债务,经催告后在合理期限内仍未履行
      4. 当事人一方迟延履行债务或者有其他违约行为致使不能实现合同目的
      5. 法律规定的其他情形
      （民法典第563条）
    - 以持续履行的债务为内容的不定期合同,当事人可以随时解除合同 —— 但是应当在合理期限之前通知对方 —— 民法典第563条
    - 以持续履行的债务为内容的合同是指非一次履行就会使债务消灭的合同 —— 如租赁合同、保管合同等
  - **解除权的行使期限**
    - 民法典施行前成立的合同
      - 当时的法律、司法解释没有规定且当事人没有约定解除权行使期限,对方当事人也未催告的
      - 解除权人在民法典施行前知道或者应当知道解除事由,自民法典施行之日起1年内不行使的 —— 解除权消灭
      - 解除权人在民法典施行后知道或者应当知道解除事由的
      - 自知道或者应当知道解除事由之日起1年内不行使的 —— 解除权消灭
      （时间效力规定第25条）
    - 民法典施行后成立的合同
      - 法律规定或者当事人约定了解除权行使期限的 —— 按规定或约定的期限执行 —— 期限届满当事人不行使的 —— 解除权消灭
      - 法律没有规定或者当事人没有约定解除权行使期限的
        - 自解除权人知道或者应当知道解除事由之日起1年内不行使的 —— 解除权消灭
        - 经对方催告后在合理期限内不行使的 —— 解除权消灭
      （民法典第564条）
    - 解除权的存续期间,不适用有关诉讼时效中止、中断和延长的规定 —— 民法典第199条
  - **行使解除权应履行的程序**
    - 当事人一方依法主张解除合同的 —— 应当通知对方 —— 民法典第565条
  - **合同在什么时候解除**
    - 当事人一方通过发通知的方式解除合同的
      - 合同自解除通知到达对方时解除
      - 若解除通知载明债务人在一定期限内不履行债务则合同自动解除,债务人在该期限内未履行债务的 —— 合同自通知载明的期限届满时解除
      （民法典第565条）
    - 当事人一方以通知方式解除合同,并以对方未在约定的异议期限或者其他合理期限内提出异议为由主张合同已经解除的
      - 人民法院应当对其是否享有法律规定或者合同约定的解除权进行审查 —— 经审查
        - 享有解除权的 —— 合同自通知到达对方时解除
        - 不享有解除权的 —— 不发生合同解除的效力
      （民法典合同编通则解释第53条）
    - 当事人一方未通知对方,直接以提起诉讼或者申请仲裁的方式依法主张解除合同 —— 人民法院或者仲裁机构确认该主张的 —— 合同自起诉状副本或者仲裁申请书副本送达对方时解除 —— 民法典第565条
    - 提起诉讼的一方撤诉后再起诉主张解除合同
      - 人民法院经审理支持该主张的,合同自再次起诉的起诉状副本送达对方时解除
      - 但是,当事人一方撤诉后又通知对方解除合同且该通知已经到达对方的除外
      （民法典合同编通则解释第54条）
  - **合同解除的法律后果**
    - 合同解除后
      - 尚未履行的 —— 终止履行
      - 已经履行的 —— 根据履行情况和合同性质,当事人可以请求恢复原状或者采取其他补救措施,并有权请求赔偿损失
    - 合同因违约解除的 —— 解除权人可以请求违约方承担违约责任 —— 但是当事人另有约定的除外
    - 主合同解除后 —— 担保人对债务人应当承担的民事责任仍应当承担担保责任 —— 但是担保合同另有约定的除外
    （民法典第566条）

制作依据：时间效力规定、民法典合同编通则解释

关联法条

《中华人民共和国民法典》

第五百一十条 合同生效后，当事人就质量、价款或者报酬、履行地点等内容没有约定或者约定不明确的，可以协议补充；不能达成补充协议的，按照合同相关条款或者交易习惯确定。

第五百一十一条 当事人就有关合同内容约定不明确，依据前条规定仍不能确定的，适用下列规定：

（一）质量要求不明确的，按照强制性国家标准履行；没有强制性国家标准的，按照推荐性国家标准履行；没有推荐性国家标准的，按照行业标准履行；没有国家标准、行业标准的，按照通常标准或者符合合同目的的特定标准履行。

（二）价款或者报酬不明确的，按照订立合同时履行地的市场价格履行；依法应当执行政府定价或者政府指导价的，依照规定履行。

（三）履行地点不明确，给付货币的，在接受货币一方所在地履行；交付不动产的，在不动产所在地履行；其他标的，在履行义务一方所在地履行。

（四）履行期限不明确的，债务人可以随时履行，债权人也可以随时请求履行，但是应当给对方必要的准备时间。

（五）履行方式不明确的，按照有利于实现合同目的的方式履行。

（六）履行费用的负担不明确的，由履行义务一方负担；因债权人原因增加的履行费用，由债权人负担。

第五百三十条 债权人可以拒绝债务人提前履行债务，但是提前履行不损害债权人利益的除外。

债务人提前履行债务给债权人增加的费用，由债务人负担。

第六百零一条 出卖人应当按照约定的时间交付标的物。约定交付期限的，出卖人可以在该交付期限内的任何时间交付。

第六百零三条 出卖人应当按照约定的地点交付标的物。

当事人没有约定交付地点或者约定不明确，依据本法第五百一十条的规定仍不能确定的，适用下列规定：

（一）标的物需要运输的，出卖人应当将标的物交付给第一承运人以运交给买受人。

（二）标的物不需要运输，出卖人和买受人订立合同时知道标的物在某一地点的，出卖人应当在该地点交付标的物；不知道标的物在某一地点的，应当在出卖人订立合同时的营业地交付标的物。

第六百零五条 因买受人的原因致使标的物未按照约定的期限交付的，买受人应当自违反约定时起承担标的物毁损、灭失的风险。

《最高人民法院关于审理买卖合同纠纷案件适用法律问题的解释》（2020修正）

第八条 民法典第六百零三条第二款第一项规定的"标的物需要运输的"，是指标的物由出卖人负责办理托运，承运人系独立于买卖合同当事人之外的运输业者的情形。标的物毁损、灭失的风险负担，按照民法典第六百零七条第二款的规定处理。

买卖合同中标的物的交付

- **买卖合同中标的物的交付**

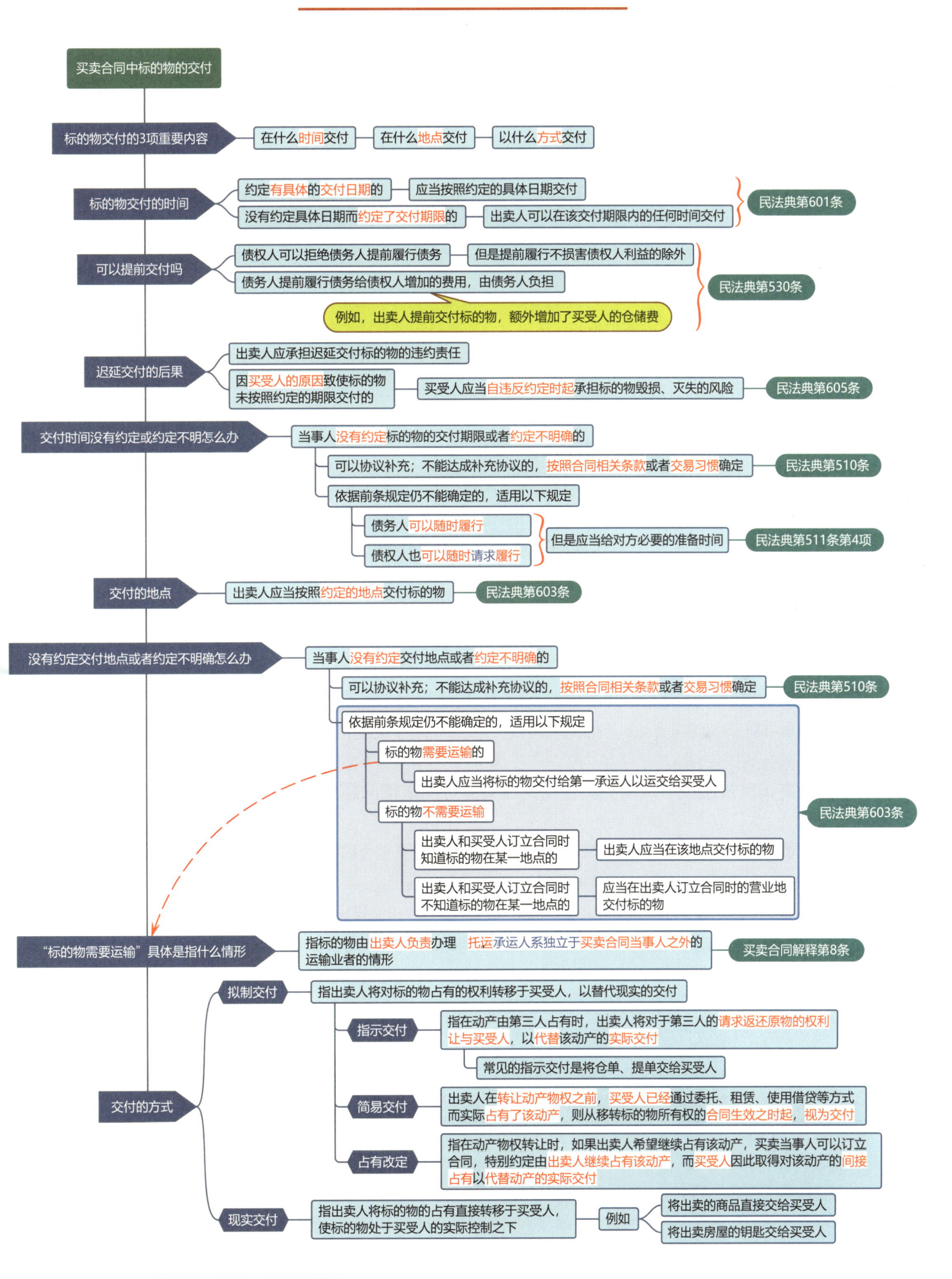

- **标的物交付的3项重要内容**
  - 在什么时间交付
  - 在什么地点交付
  - 以什么方式交付

- **标的物交付的时间**
  - 约定有具体的交付日期的 → 应当按照约定的具体日期交付
  - 没有约定具体日期而约定了交付期限的 → 出卖人可以在该交付期限内的任何时间交付
  - 〔民法典第601条〕

- **可以提前交付吗**
  - 债权人可以拒绝债务人提前履行债务 → 但是提前履行不损害债权人利益的除外
  - 债务人提前履行债务给债权人增加的费用,由债务人负担
  - 〔民法典第530条〕
  - 例如,出卖人提前交付标的物,额外增加了买受人的仓储费

- **迟延交付的后果**
  - 出卖人应承担迟延交付标的物的违约责任
  - 因买受人的原因致使标的物未按照约定的期限交付的 → 买受人应当自违反约定时起承担标的物毁损、灭失的风险
  - 〔民法典第605条〕

- **交付时间没有约定或约定不明怎么办**
  - 当事人没有约定标的物的交付期限或者约定不明确的
    - 可以协议补充;不能达成补充协议的,按照合同相关条款或者交易习惯确定 〔民法典第510条〕
    - 依据前条规定仍不能确定的,适用以下规定
      - 债务人可以随时履行
      - 债权人也可以随时请求履行
      - 但是应当给对方必要的准备时间 〔民法典第511条第4项〕

- **交付的地点**
  - 出卖人应当按照约定的地点交付标的物 〔民法典第603条〕

- **没有约定交付地点或者约定不明确怎么办**
  - 当事人没有约定交付地点或者约定不明确的
    - 可以协议补充;不能达成补充协议的,按照合同相关条款或者交易习惯确定 〔民法典第510条〕
    - 依据前条规定仍不能确定的,适用以下规定
      - 标的物需要运输的 → 出卖人应当将标的物交付给第一承运人以运交给买受人
      - 标的物不需要运输
        - 出卖人和买受人订立合同时知道标的物在某一地点的 → 出卖人应当在该地点交付标的物
        - 出卖人和买受人订立合同时不知道标的物在某一地点的 → 应当在出卖人订立合同时的营业地交付标的物
      - 〔民法典第603条〕

- **"标的物需要运输"具体是指什么情形**
  - 指标的物由出卖人负责办理托运承运人系独立于买卖合同当事人之外的运输业者的情形 〔买卖合同解释第8条〕

- **交付的方式**
  - **拟制交付**:指出卖人将对标的物占有的权利转移于买受人,以替代现实的交付
    - **指示交付**:指在动产由第三人占有时,出卖人将对于第三人的请求返还原物的权利让与买受人,以代替该动产的实际交付
      - 常见的指示交付是将仓单、提单交给买受人
    - **简易交付**:出卖人在转让动产物权之前,买受人已经通过委托、租赁、使用借贷等方式而实际占有了该动产,则从移转标的物所有权的合同生效之时起,视为交付
    - **占有改定**:指在动产物权转让时,如果出卖人希望继续占有该动产,买卖当事人可以订立合同,特别约定由出卖人继续占有该动产,而买受人因此取得对该动产的间接占有以代替动产的实际交付
  - **现实交付**:指出卖人将标的物的占有直接转移于买受人,使标的物处于买受人的实际控制之下
    - 例如
      - 将出卖的商品直接交给买受人
      - 将出卖房屋的钥匙交给买受人

制作依据:民法典、买卖合同解释

关联法条

《中华人民共和国民法典》

第二百零九条 不动产物权的设立、变更、转让和消灭，经依法登记，发生效力；未经登记，不发生效力，但是法律另有规定的除外。

依法属于国家所有的自然资源，所有权可以不登记。

第五百九十五条 买卖合同是出卖人转移标的物的所有权于买受人，买受人支付价款的合同。

第六百四十一条 当事人可以在买卖合同中约定买受人未履行支付价款或者其他义务的，标的物的所有权属于出卖人。

出卖人对标的物保留的所有权，未经登记，不得对抗善意第三人。

第六百四十二条 当事人约定出卖人保留合同标的物的所有权，在标的物所有权转移前，买受人有下列情形之一，造成出卖人损害的，除当事人另有约定外，出卖人有权取回标的物：

（一）未按照约定支付价款，经催告后在合理期限内仍未支付；

（二）未按照约定完成特定条件；

（三）将标的物出卖、出质或者作出其他不当处分。

出卖人可以与买受人协商取回标的物；协商不成的，可以参照适用担保物权的实现程序。

《中华人民共和国民事诉讼法》（2023修正）

第二百零七条 申请实现担保物权，由担保物权人以及其他有权请求实现担保物权的人依照民法典等法律，向担保财产所在地或者担保物权登记地基层人民法院提出。

第二百零八条 人民法院受理申请后，经审查，符合法律规定的，裁定拍卖、变卖担保财产，当事人依据该裁定可以向人民法院申请执行；不符合法律规定的，裁定驳回申请，当事人可以向人民法院提起诉讼。

《最高人民法院关于审理买卖合同纠纷案件适用法律问题的解释》（2020修正）

第六条 出卖人就同一普通动产订立多重买卖合同，在买卖合同均有效的情况下，买受人均要求实际履行合同的，应当按照以下情形分别处理：

（一）先行受领交付的买受人请求确认所有权已经转移的，人民法院应予支持；

（二）均未受领交付，先行支付价款的买受人请求出卖人履行交付标的物等合同义务的，人民法院应予支持；

（三）均未受领交付，也未支付价款，依法成立在先合同的买受人请求出卖人履行交付标的物等合同义务的，人民法院应予支持。

第二十五条 买卖合同当事人主张民法典第六百四十一条关于标的物所有权保留的规定适用于不动产的，人民法院不予支持。

第二十六条 买受人已经支付标的物总价款的百分之七十五以上，出卖人主张取回标的物的，人民法院不予支持。

在民法典第六百四十二条第一款第三项情形下，第三人依据民法典第三百一十一条的规定已经善意取得标的物所有权或者其他物权，出卖人主张取回标的物的，人民法院不予支持。

买卖合同中标的物所有权的转移

- **买卖合同中标的物所有权的转移**

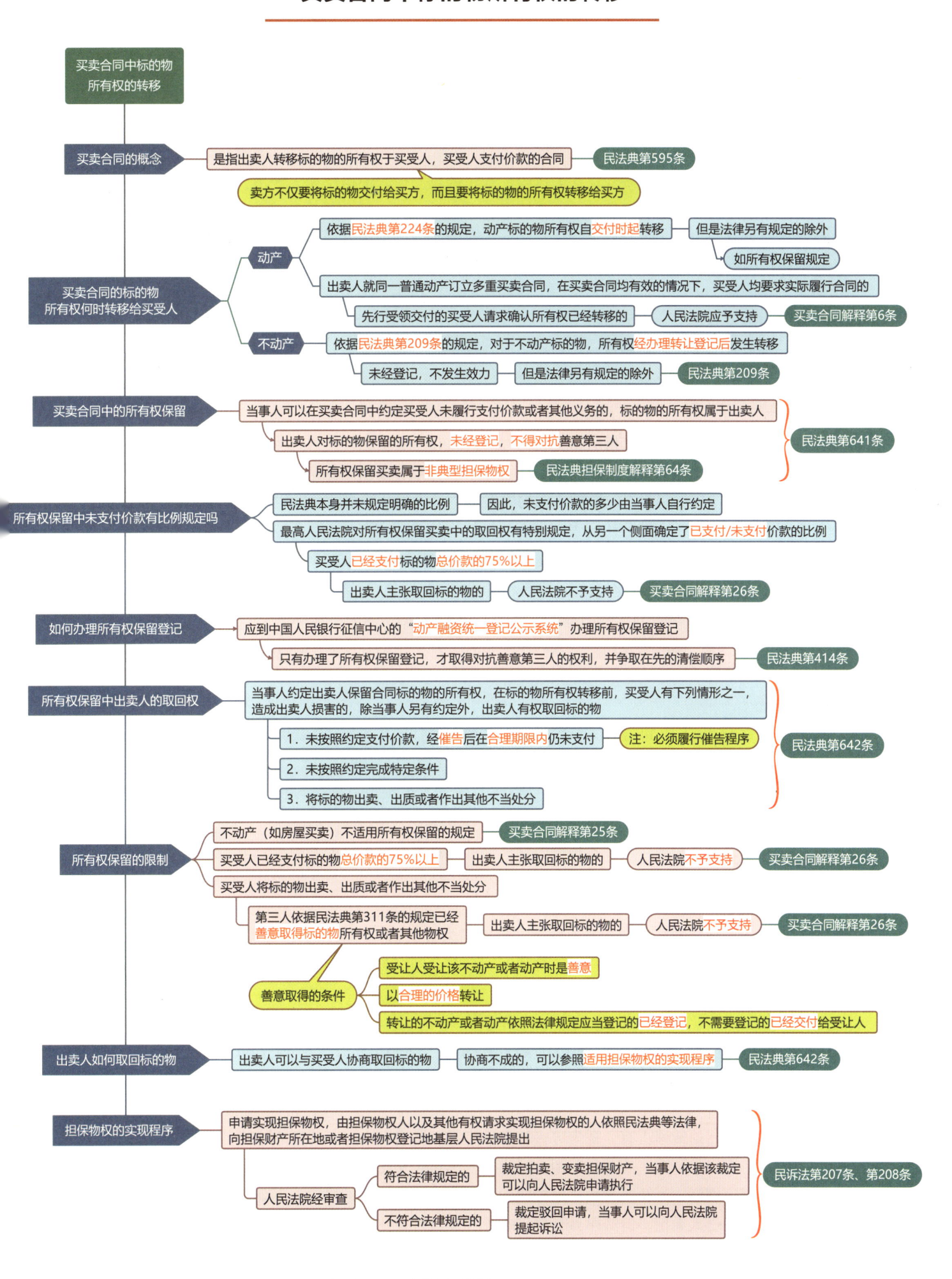

- **买卖合同的概念**
  - 是指出卖人转移标的物的所有权于买受人，买受人支付价款的合同 —— 民法典第595条
  - 卖方不仅要将标的物交付给买方，而且要将标的物的所有权转移给买方

- **买卖合同的标的物所有权何时转移给买受人**
  - **动产**
    - 依据民法典第224条的规定，动产标的物所有权自交付时起转移 —— 但是法律另有规定的除外
      - 如所有权保留规定
    - 出卖人就同一普通动产订立多重买卖合同，在买卖合同均有效的情况下，买受人均要求实际履行合同的
      - 先行受领交付的买受人请求确认所有权已经转移的 —— 人民法院应予支持 —— 买卖合同解释第6条
  - **不动产**
    - 依据民法典第209条的规定，对于不动产标的物，所有权经办理转让登记后发生转移
    - 未经登记，不发生效力 —— 但是法律另有规定的除外 —— 民法典第209条

- **买卖合同中的所有权保留**
  - 当事人可以在买卖合同中约定买受人未履行支付价款或者其他义务的，标的物的所有权属于出卖人
  - 出卖人对标的物保留的所有权，未经登记，不得对抗善意第三人
  - 所有权保留买卖属于非典型担保物权 —— 民法典担保制度解释第64条
  - } 民法典第641条

- **所有权保留中未支付价款有比例规定吗**
  - 民法典本身并未规定明确的比例 —— 因此，未支付价款的多少由当事人自行约定
  - 最高人民法院对所有权保留买卖中的取回权有特别规定，从另一个侧面确定了已支付/未支付价款的比例
    - 买受人已经支付标的物总价款的75%以上
      - 出卖人主张取回标的物的 —— 人民法院不予支持 —— 买卖合同解释第26条

- **如何办理所有权保留登记**
  - 应到中国人民银行征信中心的"动产融资统一登记公示系统"办理所有权保留登记
  - 只有办理了所有权保留登记，才取得对抗善意第三人的权利，并争取在先的清偿顺序 —— 民法典第414条

- **所有权保留中出卖人的取回权**
  - 当事人约定出卖人保留合同标的物的所有权，在标的物所有权转移前，买受人有下列情形之一，造成出卖人损害的，除当事人另有约定外，出卖人有权取回标的物
    1. 未按照约定支付价款，经催告后在合理期限内仍未支付 —— 注：必须履行催告程序
    2. 未按照约定完成特定条件
    3. 将标的物出卖、出质或者作出其他不当处分
  - 民法典第642条

- **所有权保留的限制**
  - 不动产（如房屋买卖）不适用所有权保留的规定 —— 买卖合同解释第25条
  - 买受人已经支付标的物总价款的75%以上 —— 出卖人主张取回标的物的 —— 人民法院不予支持 —— 买卖合同解释第26条
  - 买受人将标的物出卖、出质或者作出其他不当处分
    - 第三人依据民法典第311条的规定已经善意取得标的物所有权或者其他物权 —— 出卖人主张取回标的物的 —— 人民法院不予支持 —— 买卖合同解释第26条
    - **善意取得的条件**
      - 受让人受让该不动产或者动产时是善意
      - 以合理的价格转让
      - 转让的不动产或者动产依照法律规定应当登记的已经登记，不需要登记的已经交付给受让人

- **出卖人如何取回标的物**
  - 出卖人可以与买受人协商取回标的物 —— 协商不成的，可以参照适用担保物权的实现程序 —— 民法典第642条

- **担保物权的实现程序**
  - 申请实现担保物权，由担保物权人以及其他有权请求实现担保物权的人依照民法典等法律，向担保财产所在地或者担保物权登记地基层人民法院提出
  - 人民法院经审查
    - 符合法律规定的 —— 裁定拍卖、变卖担保财产，当事人依据该裁定可以向人民法院申请执行
    - 不符合法律规定的 —— 裁定驳回申请，当事人可以向人民法院提起诉讼
  - 民诉法第207条、第208条

制作依据：民法典、民诉法、买卖合同解释、民法典担保制度解释

关联法条

《中华人民共和国民法典》

第六百零四条 标的物毁损、灭失的风险，在标的物交付之前由出卖人承担，交付之后由买受人承担，但是法律另有规定或者当事人另有约定的除外。

第六百零五条 因买受人的原因致使标的物未按照约定的期限交付的，买受人应当自违反约定时起承担标的物毁损、灭失的风险。

第六百零六条 出卖人出卖交由承运人运输的在途标的物，除当事人另有约定外，毁损、灭失的风险自合同成立时起由买受人承担。

第六百零七条 出卖人按照约定将标的物运送至买受人指定地点并交付给承运人后，标的物毁损、灭失的风险由买受人承担。

当事人没有约定交付地点或者约定不明确，依据本法第六百零三条第二款第一项的规定标的物需要运输的，出卖人将标的物交付给第一承运人后，标的物毁损、灭失的风险由买受人承担。

第六百零八条 出卖人按照约定或者依据本法第六百零三条第二款第二项的规定将标的物置于交付地点，买受人违反约定没有收取的，标的物毁损、灭失的风险自违反约定时起由买受人承担。

第六百零九条 出卖人按照约定未交付有关标的物的单证和资料的，不影响标的物毁损、灭失风险的转移。

第六百一十条 因标的物不符合质量要求，致使不能实现合同目的的，买受人可以拒绝接受标的物或者解除合同。买受人拒绝接受标的物或者解除合同的，标的物毁损、灭失的风险由出卖人承担。

第六百一十一条 标的物毁损、灭失的风险由买受人承担的，不影响因出卖人履行义务不符合约定，买受人请求其承担违约责任的权利。

《最高人民法院关于审理买卖合同纠纷案件适用法律问题的解释》（2020修正）

第九条 出卖人根据合同约定将标的物运送至买受人指定地点并交付给承运人后，标的物毁损、灭失的风险由买受人负担，但当事人另有约定的除外。

第十条 出卖人出卖交由承运人运输的在途标的物，在合同成立时知道或者应当知道标的物已经毁损、灭失却未告知买受人，买受人主张出卖人负担标的物毁损、灭失的风险的，人民法院应予支持。

第十一条 当事人对风险负担没有约定，标的物为种类物，出卖人未以装运单据、加盖标记、通知买受人等可识别的方式清楚地将标的物特定于买卖合同，买受人主张不负担标的物毁损、灭失的风险的，人民法院应予支持。

《最高人民法院关于审理商品房买卖合同纠纷案件适用法律若干问题的解释》（2020修正）

第八条 对房屋的转移占有，视为房屋的交付使用，但当事人另有约定的除外。

房屋毁损、灭失的风险，在交付使用前由出卖人承担，交付使用后由买受人承担；买受人接到出卖人的书面交房通知，无正当理由拒绝接收的，房屋毁损、灭失的风险自书面交房通知确定的交付使用之日起由买受人承担，但法律另有规定或者当事人另有约定的除外。

买卖合同中标的物风险的转移

- **买卖合同中标的物风险的转移**
  - **风险转移的基本原则**
    - 标的物毁损、灭失的风险，在标的物交付之前由出卖人承担，交付之后由买受人承担 —— 民法典第604条
    - 但是法律另有规定或者当事人另有约定的除外
  - **迟延交付标的物的风险承担**
    - 因买受人的原因致使标的物未按照约定的期限交付的 → 买受人应当自违反约定时起承担标的物毁损、灭失的风险 —— 民法典第605条
  - **路货买卖中的标的物风险转移**
    - 什么是路货买卖
      - 是指标的物已在运输途中，出卖人寻找买主，出卖在途中的标的物
      - 可以是出卖人先把标的物装上开往某个目的地的运输工具（一般是船舶）上，然后寻找适当的买主订立买卖合同
      - 也可以是一个买卖合同的买受人未实际收取标的物前，再把处于运输途中的标的物转卖给另一个买受人
    - 出卖人出卖交由承运人运输的在途标的物
      - 毁损、灭失的风险自合同成立时起由买受人承担
      - 当事人另有约定的除外 —— 民法典第606条
  - **需要运输的标的物风险负担**
    - 出卖人按照约定将标的物运送至买受人指定地点并交付给承运人后
      - 标的物毁损、灭失的风险由买受人承担 —— 民法典第607条
      - 但当事人另有约定的除外 —— 买卖合同解释第9条
    - 当事人没有约定交付地点或者约定不明确
      - 依据民法典第603条第2款第1项的规定标的物需要运输的
      - 出卖人将标的物交付给第一承运人后
      - 标的物毁损、灭失的风险由买受人承担 —— 民法典第607条
    - 出卖人出卖交由承运人运输的在途标的物，在合同成立时知道或者应当知道标的物已经毁损、灭失却未告知买受人
      - 买受人主张出卖人负担标的物毁损、灭失的风险的 → 人民法院应予支持 —— 买卖合同解释第10条
  - **买受人不履行接受标的物义务的风险负担**
    - 出卖人按照约定或者依据民法典第603条第2款第2项的规定将标的物置于交付地点，买受人违反约定没有收取的，标的物毁损、灭失的风险自违反约定时起由买受人承担 —— 民法典第608条
    - 民法典第603条第2款第2项：标的物不需要运输，出卖人和买受人订立合同时知道标的物在某一地点的，出卖人应当在该地点交付标的物；不知道标的物在某一地点的，应当在出卖人订立合同时的营业地交付标的物
  - **未交付单证、资料的风险负担**
    - 出卖人按照约定未交付有关标的物的单证和资料的，不影响标的物毁损、灭失风险的转移 —— 民法典第609条
    - 出卖人已经将标的物交付给买受人并由买受人占有，只是没有按照约定履行交付有关标的物的单证和资料的义务，不影响标的物毁损、灭失风险的转移
  - **根本违约情况下的风险转移**
    - 因标的物不符合质量要求，致使不能实现合同目的的
      - 买受人可以拒绝接受标的物或者解除合同
      - 买受人拒绝接受标的物或者解除合同的，标的物毁损、灭失的风险由出卖人承担 —— 民法典第610条
  - **买受人承担风险与出卖人违约责任关系**
    - 标的物毁损、灭失的风险由买受人承担的 → 不影响因出卖人履行义务不符合约定，买受人请求其承担违约责任的权利 —— 民法典第611条
  - **试用买卖中的风险承担**
    - 标的物在试用期内毁损、灭失的风险由出卖人承担 —— 民法典第640条
  - **对种类物的风险负担没有约定**
    - 当事人对风险负担没有约定，标的物为种类物
    - 出卖人未以装运单据、加盖标记、通知买受人等可识别的方式清楚地将标的物特定于买卖合同
    - 买受人主张不负担标的物毁损、灭失的风险的 → 人民法院应予支持 —— 买卖合同解释第11条
  - **商品房买卖合同中的风险转移**
    - 在交付使用前，房屋毁损、灭失的风险由出卖人承担
    - 在交付使用后，房屋毁损、灭失的风险由买受人承担
    - 买受人接到出卖人的书面交房通知，无正当理由拒绝接收的
      - 房屋毁损、灭失的风险自书面交房通知确定的交付使用之日起由买受人承担
      - 但法律另有规定或者当事人另有约定的除外 —— 商品房买卖合同解释第8条

制作依据：民法典、买卖合同解释、商品房买卖合同解释

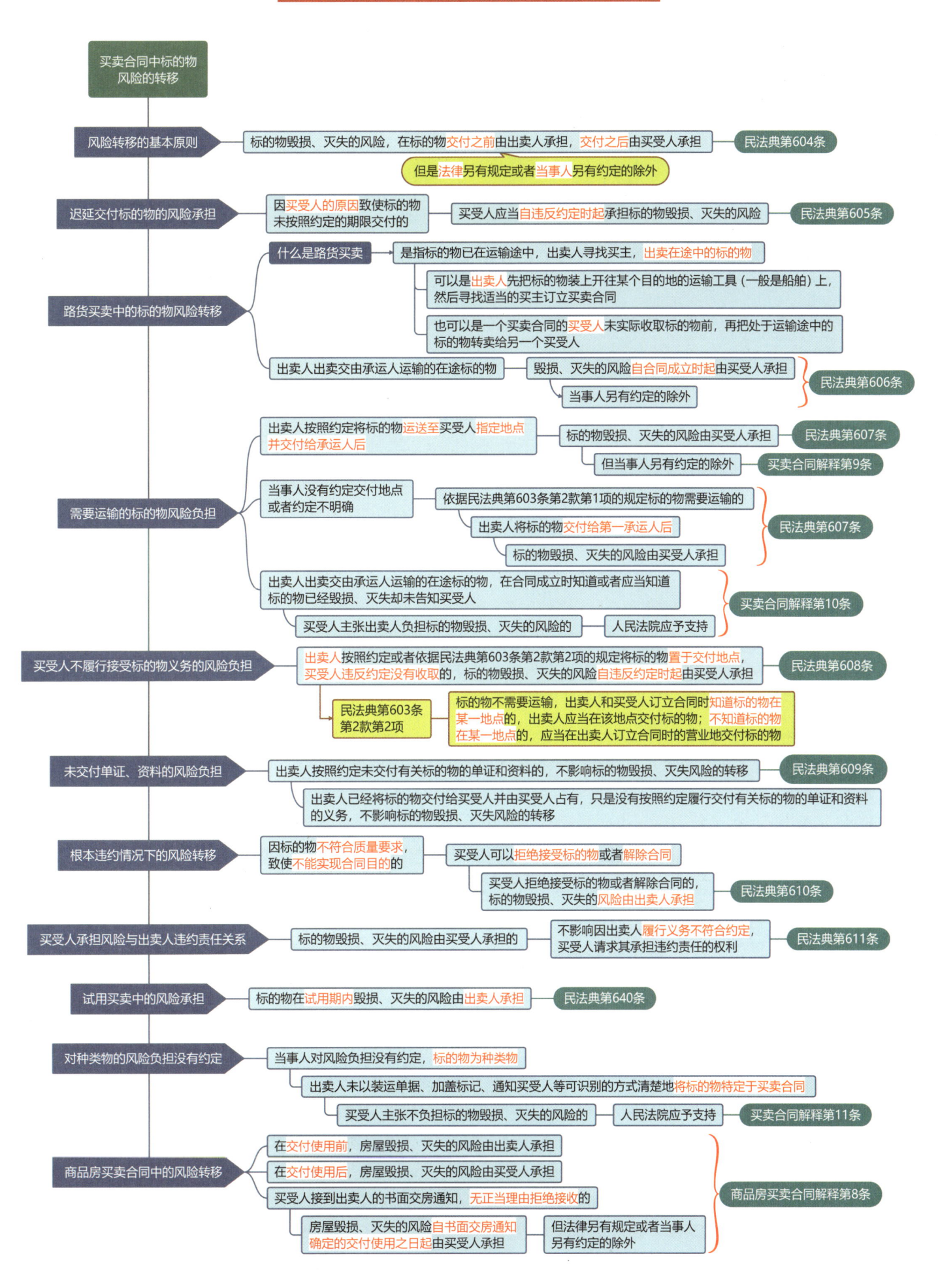

关联法条

《中华人民共和国民法典》

第六百二十条　买受人收到标的物时应当在约定的检验期限内检验。没有约定检验期限的，应当及时检验。

第六百二十一条　当事人约定检验期限的，买受人应当在检验期限内将标的物的数量或者质量不符合约定的情形通知出卖人。买受人怠于通知的，视为标的物的数量或者质量符合约定。

当事人没有约定检验期限的，买受人应当在发现或者应当发现标的物的数量或者质量不符合约定的合理期限内通知出卖人。买受人在合理期限内未通知或者自收到标的物之日起二年内未通知出卖人的，视为标的物的数量或者质量符合约定；但是，对标的物有质量保证期的，适用质量保证期，不适用该二年的规定。

出卖人知道或者应当知道提供的标的物不符合约定的，买受人不受前两款规定的通知时间的限制。

第六百二十二条　当事人约定的检验期限过短，根据标的物的性质和交易习惯，买受人在检验期限内难以完成全面检验的，该期限仅视为买受人对标的物的外观瑕疵提出异议的期限。

约定的检验期限或者质量保证期短于法律、行政法规规定期限的，应当以法律、行政法规规定的期限为准。

第六百二十三条　当事人对检验期限未作约定，买受人签收的送货单、确认单等载明标的物数量、型号、规格的，推定买受人已经对数量和外观瑕疵进行检验，但是有相关证据足以推翻的除外。

第六百二十四条　出卖人依照买受人的指示向第三人交付标的物，出卖人和买受人约定的检验标准与买受人和第三人约定的检验标准不一致的，以出卖人和买受人约定的检验标准为准。

《最高人民法院关于审理买卖合同纠纷案件适用法律问题的解释》（2020修正）

第十二条　人民法院具体认定民法典第六百二十一条第二款规定的"合理期限"时，应当综合当事人之间的交易性质、交易目的、交易方式、交易习惯、标的物的种类、数量、性质、安装和使用情况、瑕疵的性质、买受人应尽的合理注意义务、检验方法和难易程度、买受人或者检验人所处的具体环境、自身技能以及其他合理因素，依据诚实信用原则进行判断。

民法典第六百二十一条第二款规定的"二年"是最长的合理期限。该期限为不变期间，不适用诉讼时效中止、中断或者延长的规定。

第十三条　买受人在合理期限内提出异议，出卖人以买受人已经支付价款、确认欠款数额、使用标的物等为由，主张买受人放弃异议的，人民法院不予支持，但当事人另有约定的除外。

买卖合同中标的物的检验

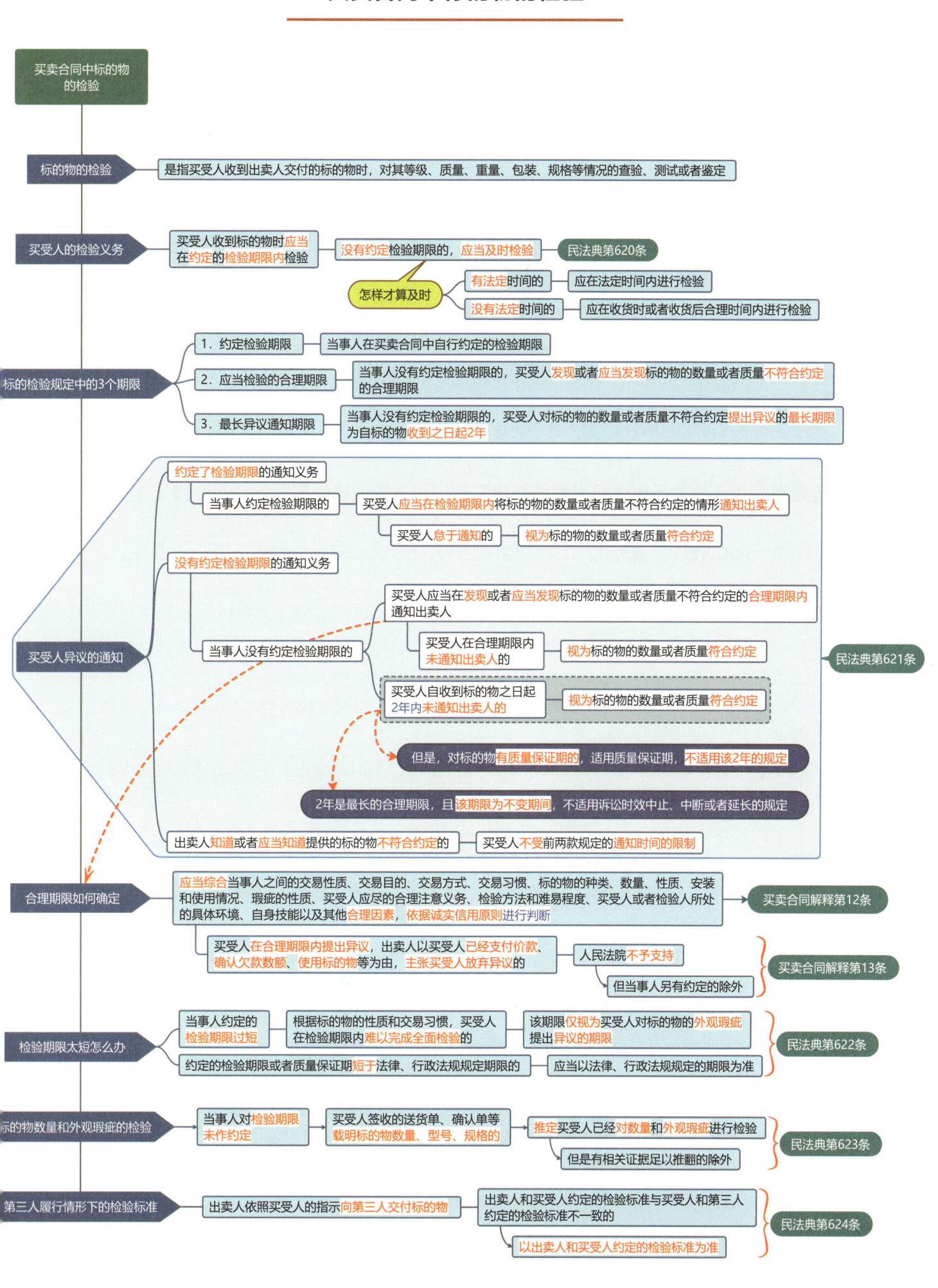

- **买卖合同中标的物的检验**
  - **标的物的检验**：是指买受人收到出卖人交付的标的物时，对其等级、质量、重量、包装、规格等情况的查验、测试或者鉴定
  - **买受人的检验义务**：买受人收到标的物时应当在约定的检验期限内检验
    - 没有约定检验期限的，应当及时检验（民法典第620条）
    - 怎样才算及时：
      - 有法定时间的 → 应在法定时间内进行检验
      - 没有法定时间的 → 应在收货时或者收货后合理时间内进行检验
  - **标的检验规定中的3个期限**：
    1. 约定检验期限：当事人在买卖合同中自行约定的检验期限
    2. 应当检验的合理期限：当事人没有约定检验期限的，买受人发现或者应当发现标的物的数量或者质量不符合约定的合理期限
    3. 最长异议通知期限：当事人没有约定检验期限的，买受人对标的物的数量或者质量不符合约定提出异议的最长期限为自标的物收到之日起2年
  - **买受人异议的通知**（民法典第621条）：
    - 约定了检验期限的通知义务
      - 当事人约定检验期限的：买受人应当在检验期限内将标的物的数量或者质量不符合约定的情形通知出卖人
        - 买受人怠于通知的 → 视为标的物的数量或者质量符合约定
    - 没有约定检验期限的通知义务
      - 当事人没有约定检验期限的：
        - 买受人应当在发现或者应当发现标的物的数量或者质量不符合约定的合理期限内通知出卖人
          - 买受人在合理期限内未通知出卖人的 → 视为标的物的数量或者质量符合约定
        - 买受人自收到标的物之日起2年内未通知出卖人的 → 视为标的物的数量或者质量符合约定
          - 但是，对标的物有质量保证期的，适用质量保证期，不适用该2年的规定
          - 2年是最长的合理期限，且该期限为不变期间，不适用诉讼时效中止、中断或者延长的规定
    - 出卖人知道或者应当知道提供的标的物不符合约定的 → 买受人不受前两款规定的通知时间的限制
  - **合理期限如何确定**：应当综合当事人之间的交易性质、交易目的、交易方式、交易习惯、标的物的种类、数量、性质、安装和使用情况、瑕疵的性质、买受人应尽的合理注意义务、检验方法和难易程度、买受人或者检验人所处的具体环境、自身技能以及其他合理因素，依据诚实信用原则进行判断（买卖合同解释第12条）
    - 买受人在合理期限内提出异议，出卖人以买受人已经支付价款、确认欠款数额、使用标的物等为由，主张买受人放弃异议的 → 人民法院不予支持，但当事人另有约定的除外（买卖合同解释第13条）
  - **检验期限太短怎么办**（民法典第622条）：
    - 当事人约定的检验期限过短：根据标的物的性质和交易习惯，买受人在检验期限内难以完成全面检验的 → 该期限仅视为买受人对标的物的外观瑕疵提出异议的期限
    - 约定的检验期限或质量保证期短于法律、行政法规规定期限的 → 应当以法律、行政法规规定的期限为准
  - **标的物数量和外观瑕疵的检验**（民法典第623条）：
    - 当事人对检验期限未作约定：买受人签收的送货单、确认单等载明标的物数量、型号、规格的 → 推定买受人已经对数量和外观瑕疵进行检验，但是有相关证据足以推翻的除外
  - **第三人履行情形下的检验标准**（民法典第624条）：出卖人依照买受人的指示向第三人交付标的物
    - 出卖人和买受人约定的检验标准与买受人和第三人约定的检验标准不一致的 → 以出卖人和买受人约定的检验标准为准

制作依据：民法典、买卖合同解释

关联法条

《中华人民共和国民法典》

第三百一十一条 无处分权人将不动产或者动产转让给受让人的，所有权人有权追回；除法律另有规定外，符合下列情形的，受让人取得该不动产或者动产的所有权：

（一）受让人受让该不动产或者动产时是善意；

（二）以合理的价格转让；

（三）转让的不动产或者动产依照法律规定应当登记的已经登记，不需要登记的已经交付给受让人。

受让人依据前款规定取得不动产或者动产的所有权的，原所有权人有权向无处分权人请求损害赔偿。

当事人善意取得其他物权的，参照适用前两款规定。

《最高人民法院关于审理买卖合同纠纷案件适用法律问题的解释》（2020修正）

第六条 出卖人就同一普通动产订立多重买卖合同，在买卖合同均有效的情况下，买受人均要求实际履行合同的，应当按照以下情形分别处理：

（一）先行受领交付的买受人请求确认所有权已经转移的，人民法院应予支持；

（二）均未受领交付，先行支付价款的买受人请求出卖人履行交付标的物等合同义务的，人民法院应予支持；

（三）均未受领交付，也未支付价款，依法成立在先合同的买受人请求出卖人履行交付标的物等合同义务的，人民法院应予支持。

第七条 出卖人就同一船舶、航空器、机动车等特殊动产订立多重买卖合同，在买卖合同均有效的情况下，买受人均要求实际履行合同的，应当按照以下情形分别处理：

（一）先行受领交付的买受人请求出卖人履行办理所有权转移登记手续等合同义务的，人民法院应予支持；

（二）均未受领交付，先行办理所有权转移登记手续的买受人请求出卖人履行交付标的物等合同义务的，人民法院应予支持；

（三）均未受领交付，也未办理所有权转移登记手续，依法成立在先合同的买受人请求出卖人履行交付标的物和办理所有权转移登记手续等合同义务的，人民法院应予支持；

（四）出卖人将标的物交付给买受人之一，又为其他买受人办理所有权转移登记，已受领交付的买受人请求将标的物所有权登记在自己名下的，人民法院应予支持。

《最高人民法院关于审理商品房买卖合同纠纷案件适用法律若干问题的解释》（2020修正）

第七条 买受人以出卖人与第三人恶意串通，另行订立商品房买卖合同并将房屋交付使用，导致其无法取得房屋为由，请求确认出卖人与第三人订立的商品房买卖合同无效的，应予支持。

多重买卖合同的处理规则

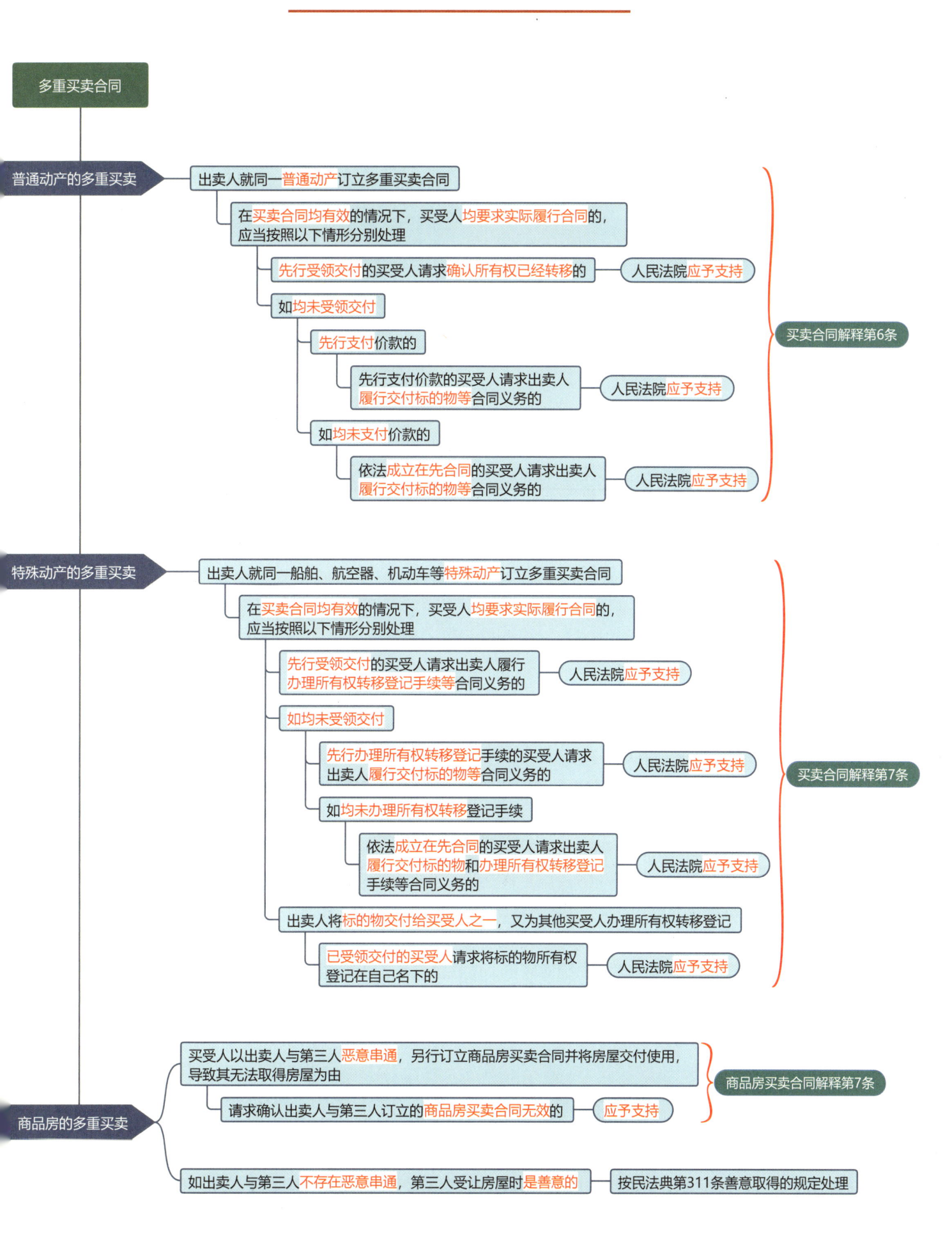

- **多重买卖合同**
  - **普通动产的多重买卖**
    - 出卖人就同一**普通动产**订立多重买卖合同
      - 在**买卖合同均有效**的情况下，买受人**均要求实际履行合同**的，应当按照以下情形分别处理
        - **先行受领交付**的买受人请求确认所有权已经转移的 → 人民法院**应予支持**
        - 如**均未受领交付**
          - **先行支付**价款的
            - 先行支付价款的买受人请求出卖人**履行交付标的物等**合同义务的 → 人民法院**应予支持**
          - 如**均未支付**价款的
            - 依法**成立在先合同**的买受人请求出卖人**履行交付标的物等**合同义务的 → 人民法院**应予支持**

    （买卖合同解释第6条）

  - **特殊动产的多重买卖**
    - 出卖人就同一船舶、航空器、机动车等**特殊动产**订立多重买卖合同
      - 在**买卖合同均有效**的情况下，买受人**均要求实际履行合同**的，应当按照以下情形分别处理
        - **先行受领交付**的买受人请求出卖人履行**办理所有权转移登记手续等**合同义务的 → 人民法院**应予支持**
        - **如均未受领交付**
          - **先行办理所有权转移登记**手续的买受人请求出卖人**履行交付标的物等**合同义务的 → 人民法院**应予支持**
          - 如**均未办理所有权转移**登记手续
            - 依法**成立在先合同**的买受人请求出卖人**履行交付标的物**和**办理所有权转移登记**手续等合同义务的 → 人民法院**应予支持**
        - 出卖人将**标的物交付给买受人之一**，又为其他买受人办理所有权转移登记
          - **已受领交付的买受人**请求将标的物所有权登记在自己名下的 → 人民法院**应予支持**

    （买卖合同解释第7条）

  - **商品房的多重买卖**
    - 买受人以出卖人与第三人**恶意串通**，另行订立商品房买卖合同并将房屋交付使用，导致其无法取得房屋为由
      - 请求确认出卖人与第三人订立的**商品房买卖合同无效**的 → **应予支持**

    （商品房买卖合同解释第7条）

    - 如出卖人与第三人**不存在恶意串通**，第三人受让房屋时**是善意的** → 按民法典第311条善意取得的规定处理

制作依据：民法典、买卖合同解释、商品房买卖合同解释

关联法条

《最高人民法院关于审理买卖合同纠纷案件适用法律问题的解释》（2020修正）

第十八条　买卖合同对付款期限作出的变更，不影响当事人关于逾期付款违约金的约定，但该违约金的起算点应当随之变更。

买卖合同约定逾期付款违约金，买受人以出卖人接受价款时未主张逾期付款违约金为由拒绝支付该违约金的，人民法院不予支持。

买卖合同约定逾期付款违约金，但对账单、还款协议等未涉及逾期付款责任，出卖人根据对账单、还款协议等主张欠款时请求买受人依约支付逾期付款违约金的，人民法院应予支持，但对账单、还款协议等明确载有本金及逾期付款利息数额或者已经变更买卖合同中关于本金、利息等约定内容的除外。

买卖合同没有约定逾期付款违约金或者该违约金的计算方法，出卖人以买受人违约为由主张赔偿逾期付款损失，违约行为发生在2019年8月19日之前的，人民法院可以中国人民银行同期同类人民币贷款基准利率为基础，参照逾期罚息利率标准计算；违约行为发生在2019年8月20日之后的，人民法院可以违约行为发生时中国人民银行授权全国银行间同业拆借中心公布的一年期贷款市场报价利率（LPR）标准为基础，加计30%～50%计算逾期付款损失。

买卖合同中买受人逾期付款违约金的计算规则

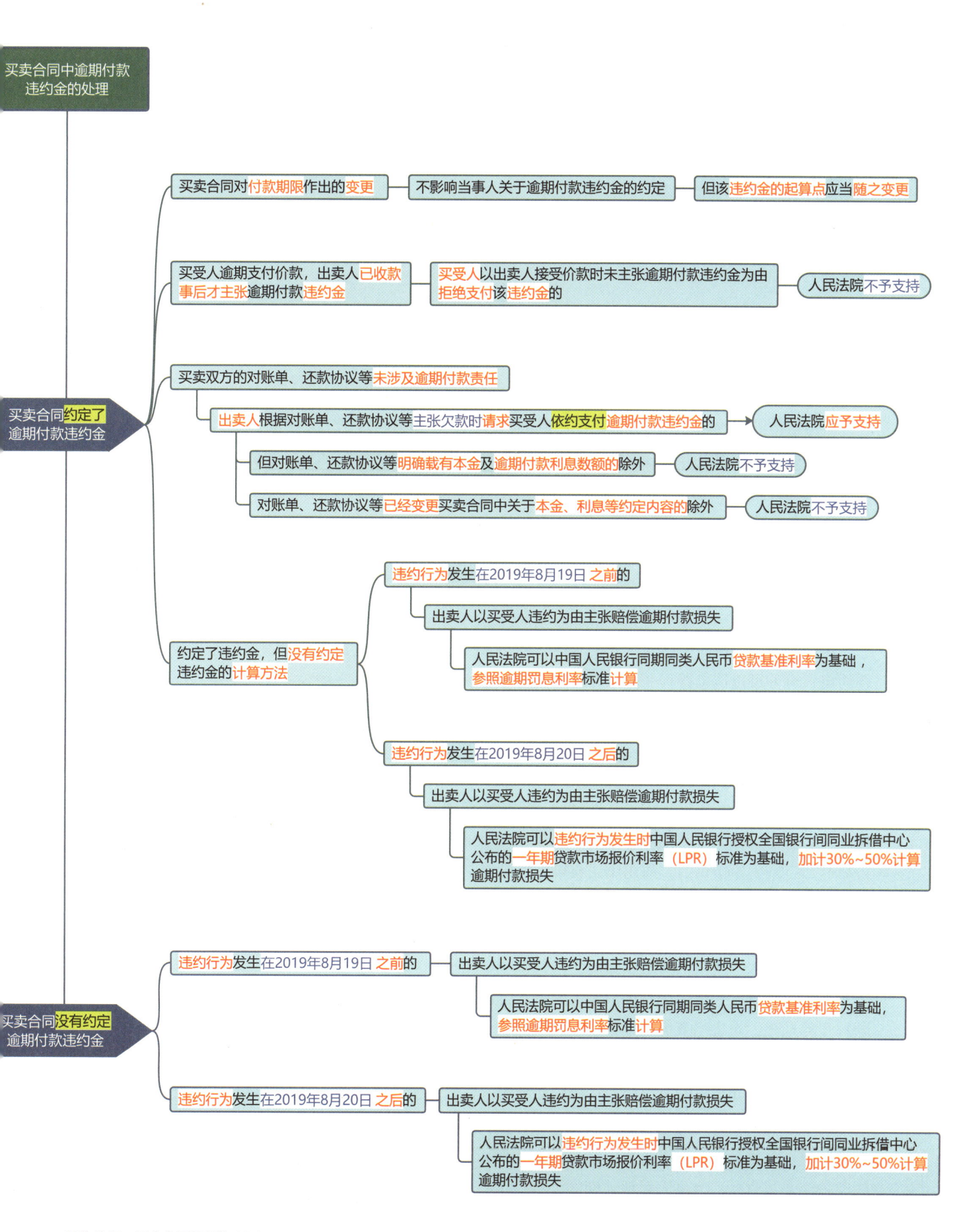

买卖合同中逾期付款违约金的处理

买卖合同约定了逾期付款违约金

- 买卖合同对**付款期限**作出的**变更** → 不影响当事人关于逾期付款违约金的约定 → 但该**违约金的起算点**应当**随之变更**

- 买受人逾期支付价款，出卖人**已收款****事后才主张**逾期付款**违约金** → 买受人以出卖人接受价款时未主张逾期付款违约金为由**拒绝支付**该违约金的 → 人民法院**不予支持**

- 买卖双方的对账单、还款协议等**未涉及逾期付款责任**
  - **出卖人**根据对账单、还款协议等**主张欠款时****请求**买受人**依约支付**逾期付款违约金的 → 人民法院**应予支持**
  - 但对账单、还款协议等**明确载有本金**及**逾期付款利息数额**的除外 → 人民法院**不予支持**
  - 对账单、还款协议等**已经变更**买卖合同中关于**本金、利息等约定内容**的除外 → 人民法院**不予支持**

- 约定了违约金，但没有约定违约金的**计算方法**
  - **违约行为**发生在2019年8月19日**之前**的
    - 出卖人以买受人违约为由主张赔偿逾期付款损失
    - 人民法院可以中国人民银行同期同类人民币**贷款基准利率**为基础，**参照逾期罚息利率**标准计算
  - **违约行为**发生在2019年8月20日**之后**的
    - 出卖人以买受人违约为由主张赔偿逾期付款损失
    - 人民法院可以**违约行为发生时**中国人民银行授权全国银行间同业拆借中心公布的**一年期**贷款市场报价利率（LPR）标准为基础，**加计30%~50%计算**逾期付款损失

买卖合同没有约定逾期付款违约金

- **违约行为**发生在2019年8月19日**之前**的 → 出卖人以买受人违约为由主张赔偿逾期付款损失
  - 人民法院可以中国人民银行同期同类人民币**贷款基准利率**为基础，**参照逾期罚息利率**标准计算

- **违约行为**发生在2019年8月20日**之后**的 → 出卖人以买受人违约为由主张赔偿逾期付款损失
  - 人民法院可以**违约行为发生时**中国人民银行授权全国银行间同业拆借中心公布的**一年期**贷款市场报价利率（LPR）标准为基础，**加计30%~50%计算**逾期付款损失

制作依据：买卖合同解释第18条

关联法条

《最高人民法院关于适用〈中华人民共和国民法典〉时间效力的若干规定》

第七条 民法典施行前，当事人在债务履行期限届满前约定债务人不履行到期债务时抵押财产或者质押财产归债权人所有的，适用民法典第四百零一条和第四百二十八条的规定。

第八条 民法典施行前成立的合同，适用当时的法律、司法解释的规定合同无效而适用民法典的规定合同有效的，适用民法典的相关规定。

第九条 民法典施行前订立的合同，提供格式条款一方未履行提示或者说明义务，涉及格式条款效力认定的，适用民法典第四百九十六条的规定。

第十条 民法典施行前，当事人一方未通知对方而直接以提起诉讼方式依法主张解除合同的，适用民法典第五百六十五条第二款的规定。

第十一条 民法典施行前成立的合同，当事人一方不履行非金钱债务或者履行非金钱债务不符合约定，对方可以请求履行，但是有民法典第五百八十条第一款第一项、第二项、第三项除外情形之一，致使不能实现合同目的，当事人请求终止合同权利义务关系的，适用民法典第五百八十条第二款的规定。

第十二条 民法典施行前订立的保理合同发生争议的，适用民法典第三编第十六章的规定。

第二十条 民法典施行前成立的合同，依照法律规定或者当事人约定该合同的履行持续至民法典施行后，因民法典施行前履行合同发生争议的，适用当时的法律、司法解释的规定；因民法典施行后履行合同发生争议的，适用民法典第三编第四章和第五章的相关规定。

第二十一条 民法典施行前租赁期限届满，当事人主张适用民法典第七百三十四条第二款规定的，人民法院不予支持；租赁期限在民法典施行后届满，当事人主张适用民法典第七百三十四条第二款规定的，人民法院依法予以支持。

第二十五条 民法典施行前成立的合同，当时的法律、司法解释没有规定且当事人没有约定解除权行使期限，对方当事人也未催告的，解除权人在民法典施行前知道或者应当知道解除事由，自民法典施行之日起一年内不行使的，人民法院应当依法认定该解除权消灭；解除权人在民法典施行后知道或者应当知道解除事由的，适用民法典第五百六十四条第二款关于解除权行使期限的规定。

第二十七条 民法典施行前成立的保证合同，当事人对保证期间约定不明确，主债务履行期限届满至民法典施行之日不满二年，当事人主张保证期间为主债务履行期限届满之日起二年的，人民法院依法予以支持；当事人对保证期间没有约定，主债务履行期限届满至民法典施行之日不满六个月，当事人主张保证期间为主债务履行期限届满之日起六个月的，人民法院依法予以支持。

民法典施行前成立的合同的法律适用规则

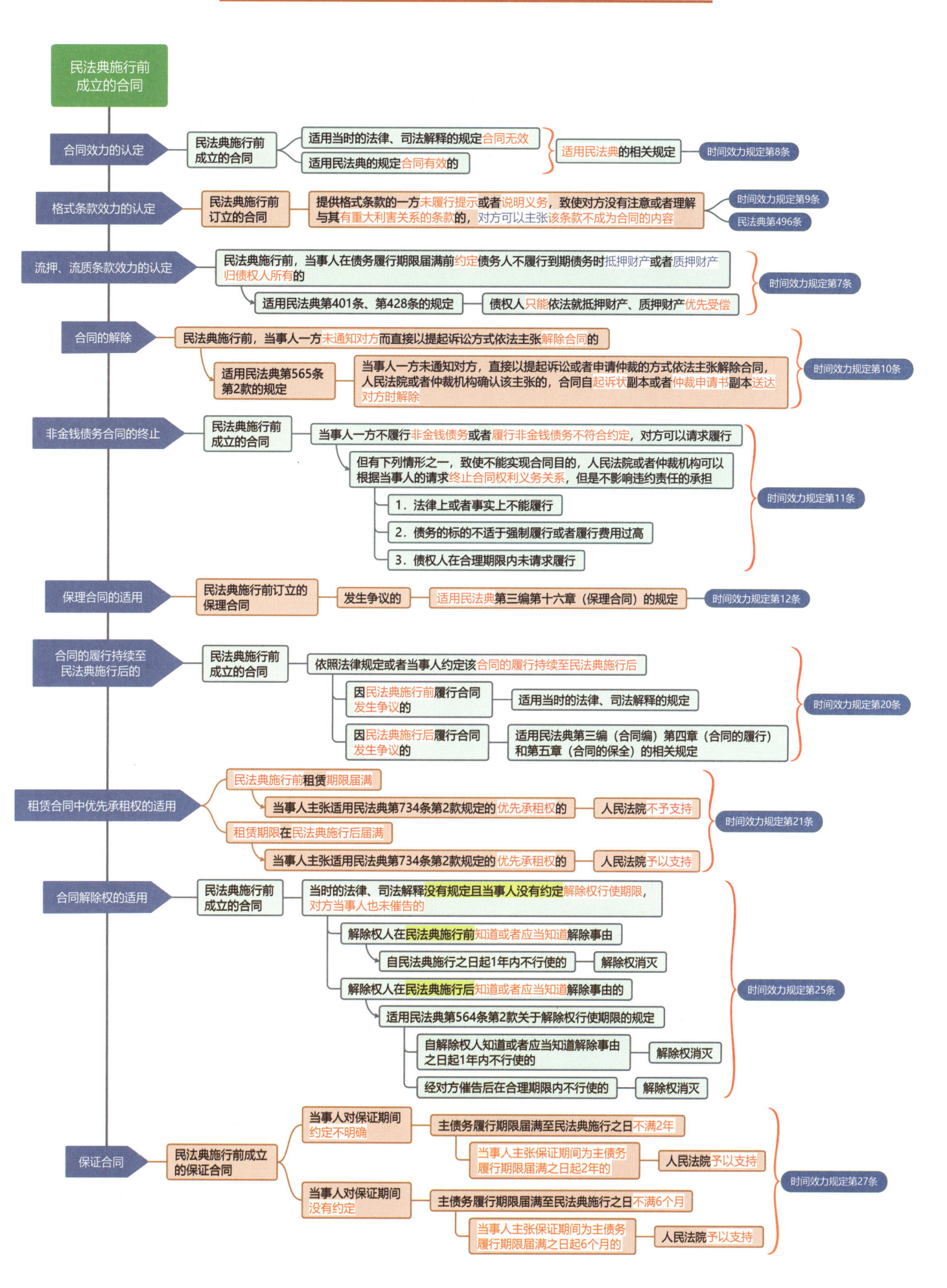

合同效力的认定
民法典施行前成立的合同：
- 适用当时的法律、司法解释的规定合同无效，适用民法典的规定合同有效的 → 适用民法典的相关规定（时间效力规定第8条）

格式条款效力的认定
民法典施行前订立的合同：
- 提供格式条款的一方未履行提示或者说明义务，致使对方没有注意或者理解与其有重大利害关系的条款的，对方可以主张该条款不成为合同的内容（时间效力规定第9条、民法典第496条）

流押、流质条款效力的认定
- 民法典施行前，当事人在债务履行期限届满前约定债务人不履行到期债务时抵押财产或者质押财产归债权人所有的
- 适用民法典第401条、第428条的规定 → 债权人只能依法就抵押财产、质押财产优先受偿（时间效力规定第7条）

合同的解除
- 民法典施行前，当事人一方未通知对方而直接以提起诉讼方式依法主张解除合同的
- 适用民法典第565条第2款的规定：当事人一方未通知对方，直接以提起诉讼或者申请仲裁的方式依法主张解除合同，人民法院或者仲裁机构确认该主张的，合同自起诉状副本或者仲裁申请书副本送达对方时解除（时间效力规定第10条）

非金钱债务合同的终止
民法典施行前成立的合同：
- 当事人一方不履行非金钱债务或者履行非金钱债务不符合约定，对方可以请求履行
- 但有下列情形之一，致使不能实现合同目的，人民法院或者仲裁机构可以根据当事人的请求终止合同权利义务关系，但是不影响违约责任的承担
  1. 法律上或者事实上不能履行
  2. 债务的标的不适于强制履行或者履行费用过高
  3. 债权人在合理期限内未请求履行

（时间效力规定第11条）

保理合同的适用
- 民法典施行前订立的保理合同，发生争议的 → 适用民法典第三编第十六章（保理合同）的规定（时间效力规定第12条）

合同的履行持续至民法典施行后的
民法典施行前成立的合同：
- 依照法律规定或者当事人约定该合同的履行持续至民法典施行后
- 因民法典施行前履行合同发生争议的 → 适用当时的法律、司法解释的规定
- 因民法典施行后履行合同发生争议的 → 适用民法典第三编（合同编）第四章（合同的履行）和第五章（合同的保全）的相关规定

（时间效力规定第20条）

租赁合同中优先承租权的适用
- 民法典施行前租赁期限届满：当事人主张适用民法典第734条第2款规定的优先承租权的 → 人民法院不予支持
- 租赁期限在民法典施行后届满：当事人主张适用民法典第734条第2款规定的优先承租权的 → 人民法院予以支持

（时间效力规定第21条）

合同解除权的适用
民法典施行前成立的合同：
- 当时的法律、司法解释没有规定且当事人没有约定解除权行使期限，对方当事人也未催告的
  - 解除权人在民法典施行前知道或者应当知道解除事由：自民法典施行之日起1年内不行使的 → 解除权消灭
  - 解除权人在民法典施行后知道或者应当知道解除事由的：适用民法典第564条第2款关于解除权行使期限的规定
    - 自解除权人知道或者应当知道解除事由之日起1年内不行使的 → 解除权消灭
    - 经对方催告后在合理期限内不行使的 → 解除权消灭

（时间效力规定第25条）

保证合同
民法典施行前成立的保证合同：
- 当事人对保证期间约定不明确：主债务履行期限届满至民法典施行之日不满2年
  - 当事人主张保证期间为主债务履行期限届满之日起2年的 → 人民法院予以支持
- 当事人对保证期间没有约定：主债务履行期限届满至民法典施行之日不满6个月
  - 当事人主张保证期间为主债务履行期限届满之日起6个月的 → 人民法院予以支持

（时间效力规定第27条）

制作依据：民法典、时间效力规定

婚姻家庭

关联法条

《中华人民共和国民法典》

第一千零七十六条　夫妻双方自愿离婚的，应当签订书面离婚协议，并亲自到婚姻登记机关申请离婚登记。

离婚协议应当载明双方自愿离婚的意思表示和对子女抚养、财产以及债务处理等事项协商一致的意见。

第一千零七十七条　自婚姻登记机关收到离婚登记申请之日起三十日内，任何一方不愿意离婚的，可以向婚姻登记机关撤回离婚登记申请。

前款规定期限届满后三十日内，双方应当亲自到婚姻登记机关申请发给离婚证；未申请的，视为撤回离婚登记申请。

第一千零七十九条　夫妻一方要求离婚的，可以由有关组织进行调解或者直接向人民法院提起离婚诉讼。

人民法院审理离婚案件，应当进行调解；如果感情确已破裂，调解无效的，应当准予离婚。

有下列情形之一，调解无效的，应当准予离婚：

（一）重婚或者与他人同居；

（二）实施家庭暴力或者虐待、遗弃家庭成员；

（三）有赌博、吸毒等恶习屡教不改；

（四）因感情不和分居满二年；

（五）其他导致夫妻感情破裂的情形。

一方被宣告失踪，另一方提起离婚诉讼的，应当准予离婚。

经人民法院判决不准离婚后，双方又分居满一年，一方再次提起离婚诉讼的，应当准予离婚。

《最高人民法院关于适用〈中华人民共和国民法典〉婚姻家庭编的解释（一）》

第六十九条　当事人达成的以协议离婚或者到人民法院调解离婚为条件的财产以及债务处理协议，如果双方离婚未成，一方在离婚诉讼中反悔的，人民法院应当认定该财产以及债务处理协议没有生效，并根据实际情况依照民法典第一千零八十七条和第一千零八十九条的规定判决。

当事人依照民法典第一千零七十六条签订的离婚协议中关于财产以及债务处理的条款，对男女双方具有法律约束力。登记离婚后当事人因履行上述协议发生纠纷提起诉讼的，人民法院应当受理。

离婚的程序

离婚的程序

- **协议离婚的，签订离婚协议**
  1. 载明双方自愿离婚的意思表示
  2. 载明对子女抚养问题协商达成一致的意见
  3. 载明对财产的分割协商达成一致的意见
  4. 载明对夫妻共同债务的处理协商达成一致的意见

  （民法典第1076条）

- **双方共同到婚姻登记机关申请办理离婚登记手续**
  - 30天离婚冷静期：自婚姻登记机关收到离婚登记申请之日起30日内，任何一方不愿意离婚的可以向婚姻登记机关撤回离婚登记申请

- **冷静期满申领离婚证**
  - 离婚冷静期限届满后30日内：
    - 双方亲自到婚姻登记机关申请离婚登记的 → 发给离婚证
    - 双方未亲自到婚姻登记机关申请离婚登记的 → 视为撤回离婚登记申请

- **签订离婚协议后、办理离婚证前一方反悔怎么办**
  - 如果双方离婚未成，一方反悔的，该离婚协议没有生效（民法典婚姻编解释（一）第69条）

- **签订离婚协议并办理了离婚手续，一方反悔不履行离婚协议怎么办**
  - 当事人签订的离婚协议中关于财产以及债务处理的条款，对男女双方具有法律约束力。登记离婚后当事人因履行上述协议发生纠纷提起诉讼的，人民法院应当受理（民法典婚姻编解释（一）第69条）

- **一方不同意协议离婚怎么办**
  - 只能通过诉讼的方式，到法院起诉离婚

- **对男方提出离婚的限制**
  - 女方在怀孕期间、分娩后1年内或者终止妊娠后6个月内，男方不得提出离婚
  - 但是，女方提出离婚或者人民法院认为确有必要受理男方离婚请求的除外

  （民法典第1082条）

- **法院会如何审理离婚案**
  - 人民法院审理离婚案件，应当进行调解
  - 如果感情确已破裂，调解无效的，应当准予离婚

  （民法典第1079条）

- **调解无效，应当准予离婚的情形**
  1. 重婚或者与他人同居
  2. 实施家庭暴力或者虐待、遗弃家庭成员
  3. 有赌博、吸毒等恶习屡教不改
  4. 因感情不和分居满2年
  5. 其他导致夫妻感情破裂的情形

  （民法典第1079条）

- **第一次起诉判决不准离婚多久后可以再次起诉离婚**
  - 判决不准离婚和调解和好的离婚案件：
    - 没有新情况、新理由：原告在6个月内又起诉的不予受理
    - 有新情况、新理由：原告可在6个月内重新起诉

  （民诉法第127条）

- **再次起诉离婚会判决离婚吗**
  - 经人民法院判决不准离婚后，双方又分居满1年，一方再次提起离婚诉讼的，应当准予离婚（民法典第1079条）

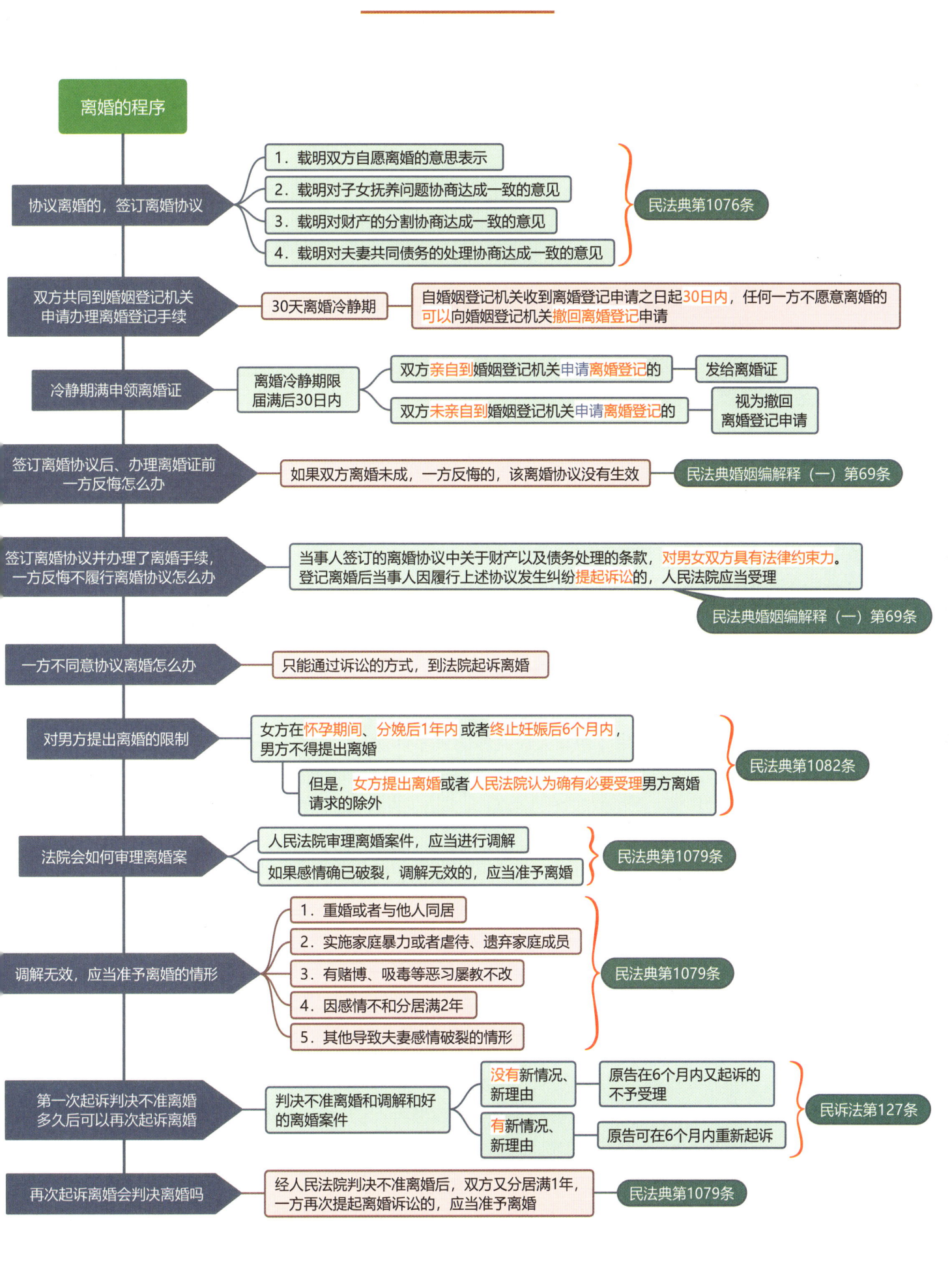

制作依据：民法典、民诉法、民法典婚姻编解释（一）

关联法条

《中华人民共和国民事诉讼法》（2023修正）

第二十二条 对公民提起的民事诉讼，由被告住所地人民法院管辖；被告住所地与经常居住地不一致的，由经常居住地人民法院管辖。

对法人或者其他组织提起的民事诉讼，由被告住所地人民法院管辖。

同一诉讼的几个被告住所地、经常居住地在两个以上人民法院辖区的，各该人民法院都有管辖权。

第二十三条 下列民事诉讼，由原告住所地人民法院管辖；原告住所地与经常居住地不一致的，由原告经常居住地人民法院管辖：

（一）对不在中华人民共和国领域内居住的人提起的有关身份关系的诉讼；

（二）对下落不明或者宣告失踪的人提起的有关身份关系的诉讼；

（三）对被采取强制性教育措施的人提起的诉讼；

（四）对被监禁的人提起的诉讼。

《最高人民法院关于适用〈中华人民共和国民事诉讼法〉的解释》（2022修正）

第三条 公民的住所地是指公民的户籍所在地，法人或者其他组织的住所地是指法人或者其他组织的主要办事机构所在地。

法人或者其他组织的主要办事机构所在地不能确定的，法人或者其他组织的注册地或者登记地为住所地。

第四条 公民的经常居住地是指公民离开住所地至起诉时已连续居住一年以上的地方，但公民住院就医的地方除外。

第十二条 夫妻一方离开住所地超过一年，另一方起诉离婚的案件，可以由原告住所地人民法院管辖。

夫妻双方离开住所地超过一年，一方起诉离婚的案件，由被告经常居住地人民法院管辖；没有经常居住地的，由原告起诉时被告居住地人民法院管辖。

第十五条 中国公民一方居住在国外，一方居住在国内，不论哪一方向人民法院提起离婚诉讼，国内一方住所地人民法院都有权管辖。国外一方在居住国法院起诉，国内一方向人民法院起诉的，受诉人民法院有权管辖。

第十六条 中国公民双方在国外但未定居，一方向人民法院起诉离婚的，应由原告或者被告原住所地人民法院管辖。

离婚诉讼的法院管辖

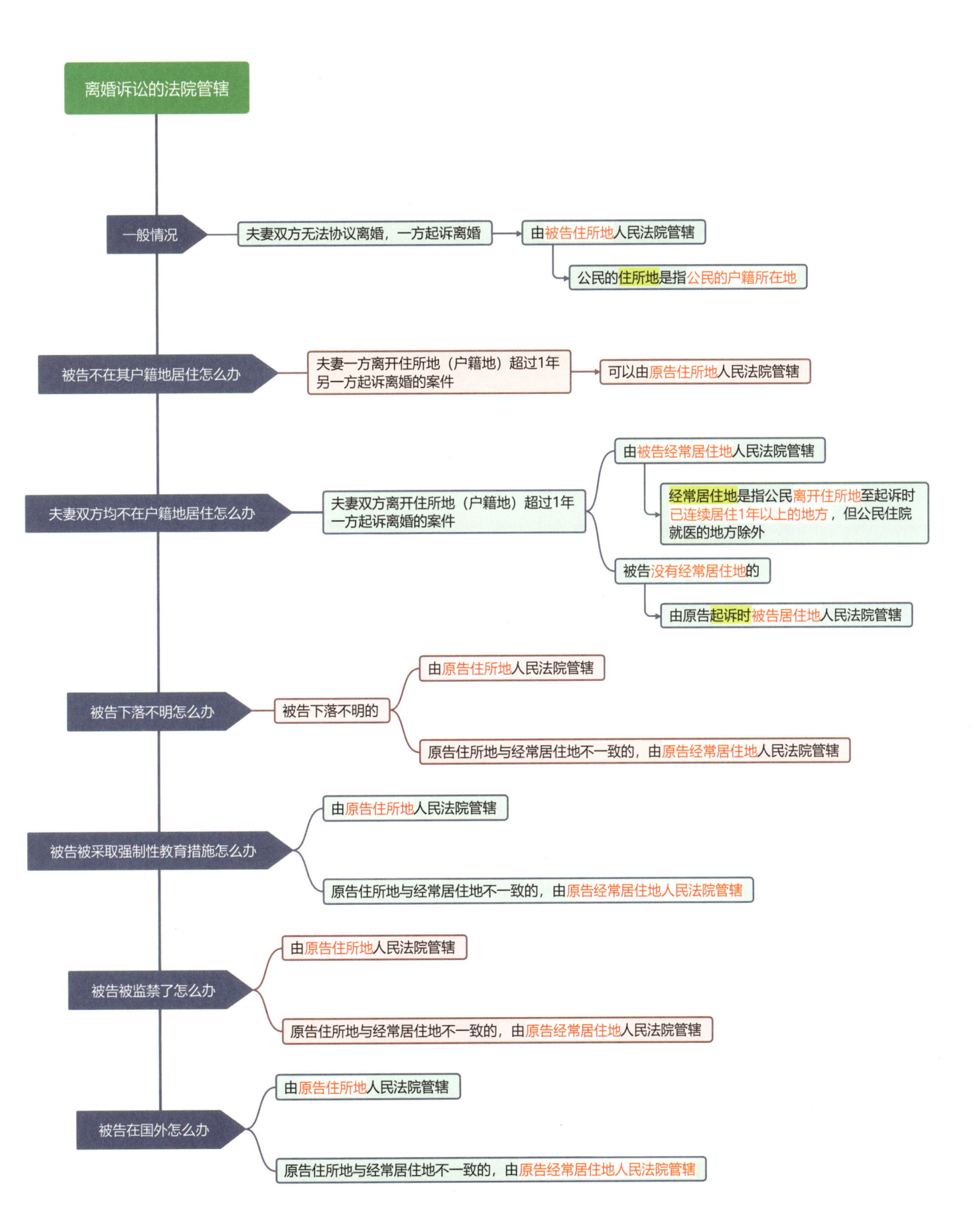

```
离婚诉讼的法院管辖
│
├── 一般情况 ── 夫妻双方无法协议离婚，一方起诉离婚 ──> 由被告住所地人民法院管辖
│                                                        └── 公民的住所地是指公民的户籍所在地
│
├── 被告不在其户籍地居住怎么办 ── 夫妻一方离开住所地（户籍地）超过1年
│                                  另一方起诉离婚的案件 ──> 可以由原告住所地人民法院管辖
│
├── 夫妻双方均不在户籍地居住怎么办 ── 夫妻双方离开住所地（户籍地）超过1年
│        一方起诉离婚的案件
│        ├── 由被告经常居住地人民法院管辖
│        │    └── 经常居住地是指公民离开住所地至起诉时已连续居住1年以上的地方，但公民住院就医的地方除外
│        └── 被告没有经常居住地的
│             └── 由原告起诉时被告居住地人民法院管辖
│
├── 被告下落不明怎么办 ── 被告下落不明的
│        ├── 由原告住所地人民法院管辖
│        └── 原告住所地与经常居住地不一致的，由原告经常居住地人民法院管辖
│
├── 被告被采取强制性教育措施怎么办
│        ├── 由原告住所地人民法院管辖
│        └── 原告住所地与经常居住地不一致的，由原告经常居住地人民法院管辖
│
├── 被告被监禁了怎么办
│        ├── 由原告住所地人民法院管辖
│        └── 原告住所地与经常居住地不一致的，由原告经常居住地人民法院管辖
│
└── 被告在国外怎么办
         ├── 由原告住所地人民法院管辖
         └── 原告住所地与经常居住地不一致的，由原告经常居住地人民法院管辖
```

制作依据：民诉法第22-23条，民诉法解释第3-4条、第12条、第15-16条

关联法条

《中华人民共和国民法典》

第一千零六十二条 夫妻在婚姻关系存续期间所得的下列财产，为夫妻的共同财产，归夫妻共同所有：

（一）工资、奖金、劳务报酬；

（二）生产、经营、投资的收益；

（三）知识产权的收益；

（四）继承或者受赠的财产，但是本法第一千零六十三条第三项规定的除外；

（五）其他应当归共同所有的财产。

夫妻对共同财产，有平等的处理权。

第一千零六十三条 下列财产为夫妻一方的个人财产：

（一）一方的婚前财产；

（二）一方因受到人身损害获得的赔偿或者补偿；

（三）遗嘱或者赠与合同中确定只归一方的财产；

（四）一方专用的生活用品；

（五）其他应当归一方的财产。

第一千零六十五条 男女双方可以约定婚姻关系存续期间所得的财产以及婚前财产归各自所有、共同所有或者部分各自所有、部分共同所有。约定应当采用书面形式。没有约定或者约定不明确的，适用本法第一千零六十二条、第一千零六十三条的规定。

夫妻对婚姻关系存续期间所得的财产以及婚前财产的约定，对双方具有法律约束力。

夫妻对婚姻关系存续期间所得的财产约定归各自所有，夫或者妻一方对外所负的债务，相对人知道该约定的，以夫或者妻一方的个人财产清偿。

第一千零六十六条 婚姻关系存续期间，有下列情形之一的，夫妻一方可以向人民法院请求分割共同财产：

（一）一方有隐藏、转移、变卖、毁损、挥霍夫妻共同财产或者伪造夫妻共同债务等严重损害夫妻共同财产利益的行为；

（二）一方负有法定扶养义务的人患重大疾病需要医治，另一方不同意支付相关医疗费用。

婚姻关系存续期间的财产归属

婚姻关系存续期间的财产归属

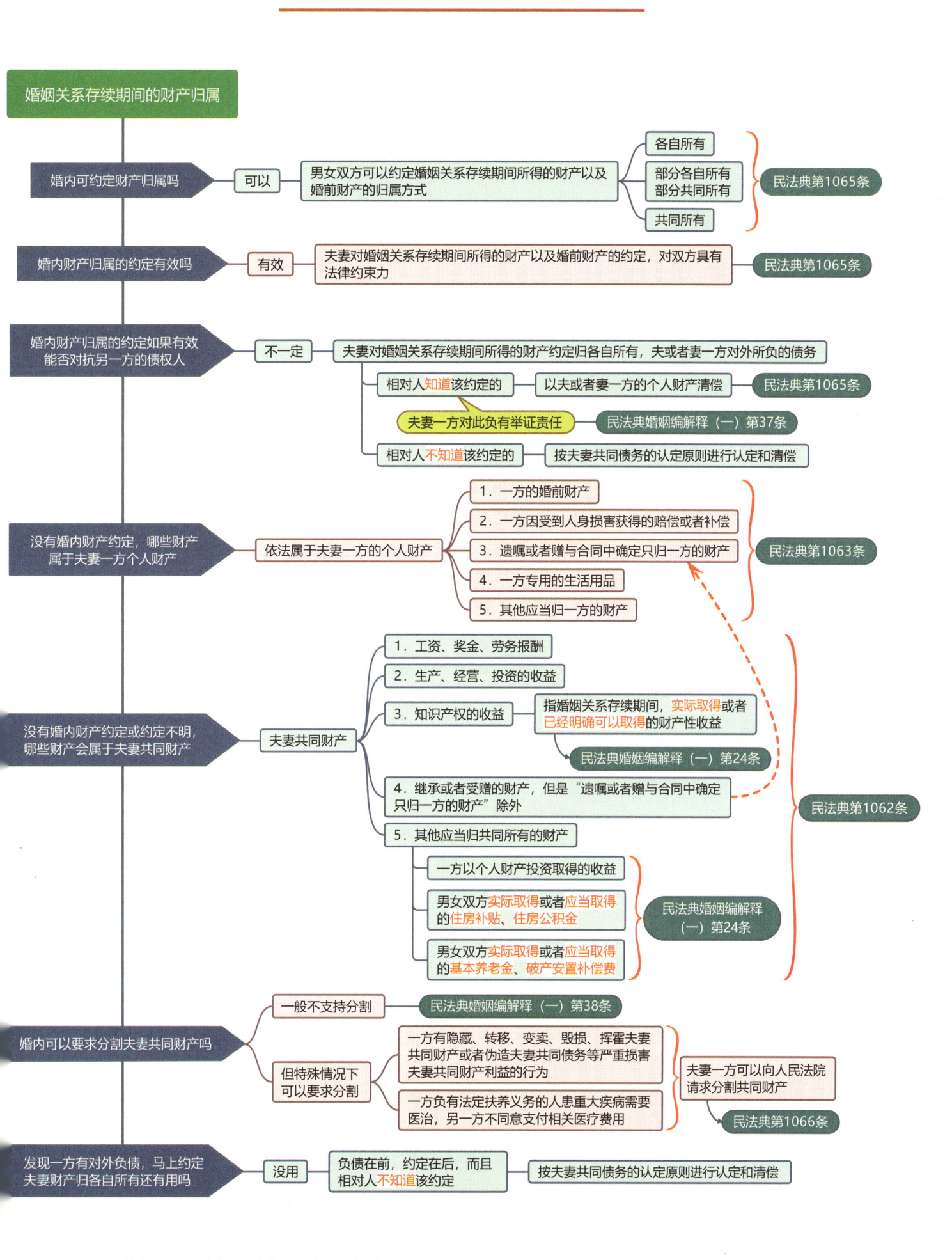

- **婚内可约定财产归属吗** — 可以 — 男女双方可以约定婚姻关系存续期间所得的财产以及婚前财产的归属方式
  - 各自所有
  - 部分各自所有部分共同所有
  - 共同所有

  《民法典》第1065条

- **婚内财产归属的约定有效吗** — 有效 — 夫妻对婚姻关系存续期间所得的财产以及婚前财产的约定，对双方具有法律约束力

  《民法典》第1065条

- **婚内财产归属的约定如果有效能否对抗另一方的债权人** — 不一定 — 夫妻对婚姻关系存续期间所得的财产约定归各自所有，夫或者妻一方对外所负的债务
  - 相对人**知道**该约定的 — 以夫或者妻一方的个人财产清偿 —《民法典》第1065条
    - 夫妻一方对此负有举证责任 —《民法典婚姻编解释（一）》第37条
  - 相对人**不知道**该约定的 — 按夫妻共同债务的认定原则进行认定和清偿

- **没有婚内财产约定，哪些财产属于夫妻一方个人财产** — 依法属于夫妻一方的个人财产
  1. 一方的婚前财产
  2. 一方因受到人身损害获得的赔偿或者补偿
  3. 遗嘱或者赠与合同中确定只归一方的财产
  4. 一方专用的生活用品
  5. 其他应当归一方的财产

  《民法典》第1063条

- **没有婚内财产约定或约定不明，哪些财产会属于夫妻共同财产** — 夫妻共同财产
  1. 工资、奖金、劳务报酬
  2. 生产、经营、投资的收益
  3. 知识产权的收益 — 指婚姻关系存续期间，**实际取得**或者**已经明确可以取得**的财产性收益 —《民法典婚姻编解释（一）》第24条
  4. 继承或者受赠的财产，但是"遗嘱或者赠与合同中确定只归一方的财产"除外
  5. 其他应当归共同所有的财产
     - 一方以个人财产投资取得的收益
     - 男女双方**实际取得**或者**应当取得**的**住房补贴**、**住房公积金**
     - 男女双方**实际取得**或者**应当取得**的**基本养老金**、**破产安置补偿费**

  《民法典婚姻编解释（一）》第24条

  《民法典》第1062条

- **婚内可以要求分割夫妻共同财产吗**
  - 一般不支持分割 —《民法典婚姻编解释（一）》第38条
  - 但特殊情况下可以要求分割
    - 一方有隐藏、转移、变卖、毁损、挥霍夫妻共同财产或者伪造夫妻共同债务等严重损害夫妻共同财产利益的行为
    - 一方负有法定扶养义务的人患重大疾病需要医治，另一方不同意支付相关医疗费用
    - 夫妻一方可以向人民法院请求分割共同财产 —《民法典》第1066条

- **发现一方有对外负债，马上约定夫妻财产归各自所有还有用吗** — 没用 — 负债在前，约定在后，而且相对人**不知道**该约定 — 按夫妻共同债务的认定原则进行认定和清偿

制作依据：民法典、民法典婚姻编解释（一）

关联法条

《中华人民共和国民法典》

第一千零六十二条 夫妻在婚姻关系存续期间所得的下列财产，为夫妻的共同财产，归夫妻共同所有：

（一）工资、奖金、劳务报酬；

（二）生产、经营、投资的收益；

（三）知识产权的收益；

（四）继承或者受赠的财产，但是本法第一千零六十三条第三项规定的除外；

（五）其他应当归共同所有的财产。

夫妻对共同财产，有平等的处理权。

第一千零六十三条 下列财产为夫妻一方的个人财产：

（一）一方的婚前财产；

（二）一方因受到人身损害获得的赔偿或者补偿；

（三）遗嘱或者赠与合同中确定只归一方的财产；

（四）一方专用的生活用品；

（五）其他应当归一方的财产。

《最高人民法院关于适用〈中华人民共和国民法典〉婚姻家庭编的解释（一）》

第二十七条 由一方婚前承租、婚后用共同财产购买的房屋，登记在一方名下的，应当认定为夫妻共同财产。

第二十八条 一方未经另一方同意出售夫妻共同所有的房屋，第三人善意购买、支付合理对价并已办理不动产登记，另一方主张追回该房屋的，人民法院不予支持。

夫妻一方擅自处分共同所有的房屋造成另一方损失，离婚时另一方请求赔偿损失的，人民法院应予支持。

第二十九条 当事人结婚前，父母为双方购置房屋出资的，该出资应当认定为对自己子女个人的赠与，但父母明确表示赠与双方的除外。

当事人结婚后，父母为双方购置房屋出资的，依照约定处理；没有约定或者约定不明确的，按照民法典第一千零六十二条第一款第四项规定的原则处理。

第三十一条 民法典第一千零六十三条规定为夫妻一方的个人财产，不因婚姻关系的延续而转化为夫妻共同财产。但当事人另有约定的除外。

第七十八条 夫妻一方婚前签订不动产买卖合同，以个人财产支付首付款并在银行贷款，婚后用夫妻共同财产还贷，不动产登记于首付款支付方名下的，离婚时该不动产由双方协议处理。

依前款规定不能达成协议的，人民法院可以判决该不动产归登记一方，尚未归还的贷款为不动产登记一方的个人债务。双方婚后共同还贷支付的款项及其相对应财产增值部分，离婚时应根据民法典第一千零八十七条第一款规定的原则，由不动产登记一方对另一方进行补偿。

婚姻关系中房产归属的认定

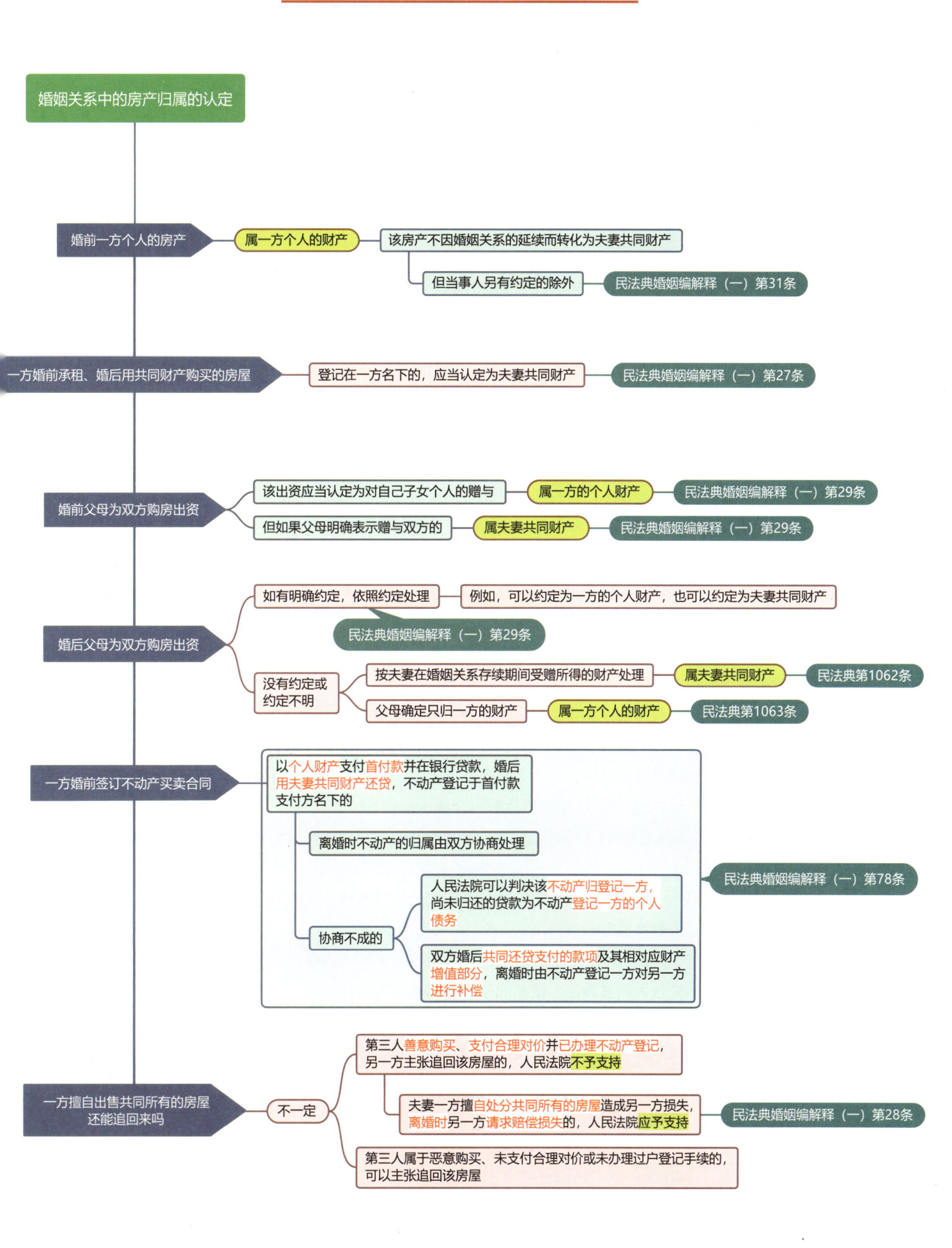

- **婚姻关系中的房产归属的认定**
  - **婚前一方个人的房产** → 属一方个人的财产
    - 该房产不因婚姻关系的延续而转化为夫妻共同财产
    - 但当事人另有约定的除外 —— 民法典婚姻编解释（一）第31条
  - **一方婚前承租、婚后用共同财产购买的房屋**
    - 登记在一方名下的，应当认定为夫妻共同财产 —— 民法典婚姻编解释（一）第27条
  - **婚前父母为双方购房出资**
    - 该出资应当认定为对自己子女个人的赠与 → 属一方的个人财产 —— 民法典婚姻编解释（一）第29条
    - 但如果父母明确表示赠与双方的 → 属夫妻共同财产 —— 民法典婚姻编解释（一）第29条
  - **婚后父母为双方购房出资**
    - 如有明确约定，依照约定处理
      - 例如，可以约定为一方的个人财产，也可以约定为夫妻共同财产
      - 民法典婚姻编解释（一）第29条
    - 没有约定或约定不明
      - 按夫妻在婚姻关系存续期间受赠所得的财产处理 → 属夫妻共同财产 —— 民法典第1062条
      - 父母确定只归一方的财产 → 属一方个人的财产 —— 民法典第1063条
  - **一方婚前签订不动产买卖合同**
    - 以个人财产支付首付款并在银行贷款，婚后用夫妻共同财产还贷，不动产登记于首付款支付方名下的
      - 离婚时不动产的归属由双方协商处理
      - 协商不成的
        - 人民法院可以判决该不动产归登记一方，尚未归还的贷款为不动产登记一方的个人债务
        - 双方婚后共同还贷支付的款项及其相对应财产增值部分，离婚时由不动产登记一方对另一方进行补偿
      - 民法典婚姻编解释（一）第78条
  - **一方擅自出售共同所有的房屋还能追回来吗** → 不一定
    - 第三人善意购买、支付合理对价并已办理不动产登记，另一方主张追回该房屋的，人民法院不予支持
    - 夫妻一方擅自处分共同所有的房屋造成另一方损失，离婚时另一方请求赔偿损失的，人民法院应予支持
    - 第三人属于恶意购买、未支付合理对价或未办理过户登记手续的，可以主张追回该房屋
    - 民法典婚姻编解释（一）第28条

制作依据：民法典、民法典婚姻编解释（一）

关联法条

《最高人民法院关于适用〈中华人民共和国民法典〉婚姻家庭编的解释（一）》

第七十二条　夫妻双方分割共同财产中的股票、债券、投资基金份额等有价证券以及未上市股份有限公司股份时，协商不成或者按市价分配有困难的，人民法院可以根据数量按比例分配。

第七十三条　人民法院审理离婚案件，涉及分割夫妻共同财产中以一方名义在有限责任公司的出资额，另一方不是该公司股东的，按以下情形分别处理：

（一）夫妻双方协商一致将出资额部分或者全部转让给该股东的配偶，其他股东过半数同意，并且其他股东均明确表示放弃优先购买权的，该股东的配偶可以成为该公司股东。

（二）夫妻双方就出资额转让份额和转让价格等事项协商一致后，其他股东半数以上不同意转让，但愿意以同等条件购买该出资额的，人民法院可以对转让出资所得财产进行分割。其他股东半数以上不同意转让，也不愿意以同等条件购买该出资额的，视为其同意转让，该股东的配偶可以成为该公司股东。

用于证明前款规定的股东同意的证据，可以是股东会议材料，也可以是当事人通过其他合法途径取得的股东的书面声明材料。

第七十四条　人民法院审理离婚案件，涉及分割夫妻共同财产中以一方名义在合伙企业中的出资，另一方不是该企业合伙人的，当夫妻双方协商一致，将其合伙企业中的财产份额全部或者部分转让给对方时，按以下情形分别处理：

（一）其他合伙人一致同意的，该配偶依法取得合伙人地位；

（二）其他合伙人不同意转让，在同等条件下行使优先购买权的，可以对转让所得的财产进行分割；

（三）其他合伙人不同意转让，也不行使优先购买权，但同意该合伙人退伙或者削减部分财产份额的，可以对结算后的财产进行分割；

（四）其他合伙人既不同意转让，也不行使优先购买权，又不同意该合伙人退伙或者削减部分财产份额的，视为全体合伙人同意转让，该配偶依法取得合伙人地位。

第七十五条　夫妻以一方名义投资设立个人独资企业的，人民法院分割夫妻在该个人独资企业中的共同财产时，应当按照以下情形分别处理：

（一）一方主张经营该企业的，对企业资产进行评估后，由取得企业资产所有权一方给予另一方相应的补偿；

（二）双方均主张经营该企业的，在双方竞价基础上，由取得企业资产所有权的一方给予另一方相应的补偿；

（三）双方均不愿意经营该企业的，按照《中华人民共和国个人独资企业法》等有关规定办理。

离婚时公司、企业股份的分割

离婚时公司、企业股份的分割

股份有限公司
夫妻双方分割共同财产中的股票、债券、投资基金份额等有价证券以及未上市股份有限公司股份时，**协商不成**或者**按市价分配有困难**的
- 人民法院可以**根据数量按比例分配**
  - 民法典婚姻编解释（一）第72条

有限责任公司
以一方名义在有限责任公司的出资额，另一方不是该公司股东的

1. 夫妻双方协商一致将出资额部分或者全部转让给该股东的配偶
   - **其他股东过半数同意**，并且其他股东均明确表示**放弃优先购买权**的
     - 该股东的配偶可以成为该公司股东

2. 夫妻双方就出资额转让份额和转让价格等事项协商一致后
   - **其他股东半数以上不同意**转让，但愿意**以同等条件购买**该出资额的
     - 人民法院可以对转让出资所得财产进行分割
   - **其他股东半数以上不同意**转让，**也不愿意**以同等条件购买该出资额的
     - **视为其同意转让**，该股东的配偶可以成为该公司股东

民法典婚姻编解释（一）第73条

注：按公司法（2023）的规定，股权转让只需通知其他股东即可，已不再需要其他股东同意

合伙企业
以一方名义在合伙企业中的出资，另一方不是该企业合伙人的

夫妻双方协商一致，将其合伙企业中的财产份额全部或者部分转让给对方时
- 其他合伙人**一致同意**的 —— 该配偶依法取得合伙人地位
- 其他合伙人**不同意**转让，在同等条件下**行使优先购买权**的
  - 可以对转让所得的财产进行分割
- 其他合伙人**不同意**转让，也**不行使优先购买权**，但**同意**该合伙人**退伙**或者**削减部分财产份额**的
  - 可以对结算后的财产进行分割
- 其他合伙人既**不同意**转让，也**不行使优先购买权**，又**不同意**该合伙人**退伙**或者**削减部分财产份额**的
  - **视为全体合伙人同意转让**，该配偶依法取得合伙人地位

民法典婚姻编解释（一）第74条

个人独资企业
- 一方**主张经营**该企业的 —— 对企业资产进行评估后
  - 由取得企业资产所有权一方给予另一方相应的补偿
- 双方**均主张经营**该企业的 —— 在双方竞价基础上
  - 由取得企业资产所有权的一方给予另一方相应的补偿
- 双方**均不愿意经营**该企业的 —— 按照个人独资企业法等有关规定办理

民法典婚姻编解释（一）第75条

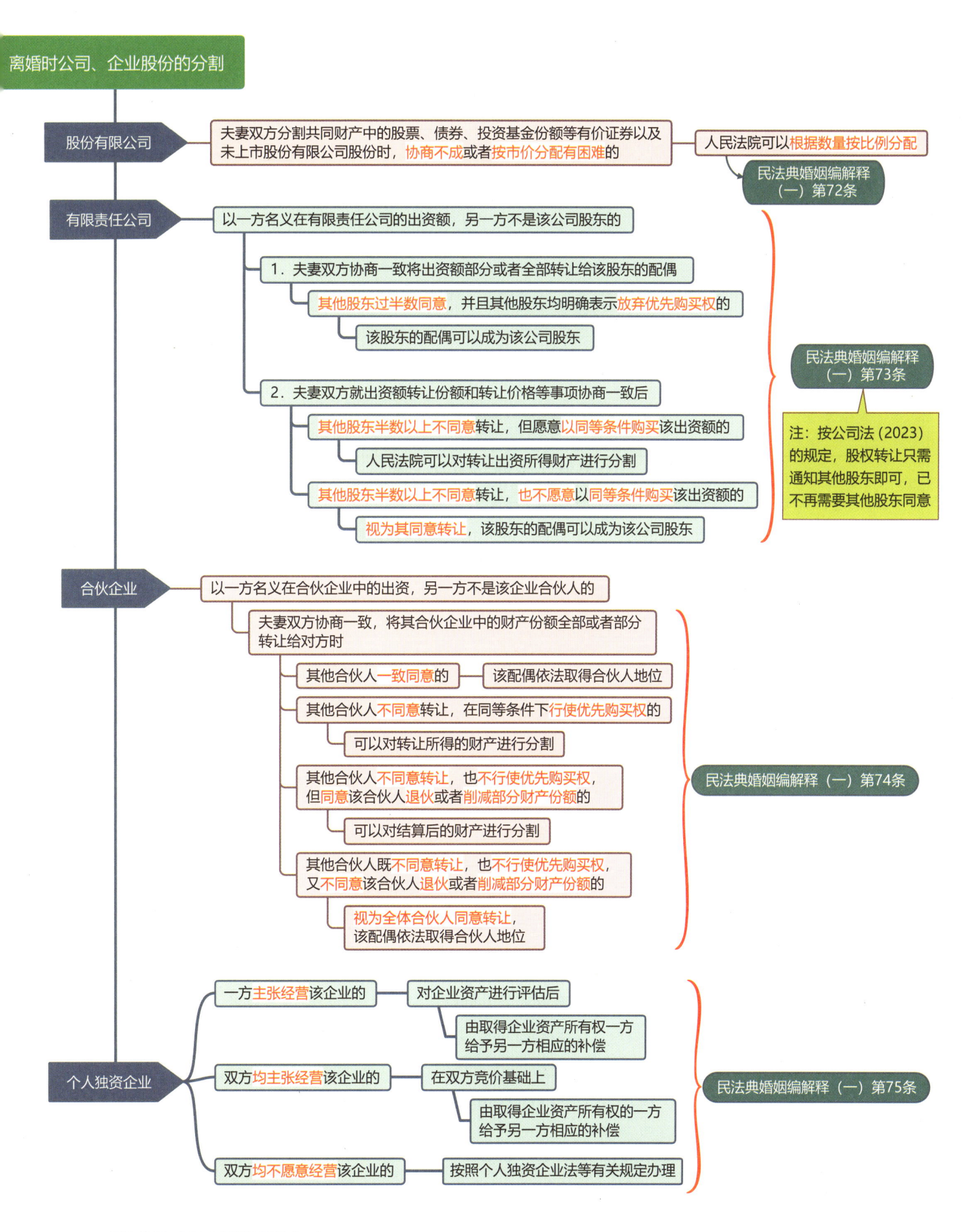

制作依据：民法典婚姻编解释（一）

关联法条

《中华人民共和国民法典》

第一千零八十七条 离婚时，夫妻的共同财产由双方协议处理；协议不成的，由人民法院根据财产的具体情况，按照照顾子女、女方和无过错方权益的原则判决。

对夫或者妻在家庭土地承包经营中享有的权益等，应当依法予以保护。

第一千零八十八条 夫妻一方因抚育子女、照料老年人、协助另一方工作等负担较多义务的，离婚时有权向另一方请求补偿，另一方应当给予补偿。具体办法由双方协议；协议不成的，由人民法院判决。

第一千零九十条 离婚时，如果一方生活困难，有负担能力的另一方应当给予适当帮助。具体办法由双方协议；协议不成的，由人民法院判决。

第一千零九十一条 有下列情形之一，导致离婚的，无过错方有权请求损害赔偿：

（一）重婚；

（二）与他人同居；

（三）实施家庭暴力；

（四）虐待、遗弃家庭成员；

（五）有其他重大过错。

第一千零九十二条 夫妻一方隐藏、转移、变卖、毁损、挥霍夫妻共同财产，或者伪造夫妻共同债务企图侵占另一方财产的，在离婚分割夫妻共同财产时，对该方可以少分或者不分。离婚后，另一方发现有上述行为的，可以向人民法院提起诉讼，请求再次分割夫妻共同财产。

《最高人民法院关于适用〈中华人民共和国民法典〉婚姻家庭编的解释（一）》

第二条 民法典第一千零四十二条、第一千零七十九条、第一千零九十一条规定的"与他人同居"的情形，是指有配偶者与婚外异性，不以夫妻名义，持续、稳定地共同居住。

离婚时可获多分财产或补偿、赔偿的情形

离婚时可获多分财产或补偿、赔偿的情形

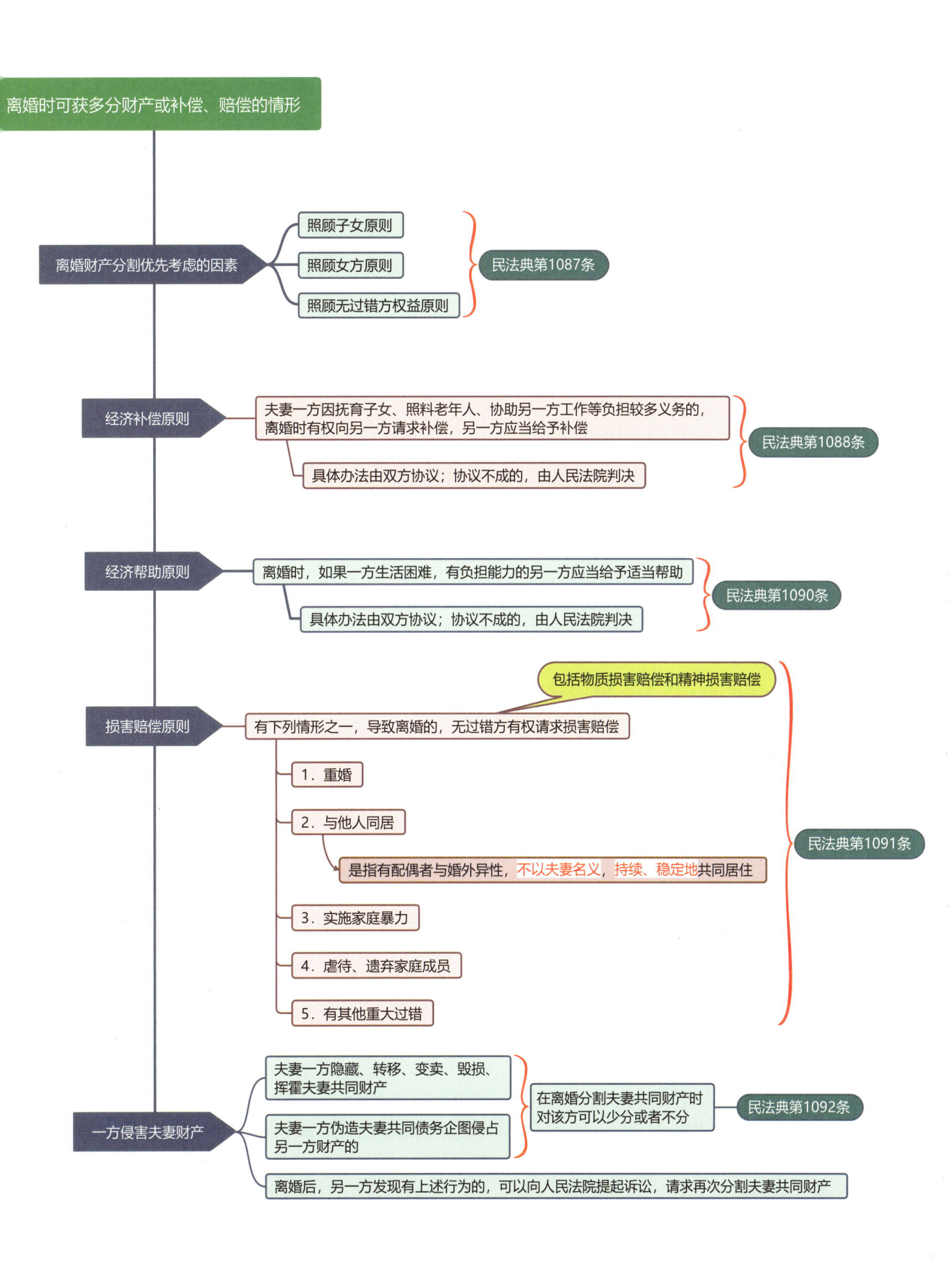

- **离婚财产分割优先考虑的因素**
  - 照顾子女原则
  - 照顾女方原则
  - 照顾无过错方权益原则

  民法典第1087条

- **经济补偿原则**
  - 夫妻一方因抚育子女、照料老年人、协助另一方工作等负担较多义务的，离婚时有权向另一方请求补偿，另一方应当给予补偿
  - 具体办法由双方协议；协议不成的，由人民法院判决

  民法典第1088条

- **经济帮助原则**
  - 离婚时，如果一方生活困难，有负担能力的另一方应当给予适当帮助
  - 具体办法由双方协议；协议不成的，由人民法院判决

  民法典第1090条

- **损害赔偿原则**（包括物质损害赔偿和精神损害赔偿）
  - 有下列情形之一，导致离婚的，无过错方有权请求损害赔偿
    1. 重婚
    2. 与他人同居——是指有配偶者与婚外异性，不以夫妻名义，持续、稳定地共同居住
    3. 实施家庭暴力
    4. 虐待、遗弃家庭成员
    5. 有其他重大过错

  民法典第1091条

- **一方侵害夫妻财产**
  - 夫妻一方隐藏、转移、变卖、毁损、挥霍夫妻共同财产
  - 夫妻一方伪造夫妻共同债务企图侵占另一方财产的

  在离婚分割夫妻共同财产时对该方可以少分或者不分

  民法典第1092条

  - 离婚后，另一方发现有上述行为的，可以向人民法院提起诉讼，请求再次分割夫妻共同财产

制作依据：民法典、民法典婚姻编解释（一）

关联法条

《中华人民共和国民法典》

第一千零六十四条 夫妻双方共同签名或者夫妻一方事后追认等共同意思表示所负的债务，以及夫妻一方在婚姻关系存续期间以个人名义为家庭日常生活需要所负的债务，属于夫妻共同债务。

夫妻一方在婚姻关系存续期间以个人名义超出家庭日常生活需要所负的债务，不属于夫妻共同债务；但是，债权人能够证明该债务用于夫妻共同生活、共同生产经营或者基于夫妻双方共同意思表示的除外。

第一千一百六十一条 继承人以所得遗产实际价值为限清偿被继承人依法应当缴纳的税款和债务。超过遗产实际价值部分，继承人自愿偿还的不在此限。

继承人放弃继承的，对被继承人依法应当缴纳的税款和债务可以不负清偿责任。

《最高人民法院关于适用〈中华人民共和国民法典〉婚姻家庭编的解释（一）》

第三十三条 债权人就一方婚前所负个人债务向债务人的配偶主张权利的，人民法院不予支持。但债权人能够证明所负债务用于婚后家庭共同生活的除外。

第三十四条 夫妻一方与第三人串通，虚构债务，第三人主张该债务为夫妻共同债务的，人民法院不予支持。

夫妻一方在从事赌博、吸毒等违法犯罪活动中所负债务，第三人主张该债务为夫妻共同债务的，人民法院不予支持。

第三十五条 当事人的离婚协议或者人民法院生效判决、裁定、调解书已经对夫妻财产分割问题作出处理的，债权人仍有权就夫妻共同债务向男女双方主张权利。

一方就夫妻共同债务承担清偿责任后，主张由另一方按照离婚协议或者人民法院的法律文书承担相应债务的，人民法院应予支持。

第三十六条 夫或者妻一方死亡的，生存一方应当对婚姻关系存续期间的夫妻共同债务承担清偿责任。

婚姻关系中个人债务与共同债务的认定与承担

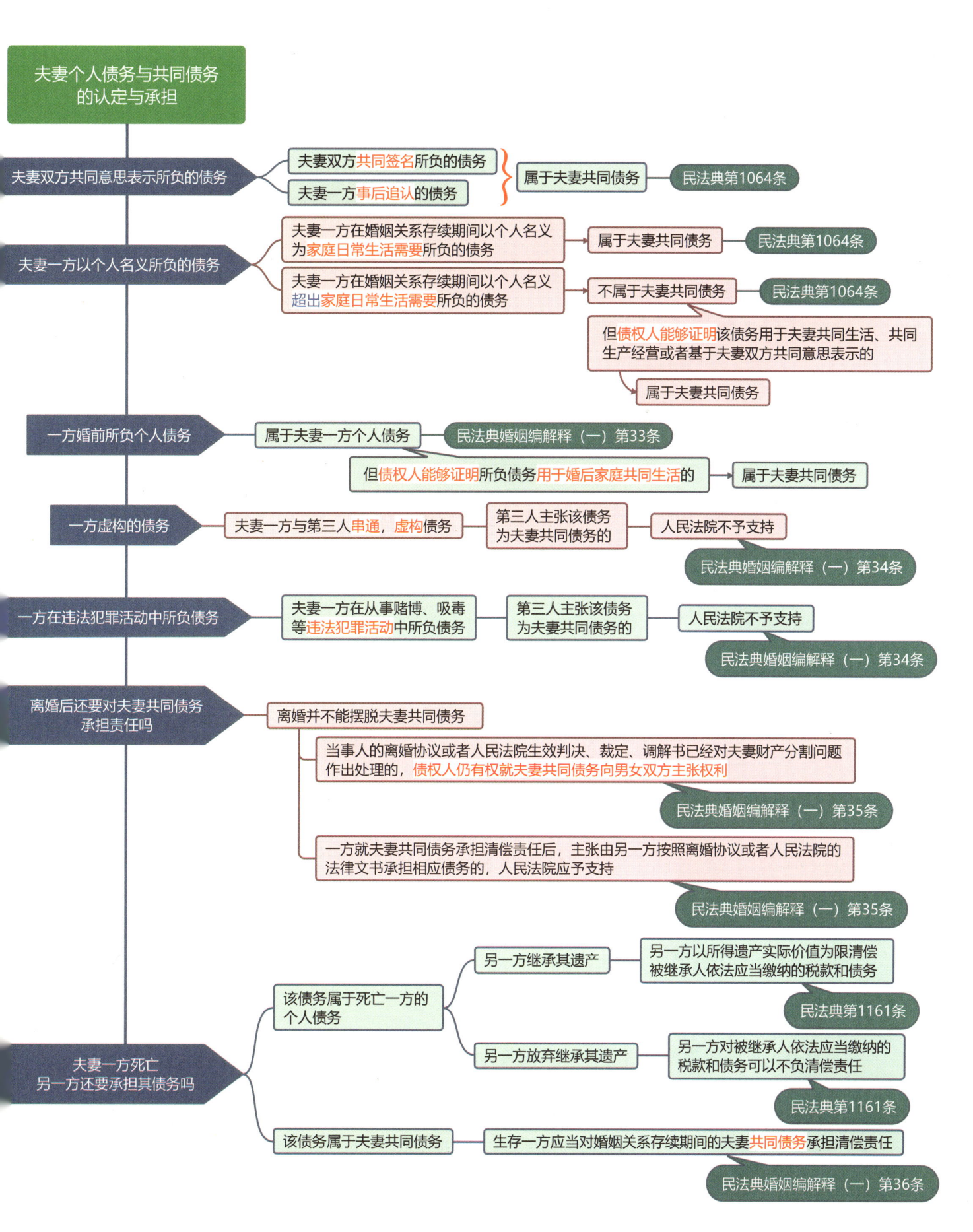

夫妻个人债务与共同债务的认定与承担

夫妻双方共同意思表示所负的债务
- 夫妻双方**共同签名**所负的债务 → 属于夫妻共同债务 —— 民法典第1064条
- 夫妻一方**事后追认**的债务 → 属于夫妻共同债务 —— 民法典第1064条

夫妻一方以个人名义所负的债务
- 夫妻一方在婚姻关系存续期间以个人名义为**家庭日常生活需要**所负的债务 → 属于夫妻共同债务 —— 民法典第1064条
- 夫妻一方在婚姻关系存续期间以个人名义**超出家庭日常生活需要**所负的债务 → 不属于夫妻共同债务 —— 民法典第1064条
  - 但**债权人能够证明**该债务用于夫妻共同生活、共同生产经营或者基于夫妻双方共同意思表示的 → 属于夫妻共同债务

一方婚前所负个人债务
- 属于夫妻一方个人债务 —— 民法典婚姻编解释（一）第33条
- 但**债权人能够证明**所负债务**用于婚后家庭共同生活**的 → 属于夫妻共同债务

一方虚构的债务
- 夫妻一方与第三人**串通**，**虚构**债务 → 第三人主张该债务为夫妻共同债务的 → 人民法院不予支持 —— 民法典婚姻编解释（一）第34条

一方在违法犯罪活动中所负债务
- 夫妻一方在从事赌博、吸毒等**违法犯罪活动**中所负债务 → 第三人主张该债务为夫妻共同债务的 → 人民法院不予支持 —— 民法典婚姻编解释（一）第34条

离婚后还要对夫妻共同债务承担责任吗
- 离婚并不能摆脱夫妻共同债务
- 当事人的离婚协议或者人民法院生效判决、裁定、调解书已经对夫妻财产分割问题作出处理的，**债权人仍有权就夫妻共同债务向男女双方主张权利** —— 民法典婚姻编解释（一）第35条
- 一方就夫妻共同债务承担清偿责任后，主张由另一方按照离婚协议或者人民法院的法律文书承担相应债务的，人民法院应予支持 —— 民法典婚姻编解释（一）第35条

夫妻一方死亡 另一方还要承担其债务吗
- 该债务属于死亡一方的个人债务
  - 另一方继承其遗产 → 另一方以所得遗产实际价值为限清偿被继承人依法应当缴纳的税款和债务 —— 民法典第1161条
  - 另一方放弃继承其遗产 → 另一方对被继承人依法应当缴纳的税款和债务可以不负清偿责任 —— 民法典第1161条
- 该债务属于夫妻共同债务 → 生存一方应当对婚姻关系存续期间的夫妻**共同债务**承担清偿责任 —— 民法典婚姻编解释（一）第36条

制作依据：民法典、民法典婚姻编解释（一）

关联法条

《中华人民共和国民法典》

第一千零六十条 夫妻一方因家庭日常生活需要而实施的民事法律行为，对夫妻双方发生效力，但是夫妻一方与相对人另有约定的除外。

夫妻之间对一方可以实施的民事法律行为范围的限制，不得对抗善意相对人。

《最高人民法院关于适用〈中华人民共和国民法典〉婚姻家庭编的解释（一）》

第二十八条 一方未经另一方同意出售夫妻共同所有的房屋，第三人善意购买、支付合理对价并已办理不动产登记，另一方主张追回该房屋的，人民法院不予支持。

夫妻一方擅自处分共同所有的房屋造成另一方损失，离婚时另一方请求赔偿损失的，人民法院应予支持。

夫妻一方擅自处分夫妻共同财产的处理

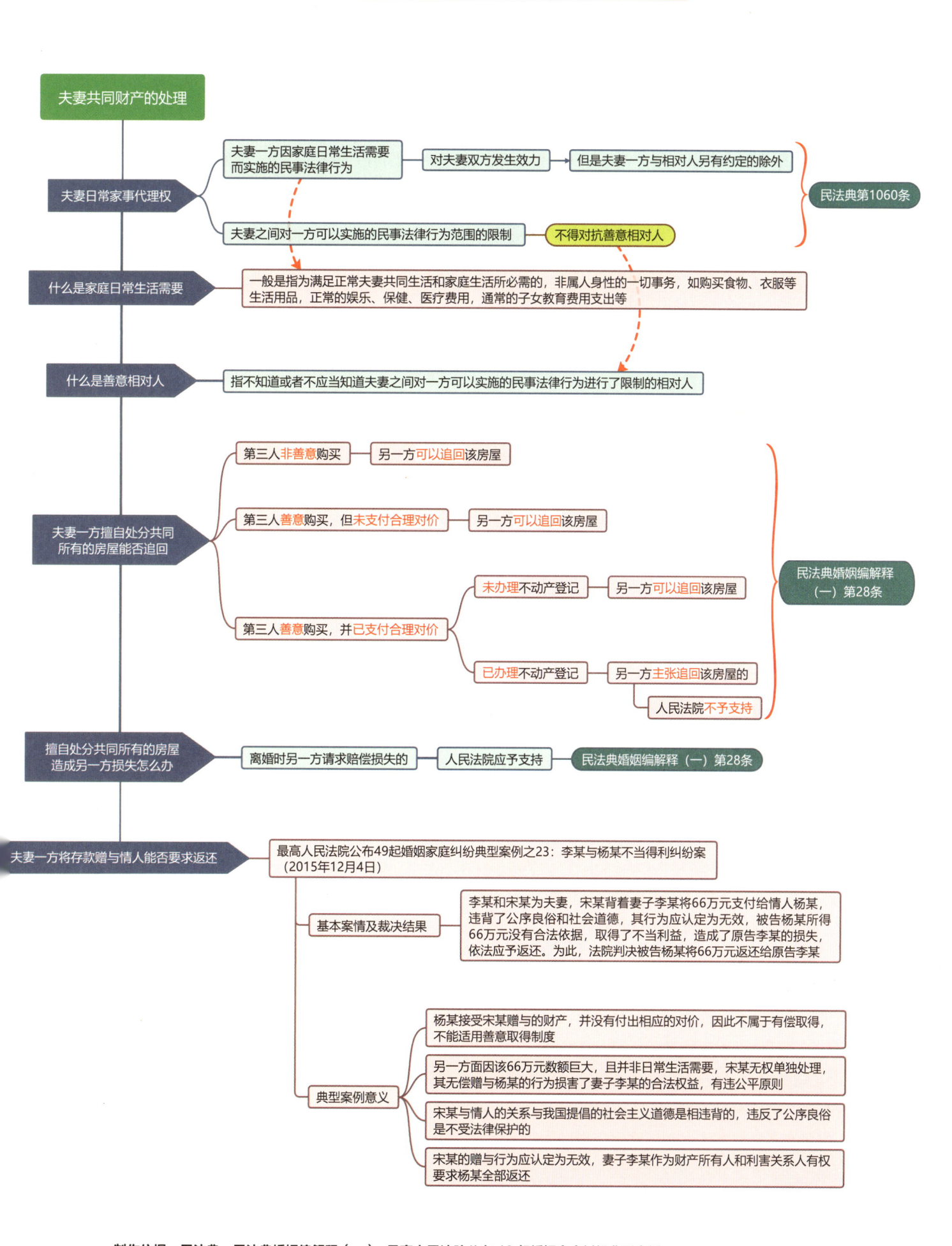

夫妻共同财产的处理

- **夫妻日常家事代理权**
  - 夫妻一方因家庭日常生活需要而实施的民事法律行为 → 对夫妻双方发生效力 → 但是夫妻一方与相对人另有约定的除外
  - 夫妻之间对一方可以实施的民事法律行为范围的限制 → 不得对抗善意相对人
  - 〔民法典第1060条〕

- **什么是家庭日常生活需要**
  - 一般是指为满足正常夫妻共同生活和家庭生活所必需的，非属人身性的一切事务，如购买食物、衣服等生活用品，正常的娱乐、保健、医疗费用，通常的子女教育费用支出等

- **什么是善意相对人**
  - 指不知道或者不应当知道夫妻之间对一方可以实施的民事法律行为进行了限制的相对人

- **夫妻一方擅自处分共同所有的房屋能否追回**
  - 第三人非善意购买 → 另一方可以追回该房屋
  - 第三人善意购买，但未支付合理对价 → 另一方可以追回该房屋
  - 第三人善意购买，并已支付合理对价
    - 未办理不动产登记 → 另一方可以追回该房屋
    - 已办理不动产登记 → 另一方主张追回该房屋的 → 人民法院不予支持
  - 〔民法典婚姻编解释（一）第28条〕

- **擅自处分共同所有的房屋造成另一方损失怎么办**
  - 离婚时另一方请求赔偿损失的 → 人民法院应予支持　民法典婚姻编解释（一）第28条

- **夫妻一方将存款赠与情人能否要求返还**
  - 最高人民法院公布49起婚姻家庭纠纷典型案例之23：李某与杨某不当得利纠纷案（2015年12月4日）
    - **基本案情及裁决结果**：李某和宋某为夫妻，宋某背着妻子李某将66万元支付给情人杨某，违背了公序良俗和社会道德，其行为应认定为无效，被告杨某所得66万元没有合法依据，取得了不当利益，造成了原告李某的损失，依法应予返还。为此，法院判决被告杨某将66万元返还给原告李某
    - **典型案例意义**：
      - 杨某接受宋某赠与的财产，并没有付出相应的对价，因此不属于有偿取得，不能适用善意取得制度
      - 另一方面因该66万元数额巨大，且并非日常生活需要，宋某无权单独处理，其无偿赠与杨某的行为损害了妻子李某的合法权益，有违公平原则
      - 宋某与情人的关系与我国提倡的社会主义道德是相违背的，违反了公序良俗是不受法律保护的
      - 宋某的赠与行为应认定为无效，妻子李某作为财产所有人和利害关系人有权要求杨某全部返还

制作依据：民法典、民法典婚姻编解释（一）、最高人民法院公布49起婚姻家庭纠纷典型案例

关联法条

《中华人民共和国民法典》

第一千零四十二条 禁止包办、买卖婚姻和其他干涉婚姻自由的行为。禁止借婚姻索取财物。

禁止重婚。禁止有配偶者与他人同居。

禁止家庭暴力。禁止家庭成员间的虐待和遗弃。

《最高人民法院关于适用〈中华人民共和国民法典〉婚姻家庭编的解释（一）》

第五条 当事人请求返还按照习俗给付的彩礼的，如果查明属于以下情形，人民法院应当予以支持：

（一）双方未办理结婚登记手续；

（二）双方办理结婚登记手续但确未共同生活；

（三）婚前给付并导致给付人生活困难。

适用前款第二项、第三项的规定，应当以双方离婚为条件。

《最高人民法院关于审理涉彩礼纠纷案件适用法律若干问题的规定》

第二条 禁止借婚姻索取财物。一方以彩礼为名借婚姻索取财物，另一方要求返还的，人民法院应予支持。

第三条 人民法院在审理涉彩礼纠纷案件中，可以根据一方给付财物的目的，综合考虑双方当地习俗、给付的时间和方式、财物价值、给付人及接收人等事实，认定彩礼范围。

下列情形给付的财物，不属于彩礼：

（一）一方在节日、生日等有特殊纪念意义时点给付的价值不大的礼物、礼金；

（二）一方为表达或者增进感情的日常消费性支出；

（三）其他价值不大的财物。

第四条 婚约财产纠纷中，婚约一方及其实际给付彩礼的父母可以作为共同原告；婚约另一方及其实际接收彩礼的父母可以作为共同被告。

离婚纠纷中，一方提出返还彩礼诉讼请求的，当事人仍为夫妻双方。

第五条 双方已办理结婚登记且共同生活，离婚时一方请求返还按照习俗给付的彩礼的，人民法院一般不予支持。但是，如果共同生活时间较短且彩礼数额过高的，人民法院可以根据彩礼实际使用及嫁妆情况，综合考虑彩礼数额、共同生活及孕育情况、双方过错等事实，结合当地习俗，确定是否返还以及返还的具体比例。

人民法院认定彩礼数额是否过高，应当综合考虑彩礼给付方所在地居民人均可支配收入、给付方家庭经济情况以及当地习俗等因素。

第六条 双方未办理结婚登记但已共同生活，一方请求返还按照习俗给付的彩礼的，人民法院应当根据彩礼实际使用及嫁妆情况，综合考虑共同生活及孕育情况、双方过错等事实，结合当地习俗，确定是否返还以及返还的具体比例。

彩礼纠纷案件处理规则

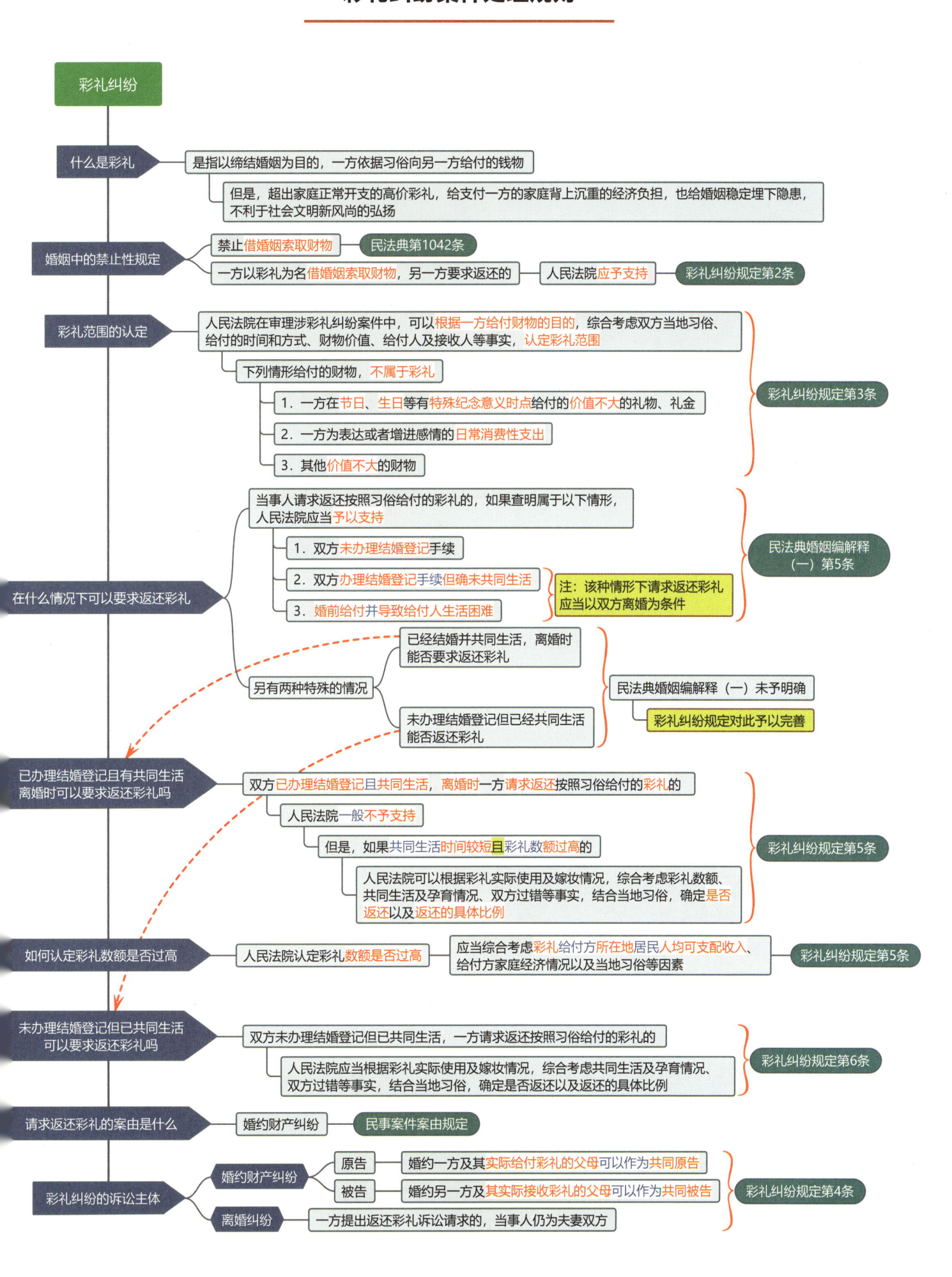

彩礼纠纷

什么是彩礼
- 是指以缔结婚姻为目的，一方依据习俗向另一方给付的钱物
- 但是，超出家庭正常开支的高价彩礼，给支付一方的家庭背上沉重的经济负担，也给婚姻稳定埋下隐患，不利于社会文明新风尚的弘扬

婚姻中的禁止性规定
- 禁止借婚姻索取财物 —— 民法典第1042条
- 一方以彩礼为名借婚姻索取财物，另一方要求返还的 —— 人民法院应予支持 —— 彩礼纠纷规定第2条

彩礼范围的认定
- 人民法院在审理涉彩礼纠纷案件中，可以根据一方给付财物的目的，综合考虑双方当地习俗、给付的时间和方式、财物价值、给付人及接收人等事实，认定彩礼范围
- 下列情形给付的财物，不属于彩礼：
  1. 一方在节日、生日等有特殊纪念意义时点给付的价值不大的礼物、礼金
  2. 一方为表达或者增进感情的日常消费性支出
  3. 其他价值不大的财物

（彩礼纠纷规定第3条）

在什么情况下可以要求返还彩礼
- 当事人请求返还按照习俗给付的彩礼的，如果查明属于以下情形，人民法院应当予以支持：
  1. 双方未办理结婚登记手续
  2. 双方办理结婚登记手续但确未共同生活（注：该种情形下请求返还彩礼应当以双方离婚为条件）
  3. 婚前给付并导致给付人生活困难

（民法典婚姻编解释（一）第5条）

- 另有两种特殊的情况：
  - 已经结婚并共同生活，离婚时能否要求返还彩礼
  - 未办理结婚登记但已经共同生活能否返还彩礼
  - 民法典婚姻编解释（一）未予明确
  - 彩礼纠纷规定对此予以完善

已办理结婚登记且有共同生活 离婚时可以要求返还彩礼吗
- 双方已办理结婚登记且共同生活，离婚时一方请求返还按照习俗给付的彩礼的
  - 人民法院一般不予支持
  - 但是，如果共同生活时间较短且彩礼数额过高的
    - 人民法院可以根据彩礼实际使用及嫁妆情况，综合考虑彩礼数额、共同生活及孕育情况、双方过错等事实，结合当地习俗，确定是否返还以及返还的具体比例

（彩礼纠纷规定第5条）

如何认定彩礼数额是否过高
- 人民法院认定彩礼数额是否过高 —— 应当综合考虑彩礼给付方所在地居民人均可支配收入、给付家庭经济情况以及当地习俗等因素

（彩礼纠纷规定第5条）

未办理结婚登记但已共同生活 可以要求返还彩礼吗
- 双方未办理结婚登记但已共同生活，一方请求返还按照习俗给付的彩礼的
  - 人民法院应当根据彩礼实际使用及嫁妆情况，综合考虑共同生活及孕育情况、双方过错等事实，结合当地习俗，确定是否返还以及返还的具体比例

（彩礼纠纷规定第6条）

请求返还彩礼的案由是什么
- 婚约财产纠纷 —— 民事案件案由规定

彩礼纠纷的诉讼主体
- 婚约财产纠纷
  - 原告：婚约一方及其实际给付彩礼的父母可以作为共同原告
  - 被告：婚约另一方及其实际接收彩礼的父母可以作为共同被告
- 离婚纠纷：一方提出返还彩礼诉讼请求的，当事人仍为夫妻双方

（彩礼纠纷规定第4条）

制作依据：民法典、民法典婚姻编解释（一）、彩礼纠纷规定、民事案件案由规定

继 承

关联法条

《中华人民共和国民法典》

第一千一百三十三条 自然人可以依照本法规定立遗嘱处分个人财产，并可以指定遗嘱执行人。

自然人可以立遗嘱将个人财产指定由法定继承人中的一人或者数人继承。

自然人可以立遗嘱将个人财产赠与国家、集体或者法定继承人以外的组织、个人。

自然人可以依法设立遗嘱信托。

第一千一百四十五条 继承开始后，遗嘱执行人为遗产管理人；没有遗嘱执行人的，继承人应当及时推选遗产管理人；继承人未推选的，由继承人共同担任遗产管理人；没有继承人或者继承人均放弃继承的，由被继承人生前住所地的民政部门或者村民委员会担任遗产管理人。

第一千一百四十六条 对遗产管理人的确定有争议的，利害关系人可以向人民法院申请指定遗产管理人。

第一千一百四十七条 遗产管理人应当履行下列职责：

（一）清理遗产并制作遗产清单；

（二）向继承人报告遗产情况；

（三）采取必要措施防止遗产毁损、灭失；

（四）处理被继承人的债权债务；

（五）按照遗嘱或者依照法律规定分割遗产；

（六）实施与管理遗产有关的其他必要行为。

第一千一百四十八条 遗产管理人应当依法履行职责，因故意或者重大过失造成继承人、受遗赠人、债权人损害的，应当承担民事责任。

第一千一百四十九条 遗产管理人可以依照法律规定或者按照约定获得报酬。

第一千一百五十条 继承开始后，知道被继承人死亡的继承人应当及时通知其他继承人和遗嘱执行人。继承人中无人知道被继承人死亡或者知道被继承人死亡而不能通知的，由被继承人生前所在单位或者住所地的居民委员会、村民委员会负责通知。

遗产继承中的遗嘱执行人与遗产管理人

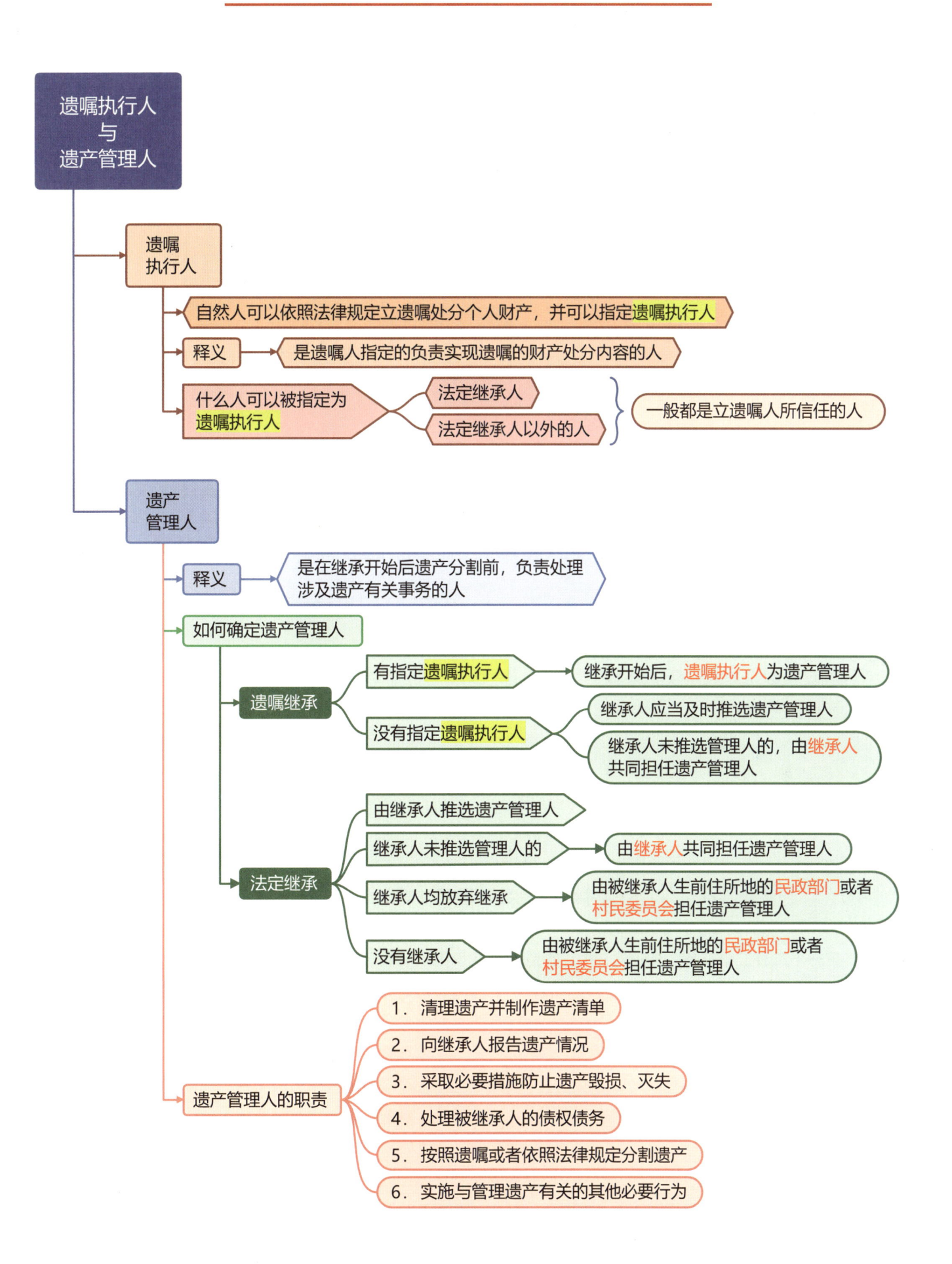

遗嘱执行人与遗产管理人

遗嘱执行人

- 自然人可以依照法律规定立遗嘱处分个人财产,并可以指定遗嘱执行人
- 释义：是遗嘱人指定的负责实现遗嘱的财产处分内容的人
- 什么人可以被指定为遗嘱执行人
  - 法定继承人
  - 法定继承人以外的人
  - 一般都是立遗嘱人所信任的人

遗产管理人

- 释义：是在继承开始后遗产分割前,负责处理涉及遗产有关事务的人

- 如何确定遗产管理人
  - **遗嘱继承**
    - 有指定遗嘱执行人 → 继承开始后,遗嘱执行人为遗产管理人
    - 没有指定遗嘱执行人
      - 继承人应当及时推选遗产管理人
      - 继承人未推选管理人的,由继承人共同担任遗产管理人
  - **法定继承**
    - 由继承人推选遗产管理人
    - 继承人未推选管理人的 → 由继承人共同担任遗产管理人
    - 继承人均放弃继承 → 由被继承人生前住所地的民政部门或者村民委员会担任遗产管理人
    - 没有继承人 → 由被继承人生前住所地的民政部门或者村民委员会担任遗产管理人

- 遗产管理人的职责
  1. 清理遗产并制作遗产清单
  2. 向继承人报告遗产情况
  3. 采取必要措施防止遗产毁损、灭失
  4. 处理被继承人的债权债务
  5. 按照遗嘱或者依照法律规定分割遗产
  6. 实施与管理遗产有关的其他必要行为

制作依据：民法典第 1133 条、第 1145 条、第 1147 条

侵权责任

关联法条

《中华人民共和国民法典》

第一千二百五十三条 建筑物、构筑物或者其他设施及其搁置物、悬挂物发生脱落、坠落造成他人损害，所有人、管理人或者使用人不能证明自己没有过错的，应当承担侵权责任。所有人、管理人或者使用人赔偿后，有其他责任人的，有权向其他责任人追偿。

第一千二百五十四条 禁止从建筑物中抛掷物品。从建筑物中抛掷物品或者从建筑物上坠落的物品造成他人损害的，由侵权人依法承担侵权责任；经调查难以确定具体侵权人的，除能够证明自己不是侵权人的外，由可能加害的建筑物使用人给予补偿。可能加害的建筑物使用人补偿后，有权向侵权人追偿。

物业服务企业等建筑物管理人应当采取必要的安全保障措施防止前款规定情形的发生；未采取必要的安全保障措施的，应当依法承担未履行安全保障义务的侵权责任。

发生本条第一款规定的情形的，公安等机关应当依法及时调查，查清责任人。

高空落物致害责任的法律适用

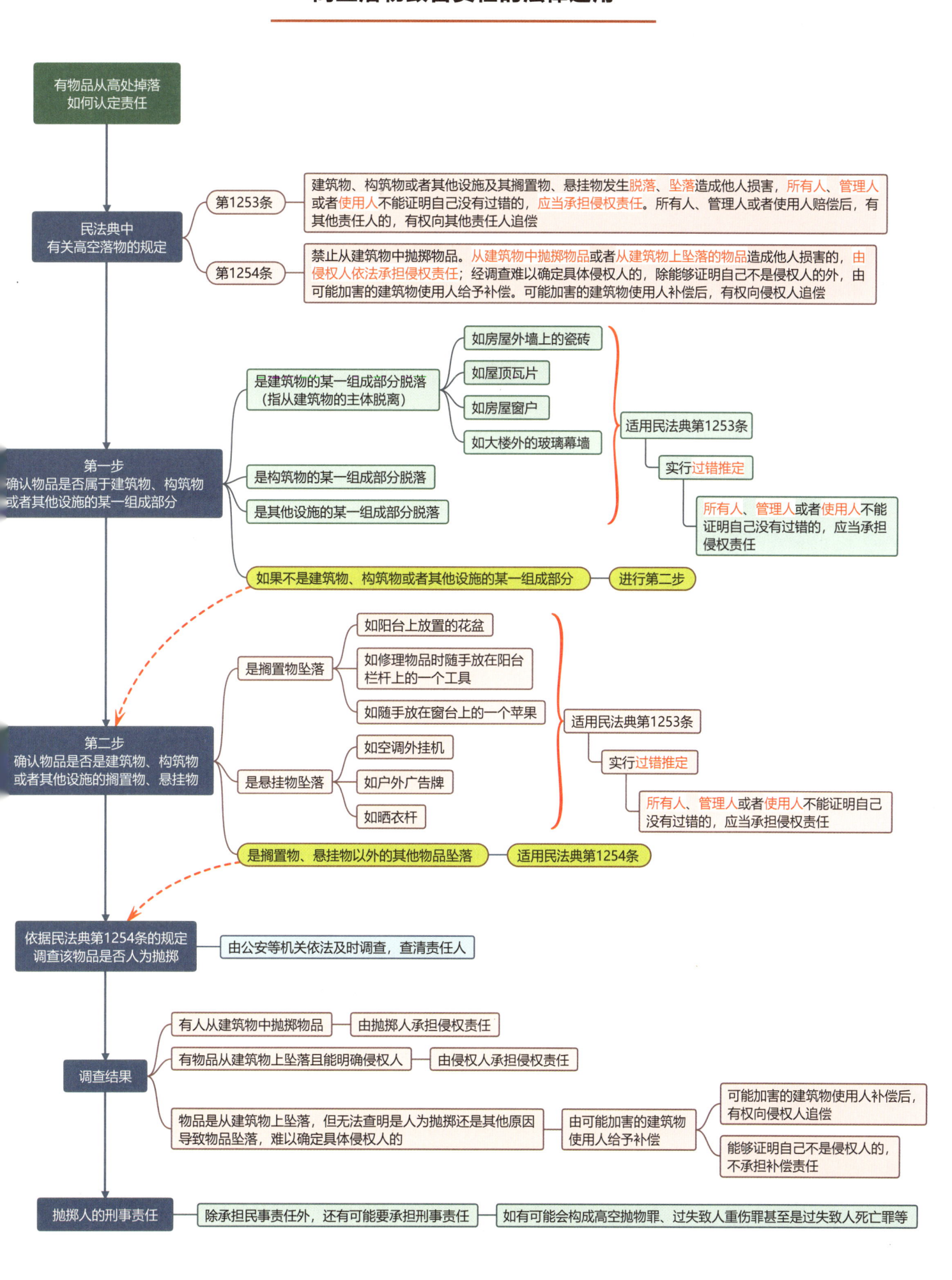

有物品从高处掉落如何认定责任

民法典中有关高空落物的规定

第1253条：建筑物、构筑物或者其他设施及其搁置物、悬挂物发生脱落、坠落造成他人损害，所有人、管理人或者使用人不能证明自己没有过错的，应当承担侵权责任。所有人、管理人或者使用人赔偿后，有其他责任人的，有权向其他责任人追偿。

第1254条：禁止从建筑物中抛掷物品。从建筑物中抛掷物品或者从建筑物上坠落的物品造成他人损害的，由侵权人依法承担侵权责任；经调查难以确定具体侵权人的，除能够证明自己不是侵权人的外，由可能加害的建筑物使用人给予补偿。可能加害的建筑物使用人补偿后，有权向侵权人追偿。

第一步：确认物品是否属于建筑物、构筑物或者其他设施的某一组成部分

- 是建筑物的某一组成部分脱落（指从建筑物的主体脱离）
  - 如房屋外墙上的瓷砖
  - 如屋顶瓦片
  - 如房屋窗户
  - 如大楼外的玻璃幕墙
- 是构筑物的某一组成部分脱落
- 是其他设施的某一组成部分脱落

→ 适用民法典第1253条，实行过错推定

所有人、管理人或者使用人不能证明自己没有过错的，应当承担侵权责任。

如果不是建筑物、构筑物或者其他设施的某一组成部分 → 进行第二步

第二步：确认物品是否是建筑物、构筑物或者其他设施的搁置物、悬挂物

- 是搁置物坠落
  - 如阳台上放置的花盆
  - 如修理物品时随手放在阳台栏杆上的一个工具
  - 如随手放在窗台上的一个苹果
- 是悬挂物坠落
  - 如空调外挂机
  - 如户外广告牌
  - 如晒衣杆

→ 适用民法典第1253条，实行过错推定

所有人、管理人或者使用人不能证明自己没有过错的，应当承担侵权责任。

- 是搁置物、悬挂物以外的其他物品坠落 → 适用民法典第1254条

依据民法典第1254条的规定，调查该物品是否人为抛掷

由公安等机关依法及时调查，查清责任人。

调查结果

- 有人从建筑物中抛掷物品 → 由抛掷人承担侵权责任
- 有物品从建筑物上坠落且能明确侵权人 → 由侵权人承担侵权责任
- 物品是从建筑物上坠落，但无法查明是人为抛掷还是其他原因导致物品坠落，难以确定具体侵权人的 → 由可能加害的建筑物使用人给予补偿
  - 可能加害的建筑物使用人补偿后，有权向侵权人追偿
  - 能够证明自己不是侵权人的，不承担补偿责任

抛掷人的刑事责任

除承担民事责任外，还有可能要承担刑事责任。如有可能会构成高空抛物罪、过失致人重伤罪甚至是过失致人死亡罪等。

制作依据：民法典

交通事故

关联法条

《中华人民共和国民法典》

第一千二百一十六条　机动车驾驶人发生交通事故后逃逸，该机动车参加强制保险的，由保险人在机动车强制保险责任限额范围内予以赔偿；机动车不明、该机动车未参加强制保险或者抢救费用超过机动车强制保险责任限额，需要支付被侵权人人身伤亡的抢救、丧葬等费用的，由道路交通事故社会救助基金垫付。道路交通事故社会救助基金垫付后，其管理机构有权向交通事故责任人追偿。

《机动车交通事故责任强制保险条例》（2019修订）

第二十二条　有下列情形之一的，保险公司在机动车交通事故责任强制保险责任限额范围内垫付抢救费用，并有权向致害人追偿：
（一）驾驶人未取得驾驶资格或者醉酒的；
（二）被保险机动车被盗抢期间肇事的；
（三）被保险人故意制造道路交通事故的。
有前款所列情形之一，发生道路交通事故的，造成受害人的财产损失，保险公司不承担赔偿责任。

《最高人民法院关于审理道路交通事故损害赔偿案件适用法律若干问题的解释》（2020修正）

第十五条　有下列情形之一导致第三人人身损害，当事人请求保险公司在交强险责任限额范围内予以赔偿，人民法院应予支持：
（一）驾驶人未取得驾驶资格或者未取得相应驾驶资格的；
（二）醉酒、服用国家管制的精神药品或者麻醉药品后驾驶机动车发生交通事故的；
（三）驾驶人故意制造交通事故的。
保险公司在赔偿范围内向侵权人主张追偿权的，人民法院应予支持。追偿权的诉讼时效期间自保险公司实际赔偿之日起计算。

第二十条　机动车所有权在交强险合同有效期内发生变动，保险公司在交通事故发生后，以该机动车未办理交强险合同变更手续为由主张免除赔偿责任的，人民法院不予支持。

机动车在交强险合同有效期内发生改装、使用性质改变等导致危险程度增加的情形，发生交通事故后，当事人请求保险公司在责任限额范围内予以赔偿的，人民法院应予支持。

前款情形下，保险公司另行起诉请求投保义务人按照重新核定后的保险费标准补足当期保险费的，人民法院应予支持。

《中华人民共和国保险法》（2015修正）

第四十九条　保险标的转让的，保险标的的受让人承继被保险人的权利和义务。

保险标的转让的，被保险人或者受让人应当及时通知保险人，但货物运输保险合同和另有约定的合同除外。

因保险标的的转让导致危险程度显著增加的，保险人自收到前款规定的通知之日起三十日内，可以按照合同约定增加保险费或者解除合同。保险人解除合同的，应当将已收取的保险费，按照合同约定扣除自保险责任开始之日起至合同解除之日止应收的部分后，退还投保人。

被保险人、受让人未履行本条第二款规定的通知义务的，因转让导致保险标的的危险程度显著增加而发生的保险事故，保险人不承担赔偿保险金的责任。

交通事故中特殊情况（酒驾、逃逸等）的保险赔偿问题

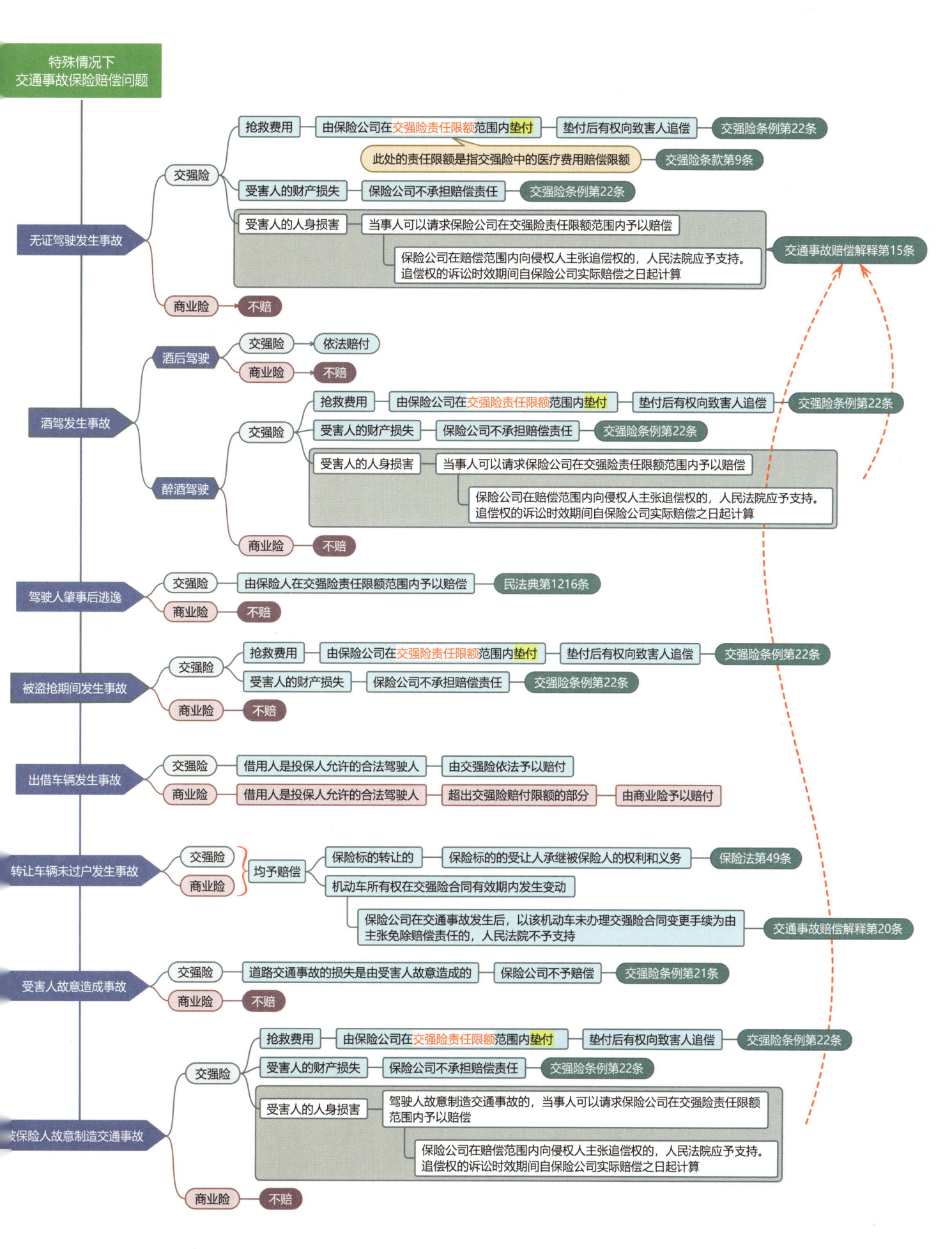

特殊情况下交通事故保险赔偿问题

无证驾驶发生事故

- **交强险**
  - 抢救费用：由保险公司在**交强险责任限额**范围内**垫付**——垫付后有权向致害人追偿（交强险条例第22条）
    - 此处的责任限额是指交强险中的医疗费用赔偿限额（交强险条款第9条）
  - 受害人的财产损失：保险公司不承担赔偿责任（交强险条例第22条）
  - 受害人的人身损害：当事人可以请求保险公司在交强险责任限额范围内予以赔偿
    - 保险公司在赔偿范围内向侵权人主张追偿权的，人民法院应予支持。追偿权的诉讼时效期间自保险公司实际赔偿之日起计算（交通事故赔偿解释第15条）
- **商业险**：不赔

酒驾发生事故

- **酒后驾驶**
  - 交强险：依法赔付
  - 商业险：不赔
- **醉酒驾驶**
  - 交强险
    - 抢救费用：由保险公司在**交强险责任限额**范围内**垫付**——垫付后有权向致害人追偿（交强险条例第22条）
    - 受害人的财产损失：保险公司不承担赔偿责任（交强险条例第22条）
    - 受害人的人身损害：当事人可以请求保险公司在交强险责任限额范围内予以赔偿
      - 保险公司在赔偿范围内向侵权人主张追偿权的，人民法院应予支持。追偿权的诉讼时效期间自保险公司实际赔偿之日起计算
  - 商业险：不赔

驾驶人肇事后逃逸

- 交强险：由保险人在交强险责任限额范围内予以赔偿（民法典第1216条）
- 商业险：不赔

被盗抢期间发生事故

- **交强险**
  - 抢救费用：由保险公司在**交强险责任限额**范围内**垫付**——垫付后有权向致害人追偿（交强险条例第22条）
  - 受害人的财产损失：保险公司不承担赔偿责任（交强险条例第22条）
- **商业险**：不赔

出借车辆发生事故

- 交强险：借用人是投保人允许的合法驾驶人——由交强险依法予以赔付
- 商业险：借用人是投保人允许的合法驾驶人——超出交强险赔付限额的部分——由商业险予以赔付

转让车辆未过户发生事故

- 交强险、商业险：均予赔偿
  - 保险标的转让的——保险标的的受让人承继被保险人的权利和义务（保险法第49条）
  - 机动车所有权在交强险合同有效期内发生变动
    - 保险公司在交通事故发生后，以该机动车未办理交强险合同变更手续为由主张免除赔偿责任的，人民法院不予支持（交通事故赔偿解释第20条）

受害人故意造成事故

- 交强险：道路交通事故的损失是由受害人故意造成的——保险公司不予赔偿（交强险条例第21条）
- 商业险：不赔

投保险人故意制造交通事故

- **交强险**
  - 抢救费用：由保险公司在**交强险责任限额**范围内**垫付**——垫付后有权向致害人追偿（交强险条例第22条）
  - 受害人的财产损失：保险公司不承担赔偿责任（交强险条例第22条）
  - 受害人的人身损害：驾驶人故意制造交通事故的，当事人可以请求保险公司在交强险责任限额范围内予以赔偿
    - 保险公司在赔偿范围内向侵权人主张追偿权的，人民法院应予支持。追偿权的诉讼时效期间自保险公司实际赔偿之日起计算
- **商业险**：不赔

制作依据：民法典、交强险条例、交强险条款、交通事故赔偿解释

关联法条

《中华人民共和国民法典》

第一千一百七十九条 侵害他人造成人身损害的，应当赔偿医疗费、护理费、交通费、营养费、住院伙食补助费等为治疗和康复支出的合理费用，以及因误工减少的收入。造成残疾的，还应当赔偿辅助器具费和残疾赔偿金；造成死亡的，还应当赔偿丧葬费和死亡赔偿金。

第一千一百八十三条 侵害自然人人身权益造成严重精神损害的，被侵权人有权请求精神损害赔偿。

因故意或者重大过失侵害自然人具有人身意义的特定物造成严重精神损害的，被侵权人有权请求精神损害赔偿。

《最高人民法院关于审理道路交通事故损害赔偿案件适用法律若干问题的解释》

第十二条 因道路交通事故造成下列财产损失，当事人请求侵权人赔偿的，人民法院应予支持：

（一）维修被损坏车辆所支出的费用、车辆所载物品的损失、车辆施救费用；

（二）因车辆灭失或者无法修复，为购买交通事故发生时与被损坏车辆价值相当的车辆重置费用；

（三）依法从事货物运输、旅客运输等经营性活动的车辆，因无法从事相应经营活动所产生的合理停运损失；

（四）非经营性车辆因无法继续使用，所产生的通常替代性交通工具的合理费用。

交通事故责任方应赔偿的项目

交通事故责任方应赔偿的项目

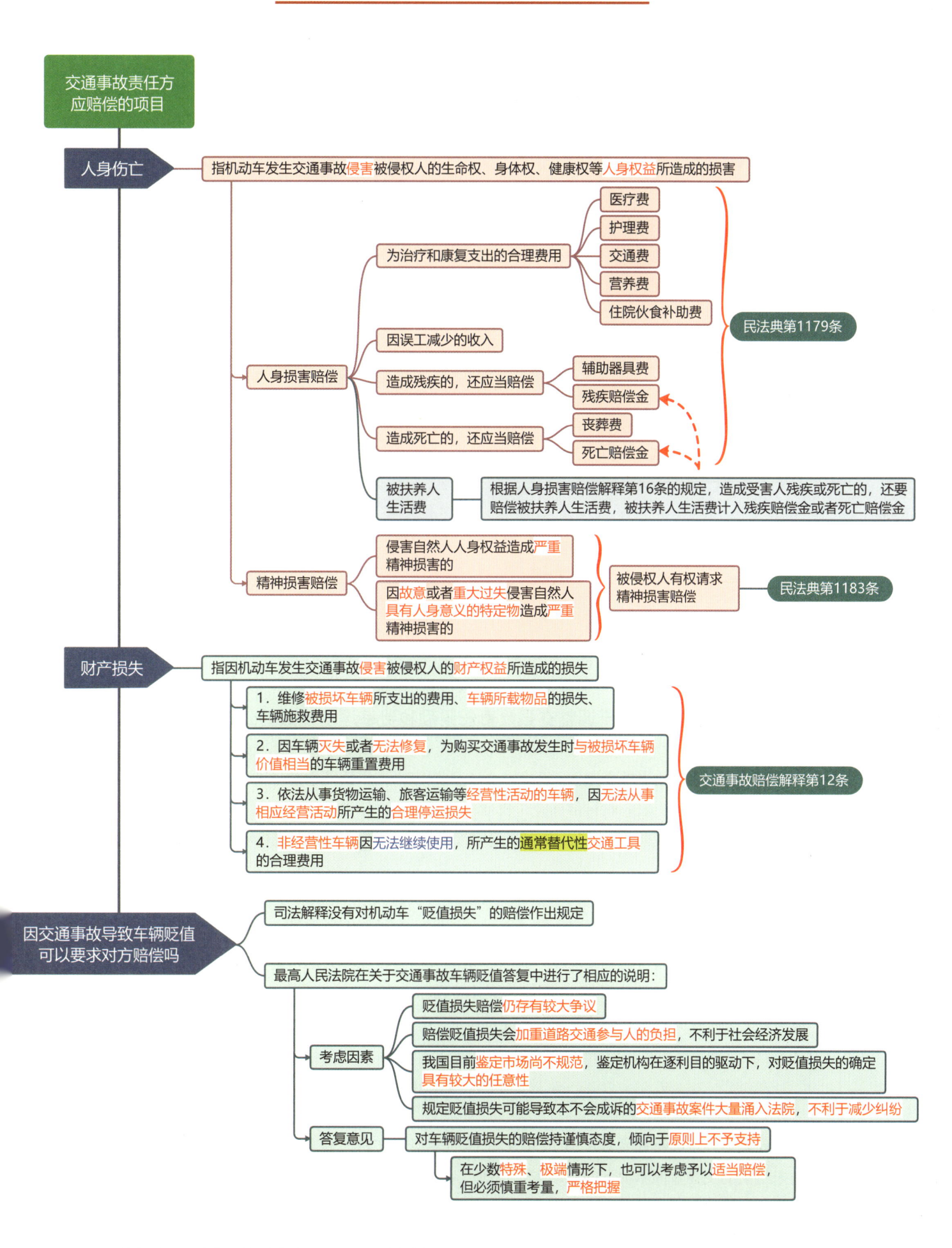

人身伤亡

指机动车发生交通事故侵害被侵权人的生命权、身体权、健康权等人身权益所造成的损害

人身损害赔偿

- 为治疗和康复支出的合理费用
  - 医疗费
  - 护理费
  - 交通费
  - 营养费
  - 住院伙食补助费
- 因误工减少的收入
- 造成残疾的，还应当赔偿
  - 辅助器具费
  - 残疾赔偿金
- 造成死亡的，还应当赔偿
  - 丧葬费
  - 死亡赔偿金

（民法典第1179条）

被扶养人生活费：根据人身损害赔偿解释第16条的规定，造成受害人残疾或死亡的，还要赔偿被扶养人生活费，被扶养人生活费计入残疾赔偿金或者死亡赔偿金

精神损害赔偿

- 侵害自然人人身权益造成严重精神损害的
- 因故意或者重大过失侵害自然人具有人身意义的特定物造成严重精神损害的

被侵权人有权请求精神损害赔偿（民法典第1183条）

财产损失

指因机动车发生交通事故侵害被侵权人的财产权益所造成的损失

1. 维修被损坏车辆所支出的费用、车辆所载物品的损失、车辆施救费用
2. 因车辆灭失或者无法修复，为购买交通事故发生时与被损坏车辆价值相当的车辆重置费用
3. 依法从事货物运输、旅客运输等经营性活动的车辆，因无法从事相应经营活动所产生的合理停运损失
4. 非经营性车辆因无法继续使用，所产生的通常替代性交通工具的合理费用

（交通事故赔偿解释第12条）

因交通事故导致车辆贬值可以要求对方赔偿吗

司法解释没有对机动车"贬值损失"的赔偿作出规定

最高人民法院在关于交通事故车辆贬值答复中进行了相应的说明：

考虑因素
- 贬值损失赔偿仍存有较大争议
- 赔偿贬值损失会加重道路交通参与人的负担，不利于社会经济发展
- 我国目前鉴定市场尚不规范，鉴定机构在逐利目的驱动下，对贬值损失的确定具有较大的任意性
- 规定贬值损失可能导致本不会成诉的交通事故案件大量涌入法院，不利于减少纠纷

答复意见：对车辆贬值损失的赔偿持谨慎态度，倾向于原则上不予支持
- 在少数特殊、极端情形下，也可以考虑予以适当赔偿，但必须慎重考量，严格把握

制作依据：民法典、交通事故赔偿解释、交通事故车辆贬值答复

关联法条

《中国银保监会关于调整交强险责任限额和费率浮动系数的公告》

根据《机动车交通事故责任强制保险条例》的有关规定，在广泛征求意见的基础上，银保监会会同公安部、卫生健康委、农业农村部确定了机动车交通事故责任强制保险（以下简称交强险）责任限额的调整方案，会同公安部确定了交强险费率浮动系数的调整方案，现将有关调整内容公告如下：

一、新交强险责任限额方案

在中华人民共和国境内（不含港、澳、台地区），被保险人在使用被保险机动车过程中发生交通事故，致使受害人遭受人身伤亡或者财产损失，依法应当由被保险人承担的损害赔偿责任，每次事故责任限额为：死亡伤残赔偿限额18万元，医疗费用赔偿限额1.8万元，财产损失赔偿限额0.2万元。被保险人无责任时，死亡伤残赔偿限额1.8万元，医疗费用赔偿限额1800元，财产损失赔偿限额100元。

……

三、新方案实行时间

上述责任限额和费率浮动系数从2020年9月19日零时起实行。截至2020年9月19日零时保险期间尚未结束的交强险保单项下的机动车在2020年9月19日零时后发生道路交通事故的，按照新的责任限额执行；在2020年9月19日零时前发生道路交通事故的，仍按原责任限额执行。

交强险赔付限额演变史

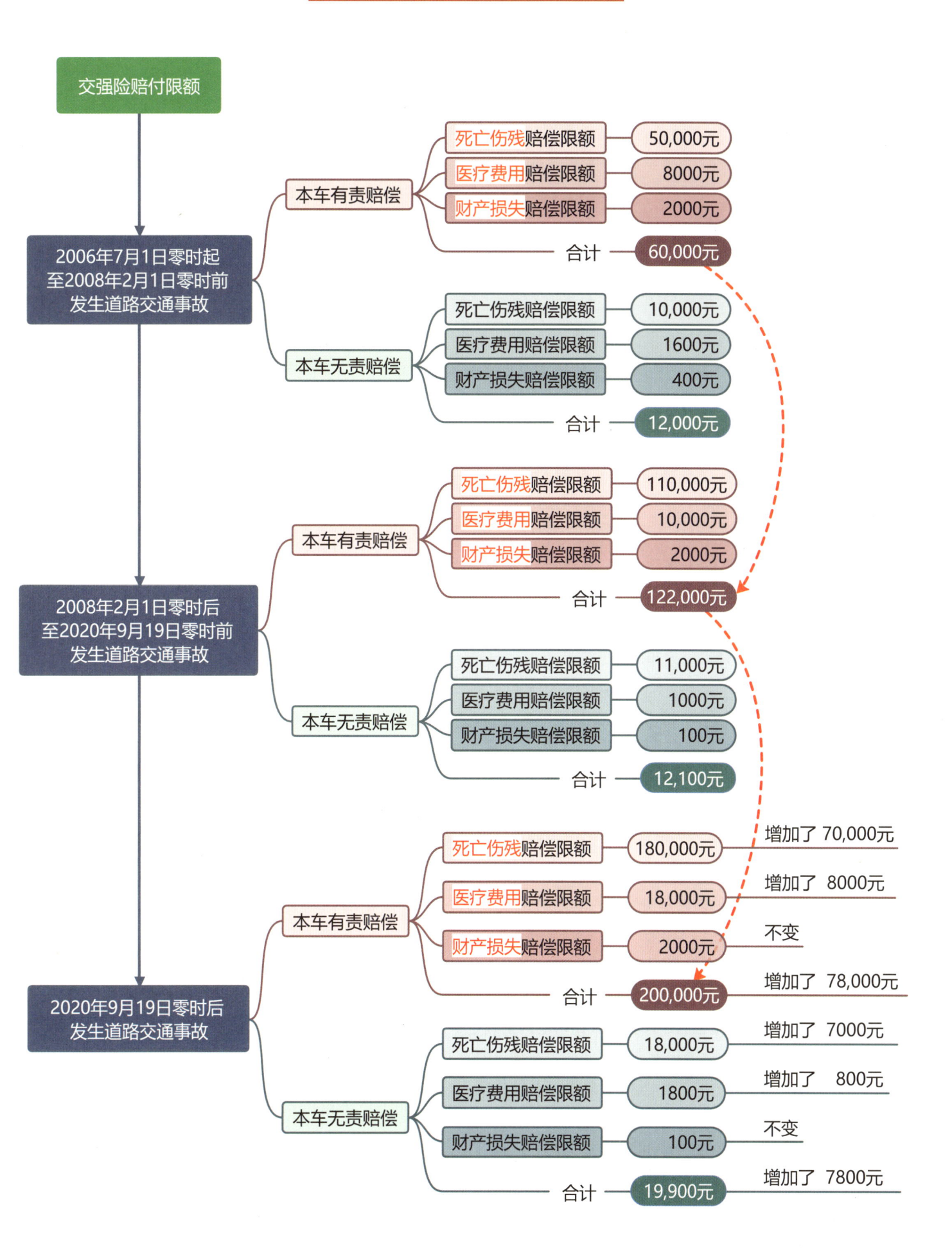

交强险赔付限额

2006年7月1日零时起至2008年2月1日零时前发生道路交通事故

本车有责赔偿
- 死亡伤残赔偿限额：50,000元
- 医疗费用赔偿限额：8000元
- 财产损失赔偿限额：2000元
- 合计：60,000元

本车无责赔偿
- 死亡伤残赔偿限额：10,000元
- 医疗费用赔偿限额：1600元
- 财产损失赔偿限额：400元
- 合计：12,000元

2008年2月1日零时后至2020年9月19日零时前发生道路交通事故

本车有责赔偿
- 死亡伤残赔偿限额：110,000元
- 医疗费用赔偿限额：10,000元
- 财产损失赔偿限额：2000元
- 合计：122,000元

本车无责赔偿
- 死亡伤残赔偿限额：11,000元
- 医疗费用赔偿限额：1000元
- 财产损失赔偿限额：100元
- 合计：12,100元

2020年9月19日零时后发生道路交通事故

本车有责赔偿
- 死亡伤残赔偿限额：180,000元　增加了 70,000元
- 医疗费用赔偿限额：18,000元　增加了 8000元
- 财产损失赔偿限额：2000元　不变
- 合计：200,000元　增加了 78,000元

本车无责赔偿
- 死亡伤残赔偿限额：18,000元　增加了 7000元
- 医疗费用赔偿限额：1800元　增加了 800元
- 财产损失赔偿限额：100元　不变
- 合计：19,900元　增加了 7800元

制作依据：机动车交强险责任限额（2006）、交强险责任限额公告（2008）、交强险责任限额和费率浮动系数公告（2020）

关联法条

《中华人民共和国民法典》

第一千二百一十三条　机动车发生交通事故造成损害，属于该机动车一方责任的，先由承保机动车强制保险的保险人在强制保险责任限额范围内予以赔偿；不足部分，由承保机动车商业保险的保险人按照保险合同的约定予以赔偿；仍然不足或者没有投保机动车商业保险的，由侵权人赔偿。

《最高人民法院关于审理人身损害赔偿案件适用法律若干问题的解释》（2022修正）

第二十二条　本解释所称"城镇居民人均可支配收入""城镇居民人均消费支出""职工平均工资"，按照政府统计部门公布的各省、自治区、直辖市以及经济特区和计划单列市上一年度相关统计数据确定。

"上一年度"，是指一审法庭辩论终结时的上一统计年度。

《机动车交通事故责任强制保险条例》（2019修订）

第二十一条　被保险机动车发生道路交通事故造成本车人员、被保险人以外的受害人人身伤亡、财产损失的，由保险公司依法在机动车交通事故责任强制保险责任限额范围内予以赔偿。

道路交通事故的损失是由受害人故意造成的，保险公司不予赔偿。

《最高人民法院关于确定民事侵权精神损害赔偿责任若干问题的解释》（2020修正）

第五条　精神损害的赔偿数额根据以下因素确定：
（一）侵权人的过错程度，但是法律另有规定的除外；
（二）侵权行为的目的、方式、场合等具体情节；
（三）侵权行为所造成的后果；
（四）侵权人的获利情况；
（五）侵权人承担责任的经济能力；
（六）受理诉讼法院所在地的平均生活水平。

交通事故交强险赔偿项目及赔偿原则

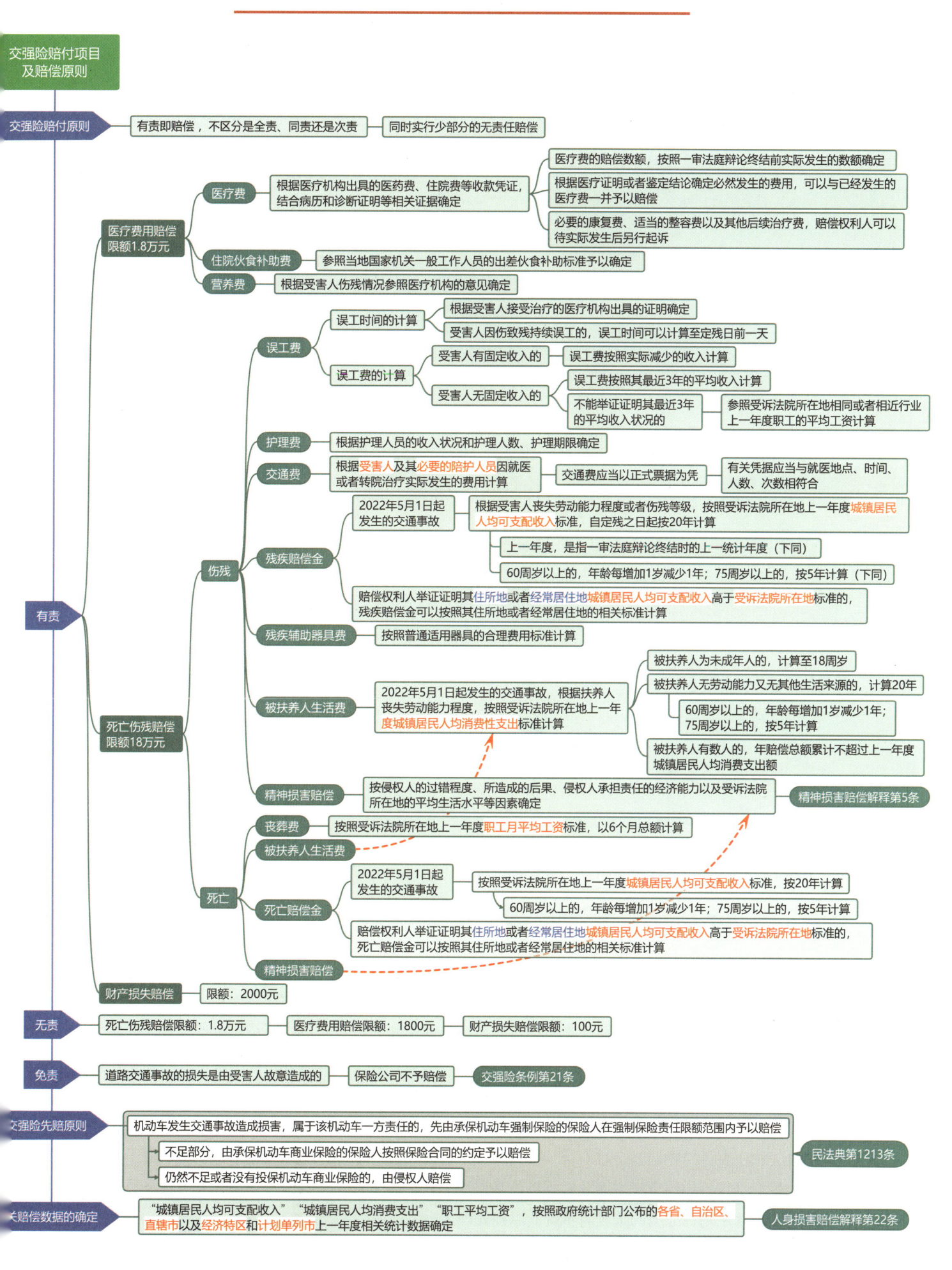

交强险赔付项目及赔偿原则

交强险赔付原则
- 有责即赔偿，不区分是全责、同责还是次责
- 同时实行少部分的无责任赔偿

有责

医疗费用赔偿 限额1.8万元

- **医疗费**：根据医疗机构出具的医药费、住院费等收款凭证，结合病历和诊断证明等相关证据确定
  - 医疗费的赔偿数额，按照一审法庭辩论终结前实际发生的数额确定
  - 根据医疗证明或者鉴定结论确定必然发生的费用，可以与已经发生的医疗费一并予以赔偿
  - 必要的康复费、适当的整容费以及其他后续治疗费，赔偿权利人可以待实际发生后另行起诉
- **住院伙食补助费**：参照当地国家机关一般工作人员的出差伙食补助标准予以确定
- **营养费**：根据受害人伤残情况参照医疗机构的意见确定

死亡伤残赔偿 限额18万元

伤残

- **误工费**
  - 误工时间的计算
    - 根据受害人接受治疗的医疗机构出具的证明确定
    - 受害人因伤致残持续误工的，误工时间可以计算至定残日前一天
  - 误工费的计算
    - 受害人有固定收入的：误工费按照实际减少的收入计算
    - 受害人无固定收入的：
      - 误工费按照其最近3年的平均收入计算
      - 不能举证证明其最近3年的平均收入状况的：参照受诉法院所在地相同或者相近行业上一年度职工的平均工资计算
- **护理费**：根据护理人员的收入状况和护理人数、护理期限确定
- **交通费**：根据受害人及其必要的陪护人员因就医或者转院治疗实际发生的费用计算
  - 交通费应当以正式票据为凭
  - 有关凭据应当与就医地点、时间、人数、次数相符合
- **残疾赔偿金**
  - 2022年5月1日起发生的交通事故：根据受害人丧失劳动能力程度或者伤残等级，按照受诉法院所在地上一年度城镇居民人均可支配收入标准，自定残之日起按20年计算
  - 上一年度，是指一审法庭辩论终结时的上一统计年度（下同）
  - 60周岁以上的，年龄每增加1岁减少1年；75周岁以上的，按5年计算（下同）
  - 赔偿权利人举证证明其住所地或者经常居住地城镇居民人均可支配收入高于受诉法院所在地标准的，残疾赔偿金可以按照其住所地或者经常居住地的相关标准计算
- **残疾辅助器具费**：按照普通适用器具的合理费用标准计算
- **被扶养人生活费**：2022年5月1日起发生的交通事故，根据扶养人丧失劳动能力程度，按照受诉法院所在地上一年度城镇居民人均消费性支出标准计算
  - 被扶养人为未成年人的，计算至18周岁
  - 被扶养人无劳动能力又无其他生活来源的，计算20年
  - 60周岁以上的，年龄每增加1岁减少1年；75周岁以上的，按5年计算
  - 被扶养人有数人的，年赔偿总额累计不超过上一年度城镇居民人均消费支出额
- **精神损害赔偿**：按侵权人的过错程度、所造成的后果、侵权人承担责任的经济能力以及受诉法院所在地的平均生活水平等因素确定 —— 精神损害赔偿解释第5条

死亡

- **丧葬费**：按照受诉法院所在地上一年度职工月平均工资标准，以6个月总额计算
- **被扶养人生活费**
- **死亡赔偿金**
  - 2022年5月1日起发生的交通事故：按照受诉法院所在地上一年度城镇居民人均可支配收入标准，按20年计算
  - 60周岁以上的，年龄每增加1岁减少1年；75周岁以上的，按5年计算
  - 赔偿权利人举证证明其住所地或者经常居住地城镇居民人均可支配收入高于受诉法院所在地标准的，死亡赔偿金可以按照其住所地或者经常居住地的相关标准计算
- **精神损害赔偿**

财产损失赔偿
- 限额：2000元

无责
- 死亡伤残赔偿限额：1.8万元
- 医疗费用赔偿限额：1800元
- 财产损失赔偿限额：100元

免责
- 道路交通事故的损失是由受害人故意造成的
- 保险公司不予赔偿 —— 交强险条例第21条

交强险先赔原则
- 机动车发生交通事故造成损害，属于该机动车一方责任的，先由承保机动车强制保险的保险人在强制保险责任限额范围内予以赔偿
  - 不足部分，由承保机动车商业保险的保险人按照保险合同的约定予以赔偿
  - 仍然不足或者没有投保机动车商业保险的，由侵权人赔偿

民法典第1213条

赔偿数据的确定
"城镇居民人均可支配收入""城镇居民人均消费支出""职工平均工资"，按照政府统计部门公布的各省、自治区、直辖市以及经济特区和计划单列市上一年度相关统计数据确定 —— 人身损害赔偿解释第22条

制作依据：民法典，精神损害赔偿解释，人身损害赔偿解释第6-18条、第22条、交强险条例

关联法条

《广东省高级人民法院关于人身损害赔偿计算标准适用问题的通知》

根据《最高人民法院关于审理人身损害赔偿案件适用法律若干问题的解释》第二十二条规定，相关人身损害赔偿数额应当按照一审辩论终结时政府统计部门发布的上一统计年度相关统计数据确定。考虑到省法院往年转发相关统计部门公布的统计数据客观上存在滞后，部分法院根据省法院转发通知时间适用具体赔偿标准不符合上述司法解释第二十二条规定。经研究，省法院从今年起不再转发年度赔偿计算标准，相关统计数据由当事人在一审辩论终结前根据政府统计部门发布信息自行查询提供。

另外，由于统计口径调整，政府统计部门今年不再发布国有单位在岗职工年平均工资，对于丧葬费的赔偿标准统一按照全省城镇非私营单位在岗职工月平均工资，以六个月总额计算（经济特区标准不同于省内平均标准的，按就高不就低原则处理）。

广东省 2018—2022 年人身损害赔偿计算标准

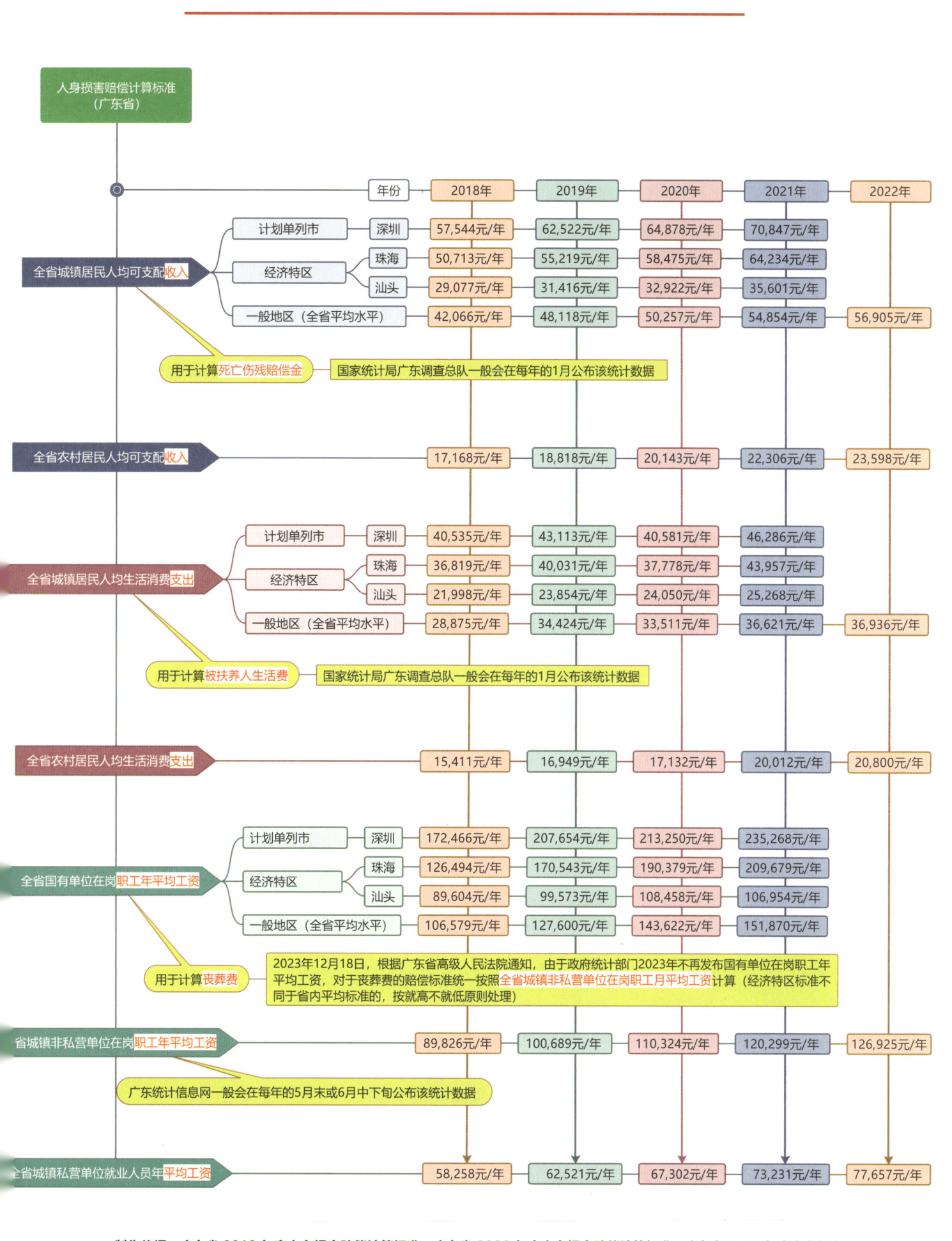

人身损害赔偿计算标准（广东省）			年份	2018年	2019年	2020年	2021年	2022年
全省城镇居民人均可支配收入	计划单列市	深圳		57,544元/年	62,522元/年	64,878元/年	70,847元/年	
	经济特区	珠海		50,713元/年	55,219元/年	58,475元/年	64,234元/年	
		汕头		29,077元/年	31,416元/年	32,922元/年	35,601元/年	
	一般地区（全省平均水平）			42,066元/年	48,118元/年	50,257元/年	54,854元/年	56,905元/年

用于计算**死亡伤残赔偿金**　国家统计局广东调查总队一般会在每年的1月公布该统计数据

全省农村居民人均可支配收入				17,168元/年	18,818元/年	20,143元/年	22,306元/年	23,598元/年
全省城镇居民人均生活消费支出	计划单列市	深圳		40,535元/年	43,113元/年	40,581元/年	46,286元/年	
	经济特区	珠海		36,819元/年	40,031元/年	37,778元/年	43,957元/年	
		汕头		21,998元/年	23,854元/年	24,050元/年	25,268元/年	
	一般地区（全省平均水平）			28,875元/年	34,424元/年	33,511元/年	36,621元/年	36,936元/年

用于计算**被扶养人生活费**　国家统计局广东调查总队一般会在每年的1月公布该统计数据

全省农村居民人均生活消费支出				15,411元/年	16,949元/年	17,132元/年	20,012元/年	20,800元/年
全省国有单位在岗职工年平均工资	计划单列市	深圳		172,466元/年	207,654元/年	213,250元/年	235,268元/年	
	经济特区	珠海		126,494元/年	170,543元/年	190,379元/年	209,679元/年	
		汕头		89,604元/年	99,573元/年	108,458元/年	106,954元/年	
	一般地区（全省平均水平）			106,579元/年	127,600元/年	143,622元/年	151,870元/年	

用于计算**丧葬费**　2023年12月18日，根据广东省高级人民法院通知，由于政府统计部门2023年不再发布国有单位在岗职工年平均工资，对于丧葬费的赔偿标准统一按照**全省城镇非私营单位在岗职工月平均工资**计算（经济特区标准不同于省内平均标准的，按就高不就低原则处理）

省城镇非私营单位在岗职工年平均工资			89,826元/年	100,689元/年	110,324元/年	120,299元/年	126,925元/年

广东统计信息网一般会在每年的5月末或6月中下旬公布该统计数据

全省城镇私营单位就业人员年平均工资			58,258元/年	62,521元/年	67,302元/年	73,231元/年	77,657元/年

制作依据：广东省2019年度人身损害赔偿计算标准、广东省2020年度人身损害赔偿计算标准、广东省2021年度人身损害赔偿计算标准、广东省2022年度人身损害赔偿计算标准、广东高院人身损害赔偿计算标准通知

关联法条

《中华人民共和国民法典》

第一千二百一十三条 机动车发生交通事故造成损害,属于该机动车一方责任的,先由承保机动车强制保险的保险人在强制保险责任限额范围内予以赔偿;不足部分,由承保机动车商业保险的保险人按照保险合同的约定予以赔偿;仍然不足或者没有投保机动车商业保险的,由侵权人赔偿。

机动车发生交通事故导致第三者死亡的赔偿

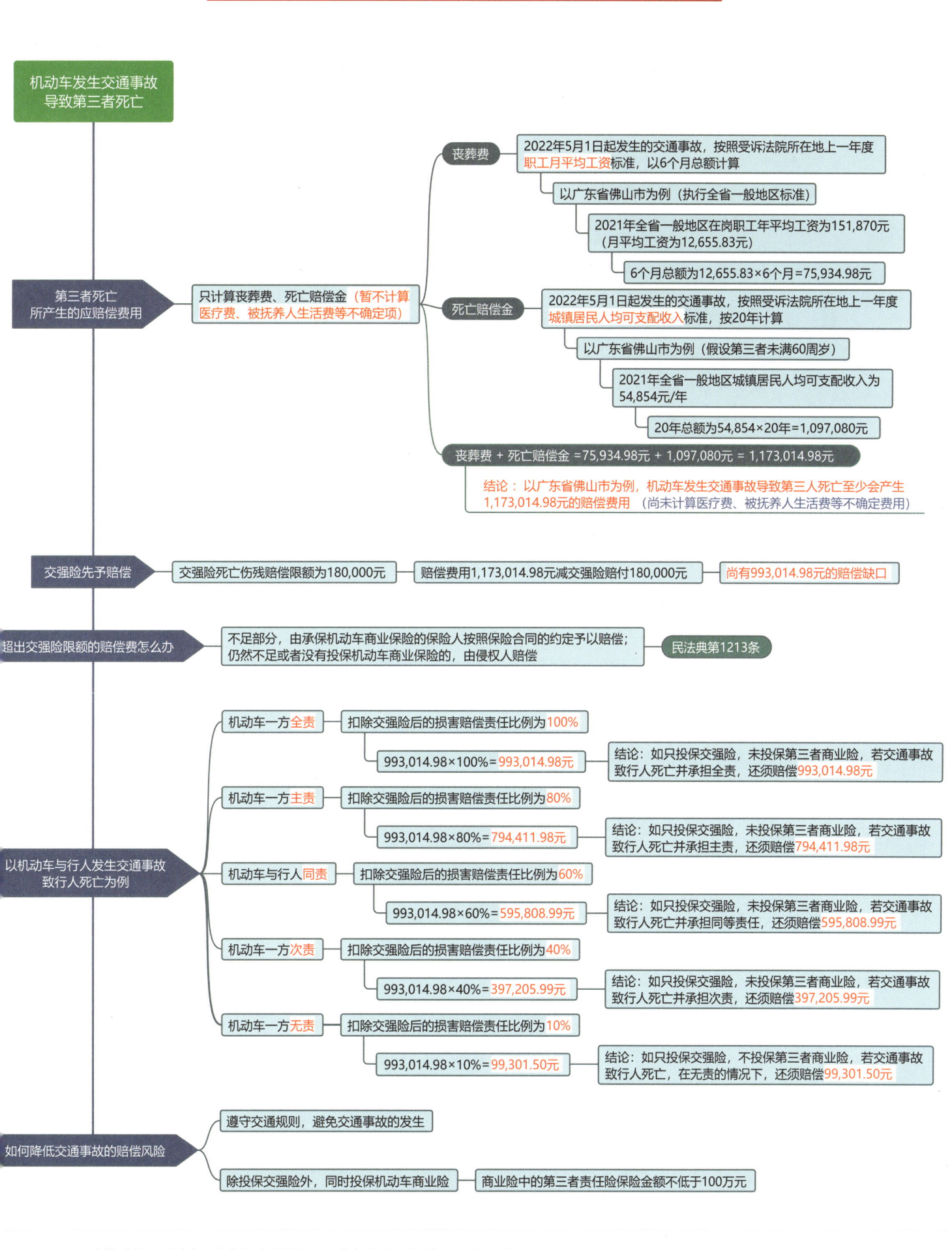

- **机动车发生交通事故导致第三者死亡**
  - **第三者死亡所产生的应赔偿费用**：只计算丧葬费、死亡赔偿金（暂不计算医疗费、被抚养人生活费等不确定项）
    - **丧葬费**：2022年5月1日起发生的交通事故，按照受诉法院所在地上一年度**职工月平均工资**标准，以6个月总额计算
      - 以广东省佛山市为例（执行全省一般地区标准）
      - 2021年全省一般地区在岗职工年平均工资为151,870元（月平均工资为12,655.83元）
      - 6个月总额为12,655.83×6个月=75,934.98元
    - **死亡赔偿金**：2022年5月1日起发生的交通事故，按照受诉法院所在地上一年度**城镇居民人均可支配收入**标准，按20年计算
      - 以广东省佛山市为例（假设第三者未满60周岁）
      - 2021年全省一般地区城镇居民人均可支配收入为54,854元/年
      - 20年总额为54,854×20年=1,097,080元
    - 丧葬费 + 死亡赔偿金 =75,934.98元 + 1,097,080元 = 1,173,014.98元
    - 结论：以广东省佛山市为例，机动车发生交通事故导致第三人死亡至少会产生1,173,014.98元的赔偿费用（尚未计算医疗费、被抚养人生活费等不确定费用）

  - **交强险先予赔偿**：交强险死亡伤残赔偿限额为180,000元 → 赔偿费用1,173,014.98元减交强险赔付180,000元 → 尚有993,014.98元的赔偿缺口

  - **超出交强险限额的赔偿费怎么办**：不足部分，由承保机动车商业保险的保险人按照保险合同的约定予以赔偿；仍然不足或者没有投保机动车商业保险的，由侵权人赔偿（民法典第1213条）

  - **以机动车与行人发生交通事故致行人死亡为例**
    - **机动车一方全责**：扣除交强险后的损害赔偿责任比例为100%
      - 993,014.98×100%=993,014.98元
      - 结论：如只投保交强险，未投保第三者商业险，若交通事故致行人死亡并承担全责，还须赔偿993,014.98元
    - **机动车一方主责**：扣除交强险后的损害赔偿责任比例为80%
      - 993,014.98×80%=794,411.98元
      - 结论：如只投保交强险，未投保第三者商业险，若交通事故致行人死亡并承担主责，还须赔偿794,411.98元
    - **机动车与行人同责**：扣除交强险后的损害赔偿责任比例为60%
      - 993,014.98×60%=595,808.99元
      - 结论：如只投保交强险，未投保第三者商业险，若交通事故致行人死亡并承担同等责任，还须赔偿595,808.99元
    - **机动车一方次责**：扣除交强险后的损害赔偿责任比例为40%
      - 993,014.98×40%=397,205.99元
      - 结论：如只投保交强险，未投保第三者商业险，若交通事故致行人死亡并承担次责，还须赔偿397,205.99元
    - **机动车一方无责**：扣除交强险后的损害赔偿责任比例为10%
      - 993,014.98×10%=99,301.50元
      - 结论：如只投保交强险，不投保第三者商业险，若交通事故致行人死亡，在无责的情况下，还须赔偿99,301.50元

  - **如何降低交通事故的赔偿风险**
    - 遵守交通规则，避免交通事故的发生
    - 除投保交强险外，同时投保机动车商业险 → 商业险中的第三者责任险保险金额不低于100万元

制作依据：民法典、人身损害赔偿解释、广东省交通事故损害赔偿标准纪要

消费者权益保护法

关联法条

《中华人民共和国电子商务法》

第二条 中华人民共和国境内的电子商务活动，适用本法。

本法所称电子商务，是指通过互联网等信息网络销售商品或者提供服务的经营活动。

法律、行政法规对销售商品或者提供服务有规定的，适用其规定。金融类产品和服务，利用信息网络提供新闻信息、音视频节目、出版以及文化产品等内容方面的服务，不适用本法。

第九条 本法所称电子商务经营者，是指通过互联网等信息网络从事销售商品或者提供服务的经营活动的自然人、法人和非法人组织，包括电子商务平台经营者、平台内经营者以及通过自建网站、其他网络服务销售商品或者提供服务的电子商务经营者。

本法所称电子商务平台经营者，是指在电子商务中为交易双方或者多方提供网络经营场所、交易撮合、信息发布等服务，供交易双方或者多方独立开展交易活动的法人或者非法人组织。

本法所称平台内经营者，是指通过电子商务平台销售商品或者提供服务的电子商务经营者。

《网络直播营销管理办法（试行）》

第二条 在中华人民共和国境内，通过互联网站、应用程序、小程序等，以视频直播、音频直播、图文直播或多种直播相结合等形式开展营销的商业活动，适用本办法。

本办法所称直播营销平台，是指在网络直播营销中提供直播服务的各类平台，包括互联网直播服务平台、互联网音视频服务平台、电子商务平台等。

本办法所称直播间运营者，是指在直播营销平台上注册账号或者通过自建网站等其他网络服务，开设直播间从事网络直播营销活动的个人、法人和其他组织。

本办法所称直播营销人员，是指在网络直播营销中直接向社会公众开展营销的个人。

本办法所称直播营销人员服务机构，是指为直播营销人员从事网络直播营销活动提供策划、运营、经纪、培训等的专门机构。

从事网络直播营销活动，属于《中华人民共和国电子商务法》规定的"电子商务平台经营者"或"平台内经营者"定义的市场主体，应当依法履行相应的责任和义务。

《网络餐饮服务食品安全监督管理办法》（2020修订）

第二条 在中华人民共和国境内，网络餐饮服务第三方平台提供者、通过第三方平台和自建网站提供餐饮服务的餐饮服务提供者（以下简称入网餐饮服务提供者），利用互联网提供餐饮服务及其监督管理，适用本办法。

网络消费纠纷案件相关术语

网络消费纠纷案件相关术语

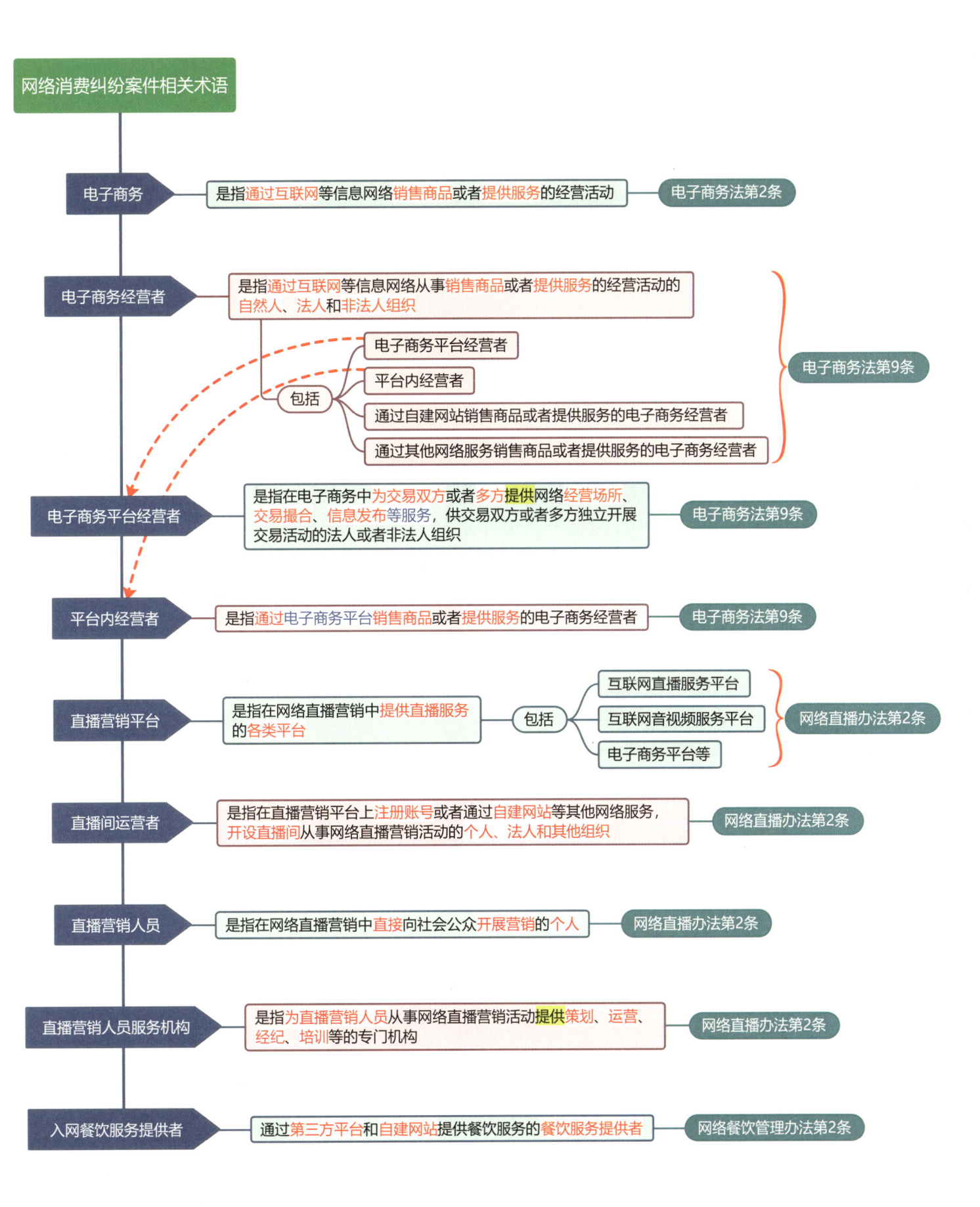

- **电子商务**：是指通过互联网等信息网络销售商品或者提供服务的经营活动 —— 电子商务法第2条

- **电子商务经营者**：是指通过互联网等信息网络从事销售商品或者提供服务的经营活动的自然人、法人和非法人组织
  - 包括：
    - 电子商务平台经营者
    - 平台内经营者
    - 通过自建网站销售商品或者提供服务的电子商务经营者
    - 通过其他网络服务销售商品或者提供服务的电子商务经营者

  —— 电子商务法第9条

- **电子商务平台经营者**：是指在电子商务中为交易双方或者多方提供网络经营场所、交易撮合、信息发布等服务，供交易双方或者多方独立开展交易活动的法人或者非法人组织 —— 电子商务法第9条

- **平台内经营者**：是指通过电子商务平台销售商品或者提供服务的电子商务经营者 —— 电子商务法第9条

- **直播营销平台**：是指在网络直播营销中提供直播服务的各类平台
  - 包括：
    - 互联网直播服务平台
    - 互联网音视频服务平台
    - 电子商务平台等

  —— 网络直播办法第2条

- **直播间运营者**：是指在直播营销平台上注册账号或者通过自建网站等其他网络服务，开设直播间从事网络直播营销活动的个人、法人和其他组织 —— 网络直播办法第2条

- **直播营销人员**：是指在网络直播营销中直接向社会公众开展营销的个人 —— 网络直播办法第2条

- **直播营销人员服务机构**：是指为直播营销人员从事网络直播营销活动提供策划、运营、经纪、培训等的专门机构 —— 网络直播办法第2条

- **入网餐饮服务提供者**：通过第三方平台和自建网站提供餐饮服务的餐饮服务提供者 —— 网络餐饮管理办法第2条

制作依据：电子商务法、网络直播办法、网络餐饮管理办法

关联法条

《中华人民共和国消费者权益保护法》（2013修正）

第二十四条 经营者提供的商品或者服务不符合质量要求的，消费者可以依照国家规定、当事人约定退货，或者要求经营者履行更换、修理等义务。没有国家规定和当事人约定的，消费者可以自收到商品之日起七日内退货；七日后符合法定解除合同条件的，消费者可以及时退货，不符合法定解除合同条件的，可以要求经营者履行更换、修理等义务。

依照前款规定进行退货、更换、修理的，经营者应当承担运输等必要费用。

第二十五条 经营者采用网络、电视、电话、邮购等方式销售商品，消费者有权自收到商品之日起七日内退货，且无需说明理由，但下列商品除外：

（一）消费者定作的；

（二）鲜活易腐的；

（三）在线下载或者消费者拆封的音像制品、计算机软件等数字化商品；

（四）交付的报纸、期刊。

除前款所列商品外，其他根据商品性质并经消费者在购买时确认不宜退货的商品，不适用无理由退货。

消费者退货的商品应当完好。经营者应当自收到退回商品之日起七日内返还消费者支付的商品价款。退回商品的运费由消费者承担；经营者和消费者另有约定的，按照约定。

《最高人民法院关于审理网络消费纠纷案件适用法律若干问题的规定（一）》

第一条 电子商务经营者提供的格式条款有以下内容的，人民法院应当依法认定无效：

（一）收货人签收商品即视为认可商品质量符合约定；

（二）电子商务平台经营者依法应承担的责任一概由平台内经营者承担；

（三）电子商务经营者享有单方解释权或者最终解释权；

（四）排除或者限制消费者依法投诉、举报、请求调解、申请仲裁、提起诉讼的权利；

（五）其他排除或者限制消费者权利、减轻或者免除电子商务经营者责任、加重消费者责任等对消费者不公平、不合理的内容。

第二条 电子商务经营者就消费者权益保护法第二十五条第一款规定的四项除外商品做出七日内无理由退货承诺，消费者主张电子商务经营者应当遵守其承诺的，人民法院应予支持。

消费纠纷中的有理由退货与无理由退货

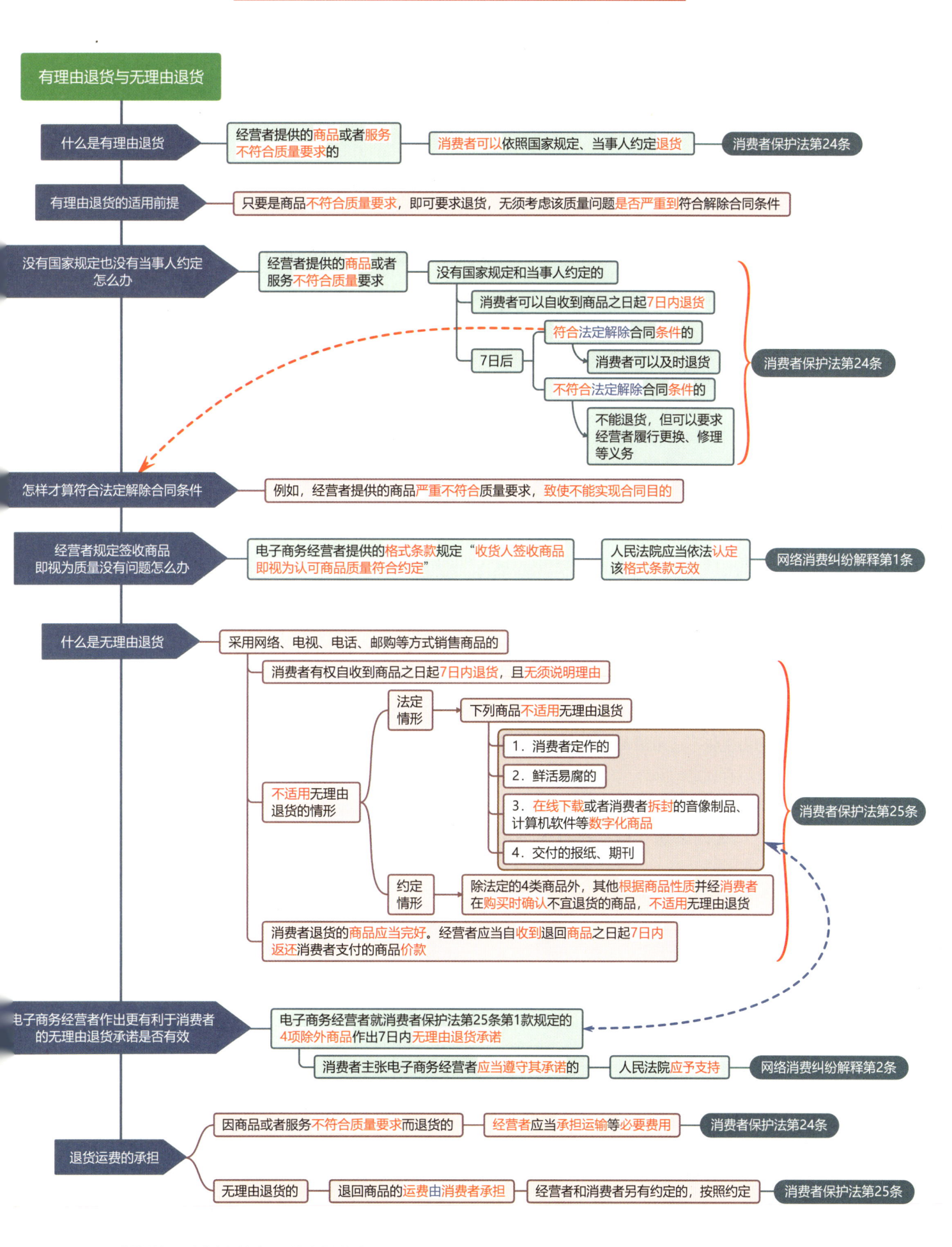

有理由退货与无理由退货

什么是有理由退货
- 经营者提供的商品或者服务不符合质量要求的 → 消费者可以依照国家规定、当事人约定退货（消费者保护法第24条）

有理由退货的适用前提
- 只要是商品不符合质量要求，即可要求退货，无须考虑该质量问题是否严重到符合解除合同条件

没有国家规定也没有当事人约定怎么办
- 经营者提供的商品或者服务不符合质量要求
  - 没有国家规定和当事人约定的
    - 消费者可以自收到商品之日起7日内退货
    - 7日后：
      - 符合法定解除合同条件的 → 消费者可以及时退货
      - 不符合法定解除合同条件的 → 不能退货，但可以要求经营者履行更换、修理等义务
  - （消费者保护法第24条）

怎样才算符合法定解除合同条件
- 例如，经营者提供的商品严重不符合质量要求，致使不能实现合同目的

经营者规定签收商品即视为质量没有问题怎么办
- 电子商务经营者提供的格式条款规定"收货人签收商品即视为认可商品质量符合约定" → 人民法院应当依法认定该格式条款无效（网络消费纠纷解释第1条）

什么是无理由退货
- 采用网络、电视、电话、邮购等方式销售商品的
  - 消费者有权自收到商品之日起7日内退货，且无须说明理由
  - 不适用无理由退货的情形：
    - 法定情形：下列商品不适用无理由退货
      1. 消费者定作的
      2. 鲜活易腐的
      3. 在线下载或者消费者拆封的音像制品、计算机软件等数字化商品
      4. 交付的报纸、期刊
    - 约定情形：除法定的4类商品外，其他根据商品性质并经消费者在购买时确认不宜退货的商品，不适用无理由退货
  - 消费者退货的商品应当完好。经营者应当自收到退回商品之日起7日内返还消费者支付的商品价款
  - （消费者保护法第25条）

电子商务经营者作出更有利于消费者的无理由退货承诺是否有效
- 电子商务经营者就消费者保护法第25条第1款规定的4项除外商品作出7日内无理由退货承诺
- 消费者主张电子商务经营者应当遵守其承诺的 → 人民法院应予支持（网络消费纠纷解释第2条）

退货运费的承担
- 因商品或者服务不符合质量要求而退货的 → 经营者应当承担运输等必要费用（消费者保护法第24条）
- 无理由退货的 → 退回商品的运费由消费者承担；经营者和消费者另有约定的，按照约定（消费者保护法第25条）

制作依据：消费者保护法、网络消费纠纷解释

关联法条

《中华人民共和国消费者权益保护法》（2013修正）

第二十五条　经营者采用网络、电视、电话、邮购等方式销售商品，消费者有权自收到商品之日起七日内退货，且无需说明理由，但下列商品除外：

（一）消费者定作的；

（二）鲜活易腐的；

（三）在线下载或者消费者拆封的音像制品、计算机软件等数字化商品；

（四）交付的报纸、期刊。

除前款所列商品外，其他根据商品性质并经消费者在购买时确认不宜退货的商品，不适用无理由退货。

消费者退货的商品应当完好。经营者应当自收到退回商品之日起七日内返还消费者支付的商品价款。退回商品的运费由消费者承担；经营者和消费者另有约定的，按照约定。

《最高人民法院关于审理网络消费纠纷案件适用法律若干问题的规定（一）》

第三条　消费者因检查商品的必要对商品进行拆封查验且不影响商品完好，电子商务经营者以商品已拆封为由主张不适用消费者权益保护法第二十五条规定的无理由退货制度的，人民法院不予支持，但法律另有规定的除外。

《网络购买商品七日无理由退货暂行办法》（2020修订）

第八条　消费者退回的商品应当完好。

商品能够保持原有品质、功能，商品本身、配件、商标标识齐全的，视为商品完好。

消费者基于查验需要而打开商品包装，或者为确认商品的品质、功能而进行合理的调试不影响商品的完好。

第九条　对超出查验和确认商品品质、功能需要而使用商品，导致商品价值贬损较大的，视为商品不完好。具体判定标准如下：

（一）食品（含保健食品）、化妆品、医疗器械、计生用品：必要的一次性密封包装被损坏；

（二）电子电器类：进行未经授权的维修、改动、破坏、涂改强制性产品认证标志、指示标贴、机器序列号等，有难以恢复原状的外观类使用痕迹，或者产生激活、授权信息、不合理的个人使用数据留存等数据类使用痕迹；

（三）服装、鞋帽、箱包、玩具、家纺、家居类：商标标识被摘、标识被剪，商品受污、受损。

消费纠纷中无理由退货时"商品完好"的认定标准

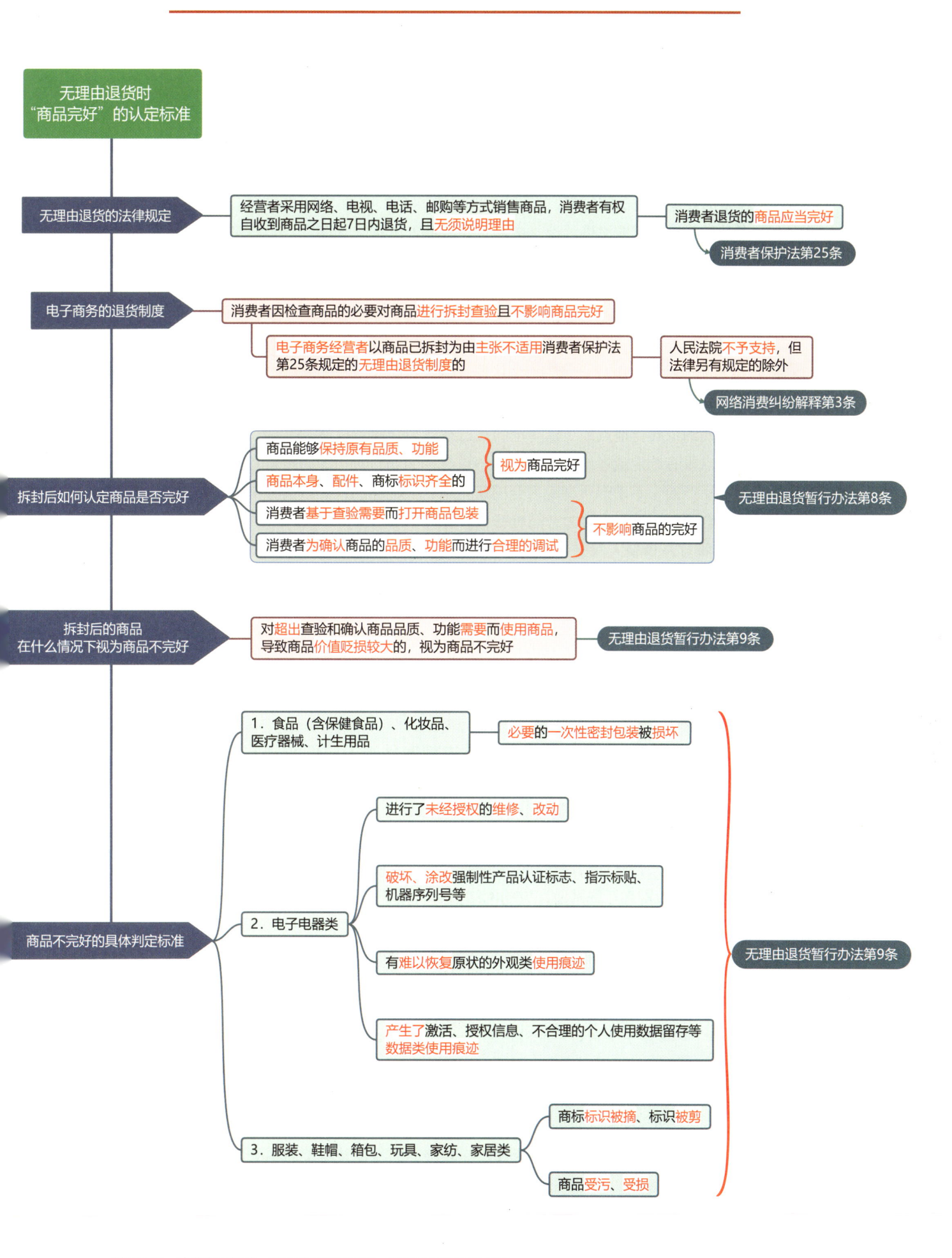

无理由退货时"商品完好"的认定标准

无理由退货的法律规定
- 经营者采用网络、电视、电话、邮购等方式销售商品，消费者有权自收到商品之日起7日内退货，且无须说明理由
  - 消费者退货的商品应当完好
  - 消费者保护法第25条

电子商务的退货制度
- 消费者因检查商品的必要对商品进行拆封查验且不影响商品完好
- 电子商务经营者以商品已拆封为由主张不适用消费者保护法第25条规定的无理由退货制度的
  - 人民法院不予支持，但法律另有规定的除外
  - 网络消费纠纷解释第3条

拆封后如何认定商品是否完好
- 商品能够保持原有品质、功能
- 商品本身、配件、商标标识齐全的
  - 视为商品完好
- 消费者基于查验需要而打开商品包装
- 消费者为确认商品的品质、功能而进行合理的调试
  - 不影响商品的完好
- 无理由退货暂行办法第8条

拆封后的商品在什么情况下视为商品不完好
- 对超出查验和确认商品品质、功能需要而使用商品，导致商品价值贬损较大的，视为商品不完好
- 无理由退货暂行办法第9条

商品不完好的具体判定标准

1. 食品（含保健食品）、化妆品、医疗器械、计生用品
   - 必要的一次性密封包装被损坏

2. 电子电器类
   - 进行了未经授权的维修、改动
   - 破坏、涂改强制性产品认证标志、指示标贴、机器序列号等
   - 有难以恢复原状的外观类使用痕迹
   - 产生了激活、授权信息、不合理的个人使用数据留存等数据类使用痕迹

3. 服装、鞋帽、箱包、玩具、家纺、家居类
   - 商标标识被摘、标识被剪
   - 商品受污、受损

无理由退货暂行办法第9条

制作依据：消费者保护法、网络消费纠纷解释、无理由退货暂行办法

关联法条

《中华人民共和国民事诉讼法》（2023修正）

第二十二条 对公民提起的民事诉讼，由被告住所地人民法院管辖；被告住所地与经常居住地不一致的，由经常居住地人民法院管辖。

对法人或者其他组织提起的民事诉讼，由被告住所地人民法院管辖。

同一诉讼的几个被告住所地、经常居住地在两个以上人民法院辖区的，各该人民法院都有管辖权。

第二十四条 因合同纠纷提起的诉讼，由被告住所地或者合同履行地人民法院管辖。

《最高人民法院关于适用〈中华人民共和国民事诉讼法〉的解释》（2022修正）

第十八条 合同约定履行地点的，以约定的履行地点为合同履行地。

合同对履行地点没有约定或者约定不明确，争议标的为给付货币的，接收货币一方所在地为合同履行地；交付不动产的，不动产所在地为合同履行地；其他标的，履行义务一方所在地为合同履行地。即时结清的合同，交易行为地为合同履行地。

合同没有实际履行，当事人双方住所地都不在合同约定的履行地的，由被告住所地人民法院管辖。

第二十条 以信息网络方式订立的买卖合同，通过信息网络交付标的的，以买受人住所地为合同履行地；通过其他方式交付标的的，收货地为合同履行地。合同对履行地有约定的，从其约定。

第三十一条 经营者使用格式条款与消费者订立管辖协议，未采取合理方式提请消费者注意，消费者主张管辖协议无效的，人民法院应予支持。

《最高人民法院关于互联网法院审理案件若干问题的规定》

第二条 北京、广州、杭州互联网法院集中管辖所在市的辖区内应当由基层人民法院受理的下列第一审案件：

（一）通过电子商务平台签订或者履行网络购物合同而产生的纠纷；

（二）签订、履行行为均在互联网上完成的网络服务合同纠纷；

（三）签订、履行行为均在互联网上完成的金融借款合同纠纷、小额借款合同纠纷；

（四）在互联网上首次发表作品的著作权或者邻接权权属纠纷；

（五）在互联网上侵害在线发表或者传播作品的著作权或者邻接权而产生的纠纷；

（六）互联网域名权属、侵权及合同纠纷；

（七）在互联网上侵害他人人身权、财产权等民事权益而产生的纠纷；

（八）通过电子商务平台购买的产品，因存在产品缺陷，侵害他人人身、财产权益而产生的产品责任纠纷；

（九）检察机关提起的互联网公益诉讼案件；

（十）因行政机关作出互联网信息服务管理、互联网商品交易及有关服务管理等行政行为而产生的行政纠纷；

（十一）上级人民法院指定管辖的其他互联网民事、行政案件。

消费纠纷案件的法院管辖

消费纠纷案件的法院管辖

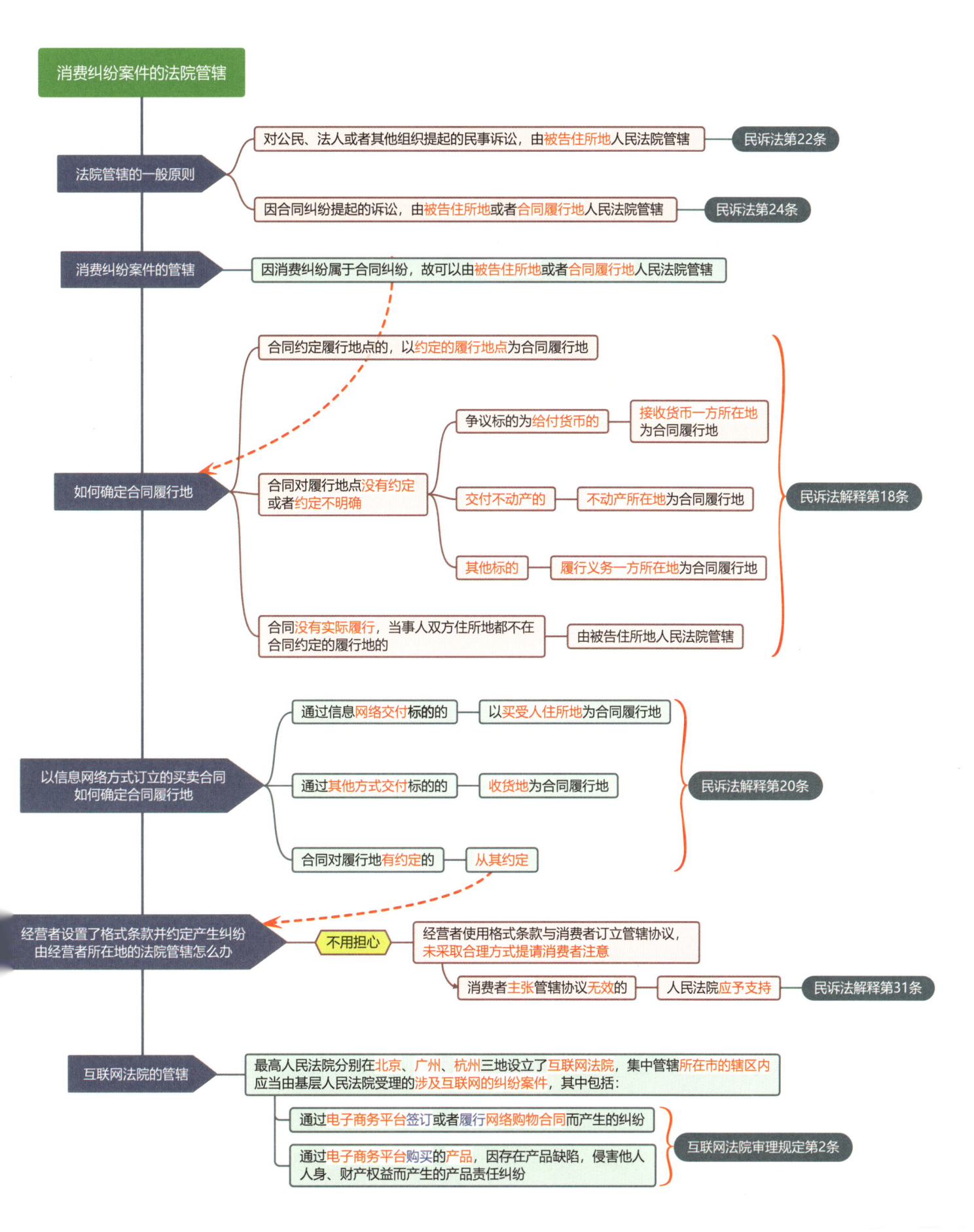

法院管辖的一般原则
- 对公民、法人或者其他组织提起的民事诉讼，由**被告住所地**人民法院管辖 —— 民诉法第22条
- 因合同纠纷提起的诉讼，由**被告住所地**或者**合同履行地**人民法院管辖 —— 民诉法第24条

消费纠纷案件的管辖
因消费纠纷属于合同纠纷，故可以由**被告住所地**或者**合同履行地**人民法院管辖

如何确定合同履行地
- 合同约定履行地点的，以**约定的履行地点**为合同履行地
- 合同对履行地点**没有约定**或者**约定不明确**：
  - 争议标的为**给付货币**的 → **接收货币一方所在地**为合同履行地
  - **交付不动产**的 → **不动产所在地**为合同履行地
  - **其他标的** → **履行义务一方所在地**为合同履行地
- 合同**没有实际履行**，当事人双方住所地都不在合同约定的履行地的 → 由被告住所地人民法院管辖

（民诉法解释第18条）

以信息网络方式订立的买卖合同如何确定合同履行地
- 通过信息**网络交付**标的的 → 以**买受人住所地**为合同履行地
- 通过**其他方式交付**标的的 → **收货地**为合同履行地
- 合同对履行地**有约定**的 → **从其约定**

（民诉法解释第20条）

经营者设置了格式条款并约定产生纠纷由经营者所在地的法院管辖怎么办
不用担心
- 经营者使用格式条款与消费者订立管辖协议，**未采取合理方式提请消费者注意**
- 消费者**主张管辖协议无效**的 → 人民法院**应予支持**

（民诉法解释第31条）

互联网法院的管辖
最高人民法院分别在**北京、广州、杭州**三地设立了**互联网法院**，集中管辖**所在市的辖区内**应当由基层人民法院受理的**涉及互联网的纠纷案件**，其中包括：
- 通过**电子商务平台签订**或者**履行**网络购物合同而产生的纠纷
- 通过**电子商务平台购买**的产品，因存在产品缺陷，侵害他人人身、财产权益而产生的产品责任纠纷

（互联网法院审理规定第2条）

制作依据：民诉法、民诉法解释、互联网法院审理规定

关联法条

《中华人民共和国消费者权益保护法》（2013修正）

第四十四条 消费者通过网络交易平台购买商品或者接受服务，其合法权益受到损害的，可以向销售者或者服务者要求赔偿。网络交易平台提供者不能提供销售者或者服务者的真实名称、地址和有效联系方式的，消费者也可以向网络交易平台提供者要求赔偿；网络交易平台提供者作出更有利于消费者的承诺的，应当履行承诺。网络交易平台提供者赔偿后，有权向销售者或者服务者追偿。

网络交易平台提供者明知或者应知销售者或者服务者利用其平台侵害消费者合法权益，未采取必要措施的，依法与该销售者或者服务者承担连带责任。

《最高人民法院关于审理网络消费纠纷案件适用法律若干问题的规定（一）》

第十四条 网络直播间销售商品损害消费者合法权益，网络直播营销平台经营者不能提供直播间运营者的真实姓名、名称、地址和有效联系方式的，消费者依据消费者权益保护法第四十四条规定向网络直播营销平台经营者请求赔偿的，人民法院应予支持。网络直播营销平台经营者承担责任后，向直播间运营者追偿的，人民法院应予支持。

网络交易平台提供者的法律责任

```
网络交易平台提供者的法律责任
│
├─ 消费者通过网络交易平台购买商品或者接受服务 ── 其合法权益受到损害的 ── 可以向销售者或者服务者要求赔偿 ── 消费者保护法第44条
│
├─ 消费者如何确定求偿对象 ── 消费者可以要求网络交易平台提供者提供销售者或者服务者的基本信息
│      ├─ 1. 销售者或者服务者的真实名称
│      ├─ 2. 销售者或者服务者的地址
│      └─ 3. 销售者或者服务者的有效联系方式
│      （消费者保护法第44条）
│
├─ 平台提供者的先行赔付责任 ── 网络交易平台提供者不能提供销售者或者服务者的真实名称、地址和有效联系方式的
│      ├─ 消费者也可以向网络交易平台提供者要求赔偿
│      └─ 网络交易平台提供者赔偿后 ── 有权向销售者或者服务者追偿
│      （消费者保护法第44条）
│
├─ 平台提供者优于法定标准的自我承诺 ── 网络交易平台提供者作出更有利于消费者的承诺的 ── 应当履行承诺
│      例如，平台自行设立优于法律规定的先行赔付制度，承诺一旦发生消费纠纷，消费者与经营者协商无果的，平台即向消费者先行赔付
│      （消费者保护法第44条）
│
├─ 平台提供者过错原则下的连带侵权责任 ── 网络交易平台提供者明知或者应知销售者或者服务者利用其平台侵害消费者合法权益，未采取必要措施的 ── 依法与该销售者或者服务者承担连带责任
│      例如，网络交易平台提供者未针对同一经营者的重复侵害行为采取相应的合理措施
│      （消费者保护法第44条）
│
└─ 网络直播营销平台经营者的法律责任 ── 网络直播间销售商品损害消费者合法权益，网络直播营销平台经营者不能提供直播间运营者的真实姓名、名称、地址和有效联系方式的
       ├─ 消费者依据消费者保护法第44条规定向网络直播营销平台经营者请求赔偿的 ── 人民法院应予支持
       └─ 网络直播营销平台经营者承担责任后，向直播间运营者追偿的 ── 人民法院应予支持
       （网络消费纠纷解释第14条）
```

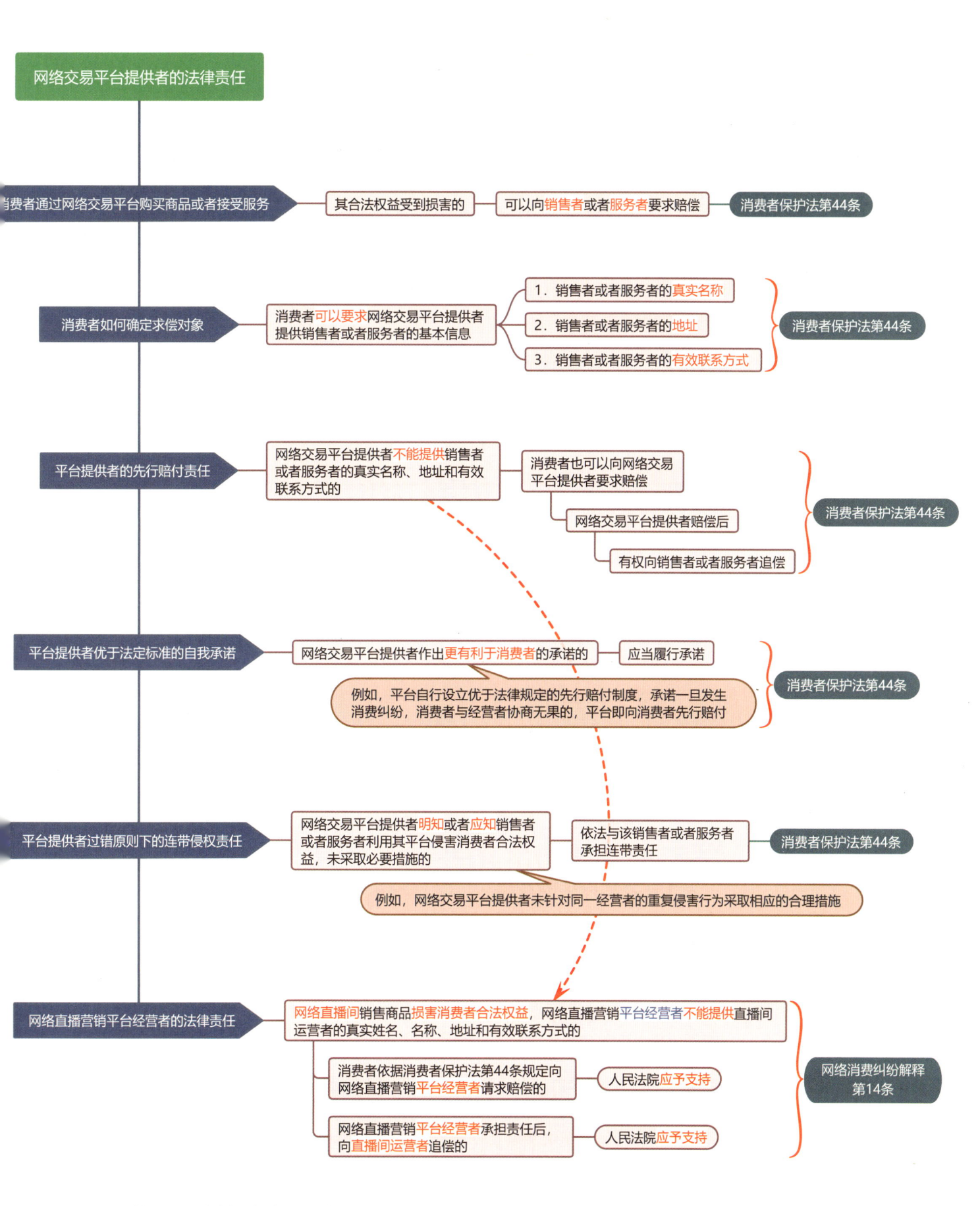

制作依据：消费者保护法、网络消费纠纷解释

关联法条

《中华人民共和国消费者权益保护法》（2013修正）

第四十四条 消费者通过网络交易平台购买商品或者接受服务，其合法权益受到损害的，可以向销售者或者服务者要求赔偿。网络交易平台提供者不能提供销售者或者服务者的真实名称、地址和有效联系方式的，消费者也可以向网络交易平台提供者要求赔偿；网络交易平台提供者作出更有利于消费者的承诺的，应当履行承诺。网络交易平台提供者赔偿后，有权向销售者或者服务者追偿。

网络交易平台提供者明知或者应知销售者或者服务者利用其平台侵害消费者合法权益，未采取必要措施的，依法与该销售者或者服务者承担连带责任。

《最高人民法院关于审理网络消费纠纷案件适用法律若干问题的规定（一）》

第十三条 网络直播营销平台经营者通过网络直播方式开展自营业务销售商品，消费者主张其承担商品销售者责任的，人民法院应予支持。

第十四条 网络直播间销售商品损害消费者合法权益，网络直播营销平台经营者不能提供直播间运营者的真实姓名、名称、地址和有效联系方式的，消费者依据消费者权益保护法第四十四条规定向网络直播营销平台经营者请求赔偿的，人民法院应予支持。网络直播营销平台经营者承担责任后，向直播间运营者追偿的，人民法院应予支持。

第十五条 网络直播营销平台经营者对依法需取得食品经营许可的网络直播间的食品经营资质未尽到法定审核义务，使消费者的合法权益受到损害，消费者依据食品安全法第一百三十一条等规定主张网络直播营销平台经营者与直播间运营者承担连带责任的，人民法院应予支持。

第十六条 网络直播营销平台经营者知道或者应当知道网络直播间销售的商品不符合保障人身、财产安全的要求，或者有其他侵害消费者合法权益行为，未采取必要措施，消费者依据电子商务法第三十八条等规定主张网络直播营销平台经营者与直播间运营者承担连带责任的，人民法院应予支持。

《中华人民共和国食品安全法》（2021修正）

第一百三十一条 违反本法规定，网络食品交易第三方平台提供者未对入网食品经营者进行实名登记、审查许可证，或者未履行报告、停止提供网络交易平台服务等义务的，由县级以上人民政府食品安全监督管理部门责令改正，没收违法所得，并处五万元以上二十万元以下罚款；造成严重后果的，责令停业，直至由原发证部门吊销许可证；使消费者的合法权益受到损害的，应当与食品经营者承担连带责任。

消费者通过网络食品交易第三方平台购买食品，其合法权益受到损害的，可以向入网食品经营者或者食品生产者要求赔偿。网络食品交易第三方平台提供者不能提供入网食品经营者的真实名称、地址和有效联系方式的，由网络食品交易第三方平台提供者赔偿。网络食品交易第三方平台提供者赔偿后，有权向入网食品经营者或者食品生产者追偿。网络食品交易第三方平台提供者作出更有利于消费者承诺的，应当履行其承诺。

网络直播营销平台的法律责任

平台自营的责任
- 网络直播营销平台经营者通过网络直播方式开展**自营业务销售商品**
  - 消费者主张其承担商品销售者责任的 → 人民法院应予支持（**网络消费纠纷解释第13条**）

无法提供直播间运营者信息的法律责任
- 网络直播间销售商品**损害消费者合法权益**，网络直播营销平台经营者**不能提供**直播间运营者的真实姓名、名称、地址和有效联系方式的
  - 消费者依据**消费者保护法第44条**规定向网络直播营销平台经营者请求赔偿的 → 人民法院应予支持
  - 网络直播营销平台经营者承担责任后，向直播间运营者追偿的 → 人民法院应予支持
  - （**网络消费纠纷解释第14条**）

消费者保护法第44条是如何规定的
- 消费者通过网络交易平台购买商品或者接受服务，其合法权益受到损害的
  - 消费者可以向**销售者**或者**服务者**要求赔偿
  - 网络交易平台提供者**不能提供**销售者或者服务者的**真实名称**、**地址**和**有效联系方式**的，消费者也可以向网络交易**平台提供者**要求**赔偿**
  - （**消费者保护法第44条**）

平台对食品经营资质未尽到法定审核义务的法律责任
- 网络直播营销平台经营者对**依法需取得食品经营许可**的网络直播间的**食品经营资质**未尽到**法定审核义务**，使消费者的合法权益受到损害
  - 消费者依据**食品安全法第131条**等规定主张网络直播营销平台经营者与直播间运营者**承担连带责任**的 → 人民法院应予支持
  - （**网络消费纠纷解释第15条**）

食品安全法第131条是如何规定的
- 消费者通过网络食品交易第三方平台购买食品，其合法权益受到损害的
  - 可以向入网**食品经营者**或者**食品生产者**要求赔偿
  - 网络食品交易第三方平台提供者**不能提供**入网食品经营者的**真实名称**、**地址**和**有效联系方式**的
  - 由网络食品交易第三方**平台提供者赔偿**
  - （**食品安全法第131条**）

平台经营者过错原则下的连带侵权责任
- 网络直播营销平台经营者**知道**或者**应当知道**网络直播间销售的**商品不符合保障人身、财产安全的要求**，未采取必要措施
- 网络直播营销平台经营者**知道**或者**应当知道**网络直播间**有其他侵害消费者合法权益行为**，未采取必要措施
  - 消费者依据电子商务法第38条等规定主张网络直播营销**平台经营者与直播间运营者承担连带责任**的 → 人民法院应予支持
  - （**网络消费纠纷解释第16条**）

电子商务法第38条是如何规定的
- 电子商务平台经营者**知道**或者**应当知道**平台内经营者销售的商品或者提供的服务**不符合保障人身、财产安全的要求**，或者**有其他侵害消费者合法权益行为**，未采取必要措施的
  - 依法与该平台内经营者承担连带责任
  - （**电子商务法第38条**）

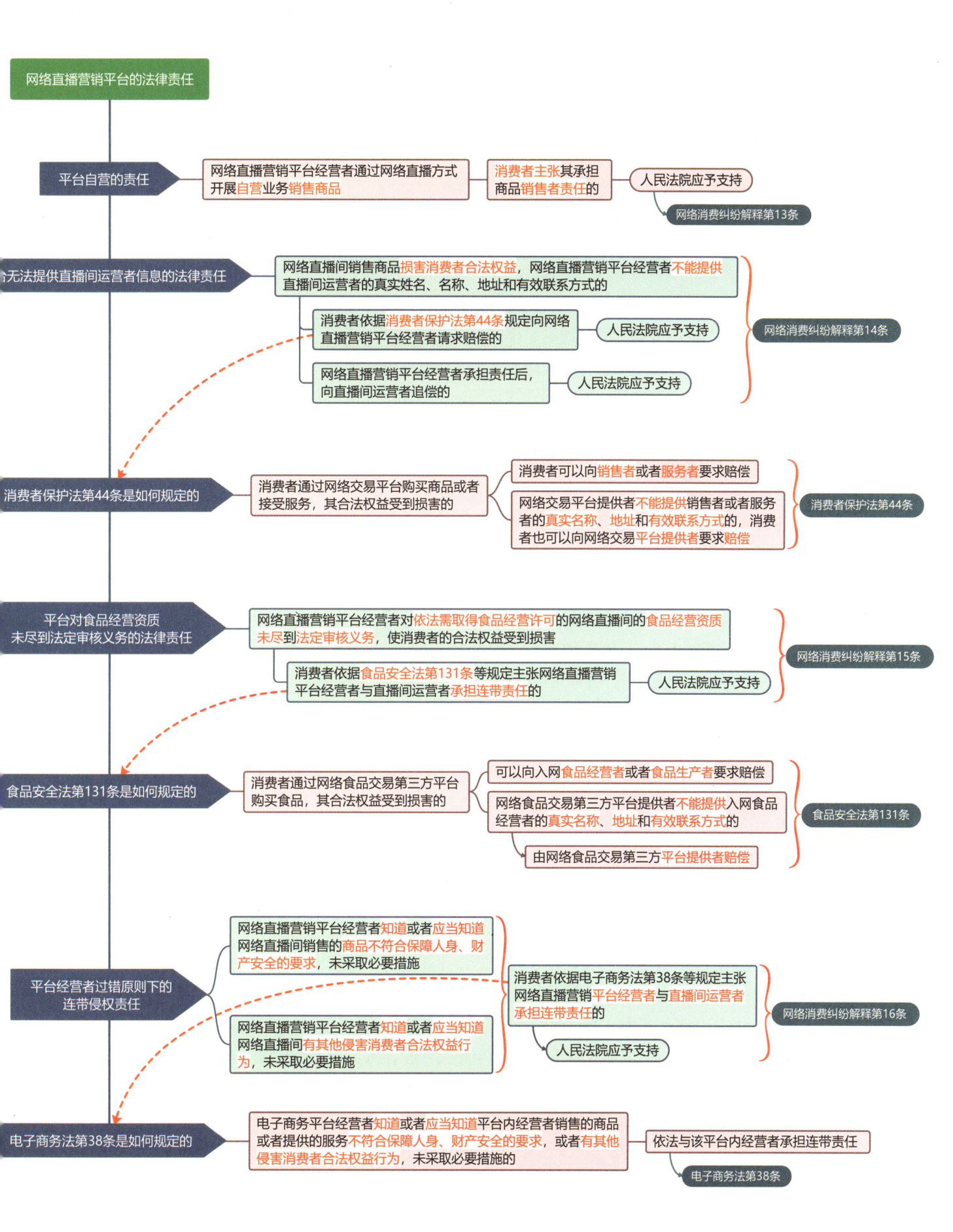

制作依据：消费者保护法、食品安全法、电子商务法、网络消费纠纷解释

劳动合同的签订与履行

关联法条

《中华人民共和国劳动合同法》

第十九条　劳动合同期限三个月以上不满一年的，试用期不得超过一个月；劳动合同期限一年以上不满三年的，试用期不得超过二个月；三年以上固定期限和无固定期限的劳动合同，试用期不得超过六个月。

同一用人单位与同一劳动者只能约定一次试用期。

以完成一定工作任务为期限的劳动合同或者劳动合同期限不满三个月的，不得约定试用期。

试用期包含在劳动合同期限内。劳动合同仅约定试用期的，试用期不成立，该期限为劳动合同期限。

第二十条　劳动者在试用期的工资不得低于本单位相同岗位最低档工资或者劳动合同约定工资的百分之八十，并不得低于用人单位所在地的最低工资标准。

第二十一条　在试用期中，除劳动者有本法第三十九条和第四十条第一项、第二项规定的情形外，用人单位不得解除劳动合同。用人单位在试用期解除劳动合同的，应当向劳动者说明理由。

第三十七条　劳动者提前三十日以书面形式通知用人单位，可以解除劳动合同。劳动者在试用期内提前三日通知用人单位，可以解除劳动合同。

第三十九条　劳动者有下列情形之一的，用人单位可以解除劳动合同：

（一）在试用期间被证明不符合录用条件的；

（二）严重违反用人单位的规章制度的；

（三）严重失职，营私舞弊，给用人单位造成重大损害的；

（四）劳动者同时与其他用人单位建立劳动关系，对完成本单位的工作任务造成严重影响，或者经用人单位提出，拒不改正的；

（五）因本法第二十六条第一款第一项规定的情形致使劳动合同无效的；

（六）被依法追究刑事责任的。

第四十条　有下列情形之一的，用人单位提前三十日以书面形式通知劳动者本人或者额外支付劳动者一个月工资后，可以解除劳动合同：

（一）劳动者患病或者非因工负伤，在规定的医疗期满后不能从事原工作，也不能从事由用人单位另行安排的工作的；

（二）劳动者不能胜任工作，经过培训或者调整工作岗位，仍不能胜任工作的；

（三）劳动合同订立时所依据的客观情况发生重大变化，致使劳动合同无法履行，经用人单位与劳动者协商，未能就变更劳动合同内容达成协议的。

第七十条　非全日制用工双方当事人不得约定试用期。

第八十三条　用人单位违反本法规定与劳动者约定试用期的，由劳动行政部门责令改正；违法约定的试用期已经履行的，由用人单位以劳动者试用期满月工资为标准，按已经履行的超过法定试用期的期间向劳动者支付赔偿金。

劳动合同试用期法律问题

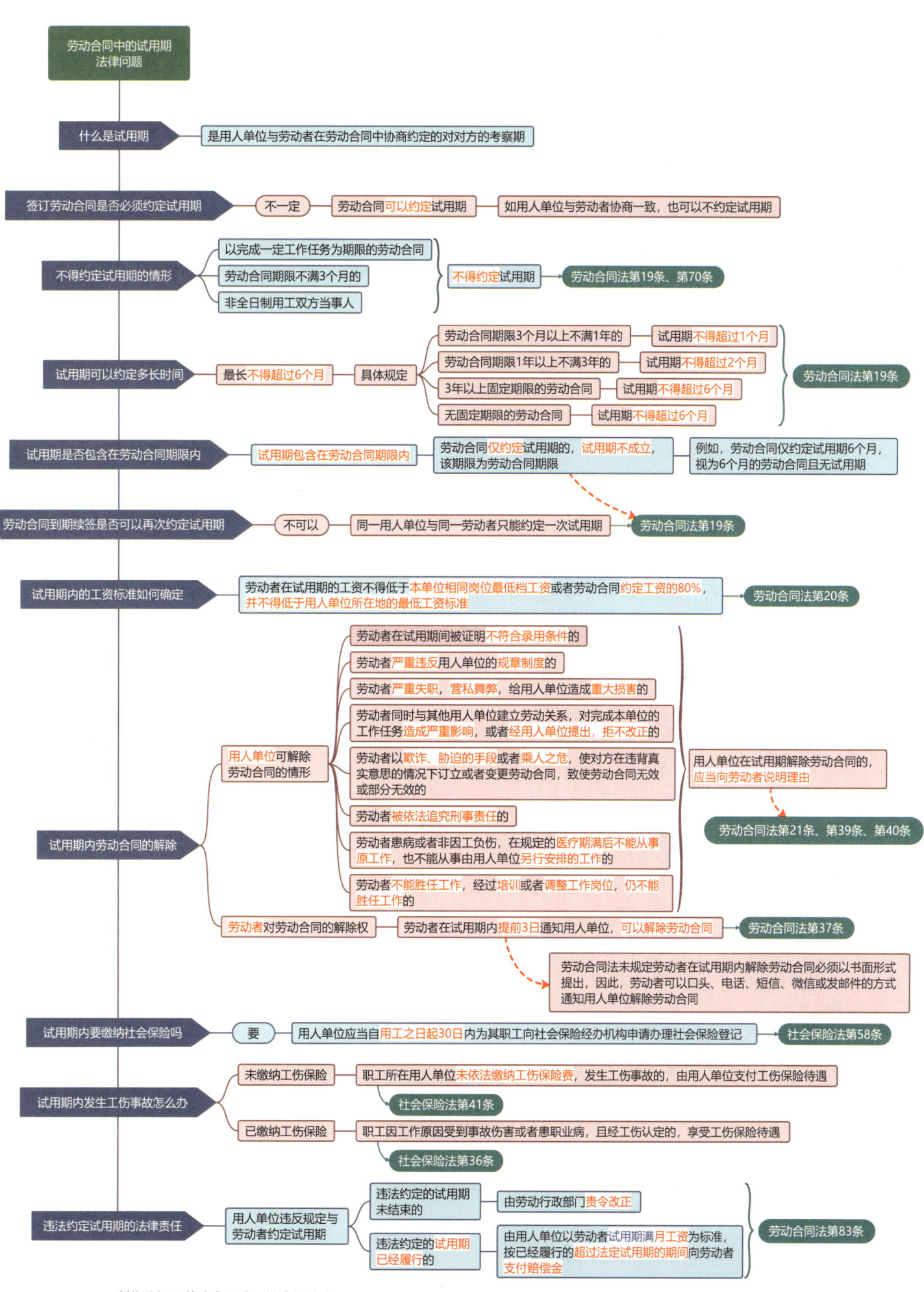

- **劳动合同中的试用期法律问题**
  - **什么是试用期**：是用人单位与劳动者在劳动合同中协商约定的对对方的考察期
  - **签订劳动合同是否必须约定试用期**：不一定 → 劳动合同可以约定试用期 → 如用人单位与劳动者协商一致，也可以不约定试用期
  - **不得约定试用期的情形**：
    - 以完成一定工作任务为期限的劳动合同
    - 劳动合同期限不满3个月的
    - 非全日制用工双方当事人
    - → 不得约定试用期（劳动合同法第19条、第70条）
  - **试用期可以约定多长时间**：最长不得超过6个月
    - 具体规定：
      - 劳动合同期限3个月以上不满1年的 → 试用期不得超过1个月
      - 劳动合同期限1年以上不满3年的 → 试用期不得超过2个月
      - 3年以上固定期限的劳动合同 → 试用期不得超过6个月
      - 无固定期限的劳动合同 → 试用期不得超过6个月
    - （劳动合同法第19条）
  - **试用期是否包含在劳动合同期限内**：试用期包含在劳动合同期限内
    - 劳动合同仅约定试用期的，试用期不成立，该期限为劳动合同期限
    - 例如，劳动合同仅约定试用期6个月，视为6个月的劳动合同且无试用期
  - **劳动合同到期续签是否可以再次约定试用期**：不可以 → 同一用人单位与同一劳动者只能约定一次试用期（劳动合同法第19条）
  - **试用期内的工资标准如何确定**：劳动者在试用期的工资不得低于本单位相同岗位最低档工资或者劳动合同约定工资的80%，并不得低于用人单位所在地的最低工资标准（劳动合同法第20条）
  - **试用期内劳动合同的解除**：
    - 用人单位可解除劳动合同的情形：
      - 劳动者在试用期间被证明不符合录用条件的
      - 劳动者严重违反用人单位的规章制度的
      - 劳动者严重失职，营私舞弊，给用人单位造成重大损害的
      - 劳动者同时与其他用人单位建立劳动关系，对完成本单位的工作任务造成严重影响，或者经用人单位提出，拒不改正的
      - 劳动者以欺诈、胁迫的手段或者乘人之危，使对方在违背真实意思的情况下订立或者变更劳动合同，致使劳动合同无效或部分无效的
      - 劳动者被依法追究刑事责任的
      - 劳动者患病或者非因工负伤，在规定的医疗期满后不能从事原工作，也不能从事由用人单位另行安排的工作的
      - 劳动者不能胜任工作，经过培训或者调整工作岗位，仍不能胜任工作的
      - 用人单位在试用期解除劳动合同的，应当向劳动者说明理由
      - （劳动合同法第21条、第39条、第40条）
    - 劳动者对劳动合同的解除权：劳动者在试用期内提前3日通知用人单位，可以解除劳动合同（劳动合同法第37条）
      - 劳动合同法未规定劳动者在试用期内解除劳动合同必须以书面形式提出，因此，劳动者可以口头、电话、短信、微信或发邮件的方式通知用人单位解除劳动合同
  - **试用期内要缴纳社会保险吗**：要 → 用人单位应当自用工之日起30日内为其职工向社会保险经办机构申请办理社会保险登记（社会保险法第58条）
  - **试用期内发生工伤事故怎么办**：
    - 未缴纳工伤保险：职工所在用人单位未依法缴纳工伤保险费，发生工伤事故的，由用人单位支付工伤保险待遇（社会保险法第41条）
    - 已缴纳工伤保险：职工因工作原因受到事故伤害或者患职业病，且经工伤认定的，享受工伤保险待遇（社会保险法第36条）
  - **违法约定试用期的法律责任**：用人单位违反规定与劳动者约定试用期
    - 违法约定的试用期未结束的 → 由劳动行政部门责令改正
    - 违法约定的试用期已经履行的 → 由用人单位以劳动者试用期满月工资为标准，按已经履行的超过法定试用期的期间向劳动者支付赔偿金
    - （劳动合同法第83条）

制作依据：劳动合同法、社会保险法

关联法条

《中华人民共和国劳动合同法》（2012修正）

第三十六条 用人单位与劳动者协商一致，可以解除劳动合同。

第三十九条 劳动者有下列情形之一的，用人单位可以解除劳动合同：

（一）在试用期间被证明不符合录用条件的；

（二）严重违反用人单位的规章制度的；

（三）严重失职，营私舞弊，给用人单位造成重大损害的；

（四）劳动者同时与其他用人单位建立劳动关系，对完成本单位的工作任务造成严重影响，或者经用人单位提出，拒不改正的；

（五）因本法第二十六条第一款第一项规定的情形致使劳动合同无效的；

（六）被依法追究刑事责任的。

第四十条 有下列情形之一的，用人单位提前三十日以书面形式通知劳动者本人或者额外支付劳动者一个月工资后，可以解除劳动合同：

（一）劳动者患病或者非因工负伤，在规定的医疗期满后不能从事原工作，也不能从事由用人单位另行安排的工作的；

（二）劳动者不能胜任工作，经过培训或者调整工作岗位，仍不能胜任工作的；

（三）劳动合同订立时所依据的客观情况发生重大变化，致使劳动合同无法履行，经用人单位与劳动者协商，未能就变更劳动合同内容达成协议的。

第四十一条 有下列情形之一，需要裁减人员二十人以上或者裁减不足二十人但占企业职工总数百分之十以上的，用人单位提前三十日向工会或者全体职工说明情况，听取工会或者职工的意见后，裁减人员方案经向劳动行政部门报告，可以裁减人员：

（一）依照企业破产法规定进行重整的；

（二）生产经营发生严重困难的；

（三）企业转产、重大技术革新或者经营方式调整，经变更劳动合同后，仍需裁减人员的；

（四）其他因劳动合同订立时所依据的客观经济情况发生重大变化，致使劳动合同无法履行的。

裁减人员时，应当优先留用下列人员：

（一）与本单位订立较长期限的固定期限劳动合同的；

（二）与本单位订立无固定期限劳动合同的；

（三）家庭无其他就业人员，有需要扶养的老人或者未成年人的。

用人单位依照本条第一款规定裁减人员，在六个月内重新招用人员的，应当通知被裁减的人员，并在同等条件下优先招用被裁减的人员。

第四十二条 劳动者有下列情形之一的，用人单位不得依照本法第四十条、第四十一条的规定解除劳动合同：

（一）从事接触职业病危害作业的劳动者未进行离岗前职业健康检查，或者疑似职业病病人在诊断或者医学观察期间的；

（二）在本单位患职业病或者因工负伤并被确认丧失或者部分丧失劳动能力的；

（三）患病或者非因工负伤，在规定的医疗期内的；

（四）女职工在孕期、产期、哺乳期的；

（五）在本单位连续工作满十五年，且距法定退休年龄不足五年的；

（六）法律、行政法规规定的其他情形。

用人单位可以解除和不得解除劳动合同的各种情形

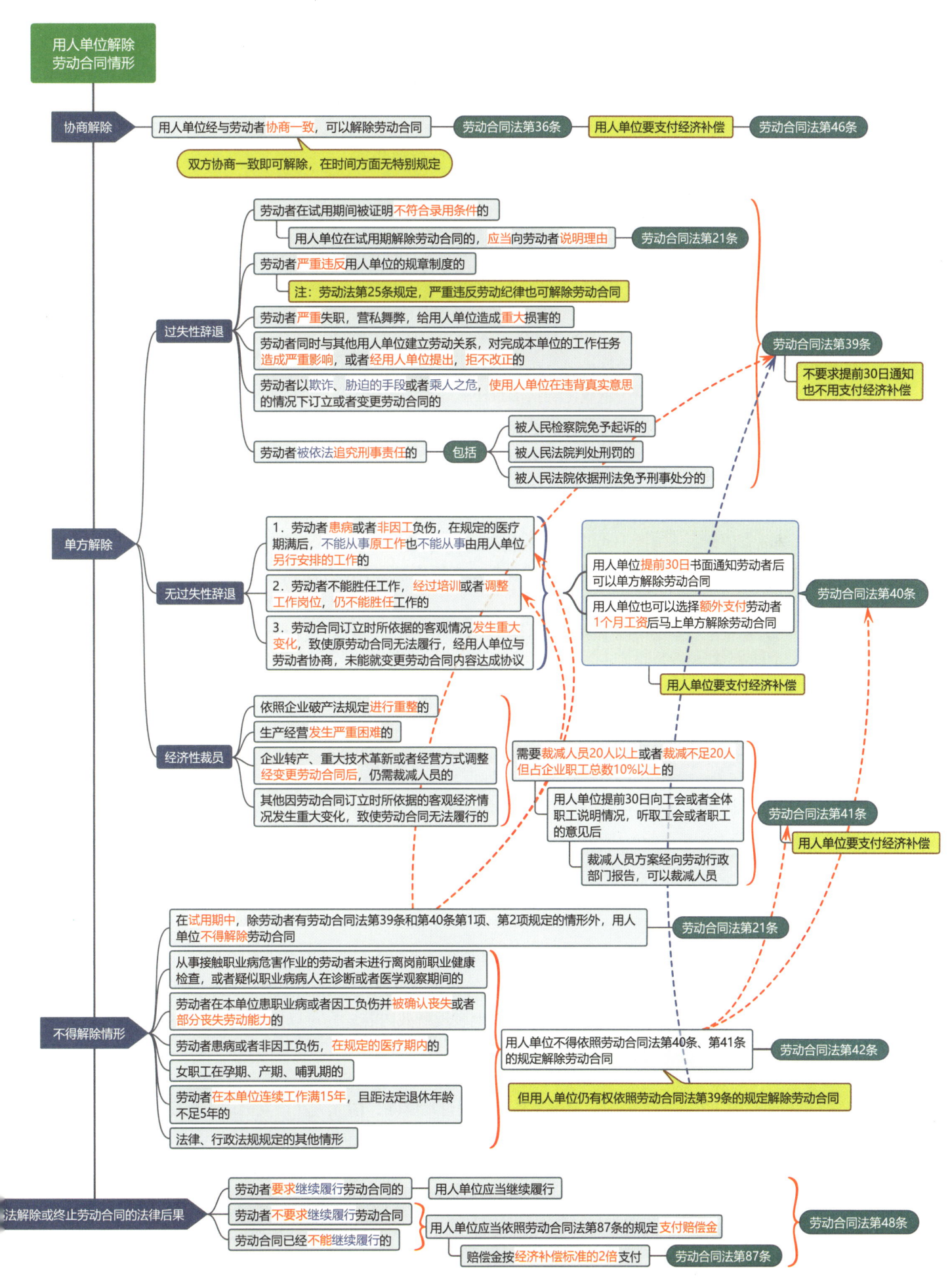

用人单位解除劳动合同情形

协商解除
- 用人单位经与劳动者**协商一致**，可以解除劳动合同 —— 劳动合同法第36条
- **用人单位要支付经济补偿** —— 劳动合同法第46条
- 双方协商一致即可解除，在时间方面无特别规定

单方解除

过失性辞退
- 劳动者在试用期间被证明**不符合录用条件**的
  - 用人单位在试用期解除劳动合同的，**应当向劳动者说明理由** —— 劳动合同法第21条
- 劳动者**严重违反**用人单位的规章制度的
  - 注：劳动法第25条规定，严重违反劳动纪律也可解除劳动合同
- 劳动者**严重失职**，营私舞弊，给用人单位造成**重大损害**的
- 劳动者同时与其他用人单位建立劳动关系，对完成本单位的工作任务造成严重影响，或者**经用人单位提出，拒不改正**的
- 劳动者以**欺诈、胁迫的手段**或者**乘人之危**，使用人单位在违背真实意思的情况下订立或者变更劳动合同的
- 劳动者**被依法追究刑事责任**的
  - 包括：
    - 被人民检察院免予起诉的
    - 被人民法院判处刑罚的
    - 被人民法院依据刑法免予刑事处分的

→ 劳动合同法第39条
不要求提前30日通知，也不用支付经济补偿

无过失性辞退
1. 劳动者**患病**或者**非因工负伤**，在规定的医疗期满后，**不能从事原工作**也不能从事由用人单位**另行安排的工作**的
2. 劳动者不能胜任工作，**经过培训**或者**调整工作岗位，仍不能胜任**工作的
3. 劳动合同订立时所依据的客观情况**发生重大变化**，致使原劳动合同无法履行，经用人单位与劳动者协商，未能就变更劳动合同内容达成协议

- 用人单位**提前30日**书面通知劳动者后可以单方解除劳动合同
- 用人单位也可以选择**额外支付**劳动者**1个月工资**后马上单方解除劳动合同

→ 劳动合同法第40条
用人单位要支付经济补偿

经济性裁员
- 依照企业破产法规定**进行重整**的
- 生产经营**发生严重困难**的
- 企业转产、重大技术革新或者经营方式调整**经变更劳动合同后，仍需裁减人员**的
- 其他因劳动合同订立时所依据的客观经济情况发生重大变化，致使劳动合同无法履行的

- 需要**裁减人员20人以上**或者**裁减不足20人但占企业职工总数10%以上**的
  - 用人单位提前30日向工会或者全体职工说明情况，听取工会或者职工的意见后
  - 裁减人员方案经向劳动行政部门报告，可以裁减人员

→ 劳动合同法第41条
用人单位要支付经济补偿

不得解除情形
- 在**试用期中**，除劳动者有劳动合同法第39条和第40条第1项、第2项规定的情形外，用人单位**不得解除**劳动合同 —— 劳动合同法第21条
- 从事接触职业病危害作业的劳动者未进行离岗前职业健康检查，或者疑似职业病病人在诊断或者医学观察期间的
- 劳动者在本单位患职业病或因工负伤并**被确认丧失**或者**部分丧失劳动能力**的
- 劳动者患病或者非因工负伤，**在规定的医疗期内**的
- 女职工在孕期、产期、哺乳期的
- 劳动者**在本单位连续工作满15年**，且距法定退休年龄不足5年的
- 法律、行政法规规定的其他情形

- 用人单位不得依照劳动合同法第40条、第41条的规定解除劳动合同 —— 劳动合同法第42条
- 但用人单位仍有权依照劳动合同法第39条的规定解除劳动合同

违法解除或终止劳动合同的法律后果
- 劳动者**要求继续履行**劳动合同的 —— 用人单位应当继续履行
- 劳动者**不要求继续履行**劳动合同
- 劳动合同已经**不能继续履行**的
- 用人单位应当依照劳动合同法第87条的规定**支付赔偿金**
- 赔偿金按**经济补偿标准的2倍**支付 —— 劳动合同法第87条

—— 劳动合同法第48条

制作依据：劳动法、劳动合同法、劳动法若干问题意见

关联法条

《中华人民共和国劳动合同法》（2012修正）

第三十六条 用人单位与劳动者协商一致，可以解除劳动合同。

第三十七条 劳动者提前三十日以书面形式通知用人单位，可以解除劳动合同。劳动者在试用期内提前三日通知用人单位，可以解除劳动合同。

第三十八条 用人单位有下列情形之一的，劳动者可以解除劳动合同：

（一）未按照劳动合同约定提供劳动保护或者劳动条件的；

（二）未及时足额支付劳动报酬的；

（三）未依法为劳动者缴纳社会保险费的；

（四）用人单位的规章制度违反法律、法规的规定，损害劳动者权益的；

（五）因本法第二十六条第一款规定的情形致使劳动合同无效的；

（六）法律、行政法规规定劳动者可以解除劳动合同的其他情形。

用人单位以暴力、威胁或者非法限制人身自由的手段强迫劳动者劳动的，或者用人单位违章指挥、强令冒险作业危及劳动者人身安全的，劳动者可以立即解除劳动合同，不需事先告知用人单位。

第四十六条 有下列情形之一的，用人单位应当向劳动者支付经济补偿：

（一）劳动者依照本法第三十八条规定解除劳动合同的；

（二）用人单位依照本法第三十六条规定向劳动者提出解除劳动合同并与劳动者协商一致解除劳动合同的；

（三）用人单位依照本法第四十条规定解除劳动合同的；

（四）用人单位依照本法第四十一条第一款规定解除劳动合同的；

（五）除用人单位维持或者提高劳动合同约定条件续订劳动合同，劳动者不同意续订的情形外，依照本法第四十四条第一项规定终止固定期限劳动合同的；

（六）依照本法第四十四条第四项、第五项规定终止劳动合同的；

（七）法律、行政法规规定的其他情形。

第九十条 劳动者违反本法规定解除劳动合同，或者违反劳动合同中约定的保密义务或者竞业限制，给用人单位造成损失的，应当承担赔偿责任。

《中华人民共和国民法典》

第四百六十九条 当事人订立合同，可以采用书面形式、口头形式或者其他形式。

书面形式是合同书、信件、电报、电传、传真等可以有形地表现所载内容的形式。

以电子数据交换、电子邮件等方式能够有形地表现所载内容，并可以随时调取查用的数据电文，视为书面形式。

第五百六十五条 当事人一方依法主张解除合同的，应当通知对方。合同自通知到达对方时解除；通知载明债务人在一定期限内不履行债务则合同自动解除，债务人在该期限内未履行债务的，合同自通知载明的期限届满时解除。对方对解除合同有异议的，任何一方当事人均可以请求人民法院或者仲裁机构确认解除行为的效力。

当事人一方未通知对方，直接以提起诉讼或者申请仲裁的方式依法主张解除合同，人民法院或者仲裁机构确认该主张的，合同自起诉状副本或者仲裁申请书副本送达对方时解除。

劳动者可以解除劳动合同的各种情形

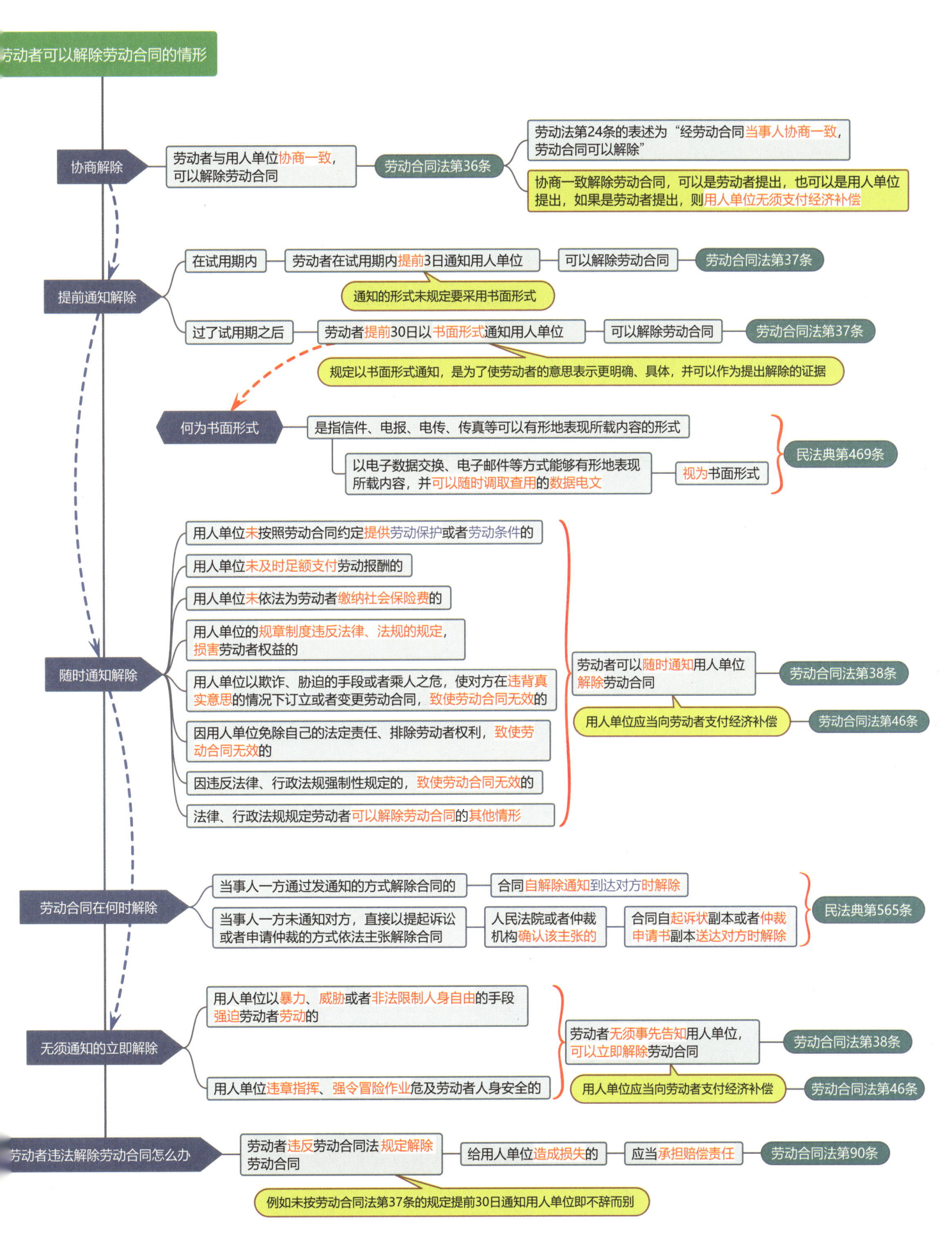

劳动者可以解除劳动合同的情形

协商解除
- 劳动者与用人单位协商一致，可以解除劳动合同 —— 劳动合同法第36条
  - 劳动法第24条的表述为"经劳动合同当事人协商一致，劳动合同可以解除"
  - 协商一致解除劳动合同，可以是劳动者提出，也可以是用人单位提出，如果是劳动者提出，则用人单位无须支付经济补偿

提前通知解除
- **在试用期内**：劳动者在试用期内提前3日通知用人单位，可以解除劳动合同 —— 劳动合同法第37条
  - 通知的形式未规定要采用书面形式
- **过了试用期之后**：劳动者提前30日以书面形式通知用人单位，可以解除劳动合同 —— 劳动合同法第37条
  - 规定以书面形式通知，是为了使劳动者的意思表示更明确、具体，并可以作为提出解除的证据

何为书面形式
- 是指信件、电报、电传、传真等可以有形地表现所载内容的形式
- 以电子数据交换、电子邮件等方式能够有形地表现所载内容，并可以随时调取查用的数据电文，视为书面形式

—— 民法典第469条

随时通知解除
- 用人单位未按照劳动合同约定提供劳动保护或者劳动条件的
- 用人单位未及时足额支付劳动报酬的
- 用人单位未依法为劳动者缴纳社会保险费的
- 用人单位的规章制度违反法律、法规的规定，损害劳动者权益的
- 用人单位以欺诈、胁迫的手段或者乘人之危，使对方在违背真实意思的情况下订立或者变更劳动合同，致使劳动合同无效的
- 因用人单位免除自己的法定责任、排除劳动者权利，致使劳动合同无效的
- 因违反法律、行政法规强制性规定的，致使劳动合同无效的
- 法律、行政法规规定劳动者可以解除劳动合同的其他情形

→ 劳动者可以随时通知用人单位解除劳动合同 —— 劳动合同法第38条
→ 用人单位应当向劳动者支付经济补偿 —— 劳动合同法第46条

劳动合同在何时解除
- 当事人一方通过发通知的方式解除合同的 → 合同自解除通知到达对方时解除
- 当事人一方未通知对方，直接以提起诉讼或者申请仲裁的方式依法主张解除合同 → 人民法院或者仲裁机构确认该主张的 → 合同自起诉状副本或者仲裁申请书副本送达对方时解除

—— 民法典第565条

无须通知的立即解除
- 用人单位以暴力、威胁或者非法限制人身自由的手段强迫劳动者劳动的
- 用人单位违章指挥、强令冒险作业危及劳动者人身安全的

→ 劳动者无须事先告知用人单位，可以立即解除劳动合同 —— 劳动合同法第38条
→ 用人单位应当向劳动者支付经济补偿 —— 劳动合同法第46条

劳动者违法解除劳动合同怎么办
- 劳动者违反劳动合同法规定解除劳动合同 → 给用人单位造成损失的 → 应当承担赔偿责任 —— 劳动合同法第90条
  - 例如未按劳动合同法第37条的规定提前30日通知用人单位即不辞而别

制作依据：民法典、劳动合同法

关联法条

《中华人民共和国劳动合同法》（2012修正）

第四十四条 有下列情形之一的，劳动合同终止：

（一）劳动合同期满的；

（二）劳动者开始依法享受基本养老保险待遇的；

（三）劳动者死亡，或者被人民法院宣告死亡或者宣告失踪的；

（四）用人单位被依法宣告破产的；

（五）用人单位被吊销营业执照、责令关闭、撤销或者用人单位决定提前解散的；

（六）法律、行政法规规定的其他情形。

第四十五条 劳动合同期满，有本法第四十二条规定情形之一的，劳动合同应当续延至相应的情形消失时终止。但是，本法第四十二条第二项规定丧失或者部分丧失劳动能力劳动者的劳动合同的终止，按照国家有关工伤保险的规定执行。

第四十六条 有下列情形之一的，用人单位应当向劳动者支付经济补偿：

（一）劳动者依照本法第三十八条规定解除劳动合同的；

（二）用人单位依照本法第三十六条规定向劳动者提出解除劳动合同并与劳动者协商一致解除劳动合同的；

（三）用人单位依照本法第四十条规定解除劳动合同的；

（四）用人单位依照本法第四十一条第一款规定解除劳动合同的；

（五）除用人单位维持或者提高劳动合同约定条件续订劳动合同，劳动者不同意续订的情形外，依照本法第四十四条第一项规定终止固定期限劳动合同的；

（六）依照本法第四十四条第四项、第五项规定终止劳动合同的；

（七）法律、行政法规规定的其他情形。

《中华人民共和国劳动合同法实施条例》

第十三条 用人单位与劳动者不得在劳动合同法第四十四条规定的劳动合同终止情形之外约定其他的劳动合同终止条件。

第十七条 劳动合同期满，但是用人单位与劳动者依照劳动合同法第二十二条的规定约定的服务期尚未到期的，劳动合同应当续延至服务期满；双方另有约定的，从其约定。

第二十一条 劳动者达到法定退休年龄的，劳动合同终止。

劳动合同终止涉及的法律问题

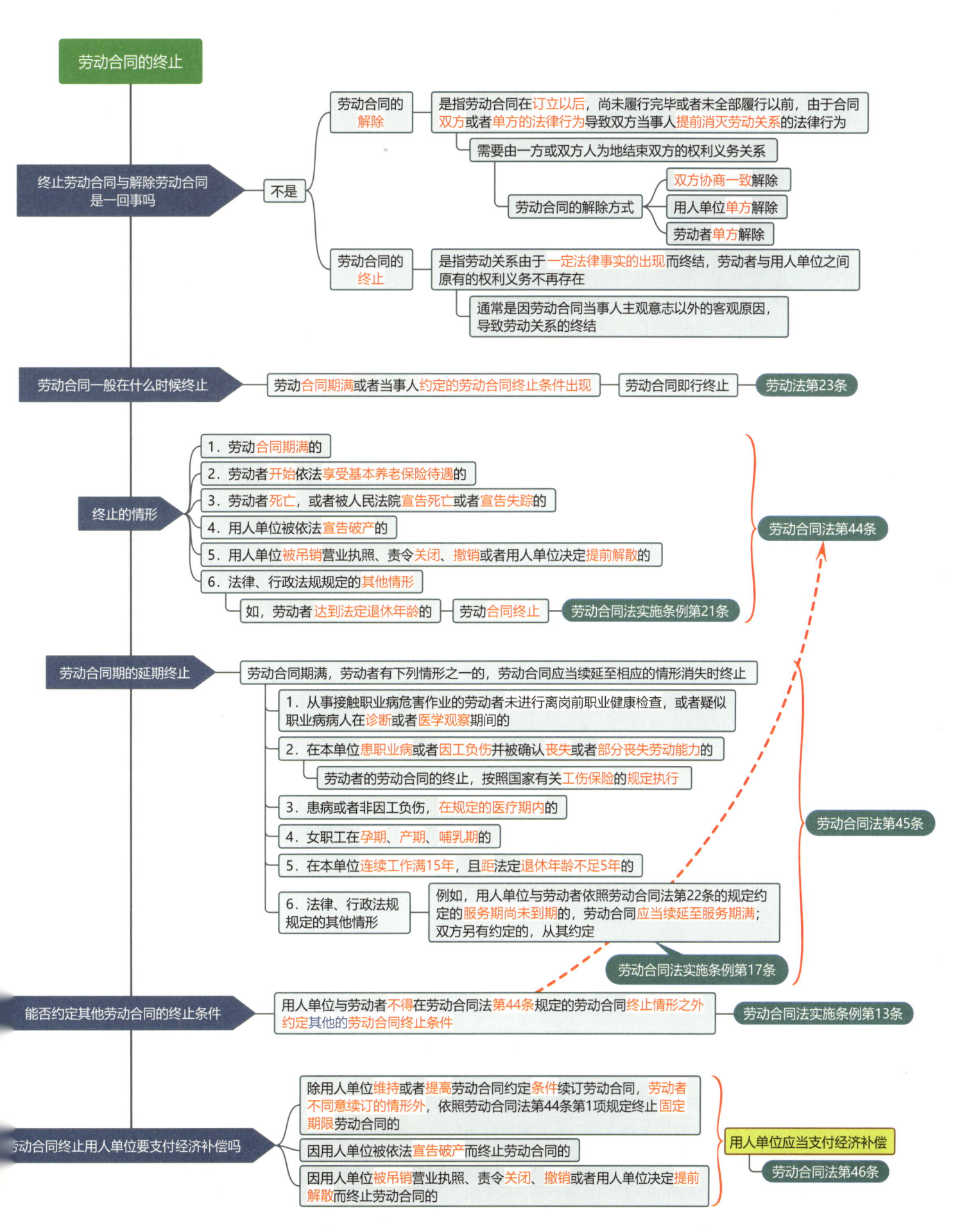

劳动合同的终止

终止劳动合同与解除劳动合同是一回事吗

不是

- **劳动合同的解除**：是指劳动合同在订立以后，尚未履行完毕或者未全部履行以前，由于合同双方或者单方的法律行为导致双方当事人提前消灭劳动关系的法律行为
  - 需要由一方或双方人为地结束双方的权利义务关系
  - 劳动合同的解除方式：
    - 双方协商一致解除
    - 用人单位单方解除
    - 劳动者单方解除

- **劳动合同的终止**：是指劳动关系由于一定法律事实的出现而终结，劳动者与用人单位之间原有的权利义务不再存在
  - 通常是因劳动合同当事人主观意志以外的客观原因，导致劳动关系的终结

劳动合同一般在什么时候终止

劳动合同期满或者当事人约定的劳动合同终止条件出现 → 劳动合同即行终止 （劳动法第23条）

终止的情形（劳动合同法第44条）

1. 劳动合同期满的
2. 劳动者开始依法享受基本养老保险待遇的
3. 劳动者死亡，或者被人民法院宣告死亡或者宣告失踪的
4. 用人单位被依法宣告破产的
5. 用人单位被吊销营业执照、责令关闭、撤销或者用人单位决定提前解散的
6. 法律、行政法规规定的其他情形
   - 如，劳动者达到法定退休年龄的 → 劳动合同终止（劳动合同法实施条例第21条）

劳动合同期的延期终止

劳动合同期满，劳动者有下列情形之一的，劳动合同应当续延至相应的情形消失时终止：

1. 从事接触职业病危害作业的劳动者未进行离岗前职业健康检查，或者疑似职业病病人在诊断或者医学观察期间的
2. 在本单位患职业病或者因工负伤并被确认丧失或者部分丧失劳动能力的
   - 劳动者的劳动合同的终止，按照国家有关工伤保险的规定执行
3. 患病或者非因工负伤，在规定的医疗期内的
4. 女职工在孕期、产期、哺乳期的
5. 在本单位连续工作满15年，且距法定退休年龄不足5年的
6. 法律、行政法规规定的其他情形
   - 例如，用人单位与劳动者依照劳动合同法第22条的规定约定的服务期尚未到期的，劳动合同应当续延至服务期满；双方另有约定的，从其约定（劳动合同法实施条例第17条）

（劳动合同法第45条）

能否约定其他劳动合同的终止条件

用人单位与劳动者不得在劳动合同法第44条规定的劳动合同终止情形之外约定其他的劳动合同终止条件（劳动合同法实施条例第13条）

劳动合同终止用人单位要支付经济补偿吗

- 除用人单位维持或者提高劳动合同约定条件续订劳动合同，劳动者不同意续订的情形外，依照劳动合同法第44条第1项规定终止固定期限劳动合同的
- 因用人单位被依法宣告破产而终止劳动合同的
- 因用人单位被吊销营业执照、责令关闭、撤销或者用人单位决定提前解散而终止劳动合同的

→ **用人单位应当支付经济补偿**（劳动合同法第46条）

制作依据：劳动法、劳动合同法、劳动合同法实施条例

关联法条

《中华人民共和国劳动合同法》（2012修正）

第十四条 无固定期限劳动合同，是指用人单位与劳动者约定无确定终止时间的劳动合同。

用人单位与劳动者协商一致，可以订立无固定期限劳动合同。有下列情形之一，劳动者提出或者同意续订、订立劳动合同的，除劳动者提出订立固定期限劳动合同外，应当订立无固定期限劳动合同：

（一）劳动者在该用人单位连续工作满十年的；

（二）用人单位初次实行劳动合同制度或者国有企业改制重新订立劳动合同时，劳动者在该用人单位连续工作满十年且距法定退休年龄不足十年的；

（三）连续订立二次固定期限劳动合同，且劳动者没有本法第三十九条和第四十条第一项、第二项规定的情形，续订劳动合同的。

用人单位自用工之日起满一年不与劳动者订立书面劳动合同的，视为用人单位与劳动者已订立无固定期限劳动合同。

第四十条 有下列情形之一的，用人单位提前三十日以书面形式通知劳动者本人或者额外支付劳动者一个月工资后，可以解除劳动合同：

（一）劳动者患病或者非因工负伤，在规定的医疗期满后不能从事原工作，也不能从事由用人单位另行安排的工作的；

（二）劳动者不能胜任工作，经过培训或者调整工作岗位，仍不能胜任工作的；

（三）劳动合同订立时所依据的客观情况发生重大变化，致使劳动合同无法履行，经用人单位与劳动者协商，未能就变更劳动合同内容达成协议的。

第四十六条 有下列情形之一的，用人单位应当向劳动者支付经济补偿：

（一）劳动者依照本法第三十八条规定解除劳动合同的；

（二）用人单位依照本法第三十六条规定向劳动者提出解除劳动合同并与劳动者协商一致解除劳动合同的；

（三）用人单位依照本法第四十条规定解除劳动合同的；

（四）用人单位依照本法第四十一条第一款规定解除劳动合同的；

（五）除用人单位维持或者提高劳动合同约定条件续订劳动合同，劳动者不同意续订的情形外，依照本法第四十四条第一项规定终止固定期限劳动合同的；

（六）依照本法第四十四条第四项、第五项规定终止劳动合同的；

（七）法律、行政法规规定的其他情形。

《最高人民法院关于审理劳动争议案件适用法律问题的解释（一）》

第三十四条 劳动合同期满后，劳动者仍在原用人单位工作，原用人单位未表示异议的，视为双方同意以原条件继续履行劳动合同。一方提出终止劳动关系的，人民法院应予支持。

根据劳动合同法第十四条规定，用人单位应当与劳动者签订无固定期限劳动合同而未签订的，人民法院可以视为双方之间存在无固定期限劳动合同关系，并以原劳动合同确定双方的权利义务关系。

劳动合同到期后续签与不续签所涉及的法律问题

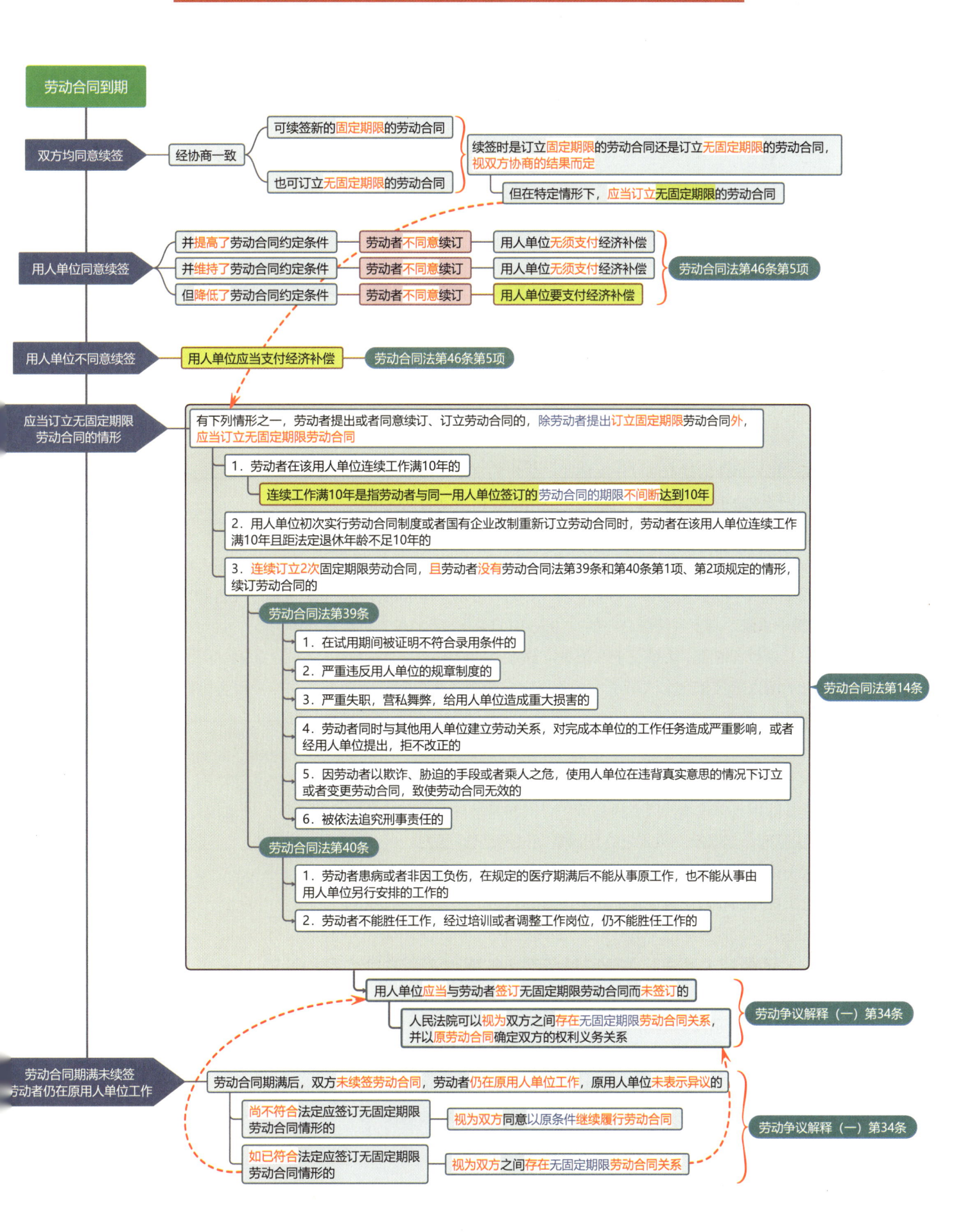

劳动合同到期

双方均同意续签 —— 经协商一致
- 可续签新的**固定期限**的劳动合同
- 也可订立**无固定期限**的劳动合同

续签时是订立**固定期限**的劳动合同还是订立**无固定期限**的劳动合同，视双方协商的结果而定

但在特定情形下，**应当订立无固定期限**的劳动合同

用人单位同意续签
- 并**提高了**劳动合同约定条件 → 劳动者**不同意**续订 → 用人单位**无须支付**经济补偿
- 并**维持**劳动合同约定条件 → 劳动者**不同意**续订 → 用人单位**无须支付**经济补偿
- 但**降低了**劳动合同约定条件 → 劳动者**不同意**续订 → 用人单位要支付经济补偿

（劳动合同法第46条第5项）

用人单位不同意续签 → 用人单位应当支付经济补偿（劳动合同法第46条第5项）

应当订立无固定期限劳动合同的情形

有下列情形之一，劳动者提出或者同意续订、订立劳动合同的，除劳动者提出订立**固定期限**劳动合同外，**应当订立无固定期限劳动合同**

1. 劳动者在该用人单位连续工作满10年的
   - 连续工作满10年是指劳动者与同一用人单位签订的**劳动合同的期限不间断**达到10年
2. 用人单位初次实行劳动合同制度或者国有企业改制重新订立劳动合同时，劳动者在该用人单位连续工作满10年且距法定退休年龄不足10年的
3. **连续订立2次**固定期限劳动合同，**且**劳动者**没有**劳动合同法第39条和第40条第1项、第2项规定的情形，续订劳动合同的

劳动合同法第39条
1. 在试用期间被证明不符合录用条件的
2. 严重违反用人单位的规章制度的
3. 严重失职，营私舞弊，给用人单位造成重大损害的
4. 劳动者同时与其他用人单位建立劳动关系，对完成本单位的工作任务造成严重影响，或者经用人单位提出，拒不改正的
5. 因劳动者以欺诈、胁迫的手段或者乘人之危，使用人单位在违背真实意思的情况下订立或者变更劳动合同，致使劳动合同无效的
6. 被依法追究刑事责任的

劳动合同法第40条
1. 劳动者患病或者非因工负伤，在规定的医疗期满后不能从事原工作，也不能从事由用人单位另行安排的工作的
2. 劳动者不能胜任工作，经过培训或者调整工作岗位，仍不能胜任工作的

（劳动合同法第14条）

用人单位**应当**与劳动者**签订**无固定期限劳动合同而**未签订**的
- 人民法院可以**视为**双方之间**存在无固定期限**劳动合同关系，并以**原劳动合同**确定双方的权利义务关系

（劳动争议解释（一）第34条）

劳动合同期满未续签劳动者仍在原用人单位工作

劳动合同期满后，双方**未续签**劳动合同，劳动者**仍在原用人单位工作**，原用人单位**未表示异议**的
- **尚不符合**法定应签订无固定期限劳动合同情形的 → 视为双方同意以原条件继续履行劳动合同
- **如已符合**法定应签订无固定期限劳动合同情形的 → 视为双方之间**存在无固定期限**劳动合同关系

（劳动争议解释（一）第34条）

制作依据：劳动合同法、劳动争议解释（一）、劳动法若干问题意见

关联法条

《中华人民共和国劳动合同法》（2012修正）

第三十八条　用人单位有下列情形之一的，劳动者可以解除劳动合同：
（一）未按照劳动合同约定提供劳动保护或者劳动条件的；
（二）未及时足额支付劳动报酬的；
（三）未依法为劳动者缴纳社会保险费的；
（四）用人单位的规章制度违反法律、法规的规定，损害劳动者权益的；
（五）因本法第二十六条第一款规定的情形致使劳动合同无效的；
（六）法律、行政法规规定劳动者可以解除劳动合同的其他情形。
用人单位以暴力、威胁或者非法限制人身自由的手段强迫劳动者劳动的，或者用人单位违章指挥、强令冒险作业危及劳动者人身安全的，劳动者可以立即解除劳动合同，不需事先告知用人单位。

第四十六条　有下列情形之一的，用人单位应当向劳动者支付经济补偿：
（一）劳动者依照本法第三十八条规定解除劳动合同的；
（二）用人单位依照本法第三十六条规定向劳动者提出解除劳动合同并与劳动者协商一致解除劳动合同的；
（三）用人单位依照本法第四十条规定解除劳动合同的；
（四）用人单位依照本法第四十一条第一款规定解除劳动合同的；
（五）除用人单位维持或者提高劳动合同约定条件续订劳动合同，劳动者不同意续订的情形外，依照本法第四十四条第一项规定终止固定期限劳动合同的；
（六）依照本法第四十四条第四项、第五项规定终止劳动合同的；
（七）法律、行政法规规定的其他情形。

《最高人民法院关于审理劳动争议案件适用法律问题的解释（一）》

第四十五条　用人单位有下列情形之一，迫使劳动者提出解除劳动合同的，用人单位应当支付劳动者的劳动报酬和经济补偿，并可支付赔偿金：
（一）以暴力、威胁或者非法限制人身自由的手段强迫劳动的；
（二）未按照劳动合同约定支付劳动报酬或者提供劳动条件的；
（三）克扣或者无故拖欠劳动者工资的；
（四）拒不支付劳动者延长工作时间工资报酬的；
（五）低于当地最低工资标准支付劳动者工资的。

用人单位应向劳动者支付经济补偿的各种情形

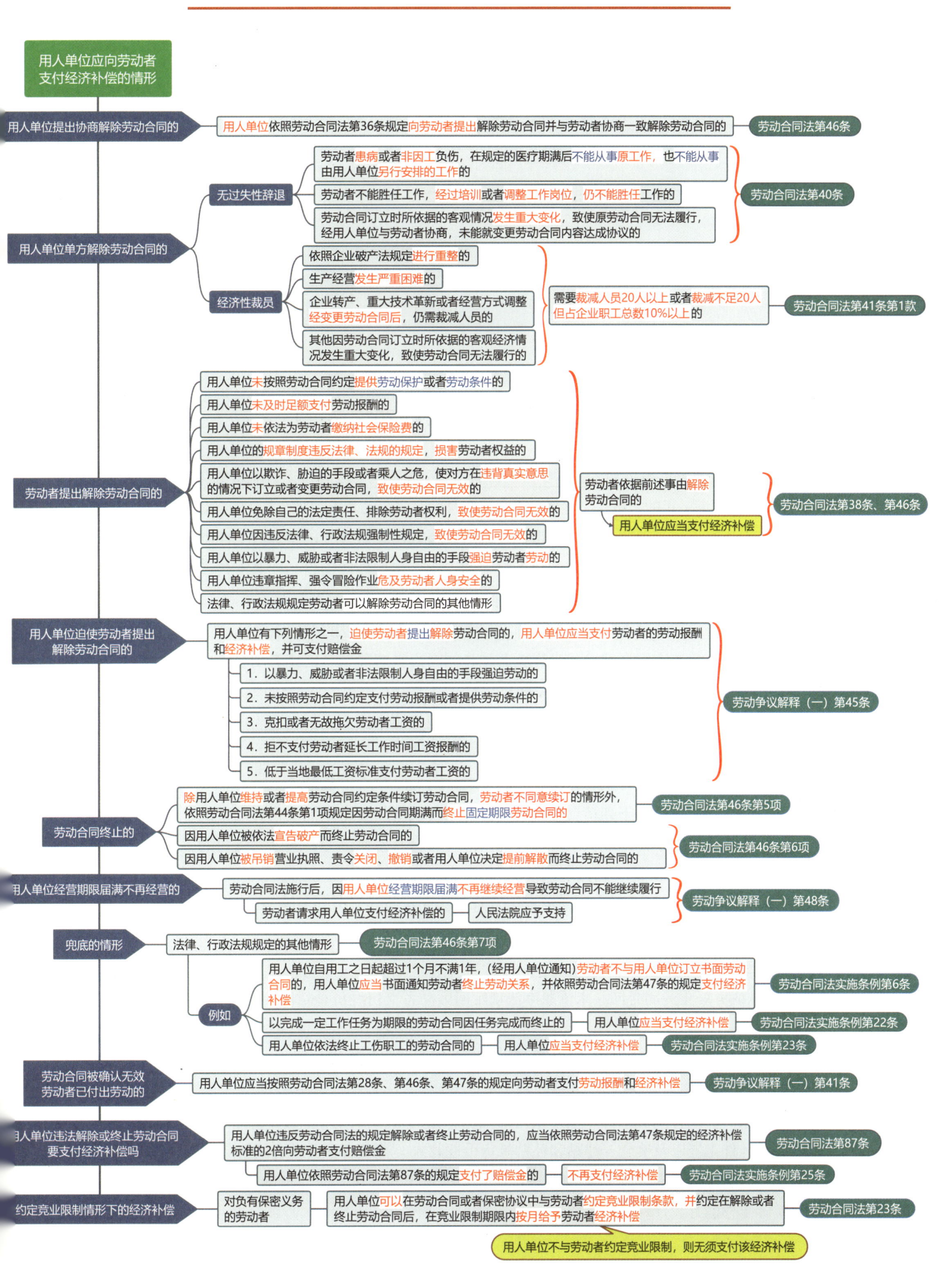

用人单位应向劳动者支付经济补偿的情形

用人单位提出协商解除劳动合同的
- 用人单位依照劳动合同法第36条规定向劳动者提出解除劳动合同并与劳动者协商一致解除劳动合同的 —— 劳动合同法第46条

用人单位单方解除劳动合同的

无过失性辞退（劳动合同法第40条）
- 劳动者患病或者非因工负伤，在规定的医疗期满后不能从事原工作，也不能从事由用人单位另行安排的工作的
- 劳动者不能胜任工作，经过培训或者调整工作岗位，仍不能胜任工作的
- 劳动合同订立时所依据的客观情况发生重大变化，致使原劳动合同无法履行，经用人单位与劳动者协商，未能就变更劳动合同内容达成协议的

经济性裁员（劳动合同法第41条第1款）——需要裁减人员20人以上或者裁减不足20人但占企业职工总数10%以上的
- 依照企业破产法规定进行重整的
- 生产经营发生严重困难的
- 企业转产、重大技术革新或者经营方式调整经变更劳动合同后，仍需裁减人员的
- 其他因劳动合同订立时所依据的客观经济情况发生重大变化，致使劳动合同无法履行的

劳动者提出解除劳动合同的（劳动合同法第38条、第46条）
劳动者依据前述事由解除劳动合同的，用人单位应当支付经济补偿：
- 用人单位未按照劳动合同约定提供劳动保护或者劳动条件的
- 用人单位未及时足额支付劳动报酬的
- 用人单位未依法为劳动者缴纳社会保险费的
- 用人单位的规章制度违反法律、法规的规定，损害劳动者权益的
- 用人单位以欺诈、胁迫的手段或者乘人之危，使对方在违背真实意思的情况下订立或者变更劳动合同，致使劳动合同无效的
- 用人单位免除自己的法定责任、排除劳动者权利，致使劳动合同无效的
- 用人单位因违反法律、行政法规强制性规定，致使劳动合同无效的
- 用人单位以暴力、威胁或者非法限制人身自由的手段强迫劳动者劳动的
- 用人单位违章指挥、强令冒险作业危及劳动者人身安全的
- 法律、行政法规规定劳动者可以解除劳动合同的其他情形

用人单位迫使劳动者提出解除劳动合同的（劳动争议解释（一）第45条）
用人单位有下列情形之一，迫使劳动者提出解除劳动合同的，用人单位应当支付劳动者的劳动报酬和经济补偿，并可支付赔偿金
1. 以暴力、威胁或者非法限制人身自由的手段强迫劳动的
2. 未按照劳动合同约定支付劳动报酬或者提供劳动条件的
3. 克扣或者无故拖欠劳动者工资的
4. 拒不支付劳动者延长工作时间工资报酬的
5. 低于当地最低工资标准支付劳动者工资的

劳动合同终止的
- 除用人单位维持或者提高劳动合同约定条件续订劳动合同，劳动者不同意续订的情形外，依照劳动合同法第44条第1项规定因劳动合同期满而终止固定期限劳动合同的 —— 劳动合同法第46条第5项
- 因用人单位被依法宣告破产而终止劳动合同的 —— 劳动合同法第46条第6项
- 因用人单位被吊销营业执照、责令关闭、撤销或者用人单位决定提前解散而终止劳动合同的 —— 劳动合同法第46条第6项

用人单位经营期限届满不再经营的（劳动争议解释（一）第48条）
- 劳动合同法施行后，因用人单位经营期限届满不再继续经营导致劳动合同不能继续履行，劳动者请求用人单位支付经济补偿的，人民法院应予支持

兜底的情形
- 法律、行政法规规定的其他情形 —— 劳动合同法第46条第7项

例如：
- 用人单位自用工之日起超过1个月不满1年，(经用人单位通知)劳动者不与用人单位订立书面劳动合同的，用人单位应当书面通知劳动者终止劳动关系，并依照劳动合同法第47条的规定支付经济补偿 —— 劳动合同法实施条例第6条
- 以完成一定工作任务为期限的劳动合同因任务完成而终止的，用人单位应当支付经济补偿 —— 劳动合同法实施条例第22条
- 用人单位依法终止工伤职工的劳动合同的，用人单位应当支付经济补偿 —— 劳动合同法实施条例第23条

劳动合同被确认无效劳动者已付出劳动的
- 用人单位应当按照劳动合同法第28条、第46条、第47条的规定向劳动者支付劳动报酬和经济补偿 —— 劳动争议解释（一）第41条

用人单位违法解除或终止劳动合同要支付经济补偿吗
- 用人单位违反劳动合同法的规定解除或者终止劳动合同的，应当依照劳动合同法第47条规定的经济补偿标准的2倍向劳动者支付赔偿金 —— 劳动合同法第87条
- 用人单位依照劳动合同法第87条的规定支付了赔偿金的，不再支付经济补偿 —— 劳动合同法实施条例第25条

约定竞业限制情形下的经济补偿
对负有保密义务的劳动者：
- 用人单位可以在劳动合同或者保密协议中与劳动者约定竞业限制条款，并约定在解除或者终止劳动合同后，在竞业限制期限内按月给予劳动者经济补偿 —— 劳动合同法第23条
- 用人单位不与劳动者约定竞业限制，则无须支付该经济补偿

制作依据： 劳动合同法、劳动合同法实施条例、劳动争议解释（一）

关联法条

《中华人民共和国劳动合同法》（2012修正）

第四十七条 经济补偿按劳动者在本单位工作的年限，每满一年支付一个月工资的标准向劳动者支付。六个月以上不满一年的，按一年计算；不满六个月的，向劳动者支付半个月工资的经济补偿。

劳动者月工资高于用人单位所在直辖市、设区的市级人民政府公布的本地区上年度职工月平均工资三倍的，向其支付经济补偿的标准按职工月平均工资三倍的数额支付，向其支付经济补偿的年限最高不超过十二年。

本条所称月工资是指劳动者在劳动合同解除或者终止前十二个月的平均工资。

第五十条 用人单位应当在解除或者终止劳动合同时出具解除或者终止劳动合同的证明，并在十五日内为劳动者办理档案和社会保险关系转移手续。

劳动者应当按照双方约定，办理工作交接。用人单位依照本法有关规定应当向劳动者支付经济补偿的，在办结工作交接时支付。

用人单位对已经解除或者终止的劳动合同的文本，至少保存二年备查。

第八十五条 用人单位有下列情形之一的，由劳动行政部门责令限期支付劳动报酬、加班费或者经济补偿；劳动报酬低于当地最低工资标准的，应当支付其差额部分；逾期不支付的，责令用人单位按应付金额百分之五十以上百分之一百以下的标准向劳动者加付赔偿金：

（一）未按照劳动合同的约定或者国家规定及时足额支付劳动者劳动报酬的；

（二）低于当地最低工资标准支付劳动者工资的；

（三）安排加班不支付加班费的；

（四）解除或者终止劳动合同，未依照本法规定向劳动者支付经济补偿的。

《中华人民共和国劳动合同法实施条例》

第二十七条 劳动合同法第四十七条规定的经济补偿的月工资按照劳动者应得工资计算，包括计时工资或者计件工资以及奖金、津贴和补贴等货币性收入。劳动者在劳动合同解除或者终止前12个月的平均工资低于当地最低工资标准的，按照当地最低工资标准计算。劳动者工作不满12个月的，按照实际工作的月数计算平均工资。

用人单位经济补偿的计算与支付

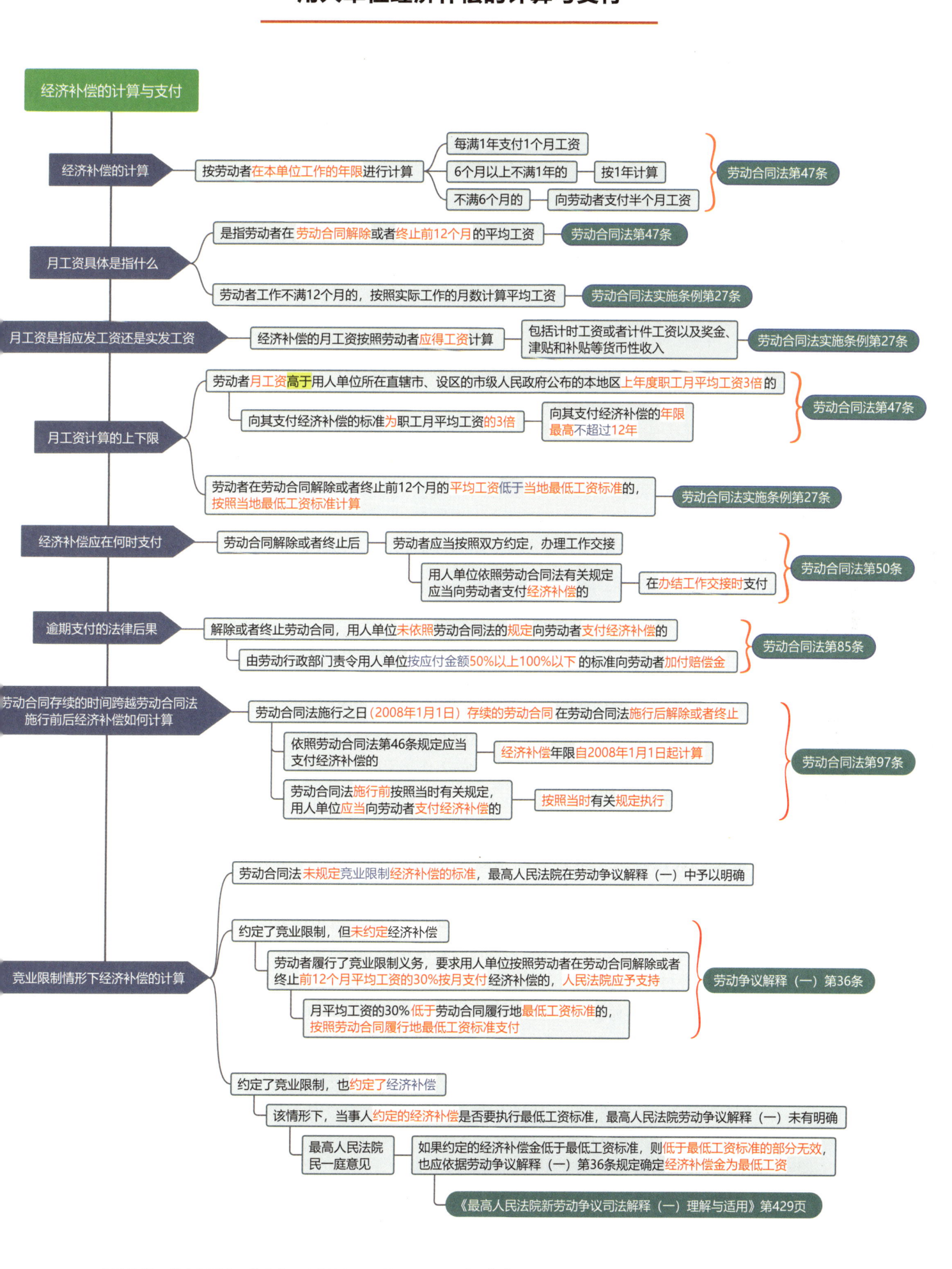

经济补偿的计算与支付

经济补偿的计算
按劳动者**在本单位工作的年限**进行计算：
- 每满1年支付1个月工资
- 6个月以上不满1年的，按1年计算
- 不满6个月的，向劳动者支付半个月工资

（劳动合同法第47条）

月工资具体是指什么
- 是指劳动者在**劳动合同解除或者终止前12个月**的平均工资（劳动合同法第47条）
- 劳动者工作不满12个月的，按照实际工作的月数计算平均工资（劳动合同法实施条例第27条）

月工资是指应发工资还是实发工资
经济补偿的月工资按照劳动者**应得工资**计算，包括计时工资或者计件工资以及奖金、津贴和补贴等货币性收入（劳动合同法实施条例第27条）

月工资计算的上下限
- 劳动者**月工资高于**用人单位所在直辖市、设区的市级人民政府公布的本地区**上年度职工月平均工资3倍**的：
  - 向其支付经济补偿的标准**为职工月平均工资的3倍**
  - 向其支付经济补偿的**年限最高不超过12年**

  （劳动合同法第47条）

- 劳动者在劳动合同解除或者终止前12个月的**平均工资低于当地最低工资标准**的，**按照当地最低工资标准计算**（劳动合同法实施条例第27条）

经济补偿应在何时支付
劳动合同解除或者终止后：
- 劳动者应当按照双方约定，办理工作交接
- 用人单位依照劳动合同法有关规定应当向劳动者支付**经济补偿**的，**在办结工作交接时**支付

（劳动合同法第50条）

逾期支付的法律后果
解除或者终止劳动合同，用人单位**未依照**劳动合同法的**规定**向劳动者**支付经济补偿**的，由劳动行政部门责令用人单位**按应付金额50%以上100%以下**的标准向劳动者**加付赔偿金**（劳动合同法第85条）

劳动合同存续的时间跨越劳动合同法施行前后经济补偿如何计算
劳动合同法施行之日（2008年1月1日）**存续的劳动合同**在劳动合同法**施行后解除或者终止**：
- 依照劳动合同法第46条规定应当支付经济补偿的，**经济补偿年限自2008年1月1日起计算**
- 劳动合同法**施行前**按照当时有关规定，用人单位应当向劳动者**支付经济补偿**的，**按照当时有关规定执行**

（劳动合同法第97条）

竞业限制情形下经济补偿的计算
劳动合同法**未规定竞业限制经济补偿**的标准，最高人民法院在劳动争议解释（一）中予以明确

- 约定了竞业限制，但**未约定**经济补偿：
  - 劳动者履行了竞业限制义务，要求用人单位按照劳动者在劳动合同解除或者终止**前12个月平均工资的30%按月支付**经济补偿的，**人民法院应予支持**
  - 月平均工资的30%**低于**劳动合同履行地**最低工资标准**的，**按照劳动合同履行地最低工资标准支付**

  （劳动争议解释（一）第36条）

- 约定了竞业限制，也**约定了经济补偿**：
  - 该情形下，当事人**约定的经济补偿**是否要执行最低工资标准，最高人民法院劳动争议解释（一）未有明确
  - 最高人民法院民一庭意见：如果约定的经济补偿金低于最低工资标准，则**低于最低工资标准的部分无效**，也应依据劳动争议解释（一）第36条规定确定**经济补偿金为最低工资**

  《最高人民法院新劳动争议司法解释（一）理解与适用》第429页

制作依据：劳动合同法、劳动合同法实施条例、劳动争议解释（一）、《最高人民法院新劳动争议司法解释（一）理解与适用》（人民法院出版社2021年版）

关联法条

《中华人民共和国劳动合同法》（2012修正）

第四十七条　经济补偿按劳动者在本单位工作的年限，每满一年支付一个月工资的标准向劳动者支付。六个月以上不满一年的，按一年计算；不满六个月的，向劳动者支付半个月工资的经济补偿。

劳动者月工资高于用人单位所在直辖市、设区的市级人民政府公布的本地区上年度职工月平均工资三倍的，向其支付经济补偿的标准按职工月平均工资三倍的数额支付，向其支付经济补偿的年限最高不超过十二年。

本条所称月工资是指劳动者在劳动合同解除或者终止前十二个月的平均工资。

第九十七条　本法施行前已依法订立且在本法施行之日存续的劳动合同，继续履行；本法第十四条第二款第三项规定连续订立固定期限劳动合同的次数，自本法施行后续订固定期限劳动合同时开始计算。

本法施行前已建立劳动关系，尚未订立书面劳动合同的，应当自本法施行之日起一个月内订立。

本法施行之日存续的劳动合同在本法施行后解除或者终止，依照本法第四十六条规定应当支付经济补偿的，经济补偿年限自本法施行之日起计算；本法施行前按照当时有关规定，用人单位应当向劳动者支付经济补偿的，按照当时有关规定执行。

《中华人民共和国劳动合同法实施条例》

第十条　劳动者非因本人原因从原用人单位被安排到新用人单位工作的，劳动者在原用人单位的工作年限合并计算为新用人单位的工作年限。原用人单位已经向劳动者支付经济补偿的，新用人单位在依法解除、终止劳动合同计算支付经济补偿的工作年限时，不再计算劳动者在原用人单位的工作年限。

《最高人民法院关于审理劳动争议案件适用法律问题的解释（一）》

第四十六条　劳动者非因本人原因从原用人单位被安排到新用人单位工作，原用人单位未支付经济补偿，劳动者依据劳动合同法第三十八条规定与新用人单位解除劳动合同，或者新用人单位向劳动者提出解除、终止劳动合同，在计算支付经济补偿或赔偿金的工作年限时，劳动者请求把在原用人单位的工作年限合并计算为新用人单位工作年限的，人民法院应予支持。

用人单位符合下列情形之一的，应当认定属于"劳动者非因本人原因从原用人单位被安排到新用人单位工作"：

（一）劳动者仍在原工作场所、工作岗位工作，劳动合同主体由原用人单位变更为新用人单位；
（二）用人单位以组织委派或任命形式对劳动者进行工作调动；
（三）因用人单位合并、分立等原因导致劳动者工作调动；
（四）用人单位及其关联企业与劳动者轮流订立劳动合同；
（五）其他合理情形。

如何计算用人单位经济补偿的工作年限

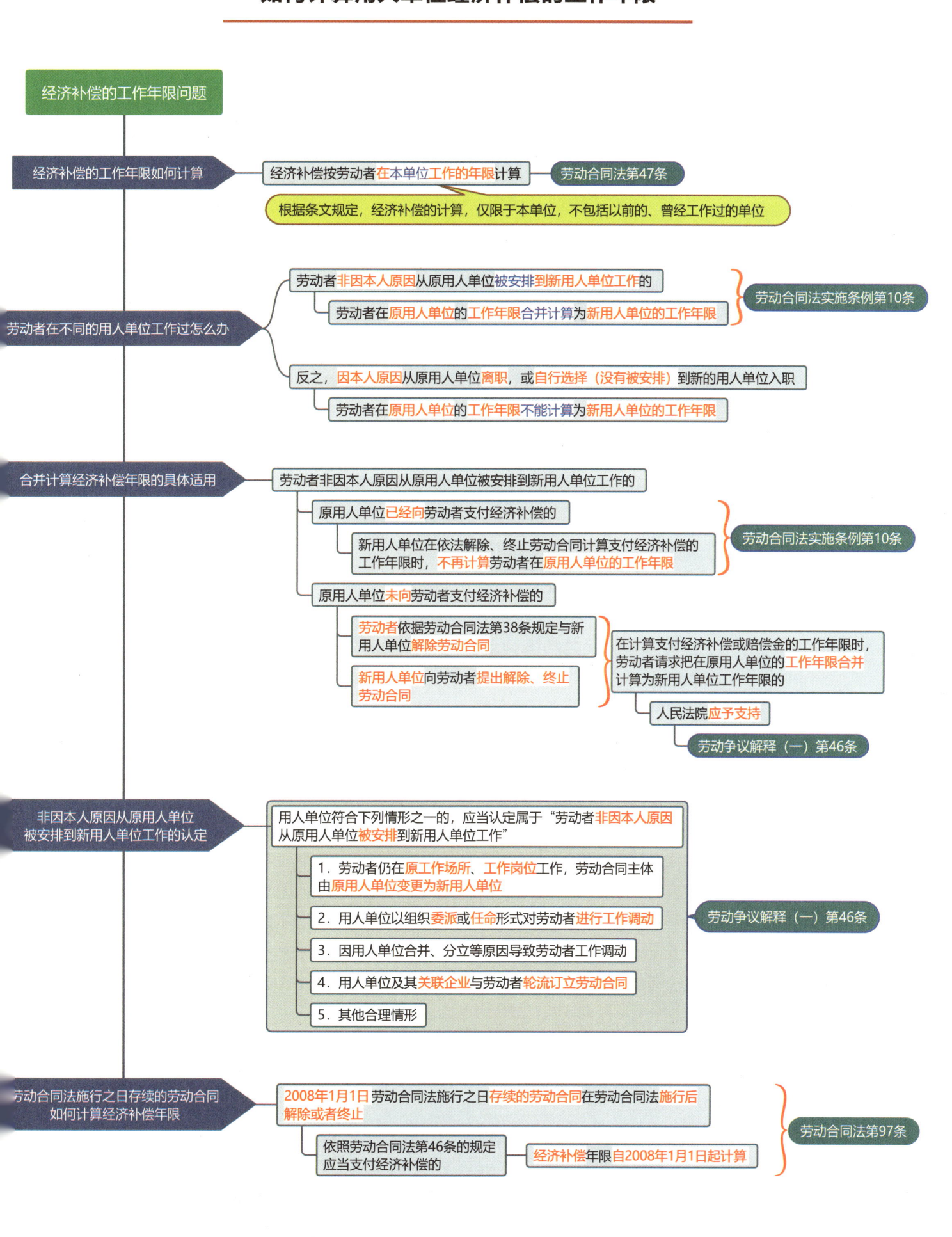

经济补偿的工作年限问题

经济补偿的工作年限如何计算

- 经济补偿按劳动者**在本单位工作的年限**计算 —— 劳动合同法第47条
  - 根据条文规定，经济补偿的计算，仅限于本单位，不包括以前的、曾经工作过的单位

劳动者在不同的用人单位工作过怎么办

- 劳动者**非因本人原因**从原用人单位**被安排**到新用人单位工作的
  - 劳动者在**原用人单位**的**工作年限合并计算**为**新用人单位的工作年限**

  （劳动合同法实施条例第10条）

- 反之，**因本人原因**从原用人单位**离职**，或**自行选择（没有被安排）**到新的用人单位入职
  - 劳动者在**原用人单位**的**工作年限不能计算**为**新用人单位的工作年限**

合并计算经济补偿年限的具体适用

- 劳动者非因本人原因从原用人单位被安排到新用人单位工作的
  - 原用人单位**已经向**劳动者支付经济补偿的
    - 新用人单位在依法解除、终止劳动合同计算支付经济补偿的工作年限时，**不再计算**劳动者在**原用人单位的工作年限**

    （劳动合同法实施条例第10条）

  - 原用人单位**未向**劳动者支付经济补偿的
    - **劳动者**依据劳动合同法第38条规定与新用人单位**解除劳动合同**
    - **新用人单位**向劳动者**提出解除、终止劳动合同**
    - 在计算支付经济补偿或赔偿金的工作年限时，劳动者请求把在原用人单位的**工作年限合并计算**为新用人单位工作年限的
      - 人民法院**应予支持**

      （劳动争议解释（一）第46条）

非因本人原因从原用人单位被安排到新用人单位工作的认定

- 用人单位符合下列情形之一的，应当认定属于"劳动者**非因本人原因**从原用人单位**被安排**到新用人单位工作"
  1. 劳动者仍在**原工作场所、工作岗位**工作，劳动合同主体由**原用人单位变更为新用人单位**
  2. 用人单位以组织**委派**或**任命**形式对劳动者**进行工作调动**
  3. 因用人单位合并、分立等原因导致劳动者工作调动
  4. 用人单位及其**关联企业**与劳动者**轮流订立劳动合同**
  5. 其他合理情形

  （劳动争议解释（一）第46条）

劳动合同法施行之日存续的劳动合同如何计算经济补偿年限

- **2008年1月1日**劳动合同法施行之日**存续的劳动合同**在劳动合同法**施行后解除或者终止**
  - 依照劳动合同法第46条的规定应当支付经济补偿的 —— **经济补偿**年限**自2008年1月1日起计算**

  （劳动合同法第97条）

制作依据：劳动合同法、劳动合同法实施条例、劳动争议解释（一）

关联法条

《中华人民共和国劳动法》（2018修正）

第十八条　下列劳动合同无效：

（一）违反法律、行政法规的劳动合同；

（二）采取欺诈、威胁等手段订立的劳动合同。

无效的劳动合同，从订立的时候起，就没有法律约束力。确认劳动合同部分无效的，如果不影响其余部分的效力，其余部分仍然有效。

劳动合同的无效，由劳动争议仲裁委员会或者人民法院确认。

《中华人民共和国劳动合同法》（2012修正）

第二十六条　下列劳动合同无效或者部分无效：

（一）以欺诈、胁迫的手段或者乘人之危，使对方在违背真实意思的情况下订立或者变更劳动合同的；

（二）用人单位免除自己的法定责任、排除劳动者权利的；

（三）违反法律、行政法规强制性规定的。

对劳动合同的无效或者部分无效有争议的，由劳动争议仲裁机构或者人民法院确认。

第二十七条　劳动合同部分无效，不影响其他部分效力的，其他部分仍然有效。

第二十八条　劳动合同被确认无效，劳动者已付出劳动的，用人单位应当向劳动者支付劳动报酬。劳动报酬的数额，参照本单位相同或者相近岗位劳动者的劳动报酬确定。

第八十六条　劳动合同依照本法第二十六条规定被确认无效，给对方造成损害的，有过错的一方应当承担赔偿责任。

《最高人民法院关于审理劳动争议案件适用法律问题的解释（一）》

第四十一条　劳动合同被确认为无效，劳动者已付出劳动的，用人单位应当按照劳动合同法第二十八条、第四十六条、第四十七条的规定向劳动者支付劳动报酬和经济补偿。

由于用人单位原因订立无效劳动合同，给劳动者造成损害的，用人单位应当赔偿劳动者因合同无效所造成的经济损失。

劳动合同无效所涉及的法律问题

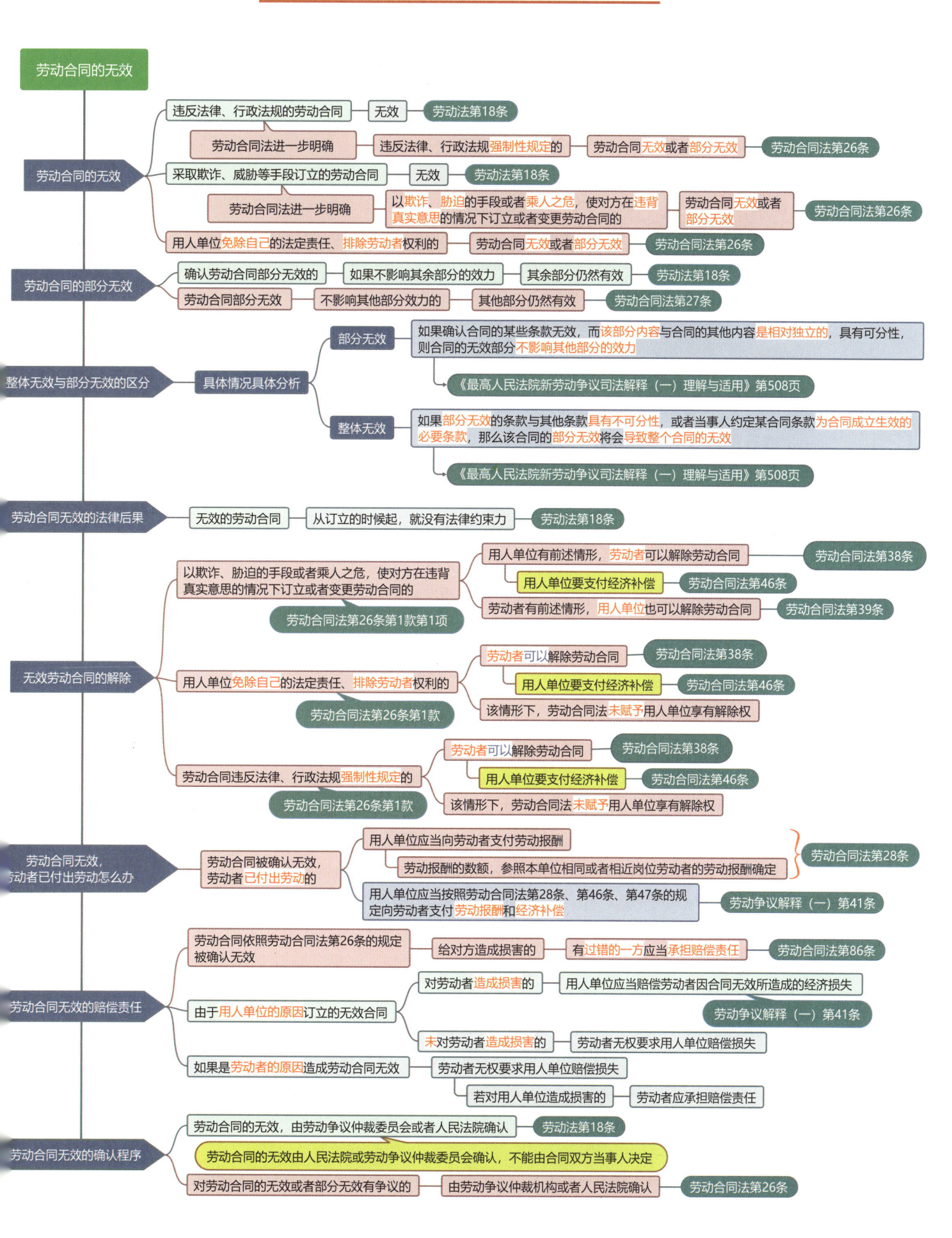

劳动合同的无效

劳动合同的无效
- 违反法律、行政法规的劳动合同 → 无效 —— 劳动法第18条
  - 劳动合同法进一步明确：违反法律、行政法规强制性规定的 → 劳动合同无效或者部分无效 —— 劳动合同法第26条
- 采取欺诈、威胁等手段订立的劳动合同 → 无效 —— 劳动法第18条
  - 劳动合同法进一步明确：以欺诈、胁迫的手段或者乘人之危，使对方在违背真实意思的情况下订立或者变更劳动合同的 → 劳动合同无效或者部分无效 —— 劳动合同法第26条
- 用人单位免除自己的法定责任、排除劳动者权利的 → 劳动合同无效或者部分无效 —— 劳动合同法第26条

劳动合同的部分无效
- 确认劳动合同部分无效的 → 如果不影响其余部分的效力 → 其余部分仍然有效 —— 劳动法第18条
- 劳动合同部分无效 → 不影响其他部分效力的 → 其他部分仍然有效 —— 劳动合同法第27条

整体无效与部分无效的区分
- 具体情况具体分析：
  - 部分无效：如果确认合同的某些条款无效，而该部分内容与合同的其他内容是相对独立的，具有可分性，则合同的无效部分不影响其他部分的效力
    - 《最高人民法院新劳动争议司法解释（一）理解与适用》第508页
  - 整体无效：如果部分无效的条款与其他条款具有不可分性，或者当事人约定某合同条款为合同成立生效的必要条款，那么该合同的部分无效将会导致整个合同的无效
    - 《最高人民法院新劳动争议司法解释（一）理解与适用》第508页

劳动合同无效的法律后果
- 无效的劳动合同 → 从订立的时候起，就没有法律约束力 —— 劳动法第18条

无效劳动合同的解除
- 以欺诈、胁迫的手段或者乘人之危，使对方在违背真实意思的情况下订立或者变更劳动合同的（劳动合同法第26条第1款第1项）
  - 用人单位有前述情形，劳动者可以解除劳动合同 —— 劳动合同法第38条
  - 用人单位要支付经济补偿 —— 劳动合同法第46条
  - 劳动者有前述情形，用人单位也可以解除劳动合同 —— 劳动合同法第39条
- 用人单位免除自己的法定责任、排除劳动者权利的（劳动合同法第26条第1款）
  - 劳动者可以解除劳动合同 —— 劳动合同法第38条
  - 用人单位要支付经济补偿 —— 劳动合同法第46条
  - 该情形下，劳动合同法未赋予用人单位享有解除权
- 劳动合同违反法律、行政法规强制性规定的（劳动合同法第26条第1款）
  - 劳动者可以解除劳动合同 —— 劳动合同法第38条
  - 用人单位要支付经济补偿 —— 劳动合同法第46条
  - 该情形下，劳动合同法未赋予用人单位享有解除权

劳动合同无效，劳动者已付出劳动怎么办
- 劳动合同被确认无效，劳动者已付出劳动的：
  - 用人单位应当向劳动者支付劳动报酬
  - 劳动报酬的数额，参照本单位相同或者相近岗位劳动者的劳动报酬确定 —— 劳动合同法第28条
  - 用人单位应当按照劳动合同法第28条、第46条、第47条的规定向劳动者支付劳动报酬和经济补偿 —— 劳动争议解释（一）第41条

劳动合同无效的赔偿责任
- 劳动合同依照劳动合同法第26条的规定被确认无效 → 给对方造成损害的 → 有过错的一方应当承担赔偿责任 —— 劳动合同法第86条
- 由于用人单位的原因订立的无效合同：
  - 对劳动者造成损害的 → 用人单位应当赔偿劳动者因合同无效所造成的经济损失 —— 劳动争议解释（一）第41条
  - 未对劳动者造成损害的 → 劳动者无权要求用人单位赔偿损失
- 如果是劳动者的原因造成劳动合同无效：
  - 劳动者无权要求用人单位赔偿损失
  - 若对用人单位造成损害的 → 劳动者应承担赔偿责任

劳动合同无效的确认程序
- 劳动合同的无效，由劳动争议仲裁委员会或者人民法院确认 —— 劳动法第18条
- 劳动合同的无效由人民法院或劳动争议仲裁委员会确认，不能由合同双方当事人决定
- 对劳动合同的无效或者部分无效有争议的 → 由劳动争议仲裁机构或者人民法院确认 —— 劳动合同法第26条

制作依据：劳动法、劳动合同法、劳动争议解释（一）、《最高人民法院新劳动争议司法解释（一）理解与适用》（人民法院出版社2021年版）

关联法条

《中华人民共和国劳动合同法》（2012修正）

第十四条　无固定期限劳动合同，是指用人单位与劳动者约定无确定终止时间的劳动合同。

用人单位与劳动者协商一致，可以订立无固定期限劳动合同。有下列情形之一，劳动者提出或者同意续订、订立劳动合同的，除劳动者提出订立固定期限劳动合同外，应当订立无固定期限劳动合同：

（一）劳动者在该用人单位连续工作满十年的；

（二）用人单位初次实行劳动合同制度或者国有企业改制重新订立劳动合同时，劳动者在该用人单位连续工作满十年且距法定退休年龄不足十年的；

（三）连续订立二次固定期限劳动合同，且劳动者没有本法第三十九条和第四十条第一项、第二项规定的情形，续订劳动合同的。

用人单位自用工之日起满一年不与劳动者订立书面劳动合同的，视为用人单位与劳动者已订立无固定期限劳动合同。

第八十二条　用人单位自用工之日起超过一个月不满一年未与劳动者订立书面劳动合同的，应当向劳动者每月支付二倍的工资。

用人单位违反本法规定不与劳动者订立无固定期限劳动合同的，自应当订立无固定期限劳动合同之日起向劳动者每月支付二倍的工资。

《最高人民法院关于审理劳动争议案件适用法律问题的解释（一）》

第三十四条　劳动合同期满后，劳动者仍在原用人单位工作，原用人单位未表示异议的，视为双方同意以原条件继续履行劳动合同。一方提出终止劳动关系的，人民法院应予支持。

根据劳动合同法第十四条规定，用人单位应当与劳动者签订无固定期限劳动合同而未签订的，人民法院可以视为双方之间存在无固定期限劳动合同关系，并以原劳动合同确定双方的权利义务关系。

《人力资源社会保障部、最高人民法院关于劳动人事争议仲裁与诉讼衔接有关问题的意见（一）》

二十、用人单位自用工之日起满一年未与劳动者订立书面劳动合同，视为自用工之日起满一年的当日已经与劳动者订立无固定期限劳动合同。

存在前款情形，劳动者以用人单位未订立书面劳动合同为由要求用人单位支付自用工之日起满一年之后的第二倍工资的，劳动人事争议仲裁委员会、人民法院不予支持。

无固定期限劳动合同订立所涉及的法律问题

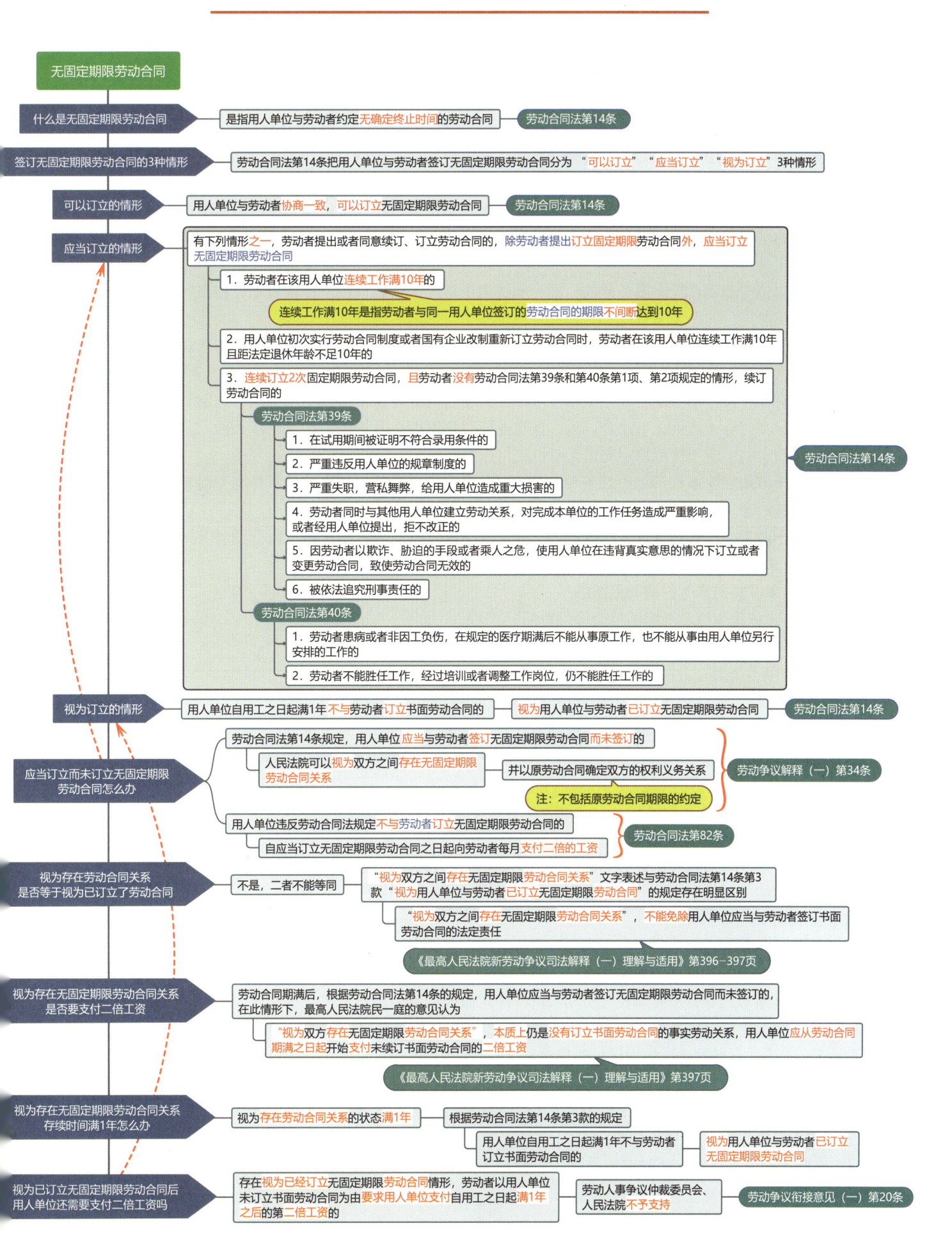

无固定期限劳动合同

什么是无固定期限劳动合同：是指用人单位与劳动者约定无确定终止时间的劳动合同 —— 劳动合同法第14条

签订无固定期限劳动合同的3种情形：劳动合同法第14条把用人单位与劳动者签订无固定期限劳动合同分为"可以订立""应当订立""视为订立"3种情形

可以订立的情形：用人单位与劳动者协商一致，可以订立无固定期限劳动合同 —— 劳动合同法第14条

应当订立的情形：有下列情形之一，劳动者提出或者同意续订、订立劳动合同的，除劳动者提出订立固定期限劳动合同外，应当订立无固定期限劳动合同

1. 劳动者在该用人单位连续工作满10年的
   - 连续工作满10年是指劳动者与同一用人单位签订的劳动合同的期限不间断达到10年
2. 用人单位初次实行劳动合同制度或者国有企业改制重新订立劳动合同时，劳动者在该用人单位连续工作满10年且距法定退休年龄不足10年的
3. 连续订立2次固定期限劳动合同，且劳动者没有劳动合同法第39条和第40条第1项、第2项规定的情形，续订劳动合同的

劳动合同法第39条
1. 在试用期间被证明不符合录用条件的
2. 严重违反用人单位的规章制度的
3. 严重失职，营私舞弊，给用人单位造成重大损害的
4. 劳动者同时与其他用人单位建立劳动关系，对完成本单位的工作任务造成严重影响，或者经用人单位提出，拒不改正的
5. 因劳动者以欺诈、胁迫的手段或者乘人之危，使用人单位在违背真实意思的情况下订立或者变更劳动合同，致使劳动合同无效的
6. 被依法追究刑事责任的

劳动合同法第40条
1. 劳动者患病或者非因工负伤，在规定的医疗期满后不能从事原工作，也不能从事由用人单位另行安排的工作的
2. 劳动者不能胜任工作，经过培训或者调整工作岗位，仍不能胜任工作的

—— 劳动合同法第14条

视为订立的情形：用人单位自用工之日起满1年不与劳动者订立书面劳动合同的，视为用人单位与劳动者已订立无固定期限劳动合同 —— 劳动合同法第14条

应当订立而未订立无固定期限劳动合同怎么办：
- 劳动合同法第14条规定，用人单位应当与劳动者签订无固定期限劳动合同而未签订的
  - 人民法院可以视为双方之间存在无固定期限劳动合同关系
  - 并以原劳动合同确定双方的权利义务关系
  - 注：不包括原劳动合同期限的约定
  —— 劳动争议解释（一）第34条
- 用人单位违反劳动合同法规定不与劳动者订立无固定期限劳动合同的
  - 自应当订立无固定期限劳动合同之日起向劳动者每月支付二倍的工资
  —— 劳动合同法第82条

视为存在劳动合同关系是否等于视为已订立了劳动合同：不是，二者不能等同
- "视为双方之间存在无固定期限劳动合同关系"文字表述与劳动合同法第14条第3款"视为用人单位与劳动者已订立无固定期限劳动合同"的规定存在明显区别
- "视为双方之间存在无固定期限劳动合同关系"，不能免除用人单位应当与劳动者签订书面劳动合同的法定责任

《最高人民法院新劳动争议司法解释（一）理解与适用》第396—397页

视为存在无固定期限劳动合同关系是否要支付二倍工资：劳动合同期满后，根据劳动合同法第14条的规定，用人单位应当与劳动者签订无固定期限劳动合同而未签订的，在此情形下，最高人民法院民一庭的意见认为
- "视为双方存在无固定期限劳动合同关系"，本质上仍是没有订立书面劳动合同的事实劳动关系，用人单位应从劳动合同期满之日起开始支付未续订书面劳动合同的二倍工资

《最高人民法院新劳动争议司法解释（一）理解与适用》第397页

视为存在无固定期限劳动合同关系存续时间满1年怎么办：视为存在劳动合同关系的状态满1年
- 根据劳动合同法第14条第3款的规定
  - 用人单位自用工之日起满1年不与劳动者订立书面劳动合同的
  - 视为用人单位与劳动者已订立无固定期限劳动合同

视为已订立无固定期限劳动合同后用人单位还需要支付二倍工资吗：存在视为已经订立无固定期限劳动合同情形，劳动者以用人单位未订立书面劳动合同为由要求用人单位支付自用工之日起满1年之后的第二倍工资的
- 劳动人事争议仲裁委员会、人民法院不予支持
—— 劳动争议衔接意见（一）第20条

制作依据：劳动合同法、劳动争议解释（一）、劳动争议衔接意见（一）、《最高人民法院新劳动争议司法解释（一）理解与适用》（人民法院出版社 2021 年版）

关联法条

《中华人民共和国劳动合同法》（2012修正）

第二十二条 用人单位为劳动者提供专项培训费用，对其进行专业技术培训的，可以与该劳动者订立协议，约定服务期。

劳动者违反服务期约定的，应当按照约定向用人单位支付违约金。违约金的数额不得超过用人单位提供的培训费用。用人单位要求劳动者支付的违约金不得超过服务期尚未履行部分所应分摊的培训费用。

用人单位与劳动者约定服务期的，不影响按照正常的工资调整机制提高劳动者在服务期期间的劳动报酬。

第二十三条 用人单位与劳动者可以在劳动合同中约定保守用人单位的商业秘密和与知识产权相关的保密事项。

对负有保密义务的劳动者，用人单位可以在劳动合同或者保密协议中与劳动者约定竞业限制条款，并约定在解除或者终止劳动合同后，在竞业限制期限内按月给予劳动者经济补偿。劳动者违反竞业限制约定的，应当按照约定向用人单位支付违约金。

第二十五条 除本法第二十二条和第二十三条规定的情形外，用人单位不得与劳动者约定由劳动者承担违约金。

第三十八条 用人单位有下列情形之一的，劳动者可以解除劳动合同：

（一）未按照劳动合同约定提供劳动保护或者劳动条件的；

（二）未及时足额支付劳动报酬的；

（三）未依法为劳动者缴纳社会保险费的；

（四）用人单位的规章制度违反法律、法规的规定，损害劳动者权益的；

（五）因本法第二十六条第一款规定的情形致使劳动合同无效的；

（六）法律、行政法规规定劳动者可以解除劳动合同的其他情形。

用人单位以暴力、威胁或者非法限制人身自由的手段强迫劳动者劳动的，或者用人单位违章指挥、强令冒险作业危及劳动者人身安全的，劳动者可以立即解除劳动合同，不需事先告知用人单位。

《中华人民共和国劳动合同法实施条例》

第十六条 劳动合同法第二十二条第二款规定的培训费用，包括用人单位为了对劳动者进行专业技术培训而支付的有凭证的培训费用、培训期间的差旅费用以及因培训产生的用于该劳动者的其他直接费用。

第二十六条 用人单位与劳动者约定了服务期，劳动者依照劳动合同法第三十八条的规定解除劳动合同的，不属于违反服务期的约定，用人单位不得要求劳动者支付违约金。

有下列情形之一，用人单位与劳动者解除约定服务期的劳动合同的，劳动者应当按照劳动合同的约定向用人单位支付违约金：

（一）劳动者严重违反用人单位的规章制度的；

（二）劳动者严重失职，营私舞弊，给用人单位造成重大损害的；

（三）劳动者同时与其他用人单位建立劳动关系，对完成本单位的工作任务造成严重影响，或者经用人单位提出，拒不改正的；

（四）劳动者以欺诈、胁迫的手段或者乘人之危，使用人单位在违背真实意思的情况下订立或者变更劳动合同的；

（五）劳动者被依法追究刑事责任的。

用人单位可以在劳动合同中约定由劳动者承担违约金吗

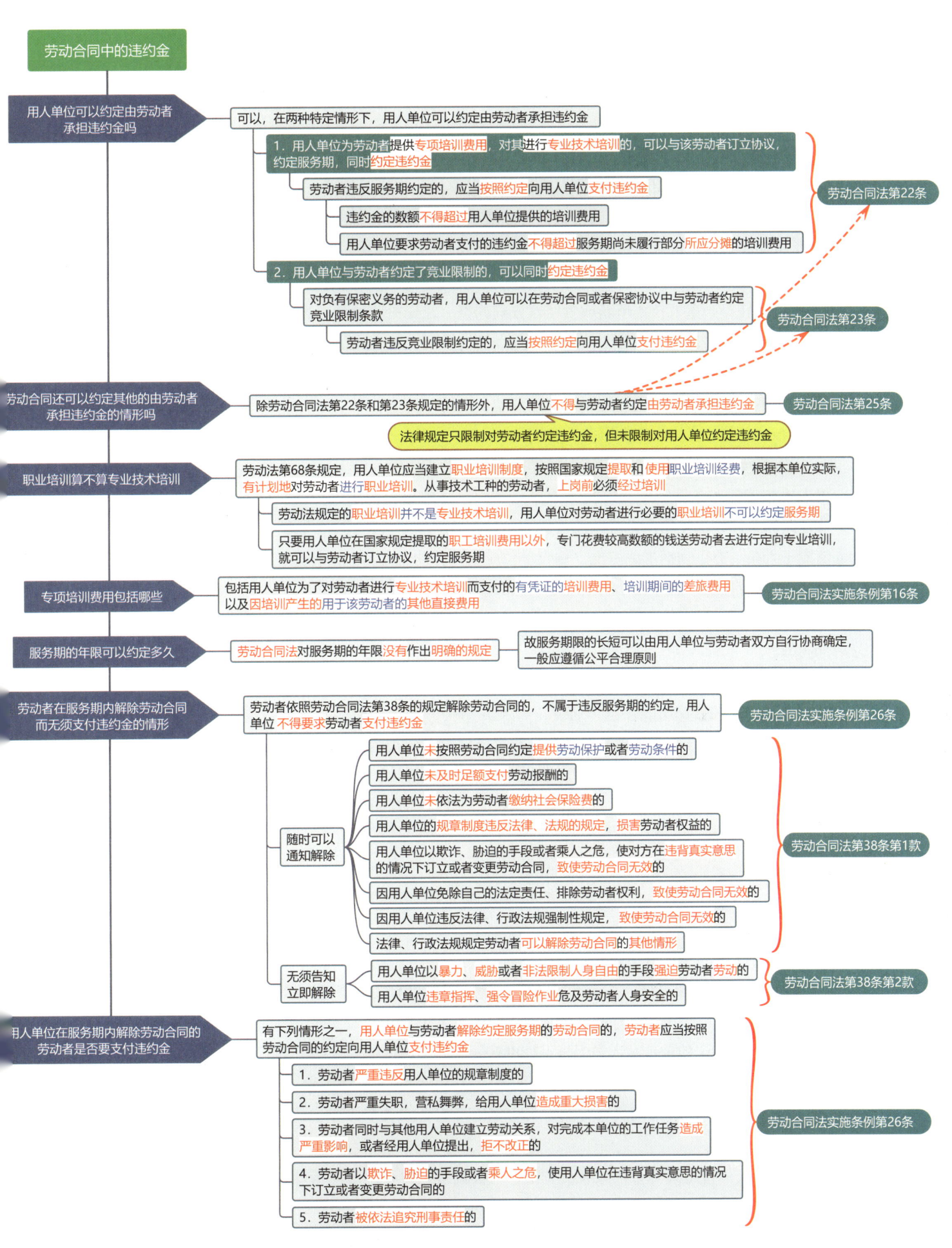

劳动合同中的违约金

用人单位可以约定由劳动者承担违约金吗

可以，在两种特定情形下，用人单位可以约定由劳动者承担违约金

1. 用人单位为劳动者提供专项培训费用，对其进行专业技术培训的，可以与该劳动者订立协议，约定服务期，同时约定违约金
   - 劳动者违反服务期约定的，应当按照约定向用人单位支付违约金
   - 违约金的数额不得超过用人单位提供的培训费用
   - 用人单位要求劳动者支付的违约金不得超过服务期尚未履行部分所应分摊的培训费用

   （劳动合同法第22条）

2. 用人单位与劳动者约定了竞业限制的，可以同时约定违约金
   - 对负有保密义务的劳动者，用人单位可以在劳动合同或者保密协议中与劳动者约定竞业限制条款
   - 劳动者违反竞业限制约定的，应当按照约定向用人单位支付违约金

   （劳动合同法第23条）

劳动合同还可以约定其他的由劳动者承担违约金的情形吗

除劳动合同法第22条和第23条规定的情形外，用人单位不得与劳动者约定由劳动者承担违约金（劳动合同法第25条）

法律规定只限制对劳动者约定违约金，但未限制对用人单位约定违约金

职业培训算不算专业技术培训

劳动法第68条规定，用人单位应当建立职业培训制度，按照国家规定提取和使用职业培训经费，根据本单位实际，有计划地对劳动者进行职业培训。从事技术工种的劳动者，上岗前必须经过培训

- 劳动法规定的职业培训并不是专业技术培训，用人单位对劳动者进行必要的职业培训不可以约定服务期
- 只要用人单位在国家规定提取的职工培训费用以外，专门花费较高数额的钱送劳动者去进行定向专业培训，就可以与劳动者订立协议，约定服务期

专项培训费用包括哪些

包括用人单位为了对劳动者进行专业技术培训而支付的有凭证的培训费用、培训期间的差旅费用以及因培训产生的用于该劳动者的其他直接费用（劳动合同法实施条例第16条）

服务期的年限可以约定多久

劳动合同法对服务期的年限没有作出明确的规定。故服务期限的长短可以由用人单位与劳动者双方自行协商确定，一般应遵循公平合理原则

劳动者在服务期内解除劳动合同而无须支付违约金的情形

劳动者依照劳动合同法第38条的规定解除劳动合同的，不属于违反服务期的约定，用人单位不得要求劳动者支付违约金（劳动合同法实施条例第26条）

随时可以通知解除
- 用人单位未按照劳动合同约定提供劳动保护或者劳动条件的
- 用人单位未及时足额支付劳动报酬的
- 用人单位未依法为劳动者缴纳社会保险费的
- 用人单位的规章制度违反法律、法规的规定，损害劳动者权益的
- 用人单位以欺诈、胁迫的手段或者乘人之危，使对方在违背真实意思的情况下订立或者变更劳动合同，致使劳动合同无效的
- 因用人单位免除自己的法定责任、排除劳动者权利，致使劳动合同无效的
- 因用人单位违反法律、行政法规强制性规定，致使劳动合同无效的
- 法律、行政法规规定劳动者可以解除劳动合同的其他情形

（劳动合同法第38条第1款）

无须告知立即解除
- 用人单位以暴力、威胁或者非法限制人身自由的手段强迫劳动者劳动的
- 用人单位违章指挥、强令冒险作业危及劳动者人身安全的

（劳动合同法第38条第2款）

用人单位在服务期内解除劳动合同的劳动者是否要支付违约金

有下列情形之一，用人单位与劳动者解除约定服务期的劳动合同的，劳动者应当按照劳动合同的约定向用人单位支付违约金

1. 劳动者严重违反用人单位的规章制度的
2. 劳动者严重失职，营私舞弊，给用人单位造成重大损害的
3. 劳动者同时与其他用人单位建立劳动关系，对完成本单位的工作任务造成严重影响，或者经用人单位提出，拒不改正的
4. 劳动者以欺诈、胁迫的手段或者乘人之危，使用人单位在违背真实意思的情况下订立或者变更劳动合同的
5. 劳动者被依法追究刑事责任的

（劳动合同法实施条例第26条）

制作依据：劳动法、劳动合同法、劳动合同法实施条例

关 联 法 条

《中华人民共和国劳动合同法》（2012修正）

第四十一条 有下列情形之一，需要裁减人员二十人以上或者裁减不足二十人但占企业职工总数百分之十以上的，用人单位提前三十日向工会或者全体职工说明情况，听取工会或者职工的意见后，裁减人员方案经向劳动行政部门报告，可以裁减人员：

（一）依照企业破产法规定进行重整的；

（二）生产经营发生严重困难的；

（三）企业转产、重大技术革新或者经营方式调整，经变更劳动合同后，仍需裁减人员的；

（四）其他因劳动合同订立时所依据的客观经济情况发生重大变化，致使劳动合同无法履行的。

裁减人员时，应当优先留用下列人员：

（一）与本单位订立较长期限的固定期限劳动合同的；

（二）与本单位订立无固定期限劳动合同的；

（三）家庭无其他就业人员，有需要扶养的老人或者未成年人的。

用人单位依照本条第一款规定裁减人员，在六个月内重新招用人员的，应当通知被裁减的人员，并在同等条件下优先招用被裁减的人员。

第四十六条 有下列情形之一的，用人单位应当向劳动者支付经济补偿：

（一）劳动者依照本法第三十八条规定解除劳动合同的；

（二）用人单位依照本法第三十六条规定向劳动者提出解除劳动合同并与劳动者协商一致解除劳动合同的；

（三）用人单位依照本法第四十条规定解除劳动合同的；

（四）用人单位依照本法第四十一条第一款规定解除劳动合同的；

（五）除用人单位维持或者提高劳动合同约定条件续订劳动合同，劳动者不同意续订的情形外，依照本法第四十四条第一项规定终止固定期限劳动合同的；

（六）依照本法第四十四条第四项、第五项规定终止劳动合同的；

（七）法律、行政法规规定的其他情形。

《企业经济性裁减人员规定》

第四条 用人单位确需裁减人员，应按下列程序进行：

（一）提前三十日向工会或者全体职工说明情况，并提供有关生产经营状况的资料；

（二）提出裁减人员方案，内容包括：被裁减人员名单，裁减时间及实施步骤，符合法律、法规规定和集体合同约定的被裁减人员经济补偿办法；

（三）将裁减人员方案征求工会或者全体职工的意见，并对方案进行修改和完善；

（四）向当地劳动行政部门报告裁减人员方案以及工会或者全体职工的意见，并听取劳动行政部门的意见；

（五）由用人单位正式公布裁减人员方案，与被裁减人员办理解除劳动合同手续，按照有关规定向被裁减人员本人支付经济补偿金，出具裁减人员证明书。

公司裁员要履行的法定程序

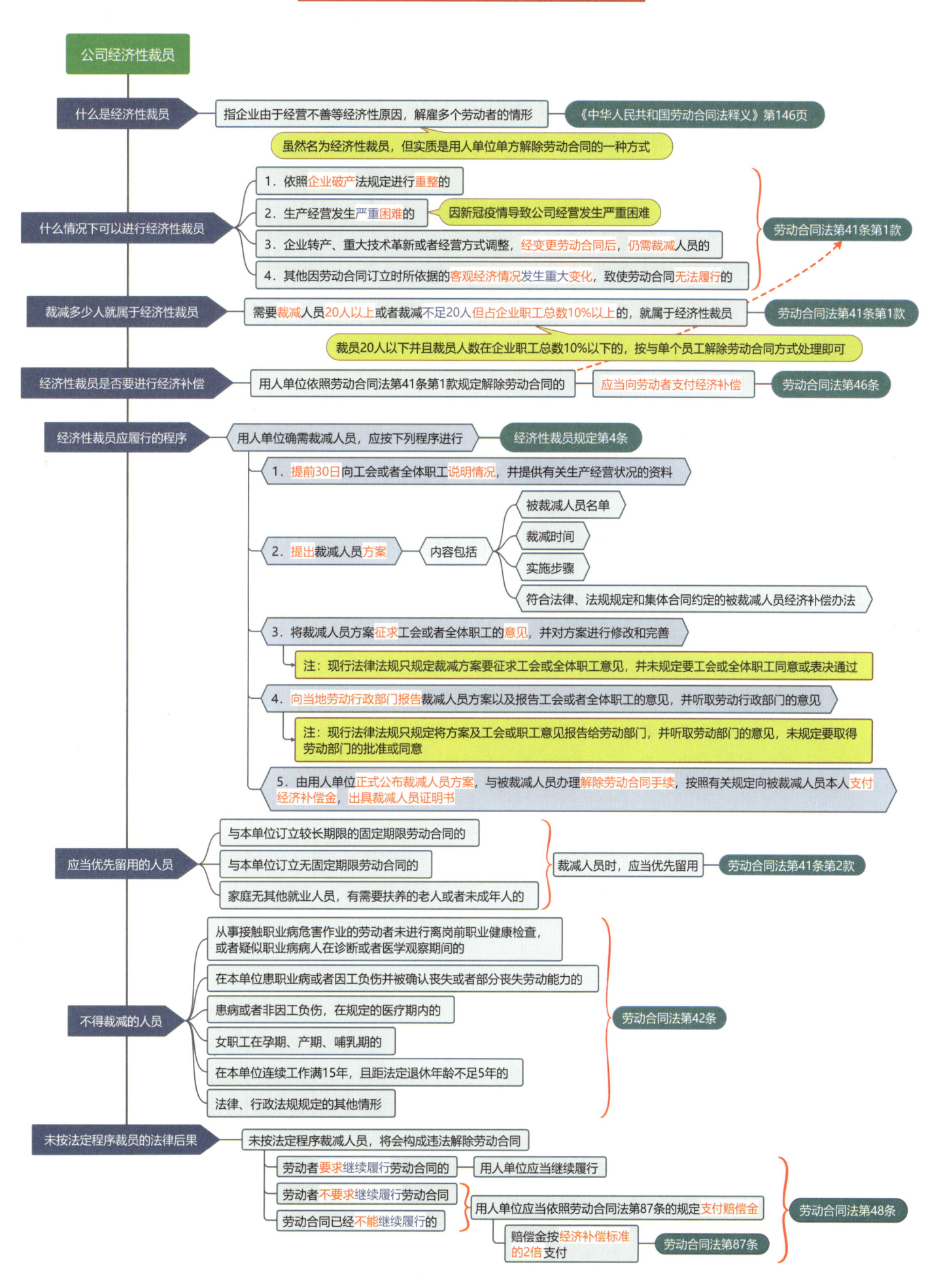

公司经济性裁员

什么是经济性裁员
指企业由于经营不善等经济性原因,解雇多个劳动者的情形 —— 《中华人民共和国劳动合同法释义》第146页

虽然名为经济性裁员,但实质是用人单位单方解除劳动合同的一种方式

什么情况下可以进行经济性裁员
1. 依照企业破产法规定进行重整的
2. 生产经营发生严重困难的（因新冠疫情导致公司经营发生严重困难）
3. 企业转产、重大技术革新或者经营方式调整,经变更劳动合同后,仍需裁减人员的
4. 其他因劳动合同订立时所依据的客观经济情况发生重大变化,致使劳动合同无法履行的

——劳动合同法第41条第1款

裁减多少人就属于经济性裁员
需要裁减人员20人以上或者裁减不足20人但占企业职工总数10%以上的,就属于经济性裁员 —— 劳动合同法第41条第1款

裁员20人以下并且裁员人数在企业职工总数10%以下的,按与单个员工解除劳动合同方式处理即可

经济性裁员是否要进行经济补偿
用人单位依照劳动合同法第41条第1款规定解除劳动合同的，应当向劳动者支付经济补偿 —— 劳动合同法第46条

经济性裁员应履行的程序
用人单位确需裁减人员,应按下列程序进行 —— 经济性裁员规定第4条

1. 提前30日向工会或者全体职工说明情况,并提供有关生产经营状况的资料
2. 提出裁减人员方案，内容包括：
   - 被裁减人员名单
   - 裁减时间
   - 实施步骤
   - 符合法律、法规规定和集体合同约定的被裁减人员经济补偿办法
3. 将裁减人员方案征求工会或者全体职工的意见,并对方案进行修改和完善
   - 注：现行法律法规只规定裁减方案要征求工会或全体职工意见,并未规定要工会或全体职工同意或表决通过
4. 向当地劳动行政部门报告裁减人员方案以及报告工会或者全体职工的意见,并听取劳动行政部门的意见
   - 注：现行法律法规只规定将方案及工会或职工意见报告给劳动部门,并听取劳动部门的意见,未规定要取得劳动部门的批准或同意
5. 由用人单位正式公布裁减人员方案,与被裁减人员办理解除劳动合同手续,按照有关规定向被裁减人员本人支付经济补偿金,出具裁减人员证明书

应当优先留用的人员
- 与本单位订立较长期限的固定期限劳动合同的
- 与本单位订立无固定期限劳动合同的
- 家庭无其他就业人员,有需要扶养的老人或者未成年人的

裁减人员时,应当优先留用 —— 劳动合同法第41条第2款

不得裁减的人员
- 从事接触职业病危害作业的劳动者未进行离岗前职业健康检查,或者疑似职业病病人在诊断或者医学观察期间的
- 在本单位患职业病或者因工负伤并被确认丧失或者部分丧失劳动能力的
- 患病或者非因工负伤,在规定的医疗期内的
- 女职工在孕期、产期、哺乳期的
- 在本单位连续工作满15年,且距法定退休年龄不足5年的
- 法律、行政法规规定的其他情形

—— 劳动合同法第42条

未按法定程序裁员的法律后果
未按法定程序裁减人员,将会构成违法解除劳动合同

- 劳动者要求继续履行劳动合同的 → 用人单位应当继续履行
- 劳动者不要求继续履行劳动合同
- 劳动合同已经不能继续履行的 → 用人单位应当依照劳动合同法第87条的规定支付赔偿金
- 赔偿金按经济补偿标准的2倍支付 —— 劳动合同法第87条

—— 劳动合同法第48条

制作依据：劳动法、劳动合同法、经济性裁员规定、《中华人民共和国劳动合同法释义》（法律出版社 2013 年版）

关联法条

《中华人民共和国刑法》（2023修正）

第二百七十六条之一　以转移财产、逃匿等方法逃避支付劳动者的劳动报酬或者有能力支付而不支付劳动者的劳动报酬，数额较大，经政府有关部门责令支付仍不支付的，处三年以下有期徒刑或者拘役，并处或者单处罚金；造成严重后果的，处三年以上七年以下有期徒刑，并处罚金。

单位犯前款罪的，对单位判处罚金，并对其直接负责的主管人员和其他直接责任人员，依照前款的规定处罚。

有前两款行为，尚未造成严重后果，在提起公诉前支付劳动者的劳动报酬，并依法承担相应赔偿责任的，可以减轻或者免除处罚。

《最高人民法院关于审理拒不支付劳动报酬刑事案件适用法律若干问题的解释》

第二条　以逃避支付劳动者的劳动报酬为目的，具有下列情形之一的，应当认定为刑法第二百七十六条之一第一款规定的"以转移财产、逃匿等方法逃避支付劳动者的劳动报酬"：

（一）隐匿财产、恶意清偿、虚构债务、虚假破产、虚假倒闭或者以其他方法转移、处分财产的；
（二）逃跑、藏匿的；
（三）隐匿、销毁或者篡改账目、职工名册、工资支付记录、考勤记录等与劳动报酬相关的材料的；
（四）以其他方法逃避支付劳动报酬的。

第三条　具有下列情形之一的，应当认定为刑法第二百七十六条之一第一款规定的"数额较大"：

（一）拒不支付一名劳动者三个月以上的劳动报酬且数额在五千元至二万元以上的；
（二）拒不支付十名以上劳动者的劳动报酬且数额累计在三万元至十万元以上的。

各省、自治区、直辖市高级人民法院可以根据本地区经济社会发展状况，在前款规定的数额幅度内，研究确定本地区执行的具体数额标准，报最高人民法院备案。

第五条　拒不支付劳动者的劳动报酬，符合本解释第三条的规定，并具有下列情形之一的，应当认定为刑法第二百七十六条之一第一款规定的"造成严重后果"：

（一）造成劳动者或者其被赡养人、被扶养人、被抚养人的基本生活受到严重影响、重大疾病无法及时医治或者失学的；
（二）对要求支付劳动报酬的劳动者使用暴力或者进行暴力威胁的；
（三）造成其他严重后果的。

第六条　拒不支付劳动者的劳动报酬，尚未造成严重后果，在刑事立案前支付劳动者的劳动报酬，并依法承担相应赔偿责任的，可以认定为情节显著轻微危害不大，不认为是犯罪；在提起公诉前支付劳动者的劳动报酬，并依法承担相应赔偿责任的，可以减轻或者免除刑事处罚；在一审宣判前支付劳动者的劳动报酬，并依法承担相应赔偿责任的，可以从轻处罚。

对于免除刑事处罚的，可以根据案件的不同情况，予以训诫、责令具结悔过或者赔礼道歉。

拒不支付劳动者的劳动报酬，造成严重后果，但在宣判前支付劳动者的劳动报酬，并依法承担相应赔偿责任的，可以酌情从宽处罚。

拒不支付劳动报酬罪

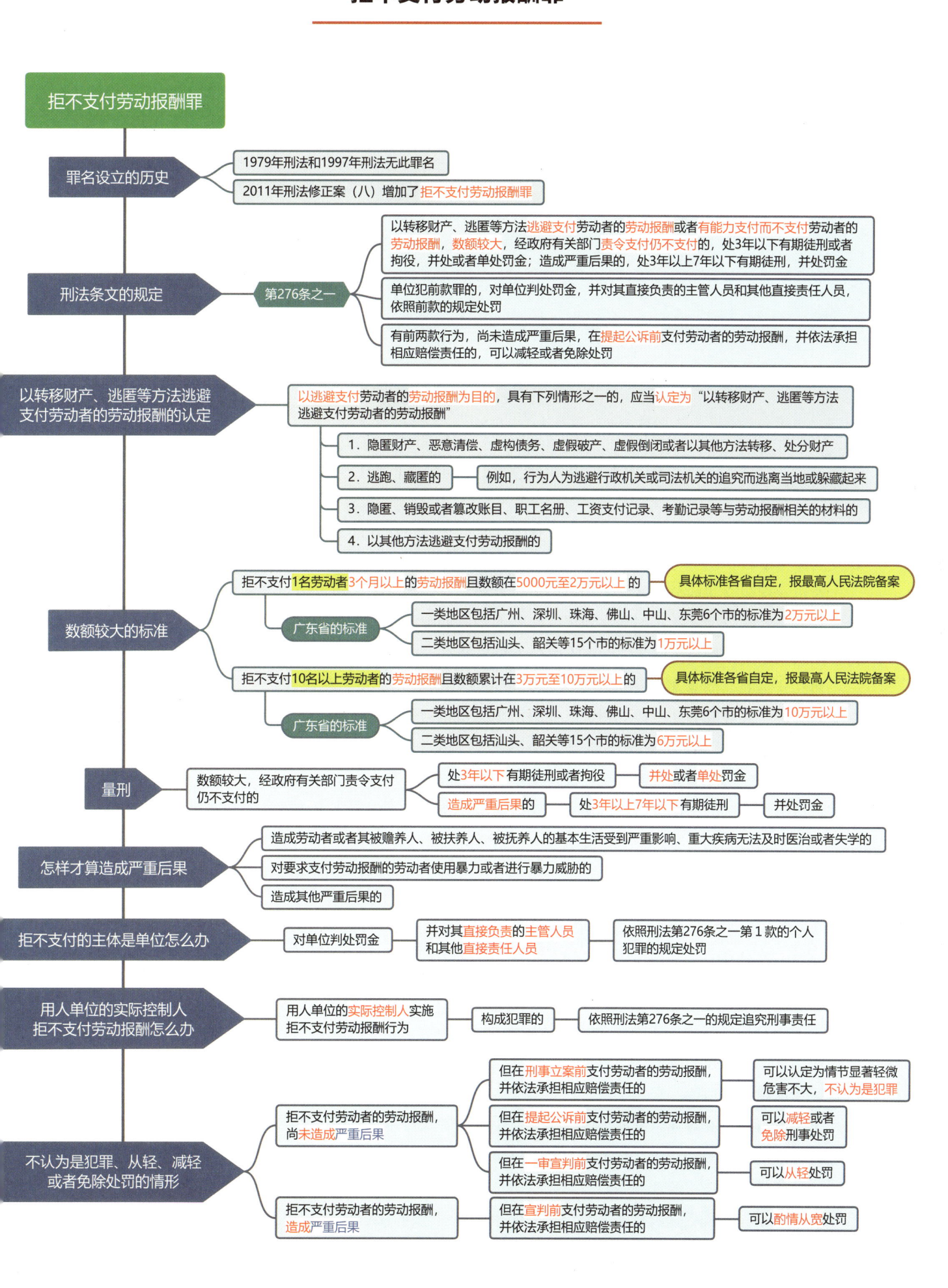

拒不支付劳动报酬罪

罪名设立的历史
- 1979年刑法和1997年刑法无此罪名
- 2011年刑法修正案（八）增加了**拒不支付劳动报酬罪**

刑法条文的规定
第276条之一
- 以转移财产、逃匿等方法逃避支付劳动者的劳动报酬或者有能力支付而不支付劳动者的劳动报酬，数额较大，经政府有关部门责令支付仍不支付的，处3年以下有期徒刑或者拘役，并处或者单处罚金；造成严重后果的，处3年以上7年以下有期徒刑，并处罚金
- 单位犯前款罪的，对单位判处罚金，并对其直接负责的主管人员和其他直接责任人员，依照前款的规定处罚
- 有前两款行为，尚未造成严重后果，在提起公诉前支付劳动者的劳动报酬，并依法承担相应赔偿责任的，可以减轻或者免除处罚

以转移财产、逃匿等方法逃避支付劳动者的劳动报酬的认定
以逃避支付劳动者的劳动报酬为目的，具有下列情形之一的，应当认定为"以转移财产、逃匿等方法逃避支付劳动者的劳动报酬"：
1. 隐匿财产、恶意清偿、虚构债务、虚假破产、虚假倒闭或者以其他方法转移、处分财产
2. 逃跑、藏匿的——例如，行为人为逃避行政机关或司法机关的追究而逃离当地或躲藏起来
3. 隐匿、销毁或者篡改账目、职工名册、工资支付记录、考勤记录等与劳动报酬相关的材料的
4. 以其他方法逃避支付劳动报酬的

数额较大的标准
- 拒不支付1名劳动者3个月以上的劳动报酬且数额在5000元至2万元以上的（具体标准各省自定，报最高人民法院备案）
  - 广东省的标准：
    - 一类地区包括广州、深圳、珠海、佛山、中山、东莞6个市的标准为2万元以上
    - 二类地区包括汕头、韶关等15个市的标准为1万元以上
- 拒不支付10名以上劳动者的劳动报酬且数额累计在3万元至10万元以上的（具体标准各省自定，报最高人民法院备案）
  - 广东省的标准：
    - 一类地区包括广州、深圳、珠海、佛山、中山、东莞6个市的标准为10万元以上
    - 二类地区包括汕头、韶关等15个市的标准为6万元以上

量刑
- 数额较大，经政府有关部门责令支付仍不支付的：处3年以下有期徒刑或者拘役，并处或者单处罚金
- 造成严重后果的：处3年以上7年以下有期徒刑，并处罚金

怎样才算造成严重后果
- 造成劳动者或者其被赡养人、被扶养人、被抚养人的基本生活受到严重影响、重大疾病无法及时医治或者失学的
- 对要求支付劳动报酬的劳动者使用暴力或者进行暴力威胁的
- 造成其他严重后果的

拒不支付的主体是单位怎么办
对单位判处罚金，并对其直接负责的主管人员和其他直接责任人员，依照刑法第276条之一第1款的个人犯罪的规定处罚

用人单位的实际控制人拒不支付劳动报酬怎么办
用人单位的实际控制人实施拒不支付劳动报酬行为，构成犯罪的，依照刑法第276条之一的规定追究刑事责任

不认为是犯罪、从轻、减轻或者免除处罚的情形
- 拒不支付劳动者的劳动报酬，尚未造成严重后果：
  - 但在刑事立案前支付劳动者的劳动报酬，并依法承担相应赔偿责任的，可以认定为情节显著轻微危害不大，不认为是犯罪
  - 但在提起公诉前支付劳动者的劳动报酬，并依法承担相应赔偿责任的，可以减轻或者免除刑事处罚
  - 但在一审宣判前支付劳动者的劳动报酬，并依法承担相应赔偿责任的，可以从轻处罚
- 拒不支付劳动者的劳动报酬，造成严重后果：
  - 但在宣判前支付劳动者的劳动报酬，并依法承担相应赔偿责任的，可以酌情从宽处罚

制作依据：刑法，拒不支付劳动报酬解释第2-3条、第5-6条、第8-9条，广东省拒不支付劳动报酬数额标准

竞业限制

关联法条

《中华人民共和国劳动合同法》（2012修正）

第二十三条　用人单位与劳动者可以在劳动合同中约定保守用人单位的商业秘密和与知识产权相关的保密事项。

对负有保密义务的劳动者，用人单位可以在劳动合同或者保密协议中与劳动者约定竞业限制条款，并约定在解除或者终止劳动合同后，在竞业限制期限内按月给予劳动者经济补偿。劳动者违反竞业限制约定的，应当按照约定向用人单位支付违约金。

第二十四条　竞业限制的人员限于用人单位的高级管理人员、高级技术人员和其他负有保密义务的人员。竞业限制的范围、地域、期限由用人单位与劳动者约定，竞业限制的约定不得违反法律、法规的规定。

在解除或者终止劳动合同后，前款规定的人员到与本单位生产或者经营同类产品、从事同类业务的有竞争关系的其他用人单位，或者自己开业生产或者经营同类产品、从事同类业务的竞业限制期限，不得超过二年。

第九十条　劳动者违反本法规定解除劳动合同，或者违反劳动合同中约定的保密义务或者竞业限制，给用人单位造成损失的，应当承担赔偿责任。

《最高人民法院关于审理劳动争议案件适用法律问题的解释（一）》

第三十八条　当事人在劳动合同或者保密协议中约定了竞业限制和经济补偿，劳动合同解除或者终止后，因用人单位的原因导致三个月未支付经济补偿，劳动者请求解除竞业限制约定的，人民法院应予支持。

第三十九条　在竞业限制期限内，用人单位请求解除竞业限制协议的，人民法院应予支持。

在解除竞业限制协议时，劳动者请求用人单位额外支付劳动者三个月的竞业限制经济补偿的，人民法院应予支持。

第四十条　劳动者违反竞业限制约定，向用人单位支付违约金后，用人单位要求劳动者按照约定继续履行竞业限制义务的，人民法院应予支持。

竞业限制相关法律问题

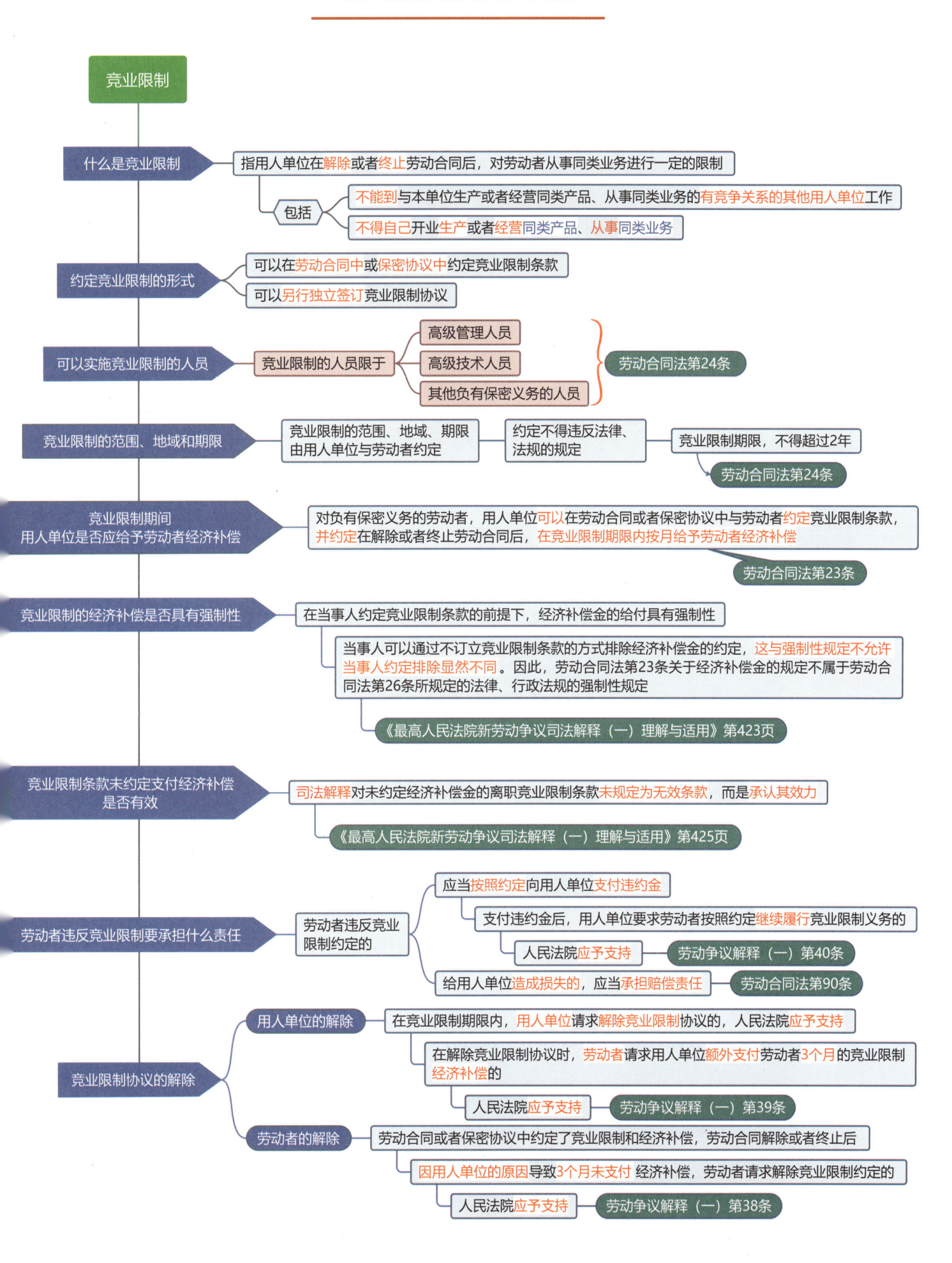

竞业限制

什么是竞业限制
指用人单位在解除或者终止劳动合同后，对劳动者从事同类业务进行一定的限制

包括：
- 不能到与本单位生产或者经营同类产品、从事同类业务的有竞争关系的其他用人单位工作
- 不得自己开业生产或者经营同类产品、从事同类业务

约定竞业限制的形式
- 可以在劳动合同中或保密协议中约定竞业限制条款
- 可以另行独立签订竞业限制协议

可以实施竞业限制的人员
竞业限制的人员限于：
- 高级管理人员
- 高级技术人员
- 其他负有保密义务的人员

（劳动合同法第24条）

竞业限制的范围、地域和期限
- 竞业限制的范围、地域、期限由用人单位与劳动者约定
- 约定不得违反法律、法规的规定
- 竞业限制期限，不得超过2年

（劳动合同法第24条）

竞业限制期间用人单位是否应给予劳动者经济补偿
对负有保密义务的劳动者，用人单位可以在劳动合同或者保密协议中与劳动者约定竞业限制条款，并约定在解除或者终止劳动合同后，在竞业限制期限内按月给予劳动者经济补偿

（劳动合同法第23条）

竞业限制的经济补偿是否具有强制性
在当事人约定竞业限制条款的前提下，经济补偿金的给付具有强制性

当事人可以通过不订立竞业限制条款的方式排除经济补偿金的约定，这与强制性规定不允许当事人约定排除显然不同。因此，劳动合同法第23条关于经济补偿金的规定不属于劳动合同法第26条所规定的法律、行政法规的强制性规定

（《最高人民法院新劳动争议司法解释（一）理解与适用》第423页）

竞业限制条款未约定支付经济补偿是否有效
司法解释对未约定经济补偿金的离职竞业限制条款未规定为无效条款，而是承认其效力

（《最高人民法院新劳动争议司法解释（一）理解与适用》第425页）

劳动者违反竞业限制要承担什么责任
劳动者违反竞业限制约定的：
- 应当按照约定向用人单位支付违约金
- 支付违约金后，用人单位要求劳动者按照约定继续履行竞业限制义务的，人民法院应予支持（劳动争议解释（一）第40条）
- 给用人单位造成损失的，应当承担赔偿责任（劳动合同法第90条）

竞业限制协议的解除

用人单位的解除：
- 在竞业限制期限内，用人单位请求解除竞业限制协议的，人民法院应予支持
- 在解除竞业限制协议时，劳动者请求用人单位额外支付劳动者3个月的竞业限制经济补偿的，人民法院应予支持（劳动争议解释（一）第39条）

劳动者的解除：
- 劳动合同或者保密协议中约定了竞业限制和经济补偿，劳动合同解除或者终止后，因用人单位的原因导致3个月未支付经济补偿，劳动者请求解除竞业限制约定的，人民法院应予支持（劳动争议解释（一）第38条）

制作依据：劳动合同法、劳动争议解释（一）、《最高人民法院新劳动争议司法解释（一）理解与适用》（人民法院出版社2021年版）

关联法条

《中华人民共和国民法典》

第五百六十三条　有下列情形之一的，当事人可以解除合同：
（一）因不可抗力致使不能实现合同目的；
（二）在履行期限届满前，当事人一方明确表示或者以自己的行为表明不履行主要债务；
（三）当事人一方迟延履行主要债务，经催告后在合理期限内仍未履行；
（四）当事人一方迟延履行债务或者有其他违约行为致使不能实现合同目的；
（五）法律规定的其他情形。
以持续履行的债务为内容的不定期合同，当事人可以随时解除合同，但是应当在合理期限之前通知对方。

《最高人民法院关于审理劳动争议案件适用法律问题的解释（一）》

第三十六条　当事人在劳动合同或者保密协议中约定了竞业限制，但未约定解除或者终止劳动合同后给予劳动者经济补偿，劳动者履行了竞业限制义务，要求用人单位按照劳动者在劳动合同解除或者终止前十二个月平均工资的30%按月支付经济补偿的，人民法院应予支持。
前款规定的月平均工资的30%低于劳动合同履行地最低工资标准的，按照劳动合同履行地最低工资标准支付。

竞业限制条款中的经济补偿问题

竞业限制条款中的经济补偿问题

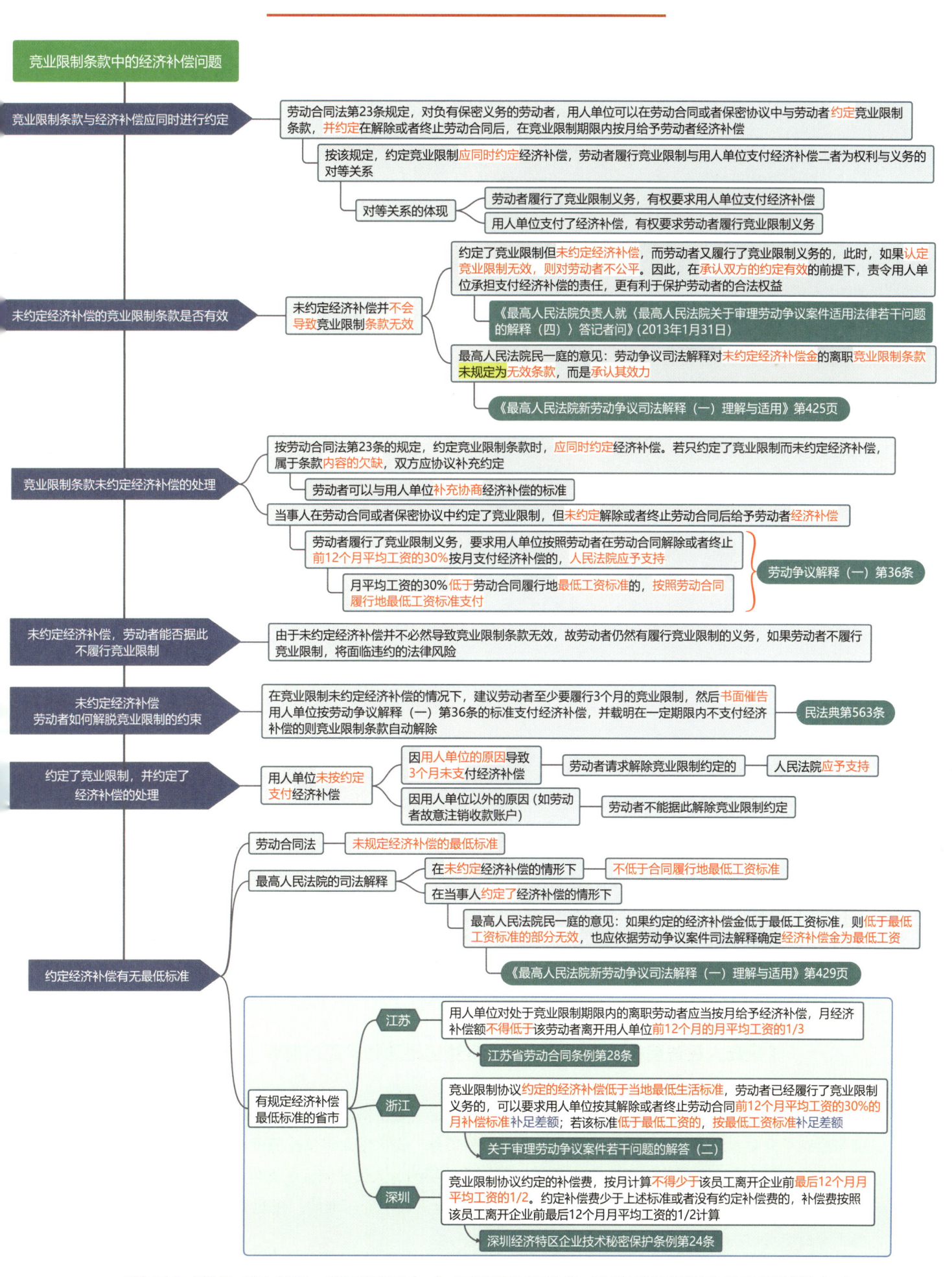

竞业限制条款与经济补偿应同时进行约定

劳动合同法第23条规定，对负有保密义务的劳动者，用人单位可以在劳动合同或者保密协议中与劳动者**约定**竞业限制条款，**并约定**在解除或者终止劳动合同后，在竞业限制期限内按月给予劳动者经济补偿

按该规定，约定竞业限制**应同时约定**经济补偿，劳动者履行竞业限制与用人单位支付经济补偿二者为权利与义务的对等关系

- 对等关系的体现：
  - 劳动者履行了竞业限制义务，有权要求用人单位支付经济补偿
  - 用人单位支付了经济补偿，有权要求劳动者履行竞业限制义务

未约定经济补偿的竞业限制条款是否有效

未约定经济补偿并**不会导致竞业限制条款无效**

- 约定了竞业限制但**未约定经济补偿**，而劳动者又履行了竞业限制义务的，此时，如果**认定竞业限制无效**，则对劳动者不公平。因此，在**承认双方的约定有效**的前提下，责令用人单位承担支付经济补偿的责任，更有利于保护劳动者的合法权益
  - 《最高人民法院负责人就〈最高人民法院关于审理劳动争议案件适用法律若干问题的解释（四）〉答记者问》（2013年1月31日）
- 最高人民法院民一庭的意见：劳动争议司法解释对**未约定经济补偿金**的离职**竞业限制条款未规定为无效条款**，而是**承认其效力**
  - 《最高人民法院新劳动争议司法解释（一）理解与适用》第425页

竞业限制条款未约定经济补偿的处理

按劳动合同法第23条的规定，约定竞业限制条款时，**应同时约定**经济补偿。若只约定了竞业限制而未约定经济补偿，属于条款**内容的欠缺**，双方应协议补充约定

- 劳动者可以与用人单位**补充协商**经济补偿的标准
- 当事人在劳动合同或者保密协议中约定了竞业限制，但**未约定**解除或者终止劳动合同后给予劳动者**经济补偿**
  - 劳动者履行了竞业限制义务，要求用人单位按照劳动者在劳动合同解除或者终止**前12个月平均工资的30%**按月支付经济补偿的，**人民法院应予支持** ｝ 劳动争议解释（一）第36条
  - 月平均工资的30%**低于**劳动合同履行地**最低工资标准**的，**按照劳动合同履行地最低工资标准支付**

未约定经济补偿，劳动者能否据此不履行竞业限制

由于未约定经济补偿并不必然导致竞业限制条款无效，故劳动者仍然有履行竞业限制的义务，如果劳动者不履行竞业限制，将面临违约的法律风险

未约定经济补偿 劳动者如何解脱竞业限制的约束

在竞业限制未约定经济补偿的情况下，建议劳动者至少要履行3个月的竞业限制，然后**书面催告**用人单位按劳动争议解释（一）第36条的标准支付经济补偿，并载明在一定期限内不支付经济补偿的则竞业限制条款自动解除 — 民法典第563条

约定了竞业限制，并约定了经济补偿的处理

用人单位**未按约定支付**经济补偿
- 因**用人单位的原因**导致**3个月未支付**经济补偿 → 劳动者请求解除竞业限制约定的 → **人民法院应予支持**
- 因用人单位以外的原因（如劳动者故意注销收款账户）→ 劳动者不能据此解除竞业限制约定

约定经济补偿有无最低标准

- 劳动合同法 — **未规定经济补偿的最低标准**
- 最高人民法院的司法解释
  - 在**未约定经济补偿的情形下** — **不低于合同履行地最低工资标准**
  - 在当事人**约定了经济补偿的情形下**
    - 最高人民法院民一庭的意见：如果约定的经济补偿金低于最低工资标准，则**低于最低工资标准的部分无效**，也应依据劳动争议案件司法解释确定**经济补偿金为最低工资**
      - 《最高人民法院新劳动争议司法解释（一）理解与适用》第429页

有规定经济补偿最低标准的省市：

- **江苏**：用人单位对处于竞业限制期限内的离职劳动者应当按月给予经济补偿，月经济补偿额**不得低于**该劳动者离开用人单位**前12个月的月平均工资的1/3**
  - 江苏省劳动合同条例第28条
- **浙江**：竞业限制协议**约定的经济补偿低于当地最低生活标准**，劳动者已经履行了竞业限制义务的，可以要求用人单位按其解除或者终止劳动合同**前12个月平均工资的30%的月补偿标准补足差额**；若该标准**低于最低工资的，按最低工资标准补足差额**
  - 关于审理劳动争议案件若干问题的解答（二）
- **深圳**：竞业限制协议约定的补偿费，按月计算**不得少于**该员工离开企业前**最后12个月平均工资的1/2**。约定补偿费少于上述标准或者没有约定补偿费的，补偿费按照该员工离开企业前最后12个月月平均工资的1/2计算
  - 深圳经济特区企业技术秘密保护条例第24条

制作依据：民法典、劳动合同法、劳动争议解释（一）、江苏省劳动合同条例、关于审理劳动争议案件若干问题的解答（二）、深圳经济特区企业技术秘密保护条例、《最高人民法院新劳动争议司法解释（一）理解与适用》（人民法院出版社2021年版）

关联法条

《最高人民法院关于审理劳动争议案件适用法律问题的解释（一）》

第三十六条 当事人在劳动合同或者保密协议中约定了竞业限制，但未约定解除或者终止劳动合同后给予劳动者经济补偿，劳动者履行了竞业限制义务，要求用人单位按照劳动者在劳动合同解除或者终止前十二个月平均工资的30%按月支付经济补偿的，人民法院应予支持。

前款规定的月平均工资的30%低于劳动合同履行地最低工资标准的，按照劳动合同履行地最低工资标准支付。

未约定经济补偿的竞业限制纠纷的处理

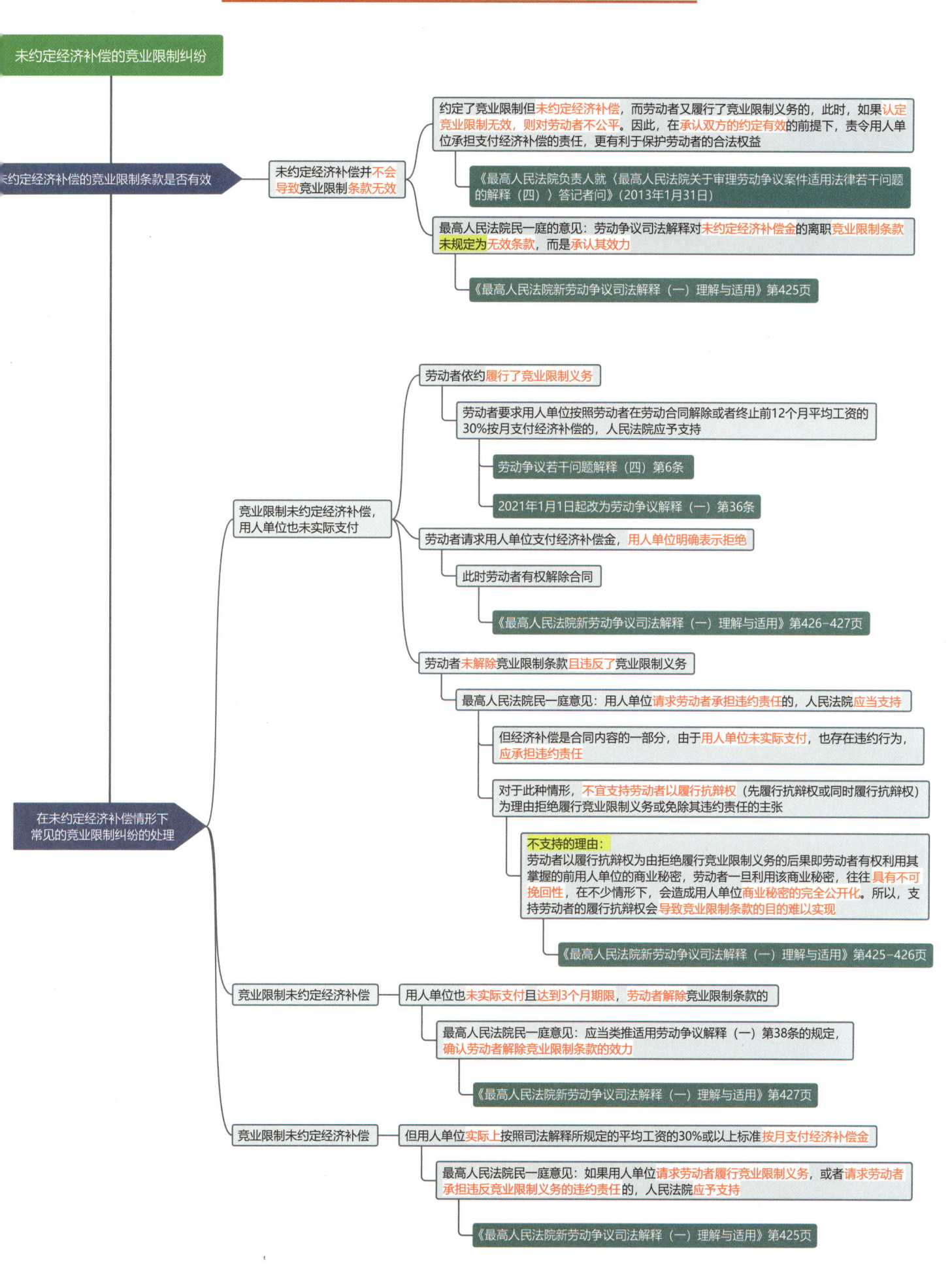

- **未约定经济补偿的竞业限制纠纷**
  - **未约定经济补偿的竞业限制条款是否有效**
    - **未约定经济补偿并不会导致竞业限制条款无效**
      - 约定了竞业限制但未约定经济补偿，而劳动者又履行了竞业限制义务的，此时，如果认定竞业限制无效，则对劳动者不公平。因此，在承认双方的约定有效的前提下，责令用人单位承担支付经济补偿的责任，更有利于保护劳动者的合法权益
      - 《最高人民法院负责人就〈最高人民法院关于审理劳动争议案件适用法律若干问题的解释（四）〉答记者问》（2013年1月31日）
      - 最高人民法院民一庭的意见：劳动争议司法解释对未约定经济补偿金的离职竞业限制条款未规定为无效条款，而是承认其效力
      - 《最高人民法院新劳动争议司法解释（一）理解与适用》第425页
  - **在未约定经济补偿情形下常见的竞业限制纠纷的处理**
    - **竞业限制未约定经济补偿，用人单位也未实际支付**
      - 劳动者依约履行了竞业限制义务
        - 劳动者要求用人单位按照劳动者在劳动合同解除或者终止前12个月平均工资的30%按月支付经济补偿的，人民法院应予支持
        - 劳动争议若干问题解释（四）第6条
        - 2021年1月1日起改为劳动争议解释（一）第36条
      - 劳动者请求用人单位支付经济补偿金，用人单位明确表示拒绝
        - 此时劳动者有权解除合同
        - 《最高人民法院新劳动争议司法解释（一）理解与适用》第426-427页
      - 劳动者未解除竞业限制条款且违反了竞业限制义务
        - 最高人民法院民一庭意见：用人单位请求劳动者承担违约责任的，人民法院应当支持
        - 但经济补偿是合同内容的一部分，由于用人单位未实际支付，也存在违约行为，应承担违约责任
        - 对于此种情形，不宜支持劳动者以履行抗辩权（先履行抗辩权或同时履行抗辩权）为理由拒绝履行竞业限制义务或免除其违约责任的主张
        - **不支持的理由：**
          劳动者以履行抗辩权为由拒绝履行竞业限制义务的后果即劳动者有权利用其掌握的前用人单位的商业秘密，劳动者一旦利用该商业秘密，往往具有不可挽回性，在不少情形下，会造成用人单位商业秘密的完全公开化。所以，支持劳动者的履行抗辩权会导致竞业限制条款的目的难以实现
        - 《最高人民法院新劳动争议司法解释（一）理解与适用》第425-426页
    - **竞业限制未约定经济补偿**
      - 用人单位也未实际支付且达到3个月期限，劳动者解除竞业限制条款的
        - 最高人民法院民一庭意见：应当类推适用劳动争议解释（一）第38条的规定，确认劳动者解除竞业限制条款的效力
        - 《最高人民法院新劳动争议司法解释（一）理解与适用》第427页
    - **竞业限制未约定经济补偿**
      - 但用人单位实际上按照司法解释所规定的平均工资的30%或以上标准按月支付经济补偿金
        - 最高人民法院民一庭意见：如果用人单位请求劳动者履行竞业限制义务，或者请求劳动者承担违反竞业限制义务的违约责任的，人民法院应予支持
        - 《最高人民法院新劳动争议司法解释（一）理解与适用》第425页

制作依据：劳动争议解释（一）、《最高人民法院新劳动争议司法解释（一）理解与适用》（人民法院出版社 2021 年版）

关联法条

《中华人民共和国劳动合同法》(2012修正)

第二十三条 用人单位与劳动者可以在劳动合同中约定保守用人单位的商业秘密和与知识产权相关的保密事项。

对负有保密义务的劳动者,用人单位可以在劳动合同或者保密协议中与劳动者约定竞业限制条款,并约定在解除或者终止劳动合同后,在竞业限制期限内按月给予劳动者经济补偿。劳动者违反竞业限制约定的,应当按照约定向用人单位支付违约金。

《最高人民法院关于审理劳动争议案件适用法律问题的解释(一)》

第三十七条 当事人在劳动合同或者保密协议中约定了竞业限制和经济补偿,当事人解除劳动合同时,除另有约定外,用人单位要求劳动者履行竞业限制义务,或者劳动者履行了竞业限制义务后要求用人单位支付经济补偿的,人民法院应予支持。

劳动合同解除（含违法解除）与竞业限制协议效力的关系

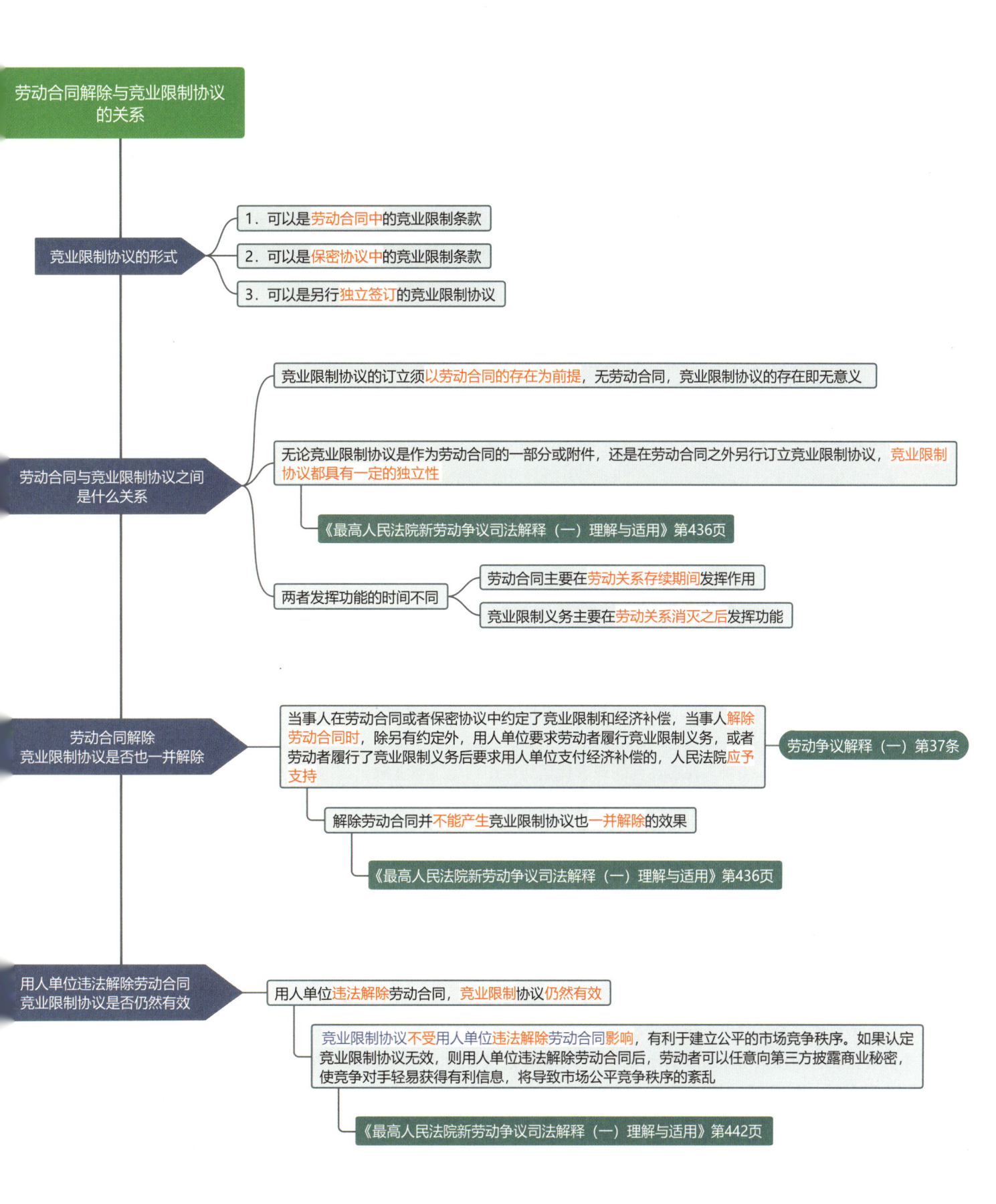

劳动合同解除与竞业限制协议的关系

竞业限制协议的形式

1. 可以是**劳动合同中**的竞业限制条款
2. 可以是**保密协议中**的竞业限制条款
3. 可以是另行**独立签订**的竞业限制协议

劳动合同与竞业限制协议之间是什么关系

- 竞业限制协议的订立须**以劳动合同的存在为前提**，无劳动合同，竞业限制协议的存在即无意义

- 无论竞业限制协议是作为劳动合同的一部分或附件，还是在劳动合同之外另行订立竞业限制协议，**竞业限制协议都具有一定的独立性**
  - 《最高人民法院新劳动争议司法解释（一）理解与适用》第436页

- 两者发挥功能的时间不同
  - 劳动合同主要在**劳动关系存续期间**发挥作用
  - 竞业限制义务主要在**劳动关系消灭之后**发挥功能

劳动合同解除 竞业限制协议是否也一并解除

- 当事人在劳动合同或者保密协议中约定了竞业限制和经济补偿，当事人**解除劳动合同时**，除另有约定外，用人单位要求劳动者履行竞业限制义务，或者劳动者履行了竞业限制义务后要求用人单位支付经济补偿的，人民法院**应予支持**
  - 劳动争议解释（一）第37条

- 解除劳动合同并**不能产生**竞业限制协议也**一并解除**的效果
  - 《最高人民法院新劳动争议司法解释（一）理解与适用》第436页

用人单位违法解除劳动合同 竞业限制协议是否仍然有效

- 用人单位**违法解除**劳动合同，**竞业限制协议仍然有效**

- **竞业限制协议不受用人单位违法解除劳动合同影响**，有利于建立公平的市场竞争秩序。如果认定竞业限制协议无效，则用人单位违法解除劳动合同后，劳动者可以任意向第三方披露商业秘密，使竞争对手轻易获得有利信息，将导致市场公平竞争秩序的紊乱
  - 《最高人民法院新劳动争议司法解释（一）理解与适用》第442页

制作依据：劳动争议解释（一）、《最高人民法院新劳动争议司法解释（一）理解与适用》（人民法院出版社2021年版）

关联法条

《中华人民共和国劳动合同法》(2012修正)

第二十三条 用人单位与劳动者可以在劳动合同中约定保守用人单位的商业秘密和与知识产权相关的保密事项。

对负有保密义务的劳动者,用人单位可以在劳动合同或者保密协议中与劳动者约定竞业限制条款,并约定在解除或者终止劳动合同后,在竞业限制期限内按月给予劳动者经济补偿。劳动者违反竞业限制约定的,应当按照约定向用人单位支付违约金。

第二十四条 竞业限制的人员限于用人单位的高级管理人员、高级技术人员和其他负有保密义务的人员。竞业限制的范围、地域、期限由用人单位与劳动者约定,竞业限制的约定不得违反法律、法规的规定。

在解除或者终止劳动合同后,前款规定的人员到与本单位生产或者经营同类产品、从事同类业务的有竞争关系的其他用人单位,或者自己开业生产或者经营同类产品、从事同类业务的竞业限制期限,不得超过二年。

第九十条 劳动者违反本法规定解除劳动合同,或者违反劳动合同中约定的保密义务或者竞业限制,给用人单位造成损失的,应当承担赔偿责任。

《最高人民法院关于审理劳动争议案件适用法律问题的解释(一)》

第三十六条 当事人在劳动合同或者保密协议中约定了竞业限制,但未约定解除或者终止劳动合同后给予劳动者经济补偿,劳动者履行了竞业限制义务,要求用人单位按照劳动者在劳动合同解除或者终止前十二个月平均工资的30%按月支付经济补偿的,人民法院应予支持。

前款规定的月平均工资的30%低于劳动合同履行地最低工资标准的,按照劳动合同履行地最低工资标准支付。

第三十七条 当事人在劳动合同或者保密协议中约定了竞业限制和经济补偿,当事人解除劳动合同时,除另有约定外,用人单位要求劳动者履行竞业限制义务,或者劳动者履行了竞业限制义务后要求用人单位支付经济补偿的,人民法院应予支持。

第三十八条 当事人在劳动合同或者保密协议中约定了竞业限制和经济补偿,劳动合同解除或者终止后,因用人单位的原因导致三个月未支付经济补偿,劳动者请求解除竞业限制约定的,人民法院应予支持。

第三十九条 在竞业限制期限内,用人单位请求解除竞业限制协议的,人民法院应予支持。

在解除竞业限制协议时,劳动者请求用人单位额外支付劳动者三个月的竞业限制经济补偿的,人民法院应予支持。

第四十条 劳动者违反竞业限制约定,向用人单位支付违约金后,用人单位要求劳动者按照约定继续履行竞业限制义务的,人民法院应予支持。

竞业限制相关规定的历史沿革

竞业限制规定的制定史

1995年1月1日 — 1995年1月1日起施行的劳动法无涉及竞业限制的条文 — 此后劳动法的历次修订也没有出现竞业限制的条文规定

2006年3月20日 — 劳动合同法（草案）中出现了竞业限制相关规定
1. 竞业限制的范围，应当以能够与用人单位形成实际竞争关系的地域为限
2. 竞业限制经济补偿，其数额不得少于劳动者在该用人单位的年工资收入
3. 劳动者违反竞业限制约定的，应当向用人单位支付违约金，其数额不得超过用人单位向劳动者支付的竞业限制经济补偿的3倍 — 对违反竞业限制的违约金设置了上限，但最终定稿删除了该规定
4. 用人单位未按照约定在劳动合同终止或者解除时向劳动者支付竞业限制经济补偿的，竞业限制条款失效
5. 用人单位依法解除劳动合同的，竞业限制条款仍然有效

2008年1月1日 — 劳动合同法正式施行
- 竞业限制的范围、地域 — 由当事人约定
- 竞业限制经济补偿的标准 — 删除了草案中"不得少于劳动者在该用人单位的年工资收入"的规定，变为不作具体明确
- 违反竞业限制的违约金 — 删除了草案中违约金上限的规定，不对违约金设置上限
- 劳动者违反竞业限制，给用人单位造成损失的 — 应当承担赔偿责任

2008年9月18日 — 劳动合同法实施条例施行 — 劳动合同法实施条例也无涉及竞业限制的条文

2012年6月28日 — 劳动争议若干问题解释（四）（征求意见稿）
- 约定了竞业限制条款，但未约定经济补偿的，用人单位要求劳动者履行竞业限制条款约定的义务的，人民法院不予支持 — 正式定稿删除了蓝色部分的表述
- 劳动者履行了竞业限制条款约定的义务后，要求用人单位按照劳动者在劳动合同解除或者终止前12个月的平均工资为标准支付经济补偿的，人民法院应予支持 — 意见稿规定的经济补偿标准等于月均工资，正式稿改为月均工资的30%
- 约定了竞业限制条款，用人单位与劳动者协商一致解除劳动合同的，该竞业限制条款对双方当事人仍然具有约束力，但双方另有约定的除外 — 协商一致解除劳动合同的，竞业限制条款仍然有约束力
- 劳动者依法解除劳动合同，或者用人单位违法解除劳动合同的，除劳动者同意履行的外，用人单位要求劳动者履行竞业限制条款约定义务的，人民法院不予支持 — 用人单位违法解除劳动合同的，竞业限制条款没有约束力，正式稿未采纳该意见
- 用人单位依法解除劳动合同，或者劳动者违法解除劳动合同的，用人单位要求劳动者履行竞业限制条款约定义务的，人民法院应予支持 — 用人单位依法解除劳动合同的，竞业限制条款仍然有约束力
- 约定了竞业限制条款和经济补偿，劳动合同解除或者终止后，用人单位未按约定支付经济补偿超过1个月的，除劳动者同意继续履行的外，用人单位要求劳动者继续履行竞业限制条款约定义务的，人民法院不予支持 — 用人单位有1个月未支付经济补偿，竞业限制条款将失效，正式稿为3个月

2013年2月1日 — 劳动争议若干问题解释（四） 于2020年12月31日废止
- 约定了竞业限制，但未约定经济补偿，劳动者履行了竞业限制义务，要求用人单位按照劳动者在劳动合同解除或者终止前12个月平均工资的30%按月支付经济补偿的，人民法院应予支持
  - 月平均工资的30%低于劳动合同履行地最低工资标准的，按照劳动合同履行地最低工资标准支付
- 约定了竞业限制和经济补偿，当事人解除劳动合同时，除另有约定外，用人单位要求劳动者履行竞业限制义务，或者劳动者履行了竞业限制义务后要求用人单位支付经济补偿的，人民法院应予支持 — 劳动合同解除（不区分是依法解除还是违法解除），竞业限制条款仍然有效
- 约定了竞业限制和经济补偿，劳动合同解除或者终止后，因用人单位的原因导致3个月未支付经济补偿，劳动者请求解除竞业限制约定的，人民法院应予支持 — 用人单位有3个月未支付经济补偿，竞业限制条款将失效
- 在竞业限制期限内，用人单位请求解除竞业限制协议时，人民法院应予支持
  - 在解除竞业限制协议时，劳动者请求用人单位额外支付3个月的竞业限制经济补偿的，人民法院应予支持
- 劳动者违反竞业限制约定，向用人单位支付违约金后，用人单位要求劳动者按照约定继续履行竞业限制义务的，人民法院应予支持 — 即使劳动者支付了违约金，仍不能免除履行竞业限制的义务

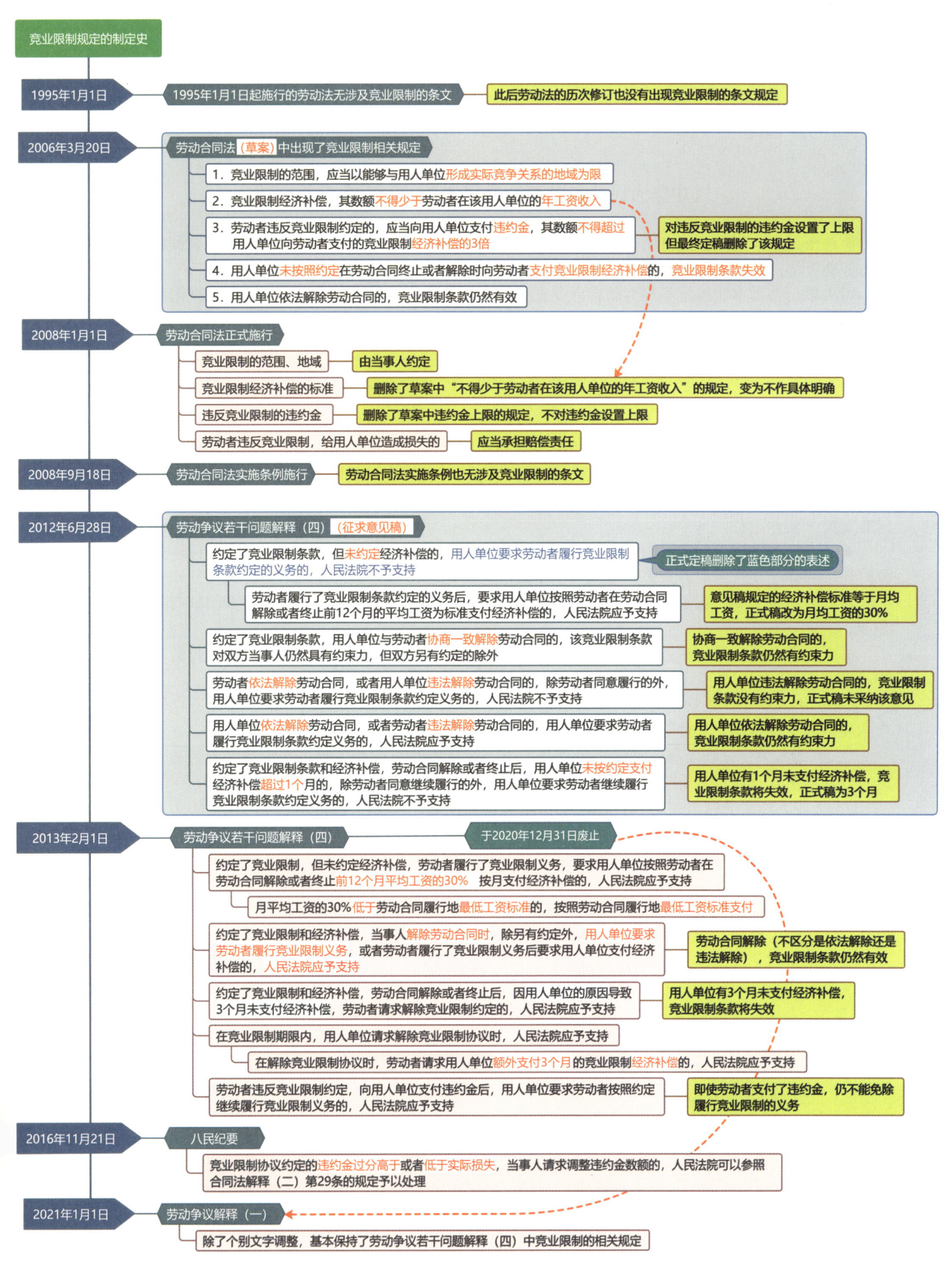

2016年11月21日 — 八民纪要
- 竞业限制协议约定的违约金过分高于或者低于实际损失，当事人请求调整违约金数额的，人民法院可以参照合同法解释（二）第29条的规定予以处理

2021年1月1日 — 劳动争议解释（一）
- 除了个别文字调整，基本保持了劳动争议若干问题解释（四）中竞业限制的相关规定

制作依据：劳动法，劳动合同法（草案）第16条、第41条，劳动合同法第23-24条、第90条，劳动合同法实施条例，劳动争议若干问题解释（四）（征求意见稿）第8-11条，劳动争议若干问题解释（四）第6-10条，八民纪要第28条，劳动争议解释（一）

工 资

关联法条

《中华人民共和国劳动合同法》（2012修正）

第八十二条 用人单位自用工之日起超过一个月不满一年未与劳动者订立书面劳动合同的，应当向劳动者每月支付二倍的工资。

用人单位违反本法规定不与劳动者订立无固定期限劳动合同的，自应当订立无固定期限劳动合同之日起向劳动者每月支付二倍的工资。

《工资支付暂行规定》

第五条 工资应当以法定货币支付。不得以实物及有价证券替代货币支付。

第七条 工资必须在用人单位与劳动者约定的日期支付。如遇节假日或休息日，则应提前在最近的工作日支付。工资至少每月支付一次，实行周、日、小时工资制的可按周、日、小时支付工资。

第十一条 劳动者依法享受年休假、探亲假、婚假、丧假期间，用人单位应按劳动合同规定的标准支付劳动者工资。

第十二条 非因劳动者原因造成单位停工、停产在一个工资支付周期内的，用人单位应按劳动合同规定的标准支付劳动者工资。超过一个工资支付周期的，若劳动者提供了正常劳动，则支付给劳动者的劳动报酬不得低于当地的最低工资标准；若劳动者没有提供正常劳动，应按国家有关规定办理。

第十三条 用人单位在劳动者完成劳动定额或规定的工作任务后，根据实际需要安排劳动者在法定标准工作时间以外工作的，应按以下标准支付工资：

（一）用人单位依法安排劳动者在日法定标准工作时间以外延长工作时间的，按照不低于劳动合同规定的劳动者本人小时工资标准的150%支付劳动者工资；

（二）用人单位依法安排劳动者在休息日工作，而又不能安排补休的，按照不低于劳动合同规定的劳动者本人日或小时工资标准的200%支付劳动者工资；

（三）用人单位依法安排劳动者在法定休假节日工作的，按照不低于劳动合同规定的劳动者本人日或小时工资标准的300%支付劳动者工资。

实行计件工资的劳动者，在完成计件定额任务后，由用人单位安排延长工作时间的，应根据上述规定的原则，分别按照不低于其本人法定工作时间计件单价的150%、200%、300%支付其工资。

经劳动行政部门批准实行综合计算工时工作制的，其综合计算工作时间超过法定标准工作时间的部分，应视为延长工作时间，并应按本规定支付劳动者延长工作时间的工资。

实行不定时工时制度的劳动者，不执行上述规定。

《中华人民共和国劳动合同法实施条例》

第十五条 劳动者在试用期的工资不得低于本单位相同岗位最低档工资的80%或者不得低于劳动合同约定工资的80%，并不得低于用人单位所在地的最低工资标准。

《关于贯彻执行〈中华人民共和国劳动法〉若干问题的意见》

59.职工患病或非因工负伤治疗期间，在规定的医疗期间内由企业按有关规定支付其病假工资或疾病救济费，病假工资或疾病救济费可以低于当地最低工资标准支付，但不能低于最低工资标准的80%。

从入职到离职各种情形下的工资支付问题

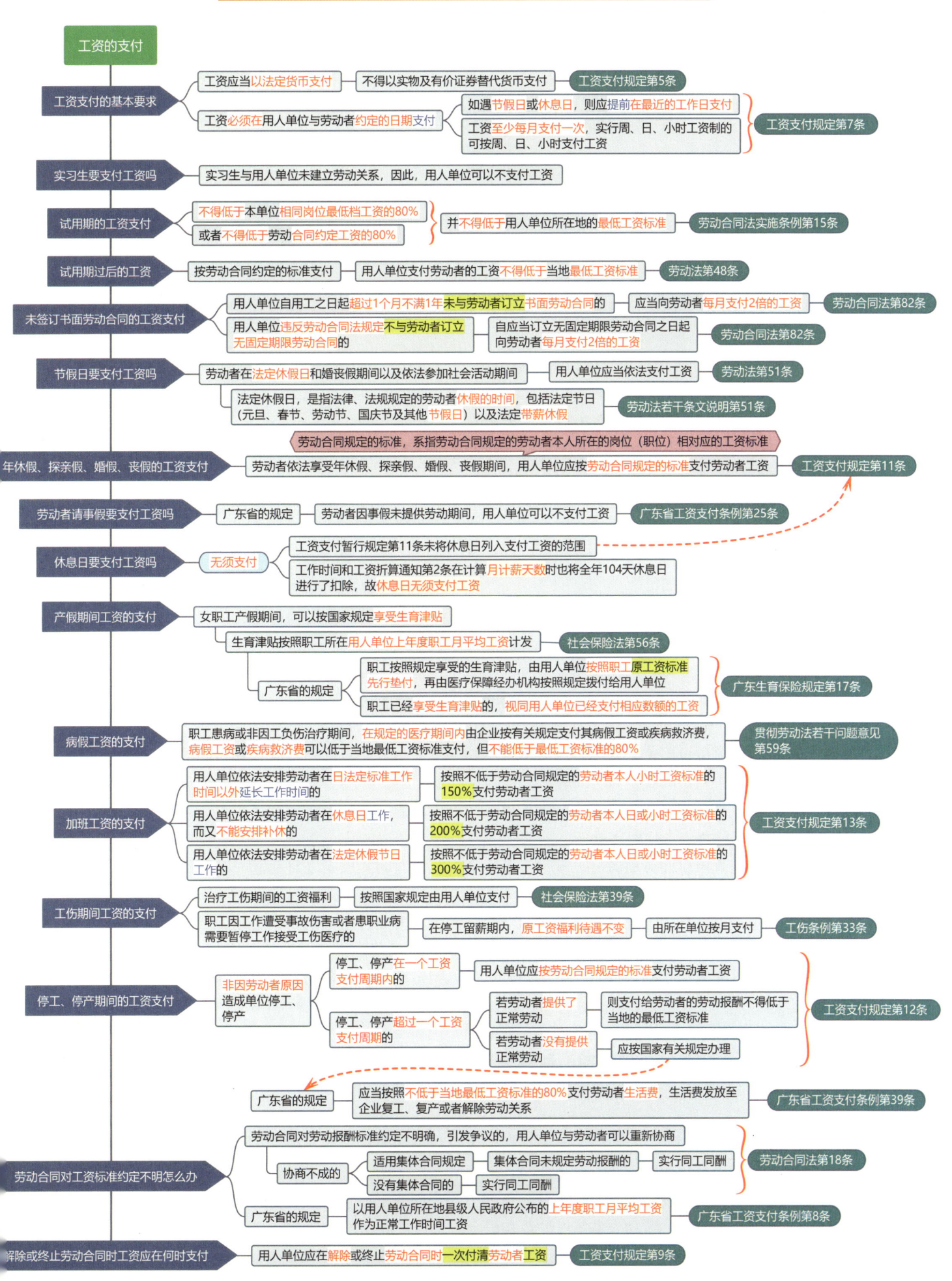

工资的支付

工资支付的基本要求
- 工资应当以法定货币支付 —— 不得以实物及有价证券替代货币支付 【工资支付规定第5条】
- 工资必须在用人单位与劳动者约定的日期支付
  - 如遇节假日或休息日,则应提前在最近的工作日支付
  - 工资至少每月支付一次,实行周、日、小时工资制的可按周、日、小时支付工资
  - 【工资支付规定第7条】

实习生要支付工资吗
- 实习生与用人单位未建立劳动关系,因此,用人单位可以不支付工资

试用期的工资支付
- 不得低于本单位相同岗位最低档工资的80%
- 或者不得低于劳动合同约定工资的80%
- 并不得低于用人单位所在地的最低工资标准
- 【劳动合同法实施条例第15条】

试用期过后的工资
- 按劳动合同约定的标准支付 —— 用人单位支付劳动者的工资不得低于当地最低工资标准 【劳动法第48条】

未签订书面劳动合同的工资支付
- 用人单位自用工之日起超过1个月不满1年未与劳动者订立书面劳动合同的 —— 应当向劳动者每月支付2倍的工资 【劳动合同法第82条】
- 用人单位违反劳动合同法规定不与劳动者订立无固定期限劳动合同的 —— 自应当订立无固定期限劳动合同之日起向劳动者每月支付2倍的工资 【劳动合同法第82条】

节假日要支付工资吗
- 劳动者在法定休假日和婚丧假期间以及依法参加社会活动期间 —— 用人单位应当依法支付工资 【劳动法第51条】
- 法定休假日,是指法律、法规规定的劳动者休假的时间,包括法定节日(元旦、春节、劳动节、国庆节及其他节假日)以及法定带薪休假 【劳动法若干条文说明第51条】

年休假、探亲假、婚假、丧假的工资支付
- 劳动合同规定的标准,系指劳动合同规定的劳动者本人所在的岗位(职位)相对应的工资标准
- 劳动者依法享受年休假、探亲假、婚假、丧假期间,用人单位应按劳动合同规定的标准支付劳动者工资 【工资支付规定第11条】

劳动者请事假要支付工资吗
- 广东省的规定 —— 劳动者因事假未提供劳动期间,用人单位可以不支付工资 【广东省工资支付条例第25条】

休息日要支付工资吗
- 无须支付
  - 工资支付暂行规定第11条未将休息日列入支付工资的范围
  - 工作时间和工资折算通知第2条在计算月计薪天数时也将全年104天休息日进行了扣除,故休息日无须支付工资

产假期间工资的支付
- 女职工产假期间,可以按国家规定享受生育津贴
- 生育津贴按照职工所在用人单位上年度职工月平均工资计发 【社会保险法第56条】
- 广东省的规定
  - 职工按照规定享受的生育津贴,由用人单位按照职工原工资标准先行垫付,再由医疗保障经办机构按照规定拨付给用人单位
  - 职工已经享受生育津贴的,视同用人单位已经支付相应数额的工资
  - 【广东生育保险规定第17条】

病假工资的支付
- 职工患病或非因工负伤治疗期间,在规定的医疗期间内由企业按有关规定支付其病假工资或疾病救济费,病假工资或疾病救济费可以低于当地最低工资标准支付,但不能低于最低工资标准的80% 【贯彻劳动法若干问题意见第59条】

加班工资的支付
- 用人单位依法安排劳动者在日法定标准工作时间以外延长工作时间的 —— 按照不低于劳动合同规定的劳动者本人小时工资标准的150%支付劳动者工资
- 用人单位依法安排劳动者在休息日工作,而又不能安排补休的 —— 按照不低于劳动合同规定的劳动者本人日或小时工资标准的200%支付劳动者工资
- 用人单位依法安排劳动者在法定休假节日工作的 —— 按照不低于劳动合同规定的劳动者本人日或小时工资标准的300%支付劳动者工资
- 【工资支付规定第13条】

工伤期间工资的支付
- 治疗工伤期间的工资福利 —— 按照国家规定由用人单位支付 【社会保险法第39条】
- 职工因工作遭受事故伤害或者患职业病需要暂停工作接受工伤医疗的 —— 在停工留薪期内,原工资福利待遇不变 —— 由所在单位按月支付 【工伤条例第33条】

停工、停产期间的工资支付
- 非因劳动者原因造成单位停工、停产
  - 停工、停产在一个工资支付周期内的 —— 用人单位应按劳动合同规定的标准支付劳动者工资
  - 停工、停产超过一个工资支付周期的
    - 若劳动者提供了正常劳动 —— 则支付给劳动者的劳动报酬不得低于当地的最低工资标准
    - 若劳动者没有提供正常劳动 —— 应按国家有关规定办理
  - 【工资支付规定第12条】
- 广东省的规定 —— 应当按照不低于当地最低工资标准的80%支付劳动者生活费,生活费发放至企业复工、复产或者解除劳动关系 【广东省工资支付条例第39条】

劳动合同对工资标准约定不明怎么办
- 劳动合同对劳动报酬标准约定不明确,引发争议的,用人单位与劳动者可以重新协商
- 协商不成的
  - 适用集体合同规定 —— 集体合同未规定劳动报酬的 —— 实行同工同酬
  - 没有集体合同的 —— 实行同工同酬
  - 【劳动合同法第18条】
- 广东省的规定 —— 以用人单位所在地县级人民政府公布的上年度职工月平均工资作为正常工作时间工资 【广东省工资支付条例第8条】

解除或终止劳动合同时工资应在何时支付
- 用人单位应在解除或终止劳动合同时一次付清劳动者工资 【工资支付规定第9条】

制作依据:劳动法、社会保险法、劳动合同法、劳动合同法实施条例、工资支付规定、贯彻劳动法若干问题意见、劳动法若干条文说明、广东生育保险规定、广东省工资支付条例、工伤条例

关联法条

《中华人民共和国劳动合同法》（2012修正）

第十条　建立劳动关系，应当订立书面劳动合同。

已建立劳动关系，未同时订立书面劳动合同的，应当自用工之日起一个月内订立书面劳动合同。

用人单位与劳动者在用工前订立劳动合同的，劳动关系自用工之日起建立。

第十四条　无固定期限劳动合同，是指用人单位与劳动者约定无确定终止时间的劳动合同。

用人单位与劳动者协商一致，可以订立无固定期限劳动合同。有下列情形之一，劳动者提出或者同意续订、订立劳动合同的，除劳动者提出订立固定期限劳动合同外，应当订立无固定期限劳动合同：

（一）劳动者在该用人单位连续工作满十年的；

（二）用人单位初次实行劳动合同制度或者国有企业改制重新订立劳动合同时，劳动者在该用人单位连续工作满十年且距法定退休年龄不足十年的；

（三）连续订立二次固定期限劳动合同，且劳动者没有本法第三十九条和第四十条第一项、第二项规定的情形，续订劳动合同的。

用人单位自用工之日起满一年不与劳动者订立书面劳动合同的，视为用人单位与劳动者已订立无固定期限劳动合同。

第八十二条　用人单位自用工之日起超过一个月不满一年未与劳动者订立书面劳动合同的，应当向劳动者每月支付二倍的工资。

用人单位违反本法规定不与劳动者订立无固定期限劳动合同的，自应当订立无固定期限劳动合同之日起向劳动者每月支付二倍的工资。

《中华人民共和国劳动合同法实施条例》

第六条　用人单位自用工之日起超过一个月不满一年未与劳动者订立书面劳动合同的，应当依照劳动合同法第八十二条的规定向劳动者每月支付两倍的工资，并与劳动者补订书面劳动合同；劳动者不与用人单位订立书面劳动合同的，用人单位应当书面通知劳动者终止劳动关系，并依照劳动合同法第四十七条的规定支付经济补偿。

前款规定的用人单位向劳动者每月支付两倍工资的起算时间为用工之日起满一个月的次日，截止时间为补订书面劳动合同的前一日。

第七条　用人单位自用工之日起满一年未与劳动者订立书面劳动合同的，自用工之日起满一个月的次日至满一年的前一日应当依照劳动合同法第八十二条的规定向劳动者每月支付两倍的工资，并视为自用工之日起满一年的当日已经与劳动者订立无固定期限劳动合同，应当立即与劳动者补订书面劳动合同。

《人力资源社会保障部、最高人民法院关于劳动人事争议仲裁与诉讼衔接有关问题的意见（一）》

二十、用人单位自用工之日起满一年未与劳动者订立书面劳动合同，视为自用工之日起满一年的当日已经与劳动者订立无固定期限劳动合同。

存在前款情形，劳动者以用人单位未订立书面劳动合同为由要求用人单位支付自用工之日起满一年之后的第二倍工资的，劳动人事争议仲裁委员会、人民法院不予支持。

未签订书面劳动合同的二倍工资问题

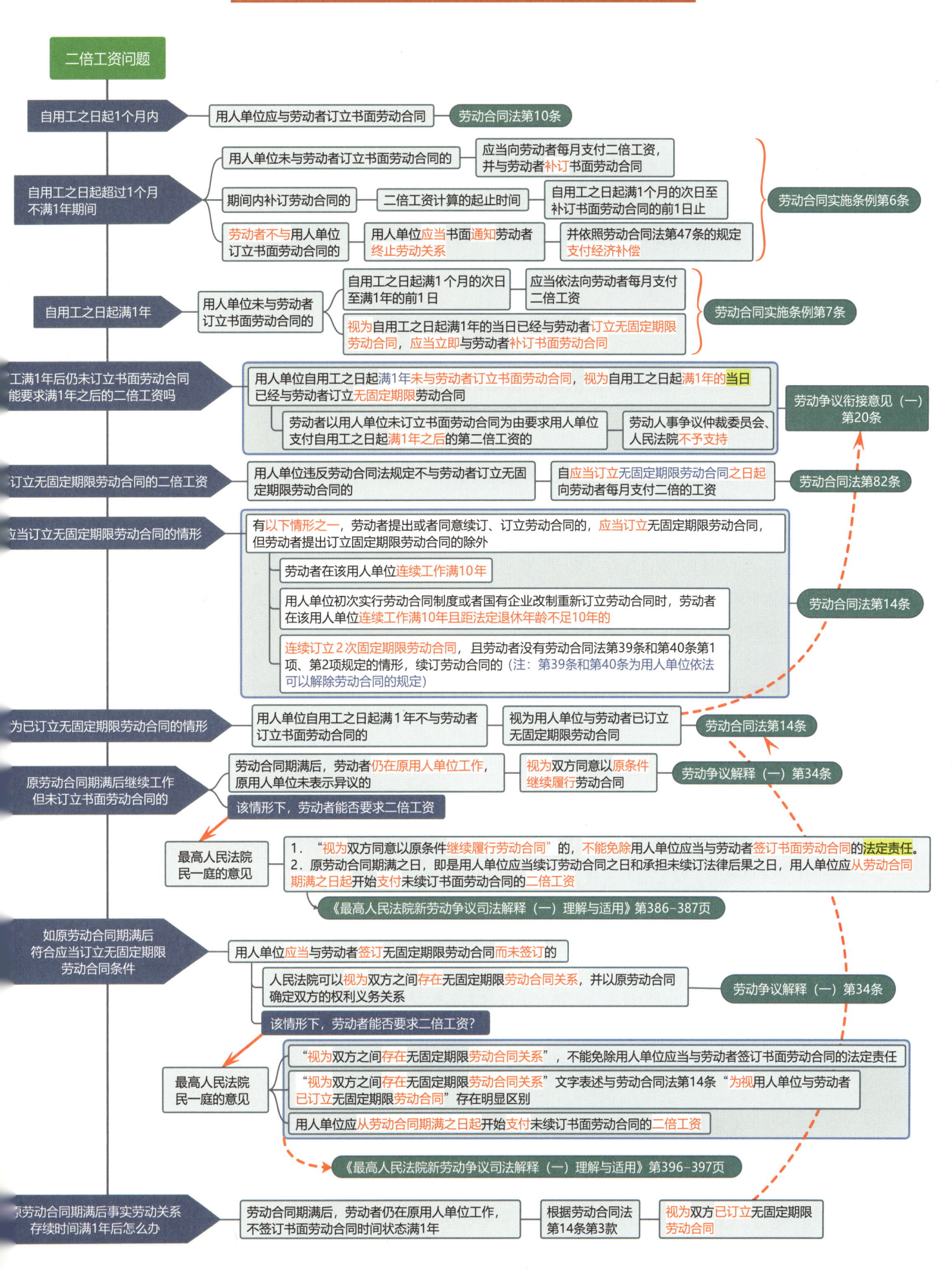

二倍工资问题

自用工之日起1个月内 — 用人单位应与劳动者订立书面劳动合同 —《劳动合同法》第10条

自用工之日起超过1个月不满1年期间
- 用人单位未与劳动者订立书面劳动合同的 → 应当向劳动者每月支付二倍工资,并与劳动者补订书面劳动合同
- 期间内补订劳动合同的 → 二倍工资计算的起止时间 → 自用工之日起满1个月的次日至补订书面劳动合同的前1日止
- 劳动者不与用人单位订立书面劳动合同的 → 用人单位应当书面通知劳动者终止劳动关系 → 并依照劳动合同法第47条的规定支付经济补偿

《劳动合同法实施条例》第6条

自用工之日起满1年 — 用人单位未与劳动者订立书面劳动合同的:
- 自用工之日起满1个月的次日至满1年的前1日 → 应当依法向劳动者每月支付二倍工资
- 视为自用工之日起满1年的当日已经与劳动者订立无固定期限劳动合同,应当立即与劳动者补订书面劳动合同

《劳动合同法实施条例》第7条

工满1年后仍未订立书面劳动合同能要求满1年之后的二倍工资吗
- 用人单位自用工之日起满1年未与劳动者订立书面劳动合同,视为自用工之日起满1年的当日已经与劳动者订立无固定期限劳动合同
- 劳动者以用人单位未订立书面劳动合同为由要求用人单位支付自用工之日起满1年之后的第二倍工资的 → 劳动人事争议仲裁委员会、人民法院不予支持

《劳动争议衔接意见(一)》第20条

订立无固定期限劳动合同的二倍工资 — 用人单位违反劳动合同法规定不与劳动者订立无固定期限劳动合同的 → 自应当订立无固定期限劳动合同之日起向劳动者每月支付二倍的工资

《劳动合同法》第82条

应当订立无固定期限劳动合同的情形 — 有以下情形之一,劳动者提出或者同意续订、订立劳动合同的,应当订立无固定期限劳动合同,但劳动者提出订立固定期限劳动合同的除外:
- 劳动者在该用人单位连续工作满10年
- 用人单位初次实行劳动合同制度或者国有企业改制重新订立劳动合同时,劳动者在该用人单位连续工作满10年且距法定退休年龄不足10年的
- 连续订立2次固定期限劳动合同,且劳动者没有劳动合同法第39条和第40条第1项、第2项规定的情形,续订劳动合同的(注:第39条和第40条为用人单位依法可以解除劳动合同的规定)

《劳动合同法》第14条

为已订立无固定期限劳动合同的情形 — 用人单位自用工之日起满1年不与劳动者订立书面劳动合同的 → 视为用人单位与劳动者已订立无固定期限劳动合同

《劳动合同法》第14条

原劳动合同期满后继续工作但未订立书面劳动合同的
- 劳动合同期满后,劳动者仍在原用人单位工作,原用人单位未表示异议的 → 视为双方同意以原条件继续履行劳动合同

《劳动争议解释(一)》第34条

该情形下,劳动者能否要求二倍工资

最高人民法院民一庭的意见:
1. "视为双方同意以原条件继续履行劳动合同"的,不能免除用人单位应当与劳动者签订书面劳动合同的法定责任。
2. 原劳动合同期满之日,即是用人单位应当续订劳动合同之日和承担未续订法律后果之日,用人单位应从劳动合同期满之日起开始支付未续订书面劳动合同的二倍工资

《最高人民法院新劳动争议司法解释(一)理解与适用》第386-387页

如原劳动合同期满后符合应当订立无固定期限劳动合同条件
- 用人单位应当与劳动者签订无固定期限劳动合同而未签订的
- 人民法院可以视为双方之间存在无固定期限合同关系,并以原劳动合同确定双方的权利义务关系

《劳动争议解释(一)》第34条

该情形下,劳动者能否要求二倍工资?

最高人民法院民一庭的意见:
- "视为双方之间存在无固定期限劳动合同关系",不能免除用人单位应当与劳动者签订书面劳动合同的法定责任
- "视为双方之间存在无固定期限劳动合同关系"文字表述与劳动合同法第14条"为视用人单位与劳动者已订立无固定期限劳动合同"存在明显区别
- 用人单位应从劳动合同期满之日起开始支付未续订书面劳动合同的二倍工资

《最高人民法院新劳动争议司法解释(一)理解与适用》第396-397页

原劳动合同期满后事实劳动关系存续时间满1年后怎么办 — 劳动合同期满后,劳动者仍在原用人单位工作,不签订书面劳动合同时间状态满1年 → 根据劳动合同法第14条第3款 → 视为双方已订立无固定期限劳动合同

制作依据:劳动合同法、劳动合同法实施条例、劳动争议解释(一)、《最高人民法院新劳动争议司法解释(一)理解与适用》(人民法院出版社2021年版)、劳动争议衔接意见(一)

关联法条

《北京市高级人民法院、北京市劳动人事争议仲裁委员会关于审理劳动争议案件解答（一）》

55.用人单位给付劳动者的工资标准计算基数按哪些原则确定？

……

（3）计算"二倍工资"的工资标准时，因基本工资、岗位工资、职务工资、工龄工资、级别工资等按月支付的工资组成项目具有连续性、稳定性特征，金额相对固定，属于劳动者正常劳动的应得工资，应作为未订立劳动合同二倍工资差额的计算基数，不固定发放的提成工资、奖金等一般不作为未订立劳动合同二倍工资差额的计算基数。

《上海市高级人民法院关于审理劳动争议案件若干问题的解答（2010）》

一、关于双倍工资的几个问题

……

3.关于双倍工资的计算基数的确定

经研究认为，劳动关系双方对月工资有约定的，双倍工资的计算基数应按照双方约定的正常工作时间月工资来确定。双方对月工资没有约定或约定不明的，应按《劳动合同法》第18条规定来确定正常工作时间的月工资，并以确定的工资数额作为双倍工资的计算基数。

如按《劳动合同法》第18条规定仍无法确定正常工作时间工资数额的，可按劳动者实际获得的月收入扣除加班工资、非常规性奖金、福利性、风险性等项目后的正常工作时间月工资确定。

如月工资未明确各构成项目的，由用人单位对工资构成项目进行举证，用人单位不能举证或证据不足的，双倍工资的计算基数按照劳动者实际获得的月收入确定。

按上述原则确定的双倍工资基数均不得低于本市月最低工资标准。

《深圳市中级人民法院关于审理劳动争议案件的裁判指引》

七十、《劳动合同法》第八十二条规定的二倍工资差额的计算基数应为包括加班工资在内的当月应得工资，但不包含支付周期超过一个月或未确定支付周期的劳动报酬。

二倍工资的计算基数

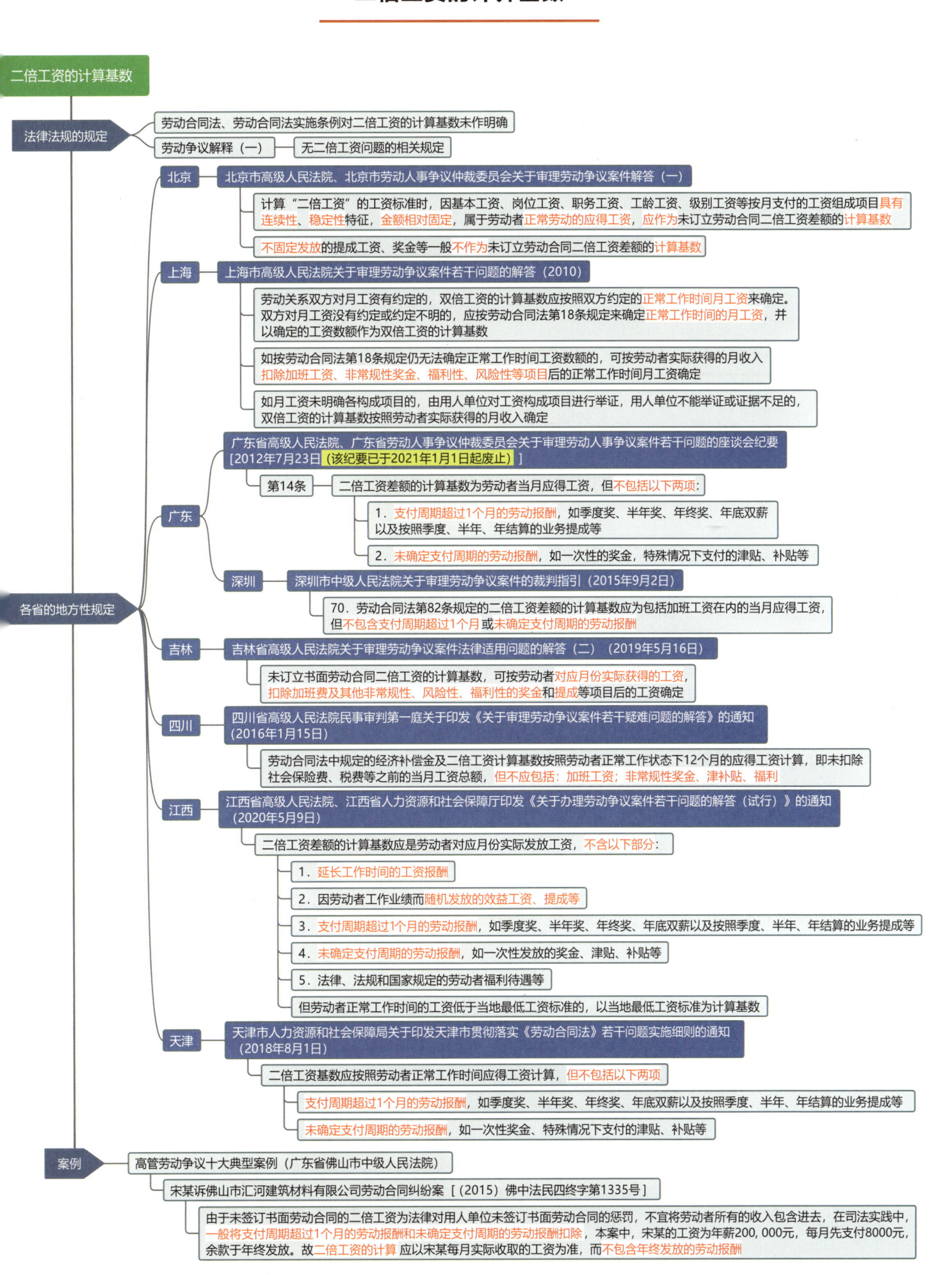

- 二倍工资的计算基数
  - **法律法规的规定**
    - 劳动合同法、劳动合同法实施条例对二倍工资的计算基数未作明确
    - 劳动争议解释（一）—— 无二倍工资问题的相关规定
  - **各省的地方性规定**
    - **北京**：北京市高级人民法院、北京市劳动人事争议仲裁委员会关于审理劳动争议案件解答（一）
      - 计算"二倍工资"的工资标准时，因基本工资、岗位工资、职务工资、工龄工资、级别工资等按月支付的工资组成项目具有连续性、稳定性特征，金额相对固定，属于劳动者正常劳动的应得工资，应作为未订立劳动合同二倍工资差额的计算基数
      - 不固定发放的提成工资、奖金等一般不作为未订立劳动合同二倍工资差额的计算基数
    - **上海**：上海市高级人民法院关于审理劳动争议案件若干问题的解答（2010）
      - 劳动关系双方对月工资有约定的，双倍工资的计算基数应按照双方约定的正常工作时间月工资来确定。双方对月工资没有约定或约定不明的，应按劳动合同法第18条规定来确定正常工作时间的月工资，并以确定的工资数额作为双倍工资的计算基数
      - 如按劳动合同法第18条规定仍无法确定正常工作时间工资数额的，可按劳动者实际获得的月收入扣除加班工资、非常规性奖金、福利性、风险性等项目后的正常工作时间月工资确定
      - 如月工资未明确各构成项目的，由用人单位对工资构成项目进行举证，用人单位不能举证或证据不足的，双倍工资的计算基数按照劳动者实际获得的月收入确定
    - **广东**：广东省高级人民法院、广东省劳动人事争议仲裁委员会关于审理劳动人事争议案件若干问题的座谈会纪要[2012年7月23日]（该纪要已于2021年1月1日起废止）
      - 第14条：二倍工资差额的计算基数为劳动者当月应得工资，但不包括以下两项：
        1. 支付周期超过1个月的劳动报酬，如季度奖、半年奖、年终奖、年底双薪以及按照季度、半年、年结算的业务提成等
        2. 未确定支付周期的劳动报酬，如一次性的奖金，特殊情况下支付的津贴，补贴等
    - **深圳**：深圳市中级人民法院关于审理劳动争议案件的裁判指引（2015年9月2日）
      - 70. 劳动合同法第82条规定的二倍工资差额的计算基数为包括加班工资在内的当月应得工资，但不包含支付周期超过1个月或未确定支付周期的劳动报酬
    - **吉林**：吉林省高级人民法院关于审理劳动争议案件法律适用问题的解答（二）（2019年5月16日）
      - 未订立书面劳动合同二倍工资的计算基数，可按劳动者对应月份实际获得的工资，扣除加班费及其他非常规性、风险性、福利性的奖金和提成等项目后的工资确定
    - **四川**：四川省高级人民法院民事审判第一庭关于印发《关于审理劳动争议案件若干疑难问题的解答》的通知（2016年1月15日）
      - 劳动合同法中规定的经济补偿金及二倍工资计算基数按照劳动者正常工作状态下12个月的应得工资计算，即未扣除社会保险费、税费等之前的当月工资总额，但不应包括：加班工资；非常规性奖金、津补贴、福利
    - **江西**：江西省高级人民法院、江西省人力资源和社会保障厅印发《关于办理劳动争议案件若干问题的解答（试行）》的通知（2020年5月9日）
      - 二倍工资差额的计算基数应是劳动者对应月份实际发放工资，不含以下部分：
        1. 延长工作时间的工资报酬
        2. 因劳动者工作业绩而随机发放的效益工资、提成等
        3. 支付周期超过1个月的劳动报酬，如季度奖、半年奖、年终奖、年底双薪以及按照季度、半年、年结算的业务提成等
        4. 未确定支付周期的劳动报酬，如一次性发放的奖金、津贴、补贴等
        5. 法律、法规和国家规定的劳动者福利待遇等
      - 但劳动者正常工作时间的工资低于当地最低工资标准的，以当地最低工资标准为计算基数
    - **天津**：天津市人力资源和社会保障局关于印发天津市贯彻落实《劳动合同法》若干问题实施细则的通知（2018年8月1日）
      - 二倍工资基数应按照劳动者正常工作时间应得工资计算，但不包括以下两项：
        - 支付周期超过1个月的劳动报酬，如季度奖、半年奖、年终奖、年底双薪以及按照季度、半年、年结算的业务提成等
        - 未确定支付周期的劳动报酬，如一次性奖金，特殊情况下支付的津贴、补贴等
  - **案例**
    - 高管劳动争议十大典型案例（广东省佛山市中级人民法院）
      - 宋某诉佛山市汇河建筑材料有限公司劳动合同纠纷案[（2015）佛中法民四终字第1335号]
        - 由于未签订书面劳动合同的二倍工资为法律对用人单位未签订书面劳动合同的惩罚，不宜将劳动者所有的收入包含进去，在司法实践中，一般将支付周期超过1个月的劳动报酬和未确定支付周期的劳动报酬扣除，本案中，宋某的工资为年薪200,000元，每月先支付8000元，余款于年终发放。故二倍工资的计算应以宋某每月实际收取的工资为准，而不包含年终发放的劳动报酬

制作依据：各省、直辖市高级人民法院的地方性规定

关联法条

《中华人民共和国社会保险法》(2018修正)

第五十四条 用人单位已经缴纳生育保险费的,其职工享受生育保险待遇;职工未就业配偶按照国家规定享受生育医疗费用待遇。所需资金从生育保险基金中支付。

生育保险待遇包括生育医疗费用和生育津贴。

第五十六条 职工有下列情形之一的,可以按照国家规定享受生育津贴:

(一)女职工生育享受产假;

(二)享受计划生育手术休假;

(三)法律、法规规定的其他情形。

生育津贴按照职工所在用人单位上年度职工月平均工资计发。

《女职工劳动保护特别规定》

第八条 女职工产假期间的生育津贴,对已经参加生育保险的,按照用人单位上年度职工月平均工资的标准由生育保险基金支付;对未参加生育保险的,按照女职工产假前工资的标准由用人单位支付。

女职工生育或者流产的医疗费用,按照生育保险规定的项目和标准,对已经参加生育保险的,由生育保险基金支付;对未参加生育保险的,由用人单位支付。

《广东省职工生育保险规定》(2022修订)

第十五条 职工应当享受的生育津贴,按照职工生育或者施行计划生育手术时用人单位上年度职工月平均工资除以30再乘以规定的假期天数计发。

用人单位上年度职工月平均工资按照本单位上一自然年度参保职工各月缴费工资之和,除以其各月参保职工数之和确定。

本年度新参保的用人单位,生育津贴以该单位本年度参保职工月平均工资为基数计算。

第十七条 职工按照规定享受的生育津贴,由用人单位按照职工原工资标准先行垫付,再由医疗保障经办机构按照规定拨付给用人单位。有条件的地级以上市可以由医疗保障经办机构委托金融机构将生育津贴直接发放给职工。

职工已经享受生育津贴的,视同用人单位已经支付相应数额的工资。生育津贴高于职工原工资标准的,用人单位应当将生育津贴余额支付给职工;生育津贴低于职工原工资标准的,差额部分由用人单位补足。

职工依法享受的生育津贴,按照规定免征个人所得税。

本条所称职工原工资标准,是指职工依法享受产假或者计划生育手术休假前12个月的月平均工资。职工依法享受假期前参加工作未满12个月的,按其实际参加工作的月份数计算。

第三十条 用人单位未按照规定为职工办理生育保险登记或者未按时足额缴费的,依照《中华人民共和国社会保险法》等法律法规的规定处理;造成职工或者职工未就业配偶不能享受生育保险待遇的,由用人单位按照本规定及所在地级以上市规定的生育保险待遇标准支付相关费用。

用人单位未按时足额申报缴纳本单位职工基本医疗保险费造成职工生育津贴损失的,由用人单位补足。

女职工产假期间工资待遇（以广东省为例）

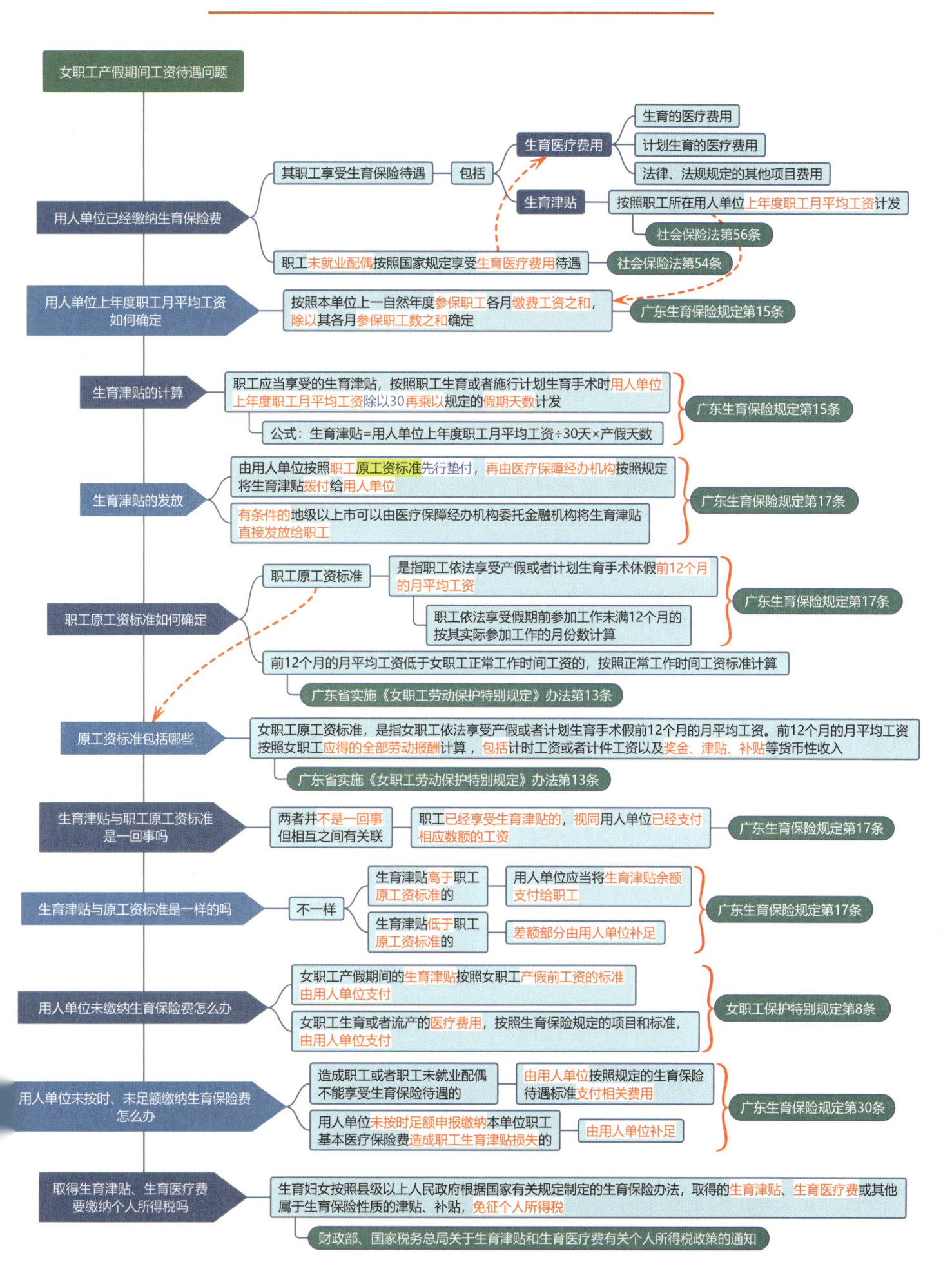

女职工产假期间工资待遇问题

用人单位已经缴纳生育保险费

- 其职工享受生育保险待遇 → 包括：
  - 生育医疗费用
    - 生育的医疗费用
    - 计划生育的医疗费用
    - 法律、法规规定的其他项目费用
  - 生育津贴：按照职工所在用人单位上年度职工月平均工资计发（社会保险法第56条）
- 职工未就业配偶按照国家规定享受生育医疗费用待遇（社会保险法第54条）

用人单位上年度职工月平均工资如何确定

按照本单位上一自然年度参保职工各月缴费工资之和，除以其各月参保职工数之和确定（广东生育保险规定第15条）

生育津贴的计算

- 职工应当享受的生育津贴，按照职工生育或者施行计划生育手术时用人单位上年度职工月平均工资除以30再乘以规定的假期天数计发
- 公式：生育津贴=用人单位上年度职工月平均工资÷30天×产假天数

（广东生育保险规定第15条）

生育津贴的发放

- 由用人单位按照职工原工资标准先行垫付，再由医疗保障经办机构按照规定将生育津贴拨付给用人单位
- 有条件的地级以上市可以由医疗保障经办机构委托金融机构将生育津贴直接发放给职工

（广东生育保险规定第17条）

职工原工资标准如何确定

- 职工原工资标准：
  - 是指职工依法享受产假或者计划生育手术休假前12个月的月平均工资
  - 职工依法享受假期前参加工作未满12个月的，按其实际参加工作的月份数计算

（广东生育保险规定第17条）

- 前12个月的月平均工资低于女职工正常工作时间工资的，按照正常工作时间工资标准计算（广东省实施《女职工劳动保护特别规定》办法第13条）

原工资标准包括哪些

女职工原工资标准，是指女职工依法享受产假或者计划生育手术假前12个月的月平均工资。前12个月的月平均工资按照女职工应得的全部劳动报酬计算，包括计时工资或者计件工资以及奖金、津贴、补贴等货币性收入（广东省实施《女职工劳动保护特别规定》办法第13条）

生育津贴与职工原工资标准是一回事吗

两者并不是一回事但相互之间有关联；职工已经享受生育津贴的，视同用人单位已经支付相应数额的工资（广东生育保险规定第17条）

生育津贴与原工资标准是一样的吗

不一样：
- 生育津贴高于职工原工资标准的，用人单位应当将生育津贴余额支付给职工
- 生育津贴低于职工原工资标准的，差额部分由用人单位补足

（广东生育保险规定第17条）

用人单位未缴纳生育保险费怎么办

- 女职工产假期间的生育津贴按照女职工产假前工资的标准由用人单位支付
- 女职工生育或者流产的医疗费用，按照生育保险规定的项目和标准，由用人单位支付

（女职工保护特别规定第8条）

用人单位未按时、未足额缴纳生育保险费怎么办

- 造成职工或者职工未就业配偶不能享受生育保险待遇的，由用人单位按照规定的生育保险待遇标准支付相关费用
- 用人单位未按时足额申报缴纳本单位职工基本医疗保险费造成职工生育津贴损失的，由用人单位补足

（广东生育保险规定第30条）

取得生育津贴、生育医疗费要缴纳个人所得税吗

生育妇女按照县级以上人民政府根据国家有关规定制定的生育保险办法，取得的生育津贴、生育医疗费或其他属于生育保险性质的津贴、补贴，免征个人所得税（财政部、国家税务总局关于生育津贴和生育医疗费有关个人所得税政策的通知）

制作依据：社会保险法，女职工保护特别规定，广东省实施《女职工劳动保护特别规定》办法，广东生育保险规定，财政部、国家税务总局关于生育津贴和生育医疗费有关个人所得税政策的通知

关联法条

《关于贯彻执行〈中华人民共和国劳动法〉若干问题的意见》

53. 劳动法中的"工资"是指用人单位依据国家有关规定或劳动合同的约定，以货币形式直接支付给本单位劳动者的劳动报酬，一般包括计时工资、计件工资、奖金、津贴和补贴、延长工作时间的工资报酬以及特殊情况下支付的工资等。"工资"是劳动者劳动收入的主要组成部分。劳动者的以下劳动收入不属于工资范围：（1）单位支付给劳动者个人的社会保险福利费用，如丧葬抚恤救济费、生活困难补助费、计划生育补贴等；（2）劳动保护方面的费用，如用人单位支付给劳动者的工作服、解毒剂、清凉饮料费用等；（3）按规定未列入工资总额的各种劳动报酬及其他劳动收入，如根据国家规定发放的创造发明奖、国家星火奖、自然科学奖、科学技术进步奖、合理化建议和技术改进奖、中华技能大奖等，以及稿费、讲课费、翻译费等。

《关于工资总额组成的规定》

第五条 计时工资是指按计时工资标准（包括地区生活费补贴）和工作时间支付给个人的劳动报酬。包括：

（一）对已做工作按计时工资标准支付的工资；

（二）实行结构工资制的单位支付给职工的基础工资和职务（岗位）工资；

（三）新参加工作职工的见习工资（学徒的生活费）；

（四）运动员体育津贴。

第六条 计件工资是指对已做工作按计件单价支付的劳动报酬。包括：

（一）实行超额累进计件、直接无限计件、限额计件、超定额计件等工资制，按劳动部门或主管部门批准的定额和计件单价支付给个人的工资；

（二）按工作任务包干方法支付给个人的工资；

（三）按营业额提成或利润提成办法支付给个人的工资。

第七条 奖金是指支付给职工的超额劳动报酬和增收节支的劳动报酬。包括：

（一）生产奖；

（二）节约奖；

（三）劳动竞赛奖；

（四）机关、事业单位的奖励工资；

（五）其他奖金。

第八条 津贴和补贴是指为了补偿职工特殊或额外的劳动消耗和因其他特殊原因支付给职工的津贴，以及为了保证职工工资水平不受物价影响支付给职工的物价补贴。

（一）津贴。包括：补偿职工特殊或额外劳动消耗的津贴，保健性津贴，技术性津贴，年功性津贴及其他津贴。

（二）物价补贴。包括：为保证职工工资水平不受物价上涨或变动影响而支付的各种补贴。

第九条 加班加点工资是指按规定支付的加班工资和加点工资。

第十条 特殊情况下支付的工资。包括：

（一）根据国家法律、法规和政策规定，因病、工伤、产假、计划生育假、婚丧假、事假、探亲假、定期休假、停工学习、执行国家或社会义务等原因按计时工资标准或计时工资标准的一定比例支付的工资；

（二）附加工资、保留工资。

工资的组成包括哪些项目

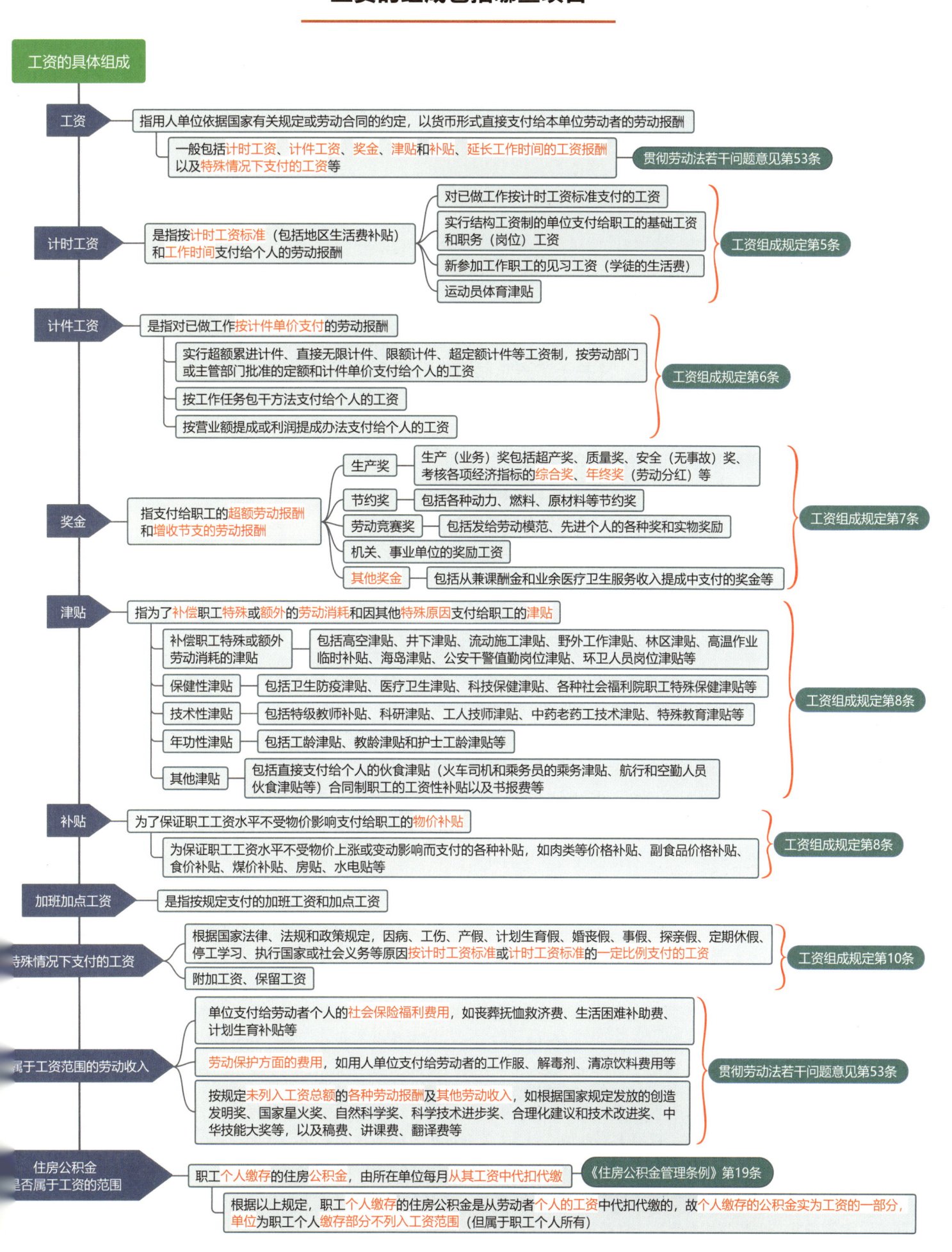

工资的具体组成

- **工资**：指用人单位依据国家有关规定或劳动合同的约定，以货币形式直接支付给本单位劳动者的劳动报酬
  - 一般包括计时工资、计件工资、奖金、津贴和补贴、延长工作时间的工资报酬以及特殊情况下支付的工资等 ——《贯彻劳动法若干问题意见》第53条

- **计时工资**：是指按计时工资标准（包括地区生活费补贴）和工作时间支付给个人的劳动报酬
  - 对已做工作按计时工资标准支付的工资
  - 实行结构工资制的单位支付给职工的基础工资和职务（岗位）工资
  - 新参加工作职工的见习工资（学徒的生活费）
  - 运动员体育津贴
  ——《工资组成规定》第5条

- **计件工资**：是指对已做工作按计件单价支付的劳动报酬
  - 实行超额累进计件、直接无限计件、限额计件、超定额计件等工资制，按劳动部门或主管部门批准的定额和计件单价支付给个人的工资
  - 按工作任务包干方法支付给个人的工资
  - 按营业额提成或利润提成办法支付给个人的工资
  ——《工资组成规定》第6条

- **奖金**：指支付给职工的超额劳动报酬和增收节支的劳动报酬
  - 生产奖：生产（业务）奖包括超产奖、质量奖、安全（无事故）奖、考核各项经济指标的综合奖、年终奖（劳动分红）等
  - 节约奖：包括各种动力、燃料、原材料等节约奖
  - 劳动竞赛奖：包括发给劳动模范、先进个人的各种奖和实物奖励
  - 机关、事业单位的奖励工资
  - 其他奖金：包括从兼课酬金和业余医疗卫生服务收入提成中支付的奖金等
  ——《工资组成规定》第7条

- **津贴**：指为了补偿职工特殊或额外的劳动消耗和因其他特殊原因支付给职工的津贴
  - 补偿职工特殊或额外劳动消耗的津贴：包括高空津贴、井下津贴、流动施工津贴、野外工作津贴、林区津贴、高温作业临时补贴、海岛津贴、公安干警值勤岗位津贴、环卫人员岗位津贴等
  - 保健性津贴：包括卫生防疫津贴、医疗卫生津贴、科技保健津贴、各种社会福利院职工特殊保健津贴等
  - 技术性津贴：包括特级教师补贴、科研津贴、工人技师津贴、中药老药工技术津贴、特殊教育津贴等
  - 年功性津贴：包括工龄津贴、教龄津贴和护士工龄津贴等
  - 其他津贴：包括直接支付给个人的伙食津贴（火车司机和乘务员的乘务津贴、航行和空勤人员伙食津贴等）合同制职工的工资性补贴以及书报费等
  ——《工资组成规定》第8条

- **补贴**：为了保证职工工资水平不受物价影响支付给职工的物价补贴
  - 为保证职工工资水平不受物价上涨或变动影响而支付的各种补贴，如肉类等价格补贴、副食品价格补贴、食价补贴、煤价补贴、房贴、水电贴等
  ——《工资组成规定》第8条

- **加班加点工资**：是指按规定支付的加班工资和加点工资

- **特殊情况下支付的工资**：
  - 根据国家法律、法规和政策规定，因病、工伤、产假、计划生育假、婚丧假、事假、探亲假、定期休假、停工学习、执行国家或社会义务等原因按计时工资标准或计时工资标准的一定比例支付的工资
  - 附加工资、保留工资
  ——《工资组成规定》第10条

- **不属于工资范围的劳动收入**：
  - 单位支付给劳动者个人的社会保险福利费用，如丧葬抚恤救济费、生活困难补助费、计划生育补贴等
  - 劳动保护方面的费用，如用人单位支付给劳动者的工作服、解毒剂、清凉饮料费用等
  - 按规定未列入工资总额的各种劳动报酬及其他劳动收入，如根据国家规定发放的创造发明奖、国家星火奖、自然科学奖、科学技术进步奖、合理化建议和技术改进奖、中华技能大奖等，以及稿费、讲课费、翻译费等
  ——《贯彻劳动法若干问题意见》第53条

- **住房公积金是否属于工资的范围**：
  - 职工个人缴存的住房公积金，由所在单位每月从其工资中代扣代缴 ——《住房公积金管理条例》第19条
  - 根据以上规定，职工个人缴存的住房公积金是从劳动者个人的工资中代扣代缴的，故个人缴存的公积金实为工资的一部分，单位为职工个人缴存部分不列入工资范围（但属于职工个人所有）

制作依据：工资组成规定、工资组成规定若干范围解释、贯彻劳动法若干问题意见、《住房公积金管理条例》、社保缴费基数通知

关联法条

《关于工资总额组成的规定》

第十一条 下列各项不列入工资总额的范围：

（一）根据国务院发布的有关规定颁发的创造发明奖、自然科学奖、科学技术进步奖和支付的合理化建议和技术改进奖以及支付给运动员、教练员的奖金；

（二）有关劳动保险和职工福利方面的各项费用；

（三）有关离休、退休、退职人员待遇的各项支出；

（四）劳动保护的各项支出；

（五）稿费、讲课费及其他专门工作报酬；

（六）出差伙食补助费、误餐补助、调动工作的旅费和安家费；

（七）对自带工具、牲畜来企业工作职工所支付的工具、牲畜等的补偿费用；

（八）实行租赁经营单位的承租人的风险性补偿收入；

（九）对购买本企业股票和债券的职工所支付的股息（包括股金分红）和利息；

（十）劳动合同制职工解除劳动合同时由企业支付的医疗补助费、生活补助费等；

（十一）因录用临时工而在工资以外向提供劳动力单位支付的手续费或管理费；

（十二）支付给家庭工人的加工费和按加工订货办法支付给承包单位的发包费用；

（十三）支付给参加企业劳动的在校学生的补贴；

（十四）计划生育独生子女补贴。

《关于贯彻执行〈中华人民共和国劳动法〉若干问题的意见》

53.劳动法中的"工资"是指用人单位依据国家有关规定或劳动合同的约定，以货币形式直接支付给本单位劳动者的劳动报酬，一般包括计时工资、计件工资、奖金、津贴和补贴、延长工作时间的工资报酬以及特殊情况下支付的工资等。"工资"是劳动者劳动收入的主要组成部分。劳动者的以下劳动收入不属于工资范围：(1)单位支付给劳动者个人的社会保险福利费用，如丧葬抚恤救济费、生活困难补助费、计划生育补贴等；(2)劳动保护方面的费用，如用人单位支付给劳动者的工作服、解毒剂、清凉饮料费用等；(3)按规定未列入工资总额的各种劳动报酬及其他劳动收入，如根据国家规定发放的创造发明奖、国家星火奖、自然科学奖、科学技术进步奖、合理化建议和技术改进奖、中华技能大奖等，以及稿费、讲课费、翻译费等。

不列入工资范围的项目

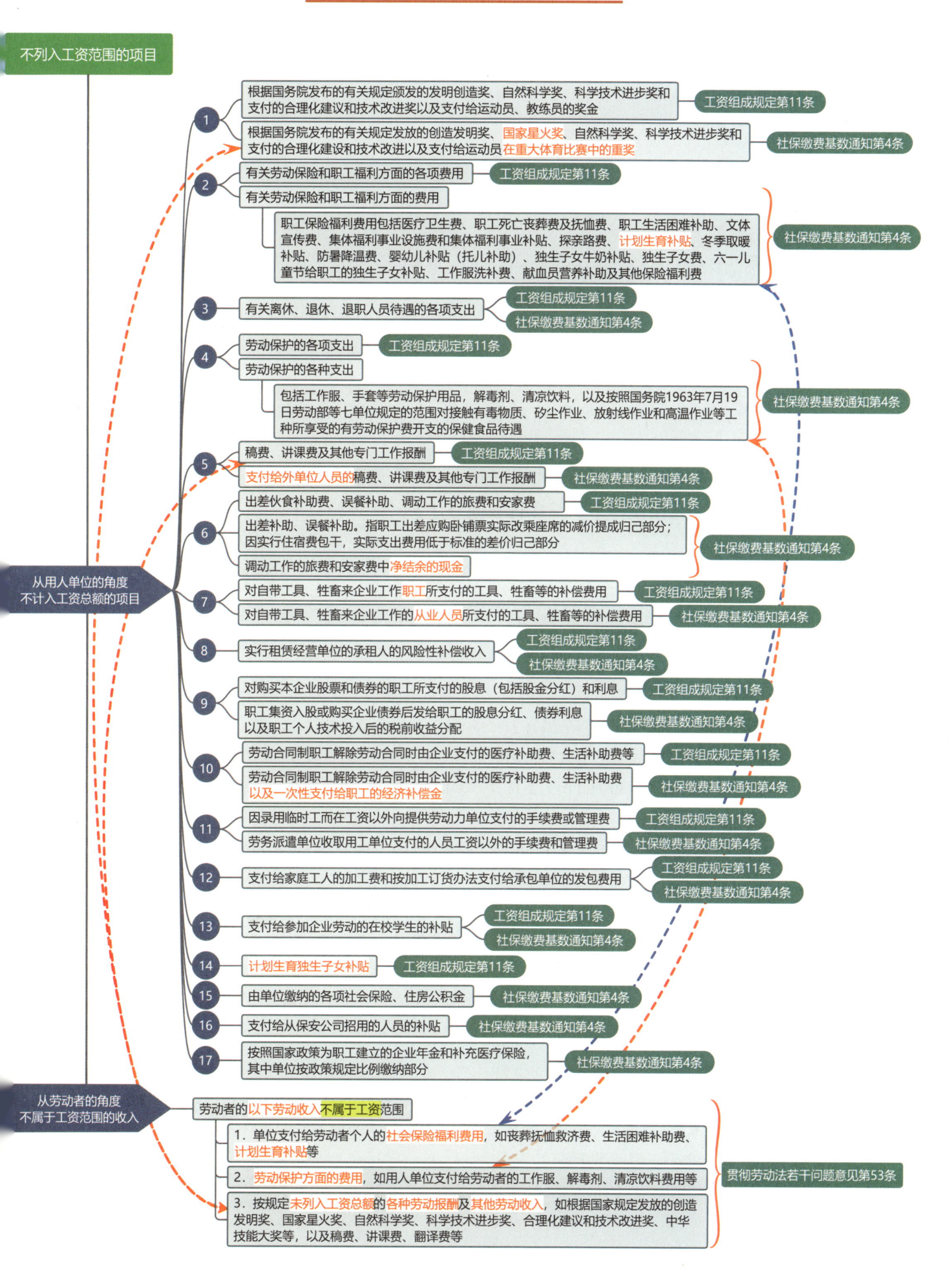

不列入工资范围的项目

从用人单位的角度不计入工资总额的项目

1. 根据国务院发布的有关规定颁发的发明创造奖、自然科学奖、科学技术进步奖和支付的合理化建议和技术改进奖以及支付给运动员、教练员的奖金 —— 工资组成规定第11条

   根据国务院发布的有关规定发放的创造发明奖、国家星火奖、自然科学奖、科学技术进步奖和支付的合理化建设和技术改进以及支付给运动员在重大体育比赛中的重奖 —— 社保缴费基数通知第4条

2. 有关劳动保险和职工福利方面的各项费用 —— 工资组成规定第11条

   有关劳动保险和职工福利方面的费用

   职工保险福利费用包括医疗卫生费、职工死亡丧葬费及抚恤费、职工生活困难补助、文体宣传费、集体福利事业设施费和集体福利事业补贴、探亲路费、计划生育补贴、冬季取暖补贴、防暑降温费、婴幼儿补贴（托儿补助）、独生子女牛奶补贴、独生子女费、六一儿童节给职工的独生子女补贴、工作服洗补贴、献血员营养补助及其他保险福利费 —— 社保缴费基数通知第4条

3. 有关离休、退休、退职人员待遇的各项支出 —— 工资组成规定第11条 / 社保缴费基数通知第4条

4. 劳动保护的各项支出 —— 工资组成规定第11条

   劳动保护的各种支出

   包括工作服、手套等劳动保护用品，解毒剂、清凉饮料，以及按照国务院1963年7月19日劳动部等七单位规定的范围对接触有毒物质、矽尘作业、放射线作业和高温作业等工种所享受的有劳动保护费开支的保健食品待遇 —— 社保缴费基数通知第4条

5. 稿费、讲课费及其他专门工作报酬 —— 工资组成规定第11条

   支付给外单位人员的稿费、讲课费及其他专门工作报酬 —— 社保缴费基数通知第4条

6. 出差伙食补助费、误餐补助、调动工作的旅费和安家费 —— 工资组成规定第11条

   出差补助、误餐补助。指职工出差应购卧铺票实际改乘座席的减价提成归己部分；因实行住宿费包干，实际支出费用低于标准的差价归己部分

   调动工作的旅费和安家费中净结余的现金 —— 社保缴费基数通知第4条

7. 对自带工具、牲畜来企业工作职工所支付的工具、牲畜等的补偿费用 —— 工资组成规定第11条

   对自带工具、牲畜来企业工作的从业人员所支付的工具、牲畜等的补偿费用 —— 社保缴费基数通知第4条

8. 实行租赁经营单位的承租人的风险性补偿收入 —— 工资组成规定第11条 / 社保缴费基数通知第4条

9. 对购买本企业股票和债券的职工所支付的股息（包括股金分红）和利息 —— 工资组成规定第11条

   职工集资入股或购买企业债券后发给职工的股息分红、债券利息以及职工个人技术投入后的税前收益分配 —— 社保缴费基数通知第4条

10. 劳动合同制职工解除劳动合同时由企业支付的医疗补助费、生活补助费等 —— 工资组成规定第11条

    劳动合同制职工解除劳动合同时由企业支付的医疗补助费、生活补助费以及一次性支付给职工的经济补偿金 —— 社保缴费基数通知第4条

11. 因录用临时工而在工资以外向提供劳动力单位支付的手续费或管理费 —— 工资组成规定第11条

    劳务派遣单位收取用工单位支付的人员工资以外的手续费和管理费 —— 社保缴费基数通知第4条

12. 支付给家庭工人的加工费和按加工订货办法支付给承包单位的发包费用 —— 工资组成规定第11条 / 社保缴费基数通知第4条

13. 支付给参加企业劳动的在校学生的补贴 —— 工资组成规定第11条 / 社保缴费基数通知第4条

14. 计划生育独生子女补贴 —— 工资组成规定第11条

15. 由单位缴纳的各项社会保险、住房公积金 —— 社保缴费基数通知第4条

16. 支付给从保安公司招用的人员的补贴 —— 社保缴费基数通知第4条

17. 按照国家政策为职工建立的企业年金和补充医疗保险，其中单位按政策规定比例缴纳部分 —— 社保缴费基数通知第4条

从劳动者的角度不属于工资范围的收入

劳动者的以下劳动收入不属于工资范围

1. 单位支付给劳动者个人的社会保险福利费用，如丧葬抚恤救济费、生活困难补助费、计划生育补贴等
2. 劳动保护方面的费用，如用人单位支付给劳动者的工作服、解毒剂、清凉饮料费用等
3. 按规定未列入工资总额的各种劳动报酬及其他劳动收入，如根据国家规定发放的创造发明奖、国家星火奖、自然科学奖、科学技术进步奖、合理化建议和技术改进奖、中华技能大奖等，以及稿费、讲课费、翻译费等

—— 贯彻劳动法若干问题意见第53条

制作依据：工资组成规定、贯彻劳动法若干问题意见、社保缴费基数通知

关联法条

《中华人民共和国劳动法》（2018修正）

第五十一条 劳动者在法定休假日和婚丧假期间以及依法参加社会活动期间，用人单位应当依法支付工资。

《工资支付暂行规定》

第十一条 劳动者依法享受年休假、探亲假、婚假、丧假期间，用人单位应按劳动合同规定的标准支付劳动者工资。

《全国年节及纪念日放假办法》（2013修订）

第二条 全体公民放假的节日：
（一）新年，放假1天（1月1日）；
（二）春节，放假3天（农历正月初一、初二、初三）；
（三）清明节，放假1天（农历清明当日）；
（四）劳动节，放假1天（5月1日）；
（五）端午节，放假1天（农历端午当日）；
（六）中秋节，放假1天（农历中秋当日）；
（七）国庆节，放假3天（10月1日、2日、3日）。

《劳动和社会保障部关于职工全年月平均工作时间和工资折算问题的通知》（2008）

一、制度工作时间的计算

年工作日：365天－104天（休息日）－11天（法定节假日）＝250天

季工作日：250天÷4季＝62.5天/季

月工作日：250天÷12月＝20.83天/月

工作小时数的计算：以月、季、年的工作日乘以每日的8小时。

二、日工资、小时工资的折算

按照《劳动法》第五十一条的规定，法定节假日用人单位应当依法支付工资，即折算日工资、小时工资时不剔除国家规定的11天法定节假日。据此，日工资、小时工资的折算为：

日工资：月工资收入÷月计薪天数

小时工资：月工资收入÷（月计薪天数×8小时）

月计薪天数＝（365天－104天）÷12月＝21.75天

员工出勤未满月时当月工资如何计算

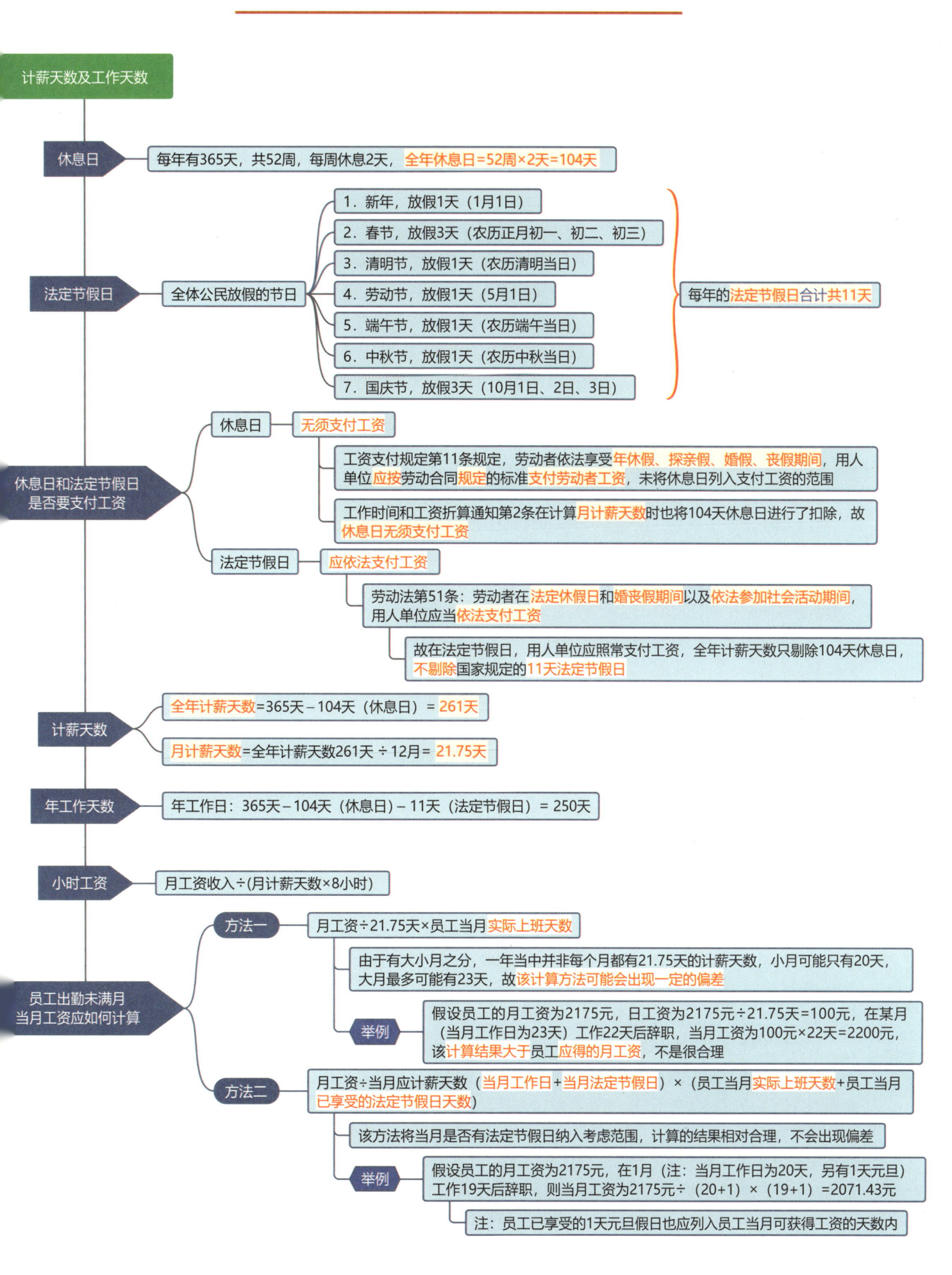

计薪天数及工作天数

休息日
每年有365天，共52周，每周休息2天，**全年休息日=52周×2天=104天**

法定节假日
全体公民放假的节日：
1. 新年，放假1天（1月1日）
2. 春节，放假3天（农历正月初一、初二、初三）
3. 清明节，放假1天（农历清明当日）
4. 劳动节，放假1天（5月1日）
5. 端午节，放假1天（农历端午当日）
6. 中秋节，放假1天（农历中秋当日）
7. 国庆节，放假3天（10月1日、2日、3日）

每年的**法定节假日合计共11天**

休息日和法定节假日是否要支付工资

休息日：无须支付工资
- 工资支付规定第11条规定，劳动者依法享受年休假、探亲假、婚假、丧假期间，用人单位应按劳动合同规定的标准支付劳动者工资，未将休息日列入支付工资的范围
- 工作时间和工资折算通知第2条在计算月计薪天数时也将104天休息日进行了扣除，故休息日无须支付工资

法定节假日：应依法支付工资
- 劳动法第51条：劳动者在法定休假日和婚丧假期间以及依法参加社会活动期间，用人单位应当依法支付工资
- 故在法定节假日，用人单位应照常支付工资，全年计薪天数只剔除104天休息日，不剔除国家规定的11天法定节假日

计薪天数
全年计薪天数=365天−104天（休息日）= **261天**

月计薪天数=全年计薪天数261天÷12月= **21.75天**

年工作天数
年工作日：365天−104天（休息日）−11天（法定节假日）= 250天

小时工资
月工资收入÷(月计薪天数×8小时)

员工出勤未满月当月工资应如何计算

方法一： 月工资÷21.75天×员工当月实际上班天数
- 由于有大小月之分，一年当中并非每个月都有21.75天的计薪天数，小月可能只有20天，大月最多可能有23天，故该计算方法可能会出现一定的偏差
- **举例：** 假设员工的月工资为2175元，日工资为2175元÷21.75天=100元，在某月（当月工作日为23天）工作22天后辞职，当月工资为100元×22天=2200元，该计算结果大于员工应得的月工资，不是很合理

方法二： 月工资÷当月应计薪天数（当月工作日+当月法定节假日）×（员工当月实际上班天数+员工当月已享受的法定节假日天数）
- 该方法将当月是否有法定节假日纳入考虑范围，计算的结果相对合理，不会出现偏差
- **举例：** 假设员工的月工资为2175元，在1月（注：当月工作日为20天，另有1天元旦）工作19天后辞职，则当月工资为2175元÷（20+1）×（19+1）=2071.43元
- 注：员工已享受的1天元旦假日也应列入员工当月可获得工资的天数内

制作依据：**劳动法、工资支付规定、工作时间和工资折算通知**

工 伤

关 联 法 条

《工伤保险条例》（2010修订）

第十七条 职工发生事故伤害或者按照职业病防治法规定被诊断、鉴定为职业病，所在单位应当自事故伤害发生之日或者被诊断、鉴定为职业病之日起30日内，向统筹地区社会保险行政部门提出工伤认定申请。遇有特殊情况，经报社会保险行政部门同意，申请时限可以适当延长。

用人单位未按前款规定提出工伤认定申请的，工伤职工或者其近亲属、工会组织在事故伤害发生之日或者被诊断、鉴定为职业病之日起1年内，可以直接向用人单位所在地统筹地区社会保险行政部门提出工伤认定申请。

按照本条第一款规定应当由省级社会保险行政部门进行工伤认定的事项，根据属地原则由用人单位所在地的设区的市级社会保险行政部门办理。

用人单位未在本条第一款规定的时限内提交工伤认定申请，在此期间发生符合本条例规定的工伤待遇等有关费用由该用人单位负担。

第二十条 社会保险行政部门应当自受理工伤认定申请之日起60日内作出工伤认定的决定，并书面通知申请工伤认定的职工或者其近亲属和该职工所在单位。

社会保险行政部门对受理的事实清楚、权利义务明确的工伤认定申请，应当在15日内作出工伤认定的决定。

作出工伤认定决定需要以司法机关或者有关行政主管部门的结论为依据的，在司法机关或者有关行政主管部门尚未作出结论期间，作出工伤认定决定的时限中止。

社会保险行政部门工作人员与工伤认定申请人有利害关系的，应当回避。

第三十条 职工因工作遭受事故伤害或者患职业病进行治疗，享受工伤医疗待遇。

职工治疗工伤应当在签订服务协议的医疗机构就医，情况紧急时可以先到就近的医疗机构急救。

治疗工伤所需费用符合工伤保险诊疗项目目录、工伤保险药品目录、工伤保险住院服务标准的，从工伤保险基金支付。工伤保险诊疗项目目录、工伤保险药品目录、工伤保险住院服务标准，由国务院社会保险行政部门会同国务院卫生行政部门、食品药品监督管理部门等部门规定。

职工住院治疗工伤的伙食补助费，以及经医疗机构出具证明，报经办机构同意，工伤职工到统筹地区以外就医所需的交通、食宿费用从工伤保险基金支付，基金支付的具体标准由统筹地区人民政府规定。

工伤职工治疗非工伤引发的疾病，不享受工伤医疗待遇，按照基本医疗保险办法处理。

工伤职工到签订服务协议的医疗机构进行工伤康复的费用，符合规定的，从工伤保险基金支付。

第三十三条 职工因工作遭受事故伤害或者患职业病需要暂停工作接受工伤医疗的，在停工留薪期内，原工资福利待遇不变，由所在单位按月支付。

停工留薪期一般不超过12个月。伤情严重或者情况特殊，经设区的市级劳动能力鉴定委员会确认，可以适当延长，但延长不得超过12个月。工伤职工评定伤残等级后，停发原待遇，按照本章的有关规定享受伤残待遇。工伤职工在停工留薪期满后仍需治疗的，继续享受工伤医疗待遇。

生活不能自理的工伤职工在停工留薪期需要护理的，由所在单位负责。

发生工伤事故怎么办

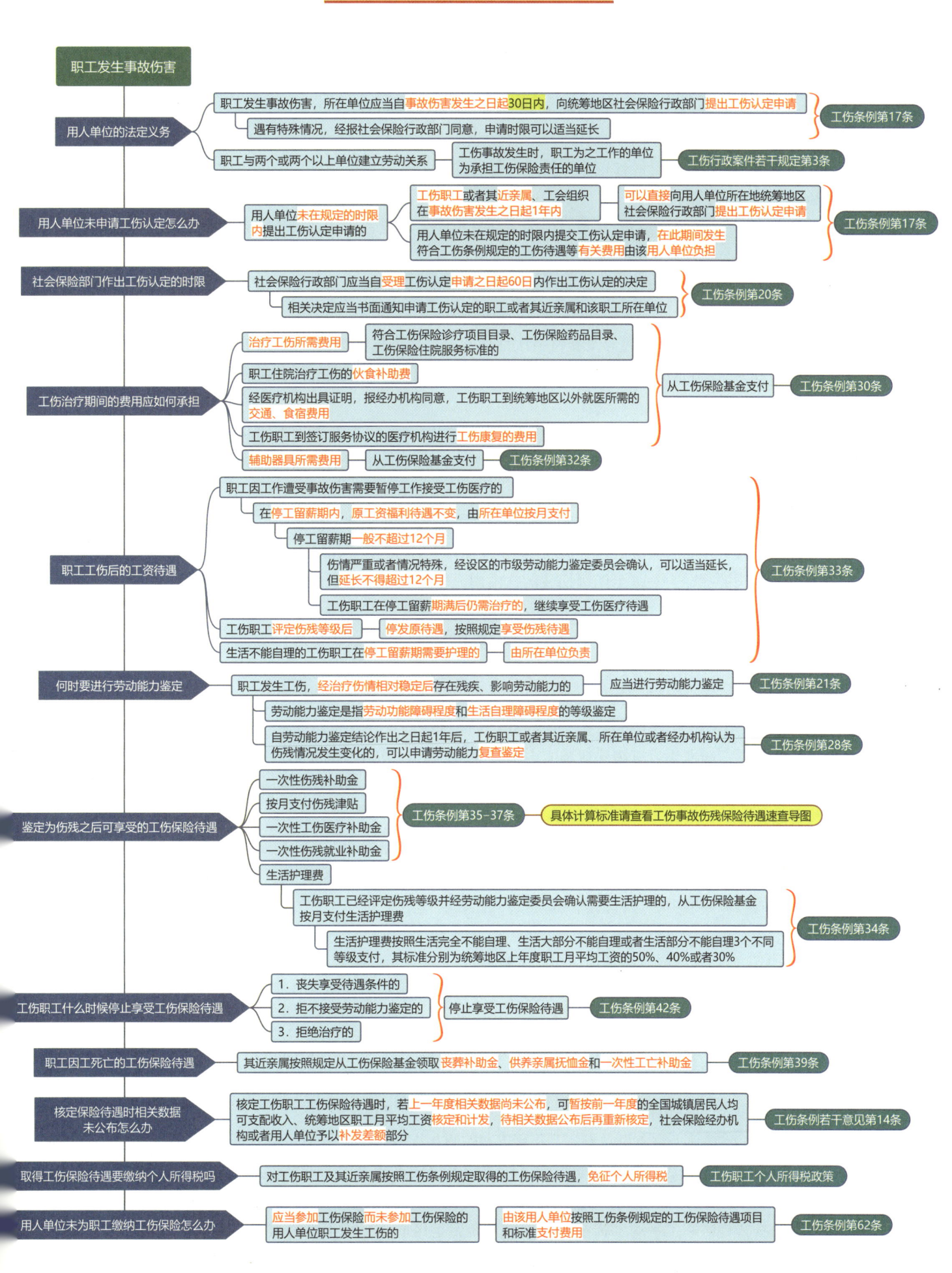

职工发生事故伤害

用人单位的法定义务
- 职工发生事故伤害，所在单位应当自事故伤害发生之日起30日内，向统筹地区社会保险行政部门提出工伤认定申请
- 遇有特殊情况，经报社会保险行政部门同意，申请时限可以适当延长
- 职工与两个或两个以上单位建立劳动关系：工伤事故发生时，职工为之工作的单位为承担工伤保险责任的单位（工伤行政案件若干规定第3条）

《工伤条例第17条》

用人单位未申请工伤认定怎么办
- 用人单位未在规定的时限内提出工伤认定申请的：
  - 工伤职工或者其近亲属、工会组织在事故伤害发生之日起1年内，可以直接向用人单位所在地统筹地区社会保险行政部门提出工伤认定申请
  - 用人单位未在规定的时限内提交工伤认定申请，在此期间发生符合工伤条例规定的工伤待遇等有关费用由该用人单位负担

《工伤条例第17条》

社会保险部门作出工伤认定的时限
- 社会保险行政部门应当自受理工伤认定申请之日起60日内作出工伤认定的决定
- 相关决定应当书面通知申请工伤认定的职工或者其近亲属和该职工所在单位

《工伤条例第20条》

工伤治疗期间的费用应如何承担
- 治疗工伤所需费用：符合工伤保险诊疗项目目录、工伤保险药品目录、工伤保险住院服务标准的
- 职工住院治疗工伤的伙食补助费
- 经医疗机构出具证明，报经办机构同意，工伤职工到统筹地区以外就医所需的交通、食宿费用
- 工伤职工到签订服务协议的医疗机构进行工伤康复的费用
- 辅助器具所需费用

从工伤保险基金支付（工伤条例第30条、工伤条例第32条）

职工工伤后的工资待遇
- 职工因工作遭受事故伤害需要暂停工作接受工伤医疗的：
  - 在停工留薪期内，原工资福利待遇不变，由所在单位按月支付
  - 停工留薪期一般不超过12个月
  - 伤情严重或者情况特殊，经设区的市级劳动能力鉴定委员会确认，可以适当延长，但延长不得超过12个月
  - 工伤职工在停工留薪期满后仍需治疗的，继续享受工伤医疗待遇
- 工伤职工评定伤残等级后：停发原待遇，按照规定享受伤残待遇
- 生活不能自理的工伤职工在停工留薪期需要护理的：由所在单位负责

《工伤条例第33条》

何时要进行劳动能力鉴定
- 职工发生工伤，经治疗伤情相对稳定后存在残疾、影响劳动能力的，应当进行劳动能力鉴定（工伤条例第21条）
- 劳动能力鉴定是指劳动功能障碍程度和生活自理障碍程度的等级鉴定
- 自劳动能力鉴定结论作出之日起1年后，工伤职工或者其近亲属、所在单位或者经办机构认为伤残情况发生变化的，可以申请劳动能力复查鉴定（工伤条例第28条）

鉴定为伤残之后可享受的工伤保险待遇
- 一次性伤残补助金
- 按月支付伤残津贴
- 一次性工伤医疗补助金
- 一次性伤残就业补助金

（工伤条例第35-37条，具体计算标准请查看工伤事故伤残保险待遇速查导图）

- 生活护理费：
  - 工伤职工已经评定伤残等级并经劳动能力鉴定委员会确认需要生活护理的，从工伤保险基金按月支付生活护理费
  - 生活护理费按照生活完全不能自理、生活大部分不能自理或者生活部分不能自理3个不同等级支付，其标准分别为统筹地区上年度职工月平均工资的50%、40%或者30%

《工伤条例第34条》

工伤职工什么时候停止享受工伤保险待遇
1. 丧失享受待遇条件的
2. 拒不接受劳动能力鉴定的
3. 拒绝治疗的

停止享受工伤保险待遇《工伤条例第42条》

职工因工死亡的工伤保险待遇
其近亲属按照规定从工伤保险基金领取丧葬补助金、供养亲属抚恤金和一次性工亡补助金《工伤条例第39条》

核定保险待遇时相关数据未公布怎么办
核定工伤职工工伤保险待遇时，若上一年度相关数据尚未公布，可暂按前一年度的全国城镇居民人均可支配收入、统筹地区职工月平均工资核定和计发，待相关数据公布后再重新核定，社会保险经办机构或者用人单位予以补发差额部分《工伤条例若干意见第14条》

取得工伤保险待遇要缴纳个人所得税吗
对工伤职工及其近亲属按照工伤条例规定取得的工伤保险待遇，免征个人所得税《工伤职工个人所得税政策》

用人单位未为职工缴纳工伤保险怎么办
应当参加工伤保险而未参加工伤保险的用人单位职工发生工伤的，由该用人单位按照工伤条例规定的工伤保险待遇项目和标准支付费用《工伤条例第62条》

制作依据：**工伤条例、工伤行政案件若干规定、工伤条例若干意见、工伤职工个人所得税政策**

关联法条

《工伤保险条例》（2010修订）

第三十四条 工伤职工已经评定伤残等级并经劳动能力鉴定委员会确认需要生活护理的，从工伤保险基金按月支付生活护理费。

生活护理费按照生活完全不能自理、生活大部分不能自理或者生活部分不能自理3个不同等级支付，其标准分别为统筹地区上年度职工月平均工资的50%、40%或者30%。

第三十五条 职工因工致残被鉴定为一级至四级伤残的，保留劳动关系，退出工作岗位，享受以下待遇：

（一）从工伤保险基金按伤残等级支付一次性伤残补助金，标准为：一级伤残为27个月的本人工资，二级伤残为25个月的本人工资，三级伤残为23个月的本人工资，四级伤残为21个月的本人工资。

（二）从工伤保险基金按月支付伤残津贴，标准为：一级伤残为本人工资的90%，二级伤残为本人工资的85%，三级伤残为本人工资的80%，四级伤残为本人工资的75%。伤残津贴实际金额低于当地最低工资标准的，由工伤保险基金补足差额。

（三）工伤职工达到退休年龄并办理退休手续后，停发伤残津贴，按照国家有关规定享受基本养老保险待遇。基本养老保险待遇低于伤残津贴的，由工伤保险基金补足差额。

职工因工致残被鉴定为一级至四级伤残的，由用人单位和职工个人以伤残津贴为基数，缴纳基本医疗保险费。

第三十六条 职工因工致残被鉴定为五级、六级伤残的，享受以下待遇：

（一）从工伤保险基金按伤残等级支付一次性伤残补助金，标准为：五级伤残为18个月的本人工资，六级伤残为16个月的本人工资。

（二）保留与用人单位的劳动关系，由用人单位安排适当工作。难以安排工作的，由用人单位按月发给伤残津贴，标准为：五级伤残为本人工资的70%，六级伤残为本人工资的60%，并由用人单位按照规定为其缴纳应缴纳的各项社会保险费。伤残津贴实际金额低于当地最低工资标准的，由用人单位补足差额。

经工伤职工本人提出，该职工可以与用人单位解除或者终止劳动关系，由工伤保险基金支付一次性工伤医疗补助金，由用人单位支付一次性伤残就业补助金。一次性工伤医疗补助金和一次性伤残就业补助金的具体标准由省、自治区、直辖市人民政府规定。

第三十七条 职工因工致残被鉴定为七级至十级伤残的，享受以下待遇：

（一）从工伤保险基金按伤残等级支付一次性伤残补助金，标准为：七级伤残为13个月的本人工资，八级伤残为11个月的本人工资，九级伤残为9个月的本人工资，十级伤残为7个月的本人工资。

（二）劳动、聘用合同期满终止，或者职工本人提出解除劳动、聘用合同的，由工伤保险基金支付一次性工伤医疗补助金，由用人单位支付一次性伤残就业补助金。一次性工伤医疗补助金和一次性伤残就业补助金的具体标准由省、自治区、直辖市人民政府规定。

第六十四条 本条例所称工资总额，是指用人单位直接支付给本单位全部职工的劳动报酬总额。

本条例所称本人工资，是指工伤职工因工作遭受事故伤害或者患职业病前12个月平均月缴费工资。本人工资高于统筹地区职工平均工资300%的，按照统筹地区职工平均工资的300%计算；本人工资低于统筹地区职工平均工资60%的，按照统筹地区职工平均工资的60%计算。

工伤事故伤残保险待遇速查导图

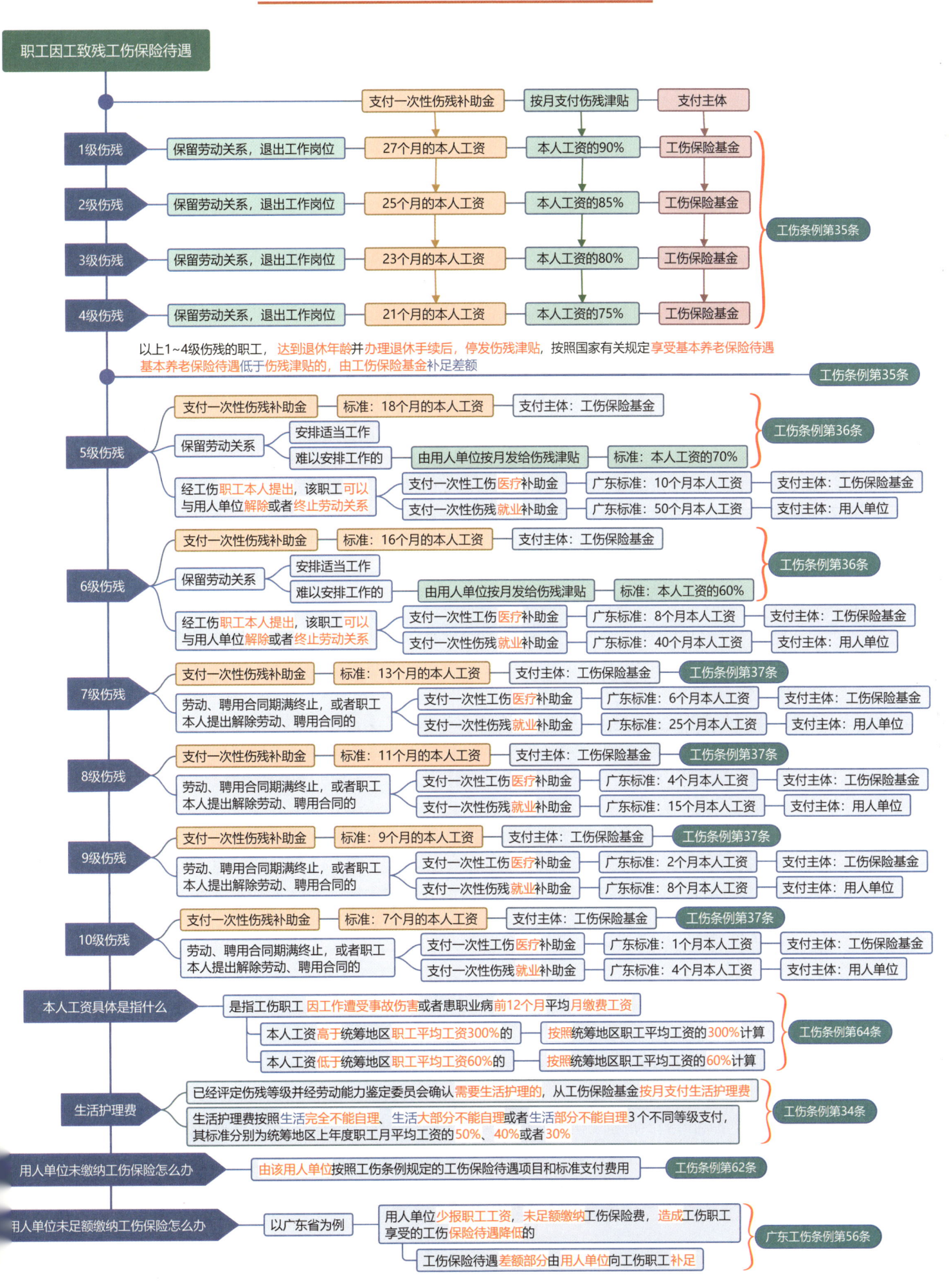

职工因工致残工伤保险待遇

伤残等级	保留劳动关系	支付一次性伤残补助金	按月支付伤残津贴	支付主体	依据
1级伤残	保留劳动关系，退出工作岗位	27个月的本人工资	本人工资的90%	工伤保险基金	工伤条例第35条
2级伤残	保留劳动关系，退出工作岗位	25个月的本人工资	本人工资的85%	工伤保险基金	工伤条例第35条
3级伤残	保留劳动关系，退出工作岗位	23个月的本人工资	本人工资的80%	工伤保险基金	工伤条例第35条
4级伤残	保留劳动关系，退出工作岗位	21个月的本人工资	本人工资的75%	工伤保险基金	工伤条例第35条

以上1~4级伤残的职工，达到退休年龄并办理退休手续后，停发伤残津贴，按照国家有关规定享受基本养老保险待遇。基本养老保险待遇低于伤残津贴的，由工伤保险基金补足差额。（工伤条例第35条）

5级伤残（工伤条例第36条）
- 支付一次性伤残补助金　标准：18个月的本人工资　支付主体：工伤保险基金
- 保留劳动关系
  - 安排适当工作
  - 难以安排工作的：由用人单位按月发给伤残津贴　标准：本人工资的70%
- 经工伤职工本人提出，该职工可以与用人单位解除或者终止劳动关系
  - 支付一次性工伤医疗补助金　广东标准：10个月本人工资　支付主体：工伤保险基金
  - 支付一次性伤残就业补助金　广东标准：50个月本人工资　支付主体：用人单位

6级伤残（工伤条例第36条）
- 支付一次性伤残补助金　标准：16个月的本人工资　支付主体：工伤保险基金
- 保留劳动关系
  - 安排适当工作
  - 难以安排工作的：由用人单位按月发给伤残津贴　标准：本人工资的60%
- 经工伤职工本人提出，该职工可以与用人单位解除或者终止劳动关系
  - 支付一次性工伤医疗补助金　广东标准：8个月本人工资　支付主体：工伤保险基金
  - 支付一次性伤残就业补助金　广东标准：40个月本人工资　支付主体：用人单位

7级伤残（工伤条例第37条）
- 支付一次性伤残补助金　标准：13个月的本人工资　支付主体：工伤保险基金
- 劳动、聘用合同期满终止，或者职工本人提出解除劳动、聘用合同的：
  - 支付一次性工伤医疗补助金　广东标准：6个月本人工资　支付主体：工伤保险基金
  - 支付一次性伤残就业补助金　广东标准：25个月本人工资　支付主体：用人单位

8级伤残（工伤条例第37条）
- 支付一次性伤残补助金　标准：11个月的本人工资　支付主体：工伤保险基金
- 劳动、聘用合同期满终止，或者职工本人提出解除劳动、聘用合同的：
  - 支付一次性工伤医疗补助金　广东标准：4个月本人工资　支付主体：工伤保险基金
  - 支付一次性伤残就业补助金　广东标准：15个月本人工资　支付主体：用人单位

9级伤残（工伤条例第37条）
- 支付一次性伤残补助金　标准：9个月的本人工资　支付主体：工伤保险基金
- 劳动、聘用合同期满终止，或者职工本人提出解除劳动、聘用合同的：
  - 支付一次性工伤医疗补助金　广东标准：2个月本人工资　支付主体：工伤保险基金
  - 支付一次性伤残就业补助金　广东标准：8个月本人工资　支付主体：用人单位

10级伤残（工伤条例第37条）
- 支付一次性伤残补助金　标准：7个月的本人工资　支付主体：工伤保险基金
- 劳动、聘用合同期满终止，或者职工本人提出解除劳动、聘用合同的：
  - 支付一次性工伤医疗补助金　广东标准：1个月本人工资　支付主体：工伤保险基金
  - 支付一次性伤残就业补助金　广东标准：4个月本人工资　支付主体：用人单位

本人工资具体是指什么（工伤条例第64条）
- 是指工伤职工因工作遭受事故伤害或者患职业病前12个月平均月缴费工资
- 本人工资高于统筹地区职工平均工资300%的，按照统筹地区职工平均工资的300%计算
- 本人工资低于统筹地区职工平均工资60%的，按照统筹地区职工平均工资的60%计算

生活护理费（工伤条例第34条）
- 已经评定伤残等级并经劳动能力鉴定委员会确认需要生活护理的，从工伤保险基金按月支付生活护理费
- 生活护理费按照生活完全不能自理、生活大部分不能自理或者生活部分不能自理3个不同等级支付，其标准分别为统筹地区上年度职工月平均工资的50%、40%或者30%

用人单位未缴纳工伤保险怎么办（工伤条例第62条）
由该用人单位按照工伤条例规定的工伤保险待遇项目和标准支付费用

用人单位未足额缴纳工伤保险怎么办（广东工伤条例第56条）
以广东省为例：用人单位少报职工工资，未足额缴纳工伤保险费，造成工伤职工享受的工伤保险待遇降低的，工伤保险待遇差额部分由用人单位向工伤职工补足

制作依据：工伤条例、广东工伤条例第31—32条

关联法条

《工伤保险条例》（2010修订）

第三十九条 职工因工死亡，其近亲属按照下列规定从工伤保险基金领取丧葬补助金、供养亲属抚恤金和一次性工亡补助金：

（一）丧葬补助金为6个月的统筹地区上年度职工月平均工资。

（二）供养亲属抚恤金按照职工本人工资的一定比例发给由因工死亡职工生前提供主要生活来源、无劳动能力的亲属。标准为：配偶每月40%，其他亲属每人每月30%，孤寡老人或者孤儿每人每月在上述标准的基础上增加10%。核定的各供养亲属的抚恤金之和不应高于因工死亡职工生前的工资。供养亲属的具体范围由国务院社会保险行政部门规定。

（三）一次性工亡补助金标准为上一年度全国城镇居民人均可支配收入的20倍。

伤残职工在停工留薪期内因工伤导致死亡的，其近亲属享受本条第一款规定的待遇。

一级至四级伤残职工在停工留薪期满后死亡的，其近亲属可以享受本条第一款第（一）项、第（二）项规定的待遇。

第六十二条 用人单位依照本条例规定应当参加工伤保险而未参加的，由社会保险行政部门责令限期参加，补缴应当缴纳的工伤保险费，并自欠缴之日起，按日加收万分之五的滞纳金；逾期仍不缴纳的，处欠缴数额1倍以上3倍以下的罚款。

依照本条例规定应当参加工伤保险而未参加工伤保险的用人单位职工发生工伤的，由该用人单位按照本条例规定的工伤保险待遇项目和标准支付费用。

用人单位参加工伤保险并补缴应当缴纳的工伤保险费、滞纳金后，由工伤保险基金和用人单位依照本条例的规定支付新发生的费用。

第六十四条 本条例所称工资总额，是指用人单位直接支付给本单位全部职工的劳动报酬总额。

本条例所称本人工资，是指工伤职工因工作遭受事故伤害或者患职业病前12个月平均月缴费工资。本人工资高于统筹地区职工平均工资300%的，按照统筹地区职工平均工资的300%计算；本人工资低于统筹地区职工平均工资60%的，按照统筹地区职工平均工资的60%计算。

《广东省工伤保险条例》（2019修订）

第五十六条 用人单位少报职工工资，未足额缴纳工伤保险费，造成工伤职工享受的工伤保险待遇降低的，工伤保险待遇差额部分由用人单位向工伤职工补足。

第六十四条 本条例中下列用语的含义：

（一）本人工资，是指工伤职工在本单位因工作遭受事故伤害或者患职业病前十二个月平均月缴费工资。本单位为工伤职工缴纳工伤保险费不足十二个月的，以实际月数计算平均月缴费工资。本人工资高于全省上年度职工月平均工资百分之三百的，按照全省上年度职工月平均工资的百分之三百计算；本人工资低于全省上年度职工月平均工资百分之六十的，按照全省上年度职工月平均工资的百分之六十计算。

（二）原工资福利待遇，是指工伤职工在本单位受工伤前十二个月的平均工资福利待遇。工伤职工在本单位工作不足十二个月的，以实际月数计算平均工资福利待遇。

用人单位所在地地级以上市职工月平均工资高于全省职工月平均工资的，计算相关工伤保险待遇使用的全省职工月平均工资按照该地级以上市职工月平均工资执行。

工伤事故死亡保险待遇速查导图

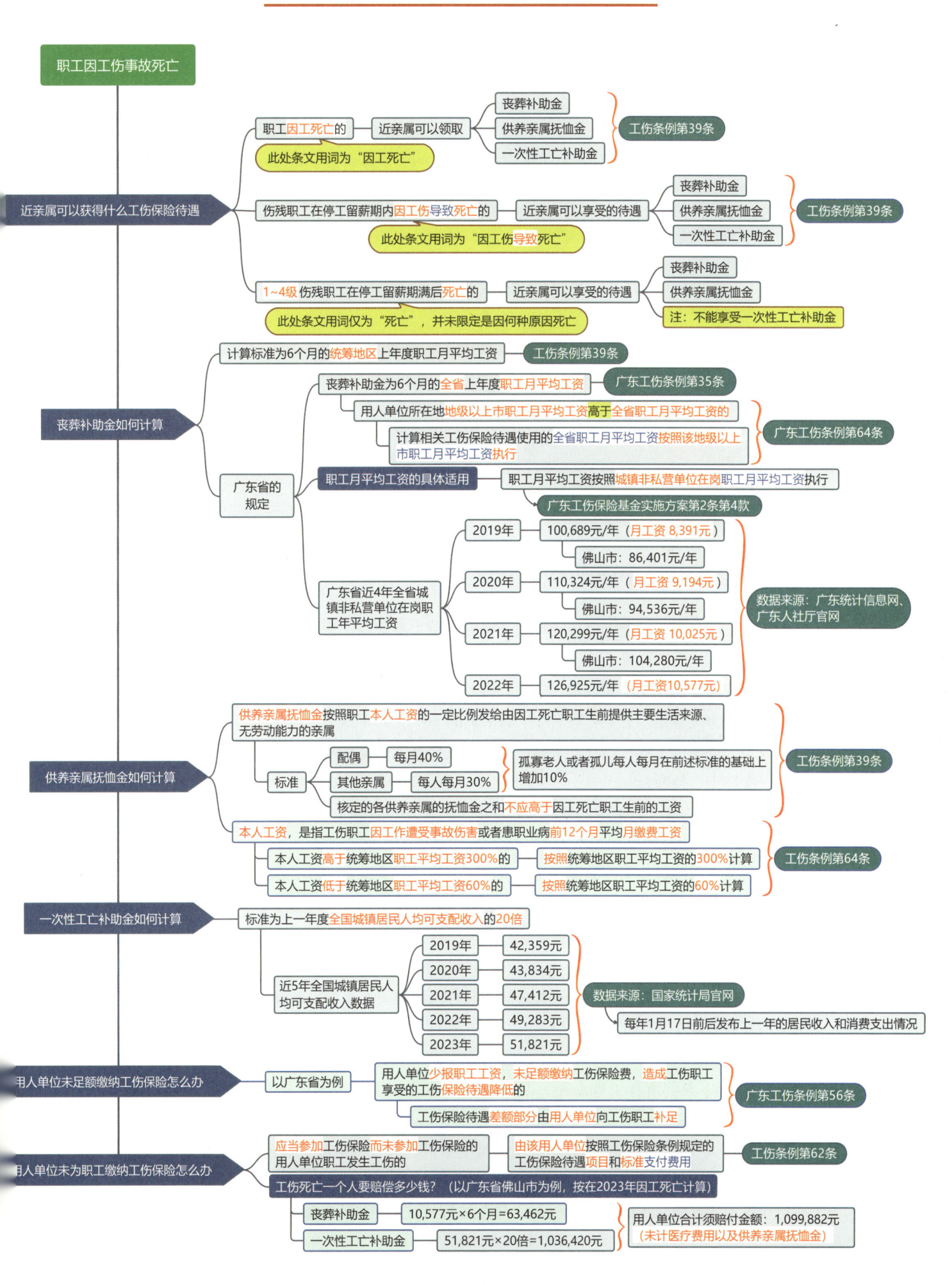

职工因工伤事故死亡

近亲属可以获得什么工伤保险待遇

- 职工**因工死亡**的 → 近亲属可以领取：
  - 丧葬补助金
  - 供养亲属抚恤金
  - 一次性工亡补助金

  （此处条文用词为"因工死亡"）——工伤条例第39条

- 伤残职工在停工留薪期内**因工伤导致死亡**的 → 近亲属可以享受的待遇：
  - 丧葬补助金
  - 供养亲属抚恤金
  - 一次性工亡补助金

  （此处条文用词为"因工伤导致死亡"）——工伤条例第39条

- **1~4级**伤残职工在停工留薪期满后**死亡**的 → 近亲属可以享受的待遇：
  - 丧葬补助金
  - 供养亲属抚恤金
  - 注：不能享受一次性工亡补助金

  （此处条文用词仅为"死亡"，并未限定是因何种原因死亡）

丧葬补助金如何计算

- 计算标准为6个月的**统筹地区**上年度职工月平均工资 ——工伤条例第39条
- 广东省的规定：
  - 丧葬补助金为6个月的**全省上年度职工月平均工资** ——广东工伤条例第35条
  - 用人单位所在地地级以上市职工月平均工资**高于**全省职工月平均工资的 → 计算相关工伤保险待遇使用的全省职工月平均工资按照该地级以上市职工月平均工资执行 ——广东工伤条例第64条
  - 职工月平均工资的具体适用：职工月平均工资按照**城镇非私营单位在岗**职工月平均工资执行 ——广东工伤保险基金实施方案第2条第4款
  - 广东省近4年全省城镇非私营单位在岗职工年平均工资：
    - 2019年 100,689元/年（月工资8,391元）
      - 佛山市：86,401元/年
    - 2020年 110,324元/年（月工资9,194元）
      - 佛山市：94,536元/年
    - 2021年 120,299元/年（月工资10,025元）
      - 佛山市：104,280元/年
    - 2022年 126,925元/年（月工资10,577元）
  - 数据来源：广东统计信息网、广东人社厅官网

供养亲属抚恤金如何计算

- **供养亲属抚恤金**按照职工**本人工资**的一定比例发给由因工死亡职工生前提供主要生活来源、无劳动能力的亲属
- 标准：
  - 配偶 每月40%
  - 其他亲属 每人每月30%
  - 孤寡老人或者孤儿每人每月在前述标准的基础上增加10%
- 核定的各供养亲属的抚恤金之和**不应高于**因工死亡职工生前的工资 ——工伤条例第39条
- **本人工资**，是指工伤职工**因工作遭受事故伤害或者患职业病前12个月平均月缴费工资**
  - 本人工资高于统筹地区职工平均工资300%的 → 按照统筹地区职工平均工资的300%计算
  - 本人工资低于统筹地区职工平均工资60%的 → 按照统筹地区职工平均工资的60%计算

  ——工伤条例第64条

一次性工亡补助金如何计算

- 标准为上一年度**全国城镇居民人均可支配收入**的20倍
- 近5年全国城镇居民人均可支配收入数据：
  - 2019年 42,359元
  - 2020年 43,834元
  - 2021年 47,412元
  - 2022年 49,283元
  - 2023年 51,821元
- 数据来源：国家统计局官网
- 每年1月17日前后发布上一年的居民收入和消费支出情况

用人单位未足额缴纳工伤保险怎么办

- 以广东省为例：用人单位**少报职工工资**，未足额缴纳工伤保险费，造成工伤职工享受的工伤**保险待遇降低**的 → 工伤保险待遇**差额部分由用人单位**向工伤职工**补足** ——广东工伤条例第56条

用人单位未为职工缴纳工伤保险怎么办

- 应当参加工伤保险而未参加工伤保险的用人单位职工发生工伤的 → **由该用人单位**按照工伤保险条例规定的工伤保险待遇**项目**和**标准**支付费用 ——工伤条例第62条

工伤死亡一个人要赔偿多少钱？（以广东省佛山市为例，按在2023年因工死亡计算）

- 丧葬补助金 10,577元×6个月=63,462元
- 一次性工亡补助金 51,821元×20倍=1,036,420元

用人单位合计须赔付金额：**1,099,882元**（未计医疗费用以及供养亲属抚恤金）

制作依据：工伤条例、广东工伤条例、广东工伤保险基金实施方案

关联法条

《工伤保险条例》（2010修订）

第三十四条 工伤职工已经评定伤残等级并经劳动能力鉴定委员会确认需要生活护理的，从工伤保险基金按月支付生活护理费。

生活护理费按照生活完全不能自理、生活大部分不能自理或者生活部分不能自理3个不同等级支付，其标准分别为统筹地区上年度职工月平均工资的50%、40%或者30%。

第三十九条 职工因工死亡，其近亲属按照下列规定从工伤保险基金领取丧葬补助金、供养亲属抚恤金和一次性工亡补助金：

（一）丧葬补助金为6个月的统筹地区上年度职工月平均工资。

（二）供养亲属抚恤金按照职工本人工资的一定比例发给由因工死亡职工生前提供主要生活来源、无劳动能力的亲属。标准为：配偶每月40%，其他亲属每人每月30%，孤寡老人或者孤儿每人每月在上述标准的基础上增加10%。核定的各供养亲属的抚恤金之和不应高于因工死亡职工生前的工资。供养亲属的具体范围由国务院社会保险行政部门规定。

（三）一次性工亡补助金标准为上一年度全国城镇居民人均可支配收入的20倍。

伤残职工在停工留薪期内因工伤导致死亡的，其近亲属享受本条第一款规定的待遇。

一级至四级伤残职工在停工留薪期满后死亡的，其近亲属可以享受本条第一款第（一）项、第（二）项规定的待遇。

第六十四条 本条例所称工资总额，是指用人单位直接支付给本单位全部职工的劳动报酬总额。

本条例所称本人工资，是指工伤职工因工作遭受事故伤害或者患职业病前12个月平均月缴费工资。本人工资高于统筹地区职工平均工资300%的，按照统筹地区职工平均工资的300%计算；本人工资低于统筹地区职工平均工资60%的，按照统筹地区职工平均工资的60%计算。

如何查找计算工伤保险待遇的官方统计数据

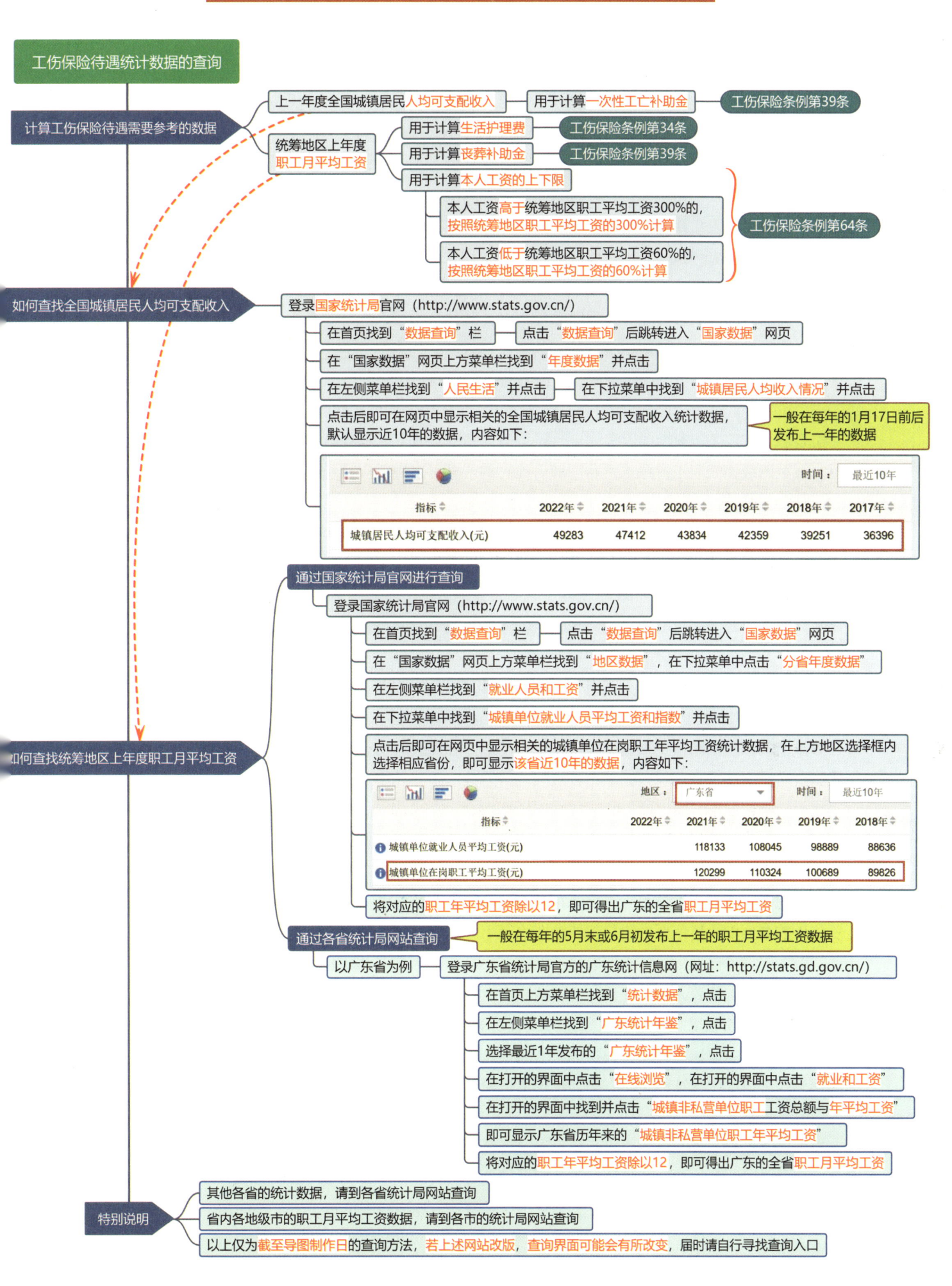

工伤保险待遇统计数据的查询

计算工伤保险待遇需要参考的数据
- 上一年度全国城镇居民**人均可支配收入** —— 用于计算**一次性工亡补助金** —— 工伤保险条例第39条
- 统筹地区上年度**职工月平均工资**
  - 用于计算**生活护理费** —— 工伤保险条例第34条
  - 用于计算**丧葬补助金** —— 工伤保险条例第39条
  - 用于计算**本人工资的上下限**
    - 本人工资**高于**统筹地区职工平均工资300%的，**按照统筹地区职工平均工资的300%计算** —— 工伤保险条例第64条
    - 本人工资**低于**统筹地区职工平均工资60%的，**按照统筹地区职工平均工资的60%计算**

如何查找全国城镇居民人均可支配收入
- 登录**国家统计局**官网（http://www.stats.gov.cn/）
  - 在首页找到"**数据查询**"栏 —— 点击"**数据查询**"后跳转进入"**国家数据**"网页
  - 在"国家数据"网页上方菜单栏找到"**年度数据**"并点击
  - 在左侧菜单栏找到"**人民生活**"并点击 —— 在下拉菜单中找到"**城镇居民人均收入情况**"并点击
  - 点击后即可在网页中显示相关的全国城镇居民人均可支配收入统计数据，默认显示近10年的数据，内容如下：
    - （一般在每年的1月17日前后发布上一年的数据）

指标	2022年	2021年	2020年	2019年	2018年	2017年
城镇居民人均可支配收入(元)	49283	47412	43834	42359	39251	36396

如何查找统筹地区上年度职工月平均工资

- 通过国家统计局官网进行查询
  - 登录国家统计局官网（http://www.stats.gov.cn/）
    - 在首页找到"**数据查询**"栏 —— 点击"**数据查询**"后跳转进入"**国家数据**"网页
    - 在"国家数据"网页上方菜单栏找到"**地区数据**"，在下拉菜单中点击"**分省年度数据**"
    - 在左侧菜单栏找到"**就业人员和工资**"并点击
    - 在下拉菜单中找到"**城镇单位就业人员平均工资和指数**"并点击
    - 点击后即可在网页中显示相关的城镇单位在岗职工年平均工资统计数据，在上方地区选择框内选择相应省份，即可显示**该省近10年的数据**，内容如下：

指标	地区：广东省	时间：最近10年
	2022年 2021年 2020年 2019年 2018年	
城镇单位就业人员平均工资(元)	118133 108045 98889 88636	
城镇单位在岗职工平均工资(元)	120299 110324 100689 89826	

    - 将对应的**职工年平均工资除以12**，即可得出广东的全省**职工月平均工资**

- 通过各省统计局网站查询（一般在每年的5月末或6月初发布上一年的职工月平均工资数据）
  - 以广东省为例 —— 登录广东省统计局官方的广东统计信息网（网址：http://stats.gd.gov.cn/）
    - 在首页上方菜单栏找到"**统计数据**"，点击
    - 在左侧菜单栏找到"**广东统计年鉴**"，点击
    - 选择最近1年发布的"**广东统计年鉴**"，点击
    - 在打开的界面中点击"**在线浏览**"，在打开的界面中点击"**就业和工资**"
    - 在打开的界面中找到并点击"城镇非私营单位职工工资总额与**年平均工资**"
    - 即可显示广东省历年来的"**城镇非私营单位职工年平均工资**"
    - 将对应的**职工年平均工资除以12**，即可得出广东的全省**职工月平均工资**

特别说明
- 其他各省的统计数据，请到各省统计局网站查询
- 省内各地级市的职工月平均工资数据，请到各市的统计局网站查询
- 以上仅为**截至导图制作日**的查询方法，**若上述网站改版**，**查询界面可能会有所改变**，届时请自行寻找查询入口

制作依据：工伤保险条例、国家统计局官网、广东统计信息网

关联法条

《工伤保险条例》(2010修订)

第三十九条 职工因工死亡,其近亲属按照下列规定从工伤保险基金领取丧葬补助金、供养亲属抚恤金和一次性工亡补助金:

(一)丧葬补助金为6个月的统筹地区上年度职工月平均工资。

(二)供养亲属抚恤金按照职工本人工资的一定比例发给由因工死亡职工生前提供主要生活来源、无劳动能力的亲属。标准为:配偶每月40%,其他亲属每人每月30%,孤寡老人或者孤儿每人每月在上述标准的基础上增加10%。核定的各供养亲属的抚恤金之和不应高于因工死亡职工生前的工资。供养亲属的具体范围由国务院社会保险行政部门规定;

(三)一次性工亡补助金标准为上一年度全国城镇居民人均可支配收入的20倍。

伤残职工在停工留薪期内因工伤导致死亡的,其近亲属享受本条第一款规定的待遇。

一级至四级伤残职工在停工留薪期满后死亡的,其近亲属可以享受本条第一款第(一)项、第(二)项规定的待遇。

第六十四条 本条例所称工资总额,是指用人单位直接支付给本单位全部职工的劳动报酬总额。

本条例所称本人工资,是指工伤职工因工作遭受事故伤害或者患职业病前12个月平均月缴费工资。本人工资高于统筹地区职工平均工资300%的,按照统筹地区职工平均工资的300%计算;本人工资低于统筹地区职工平均工资60%的,按照统筹地区职工平均工资的60%计算。

《最高人民法院关于审理人身损害赔偿案件适用法律若干问题的解释》(2022修正)

第十二条 残疾赔偿金根据受害人丧失劳动能力程度或者伤残等级,按照受诉法院所在地上一年度城镇居民人均可支配收入标准,自定残之日起按二十年计算。但六十周岁以上的,年龄每增加一岁减少一年;七十五周岁以上的,按五年计算。

受害人因伤致残但实际收入没有减少,或者伤残等级较轻但造成职业妨害严重影响其劳动就业的,可以对残疾赔偿金作相应调整。

第十四条 丧葬费按照受诉法院所在地上一年度职工月平均工资标准,以六个月总额计算。

第十五条 死亡赔偿金按照受诉法院所在地上一年度城镇居民人均可支配收入标准,按二十年计算。但六十周岁以上的,年龄每增加一岁减少一年;七十五周岁以上的,按五年计算。

第十六条 被扶养人生活费计入残疾赔偿金或者死亡赔偿金。

第十七条 被扶养人生活费根据扶养人丧失劳动能力程度,按照受诉法院所在地上一年度城镇居民人均消费支出标准计算。被扶养人为未成年人的,计算至十八周岁;被扶养人无劳动能力又无其他生活来源的,计算二十年。但六十周岁以上的,年龄每增加一岁减少一年;七十五周岁以上的,按五年计算。

被扶养人是指受害人依法应当承担扶养义务的未成年人或者丧失劳动能力又无其他生活来源的成年近亲属。被扶养人还有其他扶养人的,赔偿义务人只赔偿受害人依法应当负担的部分。被扶养人有数人的,年赔偿总额累计不超过上一年度城镇居民人均消费支出额。

工伤保险待遇与人身损害伤残、死亡赔偿对比

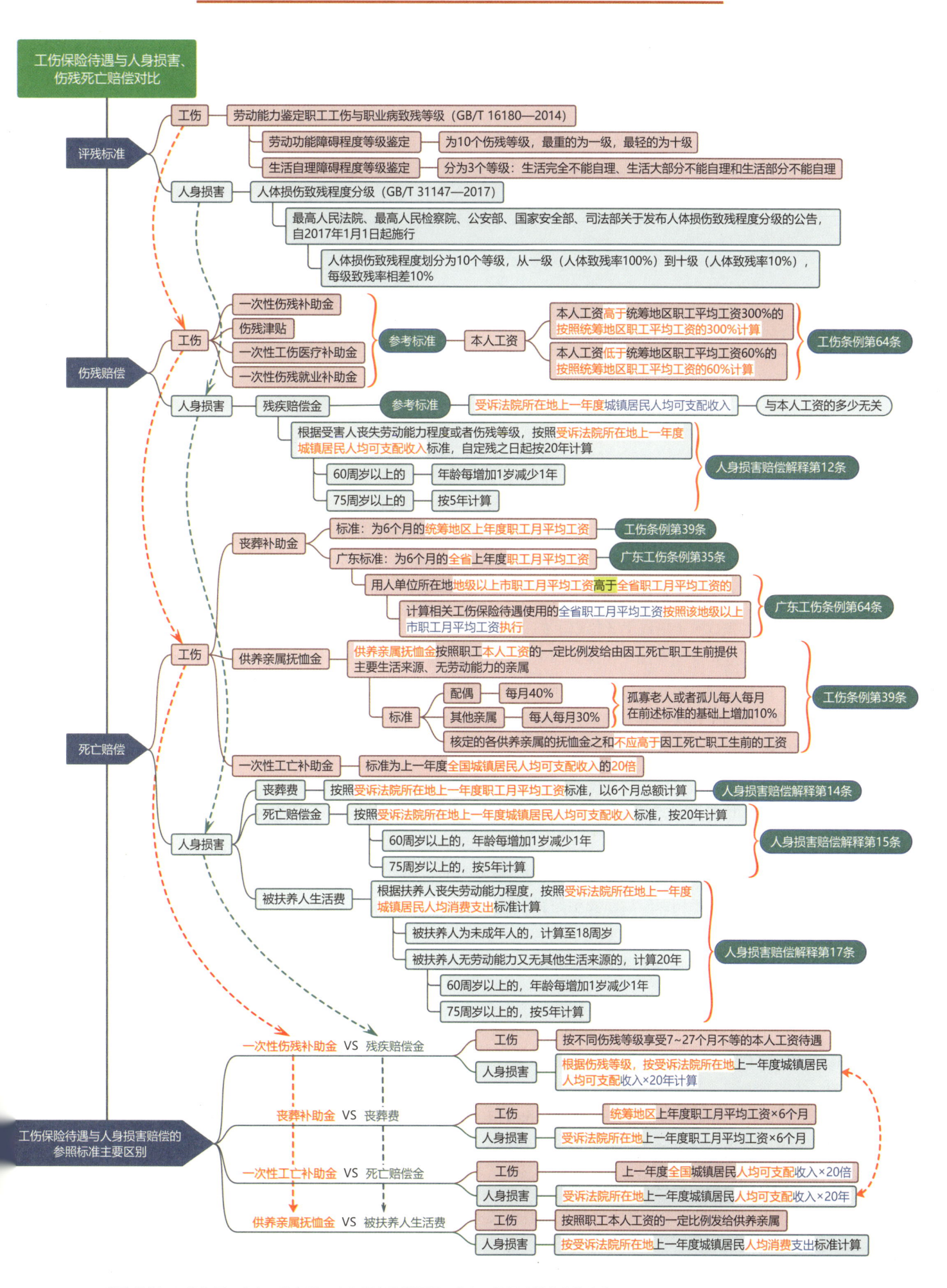

评残标准

工伤
- 劳动能力鉴定职工工伤与职业病致残等级（GB/T 16180—2014）
  - 劳动功能障碍程度等级鉴定：为10个伤残等级，最重的为一级，最轻的为十级
  - 生活自理障碍程度等级鉴定：分为3个等级：生活完全不能自理、生活大部分不能自理和生活部分不能自理

人身损害
- 人体损伤致残程度分级（GB/T 31147—2017）
  - 最高人民法院、最高人民检察院、公安部、国家安全部、司法部关于发布人体损伤致残程度分级的公告，自2017年1月1日起施行
  - 人体损伤致残程度划分为10个等级，从一级（人体致残率100%）到十级（人体致残率10%），每级致残率相差10%

伤残赔偿

工伤
- 一次性伤残补助金
- 伤残津贴
- 一次性工伤医疗补助金
- 一次性伤残就业补助金
- 参考标准：本人工资
  - 本人工资高于统筹地区职工平均工资300%的，按照统筹地区职工平均工资的300%计算
  - 本人工资低于统筹地区职工平均工资60%的，按照统筹地区职工平均工资的60%计算
  - （工伤条例第64条）

人身损害
- 残疾赔偿金
  - 参考标准：受诉法院所在地上一年度城镇居民人均可支配收入（与本人工资的多少无关）
  - 根据受害人丧失劳动能力程度或者伤残等级，按照受诉法院所在地上一年度城镇居民人均可支配收入标准，自定残之日起按20年计算
    - 60周岁以上的：年龄每增加1岁减少1年
    - 75周岁以上的：按5年计算
  - （人身损害赔偿解释第12条）

死亡赔偿

工伤
- 丧葬补助金
  - 标准：为6个月的统筹地区上年度职工月平均工资（工伤条例第39条）
  - 广东标准：为6个月的全省上年度职工月平均工资（广东工伤条例第35条）
  - 用人单位所在地地级以上市职工月平均工资高于全省职工月平均工资的
  - 计算相关工伤保险待遇使用的全省职工月平均工资按照该地级以上市职工月平均工资执行
  - （广东工伤条例第64条）
- 供养亲属抚恤金按照职工本人工资的一定比例发给由因工死亡职工生前提供主要生活来源、无劳动能力的亲属
  - 标准：配偶 每月40%；其他亲属 每人每月30%
  - 孤寡老人或者孤儿每人每月在前述标准的基础上增加10%
  - 核定的各供养亲属的抚恤金之和不应高于因工死亡职工生前的工资
  - （工伤条例第39条）
- 一次性工亡补助金：标准为上一年度全国城镇居民人均可支配收入的20倍

人身损害
- 丧葬费：按照受诉法院所在地上一年度职工月平均工资标准，以6个月总额计算（人身损害赔偿解释第14条）
- 死亡赔偿金：按照受诉法院所在地上一年度城镇居民人均可支配收入标准，按20年计算
  - 60周岁以上的，年龄每增加1岁减少1年
  - 75周岁以上的，按5年计算
  - （人身损害赔偿解释第15条）
- 被扶养人生活费：根据扶养人丧失劳动能力程度，按照受诉法院所在地上一年度城镇居民人均消费支出标准计算
  - 被扶养人为未成年人的，计算至18周岁
  - 被扶养人无劳动能力又无其他生活来源的，计算20年
  - 60周岁以上的，年龄每增加1岁减少1年
  - 75周岁以上的，按5年计算
  - （人身损害赔偿解释第17条）

工伤保险待遇与人身损害赔偿的参照标准主要区别

一次性伤残补助金 VS 残疾赔偿金
- 工伤：按不同伤残等级享受7~27个月不等的本人工资待遇
- 人身损害：根据伤残等级，按受诉法院所在地上一年度城镇居民人均可支配收入×20年计算

丧葬补助金 VS 丧葬费
- 工伤：统筹地区上年度职工月平均工资×6个月
- 人身损害：受诉法院所在地上一年度职工月平均工资×6个月

一次性工亡补助金 VS 死亡赔偿金
- 工伤：上一年度全国城镇居民人均可支配收入×20倍
- 人身损害：受诉法院所在地上一年度城镇居民人均可支配收入×20年

供养亲属抚恤金 VS 被扶养人生活费
- 工伤：按照职工本人工资的一定比例发给供养亲属
- 人身损害：按受诉法院所在地上一年度城镇居民人均消费支出标准计算

制作依据：工伤条例、广东工伤条例、人身损害赔偿解释、广东工伤保险基金实施方案

关联法条

《工伤保险条例》（2010修订）

第六十二条　用人单位依照本条例规定应当参加工伤保险而未参加的，由社会保险行政部门责令限期参加，补缴应当缴纳的工伤保险费，并自欠缴之日起，按日加收万分之五的滞纳金；逾期仍不缴纳的，处欠缴数额1倍以上3倍以下的罚款。

依照本条例规定应当参加工伤保险而未参加工伤保险的用人单位职工发生工伤的，由该用人单位按照本条例规定的工伤保险待遇项目和标准支付费用。

用人单位参加工伤保险并补缴应当缴纳的工伤保险费、滞纳金后，由工伤保险基金和用人单位依照本条例的规定支付新发生的费用。

《人力资源社会保障部关于执行〈工伤保险条例〉若干问题的意见》

十二、《条例》第六十二条第三款规定的"新发生的费用"，是指用人单位职工参加工伤保险前发生工伤的，在参加工伤保险后新发生的费用。

《人力资源社会保障部关于执行〈工伤保险条例〉若干问题的意见（二）》

三、《工伤保险条例》第六十二条规定的"新发生的费用"，是指用人单位参加工伤保险前发生工伤的职工，在参加工伤保险后新发生的费用。其中由工伤保险基金支付的费用，按不同情况予以处理：

（一）因工受伤的，支付参保后新发生的工伤医疗费、工伤康复费、住院伙食补助费、统筹地区以外就医交通食宿费、辅助器具配置费、生活护理费、一级至四级伤残职工伤残津贴，以及参保后解除劳动合同时的一次性工伤医疗补助金；

（二）因工死亡的，支付参保后新发生的符合条件的供养亲属抚恤金。

发生工伤事故后还能补缴工伤保险吗

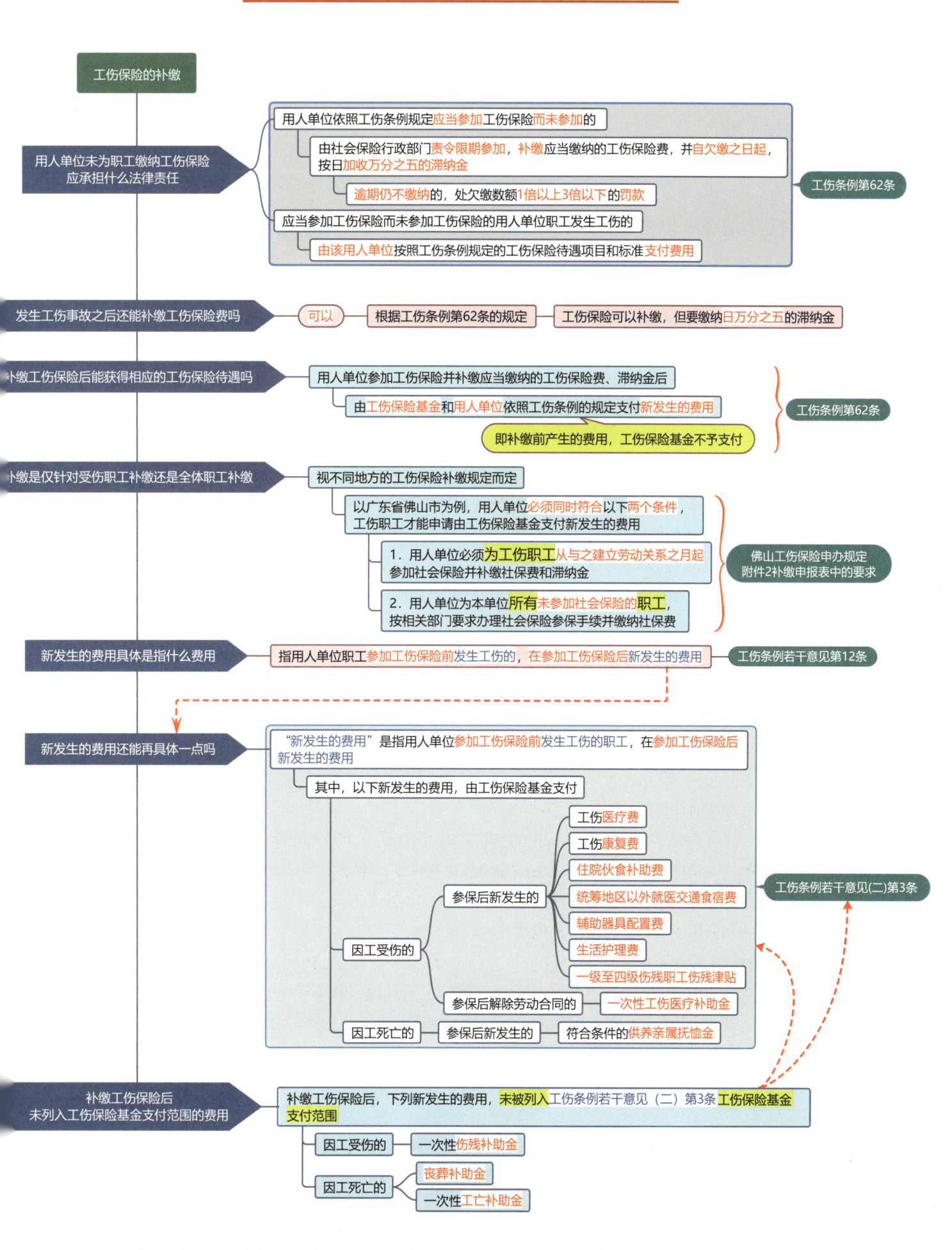

工伤保险的补缴

用人单位未为职工缴纳工伤保险应承担什么法律责任

- 用人单位依照工伤条例规定**应当参加**工伤保险**而未参加**的
  - 由社会保险行政部门**责令限期参加**，**补缴**应当缴纳的工伤保险费，并**自欠缴之日起**，按日**加收万分之五的滞纳金**
  - **逾期仍不缴纳的**，处欠缴数额**1倍以上3倍以下的罚款**
- 应当参加工伤保险而未参加工伤保险的用人单位职工发生工伤的
  - **由该用人单位**按照工伤条例规定的工伤保险待遇项目和标准**支付费用**

（工伤条例第62条）

发生工伤事故之后还能补缴工伤保险费吗

可以 —— 根据工伤条例第62条的规定 —— 工伤保险可以补缴，但要缴纳**日万分之五**的滞纳金

补缴工伤保险后能获得相应的工伤保险待遇吗

- 用人单位参加工伤保险并补缴应当缴纳的工伤保险费、滞纳金后
  - 由**工伤保险基金**和**用人单位**依照工伤条例的规定支付**新发生的费用**
  - 即补缴前产生的费用，工伤保险基金不予支付

（工伤条例第62条）

补缴是仅针对受伤职工补缴还是全体职工补缴

- 视不同地方的工伤保险补缴规定而定
- 以广东省佛山市为例，用人单位**必须同时符合**以下**两个条件**，工伤职工才能申请由工伤保险基金支付新发生的费用
  1. 用人单位必须**为工伤职工**从与之建立劳动关系之月起参加社会保险并补缴社保费和滞纳金
  2. 用人单位为本单位**所有未参加社会保险的职工**，按相关部门要求办理社会保险参保手续并缴纳社保费

（佛山工伤保险申办规定附件2补缴申报表中的要求）

新发生的费用具体是指什么费用

指用人单位职工**参加工伤保险前**发生工伤的，**在参加工伤保险后新发生的费用**

（工伤条例若干意见第12条）

新发生的费用还能再具体一点吗

"新发生的费用"是指用人单位**参加工伤保险前**发生工伤的职工，在**参加工伤保险后**新发生的费用

其中，以下新发生的费用，由工伤保险基金支付：

- 因工受伤的
  - 参保后新发生的：
    - 工伤医疗费
    - 工伤康复费
    - 住院伙食补助费
    - 统筹地区以外就医交通食宿费
    - 辅助器具配置费
    - 生活护理费
    - 一级至四级伤残职工伤残津贴
  - 参保后解除劳动合同的：一次性工伤医疗补助金
- 因工死亡的
  - 参保后新发生的：符合条件的供养亲属抚恤金

（工伤条例若干意见（二）第3条）

补缴工伤保险后未列入工伤保险基金支付范围的费用

补缴工伤保险后，下列新发生的费用，**未被列入**工伤条例若干意见（二）第3条**工伤保险基金支付范围**：

- 因工受伤的：一次性**伤残补助金**
- 因工死亡的：
  - 丧葬补助金
  - 一次性**工亡补助金**

制作依据：工伤条例、工伤条例若干意见、工伤条例若干意见（二）、佛山工伤保险申办规定

假 期

关联法条

《劳动部关于发布〈企业职工患病或非因工负伤医疗期规定〉的通知》

第二条 医疗期是指企业职工因患病或非因工负伤停止工作治病休息不得解除劳动合同的时限。

第三条 企业职工因患病或非因工负伤，需要停止工作医疗时，根据本人实际参加工作年限和在本单位工作年限，给予三个月到二十四个月的医疗期：

（一）实际工作年限十年以下的，在本单位工作年限五年以下的为三个月；五年以上的为六个月。

（二）实际工作年限十年以上的，在本单位工作年限五年以下的为六个月；五年以上十年以下的为九个月；十年以上十五年以下的为十二个月；十五年以上二十年以下的为十八个月；二十年以上的为二十四个月。

第四条 医疗期三个月的按六个月内累计病休时间计算；六个月的按十二个月内累计病休时间计算；九个月的按十五个月内累计病休时间计算；十二个月的按十八个月内累计病休时间计算；十八个月的按二十四个月内累计病休时间计算；二十四个月的按三十个月内累计病休时间计算。

第七条 企业职工非因工致残和经医生或医疗机构认定患有难以治疗的疾病，医疗期满，应当由劳动鉴定委员会参照工伤与职业病致残程度鉴定标准进行劳动能力的鉴定。被鉴定为一至四级的，应当退出劳动岗位，解除劳动关系，并办理退休、退职手续，享受退休、退职待遇。

第八条 医疗期满尚未痊愈者，被解除劳动合同的经济补偿问题按照有关规定执行。

《劳动部关于贯彻〈企业职工患病或非因工负伤医疗期规定〉的通知》

一、关于医疗期的计算问题

1.医疗期计算应从病休第一天开始，累计计算。如：应享受三个月医疗期的职工，如果从1995年3月5日起第一次病休，那么，该职工的医疗期应在3月5日至9月5日之间确定，在此期间累计病休三个月即视为医疗期满。其他依此类推。

2.病休期间，公休、假日和法定节日包括在内。

二、关于特殊疾病的医疗期问题

根据目前的实际情况，对某些患特殊疾病（如癌症、精神病、瘫痪等）的职工，在24个月内尚不能痊愈的，经企业和劳动主管部门批准，可以适当延长医疗期。

《劳动部关于印发〈关于贯彻执行《中华人民共和国劳动法》若干问题的意见〉的通知》

59.职工患病或非因工负伤治疗期间，在规定的医疗期间内由企业按有关规定支付其病假工资或疾病救济费，病假工资或疾病救济费可以低于当地最低工资标准支付，但不能低于最低工资标准的80%。

职工患病或非因工负伤的医疗期问题

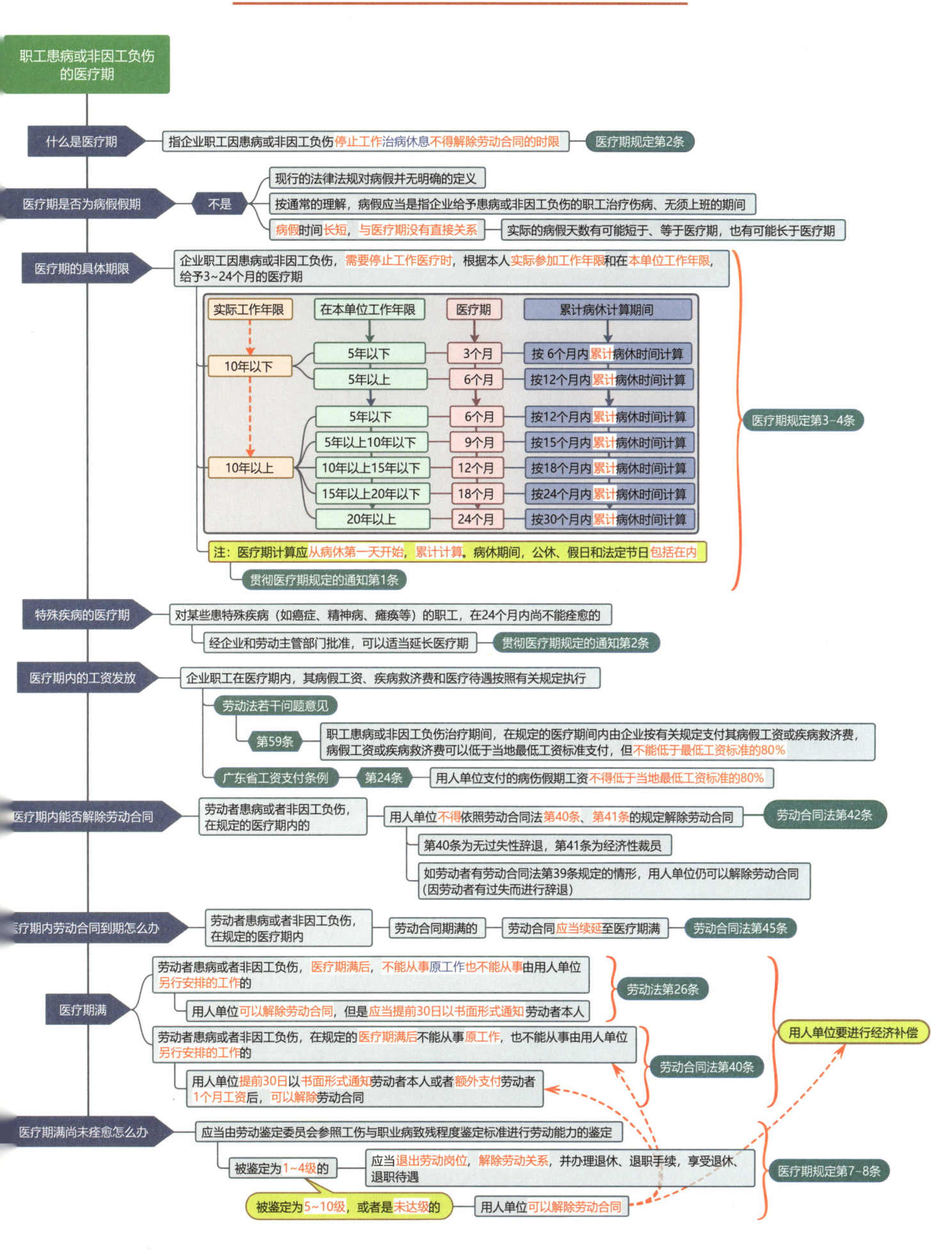

职工患病或非因工负伤的医疗期

什么是医疗期：指企业职工因患病或非因工负伤 停止工作治病休息 不得解除劳动合同的时限 ——《医疗期规定》第2条

医疗期是否为病假假期：不是
- 现行的法律法规对病假并无明确的定义
- 按通常的理解，病假应当是指企业给予患病或非因工负伤的职工治疗伤病、无须上班的期间
- 病假时间长短，与医疗期没有直接关系 —— 实际的病假天数有可能短于、等于医疗期，也有可能长于医疗期

医疗期的具体期限：企业职工因患病或非因工负伤，需要停止工作医疗时，根据本人实际参加工作年限和在本单位工作年限，给予3~24个月的医疗期

实际工作年限	在本单位工作年限	医疗期	累计病休计算期间
10年以下	5年以下	3个月	按6个月内累计病休时间计算
10年以下	5年以上	6个月	按12个月内累计病休时间计算
10年以上	5年以下	6个月	按12个月内累计病休时间计算
10年以上	5年以上10年以下	9个月	按15个月内累计病休时间计算
10年以上	10年以上15年以下	12个月	按18个月内累计病休时间计算
10年以上	15年以上20年以下	18个月	按24个月内累计病休时间计算
10年以上	20年以上	24个月	按30个月内累计病休时间计算

——《医疗期规定》第3-4条

注：医疗期计算应从病休第一天开始，累计计算。病休期间，公休、假日和法定节日包括在内
——《贯彻医疗期规定的通知》第1条

特殊疾病的医疗期：对某些患特殊疾病（如癌症、精神病、瘫痪等）的职工，在24个月内尚不能痊愈的，经企业和劳动主管部门批准，可以适当延长医疗期 ——《贯彻医疗期规定的通知》第2条

医疗期内的工资发放：企业职工在医疗期内，其病假工资、疾病救济费和医疗待遇按照有关规定执行
- 《劳动法若干问题意见》第59条：职工患病或非因工负伤治疗期间，在规定的医疗期间内由企业按有关规定支付其病假工资或疾病救济费，病假工资或疾病救济费可以低于当地最低工资标准支付，但不能低于最低工资标准的80%
- 《广东省工资支付条例》第24条：用人单位支付的病伤假期工资不得低于当地最低工资标准的80%

医疗期内能否解除劳动合同：劳动者患病或者非因工负伤，在规定的医疗期内的
- 用人单位不得依照劳动合同法第40条、第41条的规定解除劳动合同 ——《劳动合同法》第42条
- 第40条为无过失性辞退，第41条为经济性裁员
- 如劳动者有劳动合同法第39条规定的情形，用人单位仍可以解除劳动合同（因劳动者有过失而进行辞退）

医疗期内劳动合同到期怎么办：劳动者患病或者非因工负伤，在规定的医疗期内 —— 劳动合同期满的 —— 劳动合同应当续延至医疗期满 ——《劳动合同法》第45条

医疗期满：
- 劳动者患病或者非因工负伤，医疗期满后，不能从事原工作也不能从事由用人单位另行安排的工作的
- 用人单位可以解除劳动合同，但是应当提前30日以书面形式通知劳动者本人 ——《劳动法》第26条
- 劳动者患病或者非因工负伤，在规定的医疗期满后不能从事原工作，也不能从事由用人单位另行安排的工作的
- 用人单位提前30日以书面形式通知劳动者本人或者额外支付劳动者1个月工资后，可以解除劳动合同 ——《劳动合同法》第40条
- 用人单位要进行经济补偿

医疗期满尚未痊愈怎么办：应当由劳动鉴定委员会参照工伤与职业病致残程度鉴定标准进行劳动能力的鉴定
- 被鉴定为1~4级的：应当退出劳动岗位，解除劳动关系，并办理退休、退职手续，享受退休、退职待遇
- 被鉴定为5~10级，或者是未达级的：用人单位可以解除劳动合同
——《医疗期规定》第7-8条

制作依据：劳动法、劳动合同法、医疗期规定、贯彻医疗期规定的通知、劳动法若干问题意见

关联法条

《职工带薪年休假条例》

第二条 机关、团体、企业、事业单位、民办非企业单位、有雇工的个体工商户等单位的职工连续工作1年以上的，享受带薪年休假（以下简称年休假）。单位应当保证职工享受年休假。职工在年休假期间享受与正常工作期间相同的工资收入。

第三条 职工累计工作已满1年不满10年的，年休假5天；已满10年不满20年的，年休假10天；已满20年的，年休假15天。

国家法定休假日、休息日不计入年休假的假期。

第四条 职工有下列情形之一的，不享受当年的年休假：

（一）职工依法享受寒暑假，其休假天数多于年休假天数的；

（二）职工请事假累计20天以上且单位按照规定不扣工资的；

（三）累计工作满1年不满10年的职工，请病假累计2个月以上的；

（四）累计工作满10年不满20年的职工，请病假累计3个月以上的；

（五）累计工作满20年以上的职工，请病假累计4个月以上的。

第五条 单位根据生产、工作的具体情况，并考虑职工本人意愿，统筹安排职工年休假。

年休假在1个年度内可以集中安排，也可以分段安排，一般不跨年度安排。单位因生产、工作特点确有必要跨年度安排职工年休假的，可以跨1个年度安排。

单位确因工作需要不能安排职工休年休假的，经职工本人同意，可以不安排职工休年休假。对职工应休未休的年休假天数，单位应当按照该职工日工资收入的300%支付年休假工资报酬。

《企业职工带薪年休假实施办法》

第三条 职工连续工作满12个月以上的，享受带薪年休假（以下简称年休假）。

第四条 年休假天数根据职工累计工作时间确定。职工在同一或者不同用人单位工作期间，以及依照法律、行政法规或者国务院规定视同工作期间，应当计为累计工作时间。

第五条 职工新进用人单位且符合本办法第三条规定的，当年度年休假天数，按照在本单位剩余日历天数折算确定，折算后不足1整天的部分不享受年休假。

前款规定的折算方法为：（当年度在本单位剩余日历天数÷365天）×职工本人全年应当享受的年休假天数。

第六条 职工依法享受的探亲假、婚丧假、产假等国家规定的假期以及因工伤停工留薪期间不计入年休假假期。

第八条 职工已享受当年的年休假，年度内又出现条例第四条第（二）、（三）、（四）、（五）项规定情形之一的，不享受下一年度的年休假。

第九条 用人单位根据生产、工作的具体情况，并考虑职工本人意愿，统筹安排年休假。用人单位确因工作需要不能安排职工年休假或者跨1个年度安排年休假的，应征得职工本人同意。

第十条 用人单位经职工同意不安排年休假或者安排职工年休假天数少于应休年休假天数，应当在本年度内对职工应休未休年休假天数，按照其日工资收入的300%支付未休年休假工资报酬，其中包含用人单位支付职工正常工作期间的工资收入。

用人单位安排职工休年休假，但是职工因本人原因且书面提出不休年休假的，用人单位可以只支付其正常工作期间的工资收入。

企业职工带薪年休假相关法律问题

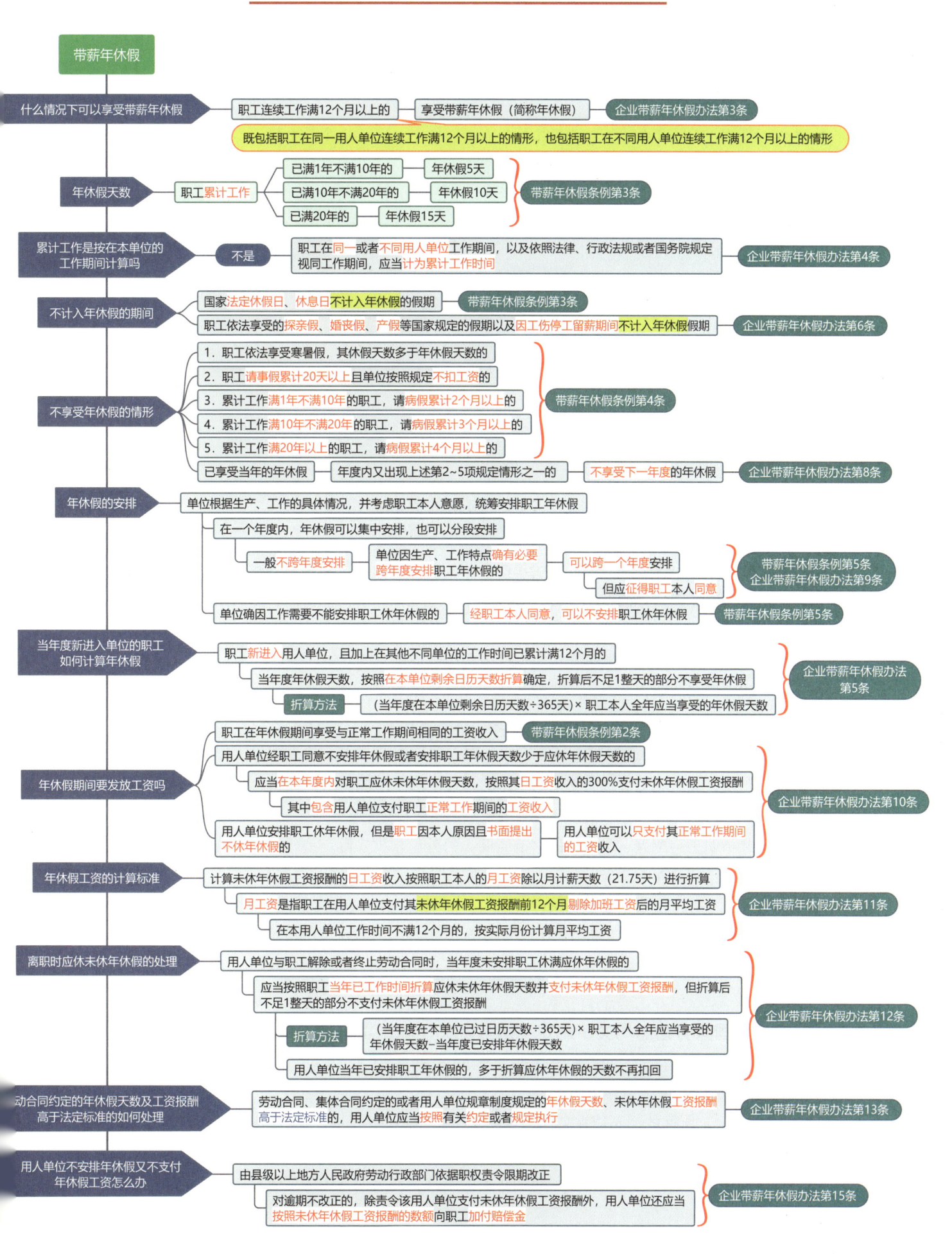

带薪年休假

什么情况下可以享受带薪年休假
- 职工连续工作满12个月以上的 —— 享受带薪年休假（简称年休假）——《企业带薪年休假办法》第3条
- 既包括职工在同一用人单位连续工作满12个月以上的情形，也包括职工在不同用人单位连续工作满12个月以上的情形

年休假天数（职工累计工作）
- 已满1年不满10年的 —— 年休假5天
- 已满10年不满20年的 —— 年休假10天
- 已满20年的 —— 年休假15天

《带薪年休假条例》第3条

累计工作是按在本单位的工作期间计算吗
- 不是
- 职工在同一或者不同用人单位工作期间，以及依照法律、行政法规或者国务院规定视同工作期间，应当计为累计工作时间 ——《企业带薪年休假办法》第4条

不计入年休假的期间
- 国家法定休假日、休息日不计入年休假的假期 ——《带薪年休假条例》第3条
- 职工依法享受的探亲假、婚丧假、产假等国家规定的假期以及因工伤停工留薪期间不计入年休假假期 ——《企业带薪年休假办法》第6条

不享受年休假的情形
1. 职工依法享受寒暑假，其休假天数多于年休假天数的
2. 职工请事假累计20天以上且单位按照规定不扣工资的
3. 累计工作满1年不满10年的职工，请病假累计2个月以上的
4. 累计工作满10年不满20年的职工，请病假累计3个月以上的
5. 累计工作满20年以上的职工，请病假累计4个月以上的

《带薪年休假条例》第4条

已享受当年的年休假，年度内又出现上述第2~5项规定情形之一的，不享受下一年度的年休假 ——《企业带薪年休假办法》第8条

年休假的安排
- 单位根据生产、工作的具体情况，并考虑职工本人意愿，统筹安排职工年休假
- 在一个年度内，年休假可以集中安排，也可以分段安排
  - 一般不跨年度安排
  - 单位因生产、工作特点确有必要跨年度安排职工年休假的，可以跨一个年度安排，但应征得职工本人同意
- 单位确因工作需要不能安排职工休年休假的，经职工本人同意，可以不安排职工休年休假

《带薪年休假条例》第5条、《企业带薪年休假办法》第9条

当年度新进入单位的职工如何计算年休假
- 职工新进入用人单位，且加上在其他不同单位的工作时间已累计满12个月的
- 当年度年休假天数，按照在本单位剩余日历天数折算确定，折算后不足1整天的部分不享受年休假
- 折算方法：（当年度在本单位剩余日历天数÷365天）× 职工本人全年应当享受的年休假天数

《企业带薪年休假办法》第5条

年休假期间要发放工资吗
- 职工在年休假期间享受与正常工作期间相同的工资收入 ——《带薪年休假条例》第2条
- 用人单位经职工同意不安排年休假或者安排职工年休假天数少于应休年休假天数的，应当在本年度内对职工应休未休年休假天数，按照其日工资收入的300%支付未休年休假工资报酬
- 其中包含用人单位支付职工正常工作期间的工资收入
- 用人单位安排职工休年休假，但是职工因本人原因且书面提出不休年休假的，用人单位可以只支付其正常工作期间的工资收入

《企业带薪年休假办法》第10条

年休假工资的计算标准
- 计算未休年休假工资报酬的日工资收入按照职工本人的月工资除以月计薪天数（21.75天）进行折算
- 月工资是指职工在用人单位支付其未休年休假工资报酬前12个月剔除加班工资后的月平均工资
- 在本用人单位工作时间不满12个月的，按实际月份计算月平均工资

《企业带薪年休假办法》第11条

离职时应休未休年休假的处理
- 用人单位与职工解除或者终止劳动合同时，当年度未安排职工休满应休年休假的
- 应当按照职工当年已工作时间折算应休未休年休假天数并支付未休年休假工资报酬，但折算后不足1整天的部分不支付未休年休假工资报酬
- 折算方法：（当年度在本单位已过日历天数÷365天）× 职工本人全年应当享受的年休假天数－当年度已安排年休假天数
- 用人单位当年已安排职工年休假的，多于折算应休年休假的天数不再扣回

《企业带薪年休假办法》第12条

劳动合同约定的年休假天数及工资报酬高于法定标准的如何处理
- 劳动合同、集体合同约定的或者用人单位规章制度规定的年休假天数、未休年休假工资报酬高于法定标准的，用人单位应当按照有关约定或者规定执行

《企业带薪年休假办法》第13条

用人单位不安排年休假又不支付年休假工资怎么办
- 由县级以上地方人民政府劳动行政部门依据职权责令限期改正
- 对逾期不改正的，除责令该用人单位支付未休年休假工资报酬外，用人单位还应当按照未休年休假工资报酬的数额向职工加付赔偿金

《企业带薪年休假办法》第15条

制作依据：带薪年休假条例、企业带薪年休假办法、企业带薪年休假办法有关问题的复函

关联法条

《国务院关于职工探亲待遇的规定》

第二条 凡在国家机关、人民团体和全民所有制企业、事业单位工作满一年的固定职工，与配偶不住在一起，又不能在公休假日团聚的，可以享受本规定探望配偶的待遇；与父亲、母亲都不住在一起，又不能在公休假日团聚的，可以享受本规定探望父母的待遇。但是，职工与父亲或与母亲一方能够在公休假日团聚的，不能享受本规定探望父母的待遇。

第三条 职工探亲假期：

（一）职工探望配偶的，每年给予一方探亲假一次，假期为三十天。

（二）未婚职工探望父母，原则上每年给假一次，假期为二十天。如果因为工作需要，本单位当年不能给予假期，或者职工自愿两年探亲一次的，可以两年给假一次，假期为四十五天。

（三）已婚职工探望父母的，每四年给假一次，假期为二十天。

探亲假期是指职工与配偶、父、母团聚的时间，另外，根据实际需要给予路程假。上述假期均包括公休假日和法定节日在内。

第五条 职工在规定的探亲假期和路程假期内，按照本人的标准工资发给工资。

第六条 职工探望配偶和未婚职工探望父母的往返路费，由所在单位负担。已婚职工探望父母的往返路费，在本人月标准工资百分之三十以内的，由本人自理，超过部分由所在单位负担。

《国家劳动总局关于制定〈国务院关于职工探亲待遇的规定〉实施细则的若干问题的意见》

三、《探亲规定》所称的"不能在公休假日团聚"是指不能利用公休假日在家居住一夜和休息半个白天。

七、具备探望父母条件的已婚职工，每四年给假一次，在这四年中的任何一年，经过单位领导批准即可探亲。

探亲假

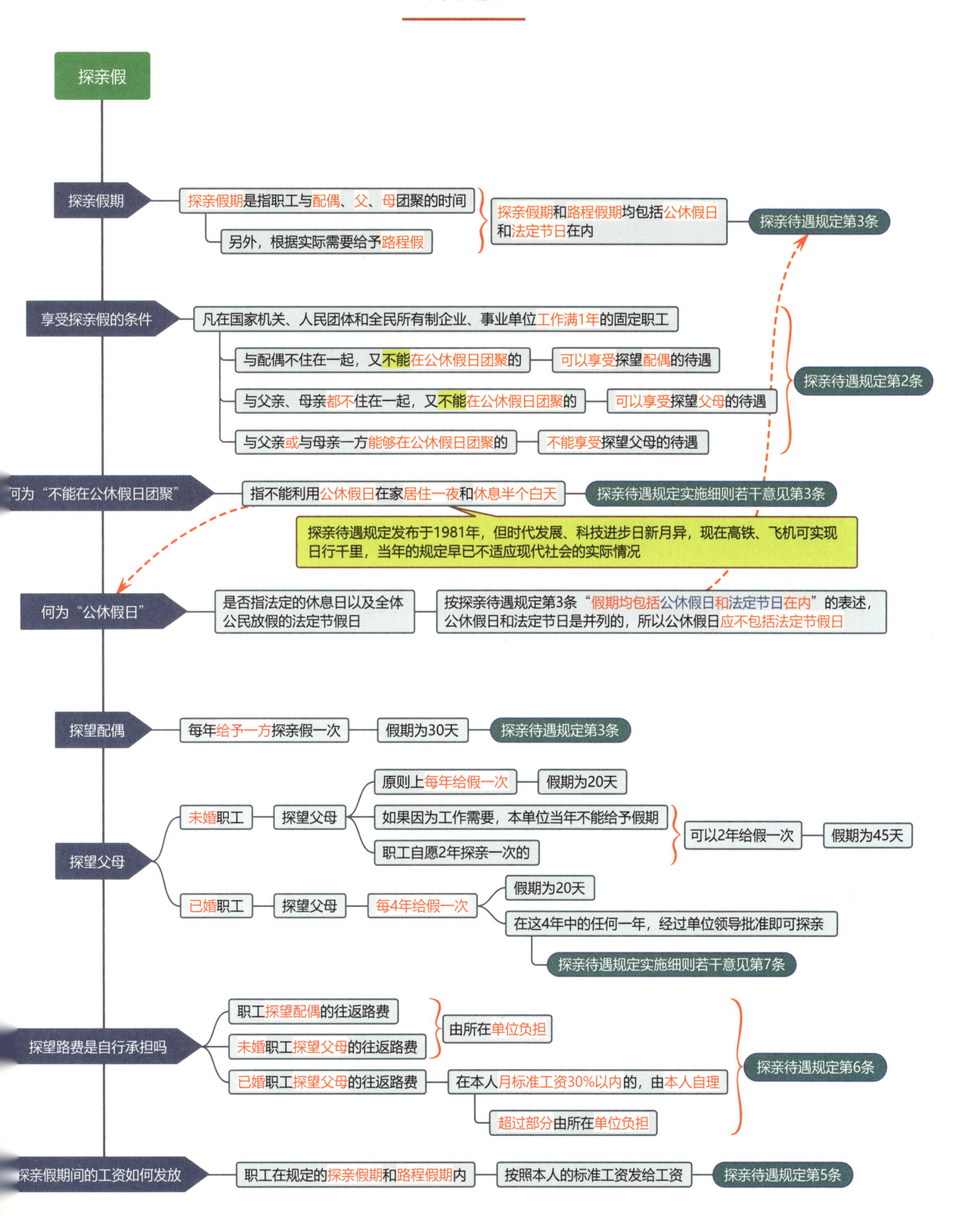

- **探亲假期**
  - 探亲假期是指职工与配偶、父、母团聚的时间
  - 另外，根据实际需要给予路程假
  - 探亲假期和路程假期均包括公休假日和法定节日在内 —— 探亲待遇规定第3条

- **享受探亲假的条件**
  - 凡在国家机关、人民团体和全民所有制企业、事业单位工作满1年的固定职工
  - 与配偶不住在一起，又不能在公休假日团聚的 → 可以享受探望配偶的待遇
  - 与父亲、母亲都不住在一起，又不能在公休假日团聚的 → 可以享受探望父母的待遇
  - 与父亲或与母亲一方能够在公休假日团聚的 → 不能享受探望父母的待遇
  - （探亲待遇规定第2条）

- **何为"不能在公休假日团聚"**
  - 指不能利用公休假日在家居住一夜和休息半个白天 —— 探亲待遇规定实施细则若干意见第3条

> 探亲待遇规定发布于1981年，但时代发展、科技进步日新月异，现在高铁、飞机可实现日行千里，当年的规定早已不适应现代社会的实际情况

- **何为"公休假日"**
  - 是否指法定的休息日以及全体公民放假的法定节假日
  - 按探亲待遇规定第3条"假期均包括公休假日和法定节日在内"的表述，公休假日和法定节日是并列的，所以公休假日应不包括法定节假日

- **探望配偶**
  - 每年给予一方探亲假一次 → 假期为30天 —— 探亲待遇规定第3条

- **探望父母**
  - 未婚职工 探望父母
    - 原则上每年给假一次 → 假期为20天
    - 如果因为工作需要，本单位当年不能给予假期
    - 职工自愿2年探亲一次的
    - → 可以2年给假一次 → 假期为45天
  - 已婚职工 探望父母
    - 每4年给假一次
      - 假期为20天
      - 在这4年中的任何一年，经过单位领导批准即可探亲
    - 探亲待遇规定实施细则若干意见第7条

- **探望路费是自行承担吗**
  - 职工探望配偶的往返路费 → 由所在单位负担
  - 未婚职工探望父母的往返路费 → 由所在单位负担
  - 已婚职工探望父母的往返路费
    - 在本人月标准工资30%以内的，由本人自理
    - 超过部分由所在单位负担
  - 探亲待遇规定第6条

- **探亲假期间的工资如何发放**
  - 职工在规定的探亲假期和路程假期内 → 按照本人的标准工资发给工资 —— 探亲待遇规定第5条

制作依据：探亲待遇规定、探亲待遇规定实施细则若干意见

关联法条

《中华人民共和国劳动法》（2018修正）

第六十二条 女职工生育享受不少于九十天的产假。

《中华人民共和国人口与计划生育法》（2021修正）

第二十五条 符合法律、法规规定生育子女的夫妻，可以获得延长生育假的奖励或者其他福利待遇。

国家支持有条件的地方设立父母育儿假。

第二十六条 妇女怀孕、生育和哺乳期间，按照国家有关规定享受特殊劳动保护并可以获得帮助和补偿。国家保障妇女就业合法权益，为因生育影响就业的妇女提供就业服务。

公民实行计划生育手术，享受国家规定的休假。

《女职工劳动保护特别规定》

第七条 女职工生育享受98天产假，其中产前可以休假15天；难产的，增加产假15天；生育多胞胎的，每多生育1个婴儿，增加产假15天。

女职工怀孕未满4个月流产的，享受15天产假；怀孕满4个月流产的，享受42天产假。

《广东省人口与计划生育条例》（2021修正）

第三十条 符合法律、法规规定生育子女的夫妻，女方享受八十日的奖励假，男方享受十五日的陪产假。在规定假期内照发工资，不影响福利待遇和全勤评奖。

符合法律、法规规定生育子女的，在子女三周岁以内，父母每年各享受十日的育儿假。假期用工成本分担，按照国家和省的有关规定执行。

《广东省职工生育保险规定》（2022修订）

第十五条 职工应当享受的生育津贴，按照职工生育或者施行计划生育手术时用人单位上年度职工月平均工资除以30再乘以规定的假期天数计发。

用人单位上年度职工月平均工资按照本单位上一自然年度参保职工各月缴费工资之和，除以其各月参保职工数之和确定。

本年度新参保的用人单位，生育津贴以该单位本年度参保职工月平均工资为基数计算。

第十六条 职工享受生育津贴的假期天数，按照下列规定计算：

（一）女职工生育享受产假：顺产的，计98天；难产的，增加30天；生育多胞胎的，每多生育1个婴儿，增加15天。

（二）女职工终止妊娠享受产假：怀孕未满4个月终止妊娠的，根据医疗机构的意见，计15天至30天；怀孕4个月以上7个月以下终止妊娠的，计42天；怀孕满7个月终止妊娠的，计75天。

（三）职工享受计划生育手术休假：取出宫内节育器的，计1天；放置宫内节育器的，计2天；施行输卵管结扎的，计21天；施行输精管结扎的，计7天；施行输卵管或者输精管复通手术的，计14天。

同时存在两种以上计划生育手术情形，或者同时存在生育和计划生育手术情形的，合并计算享受生育津贴的假期天数。

产假、奖励假、陪产假与育儿假

产假、奖励假、陪产假与育儿假

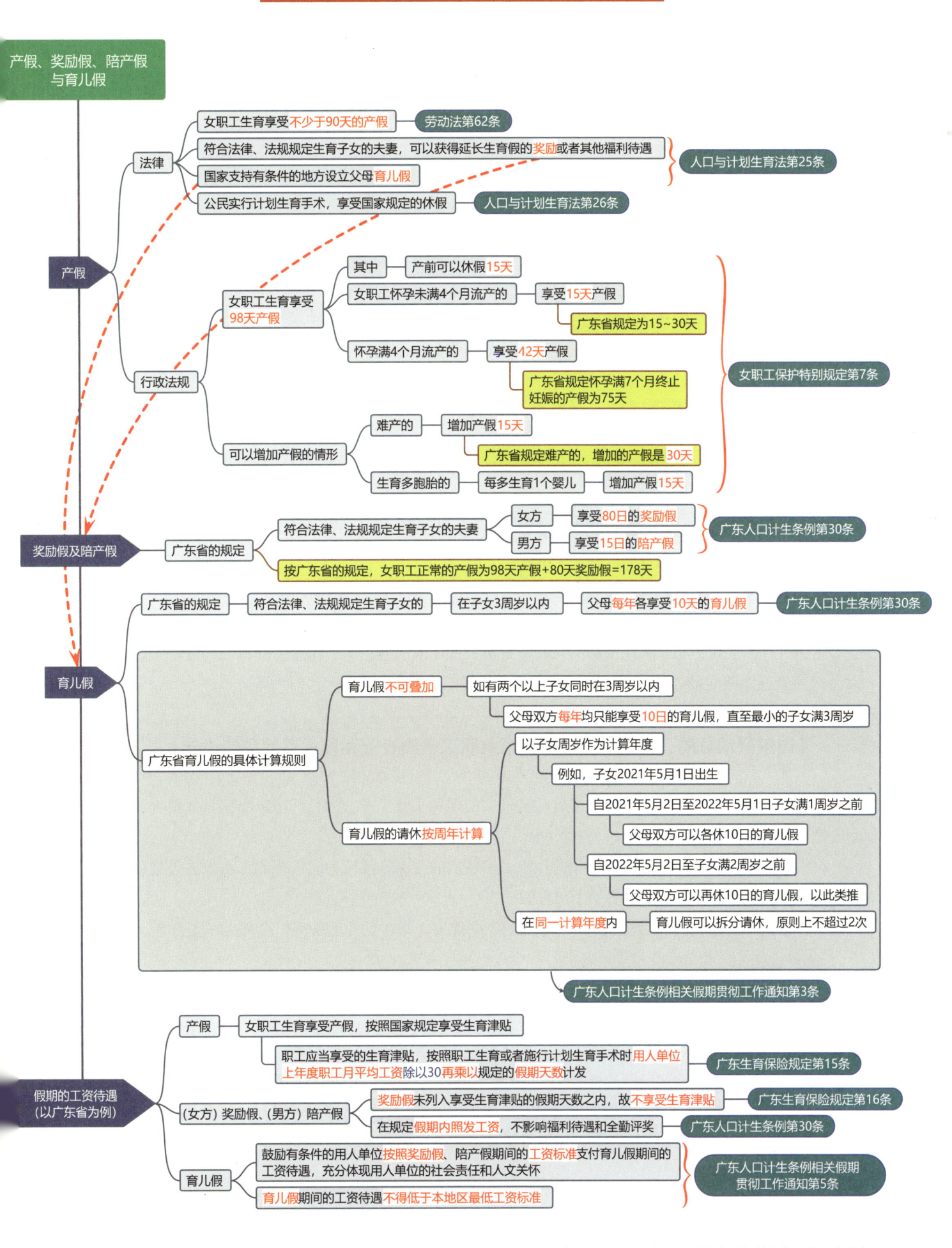

产假

法律
- 女职工生育享受**不少于90天的产假** —— 劳动法第62条
- 符合法律、法规规定生育子女的夫妻，可以获得延长生育假的**奖励**或者其他福利待遇 ┐
- 国家支持有条件的地方设立父母**育儿假** ┘ 人口与计划生育法第25条
- 公民实行计划生育手术，享受国家规定的休假 —— 人口与计划生育法第26条

行政法规 —— 女职工保护特别规定第7条
- 女职工生育享受**98天产假**
  - 其中 —— 产前可以休假**15天**
  - 女职工怀孕未满4个月流产的 —— 享受**15天产假**；广东省规定为15~30天
  - 怀孕满4个月流产的 —— 享受**42天产假**；广东省规定怀孕满7个月终止妊娠的产假为75天
- 可以增加产假的情形
  - 难产的 —— 增加产假**15天**；广东省规定难产的，增加的产假是**30天**
  - 生育多胞胎的 —— 每多生育1个婴儿 —— 增加产假**15天**

奖励假及陪产假

广东省的规定 —— 广东人口计生条例第30条
- 符合法律、法规规定生育子女的夫妻
  - 女方 —— 享受**80日**的**奖励假**
  - 男方 —— 享受**15日**的**陪产假**
- 按广东省的规定，女职工正常的产假为98天产假+80天奖励假=178天

育儿假

广东省的规定 —— 广东人口计生条例第30条
- 符合法律、法规规定生育子女的 —— 在子女3周岁以内 —— 父母**每年**各享受**10天**的**育儿假**

广东省育儿假的具体计算规则
- 育儿假**不可叠加**
  - 如有两个以上子女同时在3周岁以内
  - 父母双方**每年**均只能享受**10日**的育儿假，直至最小的子女满3周岁
- 育儿假的请休**按周年计算**
  - 以子女周岁作为计算年度
  - 例如，子女2021年5月1日出生
    - 自2021年5月2日至2022年5月1日子女满1周岁之前
      - 父母双方可以各休10日的育儿假
    - 自2022年5月2日至子女满2周岁之前
      - 父母双方可以再休10日的育儿假，以此类推
  - 在**同一计算年度**内 —— 育儿假可以拆分请休，原则上不超过2次

—— 广东人口计生条例相关假期贯彻工作通知第3条

假期的工资待遇（以广东省为例）

- **产假**
  - 女职工生育享受产假，按照国家规定享受生育津贴
  - 职工应当享受的生育津贴，按照职工生育或者施行计划生育手术时**用人单位上年度职工月平均工资除以30再乘以规定的假期天数**计发 —— 广东生育保险规定第15条
- **（女方）奖励假、（男方）陪产假**
  - 奖励假未列入享受生育津贴的假期天数之内，故**不享受生育津贴** —— 广东生育保险规定第16条
  - 在规定**假期内照发工资**，不影响福利待遇和全勤评奖 —— 广东人口计生条例第30条
- **育儿假**
  - 鼓励有条件的用人单位**按照奖励假、陪产假期间的工资标准**支付育儿假期间的工资待遇，充分体现用人单位的社会责任和人文关怀
  - **育儿假**期间的工资待遇**不得低于本地区最低工资标准**

—— 广东人口计生条例相关假期贯彻工作通知第5条

制作依据：**人口与计划生育法、女职工保护特别规定、广东人口计生条例、广东生育保险规定、广东人口计生条例相关假期贯彻工作通知**

关联法条

《中华人民共和国劳动法》（2018修正）

第五十一条 劳动者在法定休假日和婚丧假期间以及依法参加社会活动期间，用人单位应当依法支付工资。

《劳动部办公厅关于〈劳动法〉若干条文的说明》

第五十一条 劳动者在法定休假日和婚丧假期间以及依法参加社会活动期间，用人单位应当依法支付工资。

法定休假日，是指法律、法规规定的劳动者休假的时间，包括法定节日（即元旦、春节、国际劳动节、国庆节及其他节假日）以及法定带薪年休假。

婚丧假，是指劳动者本人结婚以及其直系亲属死亡时依法享受的假期。

依法参加社会活动是指：行使选举权；当选代表，出席政府、党派、工会、青年团、妇女联合会等组织召开的会议；担任人民法庭的人民陪审员、证明人、辩护人；出席劳动模范、先进工作者大会；《工会法》规定的不脱产工会基层委员会委员因工会活动占用的生产时间等。

《国家劳动总局、财政部关于国营企业职工请婚丧假和路程假问题的通知》

一、职工本人结婚或职工的直系亲属（父母、配偶和子女）死亡时，可以根据具体情况，由本单位行政领导批准，酌情给予一至三天的婚丧假。

二、职工结婚时双方不在一地工作的；职工在外地的直系亲属死亡时需要职工本人去外地料理丧事的，都可以根据路程远近，另给予路程假。

三、在批准的婚丧假和路程假期间，职工的工资照发，途中的车船费等，全部由职工自理。

《劳动和社会保障部办公厅关于对再婚职工婚假问题的复函》

湖北省劳动保障厅：

你厅《关于再婚者婚假问题的请示》（鄂劳社〔2000〕113号）收悉，现答复如下：

根据《中华人民共和国婚姻法》和国家有关职工婚丧假的规定精神，再婚者与初婚者的法律地位相同，用人单位对再婚职工应当参照国家有关规定，给予同初婚职工一样的婚假待遇。

二〇〇〇年七月十一日

婚假天数的相关法律规定

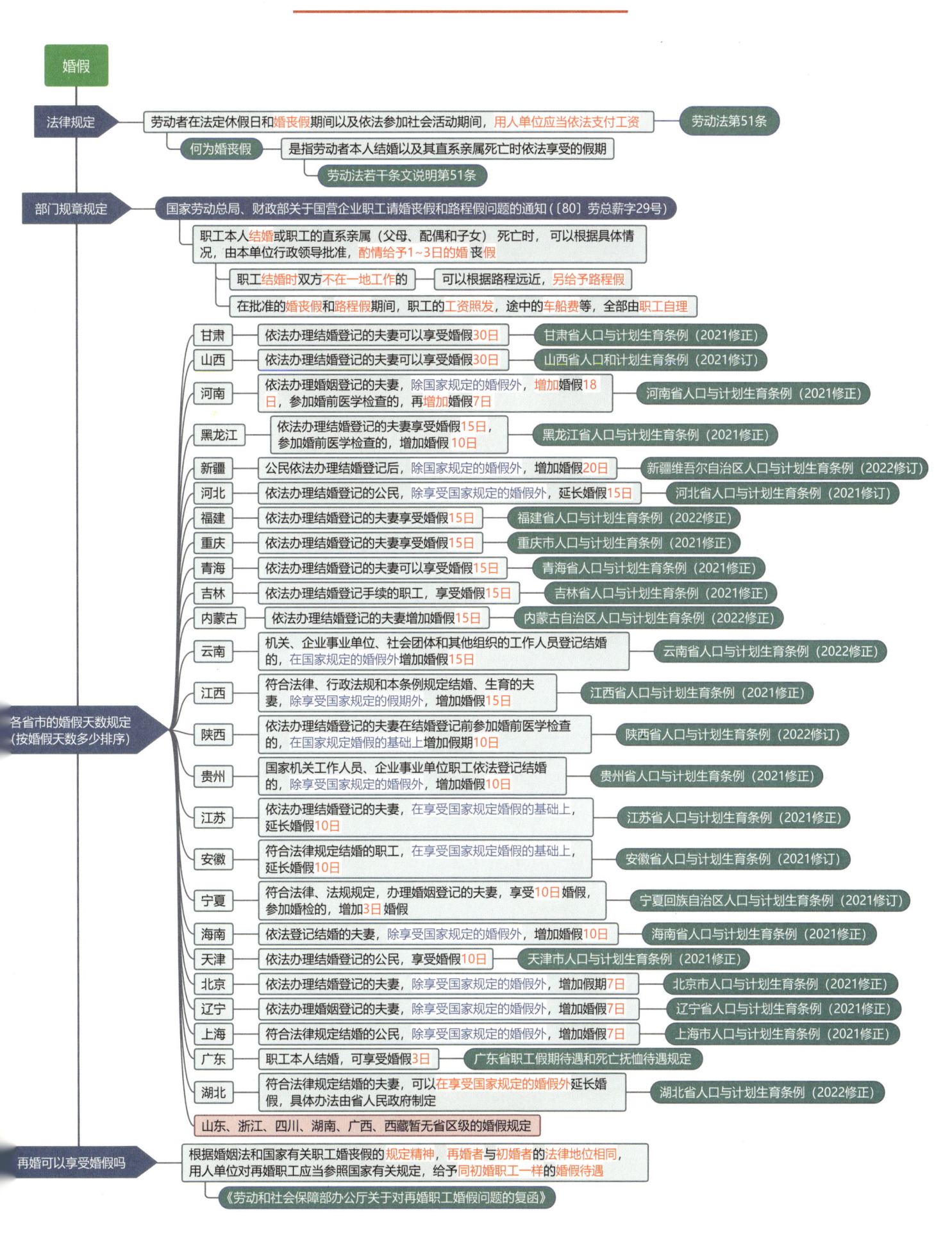

- **婚假**
  - **法律规定**
    - 劳动者在法定休假日和婚丧假期间以及依法参加社会活动期间，用人单位应当依法支付工资 —— 劳动法第51条
      - 何为婚丧假 —— 是指劳动者本人结婚以及其直系亲属死亡时依法享受的假期 —— 劳动法若干条文说明第51条
  - **部门规章规定**
    - 国家劳动总局、财政部关于国营企业职工请婚丧假和路程假问题的通知（〔80〕劳总薪字29号）
      - 职工本人结婚或职工的直系亲属（父母、配偶和子女）死亡时，可以根据具体情况，由本单位行政领导批准，酌情给予1~3日的婚丧假
        - 职工结婚时双方不在一地工作的，可以根据路程远近，另给予路程假
        - 在批准的婚丧假和路程假期间，职工的工资照发，途中的车船费等，全部由职工自理
  - **各省市的婚假天数规定（按婚假天数多少排序）**
    - 甘肃：依法办理结婚登记的夫妻可以享受婚假30日 —— 甘肃省人口与计划生育条例（2021修正）
    - 山西：依法办理结婚登记的夫妻可以享受婚假30日 —— 山西省人口和计划生育条例（2021修订）
    - 河南：依法办理婚姻登记的夫妻，除国家规定的婚假外，增加婚假18日，参加婚前医学检查的，再增加婚假7日 —— 河南省人口与计划生育条例（2021修正）
    - 黑龙江：依法办理结婚登记的夫妻享受婚假15日，参加婚前医学检查的，增加婚假10日 —— 黑龙江省人口与计划生育条例（2021修正）
    - 新疆：公民依法办理结婚登记后，除国家规定的婚假外，增加婚假20日 —— 新疆维吾尔自治区人口与计划生育条例（2022修订）
    - 河北：依法办理结婚登记的公民，除享受国家规定的婚假外，延长婚假15日 —— 河北省人口与计划生育条例（2021修订）
    - 福建：依法办理结婚登记的夫妻享受婚假15日 —— 福建省人口与计划生育条例（2022修正）
    - 重庆：依法办理结婚登记的夫妻享受婚假15日 —— 重庆市人口与计划生育条例（2021修正）
    - 青海：依法办理结婚登记的夫妻可以享受婚假15日 —— 青海省人口与计划生育条例（2021修正）
    - 吉林：依法办理结婚登记手续的职工，享受婚假15日 —— 吉林省人口与计划生育条例（2021修正）
    - 内蒙古：依法办理结婚登记的夫妻增加婚假15日 —— 内蒙古自治区人口与计划生育条例（2022修正）
    - 云南：机关、企业事业单位、社会团体和其他组织的工作人员登记结婚的，在国家规定的婚假外增加婚假15日 —— 云南省人口与计划生育条例（2022修正）
    - 江西：符合法律、行政法规和本条例规定结婚、生育的夫妻，除享受国家规定的假期外，增加婚假15日 —— 江西省人口与计划生育条例（2021修正）
    - 陕西：依法办理结婚登记的夫妻在结婚登记前参加婚前医学检查的，在国家规定婚假的基础上增加假期10日 —— 陕西省人口与计划生育条例（2022修订）
    - 贵州：国家机关工作人员、企业事业单位职工依法登记结婚的，除享受国家规定的婚假外，增加婚假10日 —— 贵州省人口与计划生育条例（2021修正）
    - 江苏：依法办理结婚登记的夫妻，在享受国家规定婚假的基础上，延长婚假10日 —— 江苏省人口与计划生育条例（2021修正）
    - 安徽：符合法律规定结婚的职工，在享受国家规定婚假的基础上，延长婚假10日 —— 安徽省人口与计划生育条例（2021修订）
    - 宁夏：符合法律、法规规定，办理婚姻登记的夫妻，享受10日婚假，参加婚检的，增加3日婚假 —— 宁夏回族自治区人口与计划生育条例（2021修订）
    - 海南：依法登记结婚的夫妻，除享受国家规定的婚假外，增加婚假10日 —— 海南省人口与计划生育条例（2021修正）
    - 天津：依法办理结婚登记的公民，享受婚假10日 —— 天津市人口与计划生育条例（2021修正）
    - 北京：依法办理结婚登记的夫妻，除享受国家规定的婚假外，增加假期7日 —— 北京市人口与计划生育条例（2021修正）
    - 辽宁：依法办理婚姻登记的夫妻，除享受国家规定的婚假外，增加婚假7日 —— 辽宁省人口与计划生育条例（2021修正）
    - 上海：符合法律规定结婚的公民，除享受国家规定的婚假外，增加婚假7日 —— 上海市人口与计划生育条例（2021修正）
    - 广东：职工本人结婚，可享受婚假3日 —— 广东省职工假期待遇和死亡抚恤待遇规定
    - 湖北：符合法律规定结婚的夫妻，可以在享受国家规定的婚假外延长婚假，具体办法由省人民政府制定 —— 湖北省人口与计划生育条例（2022修正）
    - 山东、浙江、四川、湖南、广西、西藏暂无省区级的婚假规定
  - **再婚可以享受婚假吗**
    - 根据婚姻法和国家有关职工婚丧假的规定精神，再婚者与初婚者的法律地位相同，用人单位对再婚职工应当参照国家有关规定，给予同初婚职工一样的婚假待遇
      - 《劳动和社会保障部办公厅关于对再婚职工婚假问题的复函》

制作依据：劳动法，劳动法若干条文说明，国家劳动总局、财政部关于国营企业职工请婚丧假和路程假问题的通知（〔80〕劳总薪字29号），广东省职工假期待遇和死亡抚恤待遇规定，《劳动和社会保障部办公厅关于对再婚职工婚嫁问题的复函》，各省、自治区、直辖市的人口与计划生育条例

商事篇

民间借贷

关联法条

《最高人民法院关于审理民间借贷案件适用法律若干问题的规定》（2020第二次修正）

第三十一条 本规定施行后，人民法院新受理的一审民间借贷纠纷案件，适用本规定。

2020年8月20日之后新受理的一审民间借贷案件，借贷合同成立于2020年8月20日之前，当事人请求适用当时的司法解释计算自合同成立到2020年8月19日的利息部分的，人民法院应予支持；对于自2020年8月20日到借款返还之日的利息部分，适用起诉时本规定的利率保护标准计算。

本规定施行后，最高人民法院以前作出的相关司法解释与本规定不一致的，以本规定为准。

民间借贷利率的适用

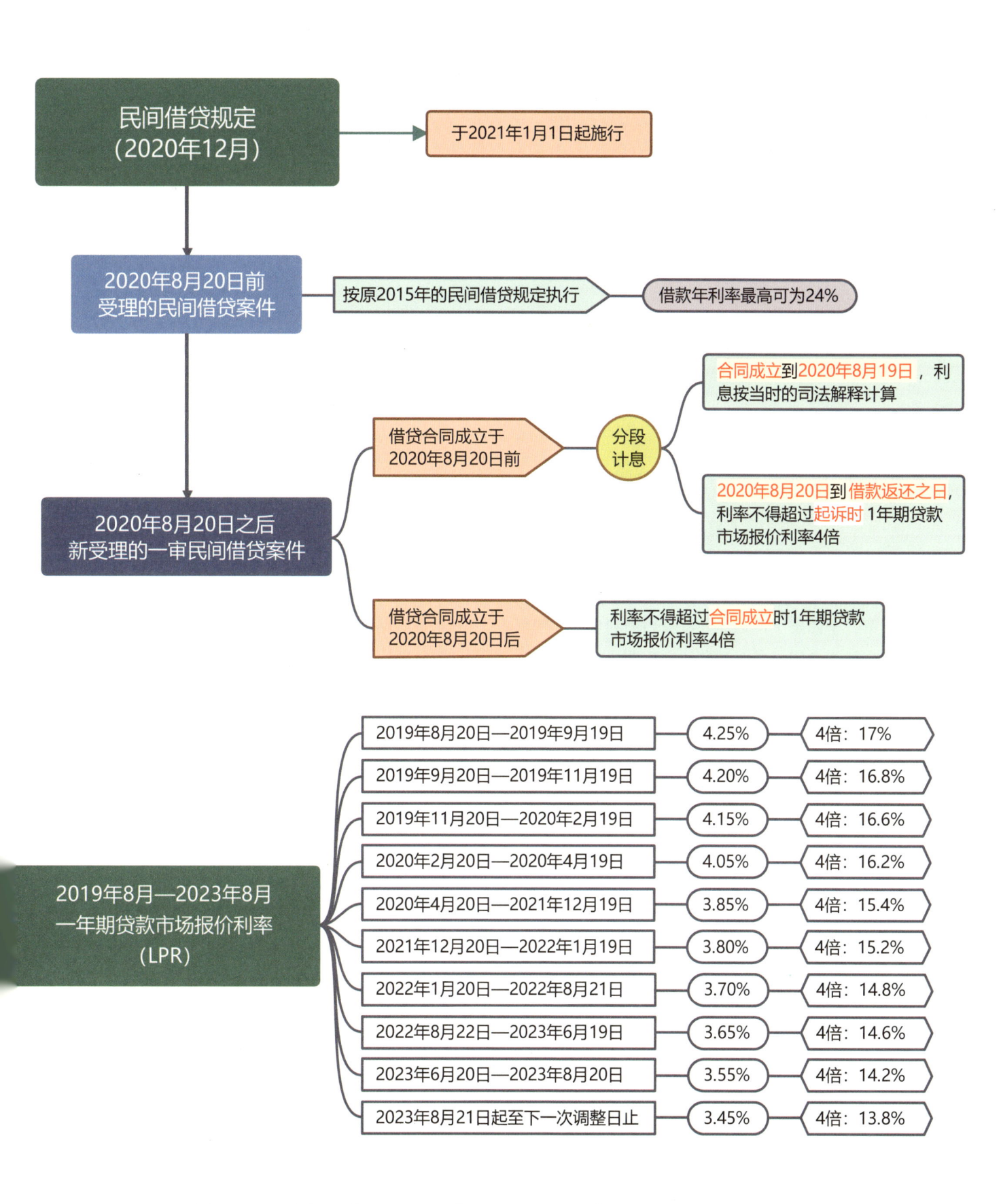

- **民间借贷规定（2020年12月）** → 于2021年1月1日起施行
  - **2020年8月20日前受理的民间借贷案件** → 按原2015年的民间借贷规定执行 → 借款年利率最高可为24%
  - **2020年8月20日之后新受理的一审民间借贷案件**
    - 借贷合同成立于2020年8月20日前 → **分段计息**
      - 合同成立到2020年8月19日，利息按当时的司法解释计算
      - 2020年8月20日到借款返还之日，利率不得超过起诉时1年期贷款市场报价利率4倍
    - 借贷合同成立于2020年8月20日后 → 利率不得超过合同成立时1年期贷款市场报价利率4倍

2019年8月—2023年8月一年期贷款市场报价利率（LPR）

期间	LPR	4倍
2019年8月20日—2019年9月19日	4.25%	4倍：17%
2019年9月20日—2019年11月19日	4.20%	4倍：16.8%
2019年11月20日—2020年2月19日	4.15%	4倍：16.6%
2020年2月20日—2020年4月19日	4.05%	4倍：16.2%
2020年4月20日—2021年12月19日	3.85%	4倍：15.4%
2021年12月20日—2022年1月19日	3.80%	4倍：15.2%
2022年1月20日—2022年8月21日	3.70%	4倍：14.8%
2022年8月22日—2023年6月19日	3.65%	4倍：14.6%
2023年6月20日—2023年8月20日	3.55%	4倍：14.2%
2023年8月21日起至下一次调整日止	3.45%	4倍：13.8%

制作依据：民间借贷规定（2020年12月）、贷款市场报价利率（LPR）公告

关联法条

《最高人民法院关于审理民间借贷案件适用法律若干问题的规定》（2020第二次修正）

第二十四条 借贷双方没有约定利息，出借人主张支付利息的，人民法院不予支持。

自然人之间借贷对利息约定不明，出借人主张支付利息的，人民法院不予支持。除自然人之间借贷的外，借贷双方对借贷利息约定不明，出借人主张利息的，人民法院应当结合民间借贷合同的内容，并根据当地或者当事人的交易方式、交易习惯、市场报价利率等因素确定利息。

第二十五条 出借人请求借款人按照合同约定利率支付利息的，人民法院应予支持，但是双方约定的利率超过合同成立时一年期贷款市场报价利率四倍的除外。

前款所称"一年期贷款市场报价利率"，是指中国人民银行授权全国银行间同业拆借中心自2019年8月20日起每月发布的一年期贷款市场报价利率。

第二十八条 借贷双方对逾期利率有约定的，从其约定，但是以不超过合同成立时一年期贷款市场报价利率四倍为限。

未约定逾期利率或者约定不明的，人民法院可以区分不同情况处理：

（一）既未约定借期内利率，也未约定逾期利率，出借人主张借款人自逾期还款之日起参照当时一年期贷款市场报价利率标准计算的利息承担逾期还款违约责任的，人民法院应予支持；

（二）约定了借期内利率但是未约定逾期利率，出借人主张借款人自逾期还款之日起按照借期内利率支付资金占用期间利息的，人民法院应予支持。

第三十一条 本规定施行后，人民法院新受理的一审民间借贷纠纷案件，适用本规定。

2020年8月20日之后新受理的一审民间借贷案件，借贷合同成立于2020年8月20日之前，当事人请求适用当时的司法解释计算自合同成立到2020年8月19日的利息部分的，人民法院应予支持；对于自2020年8月20日到借款返还之日的利息部分，适用起诉时本规定的利率保护标准计算。

本规定施行后，最高人民法院以前作出的相关司法解释与本规定不一致的，以本规定为准。

民间借贷借款期内利息支付及逾期利率的确定规则

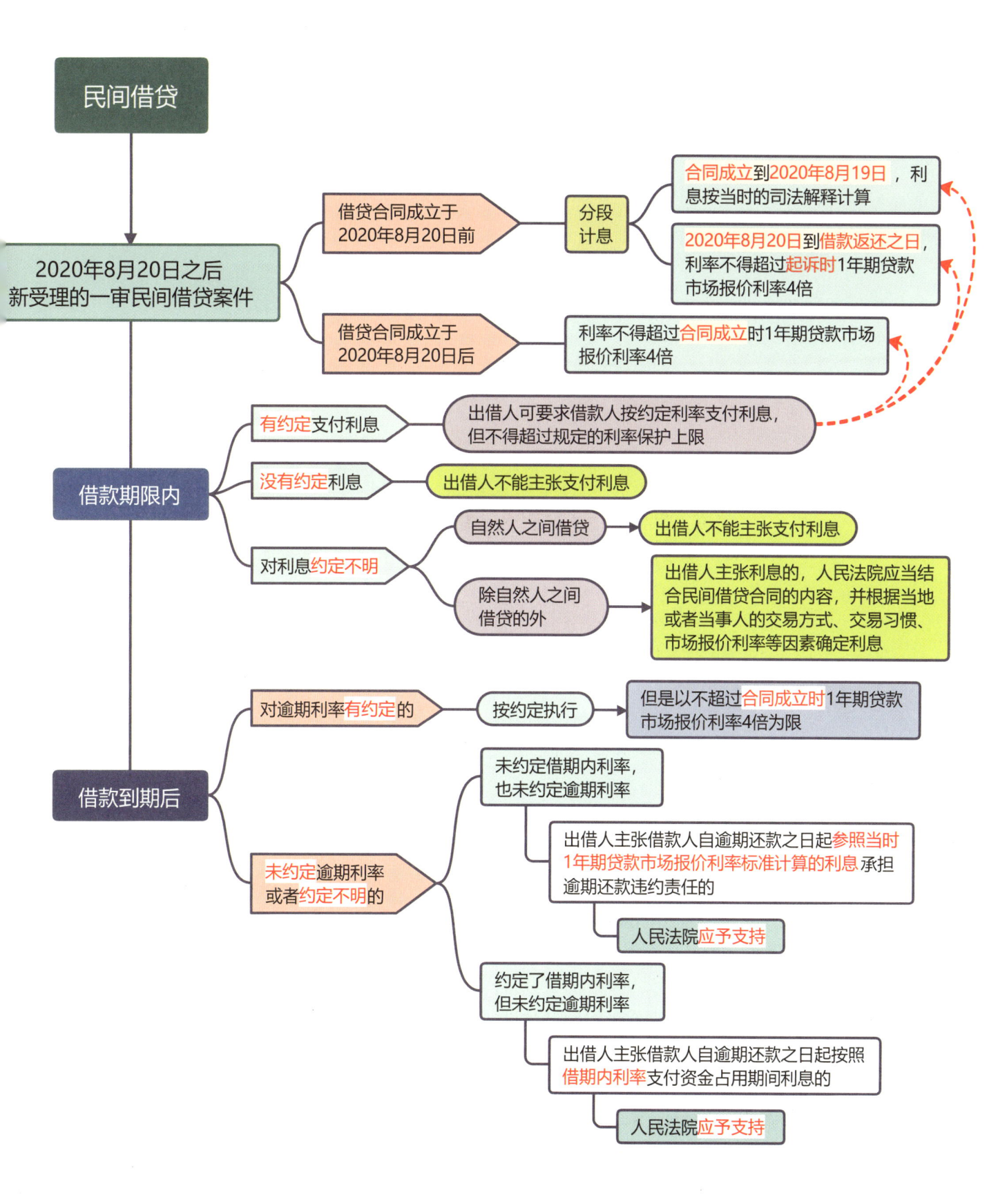

```
民间借贷
│
├── 2020年8月20日之后新受理的一审民间借贷案件
│   ├── 借贷合同成立于2020年8月20日前 ── 分段计息
│   │   ├── 合同成立到2020年8月19日，利息按当时的司法解释计算
│   │   └── 2020年8月20日到借款返还之日，利率不得超过起诉时1年期贷款市场报价利率4倍
│   └── 借贷合同成立于2020年8月20日后
│       └── 利率不得超过合同成立时1年期贷款市场报价利率4倍
│
├── 借款期限内
│   ├── 有约定支付利息 ── 出借人可要求借款人按约定利率支付利息，但不得超过规定的利率保护上限
│   ├── 没有约定利息 ── 出借人不能主张支付利息
│   └── 对利息约定不明
│       ├── 自然人之间借贷 ── 出借人不能主张支付利息
│       └── 除自然人之间借贷的外 ── 出借人主张利息的，人民法院应当结合民间借贷合同的内容，并根据当地或者当事人的交易方式、交易习惯、市场报价利率等因素确定利息
│
└── 借款到期后
    ├── 对逾期利率有约定的 ── 按约定执行 ── 但是以不超过合同成立时1年期贷款市场报价利率4倍为限
    └── 未约定逾期利率或者约定不明的
        ├── 未约定借期内利率，也未约定逾期利率
        │   └── 出借人主张借款人自逾期还款之日起参照当时1年期贷款市场报价利率标准计算的利息承担逾期还款违约责任的 ── 人民法院应予支持
        └── 约定了借期内利率，但未约定逾期利率
            └── 出借人主张借款人自逾期还款之日起按照借期内利率支付资金占用期间利息的 ── 人民法院应予支持
```

制作依据：民间借贷规定（2020年12月）第24-25条、第28条

关 联 法 条

《最高人民法院关于审理民间借贷案件适用法律若干问题的规定》（2020第二次修正）

第二十五条 出借人请求借款人按照合同约定利率支付利息的，人民法院应予支持，但是双方约定的利率超过合同成立时一年期贷款市场报价利率四倍的除外。

前款所称"一年期贷款市场报价利率"，是指中国人民银行授权全国银行间同业拆借中心自2019年8月20日起每月发布的一年期贷款市场报价利率。

第三十一条 本规定施行后，人民法院新受理的一审民间借贷纠纷案件，适用本规定。

2020年8月20日之后新受理的一审民间借贷案件，借贷合同成立于2020年8月20日之前，当事人请求适用当时的司法解释计算自合同成立到2020年8月19日的利息部分的，人民法院应予支持；对于自2020年8月20日到借款返还之日的利息部分，适用起诉时本规定的利率保护标准计算。

本规定施行后，最高人民法院以前作出的相关司法解释与本规定不一致的，以本规定为准。

人民银行利率调整对民间借贷利息计算的影响

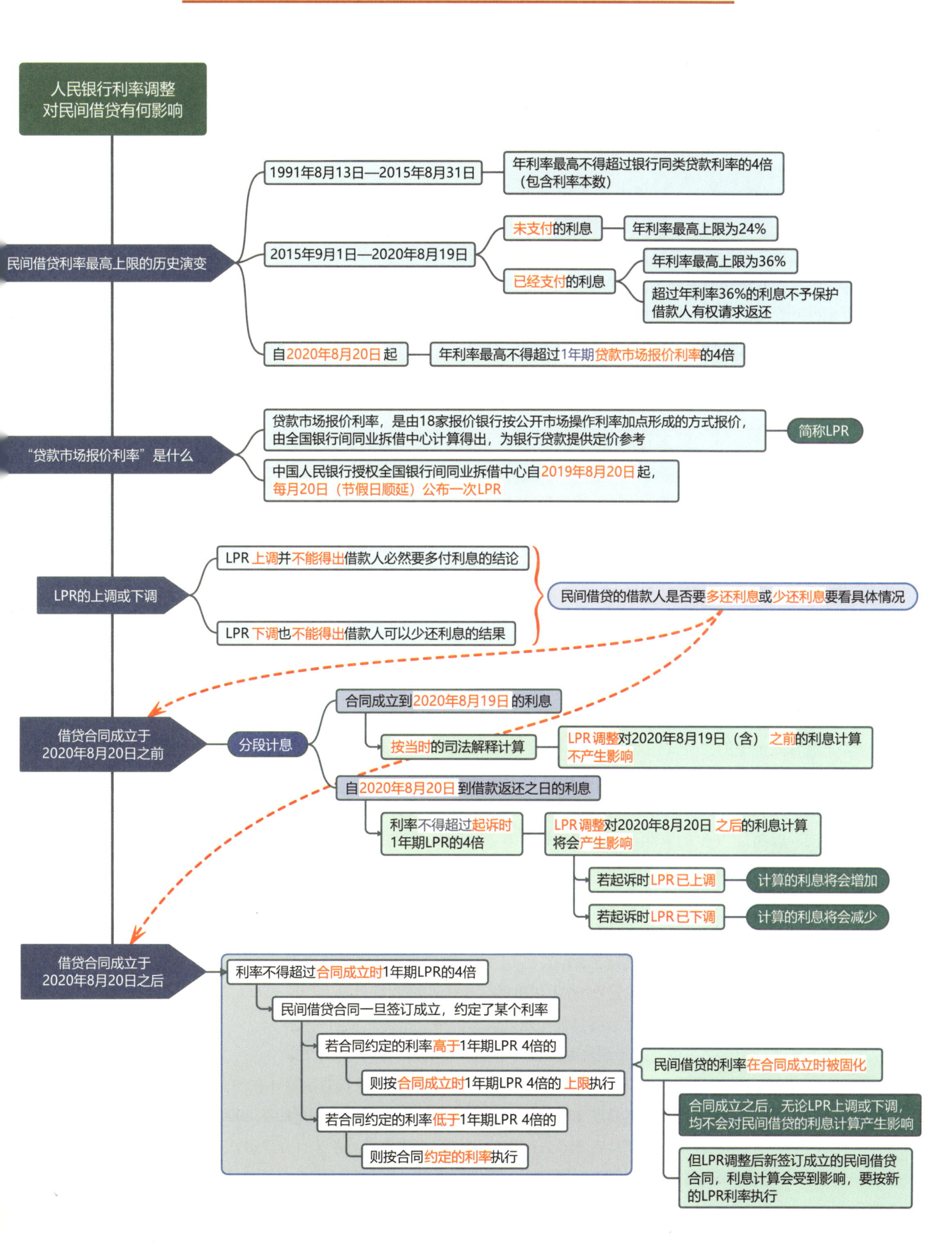

人民银行利率调整对民间借贷有何影响

民间借贷利率最高上限的历史演变

- 1991年8月13日—2015年8月31日：年利率最高不得超过银行同类贷款利率的4倍（包含利率本数）
- 2015年9月1日—2020年8月19日：
  - 未支付的利息：年利率最高上限为24%
  - 已经支付的利息：
    - 年利率最高上限为36%
    - 超过年利率36%的利息不予保护，借款人有权请求返还
- 自2020年8月20日起：年利率最高不得超过1年期贷款市场报价利率的4倍

"贷款市场报价利率"是什么

- 贷款市场报价利率，是由18家报价银行按公开市场操作利率加点形成的方式报价，由全国银行间同业拆借中心计算得出，为银行贷款提供定价参考（简称LPR）
- 中国人民银行授权全国银行间同业拆借中心自2019年8月20日起，每月20日（节假日顺延）公布一次LPR

LPR的上调或下调

- LPR上调并不能得出借款人必然要多付利息的结论
- LPR下调也不能得出借款人可以少还利息的结果

民间借贷的借款人是否要多还利息或少还利息要看具体情况

借贷合同成立于2020年8月20日之前

分段计息：
- 合同成立到2020年8月19日的利息
  - 按当时的司法解释计算
  - LPR调整对2020年8月19日（含）之前的利息计算不产生影响
- 自2020年8月20日到借款返还之日的利息
  - 利率不得超过起诉时1年期LPR的4倍
  - LPR调整对2020年8月20日之后的利息计算将会产生影响
    - 若起诉时LPR已上调：计算的利息将会增加
    - 若起诉时LPR已下调：计算的利息将会减少

借贷合同成立于2020年8月20日之后

- 利率不得超过合同成立时1年期LPR的4倍
- 民间借贷合同一旦签订成立，约定了某个利率
  - 若合同约定的利率高于1年期LPR 4倍的，则按合同成立时1年期LPR 4倍的上限执行
  - 若合同约定的利率低于1年期LPR 4倍的，则按合同约定的利率执行

民间借贷的利率在合同成立时被固化：
- 合同成立之后，无论LPR上调或下调，均不会对民间借贷的利息计算产生影响
- 但LPR调整后新签订成立的民间借贷合同，利息计算会受到影响，要按新的LPR利率执行

制作依据：民间借贷规定

关联法条

《中华人民共和国刑法》（2023修正）

第二百二十五条　违反国家规定，有下列非法经营行为之一，扰乱市场秩序，情节严重的，处五年以下有期徒刑或者拘役，并处或者单处违法所得一倍以上五倍以下罚金；情节特别严重的，处五年以上有期徒刑，并处违法所得一倍以上五倍以下罚金或者没收财产：

（一）未经许可经营法律、行政法规规定的专营、专卖物品或者其他限制买卖的物品的；

（二）买卖进出口许可证、进出口原产地证明以及其他法律、行政法规规定的经营许可证或者批准文件的；

（三）未经国家有关主管部门批准非法经营证券、期货、保险业务的，或者非法从事资金支付结算业务的；

（四）其他严重扰乱市场秩序的非法经营行为。

《最高人民法院、最高人民检察院、公安部、司法部关于办理非法放贷刑事案件若干问题的意见》

……

一、违反国家规定，未经监管部门批准，或者超越经营范围，以营利为目的，经常性地向社会不特定对象发放贷款，扰乱金融市场秩序，情节严重的，依照刑法第二百二十五条第（四）项的规定，以非法经营罪定罪处罚。

前款规定中的"经常性地向社会不特定对象发放贷款"，是指2年内向不特定多人（包括单位和个人）以借款或其他名义出借资金10次以上。

贷款到期后延长还款期限的，发放贷款次数按照1次计算。

二、以超过36%的实际年利率实施符合本意见第一条规定的非法放贷行为，具有下列情形之一的，属于刑法第二百二十五条规定的"情节严重"，但单次非法放贷行为实际年利率未超过36%的，定罪量刑时不得计入：

（一）个人非法放贷数额累计在200万元以上的，单位非法放贷数额累计在1000万元以上的；

（二）个人违法所得数额累计在80万元以上的，单位违法所得数额累计在400万元以上的；

（三）个人非法放贷对象累计在50人以上的，单位非法放贷对象累计在150人以上的；

（四）造成借款人或者其近亲属自杀、死亡或者精神失常等严重后果的。

具有下列情形之一的，属于刑法第二百二十五条规定的"情节特别严重"：

（一）个人非法放贷数额累计在1000万元以上的，单位非法放贷数额累计在5000万元以上的；

（二）个人违法所得数额累计在400万元以上的，单位违法所得数额累计在2000万元以上的；

（三）个人非法放贷对象累计在250人以上的，单位非法放贷对象累计在750人以上的；

（四）造成多名借款人或者其近亲属自杀、死亡或者精神失常等特别严重后果的。

……

民间借贷可能涉及的非法放贷问题

民间借贷可能涉及的非法放贷问题

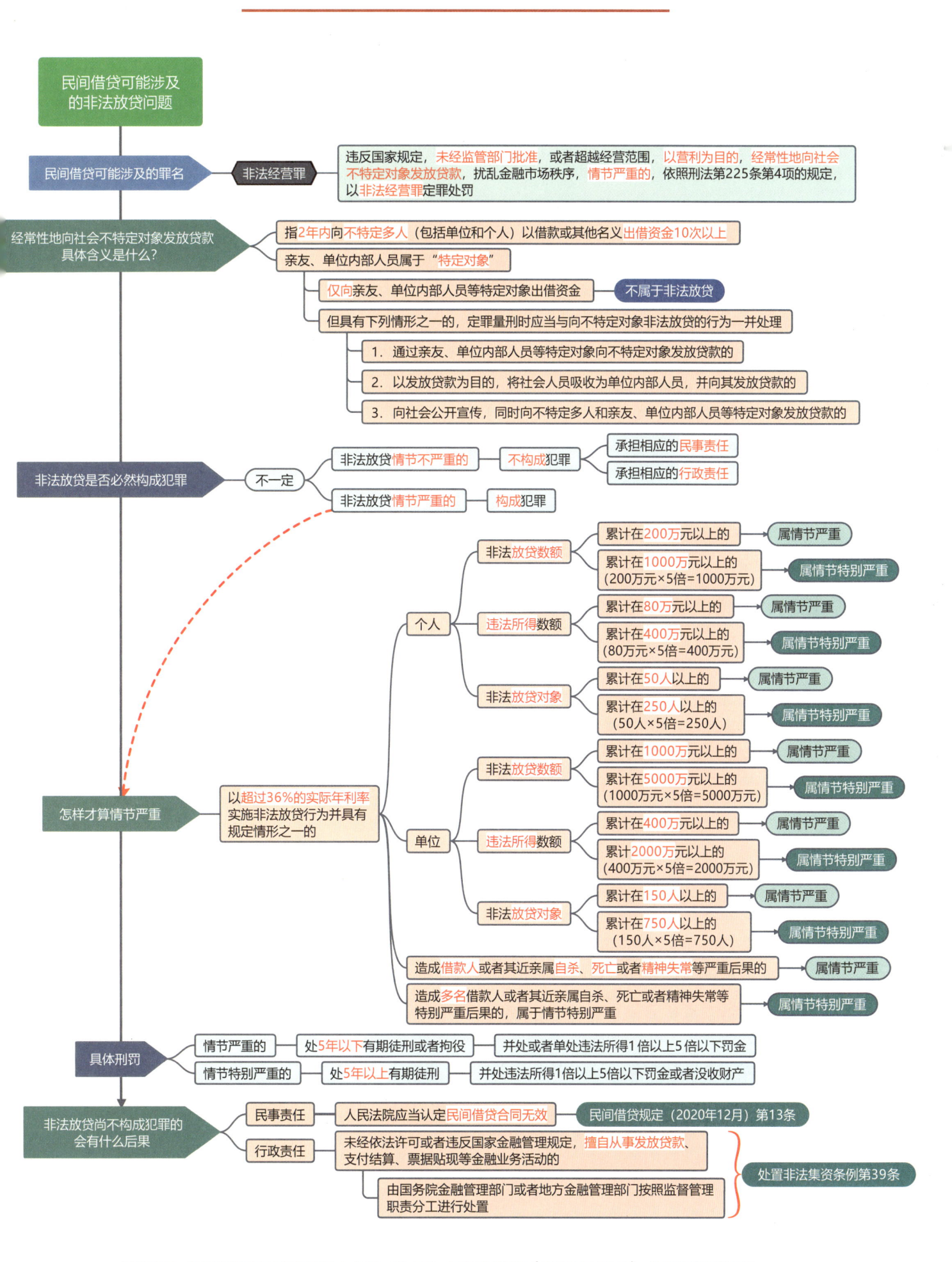

民间借贷可能涉及的罪名 → **非法经营罪**：违反国家规定，未经监管部门批准，或者超越经营范围，以营利为目的，经常性地向社会不特定对象发放贷款，扰乱金融市场秩序，情节严重的，依照刑法第225条第4项的规定，以非法经营罪定罪处罚

经常性地向社会不特定对象发放贷款具体含义是什么？
- 指2年内向不特定多人（包括单位和个人）以借款或其他名义出借资金10次以上
- 亲友、单位内部人员属于"特定对象"
  - 仅向亲友、单位内部人员等特定对象出借资金 → 不属于非法放贷
  - 但具有下列情形之一的，定罪量刑时应当与向不特定对象非法放贷的行为一并处理
    1. 通过亲友、单位内部人员等特定对象向不特定对象发放贷款的
    2. 以发放贷款为目的，将社会人员吸收为单位内部人员，并向其发放贷款的
    3. 向社会公开宣传，同时向不特定多人和亲友、单位内部人员等特定对象发放贷款的

非法放贷是否必然构成犯罪 → **不一定**
- 非法放贷情节不严重的 → 不构成犯罪
  - 承担相应的民事责任
  - 承担相应的行政责任
- 非法放贷情节严重的 → 构成犯罪

怎样才算情节严重：以超过36%的实际年利率实施非法放贷行为并具有规定情形之一的

个人：
- 非法放贷数额
  - 累计在200万元以上的 → 属情节严重
  - 累计在1000万元以上的（200万元×5倍=1000万元）→ 属情节特别严重
- 违法所得数额
  - 累计在80万元以上的 → 属情节严重
  - 累计在400万元以上的（80万元×5倍=400万元）→ 属情节特别严重
- 非法放贷对象
  - 累计在50人以上的 → 属情节严重
  - 累计在250人以上的（50人×5倍=250人）→ 属情节特别严重

单位：
- 非法放贷数额
  - 累计在1000万元以上的 → 属情节严重
  - 累计在5000万元以上的（1000万元×5倍=5000万元）→ 属情节特别严重
- 违法所得数额
  - 累计在400万元以上的 → 属情节严重
  - 累计在2000万元以上的（400万元×5倍=2000万元）→ 属情节特别严重
- 非法放贷对象
  - 累计在150人以上的 → 属情节严重
  - 累计在750人以上的（150人×5倍=750人）→ 属情节特别严重

- 造成借款人或者其近亲属自杀、死亡或者精神失常等严重后果的 → 属情节严重
- 造成多名借款人或者其近亲属自杀、死亡或者精神失常等特别严重后果的，属于情节特别严重 → 属情节特别严重

具体刑罚
- 情节严重的 → 处5年以下有期徒刑或者拘役 → 并处或者单处违法所得1倍以上5倍以下罚金
- 情节特别严重的 → 处5年以上有期徒刑 → 并处违法所得1倍以上5倍以下罚金或者没收财产

非法放贷尚不构成犯罪的会有什么后果
- 民事责任：人民法院应当认定民间借贷合同无效 —— 民间借贷规定（2020年12月）第13条
- 行政责任：
  - 未经依法许可或者违反国家金融管理规定，擅自从事发放贷款、支付结算、票据贴现等金融业务活动的
  - 由国务院金融管理部门或者地方金融管理部门按照监督管理职责分工进行处置
  —— 处置非法集资条例第39条

制作依据：非法放贷刑事案件意见第1-2条、第4条，民间借贷规定（2020年12月），处置非法集资条例

关联法条

最高人民法院印发《关于人民法院审理借贷案件的若干意见》的通知（已失效）

6.民间借贷的利率可以适当高于银行的利率，各地人民法院可根据本地区的实际情况具体掌握，但最高不得超过银行同类贷款利率的四倍（包含利率本数）。超出此限度的，超出部分的利息不予保护。

《最高人民法院关于审理民间借贷案件适用法律若干问题的规定》（已被修改）

第二十六条　借贷双方约定的利率未超过年利率24%，出借人请求借款人按照约定的利率支付利息的，人民法院应予支持。

借贷双方约定的利率超过年利率36%，超过部分的利息约定无效。借款人请求出借人返还已支付的超过年利率36%部分的利息的，人民法院应予支持。

《最高人民法院关于审理民间借贷案件适用法律若干问题的规定》（2020第二次修正）

第三十一条　本规定施行后，人民法院新受理的一审民间借贷纠纷案件，适用本规定。

2020年8月20日之后新受理的一审民间借贷案件，借贷合同成立于2020年8月20日之前，当事人请求适用当时的司法解释计算自合同成立到2020年8月19日的利息部分的，人民法院应予支持；对于自2020年8月20日到借款返还之日的利息部分，适用起诉时本规定的利率保护标准计算。

本规定施行后，最高人民法院以前作出的相关司法解释与本规定不一致的，以本规定为准。

民间借贷利率上限速查导图

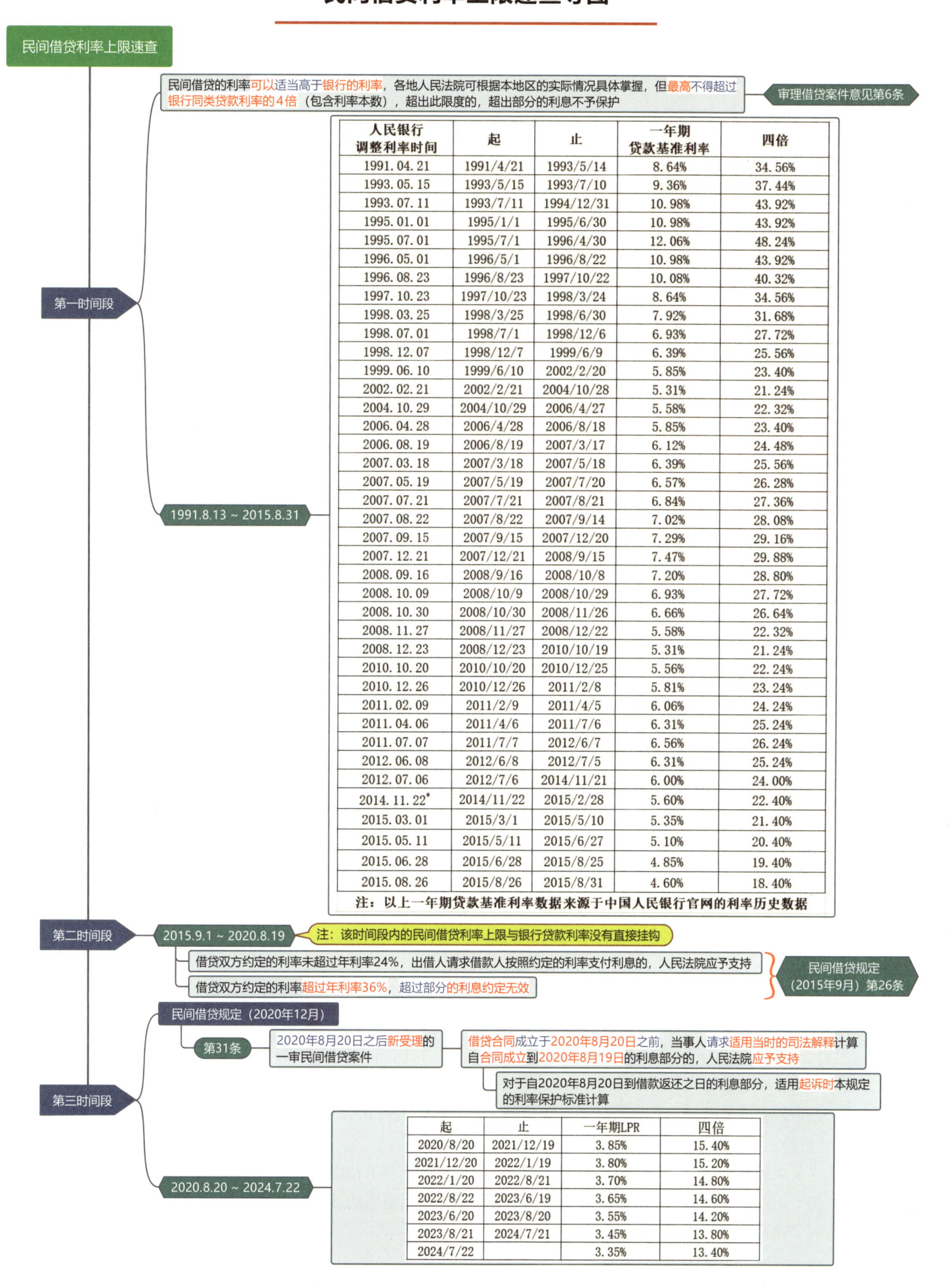

民间借贷利率上限速查

民间借贷的利率可以适当高于银行的利率，各地人民法院可根据本地区的实际情况具体掌握，但最高不得超过银行同类贷款利率的4倍（包含利率本数），超出此限度的，超出部分的利息不予保护 —— 审理借贷案件意见第6条

第一时间段：1991.8.13 ~ 2015.8.31

人民银行调整利率时间	起	止	一年期贷款基准利率	四倍
1991.04.21	1991/4/21	1993/5/14	8.64%	34.56%
1993.05.15	1993/5/15	1993/7/10	9.36%	37.44%
1993.07.11	1993/7/11	1994/12/31	10.98%	43.92%
1995.01.01	1995/1/1	1995/6/30	10.98%	43.92%
1995.07.01	1995/7/1	1996/4/30	12.06%	48.24%
1996.05.01	1996/5/1	1996/8/22	10.98%	43.92%
1996.08.23	1996/8/23	1997/10/22	10.08%	40.32%
1997.10.23	1997/10/23	1998/3/24	8.64%	34.56%
1998.03.25	1998/3/25	1998/6/30	7.92%	31.68%
1998.07.01	1998/7/1	1998/12/6	6.93%	27.72%
1998.12.07	1998/12/7	1999/6/9	6.39%	25.56%
1999.06.10	1999/6/10	2002/2/20	5.85%	23.40%
2002.02.21	2002/2/21	2004/10/28	5.31%	21.24%
2004.10.29	2004/10/29	2006/4/27	5.58%	22.32%
2006.04.28	2006/4/28	2006/8/18	5.85%	23.40%
2006.08.19	2006/8/19	2007/3/17	6.12%	24.48%
2007.03.18	2007/3/18	2007/5/18	6.39%	25.56%
2007.05.19	2007/5/19	2007/7/20	6.57%	26.28%
2007.07.21	2007/7/21	2007/8/21	6.84%	27.36%
2007.08.22	2007/8/22	2007/9/14	7.02%	28.08%
2007.09.15	2007/9/15	2007/12/20	7.29%	29.16%
2007.12.21	2007/12/21	2008/9/15	7.47%	29.88%
2008.09.16	2008/9/16	2008/10/8	7.20%	28.80%
2008.10.09	2008/10/9	2008/10/29	6.93%	27.72%
2008.10.30	2008/10/30	2008/11/26	6.66%	26.64%
2008.11.27	2008/11/27	2008/12/22	5.58%	22.32%
2008.12.23	2008/12/23	2010/10/19	5.31%	21.24%
2010.10.20	2010/10/20	2010/12/25	5.56%	22.24%
2010.12.26	2010/12/26	2011/2/8	5.81%	23.24%
2011.02.09	2011/2/9	2011/4/5	6.06%	24.24%
2011.04.06	2011/4/6	2011/7/6	6.31%	25.24%
2011.07.07	2011/7/7	2012/6/7	6.56%	26.24%
2012.06.08	2012/6/8	2012/7/5	6.31%	25.24%
2012.07.06	2012/7/6	2014/11/21	6.00%	24.00%
2014.11.22*	2014/11/22	2015/2/28	5.60%	22.40%
2015.03.01	2015/3/1	2015/5/10	5.35%	21.40%
2015.05.11	2015/5/11	2015/6/27	5.10%	20.40%
2015.06.28	2015/6/28	2015/8/25	4.85%	19.40%
2015.08.26	2015/8/26	2015/8/31	4.60%	18.40%

注：以上一年期贷款基准利率数据来源于中国人民银行官网的利率历史数据

第二时间段：2015.9.1 ~ 2020.8.19

注：该时间段内的民间借贷利率上限与银行贷款利率没有直接挂钩

- 借贷双方约定的利率未超过年利率24%，出借人请求借款人按照约定的利率支付利息的，人民法院应予支持
- 借贷双方约定的利率超过年利率36%，超过部分的利息约定无效

—— 民间借贷规定（2015年9月）第26条

第三时间段：2020.8.20 ~ 2024.7.22

民间借贷规定（2020年12月）第31条

- 2020年8月20日之后新受理的一审民间借贷案件
- 借贷合同成立于2020年8月20日之前，当事人请求适用当时的司法解释计算自合同成立到2020年8月19日的利息部分的，人民法院应予支持
- 对于自2020年8月20日到借款返还之日的利息部分，适用起诉时本规定的利率保护标准计算

起	止	一年期LPR	四倍
2020/8/20	2021/12/19	3.85%	15.40%
2021/12/20	2022/1/19	3.80%	15.20%
2022/1/20	2022/8/21	3.70%	14.80%
2022/8/22	2023/6/19	3.65%	14.60%
2023/6/20	2023/8/20	3.55%	14.20%
2023/8/21	2024/7/21	3.45%	13.80%
2024/7/22		3.35%	13.40%

制作依据：审理借贷案件意见、民间借贷规定（2015年9月）、民间借贷规定（2020年12月）

关联法条

最高人民法院印发《关于人民法院审理借贷案件的若干意见》的通知（已失效）

10. 一方以欺诈、胁迫等手段或者乘人之危，使对方在违背真实意思的情况下所形成的借贷关系，应认定为无效。借贷关系无效由债权人的行为引起的，只返还本金；借贷关系无效由债务人的行为引起的，除返还本金外，还应参照银行同类贷款利率给付利息。

《最高人民法院关于审理民间借贷案件适用法律若干问题的规定》（已被修改）

第十四条　具有下列情形之一，人民法院应当认定民间借贷合同无效：
（一）套取金融机构信贷资金又高利转贷给借款人，且借款人事先知道或者应当知道的；
（二）以向其他企业借贷或者向本单位职工集资取得的资金又转贷给借款人牟利，且借款人事先知道或者应当知道的；
（三）出借人事先知道或者应当知道借款人借款用于违法犯罪活动仍然提供借款的；
（四）违背社会公序良俗的；
（五）其他违反法律、行政法规效力性强制性规定的。

《最高人民法院关于审理民间借贷案件适用法律若干问题的规定》（2020修正）（已被修改）

第十四条　具有下列情形之一的，人民法院应当认定民间借贷合同无效：
（一）套取金融机构贷款转贷的；
（二）以向其他营利法人借贷、向本单位职工集资，或者以向公众非法吸收存款等方式取得的资金转贷的；
（三）未依法取得放贷资格的出借人，以营利为目的向社会不特定对象提供借款的；
（四）出借人事先知道或者应当知道借款人借款用于违法犯罪活动仍然提供借款的；
（五）违反法律、行政法规强制性规定的；
（六）违背公序良俗的。

《最高人民法院关于审理民间借贷案件适用法律若干问题的规定》（2020第二次修正）

第十三条　具有下列情形之一的，人民法院应当认定民间借贷合同无效：
（一）套取金融机构贷款转贷的；
（二）以向其他营利法人借贷、向本单位职工集资，或者以向公众非法吸收存款等方式取得的资金转贷的；
（三）未依法取得放贷资格的出借人，以营利为目的向社会不特定对象提供借款的；
（四）出借人事先知道或者应当知道借款人借款用于违法犯罪活动仍然提供借款的；
（五）违反法律、行政法规强制性规定的；
（六）违背公序良俗的。

民间借贷合同无效认定规则演变史

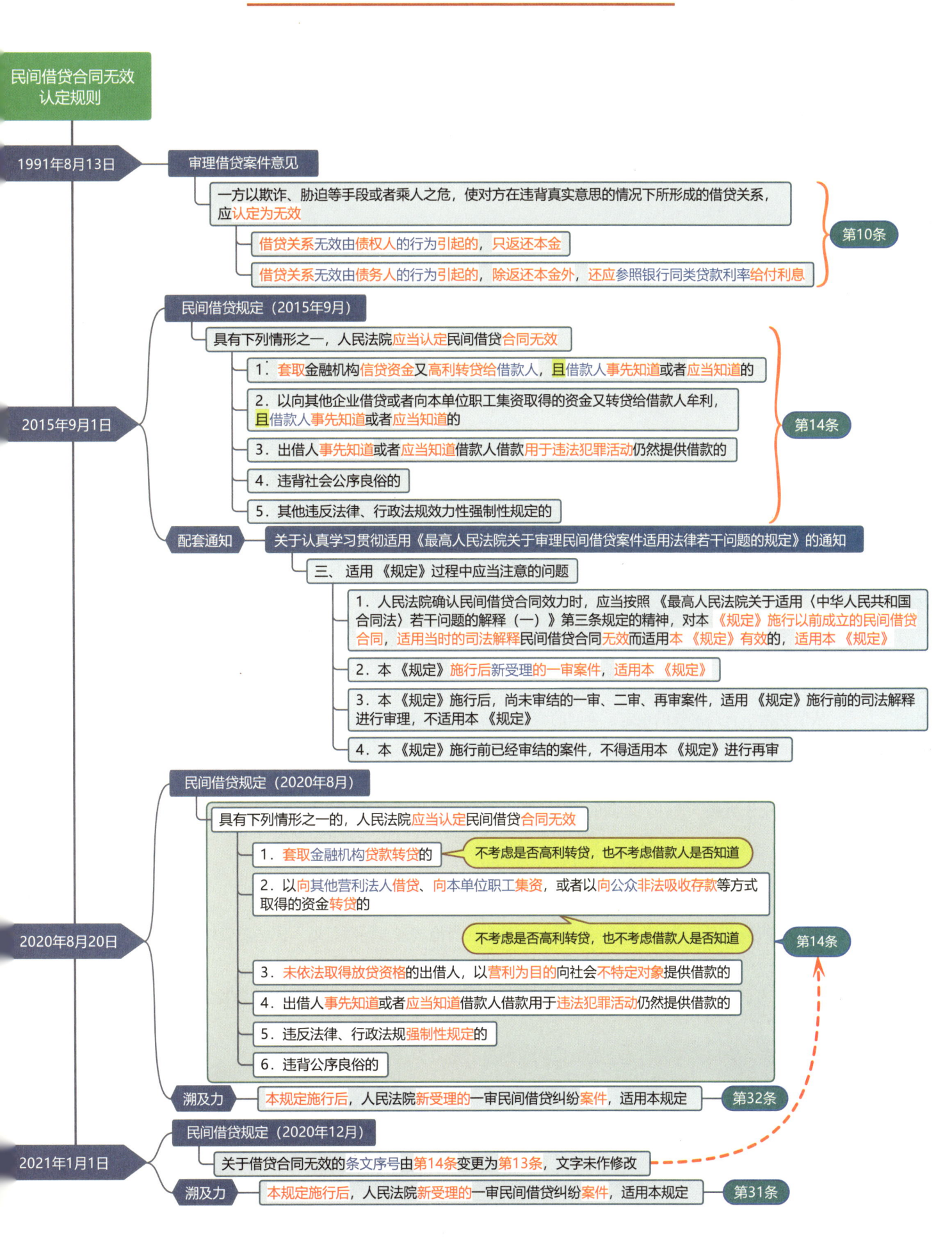

民间借贷合同无效认定规则

1991年8月13日 — 审理借贷案件意见

第10条
- 一方以欺诈、胁迫等手段或者乘人之危，使对方在违背真实意思的情况下所形成的借贷关系，应认定为无效
  - 借贷关系无效由债权人的行为引起的，只返还本金
  - 借贷关系无效由债务人的行为引起的，除返还本金外，还应参照银行同类贷款利率给付利息

2015年9月1日 — 民间借贷规定（2015年9月）

第14条 具有下列情形之一，人民法院应当认定民间借贷合同无效：
1. 套取金融机构信贷资金又高利转贷给借款人，且借款人事先知道或者应当知道的
2. 以向其他企业借贷或者向本单位职工集资取得的资金又转贷给借款人牟利，且借款人事先知道或者应当知道的
3. 出借人事先知道或者应当知道借款人借款用于违法犯罪活动仍然提供借款的
4. 违背社会公序良俗的
5. 其他违反法律、行政法规效力性强制性规定的

配套通知：关于认真学习贯彻适用《最高人民法院关于审理民间借贷案件适用法律若干问题的规定》的通知

三、适用《规定》过程中应当注意的问题
1. 人民法院确认民间借贷合同效力时，应当按照《最高人民法院关于适用〈中华人民共和国合同法〉若干问题的解释（一）》第三条规定的精神，对本《规定》施行以前成立的民间借贷合同，适用当时的司法解释民间借贷合同无效而适用本《规定》有效的，适用本《规定》
2. 本《规定》施行后新受理的一审案件，适用本《规定》
3. 本《规定》施行后，尚未审结的一审、二审、再审案件，适用《规定》施行前的司法解释进行审理，不适用本《规定》
4. 本《规定》施行前已经审结的案件，不得适用本《规定》进行再审

2020年8月20日 — 民间借贷规定（2020年8月）

第14条 具有下列情形之一的，人民法院应当认定民间借贷合同无效：
1. 套取金融机构贷款转贷的 —（不考虑是否高利转贷，也不考虑借款人是否知道）
2. 以向其他营利法人借贷、向本单位职工集资，或者以向公众非法吸收存款等方式取得的资金转贷的 —（不考虑是否高利转贷，也不考虑借款人是否知道）
3. 未依法取得放贷资格的出借人，以营利为目的向社会不特定对象提供借款的
4. 出借人事先知道或者应当知道借款人借款用于违法犯罪活动仍然提供借款的
5. 违反法律、行政法规强制性规定的
6. 违背公序良俗的

溯及力（第32条）：本规定施行后，人民法院新受理的一审民间借贷纠纷案件，适用本规定

2021年1月1日 — 民间借贷规定（2020年12月）

关于借贷合同无效的条文序号由第14条变更为第13条，文字未作修改

溯及力（第31条）：本规定施行后，人民法院新受理的一审民间借贷纠纷案件，适用本规定

制作依据：审理借贷案件意见、民间借贷规定（2015年9月）、民间借贷规定（2020年8月）、民间借贷规定（2020年12月）

关联法条

《中华人民共和国民法典》

第四百九十条 当事人采用合同书形式订立合同的，自当事人均签名、盖章或者按指印时合同成立。在签名、盖章或者按指印之前，当事人一方已经履行主要义务，对方接受时，该合同成立。

法律、行政法规规定或者当事人约定合同应当采用书面形式订立，当事人未采用书面形式但是一方已经履行主要义务，对方接受时，该合同成立。

第五百零二条 依法成立的合同，自成立时生效，但是法律另有规定或者当事人另有约定的除外。

依照法律、行政法规的规定，合同应当办理批准等手续的，依照其规定。未办理批准等手续影响合同生效的，不影响合同中履行报批等义务条款以及相关条款的效力。应当办理申请批准等手续的当事人未履行义务的，对方可以请求其承担违反该义务的责任。

依照法律、行政法规的规定，合同的变更、转让、解除等情形应当办理批准等手续的，适用前款规定。

第六百六十七条 借款合同是借款人向贷款人借款，到期返还借款并支付利息的合同。

第六百七十九条 自然人之间的借款合同，自贷款人提供借款时成立。

《中华人民共和国民事诉讼法》（2023修正）

第二十四条 因合同纠纷提起的诉讼，由被告住所地或者合同履行地人民法院管辖。

《最高人民法院关于适用〈中华人民共和国民事诉讼法〉的解释》（2022修正）

第十八条 合同约定履行地点的，以约定的履行地点为合同履行地。

合同对履行地点没有约定或者约定不明确，争议标的为给付货币的，接收货币一方所在地为合同履行地；交付不动产的，不动产所在地为合同履行地；其他标的，履行义务一方所在地为合同履行地。即时结清的合同，交易行为地为合同履行地。

合同没有实际履行，当事人双方住所地都不在合同约定的履行地的，由被告住所地人民法院管辖。

借款合同中谁是接受货币的一方？

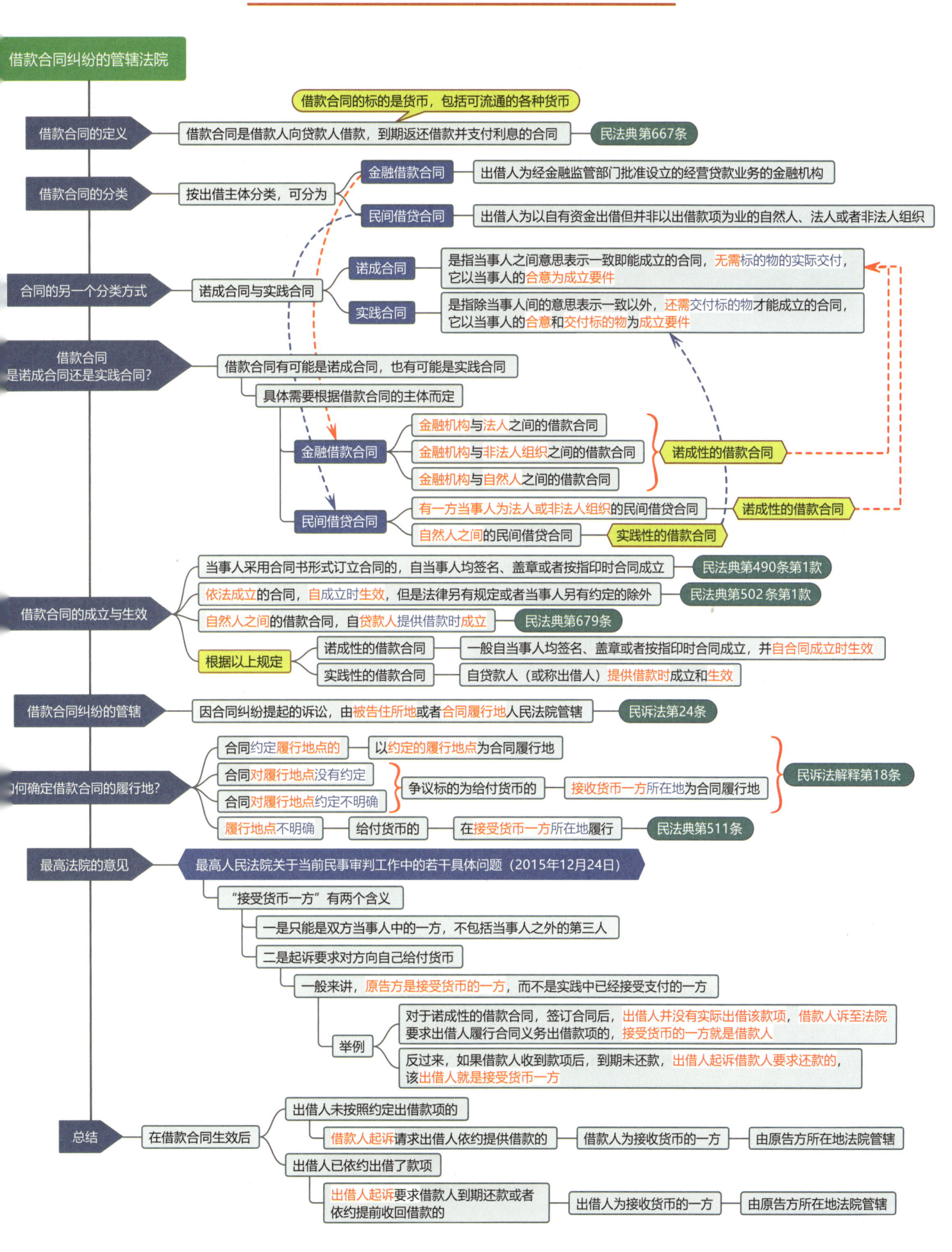

借款合同纠纷的管辖法院

借款合同的定义
- 借款合同是借款人向贷款人借款，到期返还借款并支付利息的合同 —— 民法典第667条
- 借款合同的标的是货币，包括可流通的各种货币

借款合同的分类
- 按出借主体分类，可分为：
  - 金融借款合同：出借人为经金融监管部门批准设立的经营贷款业务的金融机构
  - 民间借贷合同：出借人为以自有资金出借但并非以出借款项为业的自然人、法人或者非法人组织

合同的另一个分类方式
- 诺成合同与实践合同：
  - 诺成合同：是指当事人之间意思表示一致即能成立的合同，无需标的物的实际交付，它以当事人的合意为成立要件
  - 实践合同：是指除当事人间的意思表示一致以外，还需交付标的物才能成立的合同，它以当事人的合意和交付标的物为成立要件

借款合同是诺成合同还是实践合同？
- 借款合同有可能是诺成合同，也有可能是实践合同
- 具体需要根据借款合同的主体而定
  - 金融借款合同：
    - 金融机构与法人之间的借款合同 ┐
    - 金融机构与非法人组织之间的借款合同 ├ 诺成性的借款合同
    - 金融机构与自然人之间的借款合同 ┘
  - 民间借贷合同：
    - 有一方当事人为法人或非法人组织的民间借贷合同 —— 诺成性的借款合同
    - 自然人之间的民间借贷合同 —— 实践性的借款合同

借款合同的成立与生效
- 当事人采用合同书形式订立合同的，自当事人均签名、盖章或者按指印时合同成立 —— 民法典第490条第1款
- 依法成立的合同，自成立时生效，但是法律另有规定或者当事人另有约定的除外 —— 民法典第502条第1款
- 自然人之间的借款合同，自贷款人提供借款时成立 —— 民法典第679条
- 根据以上规定：
  - 诺成性的借款合同：一般自当事人均签名、盖章或者按指印时合同成立，并自合同成立时生效
  - 实践性的借款合同：自贷款人（或称出借人）提供借款时成立和生效

借款合同纠纷的管辖
- 因合同纠纷提起的诉讼，由被告住所地或者合同履行地人民法院管辖 —— 民诉法第24条

如何确定借款合同的履行地？
- 合同约定履行地点的：以约定的履行地点为合同履行地
- 合同对履行地点没有约定 ┐
- 合同对履行地点约定不明确 ┘ 争议标的为给付货币的，接收货币一方所在地为合同履行地 —— 民诉法解释第18条
- 履行地点不明确，给付货币的，在接受货币一方所在地履行 —— 民法典第511条

最高法院的意见
- 最高人民法院关于当前民事审判工作中的若干具体问题（2015年12月24日）
- "接受货币一方"有两个含义
  - 一是只能是双方当事人中的一方，不包括当事人之外的第三人
  - 二是起诉要求对方向自己给付货币
    - 一般来讲，原告方是接受货币的一方，而不是实践中已经接受支付的一方
    - 举例：
      - 对于诺成性的借款合同，签订合同后，出借人并没有实际出借该款项，借款人诉至法院要求出借人履行合同义务出借款项的，接受货币的一方就是借款人
      - 反过来，如果借款人收到款项后，到期未还款，出借人起诉借款人要求还款的，该出借人就是接受货币一方

总结
- 在借款合同生效后：
  - 出借人未按照约定出借款项的，借款人起诉请求出借人依约提供借款的：借款人为接收货币的一方 —— 由原告方所在地法院管辖
  - 出借人已依约出借了款项，出借人起诉要求借款人到期还款或者依约提前收回借款的：出借人为接受货币的一方 —— 由原告方所在地法院管辖

制作依据：民法典、民诉法、民诉法解释

信用卡

关联法条

《中国人民银行关于推进信用卡透支利率市场化改革的通知》

中国人民银行上海总部，各分行、营业管理部，各省会（首府）城市中心支行，深圳市中心支行；各国有商业银行、股份制商业银行，中国邮政储蓄银行，中国银联：

为深入推进利率市场化改革，中国人民银行决定，自2021年1月1日起，信用卡透支利率由发卡机构与持卡人自主协商确定，取消信用卡透支利率上限和下限管理（即上限为日利率万分之五、下限为日利率万分之五的0.7倍）。

发卡机构应通过本机构官方网站等渠道充分披露信用卡透支利率并及时更新，应在信用卡协议中以显著方式提示信用卡透支利率和计结息方式，确保持卡人充分知悉并确认接受。披露信用卡透支利率时应以明显方式展示年化利率，不得仅展示日利率、日还款额等。

请中国人民银行分支机构将本通知转发至辖区内城市商业银行、农村商业银行、农村合作银行、农村信用社、村镇银行和外资银行。

信用卡透支利率的演变史

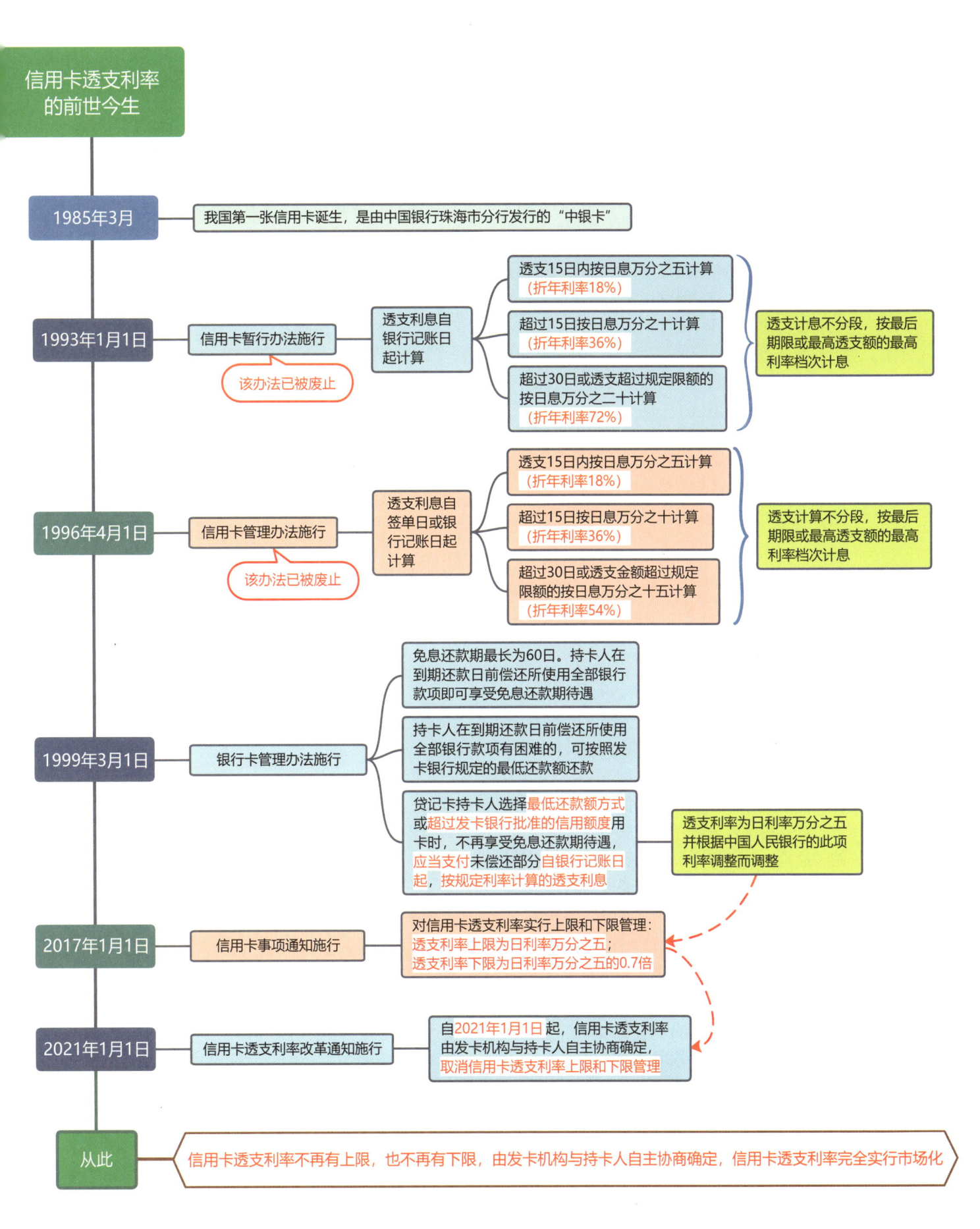

信用卡透支利率的前世今生

1985年3月
我国第一张信用卡诞生，是由中国银行珠海市分行发行的"中银卡"

1993年1月1日 信用卡暂行办法施行（该办法已被废止）

透支利息自银行记账日起计算：
- 透支15日内按日息万分之五计算（折年利率18%）
- 超过15日按日息万分之十计算（折年利率36%）
- 超过30日或透支超过规定限额的按日息万分之二十计算（折年利率72%）

透支计息不分段，按最后期限或最高透支额的最高利率档次计息

1996年4月1日 信用卡管理办法施行（该办法已被废止）

透支利息自签单日或银行记账日起计算：
- 透支15日内按日息万分之五计算（折年利率18%）
- 超过15日按日息万分之十计算（折年利率36%）
- 超过30日或透支金额超过规定限额的按日息万分之十五计算（折年利率54%）

透支计算不分段，按最后期限或最高透支额的最高利率档次计息

1999年3月1日 银行卡管理办法施行

- 免息还款期最长为60日。持卡人在到期还款日前偿还所使用全部银行款项即可享受免息还款期待遇
- 持卡人在到期还款日前偿还所使用全部银行款项有困难的，可按照发卡银行规定的最低还款额还款
- 贷记卡持卡人选择最低还款额方式或超过发卡银行批准的信用额度用卡时，不再享受免息还款期待遇，应当支付未偿还部分自银行记账日起，按规定利率计算的透支利息

透支利率为日利率万分之五并根据中国人民银行的此项利率调整而调整

2017年1月1日 信用卡事项通知施行

对信用卡透支利率实行上限和下限管理：
透支利率上限为日利率万分之五；
透支利率下限为日利率万分之五的0.7倍

2021年1月1日 信用卡透支利率改革通知施行

自2021年1月1日起，信用卡透支利率由发卡机构与持卡人自主协商确定，取消信用卡透支利率上限和下限管理

从此 信用卡透支利率不再有上限，也不再有下限，由发卡机构与持卡人自主协商确定，信用卡透支利率完全实行市场化

制作依据：信用卡暂行办法第14条，信用卡管理办法第19条，银行卡管理办法第20-21条、第23条，信用卡事项通知第1条，信用卡透支利率改革

关联法条

《中华人民共和国刑法》(2023修正)

第一百九十六条 有下列情形之一，进行信用卡诈骗活动，数额较大的，处五年以下有期徒刑或者拘役，并处二万元以上二十万元以下罚金；数额巨大或者有其他严重情节的，处五年以上十年以下有期徒刑，并处五万元以上五十万元以下罚金；数额特别巨大或者有其他特别严重情节的，处十年以上有期徒刑或者无期徒刑，并处五万元以上五十万元以下罚金或者没收财产：

（一）使用伪造的信用卡，或者使用以虚假的身份证明骗领的信用卡的；
（二）使用作废的信用卡的；
（三）冒用他人信用卡的；
（四）恶意透支的。

前款所称恶意透支，是指持卡人以非法占有为目的，超过规定限额或者规定期限透支，并且经发卡银行催收后仍不归还的行为。

盗窃信用卡并使用的，依照本法第二百六十四条的规定定罪处罚。

《最高人民法院、最高人民检察院关于办理妨害信用卡管理刑事案件具体应用法律若干问题的解释》(2018修正)

第六条 持卡人以非法占有为目的，超过规定限额或者规定期限透支，经发卡银行两次有效催收后超过三个月仍不归还的，应当认定为刑法第一百九十六条规定的"恶意透支"。

对于是否以非法占有为目的，应当综合持卡人信用记录、还款能力和意愿、申领和透支信用卡的状况、透支资金的用途、透支后的表现、未按规定还款的原因等情节作出判断。不得单纯依据持卡人未按规定还款的事实认定非法占有目的。

具有以下情形之一的，应当认定为刑法第一百九十六条第二款规定的"以非法占有为目的"，但有证据证明持卡人确实不具有非法占有目的的除外：

（一）明知没有还款能力而大量透支，无法归还的；
（二）使用虚假资信证明申领信用卡后透支，无法归还的；
（三）透支后通过逃匿、改变联系方式等手段，逃避银行催收的；
（四）抽逃、转移资金，隐匿财产，逃避还款的；
（五）使用透支的资金进行犯罪活动的；
（六）其他非法占有资金，拒不归还的情形。

第七条 催收同时符合下列条件的，应当认定为本解释第六条规定的"有效催收"：

（一）在透支超过规定限额或者规定期限后进行；
（二）催收应当采用能够确认持卡人收悉的方式，但持卡人故意逃避催收的除外；
（三）两次催收至少间隔三十日；
（四）符合催收的有关规定或者约定。

对于是否属于有效催收，应当根据发卡银行提供的电话录音、信息送达记录、信函送达回执、电子邮件送达记录、持卡人或者其家属签字以及其他催收原始证据材料作出判断。

发卡银行提供的相关证据材料，应当有银行工作人员签名和银行公章。

第八条 恶意透支，数额在五万元以上不满五十万元的，应当认定为刑法第一百九十六条规定的"数额较大"；数额在五十万元以上不满五百万元的，应当认定为刑法第一百九十六条规定的"数额巨大"；数额在五百万元以上的，应当认定为刑法第一百九十六条规定的"数额特别巨大"。

无法归还银行信用卡透支款会构成犯罪吗

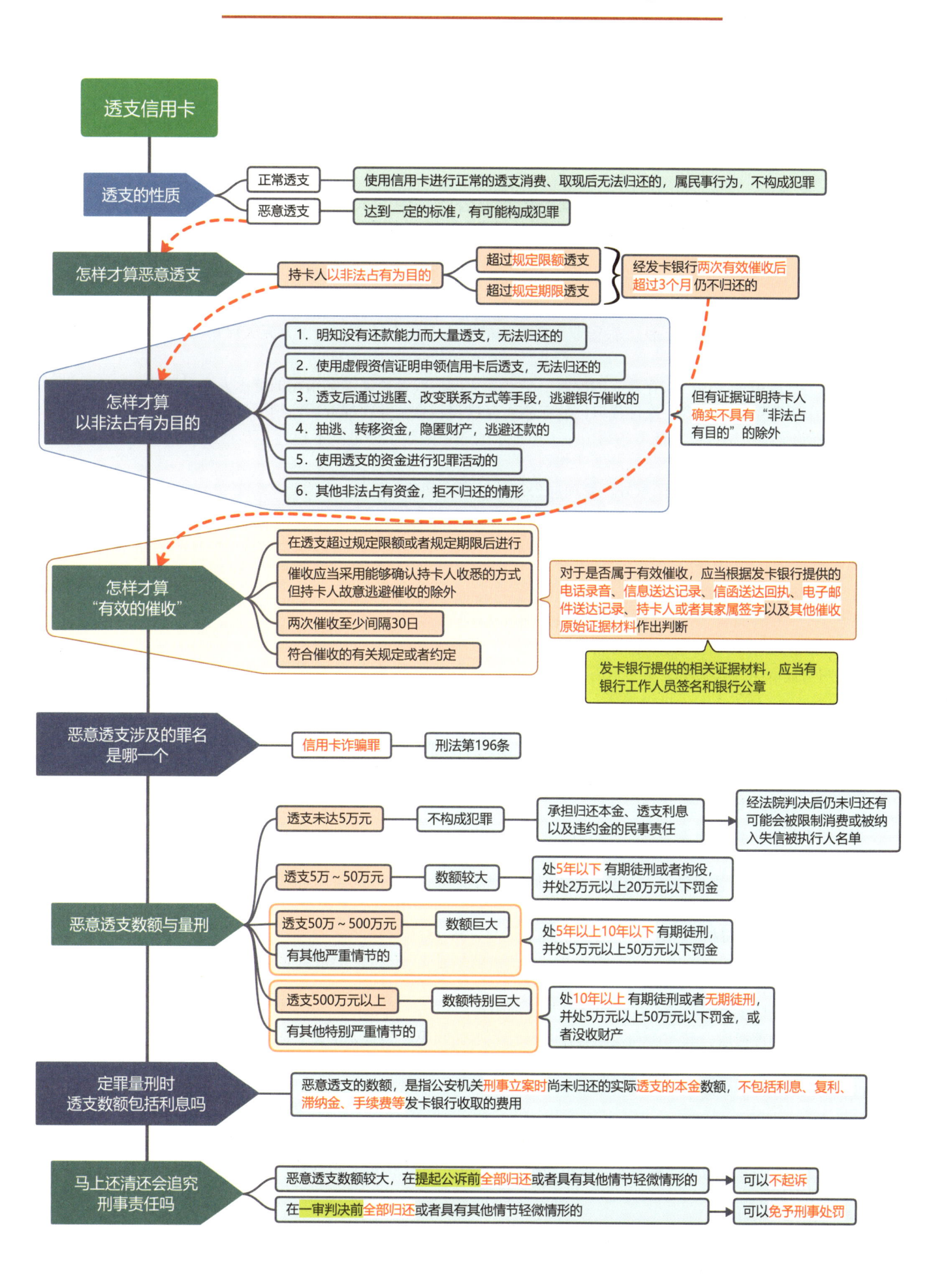

透支信用卡

透支的性质
- 正常透支 —— 使用信用卡进行正常的透支消费、取现后无法归还的,属民事行为,不构成犯罪
- 恶意透支 —— 达到一定的标准,有可能构成犯罪

怎样才算恶意透支
- 持卡人以非法占有为目的
- 超过规定限额透支
- 超过规定期限透支
- 经发卡银行两次有效催收后超过3个月仍不归还的

怎样才算以非法占有为目的
1. 明知没有还款能力而大量透支,无法归还的
2. 使用虚假资信证明申领信用卡后透支,无法归还的
3. 透支后通过逃匿、改变联系方式等手段,逃避银行催收的
4. 抽逃、转移资金,隐匿财产,逃避还款的
5. 使用透支的资金进行犯罪活动的
6. 其他非法占有资金,拒不归还的情形

但有证据证明持卡人确实不具有"非法占有目的"的除外

怎样才算"有效的催收"
- 在透支超过规定限额或者规定期限后进行
- 催收应当采用能够确认持卡人收悉的方式,但持卡人故意逃避催收的除外
- 两次催收至少间隔30日
- 符合催收的有关规定或者约定

对于是否属于有效催收,应当根据发卡银行提供的电话录音、信息送达记录、信函送达回执、电子邮件送达记录、持卡人或者其家属签字以及其他催收原始证据材料作出判断

发卡银行提供的相关证据材料,应当有银行工作人员签名和银行公章

恶意透支涉及的罪名是哪一个
- 信用卡诈骗罪 —— 刑法第196条

恶意透支数额与量刑
- 透支未达5万元 —— 不构成犯罪 —— 承担归还本金、透支利息以及违约金的民事责任 → 经法院判决后仍未归还有可能会被限制消费或被纳入失信被执行人名单
- 透支5万~50万元 —— 数额较大 —— 处5年以下 有期徒刑或者拘役,并处2万元以上20万元以下罚金
- 透支50万~500万元 / 有其他严重情节的 —— 数额巨大 —— 处5年以上10年以下 有期徒刑,并处5万元以上50万元以下罚金
- 透支500万元以上 / 有其他特别严重情节的 —— 数额特别巨大 —— 处10年以上 有期徒刑或者无期徒刑,并处5万元以上50万元以下罚金,或者没收财产

定罪量刑时透支数额包括利息吗
恶意透支的数额,是指公安机关刑事立案时尚未归还的实际透支的本金数额,不包括利息、复利、滞纳金、手续费等发卡银行收取的费用

马上还清还会追究刑事责任吗
- 恶意透支数额较大,在提起公诉前全部归还或者具有其他情节轻微情形的 → 可以不起诉
- 在一审判决前全部归还或者具有其他情节轻微情形的 → 可以免予刑事处罚

制作依据:办理妨害信用卡管理案件解释第6-10条

存　款

关 联 法 条

《中国银行保险监督管理委员会办公厅、中国人民银行办公厅关于简化提取已故存款人小额存款相关事宜的通知》

……

二、适用本通知规定办理已故存款人小额存款提取业务应当同时符合下列条件：

（一）已故存款人在同一法人银行业金融机构的账户余额合计不超过1万元人民币（或等值外币，不含未结利息）；

（二）提取申请人为已故存款人的配偶、子女、父母，或者公证遗嘱指定的继承人、受遗赠人；

（三）提取申请人同意一次性提取已故存款人存款及利息，并在提取后注销已故存款人账户。

银行业金融机构可以上调本条第（一）项规定的账户限额，但最高不超过5万元人民币（或等值外币，不含未结利息）。

外币存款按照提取当天国家外汇管理局公布的汇率中间价折算。

……

四、已故存款人的配偶、子女、父母办理已故存款人小额存款提取业务，应当向存款所在银行业金融机构提交以下材料：

（一）死亡证明等能够证明已故存款人死亡事实的材料；

（二）居民户口簿、结婚证、出生证明等能够证明亲属关系的材料；

（三）提取申请人的有效身份证件；

（四）提取申请人亲笔签名的承诺书。

五、已故存款人的公证遗嘱指定的继承人或受遗赠人办理已故存款人小额存款提取业务，应当向存款所在银行业金融机构提交以下材料：

（一）死亡证明等能够证明已故存款人死亡事实的材料；

（二）指定提取申请人为已故存款人的继承人或受遗赠人的公证遗嘱；

（三）提取申请人的有效身份证件；

（四）提取申请人亲笔签名的承诺书。

……

《国家金融监督管理总局、中国人民银行关于优化已故存款人小额存款提取有关要求的通知》

……

一、银行业金融机构应当于本通知实施之日起，将18号文第二条第（一）项所规定的账户限额统一提高至5万元人民币（或等值外币，不含未结利息）。农村中小银行应当于2025年12月31日前落实该要求。

二、银行业金融机构黄金积存产品以及代理销售的国债、理财产品可以在到期或赎回后，按照18号文要求办理提取，其本金和实际收益一并计入本通知第一条规定的账户限额。

银行业金融机构应当引导提取申请人合理安排提取时间，协助提取申请人向理财产品的管理人申请办理赎回或非交易过户。

……

五、已故存款人账户汇入丧葬费、抚恤金的，银行业金融机构可以参照18号文关于申请人提交材料的要求，为第一顺序继承人办理丧葬费、抚恤金的简化提取。丧葬费、抚恤金不计入本通知第一条规定的账户限额。

……

八、本通知自2024年6月1日起实施。

如何提取已故亲人的存款

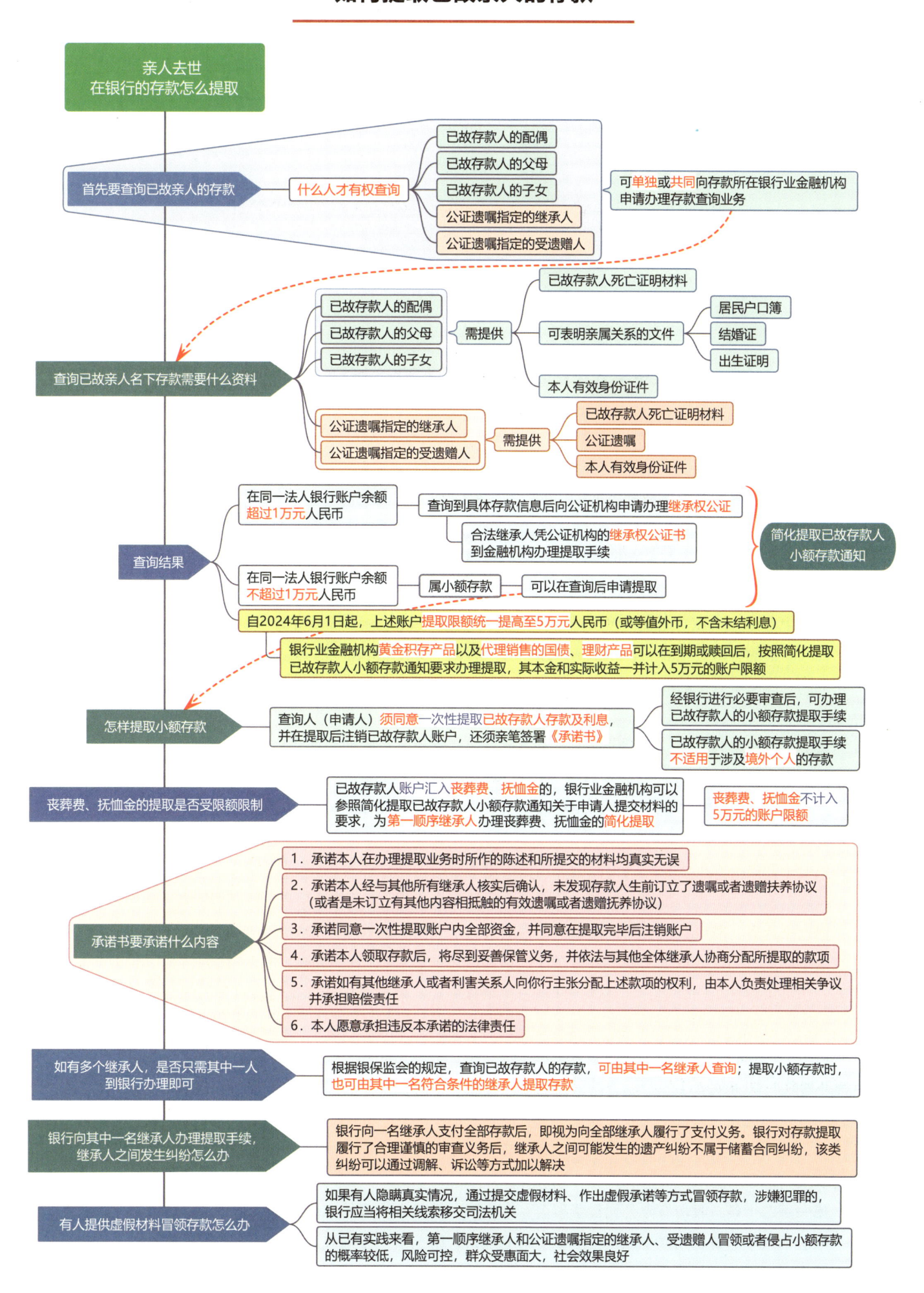

亲人去世在银行的存款怎么提取

首先要查询已故亲人的存款

什么人才有权查询：
- 已故存款人的配偶
- 已故存款人的父母
- 已故存款人的子女
- 公证遗嘱指定的继承人
- 公证遗嘱指定的受遗赠人

可**单独**或**共同**向存款所在银行业金融机构申请办理存款查询业务

查询已故亲人名下存款需要什么资料

已故存款人的配偶 / 父母 / 子女 需提供：
- 已故存款人死亡证明材料
- 可表明亲属关系的文件（居民户口簿、结婚证、出生证明）
- 本人有效身份证件

公证遗嘱指定的继承人 / 受遗赠人 需提供：
- 已故存款人死亡证明材料
- 公证遗嘱
- 本人有效身份证件

查询结果

- 在同一法人银行账户余额**超过1万元**人民币：查询到具体存款信息后向公证机构申请办理**继承权公证**；合法继承人凭公证机构的**继承权公证书**到金融机构办理提取手续
- 在同一法人银行账户余额**不超过1万元**人民币：属小额存款，可以在查询后申请提取

（简化提取已故存款人小额存款通知）

自2024年6月1日起，上述账户**提取限额统一提高至5万元**人民币（或等值外币，不含未结利息）

银行业金融机构**黄金积存产品**以及**代理销售的国债**、**理财产品**可以在到期或赎回后，按照简化提取已故存款人小额存款通知要求办理提取，其本金和实际收益一并计入5万元的账户限额

怎样提取小额存款

查询人（申请人）须同意一次性提取已故存款人存款及利息，并在提取后注销已故存款人账户，还须亲笔签署《承诺书》

- 经银行进行必要审查后，可办理已故存款人的小额存款提取手续
- 已故存款人的小额存款提取手续**不适用**于涉及**境外个人**的存款

丧葬费、抚恤金的提取是否受限额限制

已故存款人账户汇入**丧葬费**、**抚恤金**的，银行业金融机构可以参照简化提取已故存款人小额存款通知关于申请人提交材料的要求，为**第一顺序继承人**办理丧葬费、抚恤金的**简化提取**

丧葬费、抚恤金**不计入**5万元的账户限额

承诺书要承诺什么内容

1. 承诺本人在办理提取业务时所作的陈述和所提交的材料均真实无误
2. 承诺本人经与其他所有继承人核实后确认，未发现存款人生前订立了遗嘱或者遗赠扶养协议（或者是未订立有其他内容相抵触的有效遗嘱或者遗赠抚养协议）
3. 承诺同意一次性提取账户内全部资金，并同意在提取完毕后注销账户
4. 承诺本人领取存款后，将尽到妥善保管义务，并依法与其他全体继承人协商分配所提取的款项
5. 承诺如有其他继承人或者利害关系人向你行主张分配上述款项的权利，由本人负责处理相关争议并承担赔偿责任
6. 本人愿意承担违反本承诺的法律责任

如有多个继承人，是否只需其中一人到银行办理即可

根据银保监会的规定，查询已故存款人的存款，**可由其中一名继承人查询**；提取小额存款时，**也可由其中一名符合条件的继承人提取存款**

银行向其中一名继承人办理提取手续，继承人之间发生纠纷怎么办

银行向一名继承人支付全部存款后，即视为向全部继承人履行了支付义务。银行对存款提取履行了合理谨慎的审查义务后，继承人之间可能发生的遗产纠纷不属于储蓄合同纠纷，该类纠纷可以通过调解、诉讼等方式加以解决

有人提供虚假材料冒领存款怎么办

如果有人隐瞒真实情况，通过提交虚假材料、作出虚假承诺等方式冒领存款，涉嫌犯罪的，银行应当将相关线索移交司法机关

从已有实践来看，第一顺序继承人和公证遗嘱指定的继承人、受遗赠人冒领或者侵占小额存款的概率较低，风险可控，群众受惠面大，社会效果良好

制作依据：简化查询已故存款人存款通知、简化提取已故存款人小额存款通知、优化已故存款人小额存款提取通知

公司法

关 联 法 条

《中华人民共和国公司法》（2023修订）

第十条 公司的法定代表人按照公司章程的规定，由代表公司执行公司事务的董事或者经理担任。

担任法定代表人的董事或者经理辞任的，视为同时辞去法定代表人。

法定代表人辞任的，公司应当在法定代表人辞任之日起三十日内确定新的法定代表人。

第五十八条 有限责任公司股东会由全体股东组成。股东会是公司的权力机构，依照本法行使职权。

第六十八条 有限责任公司董事会成员为三人以上，其成员中可以有公司职工代表。职工人数三百人以上的有限责任公司，除依法设监事会并有公司职工代表的外，其董事会成员中应当有公司职工代表。董事会中的职工代表由公司职工通过职工代表大会、职工大会或者其他形式民主选举产生。

董事会设董事长一人，可以设副董事长。董事长、副董事长的产生办法由公司章程规定。

第六十九条 有限责任公司可以按照公司章程的规定在董事会中设置由董事组成的审计委员会，行使本法规定的监事会的职权，不设监事会或者监事。公司董事会成员中的职工代表可以成为审计委员会成员。

第七十四条 有限责任公司可以设经理，由董事会决定聘任或者解聘。

经理对董事会负责，根据公司章程的规定或者董事会的授权行使职权。经理列席董事会会议。

第七十六条 有限责任公司设监事会，本法第六十九条、第八十三条另有规定的除外。

监事会成员为三人以上。监事会成员应当包括股东代表和适当比例的公司职工代表，其中职工代表的比例不得低于三分之一，具体比例由公司章程规定。监事会中的职工代表由公司职工通过职工代表大会、职工大会或者其他形式民主选举产生。

监事会设主席一人，由全体监事过半数选举产生。监事会主席召集和主持监事会会议；监事会主席不能履行职务或者不履行职务的，由过半数的监事共同推举一名监事召集和主持监事会会议。

董事、高级管理人员不得兼任监事。

第一百一十一条 股份有限公司股东会由全体股东组成。股东会是公司的权力机构，依照本法行使职权。

第一百二十条 股份有限公司设董事会，本法第一百二十八条另有规定的除外。

本法第六十七条、第六十八条第一款、第七十条、第七十一条的规定，适用于股份有限公司。

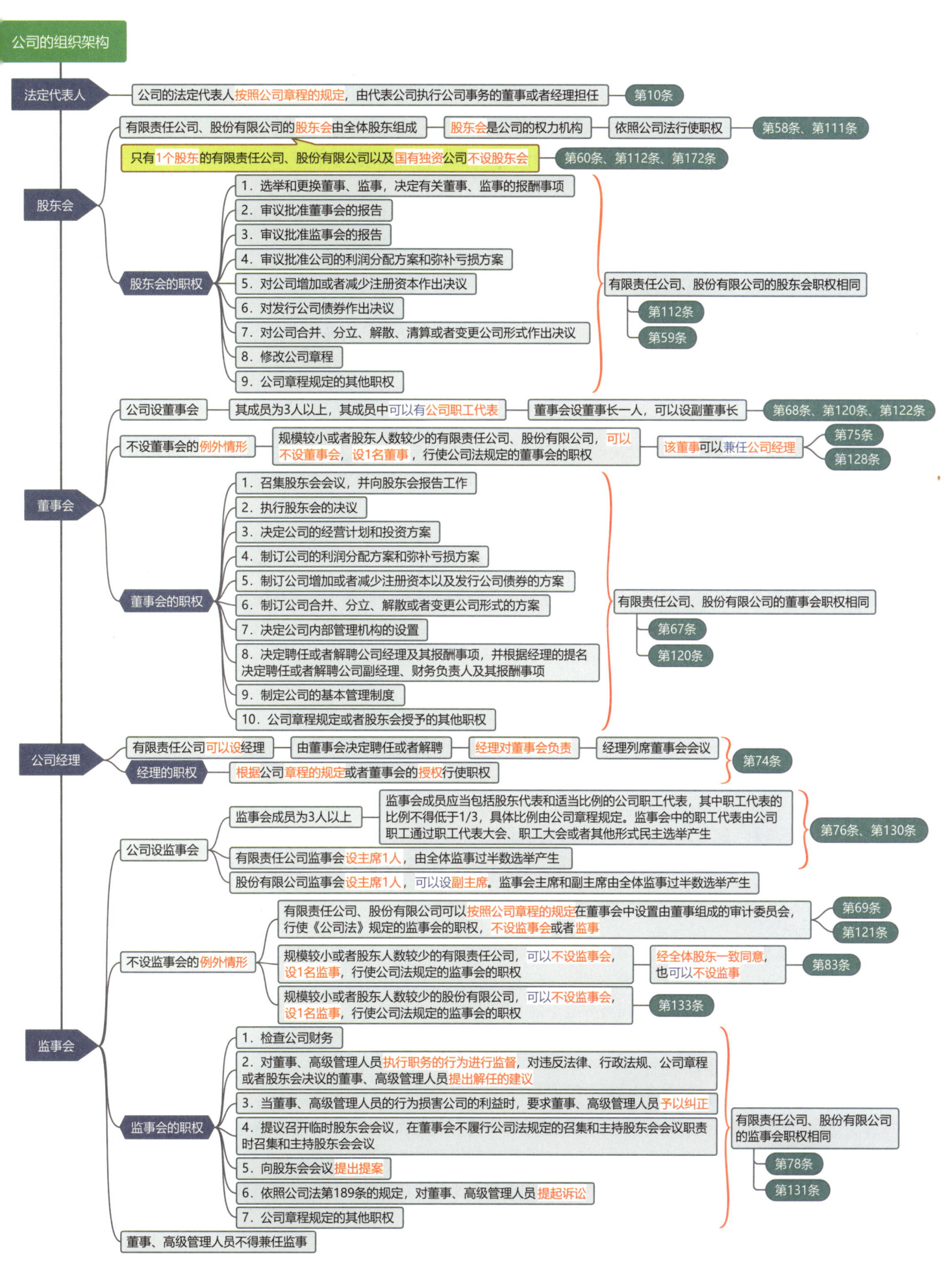

公司的组织架构

公司的组织架构

法定代表人
- 公司的法定代表人按照公司章程的规定，由代表公司执行公司事务的董事或者经理担任 —— 第10条

股东会
- 有限责任公司、股份有限公司的股东会由全体股东组成 | 股东会是公司的权力机构 | 依照公司法行使职权 —— 第58条、第111条
- 只有1个股东的有限责任公司、股份有限公司以及国有独资公司不设股东会 —— 第60条、第112条、第172条

股东会的职权：
1. 选举和更换董事、监事，决定有关董事、监事的报酬事项
2. 审议批准董事会的报告
3. 审议批准监事会的报告
4. 审议批准公司的利润分配方案和弥补亏损方案
5. 对公司增加或者减少注册资本作出决议
6. 对发行公司债券作出决议
7. 对公司合并、分立、解散、清算或者变更公司形式作出决议
8. 修改公司章程
9. 公司章程规定的其他职权

有限责任公司、股份有限公司的股东会职权相同 —— 第112条、第59条

董事会
- 公司设董事会：其成员为3人以上，其成员中可以有公司职工代表 | 董事会设董事长一人，可以设副董事长 —— 第68条、第120条、第122条
- 不设董事会的例外情形：规模较小或者股东人数较少的有限责任公司、股份有限公司，可以不设董事会，设1名董事，行使公司法规定的董事会的职权 | 该董事可以兼任公司经理 —— 第75条、第128条

董事会的职权：
1. 召集股东会会议，并向股东会报告工作
2. 执行股东会的决议
3. 决定公司的经营计划和投资方案
4. 制订公司的利润分配方案和弥补亏损方案
5. 制订公司增加或者减少注册资本以及发行公司债券的方案
6. 制订公司合并、分立、解散或者变更公司形式的方案
7. 决定公司内部管理机构的设置
8. 决定聘任或者解聘公司经理及其报酬事项，并根据经理的提名决定聘任或者解聘公司副经理、财务负责人及其报酬事项
9. 制定公司的基本管理制度
10. 公司章程规定或者股东会授予的其他职权

有限责任公司、股份有限公司的董事会职权相同 —— 第67条、第120条

公司经理
- 有限责任公司可以设经理 | 由董事会决定聘任或者解聘 | 经理对董事会负责 | 经理列席董事会会议 —— 第74条
- 经理的职权：根据公司章程的规定或者董事会的授权行使职权

监事会
- 公司设监事会：
  - 监事会成员为3人以上：监事会成员应当包括股东代表和适当比例的公司职工代表，其中职工代表的比例不得低于1/3，具体比例由公司章程规定。监事会中的职工代表由公司职工通过职工代表大会、职工大会或者其他形式民主选举产生
  - 有限责任公司监事会设主席1人，由全体监事过半数选举产生
  - 股份有限公司监事会设主席1人，可以设副主席。监事会主席和副主席由全体监事过半数选举产生
  —— 第76条、第130条

- 有限责任公司、股份有限公司可以按照公司章程的规定在董事会中设置由董事组成的审计委员会，行使《公司法》规定的监事会的职权，不设监事会或者监事 —— 第69条、第121条

- 不设监事会的例外情形：
  - 规模较小或者股东人数较少的有限责任公司，可以不设监事会，设1名监事，行使公司法规定的监事会的职权 | 经全体股东一致同意，也可以不设监事 —— 第83条
  - 规模较小或者股东人数较少的股份有限公司，可以不设监事会，设1名监事，行使公司法规定的监事会的职权 —— 第133条

监事会的职权：
1. 检查公司财务
2. 对董事、高级管理人员执行职务的行为进行监督，对违反法律、行政法规、公司章程或者股东会决议的董事、高级管理人员提出解任的建议
3. 当董事、高级管理人员的行为损害公司的利益时，要求董事、高级管理人员予以纠正
4. 提议召开临时股东会会议，在董事会不履行公司法规定的召集和主持股东会会议职责时召集和主持股东会会议
5. 向股东会会议提出提案
6. 依照公司法第189条的规定，对董事、高级管理人员提起诉讼
7. 公司章程规定的其他职权

有限责任公司、股份有限公司的监事会职权相同 —— 第78条、第131条

- 董事、高级管理人员不得兼任监事

制作依据：公司法（2023）

关联法条

《中华人民共和国公司法》（2023修订）

第四条 有限责任公司的股东以其认缴的出资额为限对公司承担责任；股份有限公司的股东以其认购的股份为限对公司承担责任。

公司股东对公司依法享有资产收益、参与重大决策和选择管理者等权利。

第四十二条 有限责任公司由一个以上五十个以下股东出资设立。

第四十三条 有限责任公司设立时的股东可以签订设立协议，明确各自在公司设立过程中的权利和义务。

第四十七条 有限责任公司的注册资本为在公司登记机关登记的全体股东认缴的出资额。全体股东认缴的出资额由股东按照公司章程的规定自公司成立之日起五年内缴足。

法律、行政法规以及国务院决定对有限责任公司注册资本实缴、注册资本最低限额、股东出资期限另有规定的，从其规定。

第六十二条 股东会会议分为定期会议和临时会议。

定期会议应当按照公司章程的规定按时召开。代表十分之一以上表决权的股东、三分之一以上的董事或者监事会提议召开临时会议的，应当召开临时会议。

第六十五条 股东会会议由股东按照出资比例行使表决权；但是，公司章程另有规定的除外。

第九十二条 设立股份有限公司，应当有一人以上二百人以下为发起人，其中应当有半数以上的发起人在中华人民共和国境内有住所。

第九十三条 股份有限公司发起人承担公司筹办事务。

发起人应当签订发起人协议，明确各自在公司设立过程中的权利和义务。

第九十六条 股份有限公司的注册资本为在公司登记机关登记的已发行股份的股本总额。在发起人认购的股份缴足前，不得向他人募集股份。

法律、行政法规以及国务院决定对股份有限公司注册资本最低限额另有规定的，从其规定。

第九十八条 发起人应当在公司成立前按照其认购的股份全额缴纳股款。

发起人的出资，适用本法第四十八条、第四十九条第二款关于有限责任公司股东出资的规定。

第一百一十三条 股东会应当每年召开一次年会。有下列情形之一的，应当在两个月内召开临时股东会会议：

（一）董事人数不足本法规定人数或者公司章程所定人数的三分之二时；

（二）公司未弥补的亏损达股本总额三分之一时；

（三）单独或者合计持有公司百分之十以上股份的股东请求时；

（四）董事会认为必要时；

（五）监事会提议召开时；

（六）公司章程规定的其他情形。

第二百二十七条 有限责任公司增加注册资本时，股东在同等条件下有权优先按照实缴的出资比例认缴出资。但是，全体股东约定不按照出资比例优先认缴出资的除外。

股份有限公司为增加注册资本发行新股时，股东不享有优先认购权，公司章程另有规定或者股东会决议决定股东享有优先认购权的除外。

有限责任公司与股份有限公司的区别

有限责任公司与股份有限公司的区别

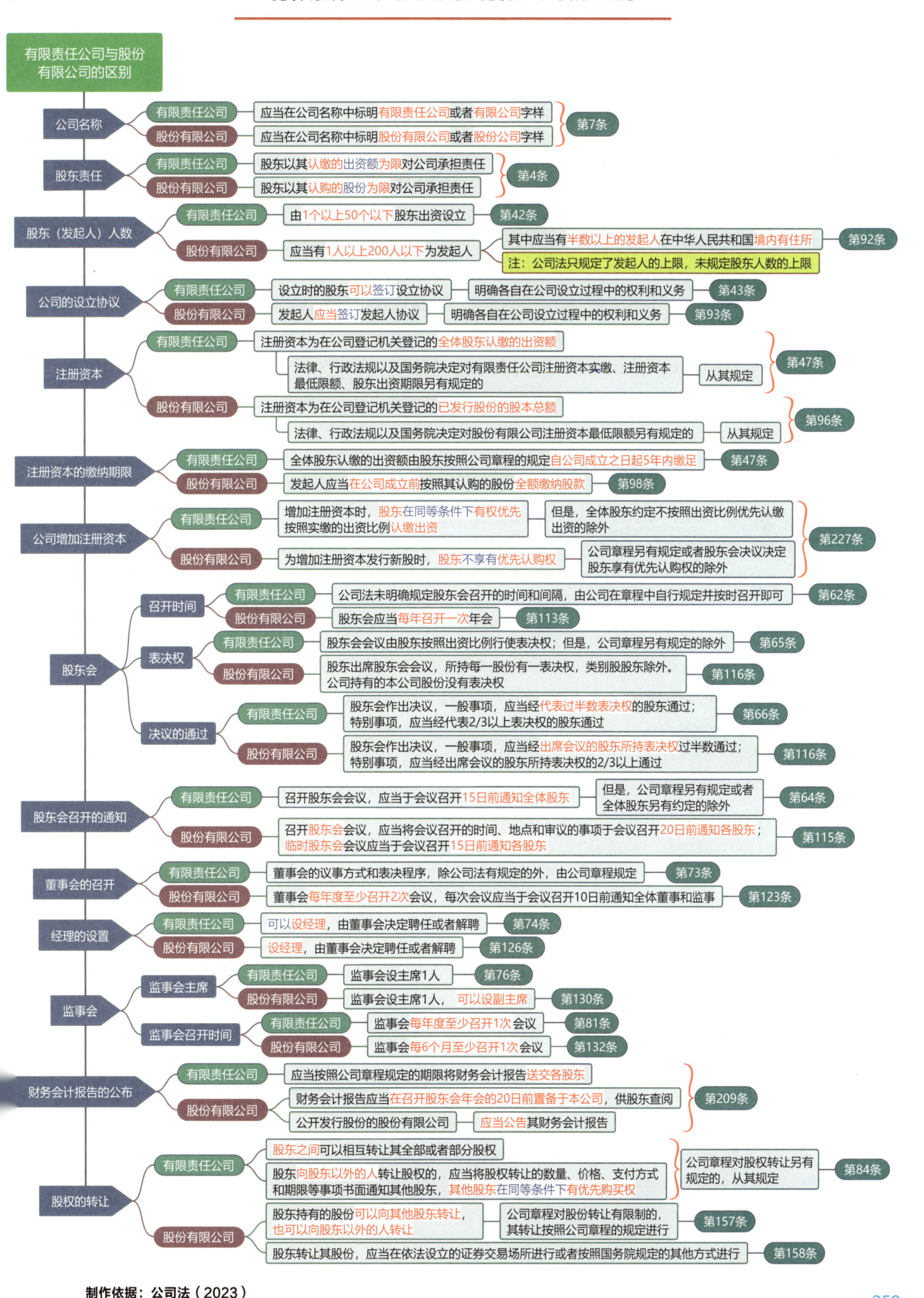

公司名称
- **有限责任公司**：应当在公司名称中标明有限责任公司或者有限公司字样
- **股份有限公司**：应当在公司名称中标明股份有限公司或者股份公司字样

（第7条）

股东责任
- **有限责任公司**：股东以其认缴的出资额为限对公司承担责任
- **股份有限公司**：股东以其认购的股份为限对公司承担责任

（第4条）

股东（发起人）人数
- **有限责任公司**：由1个以上50个以下股东出资设立（第42条）
- **股份有限公司**：应当有1人以上200人以下为发起人，其中应当有半数以上的发起人在中华人民共和国境内有住所（第92条）

注：公司法只规定了发起人的上限，未规定股东人数的上限

公司的设立协议
- **有限责任公司**：设立时的股东可以签订设立协议，明确各自在公司设立过程中的权利和义务（第43条）
- **股份有限公司**：发起人应当签订发起人协议，明确各自在公司设立过程中的权利和义务（第93条）

注册资本
- **有限责任公司**：注册资本为在公司登记机关登记的全体股东认缴的出资额。法律、行政法规以及国务院决定对有限责任公司注册资本实缴、注册资本最低限额、股东出资期限另有规定的，从其规定（第47条）
- **股份有限公司**：注册资本为在公司登记机关登记的已发行股份的股本总额。法律、行政法规以及国务院决定对股份有限公司注册资本最低限额另有规定的，从其规定（第96条）

注册资本的缴纳期限
- **有限责任公司**：全体股东认缴的出资额由股东按照公司章程的规定自公司成立之日起5年内缴足（第47条）
- **股份有限公司**：发起人应当在公司成立前按照其认购的股份全额缴纳股款（第98条）

公司增加注册资本
- **有限责任公司**：增加注册资本时，股东在同等条件下有权优先按照实缴的出资比例认缴出资。但是，全体股东约定不按照出资比例优先认缴出资的除外
- **股份有限公司**：为增加注册资本发行新股时，股东不享有优先认购权。公司章程另有规定或者股东会决议决定股东享有优先认购权的除外

（第227条）

股东会

召开时间
- **有限责任公司**：公司法未明确规定股东会召开的时间和间隔，由公司在章程中自行规定并按时召开即可（第62条）
- **股份有限公司**：股东会应当每年召开一次年会（第113条）

表决权
- **有限责任公司**：股东会会议由股东按照出资比例行使表决权；但是，公司章程另有规定的除外（第65条）
- **股份有限公司**：股东出席股东会会议，所持每一股份有一表决权，类别股股东除外。公司持有的本公司股份没有表决权（第116条）

决议的通过
- **有限责任公司**：股东会作出决议，一般事项，应当经代表过半数表决权的股东通过；特别事项，应当经代表2/3以上表决权的股东通过（第66条）
- **股份有限公司**：股东会作出决议，一般事项，应当经出席会议的股东所持表决权过半数通过；特别事项，应当经出席会议的股东所持表决权的2/3以上通过（第116条）

股东会召开的通知
- **有限责任公司**：召开股东会会议，应当于会议召开15日前通知全体股东。但是，公司章程另有规定或者全体股东另有约定的除外（第64条）
- **股份有限公司**：召开股东会会议，应当将会议召开的时间、地点和审议的事项于会议召开20日前通知各股东；临时股东会会议应当于会议召开15日前通知各股东（第115条）

董事会的召开
- **有限责任公司**：董事会的议事方式和表决程序，除公司法有规定的外，由公司章程规定（第73条）
- **股份有限公司**：董事会每年度至少召开2次会议，每次会议应当于会议召开10日前通知全体董事和监事（第123条）

经理的设置
- **有限责任公司**：可以设经理，由董事会决定聘任或者解聘（第74条）
- **股份有限公司**：设经理，由董事会决定聘任或者解聘（第126条）

监事会

监事会主席
- **有限责任公司**：监事会设主席1人（第76条）
- **股份有限公司**：监事会设主席1人，可以设副主席（第130条）

监事会召开时间
- **有限责任公司**：监事会每年度至少召开1次会议（第81条）
- **股份有限公司**：监事会每6个月至少召开1次会议（第132条）

财务会计报告的公布
- **有限责任公司**：应当按照公司章程规定的期限将财务会计报告送交各股东
- **股份有限公司**：财务会计报告应当在召开股东会年会的20日前置备于本公司，供股东查阅。公开发行股份的股份有限公司应当公告其财务会计报告

（第209条）

股权的转让
- **有限责任公司**：股东之间可以相互转让其全部或者部分股权。股东向股东以外的人转让股权的，应当将股权转让的数量、价格、支付方式和期限等事项书面通知其他股东，其他股东在同等条件下有优先购买权。公司章程对股权转让另有规定的，从其规定（第84条）
- **股份有限公司**：股东持有的股份可以向其他股东转让，也可以向股东以外的人转让。公司章程对股份转让有限制的，其转让按照公司章程的规定进行（第157条）。股东转让其股份，应当在依法设立的证券交易场所进行或者按照国务院规定的其他方式进行（第158条）

制作依据：公司法（2023）

关联法条

《中华人民共和国公司法》（2023修订）

第九条 公司的经营范围由公司章程规定。公司可以修改公司章程，变更经营范围。

公司的经营范围中属于法律、行政法规规定须经批准的项目，应当依法经过批准。

第十条 公司的法定代表人按照公司章程的规定，由代表公司执行公司事务的董事或者经理担任。

担任法定代表人的董事或者经理辞任的，视为同时辞去法定代表人。

法定代表人辞任的，公司应当在法定代表人辞任之日起三十日内确定新的法定代表人。

第十一条 法定代表人以公司名义从事的民事活动，其法律后果由公司承受。

公司章程或者股东会对法定代表人职权的限制，不得对抗善意相对人。

法定代表人因执行职务造成他人损害的，由公司承担民事责任。公司承担民事责任后，依照法律或者公司章程的规定，可以向有过错的法定代表人追偿。

第十五条 公司向其他企业投资或者为他人提供担保，按照公司章程的规定，由董事会或者股东会决议；公司章程对投资或者担保的总额及单项投资或者担保的数额有限额规定的，不得超过规定的限额。

公司为公司股东或者实际控制人提供担保的，应当经股东会决议。

前款规定的股东或者受前款规定的实际控制人支配的股东，不得参加前款规定事项的表决。该项表决由出席会议的其他股东所持表决权的过半数通过。

第二十四条 公司股东会、董事会、监事会召开会议和表决可以采用电子通信方式，公司章程另有规定的除外。

第四十七条 有限责任公司的注册资本为在公司登记机关登记的全体股东认缴的出资额。全体股东认缴的出资额由股东按照公司章程的规定自公司成立之日起五年内缴足。

法律、行政法规以及国务院决定对有限责任公司注册资本实缴、注册资本最低限额、股东出资期限另有规定的，从其规定。

第六十四条 召开股东会会议，应当于会议召开十五日前通知全体股东；但是，公司章程另有规定或者全体股东另有约定的除外。

股东会应当对所议事项的决定作成会议记录，出席会议的股东应当在会议记录上签名或者盖章。

第六十五条 股东会会议由股东按照出资比例行使表决权；但是，公司章程另有规定的除外。

第六十六条 股东会的议事方式和表决程序，除本法有规定的外，由公司章程规定。

股东会作出决议，应当经代表过半数表决权的股东通过。

股东会作出修改公司章程、增加或者减少注册资本的决议，以及公司合并、分立、解散或者变更公司形式的决议，应当经代表三分之二以上表决权的股东通过。

第六十九条 有限责任公司可以按照公司章程的规定在董事会中设置由董事组成的审计委员会，行使本法规定的监事会的职权，不设监事会或者监事。公司董事会成员中的职工代表可以成为审计委员会成员。

有限责任公司章程应当载明及可另行自由规定的事项

有限责任公司章程应当载明及可另行自由规定的事项

章程应当载明的事项

有限责任公司章程**应当载明**下列事项：

1. 公司名称和住所
2. 公司经营范围 —— 公司的经营范围**由公司章程规定** —— 公司可以修改公司章程，变更经营范围 【第9条】
3. 公司注册资本 —— 全体股东认缴的出资额由股东按照公司章程的规定自公司成立之日起5年内缴足 【第47条】
4. 股东的姓名或者名称
5. 股东的出资额、出资方式和出资日期
6. 公司的机构及其产生办法、职权、议事规则
7. 公司法定代表人的产生、变更办法 —— 公司的法定代表人**按照公司章程的规定**，由代表公司执行公司事务的董事或者经理担任 【第10条】
8. 股东会认为需要规定的其他事项

章程可以另行规定的其他事项

- 对法定代表人的职权限制 —— 公司章程可以对法定代表人的职权进行一定的限制 【第11条】
- 法定代表人的过错赔偿责任 —— 法定代表人因执行职务造成他人损害的，由公司承担民事责任；公司承担民事责任后，依照法律或者**公司章程的规定**可以向有过错的法定代表人追偿 【第11条】
- 公司向其他企业投资或者为他人提供担保的决议机构 —— **按照公司章程的规定**，由董事会或者股东会决议 【第15条】
- 公司会议的召开和表决所采用的方式 —— 公司股东会、董事会、监事会召开会议和表决可以采用电子通信方式，**公司章程另有规定**的除外 【第24条】
- 股东会法定职权以外的其他职权 —— 公司章程规定的其他职权 【第59条】
- 另行规定股东会会议召开有通知期限 —— 召开股东会会议，应当于会议召开15日前通知全体股东；但是，**公司章程另有规定**或者全体股东另有约定的除外 【第64条】
- 对股东会的表决权另作规定 —— 股东会会议由股东按照出资比例行使表决权；但是，**公司章程另有规定**的除外 【第65条】
- 对股东会的议事方式和表决程序另作规定 —— 股东会的议事方式和表决程序，除公司法有规定外，**由公司章程规定** 【第66条】
- 董事会的其他职权 —— 在公司法第67条规定的董事会法定职权以外，**公司章程可以另行规定**董事会其他职权 【第67条】
- 审计委员会的设置 —— 有限责任公司可以**按照公司章程的规定**在董事会中设置由董事组成的审计委员会，行使本法规定的监事会的职权，不设监事会或者监事 【第69条】
- 董事会的议事方式和表决程序 —— 董事会的议事方式和表决程序，除公司法有规定的外，**由公司章程规定** 【第73条】
- 经理的职权 —— 经理对董事会负责，根据**公司章程的规定**或者董事会的授权行使职权 【第74条】
- 监事会成员中公司职工代表的比例 —— 监事会成员应当包括股东代表和适当比例的公司职工代表，其中职工代表的比例不得低于1/3，具体比例**由公司章程规定** 【第76条】
- 监事会的其他职权 —— 公司可以规定除公司法第78条法定职权以外的其他监事会职权 【第78条】
- 公司股权的转让 —— **公司章程**对股权转让**另有规定**的，从其规定 【第84条】
- 股东资格的继承 —— 自然人股东死亡后，其合法继承人可以继承股东资格；但是，**公司章程另有规定**的除外 【第90条】
- 关联交易的审议 —— 董事、监事、高级管理人员，直接或者间接与本公司订立合同或者进行交易；应当就与订立合同或者进行交易有关的事项向董事会或者股东会报告，并**按照公司章程**的规定经董事会或者股东会决议通过 【第182条】
- 公司的商业机会 —— 董事、监事、高级管理人员，不得利用职务便利为自己或者他人谋取属于公司的商业机会；但是，向董事会或者股东会报告，并**按照公司章程的规定**经董事会或者股东会决议通过的除外 【第183条】
- 竞业限制的审议 —— 董事、监事、高级管理人员未向董事会或者股东会报告，并**按照公司章程的规定**经董事会或者股东会决议通过，不得自营或者为他人经营与其任职公司同类的业务 【第184条】
- 财务会计报告提交给股东的期限 —— 有限责任公司应当**按照公司章程规定**的期限将财务会计报告送交各股东 【第209条】
- 公司合并时价款的支付 —— 公司合并支付的价款不超过本公司净资产10%的，可以不经股东会决议；但是，**公司章程另有规定**的除外 【第219条】
- 公司的营业期限 —— 公司可以在章程中规定公司的营业期限 【第229条】
- 公司的解散事由 —— 公司可以在章程中规定公司的解散事由 【第229条】
- 清算组的组成人员 —— 清算组由董事组成，但是**公司章程另有规定**或者股东会决议另选他人的除外 【第232条】
- 高级管理人员的范围 —— 公司章程可以规定高级管理人员的范围 【第265条】

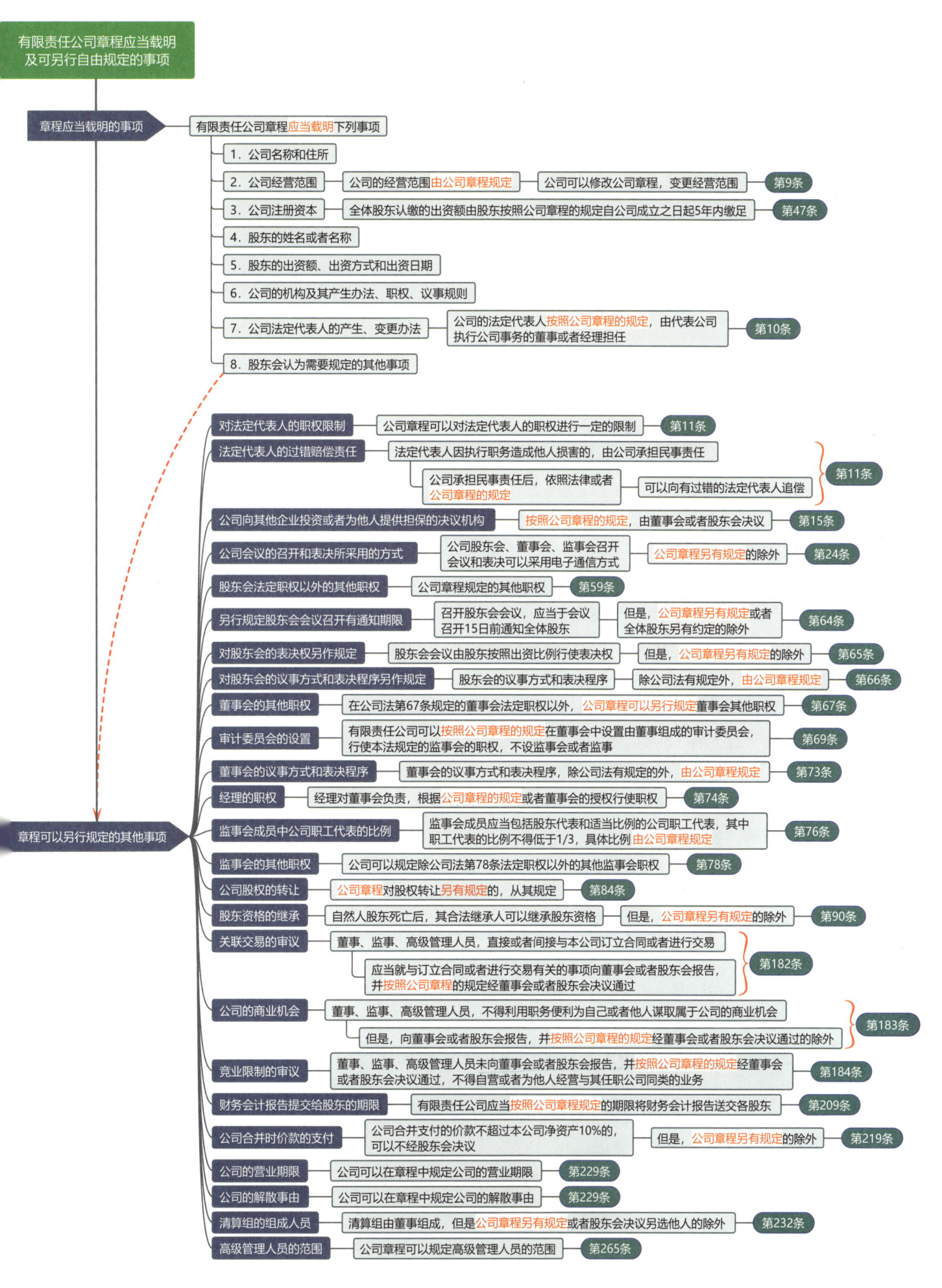

制作依据：公司法（2023）

关联法条

《中华人民共和国公司法》（2023修订）

第十条 公司的法定代表人按照公司章程的规定，由代表公司执行公司事务的董事或者经理担任。

担任法定代表人的董事或者经理辞任的，视为同时辞去法定代表人。

法定代表人辞任的，公司应当在法定代表人辞任之日起三十日内确定新的法定代表人。

第三十四条 公司登记事项发生变更的，应当依法办理变更登记。

公司登记事项未经登记或者未经变更登记，不得对抗善意相对人。

第三十五条 公司申请变更登记，应当向公司登记机关提交公司法定代表人签署的变更登记申请书、依法作出的变更决议或者决定等文件。

公司变更登记事项涉及修改公司章程的，应当提交修改后的公司章程。

公司变更法定代表人的，变更登记申请书由变更后的法定代表人签署。

第七十一条 股东会可以决议解任董事，决议作出之日解任生效。

无正当理由，在任期届满前解任董事的，该董事可以要求公司予以赔偿。

《中华人民共和国市场主体登记管理条例》

第二十四条 市场主体变更登记事项，应当自作出变更决议、决定或者法定变更事项发生之日起30日内向登记机关申请变更登记。

市场主体变更登记事项属于依法须经批准的，申请人应当在批准文件有效期内向登记机关申请变更登记。

新公司法情形下如何更换法定代表人

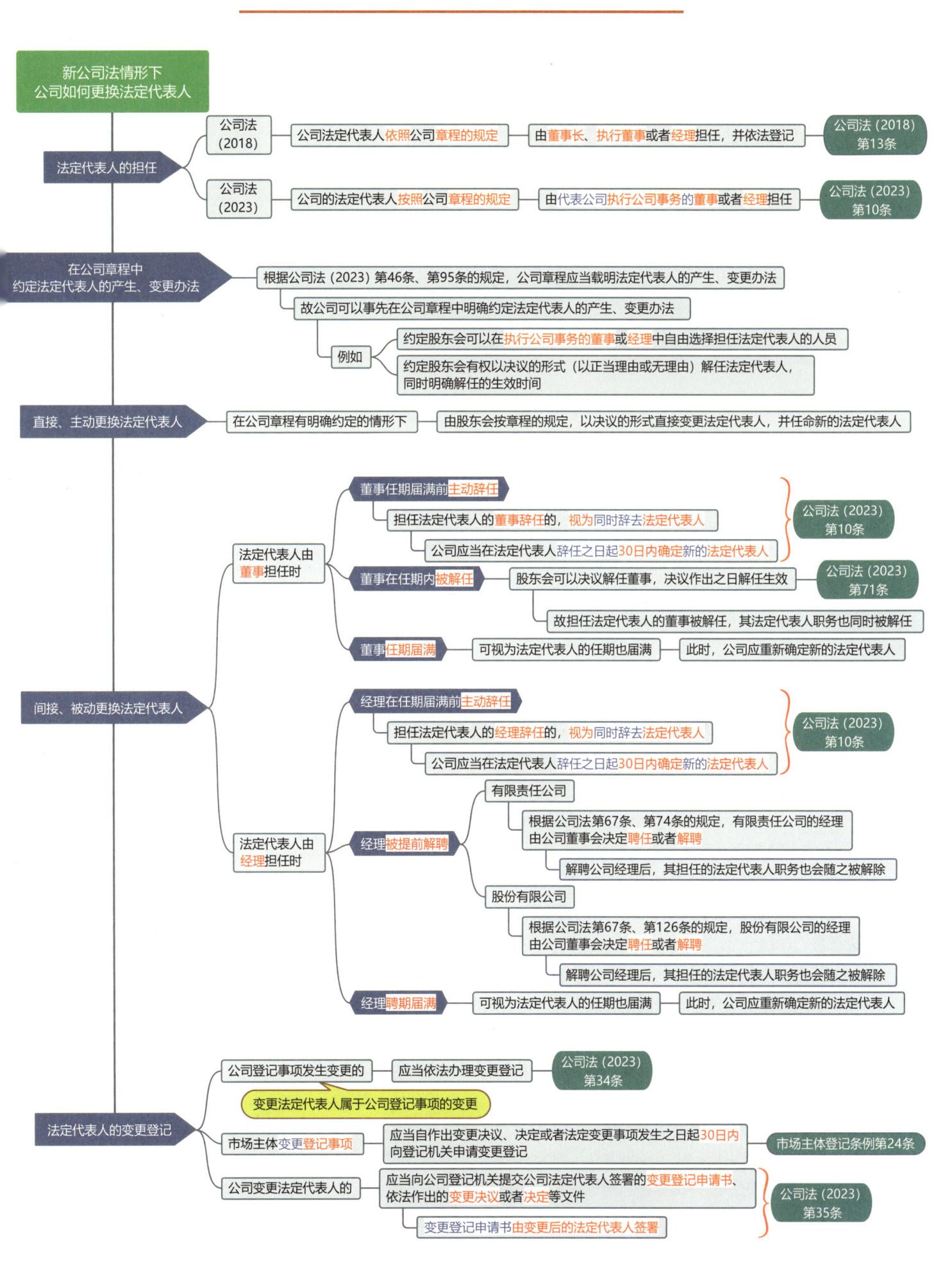

新公司法情形下公司如何更换法定代表人

- **法定代表人的担任**
  - 公司法（2018）：公司法定代表人依照公司章程的规定 — 由董事长、执行董事或者经理担任，并依法登记 —— 公司法（2018）第13条
  - 公司法（2023）：公司的法定代表人按照公司章程的规定 — 由代表公司执行公司事务的董事或者经理担任 —— 公司法（2023）第10条

- **在公司章程中约定法定代表人的产生、变更办法**
  - 根据公司法（2023）第46条、第95条的规定，公司章程应当载明法定代表人的产生、变更办法
  - 故公司可以事先在公司章程中明确约定法定代表人的产生、变更办法
    - 例如：
      - 约定股东会可以在执行公司事务的董事或经理中自由选择担任法定代表人的人员
      - 约定股东会有权以决议的形式（以正当理由或无理由）解任法定代表人，同时明确解任的生效时间

- **直接、主动更换法定代表人**
  - 在公司章程有明确约定的情形下 — 由股东会按章程的规定，以决议的形式直接变更法定代表人，并任命新的法定代表人

- **间接、被动更换法定代表人**
  - **法定代表人由董事担任时**
    - 董事任期届满前主动辞任
      - 担任法定代表人的董事辞任的，视为同时辞去法定代表人
      - 公司应当在法定代表人辞任之日起30日内确定新的法定代表人
      - 公司法（2023）第10条
    - 董事在任期内被解任 — 股东会可以决议解任董事，决议作出之日解任生效 — 公司法（2023）第71条
      - 故担任法定代表人的董事被解任，其法定代表人职务也同时被解任
    - 董事任期届满 — 可视为法定代表人的任期也届满 — 此时，公司应重新确定新的法定代表人
  - **法定代表人由经理担任时**
    - 经理在任期届满前主动辞任
      - 担任法定代表人的经理辞任的，视为同时辞去法定代表人
      - 公司应当在法定代表人辞任之日起30日内确定新的法定代表人
      - 公司法（2023）第10条
    - 经理被提前解聘
      - 有限责任公司
        - 根据公司法第67条、第74条的规定，有限责任公司的经理由公司董事会决定聘任或者解聘
        - 解聘公司经理后，其担任的法定代表人职务也会随之被解除
      - 股份有限公司
        - 根据公司法第67条、第126条的规定，股份有限公司的经理由公司董事会决定聘任或者解聘
        - 解聘公司经理后，其担任的法定代表人职务也会随之被解除
    - 经理聘期届满 — 可视为法定代表人的任期也届满 — 此时，公司应重新确定新的法定代表人

- **法定代表人的变更登记**
  - 公司登记事项发生变更的 — 应当依法办理变更登记 — 公司法（2023）第34条
    - 变更法定代表人属于公司登记事项的变更
  - 市场主体变更登记事项 — 应当自作出变更决议、决定或者法定变更事项发生之日起30日内向登记机关申请变更登记 — 市场主体登记条例第24条
  - 公司变更法定代表人的 — 应当向公司登记机关提交公司法定代表人签署的变更登记申请书、依法作出的变更决议或者决定等文件 — 公司法（2023）第35条
    - 变更登记申请书由变更后的法定代表人签署

制作依据：公司法（2023）、市场主体登记管理条例

关联法条

《中华人民共和国公司法》(2023修订)

第二十七条 有下列情形之一的，公司股东会、董事会的决议不成立：

（一）未召开股东会、董事会会议作出决议；

（二）股东会、董事会会议未对决议事项进行表决；

（三）出席会议的人数或者所持表决权数未达到本法或者公司章程规定的人数或者所持表决权数；

（四）同意决议事项的人数或者所持表决权数未达到本法或者公司章程规定的人数或者所持表决权数。

第六十六条 股东会的议事方式和表决程序，除本法有规定的外，由公司章程规定。

股东会作出决议，应当经代表过半数表决权的股东通过。

股东会作出修改公司章程、增加或者减少注册资本的决议，以及公司合并、分立、解散或者变更公司形式的决议，应当经代表三分之二以上表决权的股东通过。

第一百一十六条 股东出席股东会会议，所持每一股份有一表决权，类别股股东除外。公司持有的本公司股份没有表决权。

股东会作出决议，应当经出席会议的股东所持表决权过半数通过。

股东会作出修改公司章程、增加或者减少注册资本的决议，以及公司合并、分立、解散或者变更公司形式的决议，应当经出席会议的股东所持表决权的三分之二以上通过。

股东未参加股东会对股东会决议的影响

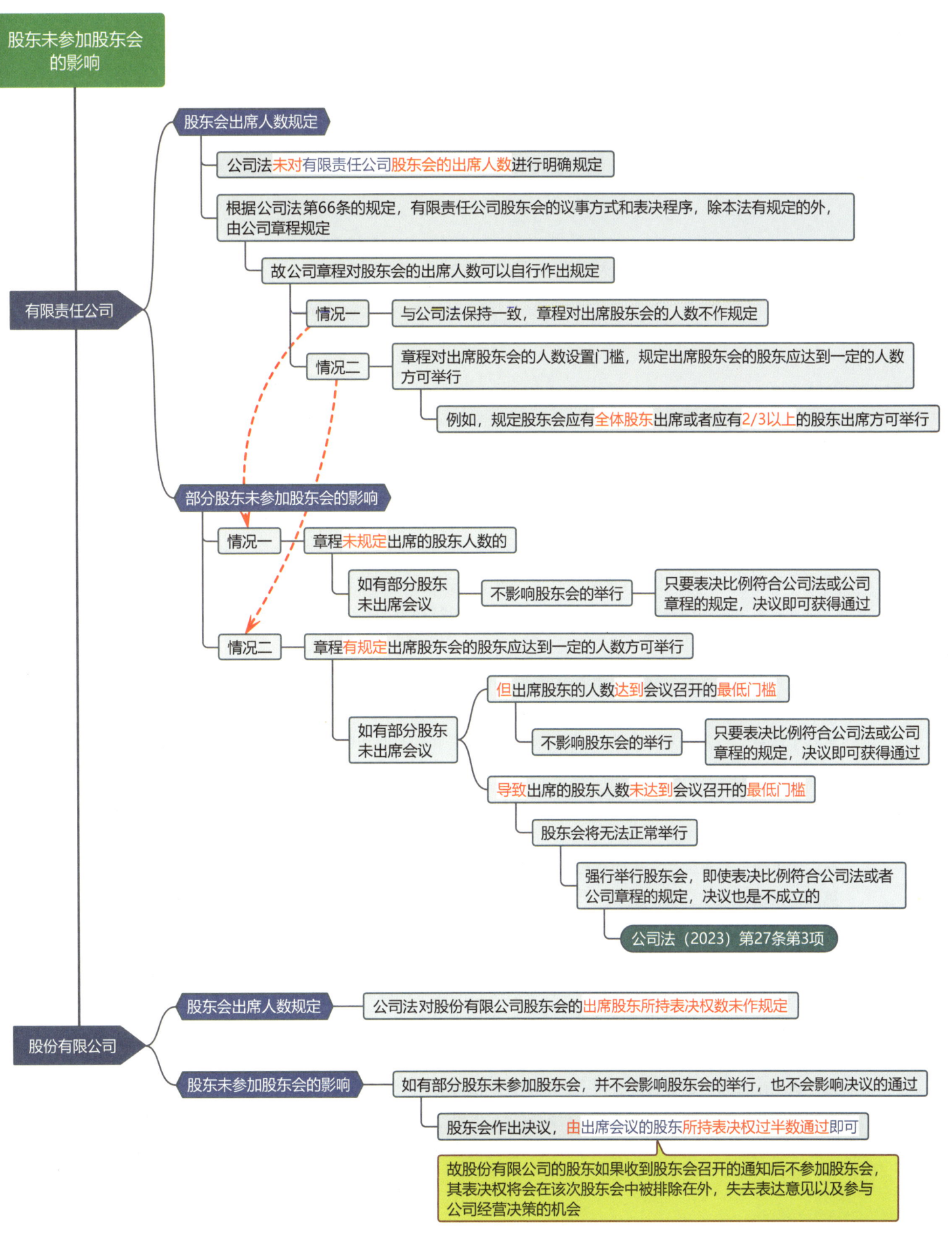

股东未参加股东会的影响

有限责任公司

股东会出席人数规定
- 公司法未对有限责任公司股东会的出席人数进行明确规定
- 根据公司法第66条的规定，有限责任公司股东会的议事方式和表决程序，除本法有规定的外，由公司章程规定
  - 故公司章程对股东会的出席人数可以自行作出规定
    - 情况一：与公司法保持一致，章程对出席股东会的人数不作规定
    - 情况二：章程对出席股东会的人数设置门槛，规定出席股东会的股东应达到一定的人数方可举行
      - 例如，规定股东会应有全体股东出席或者应有2/3以上的股东出席方可举行

部分股东未参加股东会的影响
- 情况一：章程未规定出席的股东人数的
  - 如有部分股东未出席会议 → 不影响股东会的举行 → 只要表决比例符合公司法或公司章程的规定，决议即可获得通过
- 情况二：章程有规定出席股东会的股东应达到一定的人数方可举行
  - 如有部分股东未出席会议
    - 但出席股东的人数达到会议召开的最低门槛
      - 不影响股东会的举行 → 只要表决比例符合公司法或公司章程的规定，决议即可获得通过
    - 导致出席的股东人数未达到会议召开的最低门槛
      - 股东会将无法正常举行
      - 强行举行股东会，即使表决比例符合公司法或者公司章程的规定，决议也是不成立的
        - 公司法（2023）第27条第3项

股份有限公司

股东会出席人数规定
- 公司法对股份有限公司股东会的出席股东所持表决权数未作规定

股东未参加股东会的影响
- 如有部分股东未参加股东会，并不会影响股东会的举行，也不会影响决议的通过
  - 股东会作出决议，由出席会议的股东所持表决权过半数通过即可
    - 故股份有限公司的股东如果收到股东会召开的通知后不参加股东会，其表决权将会在该次股东会中被排除在外，失去表达意见以及参与公司经营决策的机会

制作依据：公司法（2023）

关联法条

《中华人民共和国公司法》（2023修订）

第五十八条　有限责任公司股东会由全体股东组成。股东会是公司的权力机构，依照本法行使职权。

第六十条　只有一个股东的有限责任公司不设股东会。股东作出前条第一款所列事项的决定时，应当采用书面形式，并由股东签名或者盖章后置备于公司。

第六十一条　首次股东会会议由出资最多的股东召集和主持，依照本法规定行使职权。

第六十二条　股东会会议分为定期会议和临时会议。

定期会议应当按照公司章程的规定按时召开。代表十分之一以上表决权的股东、三分之一以上的董事或者监事会提议召开临时会议的，应当召开临时会议。

第六十三条　股东会会议由董事会召集，董事长主持；董事长不能履行职务或者不履行职务的，由副董事长主持；副董事长不能履行职务或者不履行职务的，由过半数的董事共同推举一名董事主持。

董事会不能履行或者不履行召集股东会会议职责的，由监事会召集和主持；监事会不召集和主持的，代表十分之一以上表决权的股东可以自行召集和主持。

第六十四条　召开股东会会议，应当于会议召开十五日前通知全体股东；但是，公司章程另有规定或者全体股东另有约定的除外。

股东会应当对所议事项的决定作成会议记录，出席会议的股东应当在会议记录上签名或者盖章。

第六十五条　股东会会议由股东按照出资比例行使表决权；但是，公司章程另有规定的除外。

第六十六条　股东会的议事方式和表决程序，除本法有规定的外，由公司章程规定。

股东会作出决议，应当经代表过半数表决权的股东通过。

股东会作出修改公司章程、增加或者减少注册资本的决议，以及公司合并、分立、解散或者变更公司形式的决议，应当经代表三分之二以上表决权的股东通过。

第七十五条　规模较小或者股东人数较少的有限责任公司，可以不设董事会，设一名董事，行使本法规定的董事会的职权。该董事可以兼任公司经理。

第一百七十二条　国有独资公司不设股东会，由履行出资人职责的机构行使股东会职权。履行出资人职责的机构可以授权公司董事会行使股东会的部分职权，但公司章程的制定和修改，公司的合并、分立、解散、申请破产，增加或者减少注册资本，分配利润，应当由履行出资人职责的机构决定。

有限责任公司的各种股东会会议

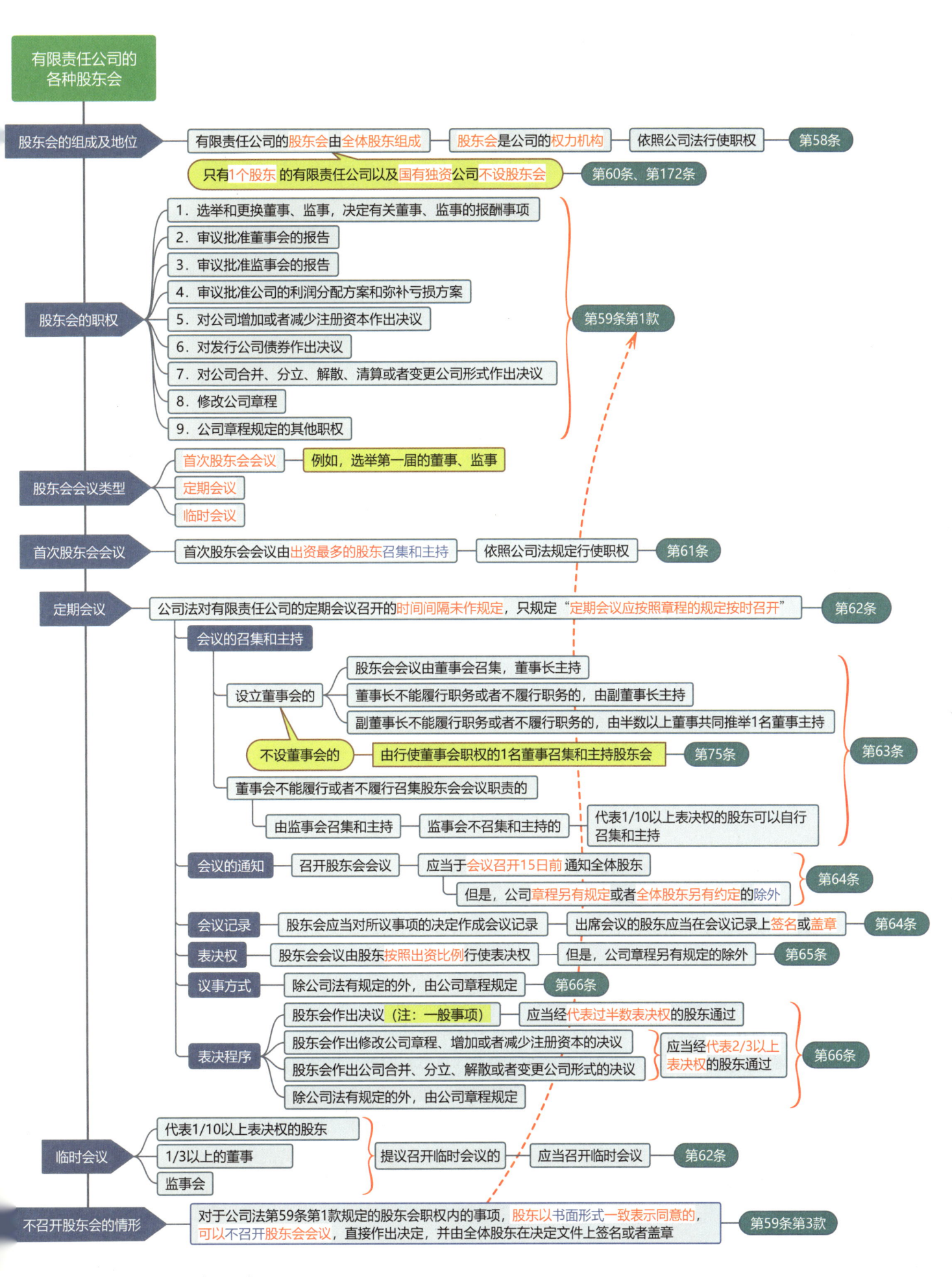

有限责任公司的各种股东会

股东会的组成及地位
- 有限责任公司的股东会由全体股东组成 — 股东会是公司的权力机构 — 依照公司法行使职权 —【第58条】
- 只有1个股东的有限责任公司以及国有独资公司不设股东会 —【第60条、第172条】

股东会的职权（第59条第1款）
1. 选举和更换董事、监事，决定有关董事、监事的报酬事项
2. 审议批准董事会的报告
3. 审议批准监事会的报告
4. 审议批准公司的利润分配方案和弥补亏损方案
5. 对公司增加或者减少注册资本作出决议
6. 对发行公司债券作出决议
7. 对公司合并、分立、解散、清算或者变更公司形式作出决议
8. 修改公司章程
9. 公司章程规定的其他职权

股东会会议类型
- 首次股东会会议（例如，选举第一届的董事、监事）
- 定期会议
- 临时会议

首次股东会会议
- 首次股东会会议由出资最多的股东召集和主持 — 依照公司法规定行使职权 —【第61条】

定期会议
- 公司法对有限责任公司的定期会议召开的时间间隔未作规定，只规定"定期会议应按照章程的规定按时召开" —【第62条】

会议的召集和主持（第63条）
- 设立董事会的：
  - 股东会会议由董事会召集，董事长主持
  - 董事长不能履行职务或者不履行职务的，由副董事长主持
  - 副董事长不能履行职务或者不履行职务的，由半数以上董事共同推举1名董事主持
- 不设董事会的：由行使董事会职权的1名董事召集和主持股东会 —【第75条】
- 董事会不能履行或者不履行召集股东会会议职责的：
  - 由监事会召集和主持 — 监事会不召集和主持的 — 代表1/10以上表决权的股东可以自行召集和主持

会议的通知（第64条）
- 召开股东会会议 — 应当于会议召开15日前通知全体股东
- 但是，公司章程另有规定或者全体股东另有约定的除外

会议记录（第64条）
- 股东会应当对所议事项的决定作成会议记录 — 出席会议的股东应当在会议记录上签名或盖章

表决权（第65条）
- 股东会会议由股东按照出资比例行使表决权 — 但是，公司章程另有规定的除外

议事方式（第66条）
- 除公司法有规定的外，由公司章程规定

表决程序（第66条）
- 股东会作出决议（注：一般事项） — 应当经代表过半数表决权的股东通过
- 股东会作出修改公司章程、增加或者减少注册资本的决议
- 股东会作出公司合并、分立、解散或者变更公司形式的决议 — 应当经代表2/3以上表决权的股东通过
- 除公司法有规定的外，由公司章程规定

临时会议（第62条）
- 代表1/10以上表决权的股东
- 1/3以上的董事
- 监事会
— 提议召开临时会议的 — 应当召开临时会议

不召开股东会的情形（第59条第3款）
- 对于公司法第59条第1款规定的股东会职权内的事项，股东以书面形式一致表示同意的，可以不召开股东会会议，直接作出决定，并由全体股东在决定文件上签名或者盖章

制作依据：公司法（2023）

关联法条

《中华人民共和国公司法》（2023修订）

第一百零三条 募集设立股份有限公司的发起人应当自公司设立时应发行股份的股款缴足之日起三十日内召开公司成立大会。发起人应当在成立大会召开十五日前将会议日期通知各认股人或者予以公告。成立大会应当有持有表决权过半数的认股人出席，方可举行。

以发起设立方式设立股份有限公司成立大会的召开和表决程序由公司章程或者发起人协议规定。

第一百零四条 公司成立大会行使下列职权：

（一）审议发起人关于公司筹办情况的报告；

（二）通过公司章程；

（三）选举董事、监事；

（四）对公司的设立费用进行审核；

（五）对发起人非货币财产出资的作价进行审核；

（六）发生不可抗力或者经营条件发生重大变化直接影响公司设立的，可以作出不设立公司的决议。

成立大会对前款所列事项作出决议，应当经出席会议的认股人所持表决权过半数通过。

第一百一十三条 股东会应当每年召开一次年会。有下列情形之一的，应当在两个月内召开临时股东会会议：

（一）董事人数不足本法规定人数或者公司章程所定人数的三分之二时；

（二）公司未弥补的亏损达股本总额三分之一时；

（三）单独或者合计持有公司百分之十以上股份的股东请求时；

（四）董事会认为必要时；

（五）监事会提议召开时；

（六）公司章程规定的其他情形。

第一百一十四条 股东会会议由董事会召集，董事长主持；董事长不能履行职务或者不履行职务的，由副董事长主持；副董事长不能履行职务或者不履行职务的，由过半数的董事共同推举一名董事主持。

董事会不能履行或者不履行召集股东会会议职责的，监事会应当及时召集和主持；监事会不召集和主持的，连续九十日以上单独或者合计持有公司百分之十以上股份的股东可以自行召集和主持。

单独或者合计持有公司百分之十以上股份的股东请求召开临时股东会会议的，董事会、监事会应当在收到请求之日起十日内作出是否召开临时股东会会议的决定，并书面答复股东。

第一百一十五条 召开股东会会议，应当将会议召开的时间、地点和审议的事项于会议召开二十日前通知各股东；临时股东会会议应当于会议召开十五日前通知各股东。

单独或者合计持有公司百分之一以上股份的股东，可以在股东会会议召开十日前提出临时提案并书面提交董事会。临时提案应当有明确议题和具体决议事项。董事会应当在收到提案后二日内通知其他股东，并将该临时提案提交股东会审议；但临时提案违反法律、行政法规或者公司章程的规定，或者不属于股东会职权范围的除外。公司不得提高提出临时提案股东的持股比例。

公开发行股份的公司，应当以公告方式作出前两款规定的通知。

股东会不得对通知中未列明的事项作出决议。

股份有限公司的各种股东会会议

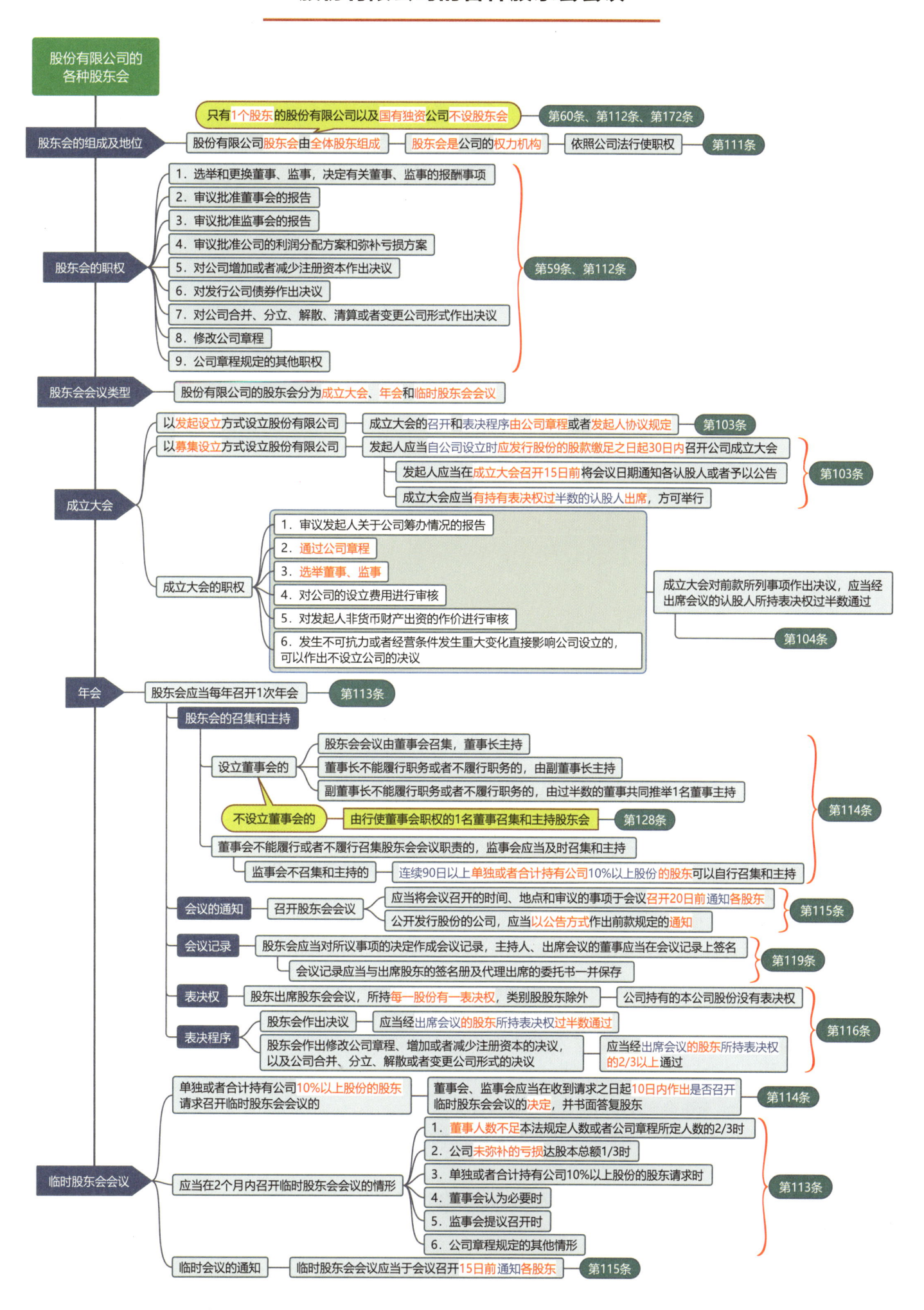

股份有限公司的各种股东会

股东会的组成及地位
- 只有1个股东的股份有限公司以及国有独资公司不设股东会 —— 第60条、第112条、第172条
- 股份有限公司股东会由全体股东组成　股东会是公司的权力机构　依照公司法行使职权 —— 第111条

股东会的职权（第59条、第112条）
1. 选举和更换董事、监事，决定有关董事、监事的报酬事项
2. 审议批准董事会的报告
3. 审议批准监事会的报告
4. 审议批准公司的利润分配方案和弥补亏损方案
5. 对公司增加或者减少注册资本作出决议
6. 对发行公司债券作出决议
7. 对公司合并、分立、解散、清算或者变更公司形式作出决议
8. 修改公司章程
9. 公司章程规定的其他职权

股东会会议类型
股份有限公司的股东会分为成立大会、年会和临时股东会会议

成立大会
- 以发起设立方式设立股份有限公司：成立大会的召开和表决程序由公司章程或者发起人协议规定 —— 第103条
- 以募集设立方式设立股份有限公司（第103条）：
  - 发起人应当自公司设立时应发行股份的股款缴足之日起30日内召开公司成立大会
  - 发起人应当在成立大会召开15日前将会议日期通知各认股人或者予以公告
  - 成立大会应当有持有表决权过半数的认股人出席，方可举行

成立大会的职权
1. 审议发起人关于公司筹办情况的报告
2. 通过公司章程
3. 选举董事、监事
4. 对公司的设立费用进行审核
5. 对发起人非货币财产出资的作价进行审核
6. 发生不可抗力或者经营条件发生重大变化直接影响公司设立的，可以作出不设立公司的决议

成立大会对前款所列事项作出决议，应当经出席会议的认股人所持表决权过半数通过 —— 第104条

年会
股东会应当每年召开1次年会 —— 第113条

股东会的召集和主持（第114条）
- 设立董事会的：
  - 股东会会议由董事会召集，董事长主持
  - 董事长不能履行职务或者不履行职务的，由副董事长主持
  - 副董事长不能履行职务或者不履行职务的，由过半数的董事共同推举1名董事主持
- 不设立董事会的：由行使董事会职权的1名董事召集和主持股东会 —— 第128条
- 董事会不能履行或者不履行召集股东会会议职责的，监事会应当及时召集和主持
- 监事会不召集和主持的：连续90日以上单独或者合计持有公司10%以上股份的股东可以自行召集和主持

会议的通知（第115条）
召开股东会会议：
- 应当将会议召开的时间、地点和审议的事项于会议召开20日前通知各股东
- 公开发行股份的公司，应当以公告方式作出前款规定的通知

会议记录（第119条）
- 股东会应当对所议事项的决定作成会议记录，主持人、出席会议的董事应当在会议记录上签名
- 会议记录应当与出席股东的签名册及代理出席的委托书一并保存

表决权（第116条）
- 股东出席股东会会议，所持每一股份有一表决权，类别股股东除外　公司持有的本公司股份没有表决权

表决程序（第116条）
股东会作出决议：
- 应当经出席会议的股东所持表决权过半数通过
- 股东会作出修改公司章程、增加或者减少注册资本的决议，以及公司合并、分立、解散或者变更公司形式的决议：应当经出席会议的股东所持表决权的2/3以上通过

临时股东会会议
- 单独或者合计持有公司10%以上股份的股东请求召开临时股东会会议的：董事会、监事会应当在收到请求之日起10日内作出是否召开临时股东会会议的决定，并书面答复股东 —— 第114条
- 应当在2个月内召开临时股东会会议的情形（第113条）：
  1. 董事人数不足本法规定人数或者公司章程所定人数的2/3时
  2. 公司未弥补的亏损达股本总额1/3时
  3. 单独或者合计持有公司10%以上股份的股东请求时
  4. 董事会认为必要时
  5. 监事会提议召开时
  6. 公司章程规定的其他情形
- 临时会议的通知：临时股东会会议应当于会议召开15日前通知各股东 —— 第115条

制作依据：公司法（2023）

关联法条

《中华人民共和国公司法》（2023修订）

第二十五条 公司股东会、董事会的决议内容违反法律、行政法规的无效。

第二十六条 公司股东会、董事会的会议召集程序、表决方式违反法律、行政法规或者公司章程，或者决议内容违反公司章程的，股东自决议作出之日起六十日内，可以请求人民法院撤销。但是，股东会、董事会的会议召集程序或者表决方式仅有轻微瑕疵，对决议未产生实质影响的除外。

未被通知参加股东会会议的股东自知道或者应当知道股东会决议作出之日起六十日内，可以请求人民法院撤销；自决议作出之日起一年内没有行使撤销权的，撤销权消灭。

第二十七条 有下列情形之一的，公司股东会、董事会的决议不成立：

（一）未召开股东会、董事会会议作出决议；

（二）股东会、董事会会议未对决议事项进行表决；

（三）出席会议的人数或者所持表决权数未达到本法或者公司章程规定的人数或者所持表决权数；

（四）同意决议事项的人数或者所持表决权数未达到本法或者公司章程规定的人数或者所持表决权数。

股东会、董事会决议效力认定标准速查导图

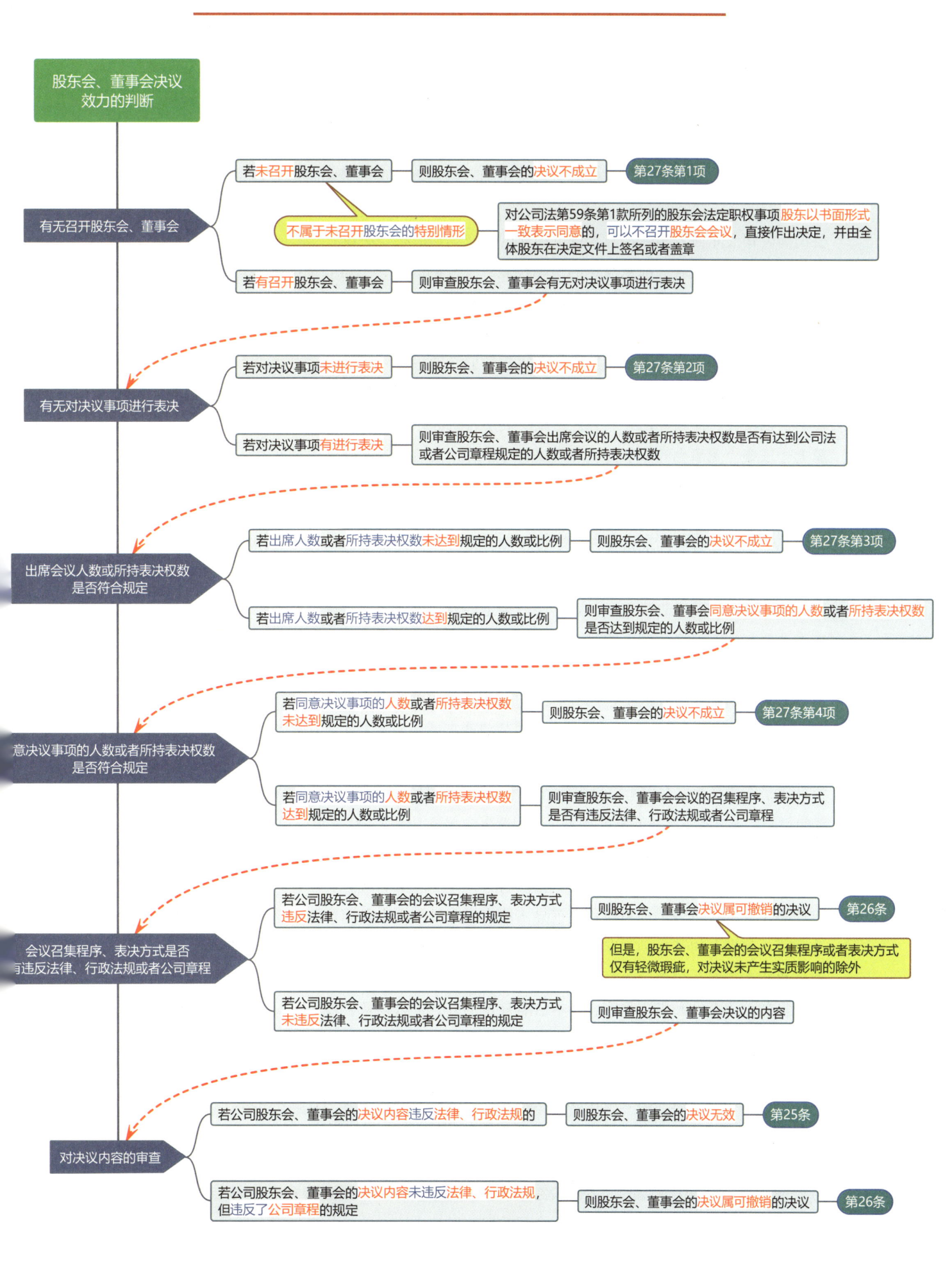

股东会、董事会决议效力的判断

有无召开股东会、董事会

- 若**未召开**股东会、董事会 → 则股东会、董事会的**决议不成立**（第27条第1项）
  - **不属于未召开股东会的特别情形**：对公司法第59条第1款所列的股东会法定职权事项**股东以书面形式一致表示同意**的，可以不召开**股东会会议**，直接作出决定，并由全体股东在决定文件上签名或者盖章
- 若**有召开**股东会、董事会 → 则审查股东会、董事会有无对决议事项进行表决

有无对决议事项进行表决

- 若对决议事项**未进行表决** → 则股东、董事会的**决议不成立**（第27条第2项）
- 若对决议事项**有进行表决** → 则审查股东会、董事会出席会议的人数或者所持表决权数是否有达到公司法或者公司章程规定的人数或者所持表决权数

出席会议人数或所持表决权数是否符合规定

- 若**出席人数**或者**所持表决权数未达到**规定的人数或比例 → 则股东会、董事会的**决议不成立**（第27条第3项）
- 若**出席人数**或者**所持表决权数达到**规定的人数或比例 → 则审查股东会、董事会同意决议事项的人数或者所持表决权数是否达到规定的人数或比例

同意决议事项的人数或者所持表决权数是否符合规定

- 若同意决议事项的**人数**或者**所持表决权数未达到**规定的人数或比例 → 则股东会、董事会的**决议不成立**（第27条第4项）
- 若同意决议事项的**人数**或者**所持表决权数达到**规定的人数或比例 → 则审查股东会、董事会会议的召集程序、表决方式是否有违反法律、行政法规或者公司章程

会议召集程序、表决方式是否有违反法律、行政法规或者公司章程

- 若公司股东会、董事会的会议召集程序、表决方式**违反**法律、行政法规或者公司章程的规定 → 则股东会、董事会**决议属可撤销**的决议（第26条）
  - 但是，股东会、董事会的会议召集程序或者表决方式仅有轻微瑕疵，对决议未产生实质影响的除外
- 若公司股东会、董事会的会议召集程序、表决方式**未违反**法律、行政法规或者公司章程的规定 → 则审查股东会、董事会决议的内容

对决议内容的审查

- 若公司股东会、董事会的**决议内容违反法律、行政法规**的 → 则股东会、董事会的**决议无效**（第25条）
- 若公司股东会、董事会的**决议内容未违反法律、行政法规**，但**违反了公司章程**的规定 → 则股东会、董事会的**决议属可撤销**的决议（第26条）

制作依据：公司法（2023）

关联法条

《中华人民共和国公司法》（2023修订）

第十五条 公司向其他企业投资或者为他人提供担保，按照公司章程的规定，由董事会或者股东会决议；公司章程对投资或者担保的总额及单项投资或者担保的数额有限额规定的，不得超过规定的限额。

公司为公司股东或者实际控制人提供担保的，应当经股东会决议。

前款规定的股东或者受前款规定的实际控制人支配的股东，不得参加前款规定事项的表决。该项表决由出席会议的其他股东所持表决权的过半数通过。

第六十六条 股东会的议事方式和表决程序，除本法有规定的外，由公司章程规定。

股东会作出决议，应当经代表过半数表决权的股东通过。

股东会作出修改公司章程、增加或者减少注册资本的决议，以及公司合并、分立、解散或者变更公司形式的决议，应当经代表三分之二以上表决权的股东通过。

第七十三条 董事会的议事方式和表决程序，除本法有规定的外，由公司章程规定。

董事会会议应当有过半数的董事出席方可举行。董事会作出决议，应当经全体董事的过半数通过。

董事会决议的表决，应当一人一票。

董事会应当对所议事项的决定作成会议记录，出席会议的董事应当在会议记录上签名。

第八十一条 监事会每年度至少召开一次会议，监事可以提议召开临时监事会会议。

监事会的议事方式和表决程序，除本法有规定的外，由公司章程规定。

监事会决议应当经全体监事的过半数通过。

监事会决议的表决，应当一人一票。

监事会应当对所议事项的决定作成会议记录，出席会议的监事应当在会议记录上签名。

第一百二十一条 股份有限公司可以按照公司章程的规定在董事会中设置由董事组成的审计委员会，行使本法规定的监事会的职权，不设监事会或者监事。

审计委员会成员为三名以上，过半数成员不得在公司担任除董事以外的其他职务，且不得与公司存在任何可能影响其独立客观判断的关系。公司董事会成员中的职工代表可以成为审计委员会成员。

审计委员会作出决议，应当经审计委员会成员的过半数通过。

审计委员会决议的表决，应当一人一票。

审计委员会的议事方式和表决程序，除本法有规定的外，由公司章程规定。

公司可以按照公司章程的规定在董事会中设置其他委员会。

第一百三十二条 监事会每六个月至少召开一次会议。监事可以提议召开临时监事会会议。

监事会的议事方式和表决程序，除本法有规定的外，由公司章程规定。

监事会决议应当经全体监事的过半数通过。

监事会决议的表决，应当一人一票。

监事会应当对所议事项的决定作成会议记录，出席会议的监事应当在会议记录上签名。

第二百三十条 公司有前条第一款第一项、第二项情形，且尚未向股东分配财产的，可以通过修改公司章程或者经股东会决议而存续。

依照前款规定修改公司章程或者经股东会决议，有限责任公司须经持有三分之二以上表决权的股东通过，股份有限公司须经出席股东会会议的股东所持表决权的三分之二以上通过。

公司会议的议事方式与表决程序

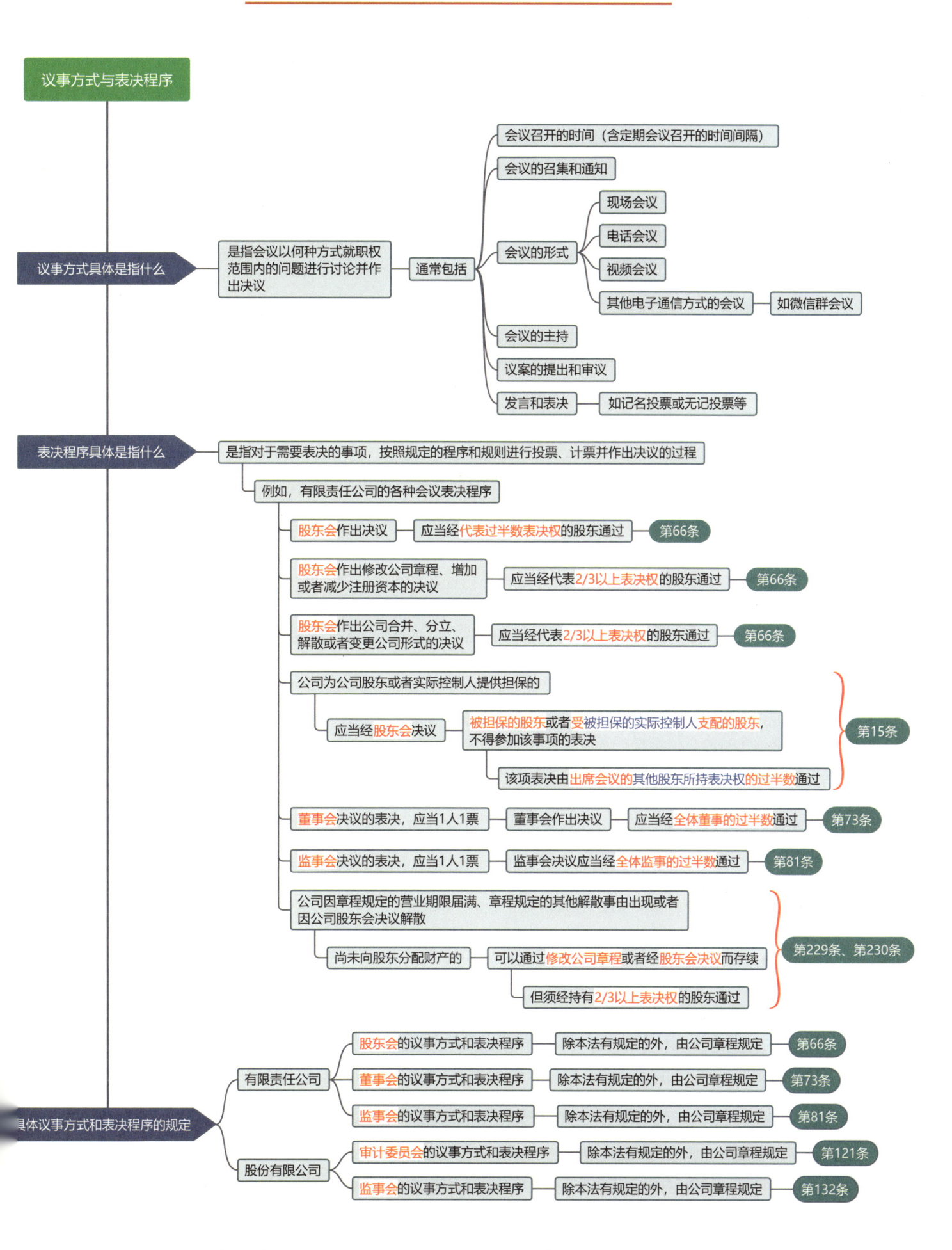

议事方式与表决程序

议事方式具体是指什么：是指会议以何种方式就职权范围内的问题进行讨论并作出决议

通常包括：
- 会议召开的时间（含定期会议召开的时间间隔）
- 会议的召集和通知
- 会议的形式
  - 现场会议
  - 电话会议
  - 视频会议
  - 其他电子通信方式的会议（如微信群会议）
- 会议的主持
- 议案的提出和审议
- 发言和表决（如记名投票或无记名投票等）

表决程序具体是指什么：是指对于需要表决的事项，按照规定的程序和规则进行投票、计票并作出决议的过程

例如，有限责任公司的各种会议表决程序：

事项	要求	依据
股东会作出决议	应当经代表过半数表决权的股东通过	第66条
股东会作出修改公司章程、增加或者减少注册资本的决议	应当经代表2/3以上表决权的股东通过	第66条
股东会作出公司合并、分立、解散或者变更公司形式的决议	应当经代表2/3以上表决权的股东通过	第66条

公司为公司股东或者实际控制人提供担保的——应当经股东会决议：
- 被担保的股东或者受被担保的实际控制人支配的股东，不得参加该事项的表决
- 该项表决由出席会议的其他股东所持表决权的过半数通过

（第15条）

- 董事会决议的表决，应当1人1票——董事会作出决议，应当经全体董事的过半数通过（第73条）
- 监事会决议的表决，应当1人1票——监事会决议应当经全体监事的过半数通过（第81条）

公司因章程规定的营业期限届满、章程规定的其他解散事由出现或者因公司股东会决议解散——尚未向股东分配财产的：
- 可以通过修改公司章程或者经股东会决议而存续
- 但须经持有2/3以上表决权的股东通过

（第229条、第230条）

具体议事方式和表决程序的规定：

有限责任公司：
- 股东会的议事方式和表决程序——除本法有规定的外，由公司章程规定（第66条）
- 董事会的议事方式和表决程序——除本法有规定的外，由公司章程规定（第73条）
- 监事会的议事方式和表决程序——除本法有规定的外，由公司章程规定（第81条）

股份有限公司：
- 审计委员会的议事方式和表决程序——除本法有规定的外，由公司章程规定（第121条）
- 监事会的议事方式和表决程序——除本法有规定的外，由公司章程规定（第132条）

制作依据：公司法（2023）

关联法条

《中华人民共和国公司法》（2023修订）

第十五条 公司向其他企业投资或者为他人提供担保，按照公司章程的规定，由董事会或者股东会决议；公司章程对投资或者担保的总额及单项投资或者担保的数额有限额规定的，不得超过规定的限额。

公司为公司股东或者实际控制人提供担保的，应当经股东会决议。

前款规定的股东或者受前款规定的实际控制人支配的股东，不得参加前款规定事项的表决。该项表决由出席会议的其他股东所持表决权的过半数通过。

第六十六条 股东会的议事方式和表决程序，除本法有规定的外，由公司章程规定。

股东会作出决议，应当经代表过半数表决权的股东通过。

股东会作出修改公司章程、增加或者减少注册资本的决议，以及公司合并、分立、解散或者变更公司形式的决议，应当经代表三分之二以上表决权的股东通过。

第一百零四条 公司成立大会行使下列职权：

（一）审议发起人关于公司筹办情况的报告；

（二）通过公司章程；

（三）选举董事、监事；

（四）对公司的设立费用进行审核；

（五）对发起人非货币财产出资的作价进行审核；

（六）发生不可抗力或者经营条件发生重大变化直接影响公司设立的，可以作出不设立公司的决议。

成立大会对前款所列事项作出决议，应当经出席会议的认股人所持表决权过半数通过。

第一百一十六条 股东出席股东会会议，所持每一股份有一表决权，类别股股东除外。公司持有的本公司股份没有表决权。

股东会作出决议，应当经出席会议的股东所持表决权过半数通过。

股东会作出修改公司章程、增加或者减少注册资本的决议，以及公司合并、分立、解散或者变更公司形式的决议，应当经出席会议的股东所持表决权的三分之二以上通过。

第一百四十六条 发行类别股的公司，有本法第一百一十六条第三款规定的事项等可能影响类别股股东权利的，除应当依照第一百一十六条第三款的规定经股东会决议外，还应当经出席类别股股东会议的股东所持表决权的三分之二以上通过。

公司章程可以对需经类别股股东会议决议的其他事项作出规定。

第二百二十九条 公司因下列原因解散：

（一）公司章程规定的营业期限届满或者公司章程规定的其他解散事由出现；

（二）股东会决议解散；

（三）因公司合并或者分立需要解散；

（四）依法被吊销营业执照、责令关闭或者被撤销；

（五）人民法院依照本法第二百三十一条的规定予以解散。

公司出现前款规定的解散事由，应当在十日内将解散事由通过国家企业信用信息公示系统予以公示。

第二百三十条 公司有前条第一款第一项、第二项情形，且尚未向股东分配财产的，可以通过修改公司章程或者经股东会决议而存续。

依照前款规定修改公司章程或者经股东会决议，有限责任公司须经持有三分之二以上表决权的股东通过，股份有限公司须经出席股东会会议的股东所持表决权的三分之二以上通过。

公司法中各种会议的法定表决比例

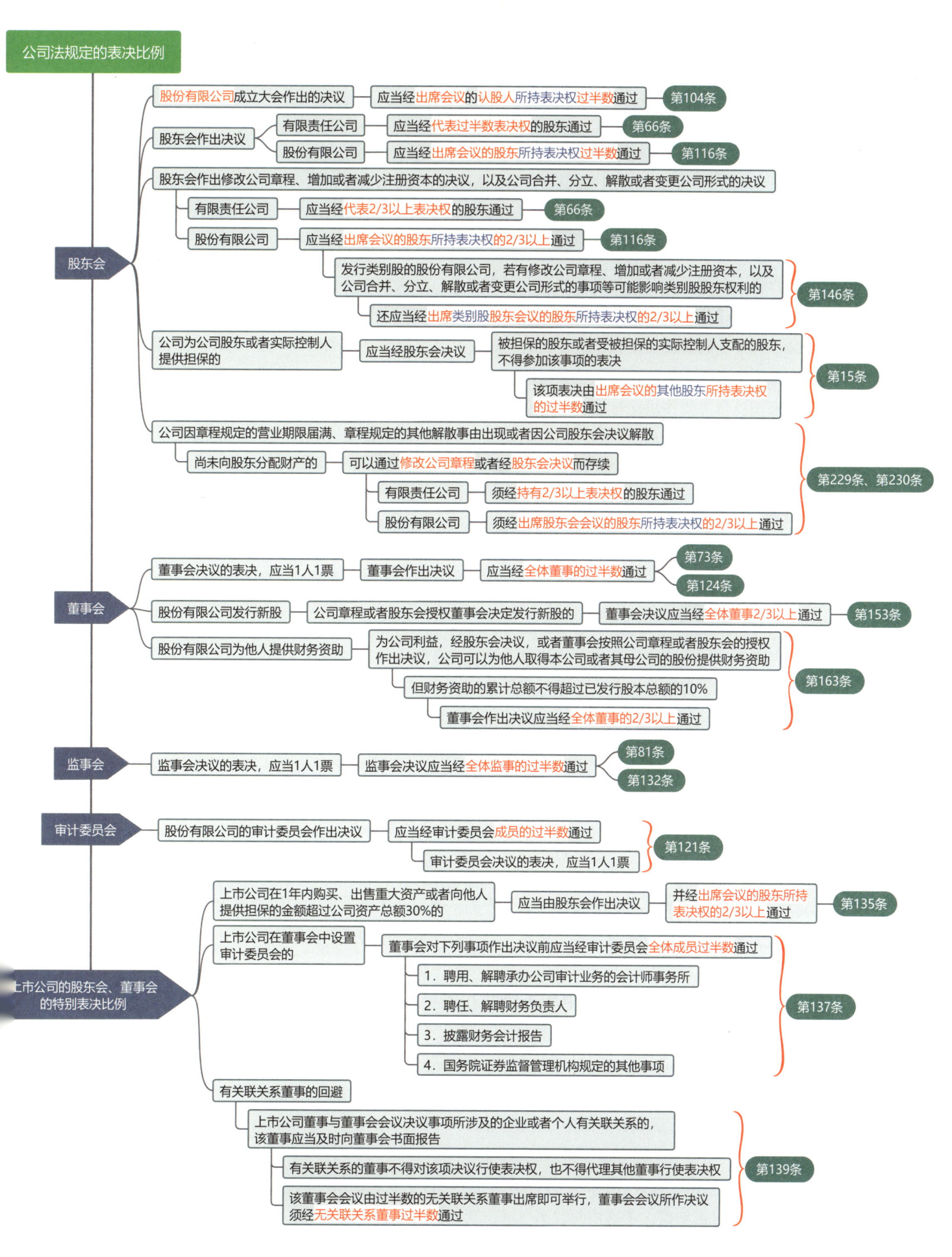

公司法规定的表决比例

股东会

- 股份有限公司成立大会作出的决议 —— 应当经出席会议的认股人所持表决权过半数通过 【第104条】

- 股东会作出决议
  - 有限责任公司 —— 应当经代表过半数表决权的股东通过 【第66条】
  - 股份有限公司 —— 应当经出席会议的股东所持表决权过半数通过 【第116条】

- 股东会作出修改公司章程、增加或者减少注册资本的决议,以及公司合并、分立、解散或者变更公司形式的决议
  - 有限责任公司 —— 应当经代表2/3以上表决权的股东通过 【第66条】
  - 股份有限公司 —— 应当经出席会议的股东所持表决权的2/3以上通过 【第116条】

- 发行类别股的股份有限公司,若有修改公司章程、增加或者减少注册资本,以及公司合并、分立、解散或者变更公司形式的事项等可能影响类别股股东权利的
  - 还应当经出席类别股股东会议的股东所持表决权的2/3以上通过 【第146条】

- 公司为公司股东或者实际控制人提供担保的 —— 应当经股东会决议
  - 被担保的股东或者受被担保的实际控制人支配的股东,不得参加该事项的表决
  - 该项表决由出席会议的其他股东所持表决权的过半数通过 【第15条】

- 公司因章程规定的营业期限届满、章程规定的其他解散事由出现或者因公司股东会会议解散
  - 尚未向股东分配财产的 —— 可以通过修改公司章程或者经股东会决议而存续
    - 有限责任公司 —— 须经持有2/3以上表决权的股东通过
    - 股份有限公司 —— 须经出席股东会会议的股东所持表决权的2/3以上通过 【第229条、第230条】

董事会

- 董事会决议的表决,应当1人1票 —— 董事会作出决议 —— 应当经全体董事的过半数通过 【第73条】【第124条】

- 股份有限公司发行新股 —— 公司章程或者股东会授权董事会决定发行新股的 —— 董事会决议应当经全体董事2/3以上通过 【第153条】

- 股份有限公司为他人提供财务资助 —— 为公司利益,经股东会决议,或者董事会按照公司章程或者股东会的授权作出决议,公司可以为他人取得本公司或者其母公司的股份提供财务资助
  - 但财务资助的累计总额不得超过已发行股本总额的10%
  - 董事会作出决议应当经全体董事2/3以上通过 【第163条】

监事会

- 监事会决议的表决,应当1人1票 —— 监事会决议应当经全体监事的过半数通过 【第81条】【第132条】

审计委员会

- 股份有限公司的审计委员会作出决议 —— 应当经审计委员会成员的过半数通过
  - 审计委员会决议的表决,应当1人1票 【第121条】

上市公司的股东会、董事会的特别表决比例

- 上市公司在1年内购买、出售重大资产或者向他人提供担保的金额超过公司资产总额30%的 —— 应当由股东会作出决议 —— 并经出席会议的股东所持表决权的2/3以上通过 【第135条】

- 上市公司在董事会中设置审计委员会的 —— 董事会对下列事项作出决议前应当经审计委员会全体成员过半数通过
  1. 聘用、解聘承办公司审计业务的会计师事务所
  2. 聘任、解聘财务负责人
  3. 披露财务会计报告
  4. 国务院证券监督管理机构规定的其他事项

  【第137条】

- 有关联关系董事的回避
  - 上市公司董事与董事会会议决议事项所涉及的企业或者个人有关联关系的,该董事应当及时向董事会书面报告
  - 有关联关系的董事不得对该项决议行使表决权,也不得代理其他董事行使表决权
  - 该董事会会议由过半数的无关联关系董事出席即可举行,董事会会议所作决议须经无关联关系董事过半数通过

  【第139条】

制作依据:公司法(2023)

关联法条

《中华人民共和国公司法》（2023修订）

第二十五条　公司股东会、董事会的决议内容违反法律、行政法规的无效。

第二十六条　公司股东会、董事会的会议召集程序、表决方式违反法律、行政法规或者公司章程，或者决议内容违反公司章程的，股东自决议作出之日起六十日内，可以请求人民法院撤销。但是，股东会、董事会的会议召集程序或者表决方式仅有轻微瑕疵，对决议未产生实质影响的除外。

未被通知参加股东会会议的股东自知道或者应当知道股东会决议作出之日起六十日内，可以请求人民法院撤销；自决议作出之日起一年内没有行使撤销权的，撤销权消灭。

第二十七条　有下列情形之一的，公司股东会、董事会的决议不成立：

（一）未召开股东会、董事会会议作出决议；

（二）股东会、董事会会议未对决议事项进行表决；

（三）出席会议的人数或者所持表决权数未达到本法或者公司章程规定的人数或者所持表决权数；

（四）同意决议事项的人数或者所持表决权数未达到本法或者公司章程规定的人数或者所持表决权数。

第二十八条　公司股东会、董事会决议被人民法院宣告无效、撤销或者确认不成立的，公司应当向公司登记机关申请撤销根据该决议已办理的登记。

股东会、董事会决议被人民法院宣告无效、撤销或者确认不成立的，公司根据该决议与善意相对人形成的民事法律关系不受影响。

《中华人民共和国民法典》

第八十五条　营利法人的权力机构、执行机构作出决议的会议召集程序、表决方式违反法律、行政法规、法人章程，或者决议内容违反法人章程的，营利法人的出资人可以请求人民法院撤销该决议。但是，营利法人依据该决议与善意相对人形成的民事法律关系不受影响。

《最高人民法院关于适用〈中华人民共和国民法典〉有关担保制度的解释》

第八条　有下列情形之一，公司以其未依照公司法关于公司对外担保的规定作出决议为由主张不承担担保责任的，人民法院不予支持：

（一）金融机构开立保函或者担保公司提供担保；

（二）公司为其全资子公司开展经营活动提供担保；

（三）担保合同系由单独或者共同持有公司三分之二以上对担保事项有表决权的股东签字同意。

上市公司对外提供担保，不适用前款第二项、第三项的规定。

股东会、董事会决议的不成立、无效和可撤销

股东会、董事会决议的不成立、无效和可撤销

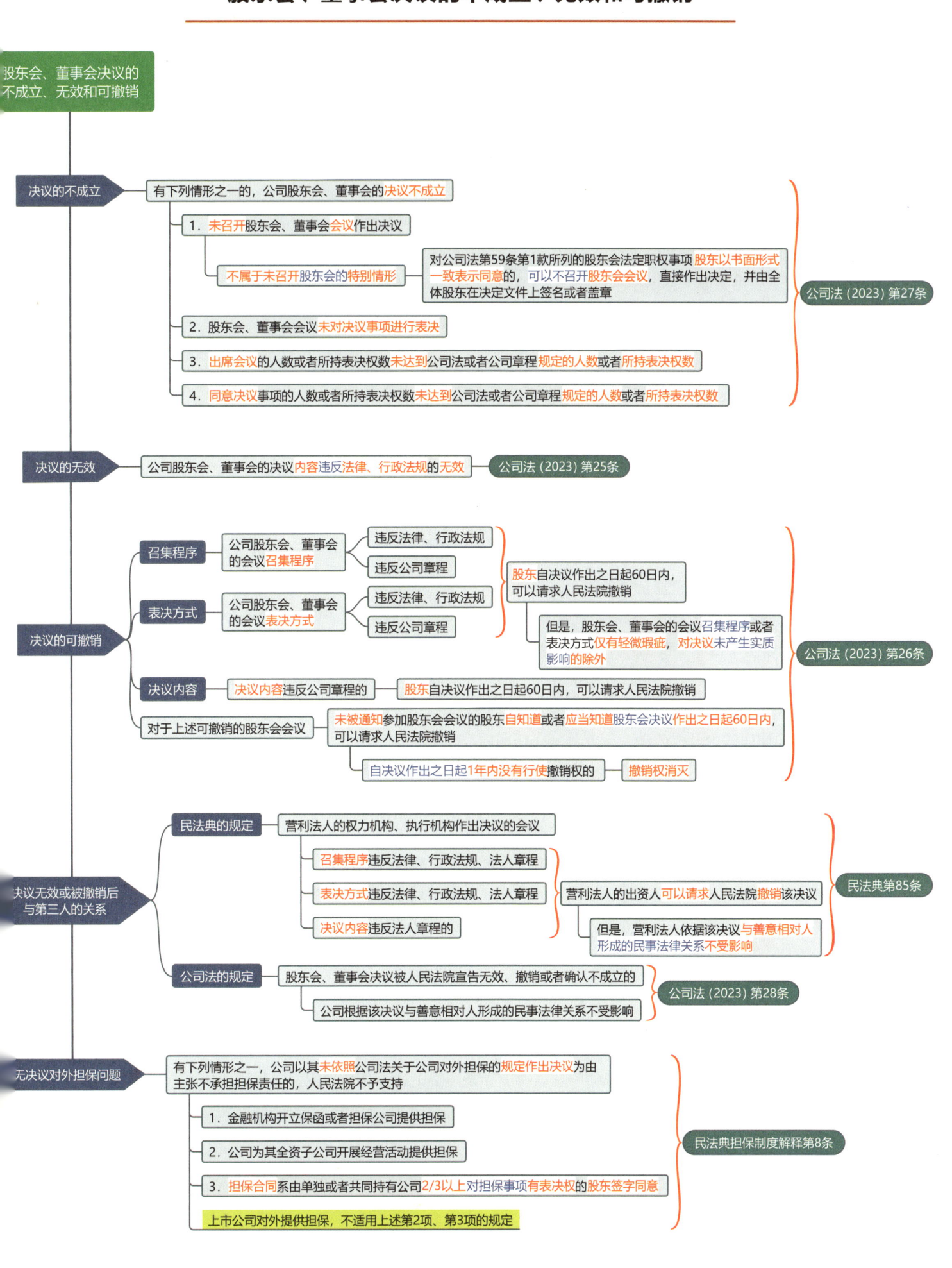

决议的不成立

有下列情形之一的，公司股东会、董事会的**决议不成立**：

1. **未召开**股东会、董事会**会议**作出决议
   - **不属于未召开股东会的特别情形**：对公司法第59条第1款所列的股东会法定职权事项**股东以书面形式一致表示同意的，可以不召开股东会会议**，直接作出决定，并由全体股东在决定文件上签名或者盖章
2. 股东会、董事会会议**未对决议事项进行表决**
3. **出席会议**的人数或者所持表决权数**未达到**公司法或者公司章程**规定的人数**或者**所持表决权数**
4. **同意决议**事项的人数或者所持表决权数**未达到**公司法或者公司章程**规定的人数**或者**所持表决权数**

（公司法（2023）第27条）

决议的无效

公司股东会、董事会的决议**内容违反法律、行政法规**的**无效**（公司法（2023）第25条）

决议的可撤销

- **召集程序**：公司股东会、董事会的会议**召集程序**
  - 违反法律、行政法规
  - 违反公司章程
- **表决方式**：公司股东会、董事会的会议**表决方式**
  - 违反法律、行政法规
  - 违反公司章程

→ **股东**自决议作出之日起60日内，可以请求人民法院撤销

但是，股东会、董事会的会议**召集程序**或者表决方式**仅有轻微瑕疵，对决议未产生实质影响的除外**

- **决议内容**：**决议内容**违反公司章程的 → 股东自决议作出之日起60日内，可以请求人民法院撤销

- 对于上述可撤销的股东会会议：**未被通知**参加股东会会议的股东**自知道或者应当知道股东会决议作出之日起60日内**，可以请求人民法院撤销
  - **自决议作出之日起1年内没有行使**撤销权的 → **撤销权消灭**

（公司法（2023）第26条）

决议无效或被撤销后与第三人的关系

- **民法典的规定**：营利法人的权力机构、执行机构作出决议的会议
  - **召集程序**违反法律、行政法规、法人章程
  - **表决方式**违反法律、行政法规、法人章程
  - **决议内容**违反法人章程的

  → 营利法人的出资人**可以请求人民法院撤销**该决议
  但是，营利法人依据该决议**与善意相对人形成的民事法律关系不受影响**

  （民法典第85条）

- **公司法的规定**：股东会、董事会决议被人民法院宣告无效、撤销或者确认不成立的
  - 公司根据该决议与善意相对人形成的民事法律关系不受影响

  （公司法（2023）第28条）

无决议对外担保问题

有下列情形之一，公司以其**未依照**公司法关于公司对外担保的**规定作出决议**为由主张不承担担保责任的，人民法院不予支持：

1. 金融机构开立保函或者担保公司提供担保
2. 公司为其全资子公司开展经营活动提供担保
3. **担保合同系由单独或者共同持有公司2/3以上对担保事项有表决权的股东签字同意**

上市公司对外提供担保，不适用上述第2项、第3项的规定

（民法典担保制度解释第8条）

制作依据：民法典、公司法（2023）、民法典担保制度解释

关联法条

《中华人民共和国公司法》（2023修订）

第五十九条 股东会行使下列职权：

（一）选举和更换董事、监事，决定有关董事、监事的报酬事项；

（二）审议批准董事会的报告；

（三）审议批准监事会的报告；

（四）审议批准公司的利润分配方案和弥补亏损方案；

（五）对公司增加或者减少注册资本作出决议；

（六）对发行公司债券作出决议；

（七）对公司合并、分立、解散、清算或者变更公司形式作出决议；

（八）修改公司章程；

（九）公司章程规定的其他职权。

股东会可以授权董事会对发行公司债券作出决议。

对本条第一款所列事项股东以书面形式一致表示同意的，可以不召开股东会会议，直接作出决定，并由全体股东在决定文件上签名或者盖章。

第六十八条 有限责任公司董事会成员为三人以上，其成员中可以有公司职工代表。职工人数三百人以上的有限责任公司，除依法设监事会并有公司职工代表的外，其董事会成员中应当有公司职工代表。董事会中的职工代表由公司职工通过职工代表大会、职工大会或者其他形式民主选举产生。

董事会设董事长一人，可以设副董事长。董事长、副董事长的产生办法由公司章程规定。

第七十条 董事任期由公司章程规定，但每届任期不得超过三年。董事任期届满，连选可以连任。

董事任期届满未及时改选，或者董事在任期内辞任导致董事会成员低于法定人数的，在改选出的董事就任前，原董事仍应当依照法律、行政法规和公司章程的规定，履行董事职务。

董事辞任的，应当以书面形式通知公司，公司收到通知之日辞任生效，但存在前款规定情形的，董事应当继续履行职务。

第七十一条 股东会可以决议解任董事，决议作出之日解任生效。

无正当理由，在任期届满前解任董事的，该董事可以要求公司予以赔偿。

第一百一十二条 本法第五十九条第一款、第二款关于有限责任公司股东会职权的规定，适用于股份有限公司股东会。

本法第六十条关于只有一个股东的有限责任公司不设股东会的规定，适用于只有一个股东的股份有限公司。

第一百二十条 股份有限公司设董事会，本法第一百二十八条另有规定的除外。

本法第六十七条、第六十八条第一款、第七十条、第七十一条的规定，适用于股份有限公司。

第一百二十二条 董事会设董事长一人，可以设副董事长。董事长和副董事长由董事会以全体董事的过半数选举产生。

董事长召集和主持董事会会议，检查董事会决议的实施情况。副董事长协助董事长工作，董事长不能履行职务或者不履行职务的，由副董事长履行职务；副董事长不能履行职务或者不履行职务的，由过半数的董事共同推举一名董事履行职务。

公司如何更换董事（包括董事长）

公司如何更换董事（包括董事长）

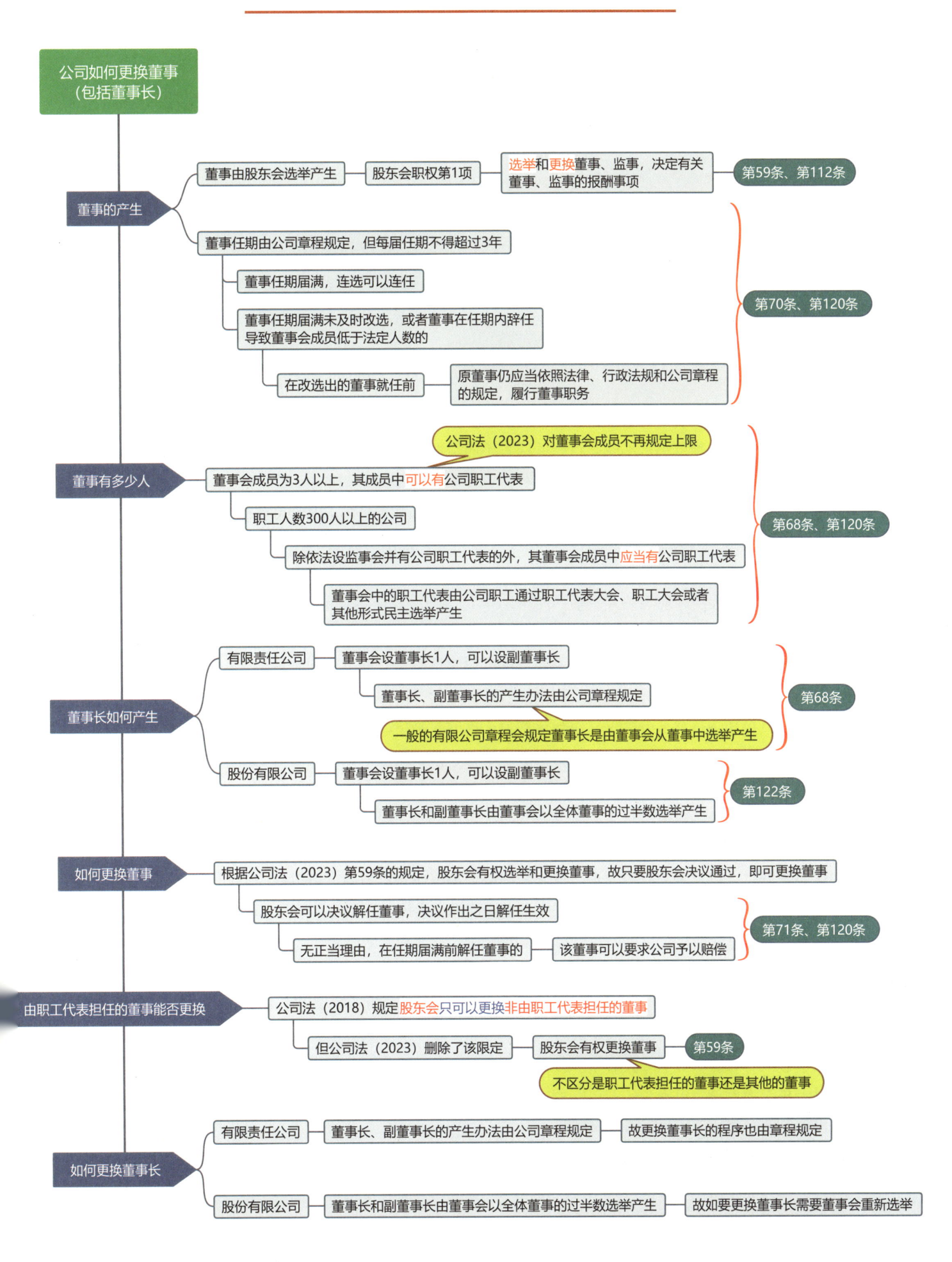

董事的产生
- 董事由股东会选举产生 —— 股东会职权第1项 —— 选举和更换董事、监事，决定有关董事、监事的报酬事项 【第59条、第112条】
- 董事任期由公司章程规定，但每届任期不得超过3年
  - 董事任期届满，连选可以连任
  - 董事任期届满未及时改选，或者董事在任期内辞任导致董事会成员低于法定人数的
    - 在改选出的董事就任前 —— 原董事仍应当依照法律、行政法规和公司章程的规定，履行董事职务

  【第70条、第120条】

董事有多少人
- 董事会成员为3人以上，其成员中可以有公司职工代表
  - 公司法（2023）对董事会成员不再规定上限
- 职工人数300人以上的公司
  - 除依法设监事会并有公司职工代表的外，其董事会成员中应当有公司职工代表
  - 董事会中的职工代表由公司职工通过职工代表大会、职工大会或者其他形式民主选举产生

【第68条、第120条】

董事长如何产生
- 有限责任公司
  - 董事会设董事长1人，可以设副董事长
  - 董事长、副董事长的产生办法由公司章程规定
  - 一般的有限公司章程会规定董事长是由董事会从董事中选举产生

  【第68条】
- 股份有限公司
  - 董事会设董事长1人，可以设副董事长
  - 董事长和副董事长由董事会以全体董事的过半数选举产生

  【第122条】

如何更换董事
- 根据公司法（2023）第59条的规定，股东会有权选举和更换董事，故只要股东会决议通过，即可更换董事
- 股东会可以决议解任董事，决议作出之日解任生效
- 无正当理由，在任期届满前解任董事的 —— 该董事可以要求公司予以赔偿

【第71条、第120条】

由职工代表担任的董事能否更换
- 公司法（2018）规定股东会只可以更换非由职工代表担任的董事
- 但公司法（2023）删除了该限定 —— 股东会有权更换董事 【第59条】
  - 不区分是职工代表担任的董事还是其他的董事

如何更换董事长
- 有限责任公司 —— 董事长、副董事长的产生办法由公司章程规定 —— 故更换董事长的程序也由章程规定
- 股份有限公司 —— 董事长和副董事长由董事会以全体董事的过半数选举产生 —— 故如要更换董事长需要董事会重新选举

制作依据：公司法（2023）

关联法条

《中华人民共和国公司法》（2023修订）

第七十二条　董事会会议由董事长召集和主持；董事长不能履行职务或者不履行职务的，由副董事长召集和主持；副董事长不能履行职务或者不履行职务的，由过半数的董事共同推举一名董事召集和主持。

第七十三条　董事会的议事方式和表决程序，除本法有规定的外，由公司章程规定。

董事会会议应当有过半数的董事出席方可举行。董事会作出决议，应当经全体董事的过半数通过。

董事会决议的表决，应当一人一票。

董事会应当对所议事项的决定作成会议记录，出席会议的董事应当在会议记录上签名。

第一百二十二条　董事会设董事长一人，可以设副董事长。董事长和副董事长由董事会以全体董事的过半数选举产生。

董事长召集和主持董事会会议，检查董事会决议的实施情况。副董事长协助董事长工作，董事长不能履行职务或者不履行职务的，由副董事长履行职务；副董事长不能履行职务或者不履行职务的，由过半数的董事共同推举一名董事履行职务。

第一百二十三条　董事会每年度至少召开两次会议，每次会议应当于会议召开十日前通知全体董事和监事。

代表十分之一以上表决权的股东、三分之一以上董事或者监事会，可以提议召开临时董事会会议。董事长应当自接到提议后十日内，召集和主持董事会会议。

董事会召开临时会议，可以另定召集董事会的通知方式和通知时限。

第一百二十四条　董事会会议应当有过半数的董事出席方可举行。董事会作出决议，应当经全体董事的过半数通过。

董事会决议的表决，应当一人一票。

董事会应当对所议事项的决定作成会议记录，出席会议的董事应当在会议记录上签名。

第一百二十五条　董事会会议，应当由董事本人出席；董事因故不能出席，可以书面委托其他董事代为出席，委托书应当载明授权范围。

董事应当对董事会的决议承担责任。董事会的决议违反法律、行政法规或者公司章程、股东会决议，给公司造成严重损失的，参与决议的董事对公司负赔偿责任；经证明在表决时曾表明异议并记载于会议记录的，该董事可以免除责任。

公司董事会召开的相关法律问题

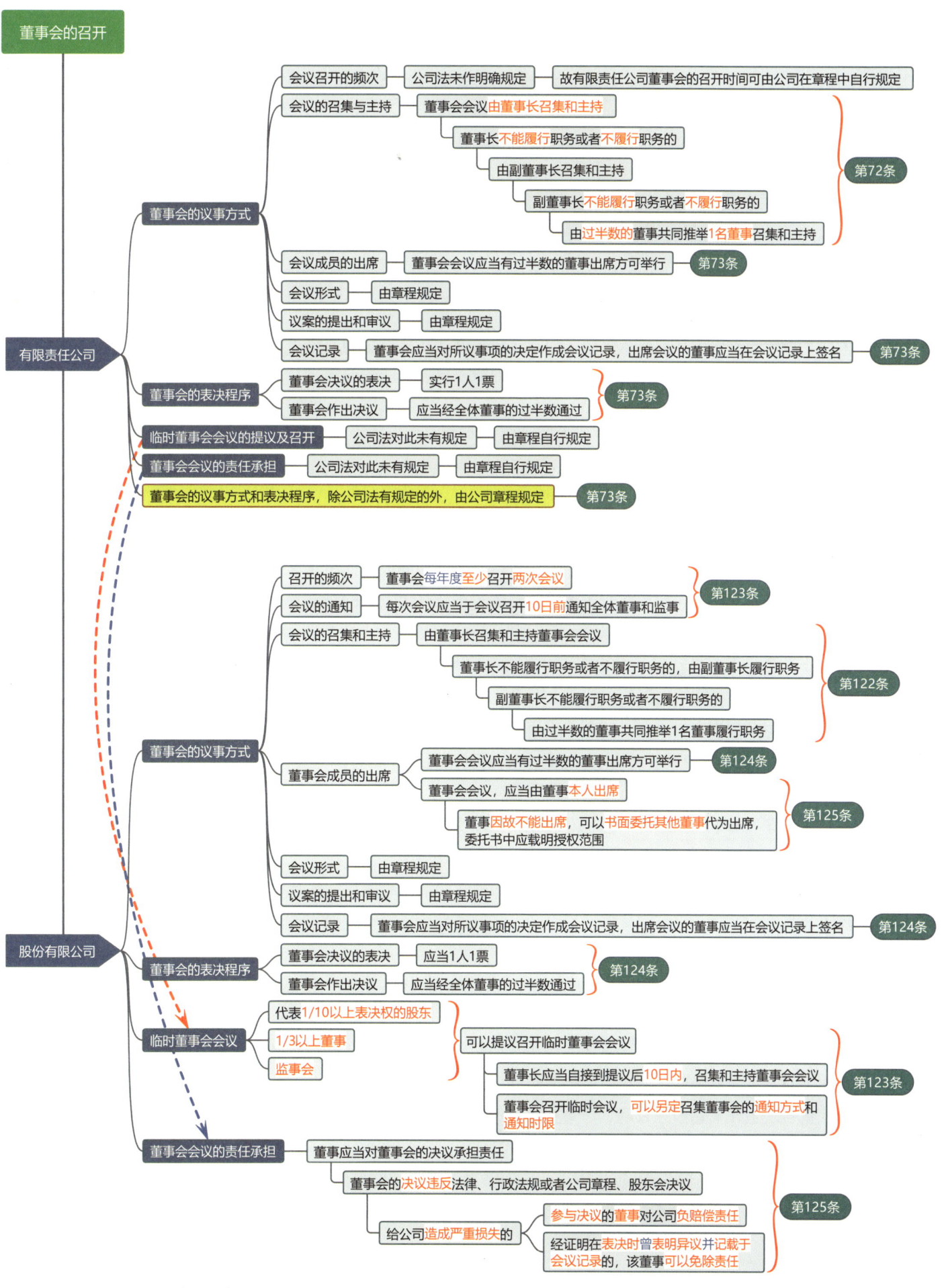

董事会的召开

有限责任公司

董事会的议事方式

- 会议召开的频次 — 公司法未作明确规定 — 故有限责任公司董事会的召开时间可由公司在章程中自行规定
- 会议的召集与主持（第72条）
  - 董事会会议由董事长召集和主持
  - 董事长不能履行职务或者不履行职务的 — 由副董事长召集和主持
  - 副董事长不能履行职务或者不履行职务的 — 由过半数的董事共同推举1名董事召集和主持
- 会议成员的出席 — 董事会会议应当有过半数的董事出席方可举行（第73条）
- 会议形式 — 由章程规定
- 议案的提出和审议 — 由章程规定
- 会议记录 — 董事会应当对所议事项的决定作成会议记录，出席会议的董事应当在会议记录上签名（第73条）

董事会的表决程序（第73条）

- 董事会决议的表决 — 实行1人1票
- 董事会作出决议 — 应当经全体董事的过半数通过

临时董事会会议的提议及召开 — 公司法对此未有规定 — 由章程自行规定

董事会会议的责任承担 — 公司法对此未有规定 — 由章程自行规定

董事会的议事方式和表决程序，除公司法有规定的外，由公司章程规定（第73条）

股份有限公司

董事会的议事方式

- 召开的频次 — 董事会每年度至少召开两次会议（第123条）
- 会议的通知 — 每次会议应当于会议召开10日前通知全体董事和监事（第123条）
- 会议的召集和主持（第122条）
  - 由董事长召集和主持董事会会议
  - 董事长不能履行职务或者不履行职务的，由副董事长履行职务
  - 副董事长不能履行职务或者不履行职务的 — 由过半数的董事共同推举1名董事履行职务
- 董事会成员的出席
  - 董事会会议应当有过半数的董事出席方可举行（第124条）
  - 董事会会议，应当由董事本人出席（第125条）
  - 董事因故不能出席，可以书面委托其他董事代为出席，委托书中应载明授权范围（第125条）
- 会议形式 — 由章程规定
- 议案的提出和审议 — 由章程规定
- 会议记录 — 董事会应当对所议事项的决定作成会议记录，出席会议的董事应当在会议记录上签名（第124条）

董事会的表决程序（第124条）

- 董事会决议的表决 — 应当1人1票
- 董事会作出决议 — 应当经全体董事的过半数通过

临时董事会会议（第123条）

- 代表1/10以上表决权的股东
- 1/3以上董事
- 监事会

可以提议召开临时董事会会议

- 董事长应当自接到提议后10日内，召集和主持董事会会议
- 董事会召开临时会议，可以另定召集董事会的通知方式和通知时限

董事会会议的责任承担（第125条）

- 董事应当对董事会的决议承担责任
- 董事会的决议违反法律、行政法规或者公司章程、股东会决议
  - 给公司造成严重损失的
    - 参与决议的董事对公司负赔偿责任
    - 经证明在表决时曾表明异议并记载于会议记录的，该董事可以免除责任

制作依据：公司法（2023）

关联法条

《中华人民共和国公司法》（2023修订）

第八十四条 有限责任公司的股东之间可以相互转让其全部或者部分股权。

股东向股东以外的人转让股权的，应当将股权转让的数量、价格、支付方式和期限等事项书面通知其他股东，其他股东在同等条件下有优先购买权。股东自接到书面通知之日起三十日内未答复的，视为放弃优先购买权。两个以上股东行使优先购买权的，协商确定各自的购买比例；协商不成的，按照转让时各自的出资比例行使优先购买权。

公司章程对股权转让另有规定的，从其规定。

第八十五条 人民法院依照法律规定的强制执行程序转让股东的股权时，应当通知公司及全体股东，其他股东在同等条件下有优先购买权。其他股东自人民法院通知之日起满二十日不行使优先购买权的，视为放弃优先购买权。

第八十六条 股东转让股权的，应当书面通知公司，请求变更股东名册；需要办理变更登记的，并请求公司向公司登记机关办理变更登记。公司拒绝或者在合理期限内不予答复的，转让人、受让人可以依法向人民法院提起诉讼。

股权转让的，受让人自记载于股东名册时起可以向公司主张行使股东权利。

第八十七条 依照本法转让股权后，公司应当及时注销原股东的出资证明书，向新股东签发出资证明书，并相应修改公司章程和股东名册中有关股东及其出资额的记载。对公司章程的该项修改不需再由股东会表决。

第八十八条 股东转让已认缴出资但未届出资期限的股权的，由受让人承担缴纳该出资的义务；受让人未按期足额缴纳出资的，转让人对受让人未按期缴纳的出资承担补充责任。

未按照公司章程规定的出资日期缴纳出资或者作为出资的非货币财产的实际价额显著低于所认缴的出资额的股东转让股权的，转让人与受让人在出资不足的范围内承担连带责任；受让人不知道且不应当知道存在上述情形的，由转让人承担责任。

第八十九条 有下列情形之一的，对股东会该项决议投反对票的股东可以请求公司按照合理的价格收购其股权：

（一）公司连续五年不向股东分配利润，而公司该五年连续盈利，并且符合本法规定的分配利润条件；

（二）公司合并、分立、转让主要财产；

（三）公司章程规定的营业期限届满或者章程规定的其他解散事由出现，股东会通过决议修改章程使公司存续。

自股东会决议作出之日起六十日内，股东与公司不能达成股权收购协议的，股东可以自股东会决议作出之日起九十日内向人民法院提起诉讼。

公司的控股股东滥用股东权利，严重损害公司或者其他股东利益的，其他股东有权请求公司按照合理的价格收购其股权。

公司因本条第一款、第三款规定的情形收购的本公司股权，应当在六个月内依法转让或者注销。

第九十条 自然人股东死亡后，其合法继承人可以继承股东资格；但是，公司章程另有规定的除外。

有限责任公司的股权转让（变更）规则

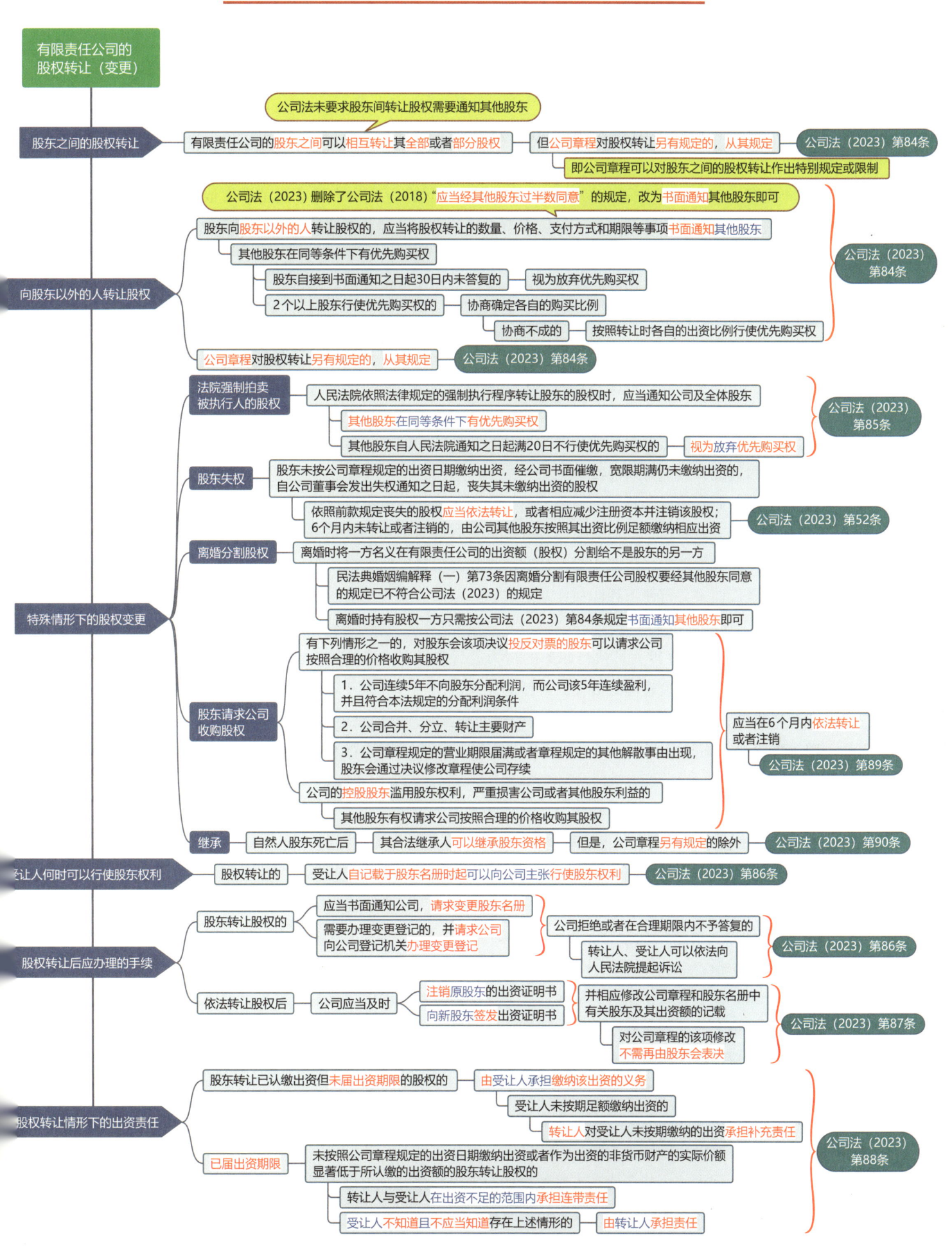

有限责任公司的股权转让（变更）

股东之间的股权转让
- 有限责任公司的**股东之间**可以**相互转让**其**全部**或者**部分股权**
  - 公司法未要求股东间转让股权需要通知其他股东
- 但**公司章程**对股权转让**另有规定的，从其规定**
  - 即公司章程可以对股东之间的股权转让作出特别规定或限制
- 【公司法（2023）第84条】

向股东以外的人转让股权
- 公司法（2023）删除了公司法（2018）"应当经其他股东过半数同意"的规定，改为**书面通知其他股东即可**
- 股东向**股东以外的人**转让股权的，应当将股权转让的数量、价格、支付方式和期限等事项**书面通知其他股东**
  - 其他股东在同等条件下有优先购买权
  - 股东自接到书面通知之日起30日内未答复的 — 视为放弃优先购买权
  - 2个以上股东行使优先购买权的
    - 协商确定各自的购买比例
    - 协商不成的 — 按照转让时各自的出资比例行使优先购买权
- **公司章程**对股权转让**另有规定的，从其规定**
- 【公司法（2023）第84条】

特殊情形下的股权变更

法院强制拍卖被执行人的股权
- 人民法院依照法律规定的强制执行程序转让股东的股权时，应当通知公司及全体股东
  - 其他股东在同等条件下有优先购买权
  - 其他股东自人民法院通知之日起满20日不行使优先购买权的 — 视为放弃优先购买权
- 【公司法（2023）第85条】

股东失权
- 股东未按公司章程规定的出资日期缴纳出资，经公司书面催缴，宽限期满仍未缴纳出资的，自公司董事会发出失权通知之日起，丧失其未缴纳出资的股权
- 依照前款规定丧失的股权**应当依法转让**，或者相应减少注册资本并注销该股权；6个月内未转让或者注销的，由公司其他股东按照其出资比例足额缴纳相应出资
- 【公司法（2023）第52条】

离婚分割股权
- 离婚时将一方名义在有限责任公司的出资额（股权）分割给不是股东的另一方
  - 民法典婚姻编解释（一）第73条因离婚分割有限责任公司股权要经其他股东同意的规定已不符合公司法（2023）的规定
  - 离婚时持有股权一方只需按公司法（2023）第84条规定**书面通知其他股东**即可

股东请求公司收购股权
- 有下列情形之一的，对股东会该项决议**投反对票**的股东可以请求公司按照合理的价格收购其股权
  1. 公司连续5年不向股东分配利润，而公司该5年连续盈利，并且符合本法规定的分配利润条件
  2. 公司合并、分立、转让主要财产
  3. 公司章程规定的营业期限届满或者章程规定的其他解散事由出现，股东会通过决议修改章程使公司存续
- 公司的**控股股东**滥用股东权利，严重损害公司或者其他股东利益的
  - 其他股东有权请求公司按照合理的价格收购其股权
- 应当在6个月内**依法转让**或者注销
- 【公司法（2023）第89条】

继承
- 自然人股东死亡后 — 其合法继承人**可以继承股东资格** — 但是，公司章程**另有规定**的除外
- 【公司法（2023）第90条】

受让人何时可以行使股东权利
- 股权转让的 — 受让人**自记载于股东名册时起**可以向公司主张行使股东权利
- 【公司法（2023）第86条】

股权转让后应办理的手续

股东转让股权的
- 应当书面通知公司，请求变更股东名册
- 需要办理变更登记的，并请求公司向公司登记机关办理变更登记
  - 公司拒绝或者在合理期限内不予答复的
    - 转让人、受让人可以依法向人民法院提起诉讼
- 【公司法（2023）第86条】

依法转让股权后
- 公司应当及时
  - **注销原股东**的出资证明书
  - **向新股东签发**出资证明书
- 并相应修改公司章程和股东名册中有关股东及其出资额的记载
  - 对公司章程的该项修改**不需再由股东会表决**
- 【公司法（2023）第87条】

股权转让情形下的出资责任
- 股东转让已认缴出资但**未届出资期限**的股权的
  - **由受让人承担缴纳该出资的义务**
  - 受让人未按期足额缴纳出资的
    - **转让人**对受让人未按期缴纳的出资**承担补充责任**
- **已届出资期限**：未按照公司章程规定的出资日期缴纳出资或者作为出资的非货币财产的实际价额显著低于所认缴的出资额的股东转让股权的
  - 转让人与受让人**在出资不足的范围内承担连带责任**
  - 受让人**不知道且不应当知道**存在上述情形的 — **由转让人承担责任**
- 【公司法（2023）第88条】

制作依据：公司法（2023）、民法典婚姻家庭编解释（一）

关联法条

《中华人民共和国公司法》（2023修订）

第六十九条 有限责任公司可以按照公司章程的规定在董事会中设置由董事组成的审计委员会，行使本法规定的监事会的职权，不设监事会或者监事。公司董事会成员中的职工代表可以成为审计委员会成员。

第七十六条 有限责任公司设监事会，本法第六十九条、第八十三条另有规定的除外。

监事会成员为三人以上。监事会成员应当包括股东代表和适当比例的公司职工代表，其中职工代表的比例不得低于三分之一，具体比例由公司章程规定。监事会中的职工代表由公司职工通过职工代表大会、职工大会或者其他形式民主选举产生。

监事会设主席一人，由全体监事过半数选举产生。监事会主席召集和主持监事会会议；监事会主席不能履行职务或者不履行职务的，由过半数的监事共同推举一名监事召集和主持监事会会议。

董事、高级管理人员不得兼任监事。

第七十七条 监事的任期每届为三年。监事任期届满，连选可以连任。

监事任期届满未及时改选，或者监事在任期内辞任导致监事会成员低于法定人数的，在改选出的监事就任前，原监事仍应当依照法律、行政法规和公司章程的规定，履行监事职务。

第七十八条 监事会行使下列职权：

（一）检查公司财务；

（二）对董事、高级管理人员执行职务的行为进行监督，对违反法律、行政法规、公司章程或者股东会决议的董事、高级管理人员提出解任的建议；

（三）当董事、高级管理人员的行为损害公司的利益时，要求董事、高级管理人员予以纠正；

（四）提议召开临时股东会会议，在董事会不履行本法规定的召集和主持股东会会议职责时召集和主持股东会会议；

（五）向股东会会议提出提案；

（六）依照本法第一百八十九条的规定，对董事、高级管理人员提起诉讼；

（七）公司章程规定的其他职权。

第七十九条 监事可以列席董事会会议，并对董事会决议事项提出质询或者建议。

监事会发现公司经营情况异常，可以进行调查；必要时，可以聘请会计师事务所等协助其工作，费用由公司承担。

第八十一条 监事会每年度至少召开一次会议，监事可以提议召开临时监事会会议。

监事会的议事方式和表决程序，除本法有规定的外，由公司章程规定。

监事会决议应当经全体监事的过半数通过。

监事会决议的表决，应当一人一票。

监事会应当对所议事项的决定作成会议记录，出席会议的监事应当在会议记录上签名。

第八十二条 监事会行使职权所必需的费用，由公司承担。

第八十三条 规模较小或者股东人数较少的有限责任公司，可以不设监事会，设一名监事，行使本法规定的监事会的职权；经全体股东一致同意，也可以不设监事。

有限责任公司监事会的设置及相关规则

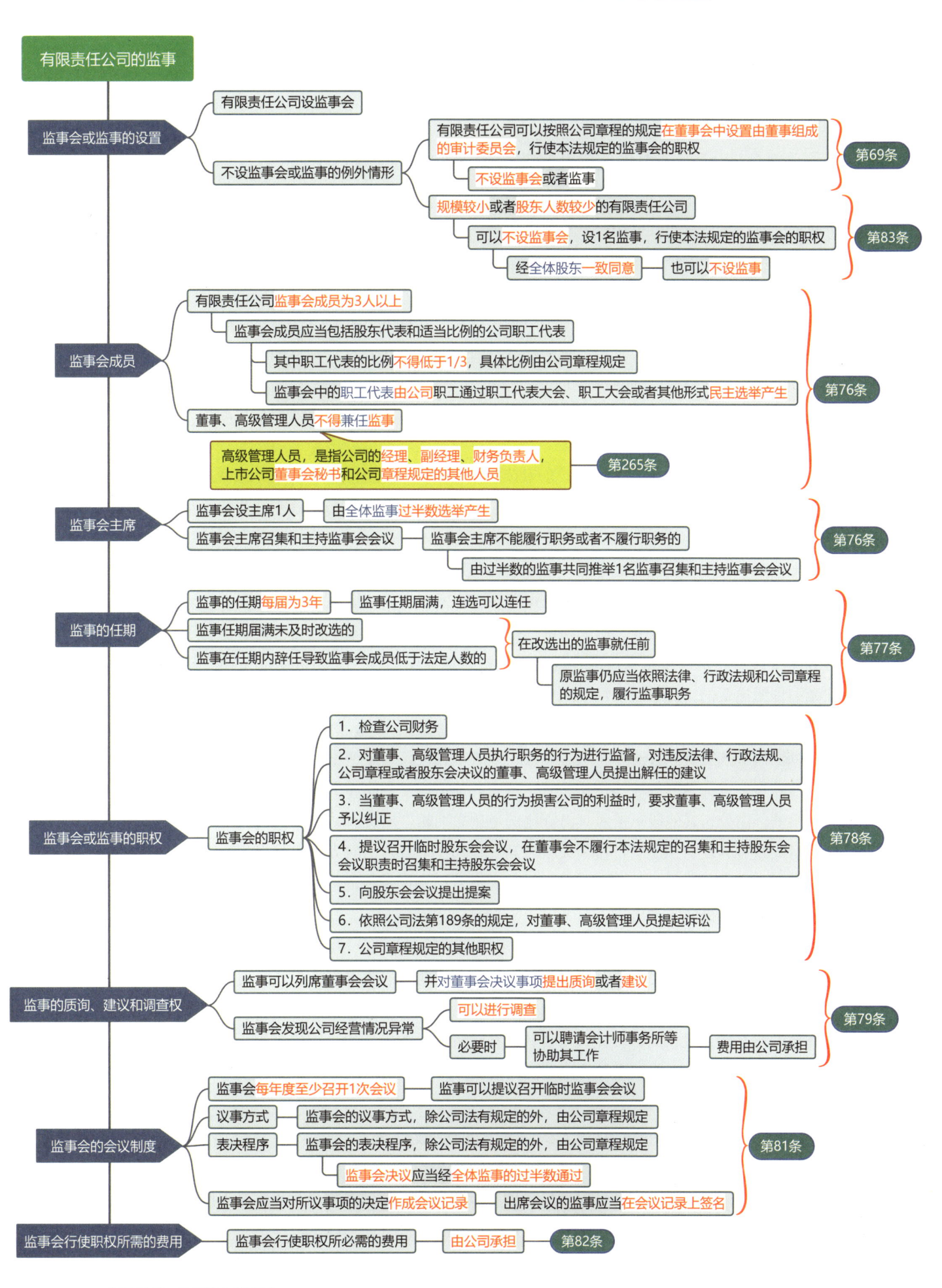

有限责任公司的监事

监事会或监事的设置

- 有限责任公司设监事会
- 不设监事会或监事的例外情形
  - 有限责任公司可以按照公司章程的规定在董事会中设置由董事组成的审计委员会，行使本法规定的监事会的职权
    - 不设监事会或者监事　【第69条】
  - 规模较小或者股东人数较少的有限责任公司
    - 可以不设监事会，设1名监事，行使本法规定的监事会的职权
    - 经全体股东一致同意　也可以不设监事　【第83条】

监事会成员

- 有限责任公司监事会成员为3人以上
  - 监事会成员应当包括股东代表和适当比例的公司职工代表
  - 其中职工代表的比例不得低于1/3，具体比例由公司章程规定
  - 监事会中的职工代表由公司职工通过职工代表大会、职工大会或者其他形式民主选举产生
- 董事、高级管理人员不得兼任监事　【第76条】
  - 高级管理人员，是指公司的经理、副经理、财务负责人，上市公司董事会秘书和公司章程规定的其他人员　【第265条】

监事会主席

- 监事会设主席1人　由全体监事过半数选举产生
- 监事会主席召集和主持监事会会议
  - 监事会主席不能履行职务或者不履行职务的
    - 由过半数的监事共同推举1名监事召集和主持监事会会议　【第76条】

监事的任期

- 监事的任期每届为3年　监事任期届满，连选可以连任
- 监事任期届满未及时改选的
- 监事在任期内辞任导致监事会成员低于法定人数的
  - 在改选出的监事就任前
    - 原监事仍应当依照法律、行政法规和公司章程的规定，履行监事职务　【第77条】

监事会或监事的职权

监事会的职权：
1. 检查公司财务
2. 对董事、高级管理人员执行职务的行为进行监督，对违反法律、行政法规、公司章程或者股东会决议的董事、高级管理人员提出解任的建议
3. 当董事、高级管理人员的行为损害公司的利益时，要求董事、高级管理人员予以纠正
4. 提议召开临时股东会会议，在董事会不履行本法规定的召集和主持股东会会议职责时召集和主持股东会会议
5. 向股东会会议提出提案
6. 依照公司法第189条的规定，对董事、高级管理人员提起诉讼
7. 公司章程规定的其他职权

【第78条】

监事的质询、建议和调查权

- 监事可以列席董事会会议　并对董事会决议事项提出质询或者建议
- 监事会发现公司经营情况异常
  - 可以进行调查
  - 必要时　可以聘请会计师事务所等协助其工作　费用由公司承担

【第79条】

监事会的会议制度

- 监事会每年度至少召开1次会议　监事可以提议召开临时监事会会议
- 议事方式　监事会的议事方式，除公司法有规定的外，由公司章程规定
- 表决程序　监事会的表决程序，除公司法有规定的外，由公司章程规定
  - 监事会决议应当经全体监事的过半数通过
- 监事会应当对所议事项的决定作成会议记录　出席会议的监事应当在会议记录上签名

【第81条】

监事会行使职权所需的费用

监事会行使职权所必需的费用　由公司承担　【第82条】

制作依据：公司法（2023）

关联法条

《中华人民共和国公司法》（2023修订）

第四条 有限责任公司的股东以其认缴的出资额为限对公司承担责任；股份有限公司的股东以其认购的股份为限对公司承担责任。

公司股东对公司依法享有资产收益、参与重大决策和选择管理者等权利。

第四十九条 股东应当按期足额缴纳公司章程规定的各自所认缴的出资额。

股东以货币出资的，应当将货币出资足额存入有限责任公司在银行开设的账户；以非货币财产出资的，应当依法办理其财产权的转移手续。

股东未按期足额缴纳出资的，除应当向公司足额缴纳外，还应当对给公司造成的损失承担赔偿责任。

第五十条 有限责任公司设立时，股东未按照公司章程规定实际缴纳出资，或者实际出资的非货币财产的实际价额显著低于所认缴的出资额的，设立时的其他股东与该股东在出资不足的范围内承担连带责任。

第五十一条 有限责任公司成立后，董事会应当对股东的出资情况进行核查，发现股东未按期足额缴纳公司章程规定的出资的，应当由公司向该股东发出书面催缴书，催缴出资。

未及时履行前款规定的义务，给公司造成损失的，负有责任的董事应当承担赔偿责任。

第五十二条 股东未按照公司章程规定的出资日期缴纳出资，公司依照前条第一款规定发出书面催缴书催缴出资的，可以载明缴纳出资的宽限期；宽限期自公司发出催缴书之日起，不得少于六十日。宽限期届满，股东仍未履行出资义务的，公司经董事会决议可以向该股东发出失权通知，通知应当以书面形式发出。自通知发出之日起，该股东丧失其未缴纳出资的股权。

依照前款规定丧失的股权应当依法转让，或者相应减少注册资本并注销该股权；六个月内未转让或者注销的，由公司其他股东按照其出资比例足额缴纳相应出资。

股东对失权有异议的，应当自接到失权通知之日起三十日内，向人民法院提起诉讼。

第五十四条 公司不能清偿到期债务的，公司或者已到期债权的债权人有权要求已认缴出资但未届出资期限的股东提前缴纳出资。

第八十八条 股东转让已认缴出资但未届出资期限的股权的，由受让人承担缴纳该出资的义务；受让人未按期足额缴纳出资的，转让人对受让人未按期缴纳的出资承担补充责任。

未按照公司章程规定的出资日期缴纳出资或者作为出资的非货币财产的实际价额显著低于所认缴的出资额的股东转让股权的，转让人与受让人在出资不足的范围内承担连带责任；受让人不知道且不应当知道存在上述情形的，由转让人承担责任。

《中华人民共和国企业破产法》

第三十五条 人民法院受理破产申请后，债务人的出资人尚未完全履行出资义务的，管理人应当要求该出资人缴纳所认缴的出资，而不受出资期限的限制。

有限责任公司股东未依约出资或出资不足的法律责任

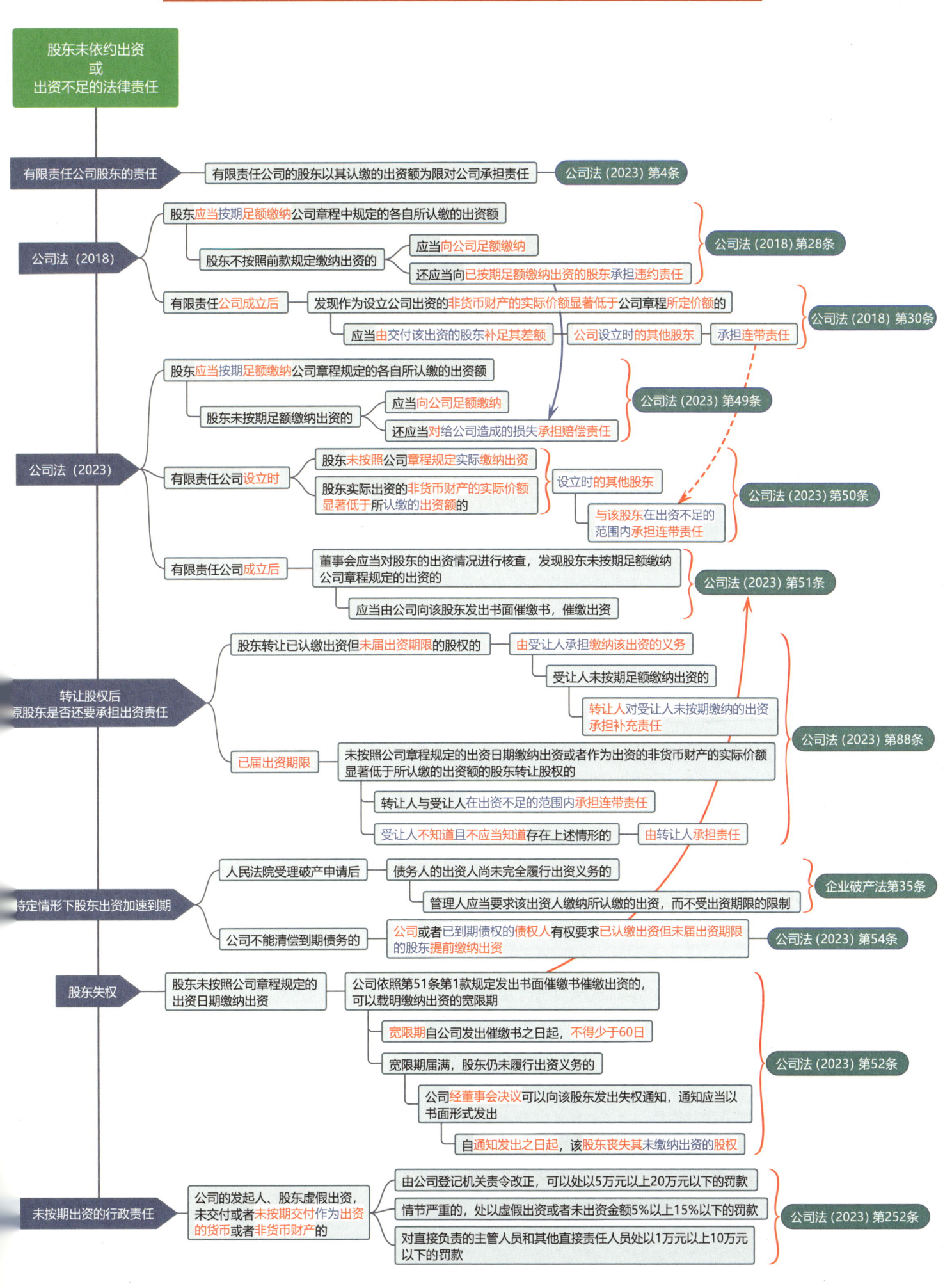

股东未依约出资或出资不足的法律责任

有限责任公司股东的责任
- 有限责任公司的股东以其认缴的出资额为限对公司承担责任 —— 公司法(2023)第4条

公司法（2018）
- 股东**应当按期足额缴纳**公司章程中规定的各自所认缴的出资额
- 股东不按照前款规定缴纳出资的：
  - 应当向公司足额缴纳
  - 还应当向已按期足额缴纳出资的股东承担违约责任

  —— 公司法(2018)第28条

- 有限责任公司成立后，发现作为设立公司出资的非货币财产的实际价额显著低于公司章程所定价额的：
  - 应当由交付该出资的股东补足其差额
  - 公司设立时的其他股东承担连带责任

  —— 公司法(2018)第30条

公司法（2023）
- 股东**应当按期足额缴纳**公司章程规定的各自所认缴的出资额
- 股东未按期足额缴纳出资的：
  - 应当向公司足额缴纳
  - 还应当对给公司造成的损失承担赔偿责任

  —— 公司法(2023)第49条

- 有限责任公司设立时：
  - 股东未按照公司章程规定实际缴纳出资
  - 股东实际出资的非货币财产的实际价额显著低于所认缴的出资额的
  - 设立时的其他股东与该股东在出资不足的范围内承担连带责任

  —— 公司法(2023)第50条

- 有限责任公司成立后：
  - 董事会应当对股东的出资情况进行核查，发现股东未按期足额缴纳公司章程规定的出资的
  - 应当由公司向该股东发出书面催缴书，催缴出资

  —— 公司法(2023)第51条

转让股权后原股东是否还要承担出资责任
- 股东转让已认缴出资但**未届出资期限**的股权的：
  - 由受让人承担缴纳该出资的义务
  - 受让人未按期足额缴纳出资的，转让人对受让人未按期缴纳的出资承担补充责任

- **已届出资期限**：未按照公司章程规定的出资日期缴纳出资或者作为出资的非货币财产的实际价额显著低于所认缴的出资额的股东转让股权的：
  - 转让人与受让人在出资不足的范围内承担连带责任
  - 受让人不知道且不应当知道存在上述情形的，由转让人承担责任

—— 公司法(2023)第88条

特定情形下股东出资加速到期
- 人民法院受理破产申请后，债务人的出资人尚未完全履行出资义务的：
  - 管理人应当要求该出资人缴纳所认缴的出资，而不受出资期限的限制

  —— 企业破产法第35条

- 公司不能清偿到期债务的：
  - 公司或者已到期债权的债权人有权要求已认缴出资但未届出资期限的股东提前缴纳出资

  —— 公司法(2023)第54条

股东失权
- 股东未按公司章程规定的出资日期缴纳出资
- 公司依照第51条第1款规定发出书面催缴书催缴出资的，可以载明缴纳出资的宽限期
  - **宽限期**自公司发出催缴书之日起，不得少于60日
  - 宽限期届满，股东仍未履行出资义务的
    - 公司经董事会决议可以向该股东发出失权通知，通知应当以书面形式发出
    - 自通知发出之日起，该股东丧失其未缴纳出资的股权

—— 公司法(2023)第52条

未按期出资的行政责任
- 公司的发起人、股东虚假出资，未交付或者未按期交付作为出资的货币或者非货币财产的：
  - 由公司登记机关责令改正，可以处以5万元以上20万元以下的罚款
  - 情节严重的，处以虚假出资或者未出资金额5%以上15%以下的罚款
  - 对直接负责的主管人员和其他直接责任人员处以1万元以上10万元以下的罚款

—— 公司法(2023)第252条

制作依据：公司法（2018）、公司法（2023）、企业破产法

关联法条

《中华人民共和国公司法》（2023修订）

第六十九条 有限责任公司可以按照公司章程的规定在董事会中设置由董事组成的审计委员会，行使本法规定的监事会的职权，不设监事会或者监事。公司董事会成员中的职工代表可以成为审计委员会成员。

第七十八条 监事会行使下列职权：

（一）检查公司财务；

（二）对董事、高级管理人员执行职务的行为进行监督，对违反法律、行政法规、公司章程或者股东会决议的董事、高级管理人员提出解任的建议；

（三）当董事、高级管理人员的行为损害公司的利益时，要求董事、高级管理人员予以纠正；

（四）提议召开临时股东会会议，在董事会不履行本法规定的召集和主持股东会会议职责时召集和主持股东会会议；

（五）向股东会会议提出提案；

（六）依照本法第一百八十九条的规定，对董事、高级管理人员提起诉讼；

（七）公司章程规定的其他职权。

第一百二十一条 股份有限公司可以按照公司章程的规定在董事会中设置由董事组成的审计委员会，行使本法规定的监事会的职权，不设监事会或者监事。

审计委员会成员为三名以上，过半数成员不得在公司担任除董事以外的其他职务，且不得与公司存在任何可能影响其独立客观判断的关系。公司董事会成员中的职工代表可以成为审计委员会成员。

审计委员会作出决议，应当经审计委员会成员的过半数通过。

审计委员会决议的表决，应当一人一票。

审计委员会的议事方式和表决程序，除本法有规定的外，由公司章程规定。

公司可以按照公司章程的规定在董事会中设置其他委员会。

第一百三十七条 上市公司在董事会中设置审计委员会的，董事会对下列事项作出决议前应当经审计委员会全体成员过半数通过：

（一）聘用、解聘承办公司审计业务的会计师事务所；

（二）聘任、解聘财务负责人；

（三）披露财务会计报告；

（四）国务院证券监督管理机构规定的其他事项。

第一百七十六条 国有独资公司在董事会中设置由董事组成的审计委员会行使本法规定的监事会职权的，不设监事会或者监事。

公司中的审计委员会

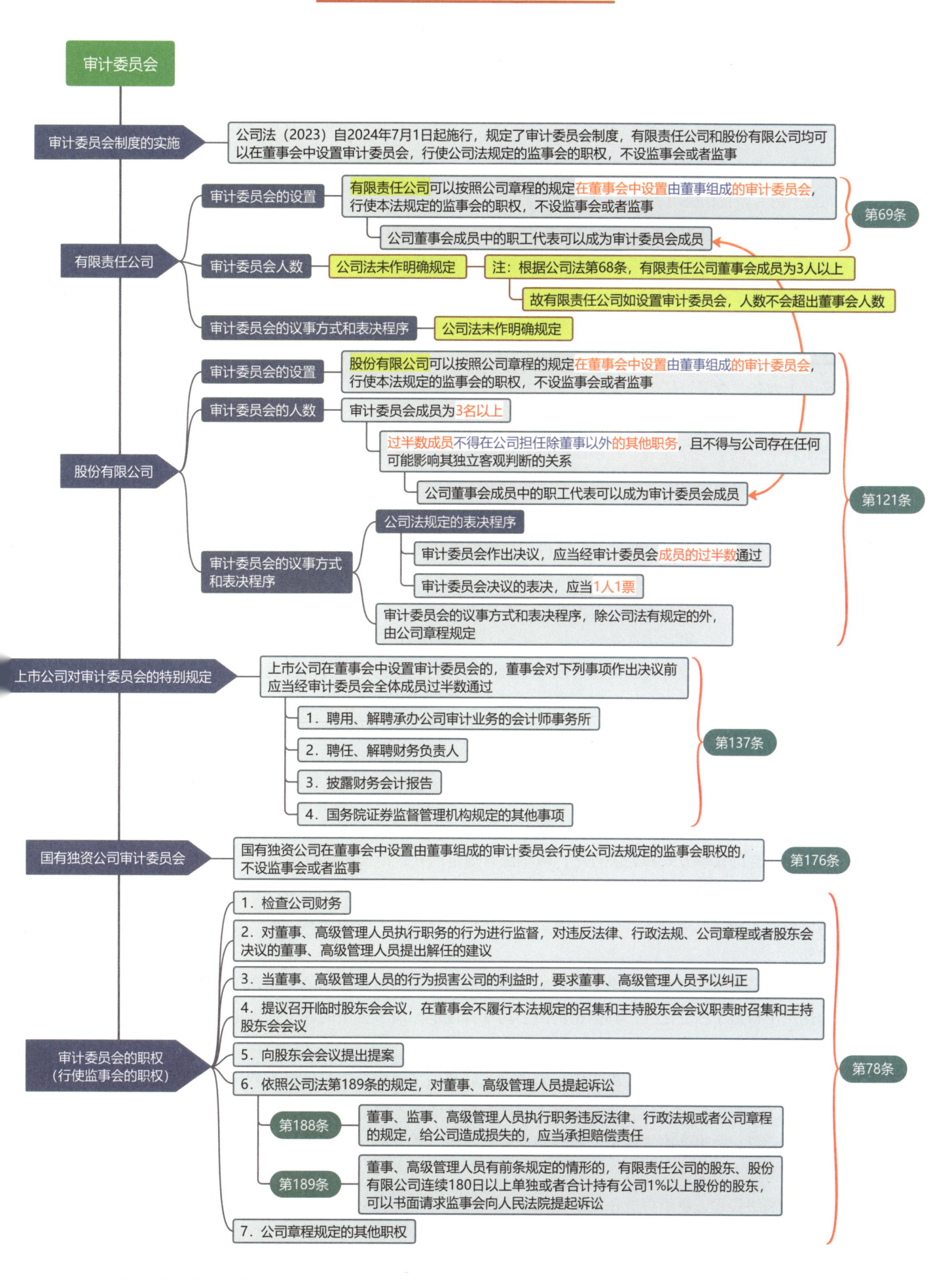

- **审计委员会**
  - **审计委员会制度的实施**：公司法（2023）自2024年7月1日起施行，规定了审计委员会制度，有限责任公司和股份有限公司均可以在董事会中设置审计委员会，行使公司法规定的监事会的职权，不设监事会或者监事
  - **有限责任公司**（第69条）
    - 审计委员会的设置：有限责任公司可以按照公司章程的规定在董事会中设置由董事组成的审计委员会，行使本法规定的监事会的职权，不设监事会或者监事
      - 公司董事会成员中的职工代表可以成为审计委员会成员
    - 审计委员会人数：公司法未作明确规定
      - 注：根据公司法第68条，有限责任公司董事会成员为3人以上
      - 故有限责任公司如设置审计委员会，人数不会超出董事会人数
    - 审计委员会的议事方式和表决程序：公司法未作明确规定
  - **股份有限公司**（第121条）
    - 审计委员会的设置：股份有限公司可以按照公司章程的规定在董事会中设置由董事组成的审计委员会，行使本法规定的监事会的职权，不设监事会或者监事
    - 审计委员会的人数：审计委员会成员为3名以上
      - 过半数成员不得在公司担任除董事以外的其他职务，且不得与公司存在任何可能影响其独立客观判断的关系
      - 公司董事会成员中的职工代表可以成为审计委员会成员
    - 审计委员会的议事方式和表决程序
      - 公司法规定的表决程序
        - 审计委员会作出决议，应当经审计委员会成员的过半数通过
        - 审计委员会决议的表决，应当1人1票
      - 审计委员会的议事方式和表决程序，除公司法有规定的外，由公司章程规定
  - **上市公司对审计委员会的特别规定**（第137条）：上市公司在董事会中设置审计委员会的，董事会对下列事项作出决议前应当经审计委员会全体成员过半数通过
    1. 聘用、解聘承办公司审计业务的会计师事务所
    2. 聘任、解聘财务负责人
    3. 披露财务会计报告
    4. 国务院证券监督管理机构规定的其他事项
  - **国有独资公司审计委员会**（第176条）：国有独资公司在董事会中设置由董事组成的审计委员会行使公司法规定的监事会职权的，不设监事会或者监事
  - **审计委员会的职权（行使监事会的职权）**（第78条）
    1. 检查公司财务
    2. 对董事、高级管理人员执行职务的行为进行监督，对违反法律、行政法规、公司章程或者股东会决议的董事、高级管理人员提出解任的建议
    3. 当董事、高级管理人员的行为损害公司的利益时，要求董事、高级管理人员予以纠正
    4. 提议召开临时股东会会议，在董事会不履行本法规定的召集和主持股东会会议职责时召集和主持股东会会议
    5. 向股东会会议提出提案
    6. 依照公司法第189条的规定，对董事、高级管理人员提起诉讼
        - 第188条：董事、监事、高级管理人员执行职务违反法律、行政法规或者公司章程的规定，给公司造成损失的，应当承担赔偿责任
        - 第189条：董事、高级管理人员有前条规定的情形的，有限责任公司的股东、股份有限公司连续180日以上单独或者合计持有公司1%以上股份的股东，可以书面请求监事会向人民法院提起诉讼
    7. 公司章程规定的其他职权

制作依据：公司法（2023）

关联法条

《中华人民共和国公司法》（2023修订）

第六十八条 有限责任公司董事会成员为三人以上，其成员中可以有公司职工代表。职工人数三百人以上的有限责任公司，除依法设监事会并有公司职工代表的外，其董事会成员中应当有公司职工代表。董事会中的职工代表由公司职工通过职工代表大会、职工大会或者其他形式民主选举产生。

董事会设董事长一人，可以设副董事长。董事长、副董事长的产生办法由公司章程规定。

第六十九条 有限责任公司可以按照公司章程的规定在董事会中设置由董事组成的审计委员会，行使本法规定的监事会的职权，不设监事会或者监事。公司董事会成员中的职工代表可以成为审计委员会成员。

第七十六条 有限责任公司设监事会，本法第六十九条、第八十三条另有规定的除外。

监事会成员为三人以上。监事会成员应当包括股东代表和适当比例的公司职工代表，其中职工代表的比例不得低于三分之一，具体比例由公司章程规定。监事会中的职工代表由公司职工通过职工代表大会、职工大会或者其他形式民主选举产生。

监事会设主席一人，由全体监事过半数选举产生。监事会主席召集和主持监事会会议；监事会主席不能履行职务或者不履行职务的，由过半数的监事共同推举一名监事召集和主持监事会会议。

董事、高级管理人员不得兼任监事。

第一百二十条 股份有限公司设董事会，本法第一百二十八条另有规定的除外。

本法第六十七条、第六十八条第一款、第七十条、第七十一条的规定，适用于股份有限公司。

第一百二十一条 股份有限公司可以按照公司章程的规定在董事会中设置由董事组成的审计委员会，行使本法规定的监事会的职权，不设监事会或者监事。

审计委员会成员为三名以上，过半数成员不得在公司担任除董事以外的其他职务，且不得与公司存在任何可能影响其独立客观判断的关系。公司董事会成员中的职工代表可以成为审计委员会成员。

审计委员会作出决议，应当经审计委员会成员的过半数通过。

审计委员会决议的表决，应当一人一票。

审计委员会的议事方式和表决程序，除本法有规定的外，由公司章程规定。

公司可以按照公司章程的规定在董事会中设置其他委员会。

第一百三十条 股份有限公司设监事会，本法第一百二十一条第一款、第一百三十三条另有规定的除外。

监事会成员为三人以上。监事会成员应当包括股东代表和适当比例的公司职工代表，其中职工代表的比例不得低于三分之一，具体比例由公司章程规定。监事会中的职工代表由公司职工通过职工代表大会、职工大会或者其他形式民主选举产生。

监事会设主席一人，可以设副主席。监事会主席和副主席由全体监事过半数选举产生。监事会主席召集和主持监事会会议；监事会主席不能履行职务或者不履行职务的，由监事会副主席召集和主持监事会会议；监事会副主席不能履行职务或者不履行职务的，由过半数的监事共同推举一名监事召集和主持监事会会议。

董事、高级管理人员不得兼任监事。

本法第七十七条关于有限责任公司监事任期的规定，适用于股份有限公司监事。

公司董事会和监事会中的职工代表

公司董事会和监事会中的职工代表

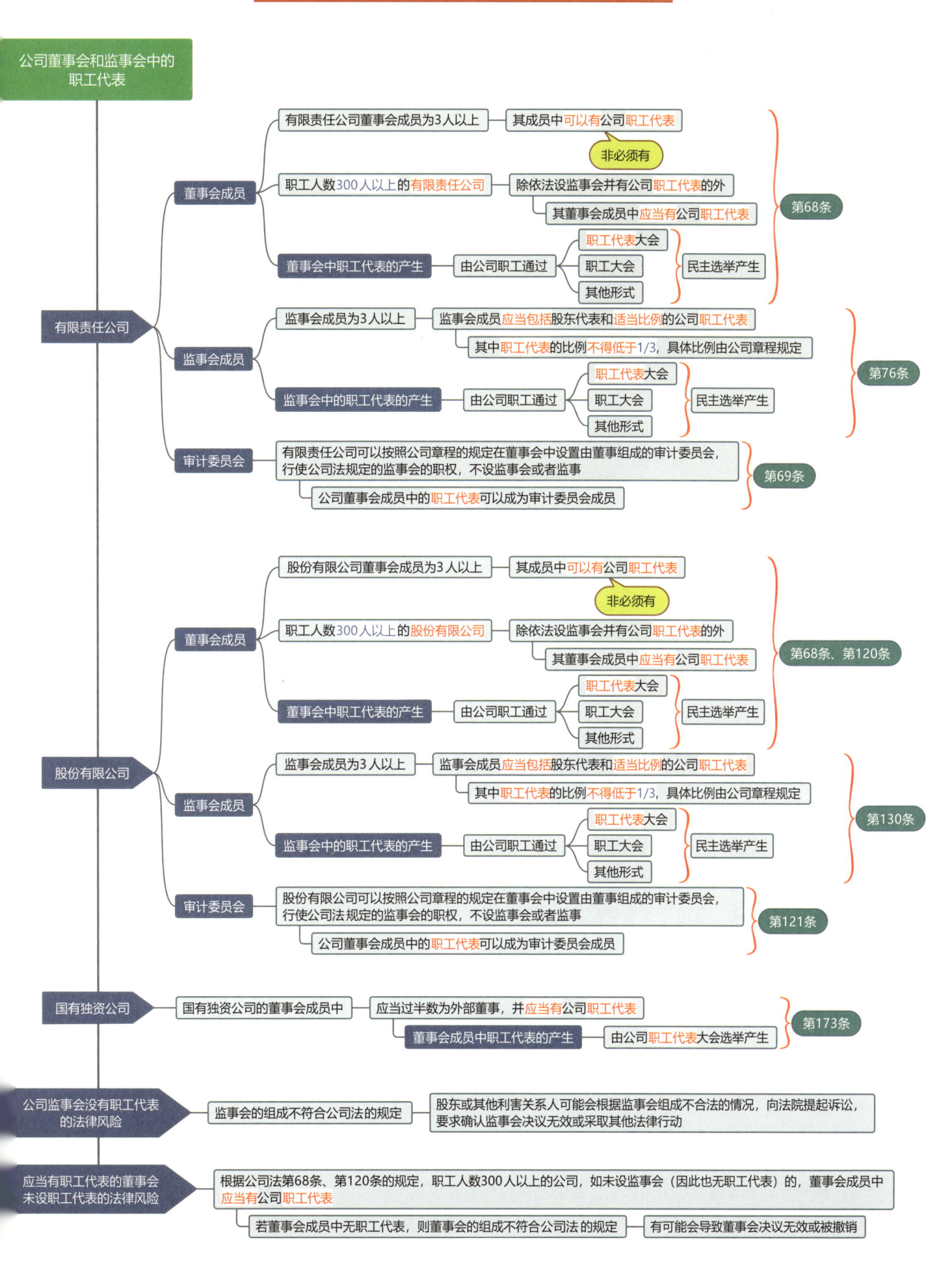

有限责任公司

董事会成员
- 有限责任公司董事会成员为3人以上 → 其成员中**可以有**公司职工代表（非必须有）
- 职工人数**300人以上**的**有限责任公司** → 除依法设监事会并有公司职工代表的外，其董事会成员中**应当有**公司职工代表
- （第68条）

董事会中职工代表的产生：由公司职工通过职工代表大会、职工大会、其他形式，民主选举产生

监事会成员
- 监事会成员为3人以上 → 监事会成员**应当包括**股东代表和**适当比例**的公司职工代表
- 其中职工代表的比例**不得低于1/3**，具体比例由公司章程规定
- （第76条）

监事会中的职工代表的产生：由公司职工通过职工代表大会、职工大会、其他形式，民主选举产生

审计委员会
- 有限责任公司可以按照公司章程的规定在董事会中设置由董事组成的审计委员会，行使公司法规定的监事会的职权，不设监事会或者监事
- 公司董事会成员中的职工代表可以成为审计委员会成员
- （第69条）

股份有限公司

董事会成员
- 股份有限公司董事会成员为3人以上 → 其成员中**可以有**公司职工代表（非必须有）
- 职工人数**300人以上**的**股份有限公司** → 除依法设监事会并有公司职工代表的外，其董事会成员中**应当有**公司职工代表
- （第68条、第120条）

董事会中职工代表的产生：由公司职工通过职工代表大会、职工大会、其他形式，民主选举产生

监事会成员
- 监事会成员为3人以上 → 监事会成员**应当包括**股东代表和**适当比例**的公司职工代表
- 其中职工代表的比例**不得低于1/3**，具体比例由公司章程规定
- （第130条）

监事会中的职工代表的产生：由公司职工通过职工代表大会、职工大会、其他形式，民主选举产生

审计委员会
- 股份有限公司可以按照公司章程的规定在董事会中设置由董事组成的审计委员会，行使公司法规定的监事会的职权，不设监事会或者监事
- 公司董事会成员中的职工代表可以成为审计委员会成员
- （第121条）

国有独资公司
- 国有独资公司的董事会成员中 → **应当过半数为外部董事**，并**应当有**公司职工代表
- 董事会成员中职工代表的产生 → 由公司职工代表大会选举产生
- （第173条）

公司监事会没有职工代表的法律风险
- 监事会的组成不符合公司法的规定 → 股东或其他利害关系人可能会根据监事会组成不合法的情况，向法院提起诉讼，要求确认监事会决议无效或采取其他法律行动

应当有职工代表的董事会未设职工代表的法律风险
- 根据公司法第68条、第120条的规定，职工人数300人以上的公司，如未设监事会（因此也无职工代表）的，董事会成员中**应当有**公司职工代表
- 若董事会成员中无职工代表，则董事会的组成不符合公司法的规定 → 有可能会导致董事会决议无效或被撤销

制作依据：公司法（2023）

关联法条

《中华人民共和国公司法》（2023修订）

第六十七条 有限责任公司设董事会，本法第七十五条另有规定的除外。

董事会行使下列职权：

（一）召集股东会会议，并向股东会报告工作；

（二）执行股东会的决议；

（三）决定公司的经营计划和投资方案；

（四）制订公司的利润分配方案和弥补亏损方案；

（五）制订公司增加或者减少注册资本以及发行公司债券的方案；

（六）制订公司合并、分立、解散或者变更公司形式的方案；

（七）决定公司内部管理机构的设置；

（八）决定聘任或者解聘公司经理及其报酬事项，并根据经理的提名决定聘任或者解聘公司副经理、财务负责人及其报酬事项；

（九）制定公司的基本管理制度；

（十）公司章程规定或者股东会授予的其他职权。

公司章程对董事会职权的限制不得对抗善意相对人。

第一百二十条 股份有限公司设董事会，本法第一百二十八条另有规定的除外。

本法第六十七条、第六十八条第一款、第七十条、第七十一条的规定，适用于股份有限公司。

第二百一十条 公司分配当年税后利润时，应当提取利润的百分之十列入公司法定公积金。公司法定公积金累计额为公司注册资本的百分之五十以上的，可以不再提取。

公司的法定公积金不足以弥补以前年度亏损的，在依照前款规定提取法定公积金之前，应当先用当年利润弥补亏损。

公司从税后利润中提取法定公积金后，经股东会决议，还可以从税后利润中提取任意公积金。

公司弥补亏损和提取公积金后所余税后利润，有限责任公司按照股东实缴的出资比例分配利润，全体股东约定不按照出资比例分配利润的除外；股份有限公司按照股东所持有的股份比例分配利润，公司章程另有规定的除外。

公司持有的本公司股份不得分配利润。

第二百一十一条 公司违反本法规定向股东分配利润的，股东应当将违反规定分配的利润退还公司；给公司造成损失的，股东及负有责任的董事、监事、高级管理人员应当承担赔偿责任。

公司向股东分配利润的法定程序

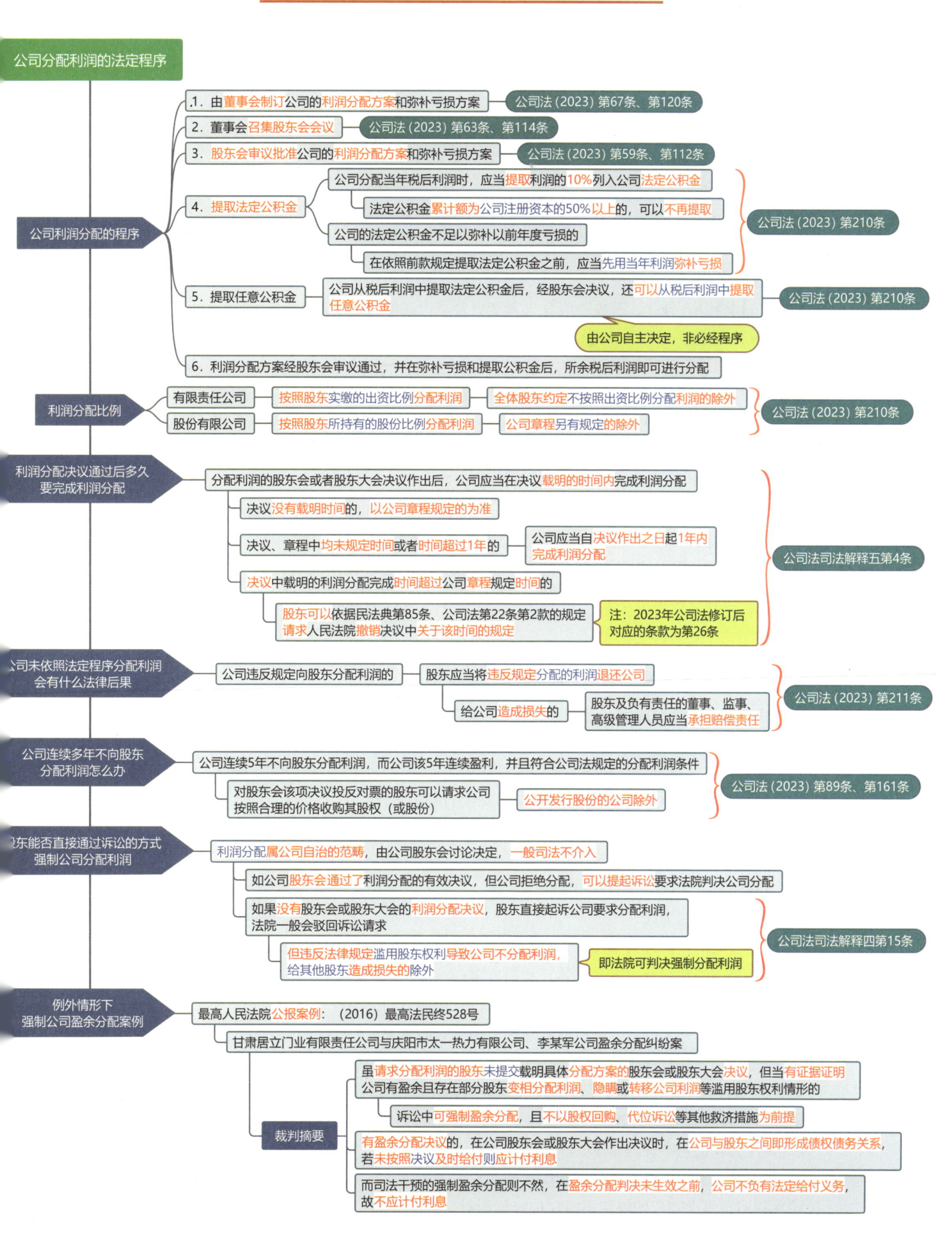

公司分配利润的法定程序

公司利润分配的程序
1. 由董事会制订公司的利润分配方案和弥补亏损方案 —— 公司法(2023)第67条、第120条
2. 董事会召集股东会会议 —— 公司法(2023)第63条、第114条
3. 股东会审议批准公司的利润分配方案和弥补亏损方案 —— 公司法(2023)第59条、第112条
4. 提取法定公积金
   - 公司分配当年税后利润时，应当提取利润的10%列入公司法定公积金
   - 法定公积金累计额为公司注册资本的50%以上的，可以不再提取
   - 公司的法定公积金不足以弥补以前年度亏损的
   - 在依照前款规定提取法定公积金之前，应当先用当年利润弥补亏损
   —— 公司法(2023)第210条
5. 提取任意公积金：公司从税后利润中提取法定公积金后，经股东会决议，还可以从税后利润中提取任意公积金 —— 公司法(2023)第210条
   （由公司自主决定，非必经程序）
6. 利润分配方案经股东会审议通过，并在弥补亏损和提取公积金后，所余税后利润即可进行分配

利润分配比例
- 有限责任公司：按照股东实缴的出资比例分配利润，全体股东约定不按照出资比例分配利润的除外
- 股份有限公司：按照股东所持有的股份比例分配利润，公司章程另有规定的除外
—— 公司法(2023)第210条

利润分配决议通过后多久要完成利润分配
- 分配利润的股东会或者股东大会决议作出后，公司应当在决议载明的时间内完成利润分配
  - 决议没有载明时间的，以公司章程规定的为准
  - 决议、章程中均未规定时间或者时间超过1年的：公司应当自决议作出之日起1年内完成利润分配
  - 决议中载明的利润分配完成时间超过公司章程规定时间的：股东可以依据民法典第85条、公司法第22条第2款的规定请求人民法院撤销决议中关于该时间的规定
  （注：2023年公司法修订后对应的条款为第26条）
—— 公司法司法解释五第4条

公司未依照法定程序分配利润会有什么法律后果
- 公司违反规定向股东分配利润的：股东应当将违反规定分配的利润退还公司
  - 给公司造成损失的：股东及负有责任的董事、监事、高级管理人员应当承担赔偿责任
—— 公司法(2023)第211条

公司连续多年不向股东分配利润怎么办
- 公司连续5年不向股东分配利润，而公司该5年连续盈利，并且符合公司法规定的分配利润条件
- 对股东会该项决议投反对票的股东可以请求公司按照合理的价格收购其股权（或股份）
- 公开发行股份的公司除外
—— 公司法(2023)第89条、第161条

股东能否直接通过诉讼的方式强制公司分配利润
- 利润分配属公司自治的范畴，由公司股东会讨论决定，一般司法不介入
- 如公司股东会通过了利润分配的有效决议，但公司拒绝分配，可以提起诉讼要求法院判决公司分配
- 如果没有股东会或股东大会的利润分配决议，股东直接起诉公司要求分配利润，法院一般会驳回诉讼请求
  - 但违反法律规定滥用股东权利导致公司不分配利润，给其他股东造成损失的除外（即法院可判决强制分配利润）
—— 公司法司法解释四第15条

例外情形下强制公司盈余分配案例
- 最高人民法院公报案例：（2016）最高法民终528号
- 甘肃居立门业有限责任公司与庆阳市太一热力有限公司、李某军公司盈余分配纠纷案
- 裁判摘要：
  - 虽请求分配利润的股东未提交载明具体分配方案的股东会或股东大会决议，但当有证据证明公司有盈余且存在部分股东变相分配利润、隐瞒或转移公司利润等滥用股东权利情形的
  - 诉讼中可强制盈余分配，且不以股权回购、代位诉讼等其他救济措施为前提
  - 有盈余分配决议的，在公司股东会或股东大会作出决议时，在公司与股东之间即形成债权债务关系，若未按照决议及时给付则应计付利息
  - 而司法干预的强制盈余分配则不然，在盈余分配判决未生效之前，公司不负有法定给付义务，故不应计付利息

制作依据：公司法（2023）、公司法司法解释四、公司法司法解释五

关联法条

《中华人民共和国公司法》（2023修订）

第五十九条 股东会行使下列职权：

（一）选举和更换董事、监事，决定有关董事、监事的报酬事项；

（二）审议批准董事会的报告；

（三）审议批准监事会的报告；

（四）审议批准公司的利润分配方案和弥补亏损方案；

（五）对公司增加或者减少注册资本作出决议；

（六）对发行公司债券作出决议；

（七）对公司合并、分立、解散、清算或者变更公司形式作出决议；

（八）修改公司章程；

（九）公司章程规定的其他职权。

股东会可以授权董事会对发行公司债券作出决议。

对本条第一款所列事项股东以书面形式一致表示同意的，可以不召开股东会会议，直接作出决定，并由全体股东在决定文件上签名或者盖章。

第六十二条 股东会会议分为定期会议和临时会议。

定期会议应当按照公司章程的规定按时召开。代表十分之一以上表决权的股东、三分之一以上的董事或者监事会提议召开临时会议的，应当召开临时会议。

第六十三条 股东会会议由董事会召集，董事长主持；董事长不能履行职务或者不履行职务的，由副董事长主持；副董事长不能履行职务或者不履行职务的，由过半数的董事共同推举一名董事主持。

董事会不能履行或者不履行召集股东会会议职责的，由监事会召集和主持；监事会不召集和主持的，代表十分之一以上表决权的股东可以自行召集和主持。

第六十六条 股东会的议事方式和表决程序，除本法有规定的外，由公司章程规定。

股东会作出决议，应当经代表过半数表决权的股东通过。

股东会作出修改公司章程、增加或者减少注册资本的决议，以及公司合并、分立、解散或者变更公司形式的决议，应当经代表三分之二以上表决权的股东通过。

第六十七条 有限责任公司设董事会，本法第七十五条另有规定的除外。

董事会行使下列职权：

（一）召集股东会会议，并向股东会报告工作；

（二）执行股东会的决议；

（三）决定公司的经营计划和投资方案；

（四）制订公司的利润分配方案和弥补亏损方案；

（五）制订公司增加或者减少注册资本以及发行公司债券的方案；

（六）制订公司合并、分立、解散或者变更公司形式的方案；

（七）决定公司内部管理机构的设置；

（八）决定聘任或者解聘公司经理及其报酬事项，并根据经理的提名决定聘任或者解聘公司副经理、财务负责人及其报酬事项；

（九）制定公司的基本管理制度；

（十）公司章程规定或者股东会授予的其他职权。

公司章程对董事会职权的限制不得对抗善意相对人。

有限责任公司不开股东会不分配利润怎么办

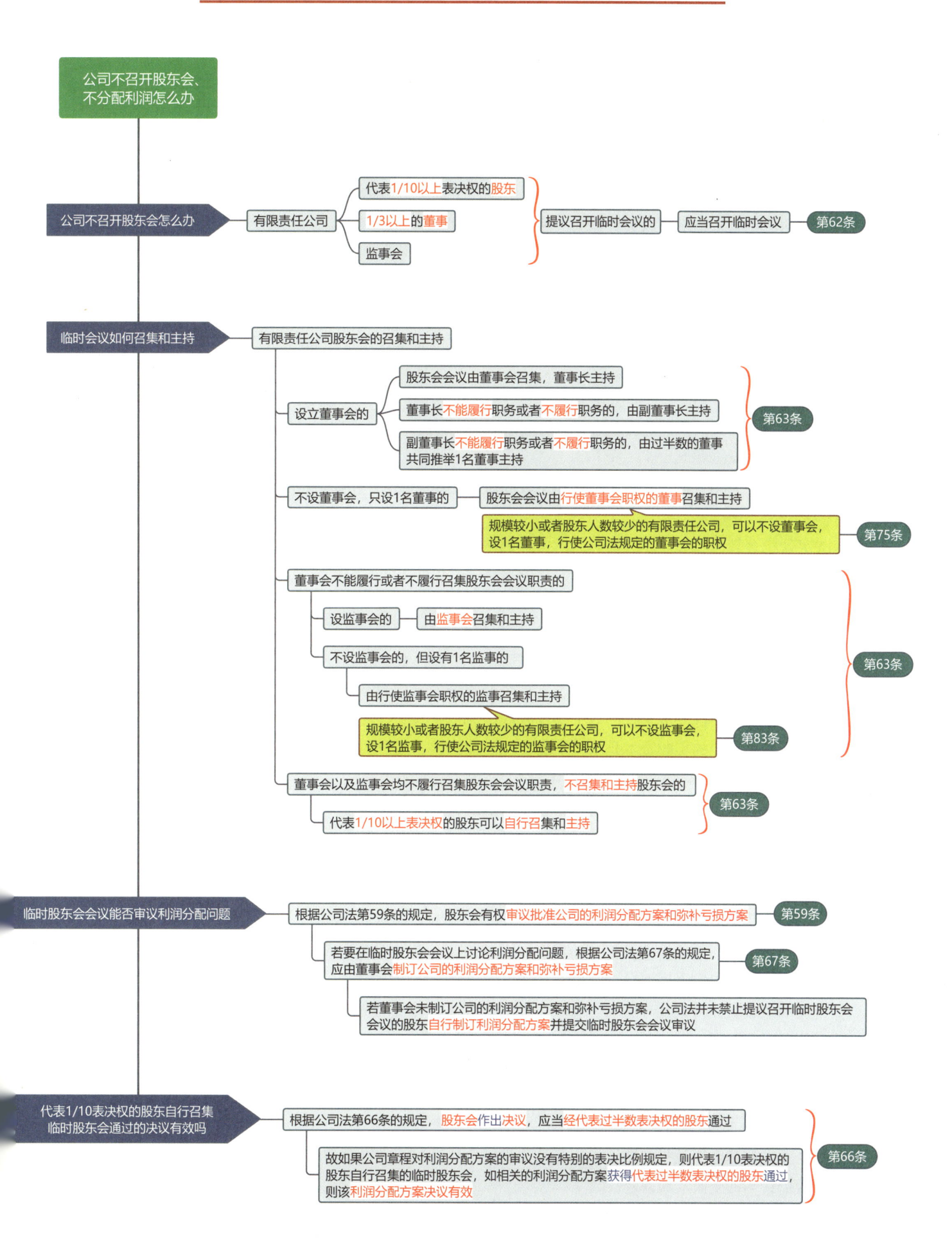

公司不召开股东会、不分配利润怎么办

公司不召开股东会怎么办

有限责任公司：
- 代表1/10以上表决权的股东
- 1/3以上的董事
- 监事会

提议召开临时会议的，应当召开临时会议 —— 第62条

临时会议如何召集和主持

有限责任公司股东会的召集和主持

设立董事会的：
- 股东会会议由董事会召集，董事长主持
- 董事长不能履行职务或者不履行职务的，由副董事长主持
- 副董事长不能履行职务或者不履行职务的，由过半数的董事共同推举1名董事主持

—— 第63条

不设董事会，只设1名董事的：股东会会议由行使董事会职权的董事召集和主持

规模较小或者股东人数较少的有限责任公司，可以不设董事会，设1名董事，行使公司法规定的董事会的职权 —— 第75条

董事会不能履行或者不履行召集股东会会议职责的：
- 设监事会的：由监事会召集和主持
- 不设监事会的，但设有1名监事的：由行使监事会职权的监事召集和主持

—— 第63条

规模较小或者股东人数较少的有限责任公司，可以不设监事会，设1名监事，行使公司法规定的监事会的职权 —— 第83条

董事会以及监事会均不履行召集股东会会议职责，不召集和主持股东会的：代表1/10以上表决权的股东可以自行召集和主持 —— 第63条

临时股东会会议能否审议利润分配问题

根据公司法第59条的规定，股东会有权审议批准公司的利润分配方案和弥补亏损方案 —— 第59条

若要在临时股东会会议上讨论利润分配问题，根据公司法第67条的规定，应由董事会制订公司的利润分配方案和弥补亏损方案 —— 第67条

若董事会未制订公司的利润分配方案和弥补亏损方案，公司法并未禁止提议召开临时股东会会议的股东自行制订利润分配方案并提交临时股东会会议审议

代表1/10表决权的股东自行召集临时股东会通过的决议有效吗

根据公司法第66条的规定，股东会作出决议，应当经代表过半数表决权的股东通过

故如果公司章程对利润分配方案的审议没有特别的表决比例规定，则代表1/10表决权的股东自行召集的临时股东会，如相关的利润分配方案获得代表过半数表决权的股东通过，则该利润分配方案决议有效

—— 第66条

制作依据：公司法（2023）

关联法条

《中华人民共和国公司法》（2023修订）

第二百一十条　公司分配当年税后利润时，应当提取利润的百分之十列入公司法定公积金。公司法定公积金累计额为公司注册资本的百分之五十以上的，可以不再提取。

公司的法定公积金不足以弥补以前年度亏损的，在依照前款规定提取法定公积金之前，应当先用当年利润弥补亏损。

公司从税后利润中提取法定公积金后，经股东会决议，还可以从税后利润中提取任意公积金。

公司弥补亏损和提取公积金后所余税后利润，有限责任公司按照股东实缴的出资比例分配利润，全体股东约定不按照出资比例分配利润的除外；股份有限公司按照股东所持有的股份比例分配利润，公司章程另有规定的除外。

公司持有的本公司股份不得分配利润。

第二百一十四条　公司的公积金用于弥补公司的亏损、扩大公司生产经营或者转为增加公司注册资本。

公积金弥补公司亏损，应当先使用任意公积金和法定公积金；仍不能弥补的，可以按照规定使用资本公积金。

法定公积金转为增加注册资本时，所留存的该项公积金不得少于转增前公司注册资本的百分之二十五。

《企业会计制度》

第七十九条　所有者权益，是指所有者在企业资产中享有的经济利益，其金额为资产减去负债后的余额。所有者权益包括实收资本（或者股本）、资本公积、盈余公积和未分配利润等。

第八十条　企业的实收资本是指投资者按照企业章程，或合同、协议的约定，实际投入企业的资本。

第八十三条　盈余公积按照企业性质，分别包括以下内容：

（一）一般企业和股份有限公司的盈余公积包括：

1.法定盈余公积，是指企业按照规定的比例从净利润中提取的盈余公积；

2.任意盈余公积，是指企业经股东大会或类似机构批准按照规定的比例从净利润中提取的盈余公积；

3.法定公益金，是指企业按照规定的比例从净利润中提取的用于职工集体福利设施的公益金，法定公益金用于职工集体福利时，应当将其转入任意盈余公积。

企业的盈余公积可以用于弥补亏损、转增资本（或股本）。符合规定条件的企业，也可以用盈余公积分派现金股利。

（二）外商投资企业的盈余公积包括：

1.储备基金，是指按照法律、行政法规规定从净利润中提取的、经批准用于弥补亏损和增加资本的储备基金；

2.企业发展基金，是指按照法律、行政法规规定从净利润中提取的、用于企业生产发展和经批准用于增加资本的企业发展基金；

3.利润归还投资，是指中外合作经营企业按照规定在合作期间以利润归还投资者的投资。

公司法中的各种公积金

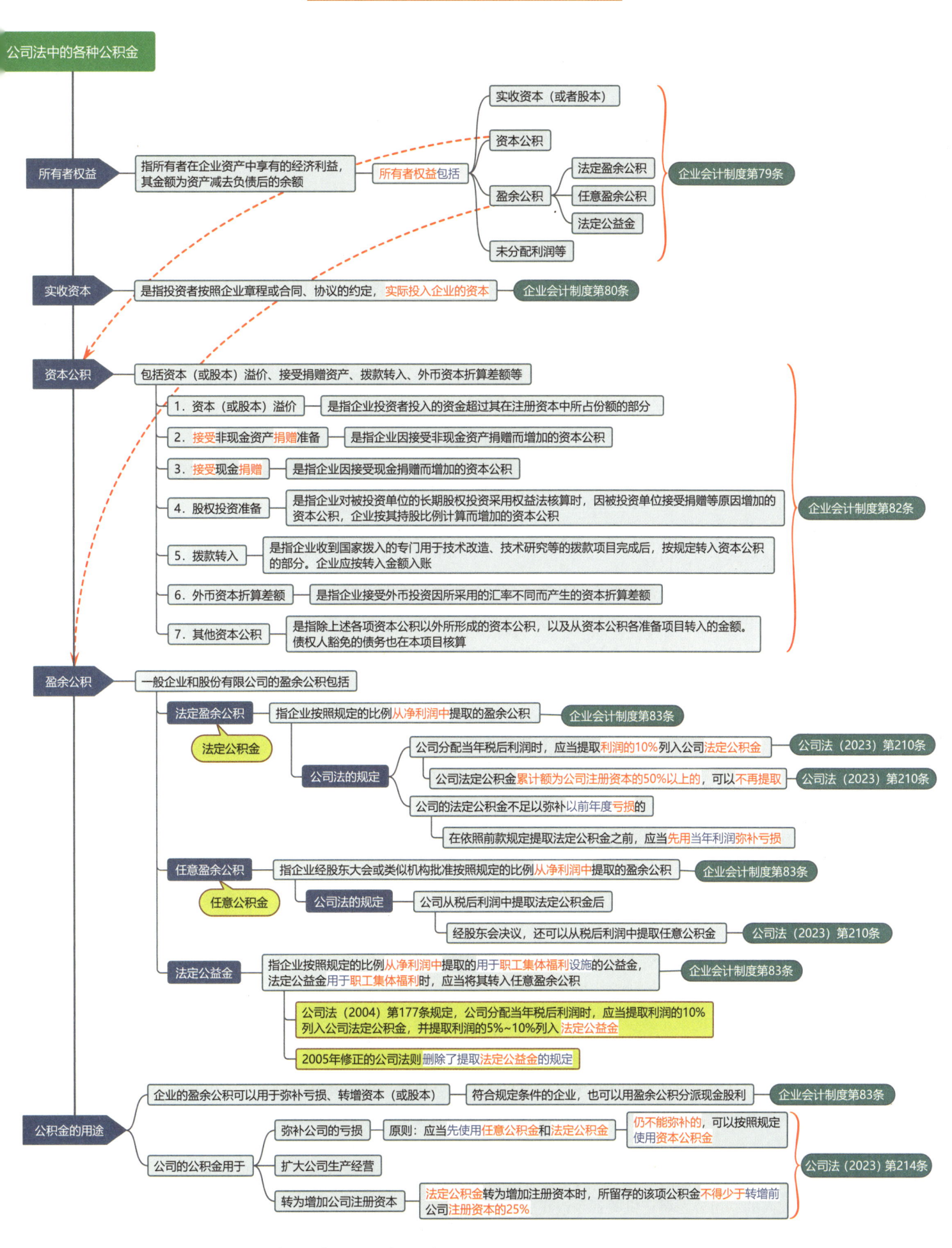

所有者权益
指所有者在企业资产中享有的经济利益，其金额为资产减去负债后的余额 —— 所有者权益包括：
- 实收资本（或者股本）
- 资本公积
- 盈余公积
  - 法定盈余公积
  - 任意盈余公积
  - 法定公益金
- 未分配利润等

（企业会计制度第79条）

实收资本
是指投资者按照企业章程或合同、协议的约定，实际投入企业的资本（企业会计制度第80条）

资本公积
包括资本（或股本）溢价、接受捐赠资产、拨款转入、外币资本折算差额等

1. 资本（或股本）溢价——是指企业投资者投入的资金超过其在注册资本中所占份额的部分
2. 接受非现金资产捐赠准备——是指企业因接受非现金资产捐赠而增加的资本公积
3. 接受现金捐赠——是指企业因接受现金捐赠而增加的资本公积
4. 股权投资准备——是指企业对被投资单位的长期股权投资采用权益法核算时，因被投资单位接受捐赠等原因增加的资本公积，企业按其持股比例计算而增加的资本公积
5. 拨款转入——是指企业收到国家拨入的专门用于技术改造、技术研究等的拨款项目完成后，按规定转入资本公积的部分。企业应按转入金额入账
6. 外币资本折算差额——是指企业接受外币投资因所采用的汇率不同而产生的资本折算差额
7. 其他资本公积——是指除上述各项资本公积以外所形成的资本公积，以及从资本公积各准备项目转入的金额。债权人豁免的债务也在本项目核算

（企业会计制度第82条）

盈余公积
一般企业和股份有限公司的盈余公积包括：

法定盈余公积（法定公积金）
指企业按照规定的比例从净利润中提取的盈余公积（企业会计制度第83条）

公司法的规定：
- 公司分配当年税后利润时，应当提取利润的10%列入公司法定公积金（公司法（2023）第210条）
- 公司法定公积金累计额为公司注册资本的50%以上的，可以不再提取（公司法（2023）第210条）
- 公司的法定公积金不足以弥补以前年度亏损的
- 在依照前款规定提取法定公积金之前，应当先用当年利润弥补亏损

任意盈余公积（任意公积金）
指企业经股东大会或类似机构批准按照规定的比例从净利润中提取的盈余公积（企业会计制度第83条）

公司法的规定：
- 公司从税后利润中提取法定公积金后
- 经股东会决议，还可以从税后利润中提取任意公积金（公司法（2023）第210条）

法定公益金
指企业按照规定的比例从净利润中提取的用于职工集体福利设施的公益金，法定公益金用于职工集体福利时，应当将其转入任意盈余公积（企业会计制度第83条）

- 公司法（2004）第177条规定，公司分配当年税后利润时，应当提取利润的10%列入公司法定公积金，并提取利润的5%~10%列入法定公益金
- 2005年修正的公司法则删除了提取法定公益金的规定

公积金的用途
企业的盈余公积可以用于弥补亏损、转增资本（或股本）——符合规定条件的企业，也可以用盈余公积分派现金股利（企业会计制度第83条）

公司的公积金用于：
- 弥补公司的亏损——原则：应当先使用任意公积金和法定公积金——仍不能弥补的，可以按照规定使用资本公积金
- 扩大公司生产经营
- 转为增加公司注册资本——法定公积金转为增加注册资本时，所留存的该项公积金不得少于转增前公司注册资本的25%

（公司法（2023）第214条）

制作依据：企业会计制度、公司法（2004）、公司法（2023）

关联法条

《中华人民共和国公司法》（2023修订）

第五十二条 股东未按照公司章程规定的出资日期缴纳出资，公司依照前条第一款规定发出书面催缴书催缴出资的，可以载明缴纳出资的宽限期；宽限期自公司发出催缴书之日起，不得少于六十日。宽限期届满，股东仍未履行出资义务的，公司经董事会决议可以向该股东发出失权通知，通知应当以书面形式发出。自通知发出之日起，该股东丧失其未缴纳出资的股权。

依照前款规定丧失的股权应当依法转让，或者相应减少注册资本并注销该股权；六个月内未转让或者注销的，由公司其他股东按照其出资比例足额缴纳相应出资。

股东对失权有异议的，应当自接到失权通知之日起三十日内，向人民法院提起诉讼。

第六十六条 股东会的议事方式和表决程序，除本法有规定的外，由公司章程规定。

股东会作出决议，应当经代表过半数表决权的股东通过。

股东会作出修改公司章程、增加或者减少注册资本的决议，以及公司合并、分立、解散或者变更公司形式的决议，应当经代表三分之二以上表决权的股东通过。

第一百一十六条 股东出席股东会会议，所持每一股份有一表决权，类别股股东除外。公司持有的本公司股份没有表决权。

股东会作出决议，应当经出席会议的股东所持表决权过半数通过。

股东会作出修改公司章程、增加或者减少注册资本的决议，以及公司合并、分立、解散或者变更公司形式的决议，应当经出席会议的股东所持表决权的三分之二以上通过。

第二百二十四条 公司减少注册资本，应当编制资产负债表及财产清单。

公司应当自股东会作出减少注册资本决议之日起十日内通知债权人，并于三十日内在报纸上或者国家企业信用信息公示系统公告。债权人自接到通知之日起三十日内，未接到通知的自公告之日起四十五日内，有权要求公司清偿债务或者提供相应的担保。

公司减少注册资本，应当按照股东出资或者持有股份的比例相应减少出资额或者股份，法律另有规定、有限责任公司全体股东另有约定或者股份有限公司章程另有规定的除外。

第二百二十五条 公司依照本法第二百一十四条第二款的规定弥补亏损后，仍有亏损的，可以减少注册资本弥补亏损。减少注册资本弥补亏损的，公司不得向股东分配，也不得免除股东缴纳出资或者股款的义务。

依照前款规定减少注册资本的，不适用前条第二款的规定，但应当自股东会作出减少注册资本决议之日起三十日内在报纸上或者国家企业信用信息公示系统公告。

公司依照前两款的规定减少注册资本后，在法定公积金和任意公积金累计额达到公司注册资本百分之五十前，不得分配利润。

第二百二十六条 违反本法规定减少注册资本的，股东应当退还其收到的资金，减免股东出资的应当恢复原状；给公司造成损失的，股东及负有责任的董事、监事、高级管理人员应当承担赔偿责任。

第二百五十五条 公司在合并、分立、减少注册资本或者进行清算时，不依照本法规定通知或者公告债权人的，由公司登记机关责令改正，对公司处以一万元以上十万元以下的罚款。

公司如何进行减资

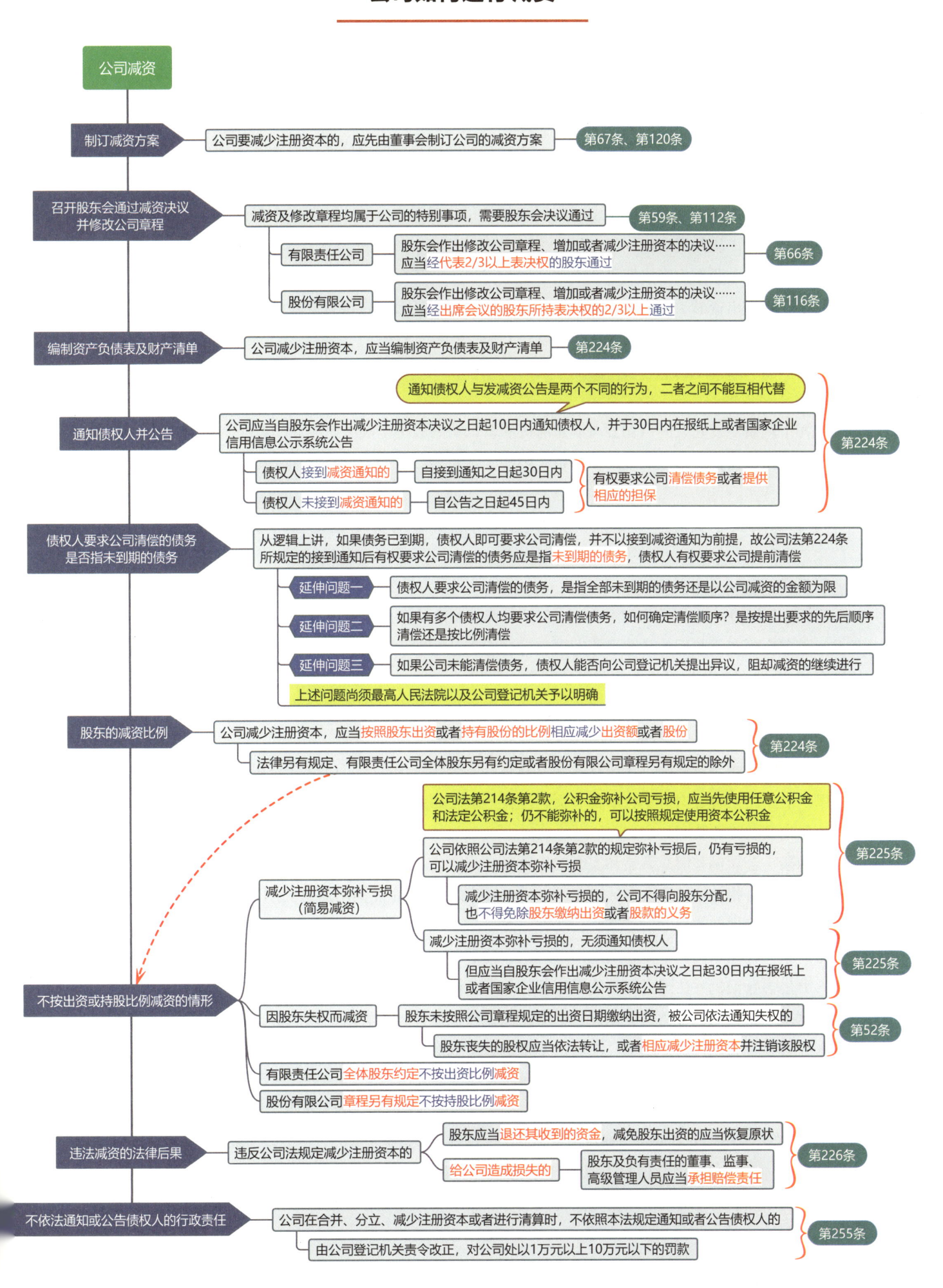

公司减资

制订减资方案
- 公司要减少注册资本的，应先由董事会制订公司的减资方案 〔第67条、第120条〕

召开股东会通过减资决议并修改公司章程
- 减资及修改章程均属于公司的特别事项，需要股东会决议通过 〔第59条、第112条〕
  - **有限责任公司**：股东会作出修改公司章程、增加或者减少注册资本的决议……应当经代表2/3以上表决权的股东通过 〔第66条〕
  - **股份有限公司**：股东会作出修改公司章程、增加或者减少注册资本的决议……应当经出席会议的股东所持表决权的2/3以上通过 〔第116条〕

编制资产负债表及财产清单
- 公司减少注册资本，应当编制资产负债表及财产清单 〔第224条〕

通知债权人并公告
> 通知债权人与发减资公告是两个不同的行为，二者之间不能互相代替

- 公司应当自股东会作出减少注册资本决议之日起10日内通知债权人，并于30日内在报纸上或者国家企业信用信息公示系统公告 〔第224条〕
  - 债权人接到减资通知的——自接到通知之日起30日内
  - 债权人未接到减资通知的——自公告之日起45日内
  - 有权要求公司清偿债务或者提供相应的担保

债权人要求公司清偿的债务是否指未到期的债务
- 从逻辑上讲，如果债务已到期，债权人即可要求公司清偿，并不以接到减资通知为前提，故公司法第224条所规定的接到通知后有权要求公司清偿的债务应是指未到期的债务，债权人有权要求公司提前清偿
  - **延伸问题一**：债权人要求公司清偿的债务，是指全部未到期的债务还是以公司减资的金额为限
  - **延伸问题二**：如果有多个债权人均要求公司清偿债务，如何确定清偿顺序？是按提出要求的先后顺序清偿还是按比例清偿
  - **延伸问题三**：如果公司未能清偿债务，债权人能否向公司登记机关提出异议，阻却减资的继续进行
  - 上述问题尚须最高人民法院以及公司登记机关予以明确

股东的减资比例
- 公司减少注册资本，应当按照股东出资或者持有股份的比例相应减少出资额或者股份 〔第224条〕
- 法律另有规定、有限责任公司全体股东另有约定或者股份有限公司章程另有规定的除外

不按出资或持股比例减资的情形

> 公司法第214条第2款，公积金弥补公司亏损，应当先使用任意公积金和法定公积金；仍不能弥补的，可以按照规定使用资本公积金

- **减少注册资本弥补亏损（简易减资）**
  - 公司依照公司法第214条第2款的规定弥补亏损后，仍有亏损的，可以减少注册资本弥补亏损 〔第225条〕
  - 减少注册资本弥补亏损的，公司不得向股东分配，也不得免除股东缴纳出资或者股款的义务
  - 减少注册资本弥补亏损的，无须通知债权人 〔第225条〕
  - 但应当自股东会作出减少注册资本决议之日起30日内在报纸上或者国家企业信用信息公示系统公告
- **因股东失权而减资**
  - 股东未按照公司章程规定的出资日期缴纳出资，被公司依法通知失权的 〔第52条〕
  - 股东丧失的股权应当依法转让，或者相应减少注册资本并注销该股权
- 有限责任公司全体股东约定不按出资比例减资
- 股份有限公司章程另有规定不按持股比例减资

违法减资的法律后果
- 违反公司法规定减少注册资本的 〔第226条〕
  - 股东应当退还其收到的资金，减免股东出资的应当恢复原状
  - 给公司造成损失的——股东及负有责任的董事、监事、高级管理人员应当承担赔偿责任

不依法通知或公告债权人的行政责任
- 公司在合并、分立、减少注册资本或者进行清算时，不依照本法规定通知或者公告债权人的 〔第255条〕
- 由公司登记机关责令改正，对公司处以1万元以上10万元以下的罚款

制作依据：公司法（2023）

关联法条

《中华人民共和国公司法》（2023修订）

第四十七条 有限责任公司的注册资本为在公司登记机关登记的全体股东认缴的出资额。全体股东认缴的出资额由股东按照公司章程的规定自公司成立之日起五年内缴足。

法律、行政法规以及国务院决定对有限责任公司注册资本实缴、注册资本最低限额、股东出资期限另有规定的，从其规定。

第四十九条 股东应当按期足额缴纳公司章程规定的各自所认缴的出资额。

股东以货币出资的，应当将货币出资足额存入有限责任公司在银行开设的账户；以非货币财产出资的，应当依法办理其财产权的转移手续。

股东未按期足额缴纳出资的，除应当向公司足额缴纳外，还应当对给公司造成的损失承担赔偿责任。

第九十八条 发起人应当在公司成立前按照其认购的股份全额缴纳股款。

发起人的出资，适用本法第四十八条、第四十九条第二款关于有限责任公司股东出资的规定。

《国务院关于实施〈中华人民共和国公司法〉注册资本登记管理制度的规定》

第二条 2024年6月30日前登记设立的公司，有限责任公司剩余认缴出资期限自2027年7月1日起超过5年的，应当在2027年6月30日前将其剩余认缴出资期限调整至5年内并记载于公司章程，股东应当在调整后的认缴出资期限内足额缴纳认缴的出资额；股份有限公司的发起人应当在2027年6月30日前按照其认购的股份全额缴纳股款。

公司生产经营涉及国家利益或者重大公共利益，国务院有关主管部门或者省级人民政府提出意见的，国务院市场监督管理部门可以同意其按原出资期限出资。

第三条 公司出资期限、注册资本明显异常的，公司登记机关可以结合公司的经营范围、经营状况以及股东的出资能力、主营项目、资产规模等进行研判，认定违背真实性、合理性原则的，可以依法要求其及时调整。

第四条 公司调整股东认缴和实缴的出资额、出资方式、出资期限，或者调整发起人认购的股份数等，应当自相关信息产生之日起20个工作日内通过国家企业信用信息公示系统向社会公示。

公司应当确保前款公示信息真实、准确、完整。

第六条 公司未按照本规定调整出资期限、注册资本的，由公司登记机关责令改正；逾期未改正的，由公司登记机关在国家企业信用信息公示系统作出特别标注并向社会公示。

第七条 公司因被吊销营业执照、责令关闭或者被撤销，或者通过其住所、经营场所无法联系被列入经营异常名录，出资期限、注册资本不符合本规定且无法调整的，公司登记机关对其另册管理，在国家企业信用信息公示系统作出特别标注并向社会公示。

第八条 公司自被吊销营业执照、责令关闭或者被撤销之日起，满3年未向公司登记机关申请注销公司登记的，公司登记机关可以通过国家企业信用信息公示系统予以公告，公告期限不少于60日。

公告期内，相关部门、债权人以及其他利害关系人向公司登记机关提出异议的，注销程序终止。公告期限届满后无异议的，公司登记机关可以注销公司登记，并在国家企业信用信息公示系统作出特别标注。

新公司法情形下注册资本登记管理制度

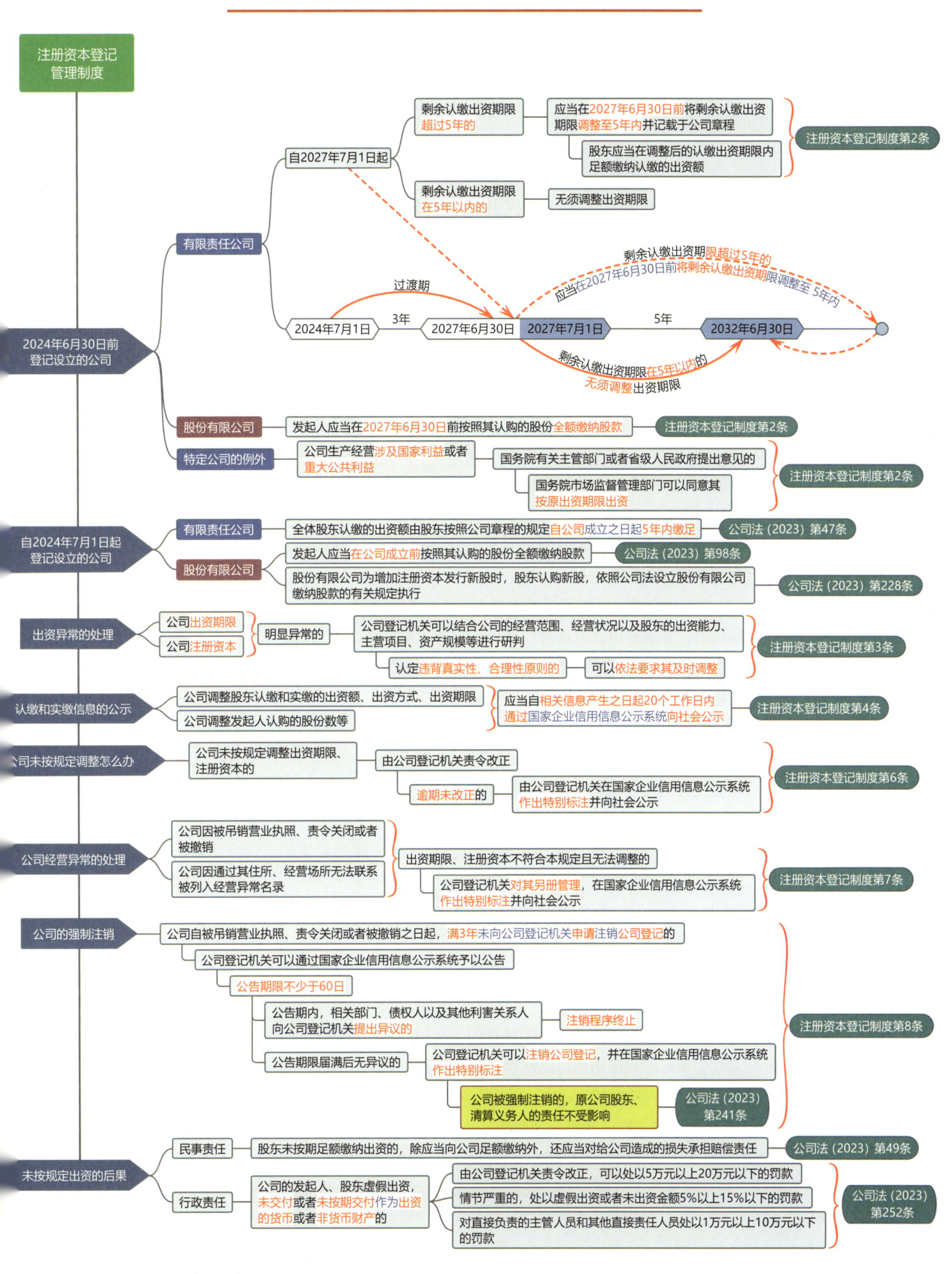

注册资本登记管理制度

2024年6月30日前登记设立的公司

有限责任公司

自2027年7月1日起：
- 剩余认缴出资期限**超过5年的**：应当在**2027年6月30日前**将剩余认缴出资期限**调整至5年内**并记载于公司章程；股东应当在调整后的认缴出资期限内足额缴纳认缴的出资额 —— 注册资本登记制度第2条
- 剩余认缴出资期限**在5年以内的**：无须调整出资期限

时间轴：2024年7月1日 —— 过渡期3年 —— 2027年6月30日 —— 2027年7月1日 —— 5年 —— 2032年6月30日

- 剩余认缴出资期限超过5年的，应当在2027年6月30日前将剩余认缴出资期限调整至5年内
- 剩余认缴出资期限在5年以内的，无须调整出资期限

股份有限公司

发起人应当在**2027年6月30日前**按照其认购的股份**全额缴纳股款** —— 注册资本登记制度第2条

特定公司的例外

- 公司生产经营**涉及国家利益**或者**重大公共利益**
- 国务院有关主管部门或者省级人民政府提出意见的
- 国务院市场监督管理部门可以同意其**按原出资期限出资**

—— 注册资本登记制度第2条

自2024年7月1日起登记设立的公司

- **有限责任公司**：全体股东认缴的出资额由股东按照公司章程的规定**自公司成立之日起5年内缴足** —— 公司法（2023）第47条
- **股份有限公司**：发起人应当**在公司成立前**按照其认购的股份全额缴纳股款 —— 公司法（2023）第98条
- 股份有限公司为增加注册资本发行新股时，股东认购新股，依照公司法设立股份有限公司缴纳股款的有关规定执行 —— 公司法（2023）第228条

出资异常的处理

- 公司**出资期限**
- 公司**注册资本**

明显异常的：公司登记机关可以结合公司的经营范围、经营状况以及股东的出资能力、主营项目、资产规模等进行研判；认定**违背真实性、合理性原则的**，可以**依法要求其及时调整** —— 注册资本登记制度第3条

认缴和实缴信息的公示

- 公司调整股东认缴和实缴的出资额、出资方式、出资期限
- 公司调整发起人认购的股份数等

应当自**相关信息产生之日起20个工作日内**通过**国家企业信用信息公示系统向社会公示** —— 注册资本登记制度第4条

公司未按规定调整怎么办

公司未按规定调整出资期限、注册资本的：
- 由公司登记机关责令改正
- **逾期未改正**的：由公司登记机关在国家企业信用信息公示系统**作出特别标注**并向社会公示

—— 注册资本登记制度第6条

公司经营异常的处理

- 公司因被吊销营业执照、责令关闭或者被撤销
- 公司因通过其住所、经营场所无法联系被列入经营异常名录

出资期限、注册资本不符合本规定且无法调整的：公司登记机关**对其另册管理**，在国家企业信用信息公示系统**作出特别标注**并向社会公示 —— 注册资本登记制度第7条

公司的强制注销

公司自被吊销营业执照、责令关闭或者被撤销之日起，**满3年未向公司登记机关申请注销公司登记**的：

- 公司登记机关可以通过国家企业信用信息公示系统予以公告
- **公告期限不少于60日**
- 公告期内，相关部门、债权人以及其他利害关系人向公司登记机关**提出异议的**：注销程序终止
- 公告期限届满后无异议的：公司登记机关可以**注销公司登记**，并在国家企业信用信息公示系统**作出特别标注**

公司被强制注销的，原公司股东、清算义务人的责任不受影响 —— 公司法（2023）第241条

—— 注册资本登记制度第8条

未按规定出资的后果

民事责任：股东未按期足额缴纳出资的，除应当向公司足额缴纳外，还应当对给公司造成的损失承担赔偿责任 —— 公司法（2023）第49条

行政责任：公司的发起人、股东虚假出资，**未交付**或者**未按期交付作为出资的货币**或者**非货币财产**的：
- 由公司登记机关责令改正，可以处以5万元以上20万元以下的罚款
- 情节严重的，处以虚假出资或者未出资金额5%以上15%以下的罚款
- 对直接负责的主管人员和其他直接责任人员处以1万元以上10万元以下的罚款

—— 公司法（2023）第252条

制作依据：公司法（2023）、注册资本登记制度

关联法条

《最高人民法院关于适用〈中华人民共和国公司法〉时间效力的若干规定》

第一条 公司法施行后的法律事实引起的民事纠纷案件，适用公司法的规定。

公司法施行前的法律事实引起的民事纠纷案件，当时的法律、司法解释有规定的，适用当时的法律、司法解释的规定，但是适用公司法更有利于实现其立法目的，适用公司法的规定：

（一）公司法施行前，公司的股东会召集程序不当，未被通知参加会议的股东自决议作出之日起一年内请求人民法院撤销的，适用公司法第二十六条第二款的规定；

（二）公司法施行前的股东会决议、董事会决议被人民法院依法确认不成立，对公司根据该决议与善意相对人形成的法律关系效力发生争议的，适用公司法第二十八条第二款的规定；

（三）公司法施行前，股东以债权出资，因出资方式发生争议的，适用公司法第四十八条第一款的规定；

（四）公司法施行前，有限责任公司股东向股东以外的人转让股权，因股权转让发生争议的，适用公司法第八十四条第二款的规定；

（五）公司法施行前，公司违反法律规定向股东分配利润、减少注册资本造成公司损失，因损害赔偿责任发生争议的，分别适用公司法第二百一十一条、第二百二十六条的规定；

（六）公司法施行前作出利润分配决议，因利润分配时限发生争议的，适用公司法第二百一十二条的规定；

（七）公司法施行前，公司减少注册资本，股东对相应减少出资额或者股份数量发生争议的，适用公司法第二百二十四条第三款的规定。

第二条 公司法施行前与公司有关的民事法律行为，依据当时的法律、司法解释认定无效而依据公司法认定有效，因民事法律行为效力发生争议的下列情形，适用公司法的规定：

（一）约定公司对所投资企业债务承担连带责任，对该约定效力发生争议的，适用公司法第十四条第二款的规定；

（二）公司作出使用资本公积金弥补亏损的公司决议，对该决议效力发生争议的，适用公司法第二百一十四条的规定；

（三）公司与其持股百分之九十以上的公司合并，对合并决议效力发生争议的，适用公司法第二百一十九条的规定。

第三条 公司法施行前订立的与公司有关的合同，合同的履行持续至公司法施行后，因公司法施行前的履行行为发生争议的，适用当时的法律、司法解释的规定；因公司法施行后的履行行为发生争议的下列情形，适用公司法的规定：

（一）代持上市公司股票合同，适用公司法第一百四十条第二款的规定；

（二）上市公司控股子公司取得该上市公司股份合同，适用公司法第一百四十一条的规定；

（三）股份有限公司为他人取得本公司或者母公司的股份提供赠与、借款、担保以及其他财务资助合同，适用公司法第一百六十三条的规定。

公司法时间效力规定中的溯及规则总揽

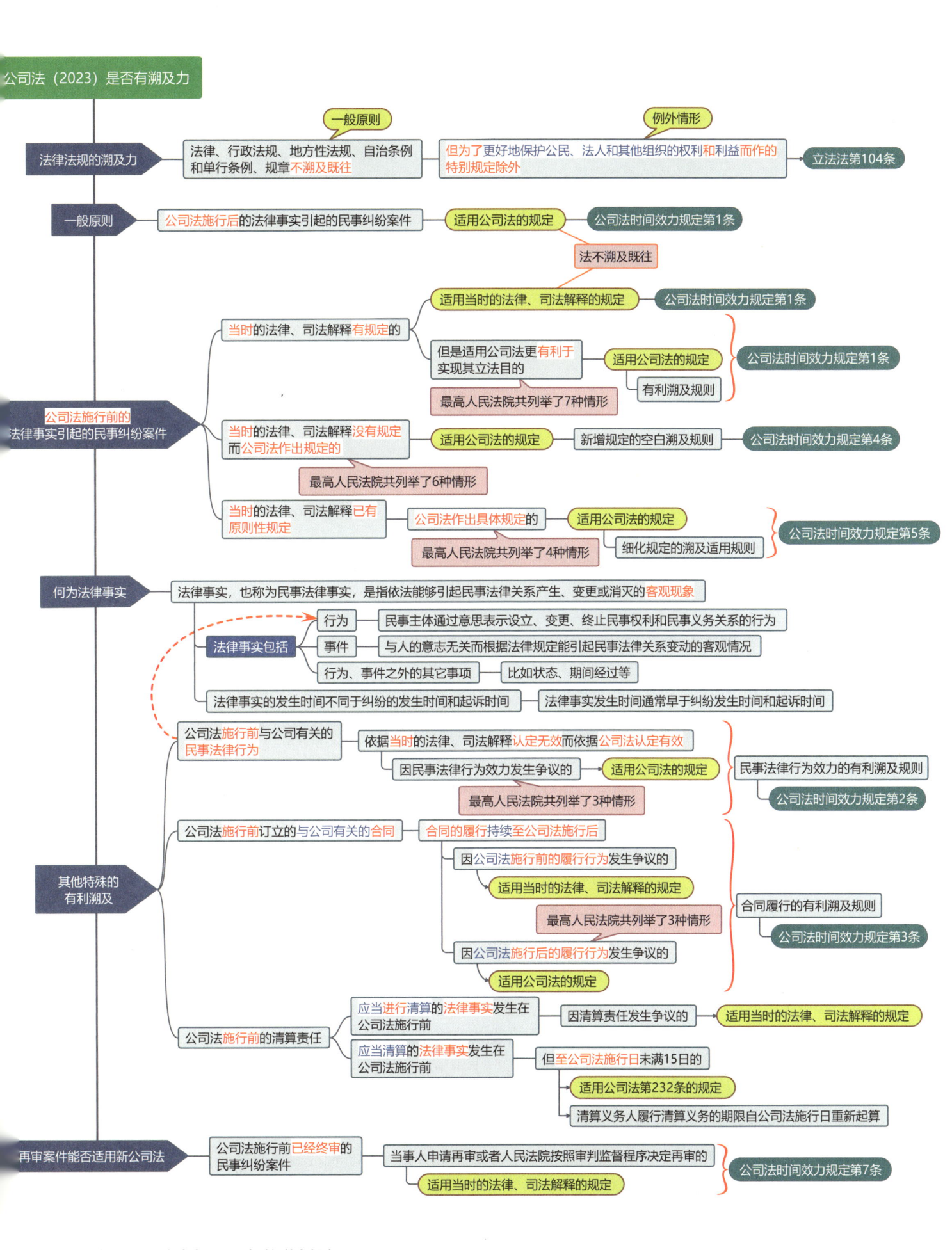

公司法（2023）是否有溯及力

法律法规的溯及力

一般原则：法律、行政法规、地方性法规、自治条例和单行条例、规章不溯及既往

例外情形：但为了更好地保护公民、法人和其他组织的权利和利益而作的特别规定除外

→ 立法法第104条

一般原则

- 公司法施行后的法律事实引起的民事纠纷案件 → 适用公司法的规定 → 公司法时间效力规定第1条

- 法不溯及既往

- 公司法施行前的法律事实引起的民事纠纷案件：
  - 当时的法律、司法解释有规定的 → 适用当时的法律、司法解释的规定 → 公司法时间效力规定第1条
    - 但是适用公司法更有利于实现其立法目的 → 适用公司法的规定（有利溯及规则）→ 公司法时间效力规定第1条
    - 最高人民法院共列举了7种情形
  - 当时的法律、司法解释没有规定而公司法作出规定的 → 适用公司法的规定（新增规定的空白溯及规则）→ 公司法时间效力规定第4条
    - 最高人民法院共列举了6种情形
  - 当时的法律、司法解释已有原则性规定 → 公司法作出具体规定的 → 适用公司法的规定（细化规定的溯及适用规则）→ 公司法时间效力规定第5条
    - 最高人民法院共列举了4种情形

何为法律事实

法律事实，也称为民事法律事实，是指依法能够引起民事法律关系产生、变更或消灭的客观现象

法律事实包括：
- 行为：民事主体通过意思表示设立、变更、终止民事权利和民事义务关系的行为
- 事件：与人的意志无关而根据法律规定能引起民事法律关系变动的客观情况
- 行为、事件之外的其它事项：比如状态、期间经过等

法律事实的发生时间不同于纠纷的发生时间和起诉时间 — 法律事实发生时间通常早于纠纷发生时间和起诉时间

其他特殊的有利溯及

- 公司法施行前与公司有关的民事法律行为：
  - 依据当时的法律、司法解释认定无效而依据公司法认定有效
  - 因民事法律行为效力发生争议的 → 适用公司法的规定（民事法律行为效力的有利溯及规则）→ 公司法时间效力规定第2条
  - 最高人民法院共列举了3种情形

- 公司法施行前订立的与公司有关的合同 — 合同的履行持续至公司法施行后：
  - 因公司法施行前的履行行为发生争议的 → 适用当时的法律、司法解释的规定（合同履行的有利溯及规则）→ 公司法时间效力规定第3条
  - 最高人民法院共列举了3种情形
  - 因公司法施行后的履行行为发生争议的 → 适用公司法的规定

- 公司法施行前的清算责任：
  - 应当进行清算的法律事实发生在公司法施行前 — 因清算责任发生争议的 → 适用当时的法律、司法解释的规定
  - 应当清算的法律事实发生在公司法施行前 — 但至公司法施行日未满15日的 → 适用公司法第232条的规定；清算义务人履行清算义务的期限自公司法施行日重新起算

再审案件能否适用新公司法

公司法施行前已经终审的民事纠纷案件 — 当事人申请再审或者人民法院按照审判监督程序决定再审的 → 适用当时的法律、司法解释的规定 → 公司法时间效力规定第7条

制作依据：立法法、公司法时间效力规定

关联法条

《最高人民法院关于适用〈中华人民共和国公司法〉时间效力的若干规定》

第一条 公司法施行后的法律事实引起的民事纠纷案件，适用公司法的规定。

公司法施行前的法律事实引起的民事纠纷案件，当时的法律、司法解释有规定的，适用当时的法律、司法解释的规定，但是适用公司法更有利于实现其立法目的，适用公司法的规定：

（一）公司法施行前，公司的股东会召集程序不当，未被通知参加会议的股东自决议作出之日起一年内请求人民法院撤销的，适用公司法第二十六条第二款的规定；

（二）公司法施行前的股东会决议、董事会决议被人民法院依法确认不成立，对公司根据该决议与善意相对人形成的法律关系效力发生争议的，适用公司法第二十八条第二款的规定；

（三）公司法施行前，股东以债权出资，因出资方式发生争议的，适用公司法第四十八条第一款的规定；

（四）公司法施行前，有限责任公司股东向股东以外的人转让股权，因股权转让发生争议的，适用公司法第八十四条第二款的规定；

（五）公司法施行前，公司违反法律规定向股东分配利润、减少注册资本造成公司损失，因损害赔偿责任发生争议的，分别适用公司法第二百一十一条、第二百二十六条的规定；

（六）公司法施行前作出利润分配决议，因利润分配时限发生争议的，适用公司法第二百一十二条的规定；

（七）公司法施行前，公司减少注册资本，股东对相应减少出资额或者股份数量发生争议的，适用公司法第二百二十四条第三款的规定。

适用公司法时间效力规定中的有利溯及规则

司法（2023）的有利溯及规则

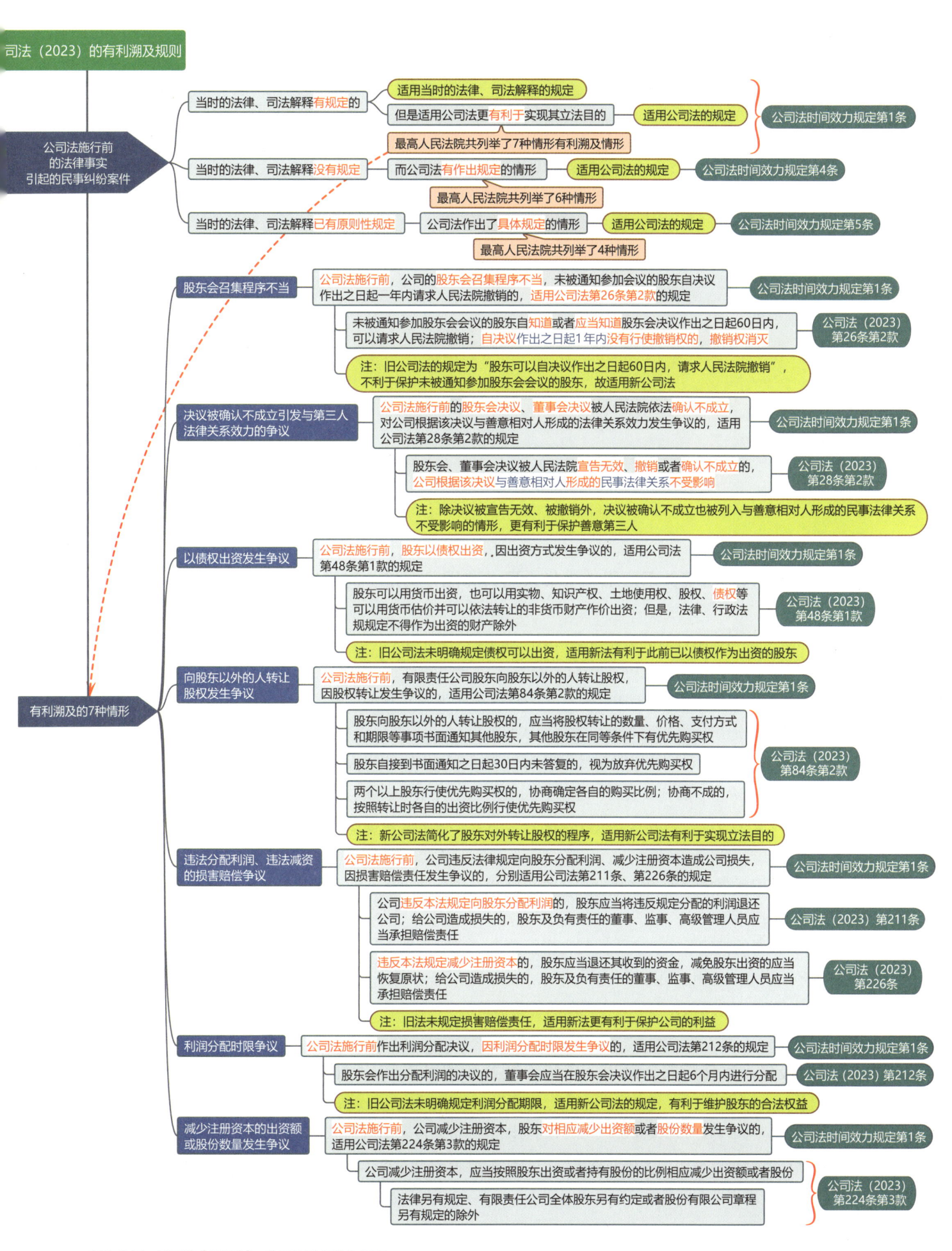

公司法施行前的法律事实引起的民事纠纷案件

- 当时的法律、司法解释**有规定**的
  - 适用当时的法律、司法解释的规定
  - 但是适用公司法更**有利于**实现其立法目的 → 适用公司法的规定
  - （公司法时间效力规定第1条）
  - 最高人民法院共列举了7种情形有利溯及情形
- 当时的法律、司法解释**没有规定**，而公司法**有作出规定**的情形 → 适用公司法的规定（公司法时间效力规定第4条）
  - 最高人民法院共列举了6种情形
- 当时的法律、司法解释**已有原则性规定**，公司法作出了**具体规定**的情形 → 适用公司法的规定（公司法时间效力规定第5条）
  - 最高人民法院共列举了4种情形

有利溯及的7种情形

股东会召集程序不当
- 公司法施行前，公司的**股东会召集程序不当**，未被通知参加会议的股东自决议作出之日起一年内请求人民法院撤销的，**适用公司法第26条第2款**的规定 —— 公司法时间效力规定第1条
- 未被通知参加股东会会议的股东自**知道**或者**应当知道**股东会决议作出之日起60日内，可以请求人民法院撤销；**自决议作出之日起1年内没有行使撤销权的，撤销权消灭** —— 公司法（2023）第26条第2款
- 注：旧公司法的规定为"股东可以自决议作出之日起60日内，请求人民法院撤销"，不利于保护未被通知参加股东会会议的股东，故适用新公司法

决议被确认不成立引发与第三人法律关系效力的争议
- 公司法施行前的**股东会决议、董事会决议**被人民法院依法**确认不成立**，对公司根据该决议与善意相对人形成的法律关系效力发生争议的，适用公司法第28条第2款的规定 —— 公司法时间效力规定第1条
- 股东会、董事会决议被人民法院**宣告无效、撤销**或者**确认不成立**的，**公司根据该决议与善意相对人形成的民事法律关系不受影响** —— 公司法（2023）第28条第2款
- 注：除决议被宣告无效、被撤销外，决议被确认不成立也被列入与善意相对人形成的民事法律关系不受影响的情形，更有利于保护善意第三人

以债权出资发生争议
- 公司法施行前，**股东以债权出资**，因出资方式发生争议的，适用公司法第48条第1款的规定 —— 公司法时间效力规定第1条
- 股东可以用货币出资，也可以用实物、知识产权、土地使用权、股权、**债权**等可以用货币估价并可以依法转让的非货币财产作价出资；但是，法律、行政法规规定不得作为出资的财产除外 —— 公司法（2023）第48条第1款
- 注：旧公司法未明确规定债权可以出资，适用新法有利于此前已以债权作为出资的股东

向股东以外的人转让股权发生争议
- 公司法施行前，有限责任公司股东向股东以外的人转让股权，因股权转让发生争议的，适用公司法第84条第2款的规定 —— 公司法时间效力规定第1条
- 股东向股东以外的人转让股权的，应当将股权转让的数量、价格、支付方式和期限等事项书面通知其他股东，其他股东在同等条件下有优先购买权
- 股东自接到书面通知之日起30日内未答复的，视为放弃优先购买权
- 两个以上股东行使优先购买权的，协商确定各自的购买比例；协商不成的，按照转让时各自的出资比例行使优先购买权
- —— 公司法（2023）第84条第2款
- 注：新公司法简化了股东对外转让股权的程序，适用新公司法有利于实现立法目的

违法分配利润、违法减资的损害赔偿争议
- 公司法施行前，公司违反法律规定向股东分配利润、减少注册资本造成公司损失，因损害赔偿责任发生争议的，分别适用公司法第211条、第226条的规定 —— 公司法时间效力规定第1条
- 公司**违反本法规定向股东分配利润**的，股东应当将违反规定分配的利润退还公司；给公司造成损失的，股东及负有责任的董事、监事、高级管理人员应当承担赔偿责任 —— 公司法（2023）第211条
- **违反本法规定减少注册资本**的，股东应当退还其收到的资金，减免股东出资的应当恢复原状；给公司造成损失的，股东及负有责任的董事、监事、高级管理人员应当承担赔偿责任 —— 公司法（2023）第226条
- 注：旧法未规定损害赔偿责任，适用新法更有利于保护公司的利益

利润分配时限争议
- 公司法施行前作出利润分配决议，**因利润分配时限发生争议**的，适用公司法第212条的规定 —— 公司法时间效力规定第1条
- 股东会作出分配利润的决议的，董事会应当在股东会决议作出之日起6个月内进行分配 —— 公司法（2023）第212条
- 注：旧公司法未明确规定利润分配期限，适用新公司法的规定，有利于维护股东的合法权益

减少注册资本的出资额或股份数量发生争议
- 公司法施行前，公司减少注册资本，股东**对相应减少出资额或者股份数量**发生争议的，适用公司法第224条第3款的规定 —— 公司法时间效力规定第1条
- 公司减少注册资本，应当按照股东出资或者持有股份的比例相应减少出资额或者股份
- 法律另有规定、有限责任公司全体股东另有约定或者股份有限公司章程另有规定的除外
- —— 公司法（2023）第224条第3款

制作依据：公司法（2023）、公司法时间效力规定

关联法条

《最高人民法院关于适用〈中华人民共和国公司法〉时间效力的若干规定》

第四条 公司法施行前的法律事实引起的民事纠纷案件,当时的法律、司法解释没有规定而公司法作出规定的下列情形,适用公司法的规定:

(一)股东转让未届出资期限的股权,受让人未按期足额缴纳出资的,关于转让人、受让人出资责任的认定,适用公司法第八十八条第一款的规定;

(二)有限责任公司的控股股东滥用股东权利,严重损害公司或者其他股东利益,其他股东请求公司按照合理价格收购其股权的,适用公司法第八十九条第三款、第四款的规定;

(三)对股份有限公司股东会决议投反对票的股东请求公司按照合理价格收购其股份的,适用公司法第一百六十一条的规定;

(四)不担任公司董事的控股股东、实际控制人执行公司事务的民事责任认定,适用公司法第一百八十条的规定;

(五)公司的控股股东、实际控制人指示董事、高级管理人员从事活动损害公司或者股东利益的民事责任认定,适用公司法第一百九十二条的规定;

(六)不明显背离相关当事人合理预期的其他情形。

《最高人民法院关于适用〈中华人民共和国民法典〉时间效力的若干规定》

第三条 民法典施行前的法律事实引起的民事纠纷案件,当时的法律、司法解释没有规定而民法典有规定的,可以适用民法典的规定,但是明显减损当事人合法权益、增加当事人法定义务或者背离当事人合理预期的除外。

适用公司法时间效力规定中的空白溯及规则

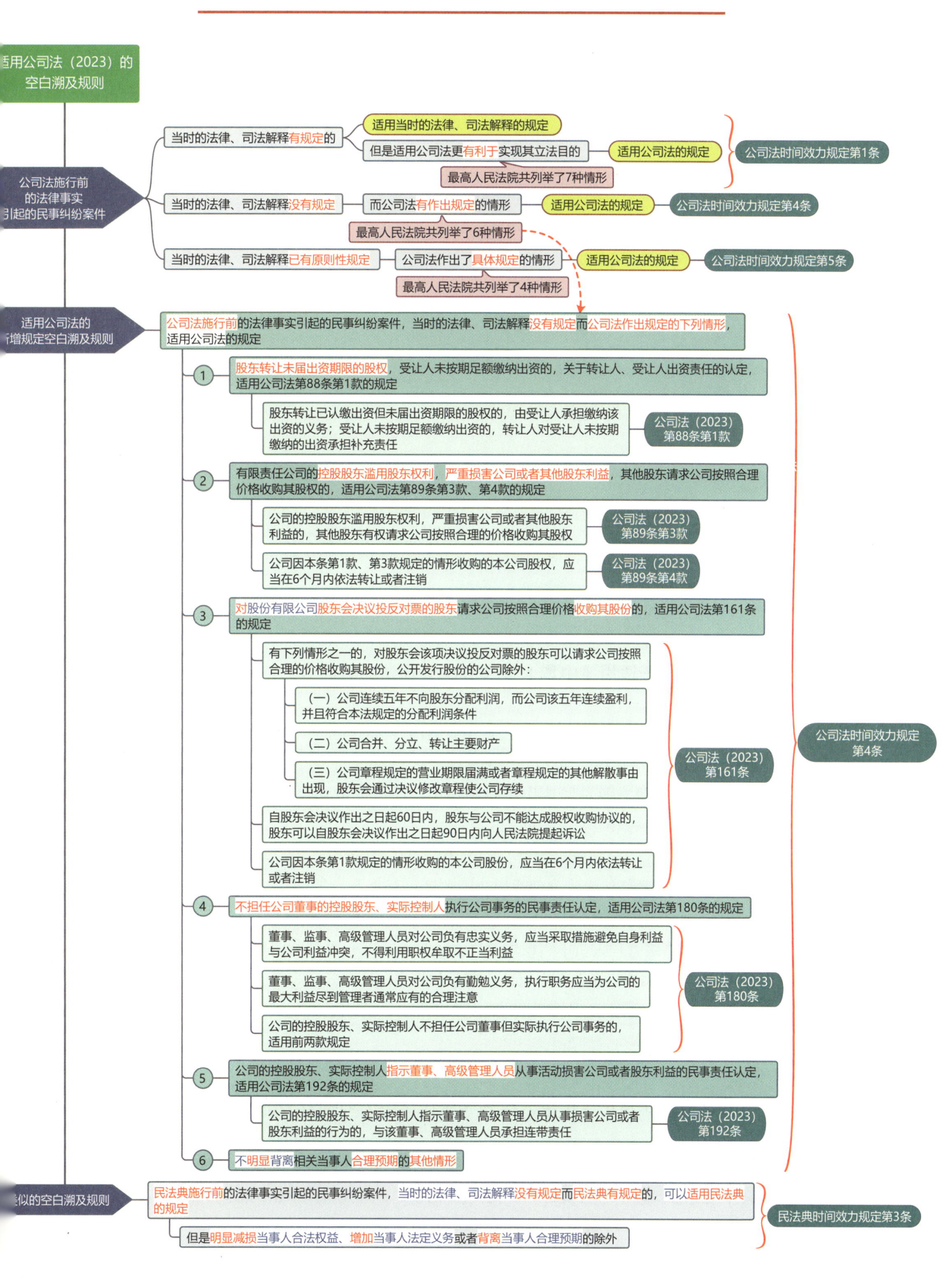

适用公司法（2023）的空白溯及规则

公司法施行前的法律事实引起的民事纠纷案件

- 当时的法律、司法解释**有规定**的
  - 适用当时的法律、司法解释的规定
  - 但是适用公司法更**有利于**实现其立法目的 → 适用公司法的规定　【公司法时间效力规定第1条】
  - 最高人民法院共列举了7种情形
- 当时的法律、司法解释**没有规定**，而公司法**有作出规定**的情形 → 适用公司法的规定　【公司法时间效力规定第4条】
  - 最高人民法院共列举了6种情形
- 当时的法律、司法解释**已有原则性规定**，公司法作出了**具体规定**的情形 → 适用公司法的规定　【公司法时间效力规定第5条】
  - 最高人民法院共列举了4种情形

适用公司法的新增规定空白溯及规则

公司法施行前的法律事实引起的民事纠纷案件，当时的法律、司法解释没有规定而公司法作出规定的下列情形，适用公司法的规定：

1. **股东转让未届出资期限的股权**，受让人未按期足额缴纳出资的，关于转让人、受让人出资责任的认定，适用公司法第88条第1款的规定
   - 【公司法（2023）第88条第1款】股东转让已认缴出资但未届出资期限的股权的，由受让人承担缴纳该出资的义务；受让人未按期足额缴纳出资的，转让人对受让人未按期缴纳的出资承担补充责任

2. 有限责任公司的**控股股东滥用股东权利**，**严重损害公司或者其他股东利益**，其他股东请求公司按照合理价格收购其股权的，适用公司法第89条第3款、第4款的规定
   - 【公司法（2023）第89条第3款】公司的控股股东滥用股东权利，严重损害公司或者其他股东利益的，其他股东有权请求公司按照合理的价格收购其股权
   - 【公司法（2023）第89条第4款】公司因本条第1款、第3款规定的情形收购的本公司股权，应当在6个月内依法转让或者注销

3. 对股份有限公司**股东会决议投反对票的股东**请求公司按照合理价格**收购其股份**的，适用公司法第161条的规定
   - 【公司法（2023）第161条】
     - 有下列情形之一的，对股东会该项决议投反对票的股东可以请求公司按照合理的价格收购其股份，公开发行股份的公司除外：
       - （一）公司连续五年不向股东分配利润，而公司该五年连续盈利，并且符合本法规定的分配利润条件
       - （二）公司合并、分立、转让主要财产
       - （三）公司章程规定的营业期限届满或者章程规定的其他解散事由出现，股东会通过决议修改章程使公司存续
     - 自股东会决议作出之日起60日内，股东与公司不能达成股权收购协议的，股东可以自股东会决议作出之日起90日内向人民法院提起诉讼
     - 公司因本条第1款规定的情形收购的本公司股份，应当在6个月内依法转让或者注销

4. **不担任公司董事的控股股东、实际控制人**执行公司事务的民事责任认定，适用公司法第180条的规定
   - 【公司法（2023）第180条】
     - 董事、监事、高级管理人员对公司负有忠实义务，应当采取措施避免自身利益与公司利益冲突，不得利用职权牟取不正当利益
     - 董事、监事、高级管理人员对公司负有勤勉义务，执行职务应当为公司的最大利益尽到管理者通常应有的合理注意
     - 公司的控股股东、实际控制人不担任公司董事但实际执行公司事务的，适用前两款规定

5. 公司的控股股东、实际控制人**指示董事**、**高级管理人员**从事活动损害公司或者股东利益的民事责任认定，适用公司法第192条的规定
   - 【公司法（2023）第192条】公司的控股股东、实际控制人指示董事、高级管理人员从事损害公司或者股东利益的行为的，与该董事、高级管理人员承担连带责任

6. **不明显背离**相关当事人**合理预期**的**其他情形**

【公司法时间效力规定第4条】

类似的空白溯及规则

民法典施行前的法律事实引起的民事纠纷案件，当时的法律、司法解释没有规定而民法典有规定的，可以适用民法典的规定。

但是明显减损当事人合法权益、增加当事人法定义务或者背离当事人合理预期的除外。

【民法典时间效力规定第3条】

制作依据：公司法（2023）、公司法时间效力规定、民法典时间效力规定

关联法条

《最高人民法院关于适用〈中华人民共和国公司法〉时间效力的若干规定》

第五条　公司法施行前的法律事实引起的民事纠纷案件，当时的法律、司法解释已有原则性规定，公司法作出具体规定的下列情形，适用公司法的规定：

（一）股份有限公司章程对股份转让作了限制规定，因该规定发生争议的，适用公司法第一百五十七条的规定；

（二）对公司监事实施挪用公司资金等禁止性行为、违法关联交易、不当谋取公司商业机会、经营限制的同类业务的赔偿责任认定，分别适用公司法第一百八十一条、第一百八十二条第一款、第一百八十三条、第一百八十四条的规定；

（三）对公司董事、高级管理人员不当谋取公司商业机会、经营限制的同类业务的赔偿责任认定，分别适用公司法第一百八十三条、第一百八十四条的规定；

（四）对关联关系主体范围以及关联交易性质的认定，适用公司法第一百八十二条、第二百六十五条第四项的规定。

《最高人民法院关于适用〈中华人民共和国民法典〉时间效力的若干规定》

第四条　民法典施行前的法律事实引起的民事纠纷案件，当时的法律、司法解释仅有原则性规定而民法典有具体规定的，适用当时的法律、司法解释的规定，但是可以依据民法典具体规定进行裁判说理。

适用公司法时间效力规定中的细化规定溯及规则

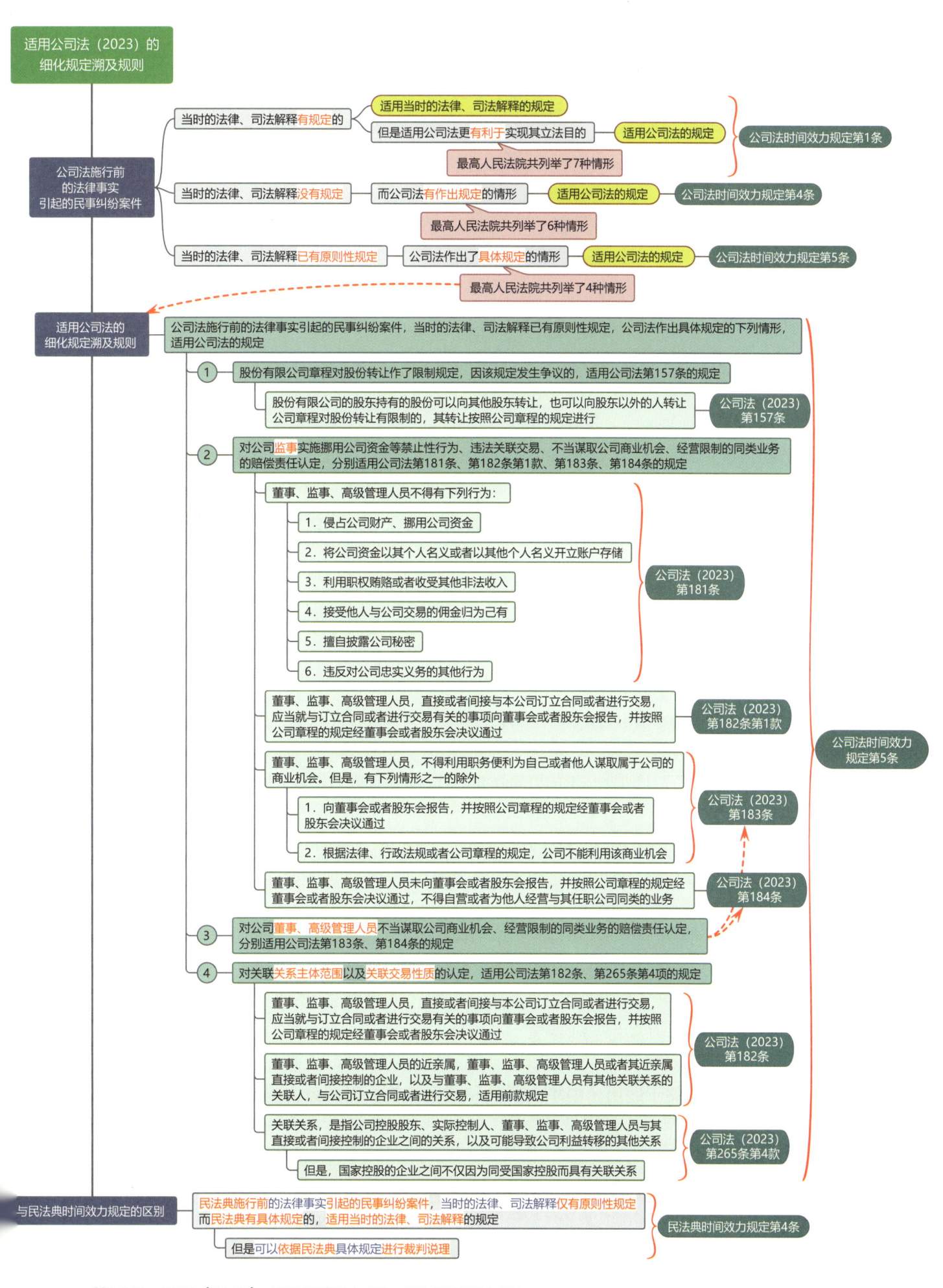

适用公司法（2023）的细化规定溯及规则

公司法施行前的法律事实引起的民事纠纷案件

- 当时的法律、司法解释**有规定**的
  - 适用当时的法律、司法解释的规定
  - 但是适用公司法更**有利于**实现其立法目的 → 适用公司法的规定
  - 最高人民法院共列举了7种情形
  - 〔公司法时间效力规定第1条〕

- 当时的法律、司法解释**没有规定**，而公司法**有作出规定**的情形 → 适用公司法的规定
  - 最高人民法院共列举了6种情形
  - 〔公司法时间效力规定第4条〕

- 当时的法律、司法解释**已有原则性规定**，公司法作出了**具体规定**的情形 → 适用公司法的规定
  - 最高人民法院共列举了4种情形
  - 〔公司法时间效力规定第5条〕

适用公司法的细化规定溯及规则

公司法施行前的法律事实引起的民事纠纷案件，当时的法律、司法解释已有原则性规定，公司法作出具体规定的下列情形，适用公司法的规定

1 股份有限公司章程对股份转让作了限制规定，因该规定发生争议的，适用公司法第157条的规定

> 股份有限公司的股东持有的股份可以向其他股东转让，也可以向股东以外的人转让。公司章程对股份转让有限制的，其转让按照公司章程的规定进行
> 〔公司法（2023）第157条〕

2 对公司**监事**实施挪用公司资金等禁止性行为、违法关联交易、不当谋取公司商业机会、经营限制的同类业务的赔偿责任认定，分别适用公司法第181条、第182条第1款、第183条、第184条的规定

> 董事、监事、高级管理人员不得有下列行为：
> 1．侵占公司财产、挪用公司资金
> 2．将公司资金以其个人名义或者以其他个人名义开立账户存储
> 3．利用职权贿赂或者收受其他非法收入
> 4．接受他人与公司交易的佣金归为己有
> 5．擅自披露公司秘密
> 6．违反对公司忠实义务的其他行为
> 〔公司法（2023）第181条〕

> 董事、监事、高级管理人员，直接或者间接与本公司订立合同或者进行交易，应当就与订立合同或者进行交易有关的事项向董事会或者股东会报告，并按照公司章程的规定经董事会或者股东会决议通过
> 〔公司法（2023）第182条第1款〕

> 董事、监事、高级管理人员，不得利用职务便利为自己或者他人谋取属于公司的商业机会。但是，有下列情形之一的除外
> 1．向董事会或者股东会报告，并按照公司章程的规定经董事会或者股东会决议通过
> 2．根据法律、行政法规或者公司章程的规定，公司不能利用该商业机会
> 〔公司法（2023）第183条〕

> 董事、监事、高级管理人员未向董事会或者股东会报告，并按照公司章程的规定经董事会或者股东会决议通过，不得自营或者为他人经营与其任职公司同类的业务
> 〔公司法（2023）第184条〕

3 对公司**董事、高级管理人员**不当谋取公司商业机会、经营限制的同类业务的赔偿责任认定，分别适用公司法第183条、第184条的规定

4 对关联**关系主体范围**以及**关联交易性质**的认定，适用公司法第182条、第265条第4项的规定

> 董事、监事、高级管理人员，直接或者间接与本公司订立合同或者进行交易，应当就与订立合同或者进行交易有关的事项向董事会或者股东会报告，并按照公司章程的规定经董事会或者股东会决议通过

> 董事、监事、高级管理人员的近亲属，董事、监事、高级管理人员或者其近亲属直接或者间接控制的企业，以及与董事、监事、高级管理人员有其他关联关系的关联人，与公司订立合同或者进行交易，适用前款规定
> 〔公司法（2023）第182条〕

> 关联关系，是指公司控股股东、实际控制人、董事、监事、高级管理人员与其直接或者间接控制的企业之间的关系，以及可能导致公司利益转移的其他关系
> 但是，国家控股的企业之间不仅因为同受国家控股而具有关联关系
> 〔公司法（2023）第265条第4款〕

〔公司法时间效力规定第5条〕

与民法典时间效力规定的区别

民法典施行前的法律事实引起的民事纠纷案件，当时的法律、司法解释**仅有原则性规定**而**民法典有具体规定**的，**适用当时的法律、司法解释**的规定
- 但是**可以依据民法典具体规定进行裁判说理**
〔民法典时间效力规定第4条〕

制作依据：公司法（2023）、公司法时间效力规定、民法典时间效力规定

关联法条

《最高人民法院关于适用〈中华人民共和国公司法〉时间效力的若干规定》

第二条　公司法施行前与公司有关的民事法律行为，依据当时的法律、司法解释认定无效而依据公司法认定有效，因民事法律行为效力发生争议的下列情形，适用公司法的规定：

（一）约定公司对所投资企业债务承担连带责任，对该约定效力发生争议的，适用公司法第十四条第二款的规定；

（二）公司作出使用资本公积金弥补亏损的公司决议，对该决议效力发生争议的，适用公司法第二百一十四条的规定；

（三）公司与其持股百分之九十以上的公司合并，对合并决议效力发生争议的，适用公司法第二百一十九条的规定。

第三条　公司法施行前订立的与公司有关的合同，合同的履行持续至公司法施行后，因公司法施行前的履行行为发生争议的，适用当时的法律、司法解释的规定；因公司法施行后的履行行为发生争议的下列情形，适用公司法的规定：

（一）代持上市公司股票合同，适用公司法第一百四十条第二款的规定；

（二）上市公司控股子公司取得该上市公司股份合同，适用公司法第一百四十一条的规定；

（三）股份有限公司为他人取得本公司或者母公司的股份提供赠与、借款、担保以及其他财务资助合同，适用公司法第一百六十三条的规定。

《最高人民法院关于适用〈中华人民共和国民法典〉时间效力的若干规定》

第二十条　民法典施行前成立的合同，依照法律规定或者当事人约定该合同的履行持续至民法典施行后，因民法典施行前履行合同发生争议的，适用当时的法律、司法解释的规定；因民法典施行后履行合同发生争议的，适用民法典第三编第四章和第五章的相关规定。

公司法施行前与公司有关的民事法律行为及合同的有利溯及规则

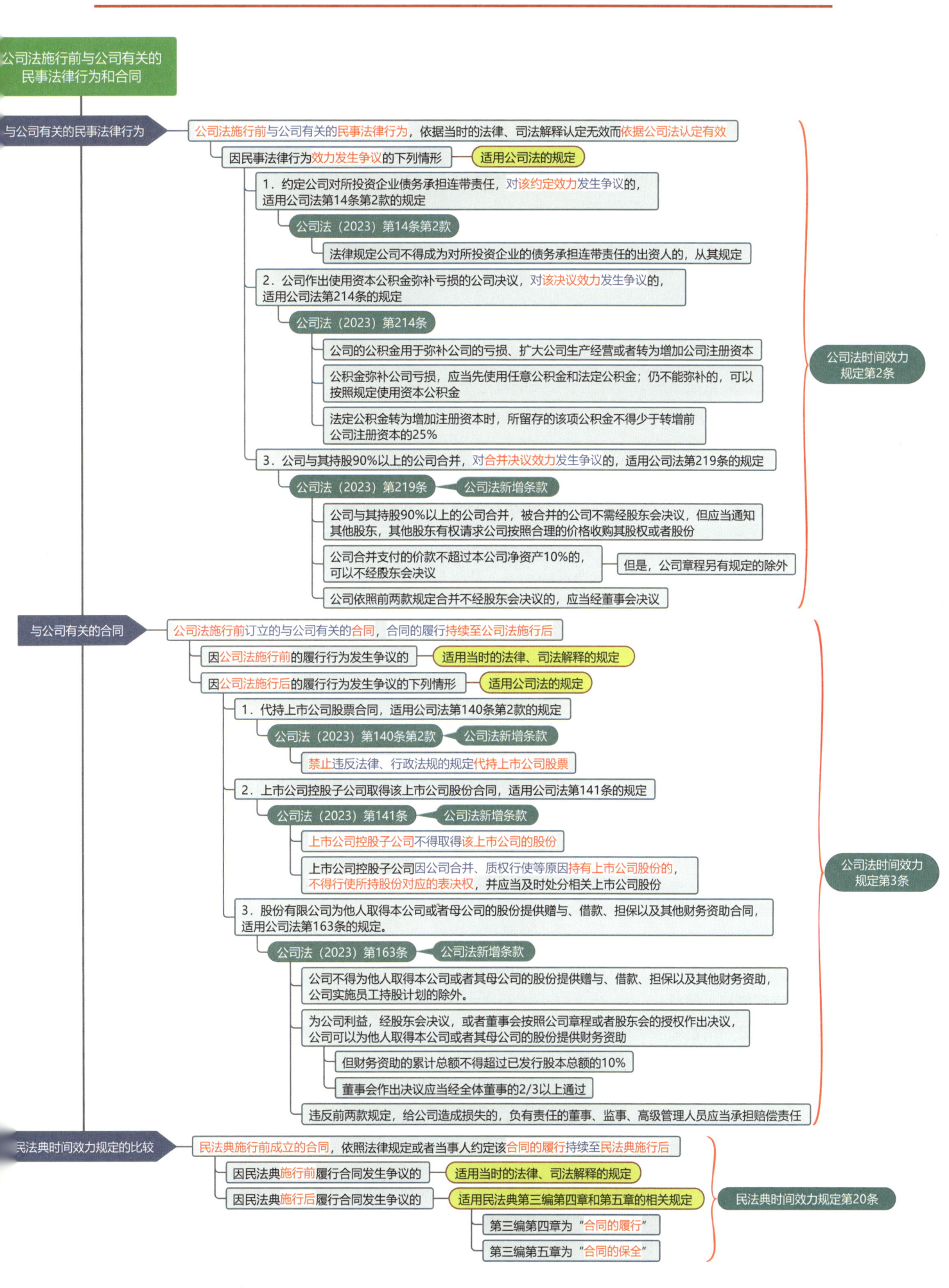

- 公司法施行前与公司有关的民事法律行为和合同
  - **与公司有关的民事法律行为**
    - 公司法施行前与公司有关的民事法律行为，依据当时的法律、司法解释认定无效而依据公司法认定有效
      - 因民事法律行为效力发生争议的下列情形 —— 适用公司法的规定
        - 1. 约定公司对所投资企业债务承担连带责任，对该约定效力发生争议的，适用公司法第14条第2款的规定
          - 公司法（2023）第14条第2款
            - 法律规定公司不得成为对所投资企业的债务承担连带责任的出资人的，从其规定
        - 2. 公司作出使用资本公积金弥补亏损的公司决议，对该决议效力发生争议的，适用公司法第214条的规定
          - 公司法（2023）第214条
            - 公司的公积金用于弥补公司的亏损、扩大公司生产经营或者转为增加公司注册资本
            - 公积金弥补公司亏损，应当先使用任意公积金和法定公积金；仍不能弥补的，可以按照规定使用资本公积金
            - 法定公积金转为增加注册资本时，所留存的该项公积金不得少于转增前公司注册资本的25%
        - 3. 公司与其持股90%以上的公司合并，对合并决议效力发生争议的，适用公司法第219条的规定
          - 公司法（2023）第219条 【公司法新增条款】
            - 公司与其持股90%以上的公司合并，被合并的公司不需经股东会决议，但应当通知其他股东，其他股东有权请求公司按照合理的价格收购其股权或者股份
            - 公司合并支付的价款不超过本公司净资产10%的，可以不经股东会决议 —— 但是，公司章程另有规定的除外
            - 公司依照前两款规定合并不经股东会决议的，应当经董事会决议
      - 〉公司法时间效力规定第2条
  - **与公司有关的合同**
    - 公司法施行前订立的与公司有关的合同，合同的履行持续至公司法施行后
      - 因公司法施行前的履行行为发生争议的 —— 适用当时的法律、司法解释的规定
      - 因公司法施行后的履行行为发生争议的下列情形 —— 适用公司法的规定
        - 1. 代持上市公司股票合同，适用公司法第140条第2款的规定
          - 公司法（2023）第140条第2款 【公司法新增条款】
            - 禁止违反法律、行政法规的规定代持上市公司股票
        - 2. 上市公司控股子公司取得该上市公司股份合同，适用公司法第141条的规定
          - 公司法（2023）第141条 【公司法新增条款】
            - 上市公司控股子公司不得取得该上市公司的股份
            - 上市公司控股子公司因公司合并、质权行使等原因持有上市公司股份的，不得行使所持股份对应的表决权，并应当及时处分相关上市公司股份
        - 3. 股份有限公司为他人取得本公司或者母公司的股份提供赠与、借款、担保以及其他财务资助合同，适用公司法第163条的规定。
          - 公司法（2023）第163条 【公司法新增条款】
            - 公司不得为他人取得本公司或者其母公司的股份提供赠与、借款、担保以及其他财务资助，公司实施员工持股计划的除外。
            - 为公司利益，经股东会决议，或者董事会按照公司章程或者股东会的授权作出决议，公司可以为他人取得本公司或者其母公司的股份提供财务资助
              - 但财务资助的累计总额不得超过已发行股本总额的10%
              - 董事会作出决议应当经全体董事的2/3以上通过
            - 违反前两款规定，给公司造成损失的，负有责任的董事、监事、高级管理人员应当承担赔偿责任
      - 〉公司法时间效力规定第3条
  - **民法典时间效力规定的比较**
    - 民法典施行前成立的合同，依照法律规定或者当事人约定该合同的履行持续至民法典施行后
      - 因民法典施行前履行合同发生争议的 —— 适用当时的法律、司法解释的规定
      - 因民法典施行后履行合同发生争议的 —— 适用民法典第三编第四章和第五章的相关规定
        - 第三编第四章为"合同的履行"
        - 第三编第五章为"合同的保全"
      - 〉民法典时间效力规定第20条

制作依据：公司法（2023）、公司法时间效力规定、民法典时间效力规定

关联法条

《中华人民共和国公司法》(2023修订)

第二百二十九条 公司因下列原因解散：
（一）公司章程规定的营业期限届满或者公司章程规定的其他解散事由出现；
（二）股东会决议解散；
（三）因公司合并或者分立需要解散；
（四）依法被吊销营业执照、责令关闭或者被撤销；
（五）人民法院依照本法第二百三十一条的规定予以解散。
公司出现前款规定的解散事由，应当在十日内将解散事由通过国家企业信用信息公示系统予以公示。

第二百三十一条 公司经营管理发生严重困难，继续存续会使股东利益受到重大损失，通过其他途径不能解决的，持有公司百分之十以上表决权的股东，可以请求人民法院解散公司。

第二百三十二条 公司因本法第二百二十九条第一款第一项、第二项、第四项、第五项规定而解散的，应当清算。董事为公司清算义务人，应当在解散事由出现之日起十五日内组成清算组进行清算。
清算组由董事组成，但是公司章程另有规定或者股东会决议另选他人的除外。
清算义务人未及时履行清算义务，给公司或者债权人造成损失的，应当承担赔偿责任。

第二百三十三条 公司依照前条第一款的规定应当清算，逾期不成立清算组进行清算或者成立清算组后不清算的，利害关系人可以申请人民法院指定有关人员组成清算组进行清算。人民法院应当受理该申请，并及时组织清算组进行清算。
公司因本法第二百二十九条第一款第四项的规定而解散的，作出吊销营业执照、责令关闭或者撤销决定的部门或者公司登记机关，可以申请人民法院指定有关人员组成清算组进行清算。

第二百三十四条 清算组在清算期间行使下列职权：
（一）清理公司财产，分别编制资产负债表和财产清单；
（二）通知、公告债权人；
（三）处理与清算有关的公司未了结的业务；
（四）清缴所欠税款以及清算过程中产生的税款；
（五）清理债权、债务；
（六）分配公司清偿债务后的剩余财产；
（七）代表公司参与民事诉讼活动。

第二百三十五条 清算组应当自成立之日起十日内通知债权人，并于六十日内在报纸上或者国家企业信用信息公示系统公告。债权人应当自接到通知之日起三十日内，未接到通知的自公告之日起四十五日内，向清算组申报其债权。
债权人申报债权，应当说明债权的有关事项，并提供证明材料。清算组应当对债权进行登记。
在申报债权期间，清算组不得对债权人进行清偿。

公司的解散和清算程序

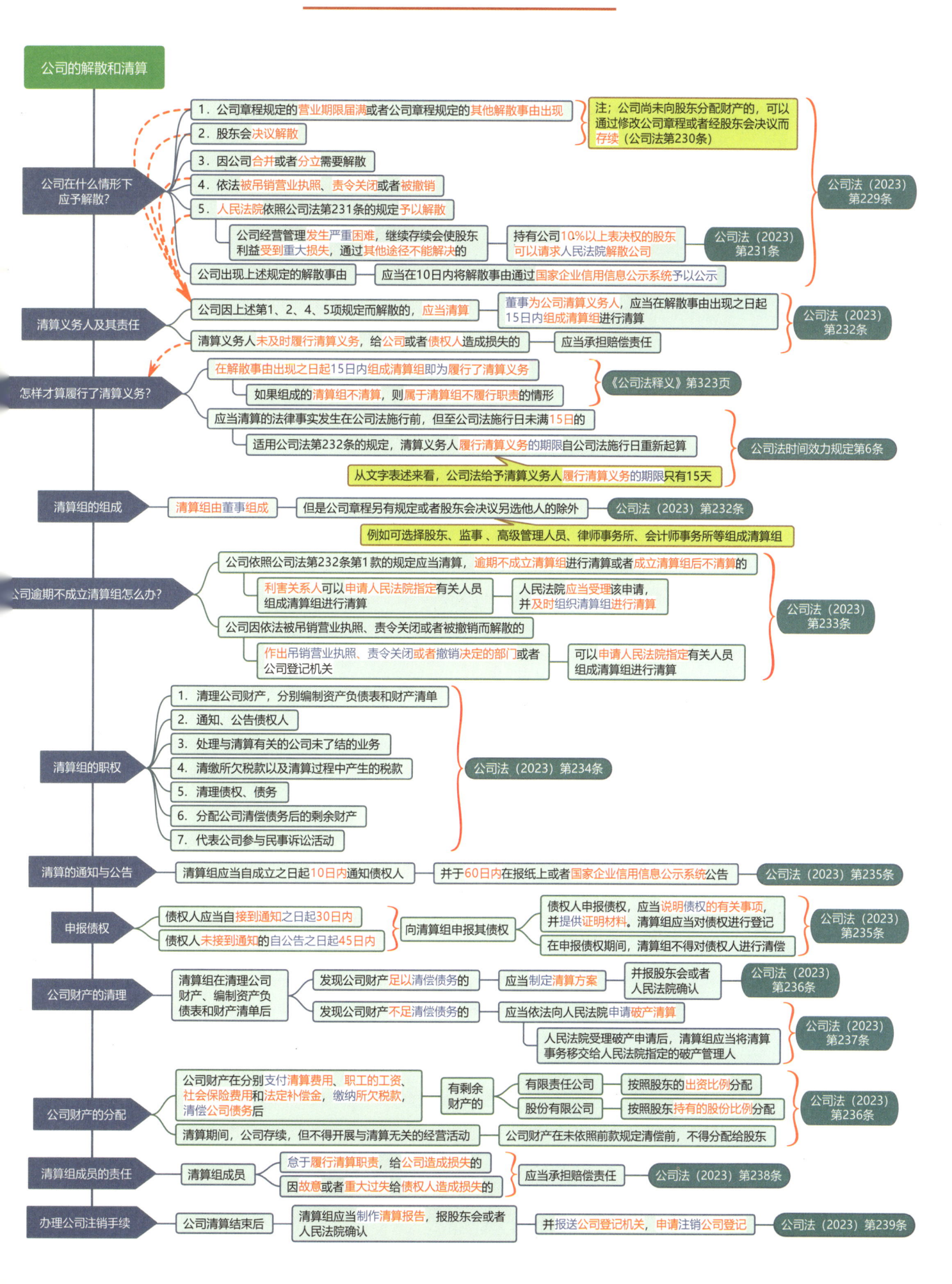

公司的解散和清算

公司在什么情形下应予解散？
1. 公司章程规定的营业期限届满或者公司章程规定的其他解散事由出现
   - 注：公司尚未向股东分配财产的，可以通过修改公司章程或者经股东会决议而存续（公司法第230条）
2. 股东会决议解散
3. 因公司合并或者分立需要解散
4. 依法被吊销营业执照、责令关闭或者被撤销
5. 人民法院依照公司法第231条的规定予以解散
   - 公司经营管理发生严重困难，继续存续会使股东利益受到重大损失，通过其他途径不能解决的 → 持有公司10%以上表决权的股东可以请求人民法院解散公司（公司法（2023）第231条）
- 公司出现上述规定的解散事由 → 应当在10日内将解散事由通过国家企业信用信息公示系统予以公示

（公司法（2023）第229条）

清算义务人及其责任
- 公司因上述第1、2、4、5项规定而解散的，应当清算 → 董事为公司清算义务人，应当在解散事由出现之日起15日内组成清算组进行清算
- 清算义务人未及时履行清算义务，给公司或者债权人造成损失的 → 应当承担赔偿责任

（公司法（2023）第232条）

怎样才算履行了清算义务？
- 在解散事由出现之日起15日内组成清算组即为履行了清算义务
  - 如果组成的清算组不清算，则属于清算组不履行职责的情形（《公司法释义》第323页）
- 应当清算的法律事实发生在公司法施行前，但至公司法施行日未满15日的
  - 适用公司法第232条的规定，清算义务人履行清算义务的期限自公司法施行日重新起算（公司法时间效力规定第6条）
- 从文字表述来看，公司法给予清算义务人履行清算义务的期限只有15天

清算组的组成
- 清算组由董事组成 → 但是公司章程另有规定或者股东会决议另选他人的除外（公司法（2023）第232条）
- 例如可选择股东、监事、高级管理人员、律师事务所、会计师事务所等组成清算组

公司逾期不成立清算组怎么办？
- 公司依照公司法第232条第1款的规定应当清算，逾期不成立清算组进行清算或者成立清算组后不清算的
  - 利害关系人可以申请人民法院指定有关人员组成清算组进行清算 → 人民法院应当受理该申请，并及时组织清算组进行清算
- 公司因依法被吊销营业执照、责令关闭或者被撤销而解散的
  - 作出吊销营业执照、责令关闭或者撤销决定的部门或者公司登记机关 → 可以申请人民法院指定有关人员组成清算组进行清算

（公司法（2023）第233条）

清算组的职权
1. 清理公司财产，分别编制资产负债表和财产清单
2. 通知、公告债权人
3. 处理与清算有关的公司未了结的业务
4. 清缴所欠税款以及清算过程中产生的税款
5. 清理债权、债务
6. 分配公司清偿债务后的剩余财产
7. 代表公司参与民事诉讼活动

（公司法（2023）第234条）

清算的通知与公告
清算组应当自成立之日起10日内通知债权人，并于60日内在报纸上或者国家企业信用信息公示系统公告（公司法（2023）第235条）

申报债权
- 债权人应当自接到通知之日起30日内
- 债权人未接到通知的自公告之日起45日内
- 向清算组申报其债权
  - 债权人申报债权，应当说明债权的有关事项，并提供证明材料。清算组应当对债权进行登记
  - 在申报债权期间，清算组不得对债权人进行清偿

（公司法（2023）第235条）

公司财产的清理
- 清算组在清理公司财产、编制资产负债表和财产清单后
  - 发现公司财产足以清偿债务的 → 应当制定清算方案 → 并报股东会或者人民法院确认（公司法（2023）第236条）
  - 发现公司财产不足清偿债务的 → 应当依法向人民法院申请破产清算
    - 人民法院受理破产申请后，清算组应当将清算事务移交给人民法院指定的破产管理人（公司法（2023）第237条）

公司财产的分配
- 公司财产在分别支付清算费用、职工的工资、社会保险费用和法定补偿金、缴纳所欠税款、清偿公司债务后 → 有剩余财产的
  - 有限责任公司 → 按照股东的出资比例分配
  - 股份有限公司 → 按照股东持有的股份比例分配
- 清算期间，公司存续，但不得开展与清算无关的经营活动 → 公司财产在未依照前款规定清偿前，不得分配给股东

（公司法（2023）第236条）

清算组成员的责任
- 清算组成员
  - 怠于履行清算职责，给公司造成损失的
  - 因故意或者重大过失给债权人造成损失的
- 应当承担赔偿责任（公司法（2023）第238条）

办理公司注销手续
公司清算结束后 → 清算组应当制作清算报告，报股东会或者人民法院确认 → 并报送公司登记机关，申请注销公司登记（公司法（2023）第239条）

制作依据：公司法（2023）、《公司法释义》（法律出版社2024年版）、公司法时间效力规定

程序篇

执 行

关 联 法 条

《最高人民法院关于民事执行中变更、追加当事人若干问题的规定》（2020修正）

第二条　作为申请执行人的自然人死亡或被宣告死亡，该自然人的遗产管理人、继承人、受遗赠人或其他因该自然人死亡或被宣告死亡依法承受生效法律文书确定权利的主体，申请变更、追加其为申请执行人的，人民法院应予支持。

作为申请执行人的自然人被宣告失踪，该自然人的财产代管人申请变更、追加其为申请执行人的，人民法院应予支持。

第三条　作为申请执行人的自然人离婚时，生效法律文书确定的权利全部或部分分割给其配偶，该配偶申请变更、追加其为申请执行人的，人民法院应予支持。

第四条　作为申请执行人的法人或非法人组织终止，因该法人或非法人组织终止依法承受生效法律文书确定权利的主体，申请变更、追加其为申请执行人的，人民法院应予支持。

第五条　作为申请执行人的法人或非法人组织因合并而终止，合并后存续或新设的法人、非法人组织申请变更其为申请执行人的，人民法院应予支持。

第六条　作为申请执行人的法人或非法人组织分立，依分立协议约定承受生效法律文书确定权利的新设法人或非法人组织，申请变更、追加其为申请执行人的，人民法院应予支持。

第七条　作为申请执行人的法人或非法人组织清算或破产时，生效法律文书确定的权利依法分配给第三人，该第三人申请变更、追加其为申请执行人的，人民法院应予支持。

第八条　作为申请执行人的机关法人被撤销，继续履行其职能的主体申请变更、追加其为申请执行人的，人民法院应予支持，但生效法律文书确定的权利依法应由其他主体承受的除外；没有继续履行其职能的主体，且生效法律文书确定权利的承受主体不明确，作出撤销决定的主体申请变更、追加其为申请执行人的，人民法院应予支持。

第九条　申请执行人将生效法律文书确定的债权依法转让给第三人，且书面认可第三人取得该债权，该第三人申请变更、追加其为申请执行人的，人民法院应予支持。

申请执行人的变更和追加

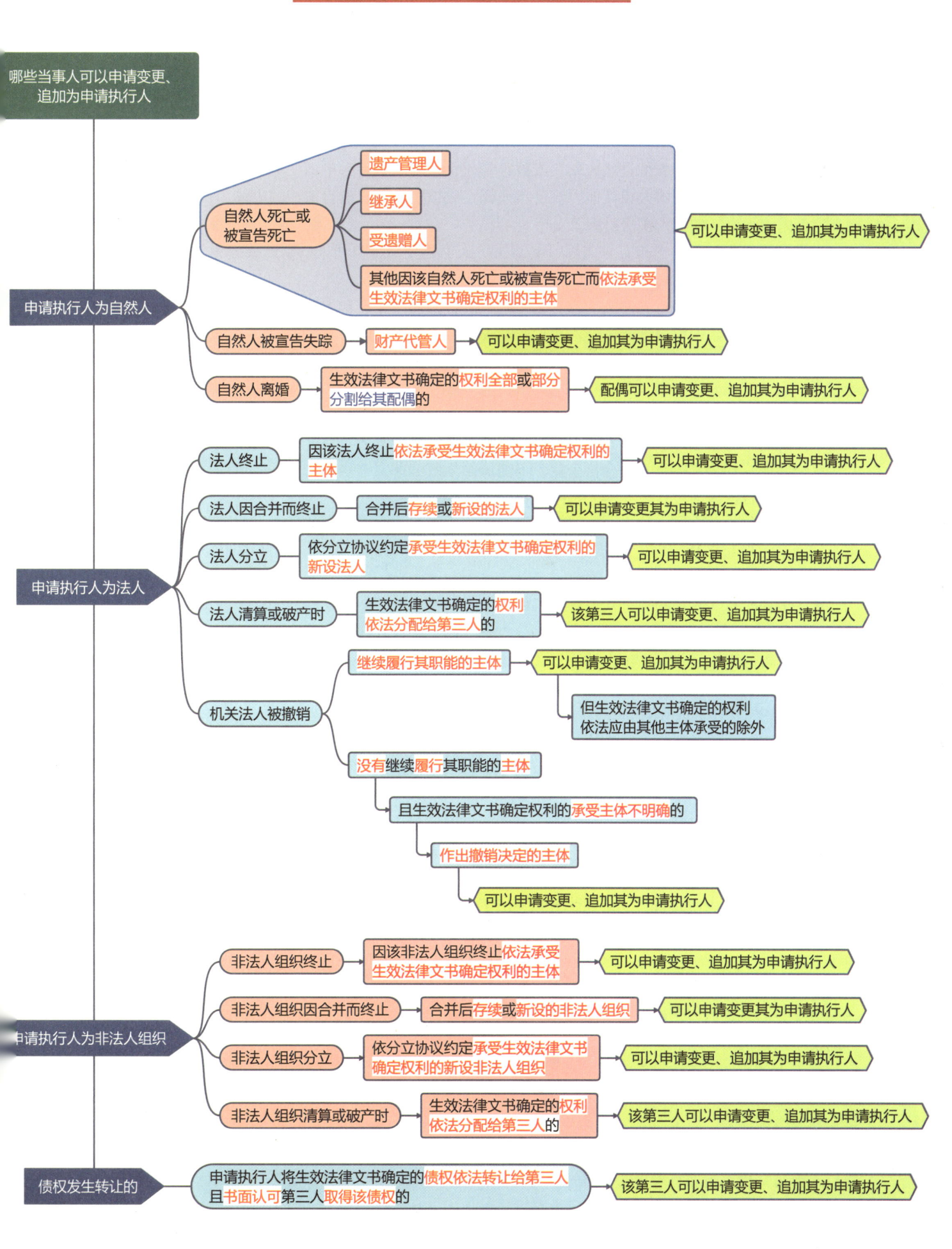

哪些当事人可以申请变更、追加为申请执行人

申请执行人为自然人

- **自然人死亡或被宣告死亡**：
  - 遗产管理人
  - 继承人
  - 受遗赠人
  - 其他因该自然人死亡或被宣告死亡而依法承受生效法律文书确定权利的主体

  → 可以申请变更、追加其为申请执行人

- **自然人被宣告失踪** → 财产代管人 → 可以申请变更、追加其为申请执行人

- **自然人离婚**：生效法律文书确定的权利全部或部分分割给其配偶的 → 配偶可以申请变更、追加其为申请执行人

申请执行人为法人

- **法人终止**：因该法人终止依法承受生效法律文书确定权利的主体 → 可以申请变更、追加其为申请执行人

- **法人因合并而终止**：合并后存续或新设的法人 → 可以申请变更其为申请执行人

- **法人分立**：依分立协议约定承受生效法律文书确定权利的新设法人 → 可以申请变更、追加其为申请执行人

- **法人清算或破产时**：生效法律文书确定的权利依法分配给第三人的 → 该第三人可以申请变更、追加其为申请执行人

- **机关法人被撤销**：
  - 继续履行其职能的主体 → 可以申请变更、追加其为申请执行人
    - 但生效法律文书确定的权利依法应由其他主体承受的除外
  - 没有继续履行其职能的主体
    - 且生效法律文书确定权利的承受主体不明确的
      - 作出撤销决定的主体 → 可以申请变更、追加其为申请执行人

申请执行人为非法人组织

- **非法人组织终止**：因该非法人组织终止依法承受生效法律文书确定权利的主体 → 可以申请变更、追加其为申请执行人

- **非法人组织因合并而终止**：合并后存续或新设的非法人组织 → 可以申请变更其为申请执行人

- **非法人组织分立**：依分立协议约定承受生效法律文书确定权利的新设非法人组织 → 可以申请变更、追加其为申请执行人

- **非法人组织清算或破产时**：生效法律文书确定的权利依法分配给第三人的 → 该第三人可以申请变更、追加其为申请执行人

债权发生转让的

申请执行人将生效法律文书确定的债权依法转让给第三人且书面认可第三人取得该债权的 → 该第三人可以申请变更、追加其为申请执行人

制作依据：民事执行中变更、追加当事人规定第2-9条

关联法条

《最高人民法院关于民事执行中变更、追加当事人若干问题的规定》（2020修正）

第十条 作为被执行人的自然人死亡或被宣告死亡，申请执行人申请变更、追加该自然人的遗产管理人、继承人、受遗赠人或其他因该自然人死亡或被宣告死亡取得遗产的主体为被执行人，在遗产范围内承担责任的，人民法院应予支持。

作为被执行人的自然人被宣告失踪，申请执行人申请变更该自然人的财产代管人为被执行人，在代管的财产范围内承担责任的，人民法院应予支持。

第十一条 作为被执行人的法人或非法人组织因合并而终止，申请执行人申请变更合并后存续或新设的法人、非法人组织为被执行人的，人民法院应予支持。

第十三条 作为被执行人的个人独资企业，不能清偿生效法律文书确定的债务，申请执行人申请变更、追加其出资人为被执行人的，人民法院应予支持。个人独资企业出资人作为被执行人的，人民法院可以直接执行该个人独资企业的财产。

个体工商户的字号为被执行人的，人民法院可以直接执行该字号经营者的财产。

第十四条 作为被执行人的合伙企业，不能清偿生效法律文书确定的债务，申请执行人申请变更、追加普通合伙人为被执行人的，人民法院应予支持。

作为被执行人的有限合伙企业，财产不足以清偿生效法律文书确定的债务，申请执行人申请变更、追加未按期足额缴纳出资的有限合伙人为被执行人，在未足额缴纳出资的范围内承担责任的，人民法院应予支持。

第十五条 作为被执行人的法人分支机构，不能清偿生效法律文书确定的债务，申请执行人申请变更、追加该法人为被执行人的，人民法院应予支持。法人直接管理的责任财产仍不能清偿债务的，人民法院可以直接执行该法人其他分支机构的财产。

作为被执行人的法人，直接管理的责任财产不能清偿生效法律文书确定债务的，人民法院可以直接执行该法人分支机构的财产。

第十六条 个人独资企业、合伙企业、法人分支机构以外的非法人组织作为被执行人，不能清偿生效法律文书确定的债务，申请执行人申请变更、追加依法对该非法人组织的债务承担责任的主体为被执行人的，人民法院应予支持。

第十七条 作为被执行人的营利法人，财产不足以清偿生效法律文书确定的债务，申请执行人申请变更、追加未缴纳或未足额缴纳出资的股东、出资人或依公司法规定对该出资承担连带责任的发起人为被执行人，在尚未缴纳出资的范围内依法承担责任的，人民法院应予支持。

第十八条 作为被执行人的营利法人，财产不足以清偿生效法律文书确定的债务，申请执行人申请变更、追加抽逃出资的股东、出资人为被执行人，在抽逃出资的范围内承担责任的，人民法院应予支持。

第十九条 作为被执行人的公司，财产不足以清偿生效法律文书确定的债务，其股东未依法履行出资义务即转让股权，申请执行人申请变更、追加该原股东或依公司法规定对该出资承担连带责任的发起人为被执行人，在未依法出资的范围内承担责任的，人民法院应予支持。

第二十条 作为被执行人的一人有限责任公司，财产不足以清偿生效法律文书确定的债务，股东不能证明公司财产独立于自己的财产，申请执行人申请变更、追加该股东为被执行人，对公司债务承担连带责任的，人民法院应予支持。

第二十一条 作为被执行人的公司，未经清算即办理注销登记，导致公司无法进行清算，申请执行人申请变更、追加有限责任公司的股东、股份有限公司的董事和控股股东为被执行人，对公司债务承担连带清偿责任的，人民法院应予支持。

在执行阶段哪些当事人可以追加为被执行人

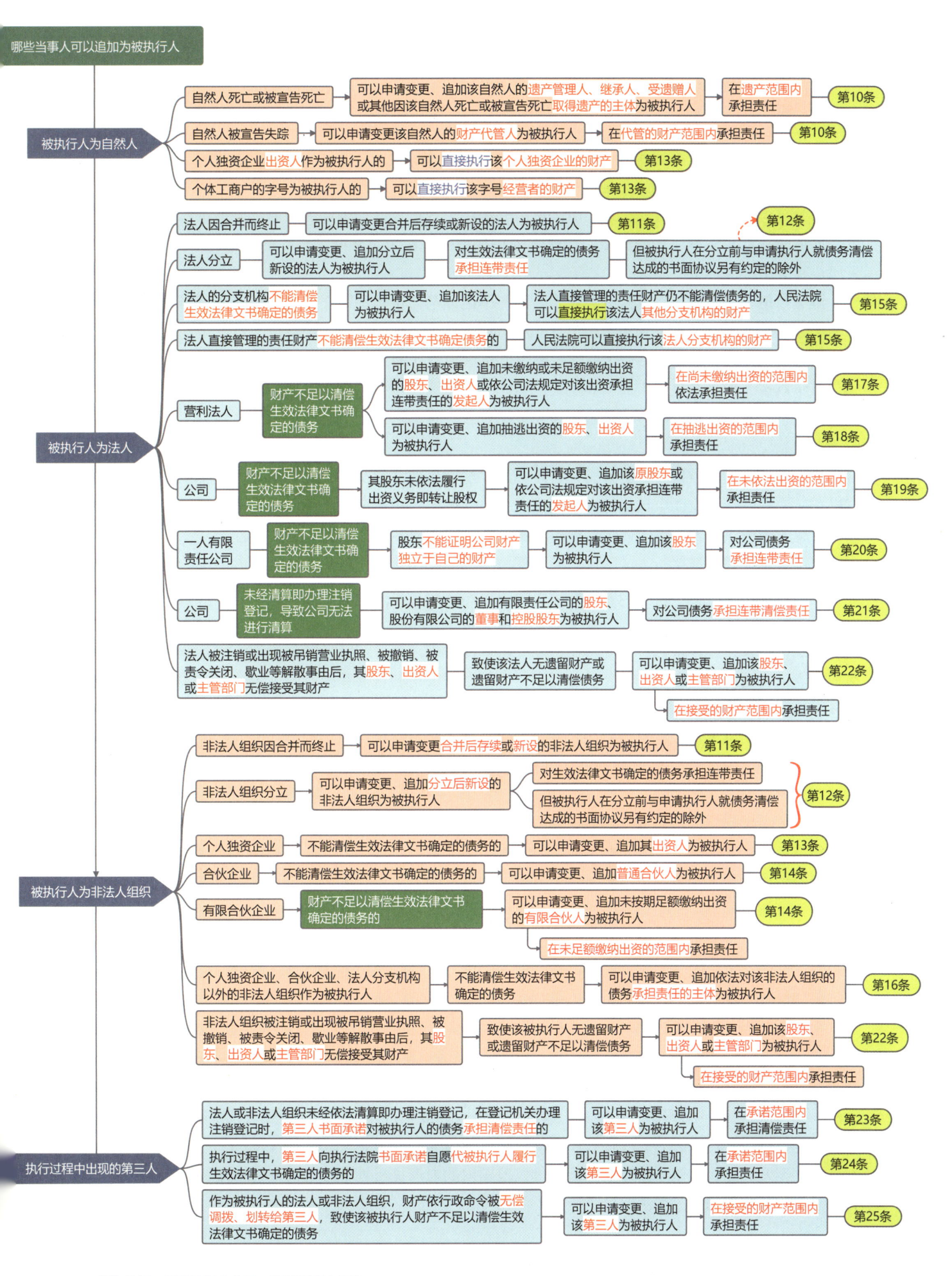

哪些当事人可以追加为被执行人

被执行人为自然人

- **自然人死亡或被宣告死亡** → 可以申请变更、追加该自然人的遗产管理人、继承人、受遗赠人或其他因该自然人死亡或被宣告死亡取得遗产的主体为被执行人 → 在遗产范围内承担责任（第10条）
- **自然人被宣告失踪** → 可以申请变更该自然人的财产代管人为被执行人 → 在代管的财产范围内承担责任（第10条）
- **个人独资企业出资人作为被执行人的** → 可以直接执行该个人独资企业的财产（第13条）
- **个体工商户的字号为被执行人的** → 可以直接执行该字号经营者的财产（第13条）

被执行人为法人

- **法人因合并而终止** → 可以申请变更合并后存续或新设的法人为被执行人（第11条）
- **法人分立** → 可以申请变更、追加分立后新设的法人为被执行人 → 对生效法律文书确定的债务承担连带责任；但被执行人在分立前与申请执行人就债务清偿达成的书面协议另有约定的除外（第12条）
- **法人的分支机构不能清偿生效法律文书确定的债务** → 可以申请变更、追加该法人为被执行人 → 法人直接管理的责任财产仍不能清偿债务的,人民法院可以直接执行该法人其他分支机构的财产（第15条）
- **法人直接管理的责任财产不能清偿生效法律文书确定债务的** → 人民法院可以直接执行该法人分支机构的财产（第15条）
- **营利法人** 财产不足以清偿生效法律文书确定的债务：
  - 可以申请变更、追加未缴纳或未足额缴纳出资的股东、出资人或依公司法规定对该出资承担连带责任的发起人为被执行人 → 在尚未缴纳出资的范围内依法承担责任（第17条）
  - 可以申请变更、追加抽逃出资的股东、出资人为被执行人 → 在抽逃出资的范围内承担责任（第18条）
- **公司** 财产不足以清偿生效法律文书确定的债务 → 其股东未依法履行出资义务即转让股权 → 可以申请变更、追加该原股东或依公司法规定对该出资承担连带责任的发起人为被执行人 → 在未依法出资的范围内承担责任（第19条）
- **一人有限责任公司** 财产不足以清偿生效法律文书确定的债务 → 股东不能证明公司财产独立于自己的财产 → 可以申请变更、追加该股东为被执行人 → 对公司债务承担连带责任（第20条）
- **公司** 未经清算即办理注销登记,导致公司无法进行清算 → 可以申请变更、追加有限责任公司的股东、股份有限公司的董事和控股股东为被执行人 → 对公司债务承担连带清偿责任（第21条）
- **法人被注销或出现被吊销营业执照、被撤销、被责令关闭、歇业等解散事由后,其股东、出资人或主管部门无偿接受其财产** → 致使该法人无遗留财产或遗留财产不足以清偿债务 → 可以申请变更、追加该股东、出资人或主管部门为被执行人 → 在接受的财产范围内承担责任（第22条）

被执行人为非法人组织

- **非法人组织因合并而终止** → 可以申请变更合并后存续或新设的非法人组织为被执行人（第11条）
- **非法人组织分立** → 可以申请变更、追加分立后新设的非法人组织为被执行人 → 对生效法律文书确定的债务承担连带责任；但被执行人在分立前与申请执行人就债务清偿达成的书面协议另有约定的除外（第12条）
- **个人独资企业** 不能清偿生效法律文书确定的债务的 → 可以申请变更、追加其出资人为被执行人（第13条）
- **合伙企业** 不能清偿生效法律文书确定的债务的 → 可以申请变更、追加普通合伙人为被执行人（第14条）
- **有限合伙企业** 财产不足以清偿生效法律文书确定的债务的 → 可以申请变更、追加未按期足额缴纳出资的有限合伙人为被执行人 → 在未足额缴纳出资的范围内承担责任（第14条）
- **个人独资企业、合伙企业、法人分支机构以外的非法人组织作为被执行人的** → 不能清偿生效法律文书确定的债务 → 可以申请变更、追加依法对该非法人组织的债务承担责任的主体为被执行人（第16条）
- **非法人组织被注销或出现被吊销营业执照、被撤销、被责令关闭、歇业等解散事由后,其股东、出资人或主管部门无偿接受其财产** → 致使被执行人无遗留财产或遗留财产不足以清偿债务 → 可以申请变更、追加该股东、出资人或主管部门为被执行人 → 在接受的财产范围内承担责任（第22条）

执行过程中出现的第三人

- 法人或非法人组织未经依法清算即办理注销登记,在登记机关办理注销登记时,第三人书面承诺对被执行人的债务承担清偿责任的 → 可以申请变更、追加该第三人为被执行人 → 在承诺范围内承担清偿责任（第23条）
- 执行过程中,第三人向执行法院书面承诺自愿代被执行人履行生效法律文书确定的债务的 → 可以申请变更、追加该第三人为被执行人 → 在承诺范围内承担责任（第24条）
- 作为被执行人的法人或非法人组织,财产依行政命令被无偿调拨、划转给第三人,致使该被执行人财产不足以清偿生效法律文书确定的债务 → 可以申请变更、追加该第三人为被执行人 → 在接受的财产范围内承担责任（第25条）

制作依据：民事执行中变更、追加当事人规定

关联法条

《最高人民法院关于民事执行中变更、追加当事人若干问题的规定》

第十四条 作为被执行人的合伙企业，不能清偿生效法律文书确定的债务，申请执行人申请变更、追加普通合伙人为被执行人的，人民法院应予支持。

作为被执行人的有限合伙企业，财产不足以清偿生效法律文书确定的债务，申请执行人申请变更、追加未按期足额缴纳出资的有限合伙人为被执行人，在未足额缴纳出资的范围内承担责任的，人民法院应予支持。

第十七条 作为被执行人的营利法人，财产不足以清偿生效法律文书确定的债务，申请执行人申请变更、追加未缴纳或未足额缴纳出资的股东、出资人或依公司法规定对该出资承担连带责任的发起人为被执行人，在尚未缴纳出资的范围内依法承担责任的，人民法院应予支持。

第十八条 作为被执行人的营利法人，财产不足以清偿生效法律文书确定的债务，申请执行人申请变更、追加抽逃出资的股东、出资人为被执行人，在抽逃出资的范围内承担责任的，人民法院应予支持。

第十九条 作为被执行人的公司，财产不足以清偿生效法律文书确定的债务，其股东未依法履行出资义务即转让股权，申请执行人申请变更、追加该原股东或依公司法规定对该出资承担连带责任的发起人为被执行人，在未依法出资的范围内承担责任的，人民法院应予支持。

第二十条 作为被执行人的一人有限责任公司，财产不足以清偿生效法律文书确定的债务，股东不能证明公司财产独立于自己的财产，申请执行人申请变更、追加该股东为被执行人，对公司债务承担连带责任的，人民法院应予支持。

第二十一条 作为被执行人的公司，未经清算即办理注销登记，导致公司无法进行清算，申请执行人申请变更、追加有限责任公司的股东、股份有限公司的董事和控股股东为被执行人，对公司债务承担连带清偿责任的，人民法院应予支持。

第三十条 被申请人、申请人或其他执行当事人对执行法院作出的变更、追加裁定或驳回申请裁定不服的，可以自裁定书送达之日起十日内向上一级人民法院申请复议，但依据本规定第三十二条的规定应当提起诉讼的除外。

第三十一条 上一级人民法院对复议申请应当组成合议庭审查，并自收到申请之日起六十日内作出复议裁定。有特殊情况需要延长的，由本院院长批准。

被裁定变更、追加的被申请人申请复议的，复议期间，人民法院不得对其争议范围内的财产进行处分。申请人请求人民法院继续执行并提供相应担保的，人民法院可以准许。

第三十二条 被申请人或申请人对执行法院依据本规定第十四条第二款、第十七条至第二十一条规定作出的变更、追加裁定或驳回申请裁定不服的，可以自裁定书送达之日起十五日内，向执行法院提起执行异议之诉。

被申请人提起执行异议之诉的，以申请人为被告。申请人提起执行异议之诉的，以被申请人为被告。

第三十三条 被申请人提起的执行异议之诉，人民法院经审理，按照下列情形分别处理：

（一）理由成立的，判决不得变更、追加被申请人为被执行人或者判决变更责任范围；

（二）理由不成立的，判决驳回诉讼请求。

诉讼期间，人民法院不得对被申请人争议范围内的财产进行处分。申请人请求人民法院继续执行并提供相应担保的，人民法院可以准许。

民事执行中变更、追加当事人的流程及其异议救济程序

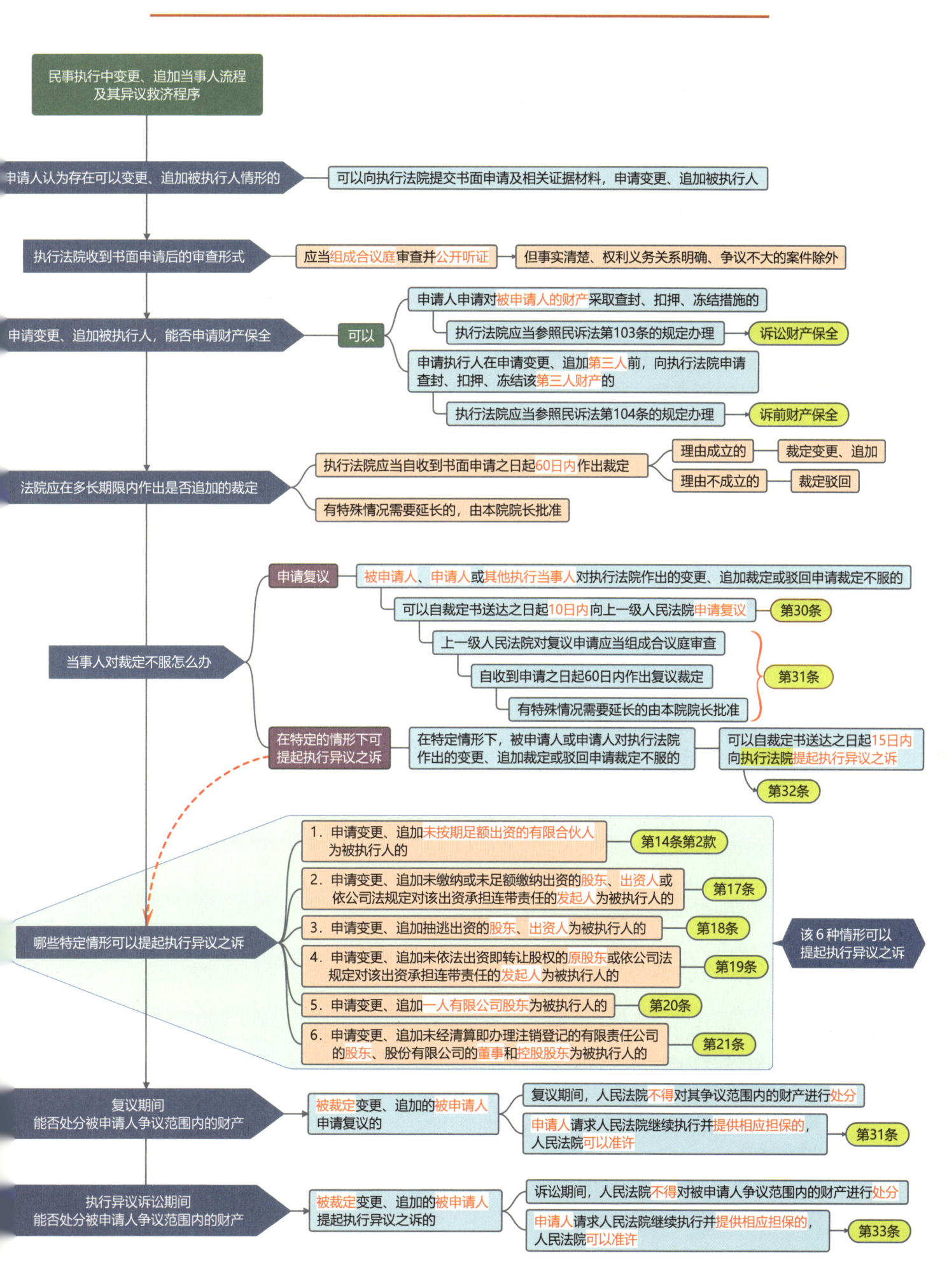

民事执行中变更、追加当事人流程及其异议救济程序

- **申请人认为存在可以变更、追加被执行人情形的** → 可以向执行法院提交书面申请及相关证据材料，申请变更、追加被执行人

- **执行法院收到书面申请后的审查形式** → 应当组成合议庭审查并公开听证 ／ 但事实清楚、权利义务关系明确、争议不大的案件除外

- **申请变更、追加被执行人，能否申请财产保全** → 可以
  - 申请人申请对被申请人的财产采取查封、扣押、冻结措施的 → 执行法院应当参照民诉法第103条的规定办理 → **诉讼财产保全**
  - 申请执行人在申请变更、追加第三人前，向执行法院申请查封、扣押、冻结该第三人财产的 → 执行法院应当参照民诉法第104条的规定办理 → **诉前财产保全**

- **法院应在多长期限内作出是否追加的裁定**
  - 执行法院应当自收到书面申请之日起60日内作出裁定
    - 理由成立的 → 裁定变更、追加
    - 理由不成立的 → 裁定驳回
  - 有特殊情况需要延长的，由本院院长批准

- **当事人对裁定不服怎么办**
  - **申请复议**：被申请人、申请人或其他执行当事人对执行法院作出的变更、追加裁定或驳回申请裁定不服的
    - 可以自裁定书送达之日起10日内向上一级人民法院申请复议（第30条）
    - 上一级人民法院对复议申请应当组成合议庭审查
    - 自收到申请之日起60日内作出复议裁定
    - 有特殊情况需要延长的由本院院长批准
    - （第31条）
  - **在特定的情形下可提起执行异议之诉**：在特定情形下，被申请人或申请人对执行法院作出的变更、追加裁定或驳回申请裁定不服的
    - 可以自裁定书送达之日起15日内向执行法院提起执行异议之诉（第32条）

- **哪些特定情形可以提起执行异议之诉**
  1. 申请变更、追加未按期足额出资的有限合伙人为被执行人的（第14条第2款）
  2. 申请变更、追加未缴纳或未足额缴纳出资的股东、出资人或依公司法规定对该出资承担连带责任的发起人为被执行人的（第17条）
  3. 申请变更、追加抽逃出资的股东、出资人为被执行人的（第18条）
  4. 申请变更、追加未依法出资即转让股权的原股东或依公司法规定对该出资承担连带责任的发起人为被执行人的（第19条）
  5. 申请变更、追加一人有限公司股东为被执行人的（第20条）
  6. 申请变更、追加未经清算即办理注销登记的有限责任公司的股东、股份有限公司的董事和控股股东为被执行人的（第21条）

  → 该6种情形可以提起执行异议之诉

- **复议期间 能否处分被申请人争议范围内的财产**
  - 被裁定变更、追加的被申请人申请复议的
    - 复议期间，人民法院不得对其争议范围内的财产进行处分
    - 申请人请求人民法院继续执行并提供相应担保的，人民法院可以准许（第31条）

- **执行异议诉讼期间 能否处分被申请人争议范围内的财产**
  - 被裁定变更、追加的被申请人提起执行异议之诉的
    - 诉讼期间，人民法院不得对被申请人争议范围内的财产进行处分
    - 申请人请求人民法院继续执行并提供相应担保的，人民法院可以准许（第33条）

制作依据：民事执行中变更、追加当事人规定

关联法条

《中华人民共和国民事诉讼法》（2023修正）

第一百零三条 人民法院对于可能因当事人一方的行为或者其他原因，使判决难以执行或者造成当事人其他损害的案件，根据对方当事人的申请，可以裁定对其财产进行保全、责令其作出一定行为或者禁止其作出一定行为；当事人没有提出申请的，人民法院在必要时也可以裁定采取保全措施。

人民法院采取保全措施，可以责令申请人提供担保，申请人不提供担保的，裁定驳回申请。

人民法院接受申请后，对情况紧急的，必须在四十八小时内作出裁定；裁定采取保全措施的，应当立即开始执行。

《最高人民法院关于规范和加强办理诉前保全案件工作的意见》

第七条 人民法院在受理诉前保全案件前，应当审查当事人提供的担保是否符合法律规定。申请人申请诉前财产保全的，应当提供相当于请求保全数额的担保，但情况紧急且特殊的例外。

申请诉前证据保全、行为保全的，担保的数额由人民法院根据具体情况决定。

第八条 申请人申请诉前财产保全，存在下列情形之一的，人民法院可以酌情确定担保数额：

（一）追索赡养费、抚养费、抚育费、抚恤金、医疗费用、劳动报酬、工伤赔偿；

（二）婚姻家庭纠纷中经济困难；

（三）因见义勇为遭受侵害请求损害赔偿；

（四）其他可以酌情确定担保数额的情形。

第九条 申请人申请诉前行为保全，存在下列情形之一的，人民法院可以酌情确定担保数额：

（一）婚姻家庭纠纷申请诉前行为保全；

（二）因人格权正在或者即将受到侵害申请行为保全；

（三）其他可以酌情确定担保数额的情形。

《最高人民法院关于人民法院办理财产保全案件若干问题的规定》（2020修正）

第五条 人民法院依照民事诉讼法第一百条规定责令申请保全人提供财产保全担保的，担保数额不超过请求保全数额的百分之三十；申请保全的财产系争议标的的，担保数额不超过争议标的的价值的百分之三十。

利害关系人申请诉前财产保全的，应当提供相当于请求保全数额的担保；情况特殊的，人民法院可以酌情处理。

财产保全期间，申请保全人提供的担保不足以赔偿可能给被保全人造成的损失的，人民法院可以责令其追加相应的担保；拒不追加的，可以裁定解除或者部分解除保全。

民事诉讼保全措施的担保金额

- 民事诉讼保全措施的担保金额
  - 民事诉讼中的保全措施有几种？ — 有三种 — 分别为
    - 财产保全
    - 行为保全
    - 证据保全
    - （民诉法第84条、第103条）
  - 特殊情况下的保全 — 诉前保全
    - 利害关系人因情况紧急，不立即申请保全将会使其合法权益受到难以弥补的损害的
    - 可以在提起诉讼或者申请仲裁前：
      - 向被保全财产所在地的人民法院
      - 向被申请人住所地的人民法院
      - 向对案件有管辖权的人民法院
    - 申请采取保全措施（民诉法第104条）
  - 申请保全是否须提供担保
    - 诉前保全 — 申请人应当提供担保 — 不提供担保的 — 裁定驳回申请（民诉法第104条）
      - 注：此处用词为"应当"
    - 诉讼保全 — 人民法院采取保全措施，可以责令申请人提供担保（民诉法第103条）
      - 注：此处用词为"可以"
      - 申请人不提供担保的 — 裁定驳回申请
    - 证据保全 — 证据保全可能对他人造成损失的 — 人民法院应当责令申请人提供相应的担保（民诉法解释第98条）
  - 担保的金额
    - 诉前保全
      - 诉前财产保全
        - 应当提供相当于请求保全数额的担保，但情况紧急且特殊的例外（诉前保全意见第7条）
        - 存在下列情形之一的，人民法院可以酌情确定担保数额：
          1. 追索赡养费、抚养费、抚育费、抚恤金、医疗费用、劳动报酬、工伤赔偿
          2. 婚姻家庭纠纷中经济困难
          3. 因见义勇为遭受侵害请求损害赔偿
          4. 其他可以酌情确定担保数额的情形
          （诉前保全意见第8条）
      - 诉前行为保全
        - 担保的数额由人民法院根据具体情况决定（诉前保全意见第7条）
        - 存在下列情形之一的，人民法院可以酌情确定担保数额：
          1. 婚姻家庭纠纷申请诉前行为保全
          2. 因人格权正在或者即将受到侵害申请行为保全
          3. 其他可以酌情确定担保数额的情形
          （诉前保全意见第9条）
      - 诉前证据保全 — 担保的数额由人民法院根据具体情况决定（诉前保全意见第7条）
    - 诉讼保全
      - 人民法院依照民诉法第100条（注：2023年民诉法已改为第103条）规定责令申请保全人提供财产保全担保的
        - 担保数额不超过请求保全数额的30%
        - 申请保全的财产系争议标的 — 担保数额不超过争议标的价值的30%
        （财产保全规定第5条）

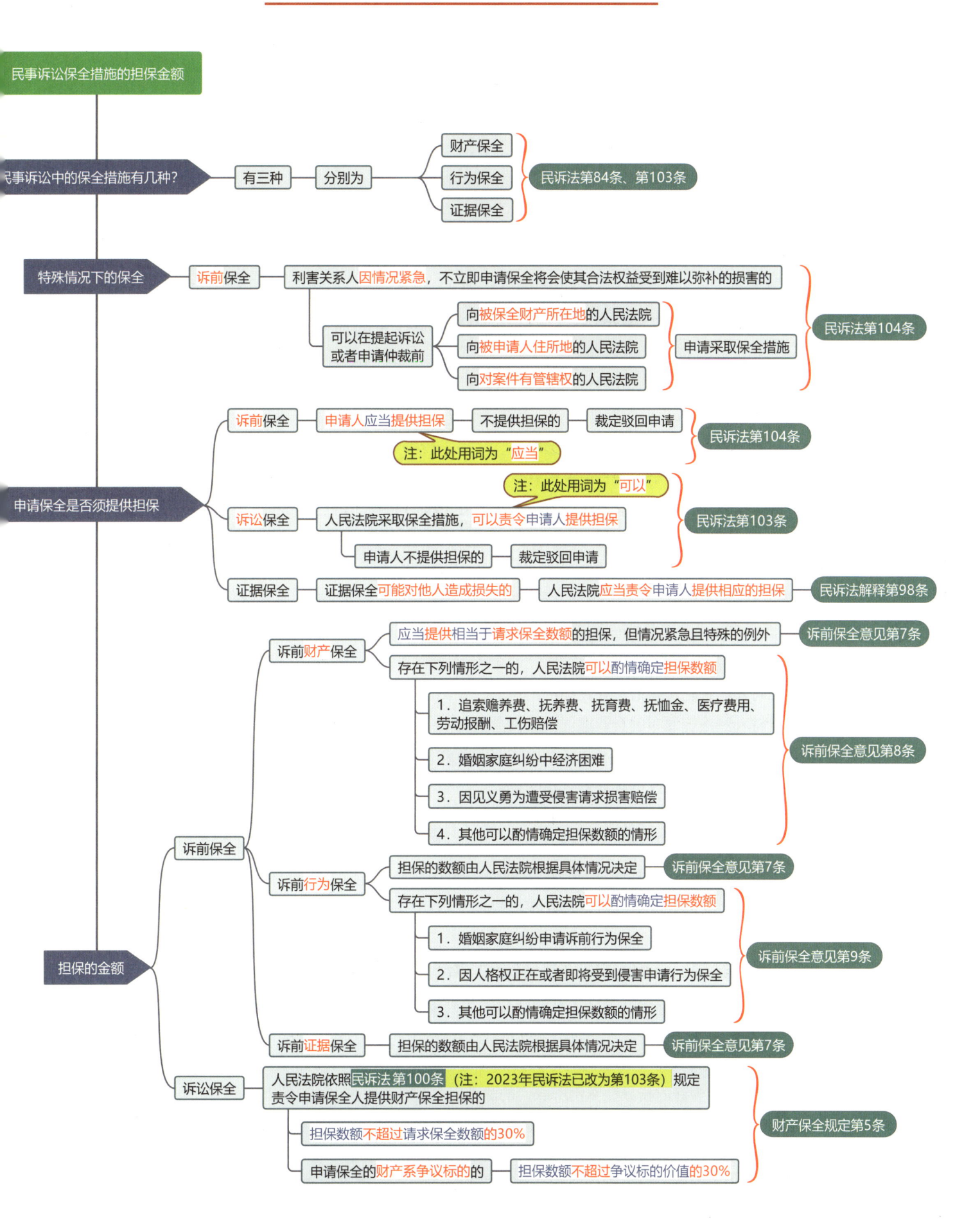

制作依据：民诉法、民诉法解释、诉前保全意见、财产保全规定

类案检索

关联法条

《最高人民法院关于统一法律适用加强类案检索的指导意见（试行）》

一、本意见所称类案，是指与待决案件在基本事实、争议焦点、法律适用问题等方面具有相似性，且已经人民法院裁判生效的案件。

二、人民法院办理案件具有下列情形之一，应当进行类案检索：

（一）拟提交专业（主审）法官会议或者审判委员会讨论的；

（二）缺乏明确裁判规则或者尚未形成统一裁判规则的；

（三）院长、庭长根据审判监督管理权限要求进行类案检索的；

（四）其他需要进行类案检索的。

三、承办法官依托中国裁判文书网、审判案例数据库等进行类案检索，并对检索的真实性、准确性负责。

四、类案检索范围一般包括：

（一）最高人民法院发布的指导性案例；

（二）最高人民法院发布的典型案例及裁判生效的案件；

（三）本省（自治区、直辖市）高级人民法院发布的参考性案例及裁判生效的案件；

（四）上一级人民法院及本院裁判生效的案件。

除指导性案例以外，优先检索近三年的案例或者案件；已经在前一顺位中检索到类案的，可以不再进行检索。

七、对本意见规定的应当进行类案检索的案件，承办法官应当在合议庭评议、专业（主审）法官会议讨论及审理报告中对类案检索情况予以说明，或者制作专门的类案检索报告，并随案归档备查。

八、类案检索说明或者报告应当客观、全面、准确，包括检索主体、时间、平台、方法、结果，类案裁判要点以及待决案件争议焦点等内容，并对是否参照或者参考类案等结果运用情况予以分析说明。

九、检索到的类案为指导性案例的，人民法院应当参照作出裁判，但与新的法律、行政法规、司法解释相冲突或者为新的指导性案例所取代的除外。

检索到其他类案的，人民法院可以作为作出裁判的参考。

十、公诉机关、案件当事人及其辩护人、诉讼代理人等提交指导性案例作为控（诉）辩理由的，人民法院应当在裁判文书说理中回应是否参照并说明理由；提交其他类案作为控（诉）辩理由的，人民法院可以通过释明等方式予以回应。

"类案检索"与"类案同判"

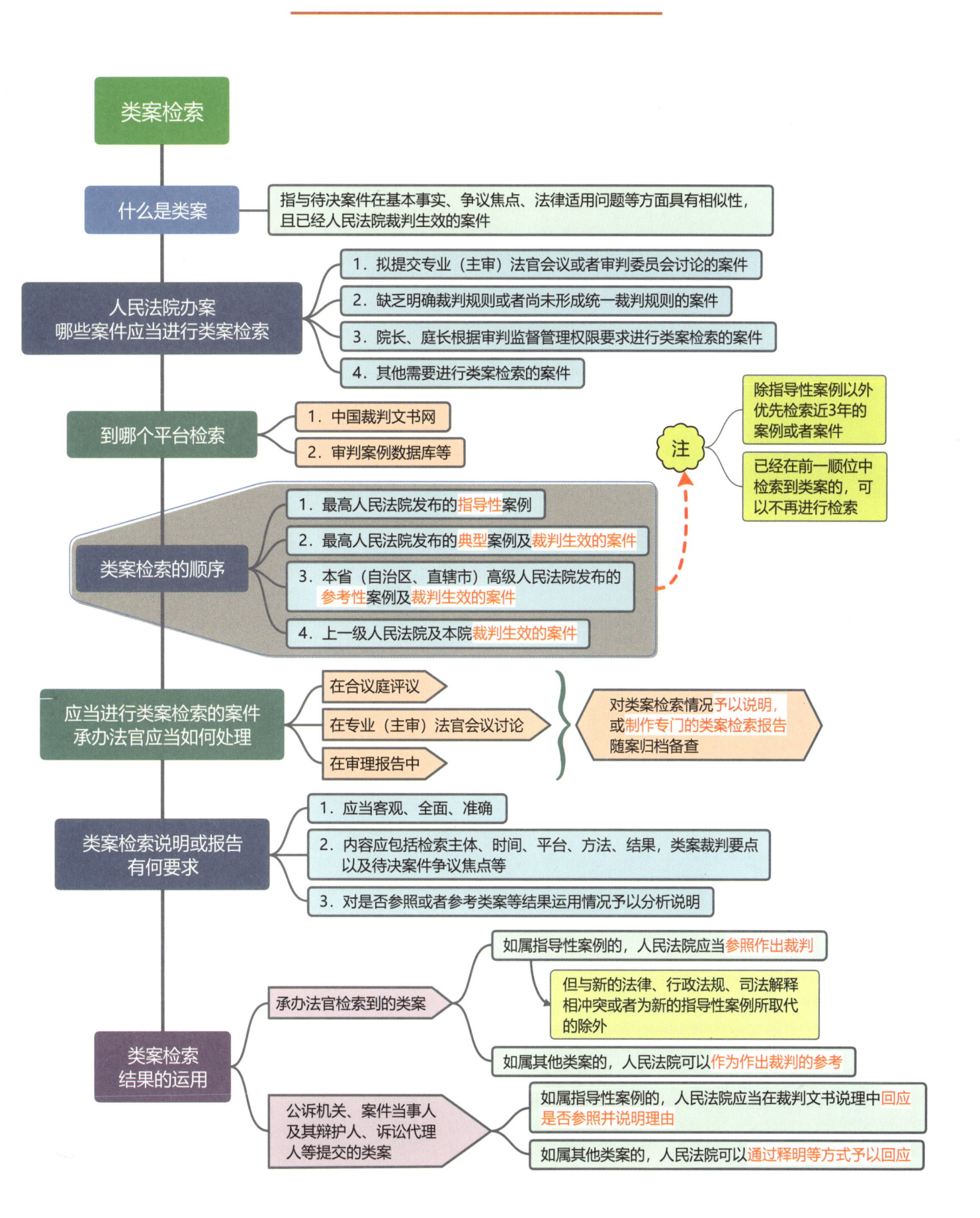

类案检索

什么是类案：指与待决案件在基本事实、争议焦点、法律适用问题等方面具有相似性，且已经人民法院裁判生效的案件

人民法院办案哪些案件应当进行类案检索：
1. 拟提交专业（主审）法官会议或者审判委员会讨论的案件
2. 缺乏明确裁判规则或者尚未形成统一裁判规则的案件
3. 院长、庭长根据审判监督管理权限要求进行类案检索的案件
4. 其他需要进行类案检索的案件

到哪个平台检索：
1. 中国裁判文书网
2. 审判案例数据库等

类案检索的顺序：
1. 最高人民法院发布的 **指导性** 案例
2. 最高人民法院发布的 **典型** 案例及 **裁判生效的案件**
3. 本省（自治区、直辖市）高级人民法院发布的 **参考性** 案例及 **裁判生效的案件**
4. 上一级人民法院及本院 **裁判生效的案件**

注：
- 除指导性案例以外优先检索近3年的案例或者案件
- 已经在前一顺位中检索到类案的，可以不再进行检索

应当进行类案检索的案件承办法官应当如何处理：
- 在合议庭评议
- 在专业（主审）法官会议讨论
- 在审理报告中

对类案检索情况予以说明，或制作专门的类案检索报告随案归档备查

类案检索说明或报告有何要求：
1. 应当客观、全面、准确
2. 内容应包括检索主体、时间、平台、方法、结果，类案裁判要点以及待决案件争议焦点等
3. 对是否参照或者参考类案等结果运用情况予以分析说明

类案检索结果的运用：

承办法官检索到的类案：
- 如属指导性案例的，人民法院应当 参照作出裁判
  - 但与新的法律、行政法规、司法解释相冲突或者为新的指导性案例所取代的除外
- 如属其他类案的，人民法院可以 作为作出裁判的参考

公诉机关、案件当事人及其辩护人、诉讼代理人等提交的类案：
- 如属指导性案例的，人民法院应当在裁判文书说理中 回应是否参照并说明理由
- 如属其他类案的，人民法院可以 通过释明等方式予以回应

制作依据：统一法律适用类案检索指导意见